내적치유와 구상화

Innerhealing & Visualization

정태홍

RPTMINISTRIES
http://www.esesang91.com

차 례

머리말

1. 신비주의와 구상화
뉴에이지 영성시대 … **9**
설교 속의 구상화 … **17**
구상화란 무엇인가? … **22**
신비주의와 구상화 … **38**
관상기도와 구상화 … **45**
리차드 포스터와 구상화 … **67**
헤르메스주의와 구상화 … **77**

2. 프로이트와 칼 융의 구상화
프로이트와 구상화 … **85**
　· 원인이 멈추면 결과도 멈춘다 … **86**
　· 샤르코의 오류에 빠진 프로이트 … **90**
　· 안나 오 … **91**　· 꿈의 해석 … **99**
　· 자유연상 … **109**
라이히와 오르곤 치료 … **119**
칼 융과 구상화 … **126**
　· 최면요법의 역사 … **126**
　· 『Red Book』과 적극적 심상법 … **130**
　· 융의 무의식 … **141**
　· 만다라와 연금술 … **153**

· 적극적 심상법의 실제 ··· **163**

3. 구상화의 리더들

론다 번과 구상화 ··· **170**
나폴레온 힐과 구상화 ··· **187**
찰스 해낼과 구상화 ··· **195**
디팩 초프라와 구상화 ··· **200**
   · 동시성 운명 ··· **201**
   · 자기 삶의 원형을 찾으라? ··· **205**
노만 빈센트 필과 구상화 ··· **211**
로버트 슐러와 구상화 ··· **217**
조용기 목사와 구상화 ··· **221**
조엘 오스틴과 구상화 ··· **245**

4. 내적 치유자들과 구상화

아그네스 샌포드와 구상화 ··· **255**
   · 육신의 질병을 치유하기 위한 기도방법 ··· **261**
   · 아그네스 샌포드와 잠재의식 ··· **269**
   · 샤머니즘적인 방법 ··· **274**
   · 아그네스 샌포드의 양태론 ··· **279**
   · 잠재의식 속의 용서 ··· **284**
   · 원방통제 치유 ··· **285**
   · 성례전적인 방법이란 무엇인가? ··· **288**
   · 아그네스 샌포드의 결말 ··· **296**

몰톤 켈시와 구상화 ··· **297**

존 & 폴라 샌드포드와 구상화 ··· **301**

데이빗 씨맨즈와 구상화 ··· **307**

존 브래드 쇼와 구상화 ··· **330**

찰스 크래프트와 구상화 ··· **340**

주서택 목사와 구상화 ··· **359**

· 구상화의 실제-화상의 기도 ··· **365**

· 치유를 위한 심리적 새 언약 ··· **380**

· 주서택 목사와 삼분설 ··· **390**

맺음말 ············· **398**

머리말

현대를 살아가는 성도들에게 기독교는 무엇일까? 교회 안에는 세상의 수많은 사상들이 들어와 있다. 그러나 그 교묘한 속임수 때문에 거의 대부분이 분별하지 못하고 있는 실정이다. 매우 의아스럽게 생각하겠지만, 그 상황을 알고 나면 어떤 교회에 가야 하는지 새로운 고민이 시작된다. 어찌된 영문인지, 교회는 세상의 달콤한 위협에 대하여 거의 저항이 없다. 오히려 적극적으로 수용하고 있는 형편이다. 교회가 성장하는데 도움이 된다면 무엇이든지 받아들이고 있다.

그러나 강단을 마주하여 앉아 있는 성도들은 과연 무엇을 원하고 있을까? 참으로 거듭난 성도들이 원하는 것은 오직 하나이다. "하나님의 말씀은 우리의 이런 삶에 대하여 무엇이라 하시는가요?"이다.

성도들은 세상의 철학과 사상을 듣고 싶은 것이 아니라, 여호와 하나님 그분께서 무엇이라 하시는지 듣고 싶어 한다. 너무나도 간절하게 듣고 싶어 한다. 교회의 지도자들은 그것을 알고 있을까? 알고 있다면 무엇이라 선포하고 있을까? 강단은 시절을 따라 빛나는 크리스털로 바뀌었지만, 그 강단에서 흘러나오는 말씀도 크리스털 같을까?

성도들이 자신들의 마음을 몰라준다고 생각하고 발길을 돌린 곳은 어딜까? 그것은 바로 내적치유 세미나이다. 그곳에 가서 울고불고 치유를 받았다고 간증을 한다. 어제 그제 믿은 초신자로부터 시작해서 이미 오랜 목회를 하고 있던 목회자에 이르기까지 너도나도 앞다투어 참여하고 있다.

그러나, '과연 그것이 성경적일까?' 하는 생각을 하는 사람들이 지극히 적다. 몇 분들이 고개를 갸우뚱거리지만, 누가 속 시원하게 말해 주는 사람이 없어서 한쪽 발은 이쪽에 한쪽 발은 저쪽에 두고 있는 그 어정쩡한 모습을 자기 자신도 알아차리지 못하고 있다.

수많은 비성경적인 프로그램들이 교회 안에 들어와 있으나, 거기에는 특별히 심리학에서 나온 무의식, 잠재의식, 속사람, 내면아이, 쓴뿌리, 도형상담, 기질론, MBTI, 애니어그램, 가계에 흐르는 저주, 대물림[1] 사상들에 오염이 되어 있다.

---

1) 두란노에서 시행하는 「아버지 학교」, 「어머니 학교」는 '대물림' 사상이 깊이 자리하고 있다.

그것이 교회 안팎에서 축사사역, 내적치유, 그림치유, 음악치유, 모래치유, 힐링댄스(댄스치료)2), 성품학교, 아버지 학교, 어머니 학교, 가정사역 … 등등 성경과는 맞지 않는 개념과 프로그램들이 동원되고 있다. 그런 프로그램들이 성경적이라고 광고를 하며 소위 유명하다는 사람들이 진행을 하기 때문에 많은 분들이 미혹에 넘어가고 있다. 그 속에는 신성한 내면아이와 뉴에이지 구상화가 무섭게 자리 잡고 있으나, 대부분이 그것이 샤머니즘과 뉴에이지인 줄 알아차리지 못하고 있다.3)

그러나, 이제는 내적치유가 신성한 내면아이 이론에 기초한 기억치유이며, 그 방법이 뉴에이지 구상화라는 것을 분별해야 한다. 내적치유는 그 시작부터가 그

---

http://mysup.tistory.com/100 "첫째 날 아버지 학교는 아버지의 영향력에 대해 말해 주었다. 아버지처럼 살지 않겠다는 나의 의지와는 달리 어느 새 닮아 있는 내 모습을 보게 하였다. 아버지의 뒷모습, 행동을 보고 자란다는 아버지의 좋은 영향력, 부정적인 영향력은 대물림 된다는 무서운 사실을 알려주었다. 그래서 좋은 영향력은 대물림하고, 부정적인 영향력과 상처는 용서와 화해와 사랑으로 그 연결 고리를 끊어야 함을 알려 주었다. … 대물림, 유산으로 남겨야 할 선한 영향력은 기쁨의 추억, 축복의 기도, 좋은 습관, 좋은 생각, 삶의 비전, 믿음 생활임을 시험에 나올 만한 중요한 사항으로 밑줄 긋게 하였다."(아버지 학교 4주차 숙제 수료 소감문에서 2009/12/06)
http://ny.christianitydaily.com/view.htm?code=pd&id=185426/
셋째 날까지 어머니 학교를 참여하면서 하나님은 제 상처가 유일무이한 것이 아님을 알게 하셨습니다. 그리고 같은 문화에서 자라나 비슷한 상처들을 안고 살아가는 우리 어머니들 전체에게 연민을 느끼게도 하셨습니다. 그리고 하나님은 외할머니와 어머니, 저 그리고 제 딸을 통해 흐르려는 상처의 대물림을 이해와 사랑과 용서로 끊으라고 하셨습니다.(제8기 뉴욕·뉴저지 어머니 학교 수료자의 간증문, 2008/07/08)
2) http://blog.naver.com/yoochinw/130079554809/ 힐링댄스는 융의 심리학에 근거하며, 근래에는 하와이 호오포노포노 힐링댄스를 도입하고 있는데, 이는 불교적 개념인 '업보'에 기초하고 있다. 아무리 불교적이라고 해도 치유만 되면 좋다고 하는 사람들은 무엇 때문에 예수님을 믿을까? 그들은 다음에 또 무슨 치유법을 도입하게 될까? 치유만 된다면 무엇인들 서슴지 않는 자들의 끝은 무엇일까? 댄스 치료의 선구자는 마리안 체이스, 매리 화이트하우스, 블랑쉬 에반 이 세 사람이다. 마리안 체이스에게 영향을 준 데니스(Ruth St. Denis)는 극단적인 신비주의 영성가였으며(위키피디아 사전에서-Her early works are indicative of her interests in exotic mysticism and spirituality.), 데니스는 이집트의 여신 이미지에 매혹되어 이집트와 인도의 영성을 댄스 치료에 가미했다
(http://www.pitt.edu/~gillis/dance/ruth.html Egyptian Inspiration St. Denis' artistic imagination was ignited by these artists. She became very interested in the dance/drama of Eastern cultures, including those of Japan, India and Egypt. She was also influenced by Bernhardt's melodramatic acting style, in which the tragic fate of her characters took center stage. After 1900, St. Denis began formulating her own theory of dance/drama based on the dance and drama techniques of her early training, her readings into philosophy, scientology and the history of ancient cultures, and the work of artists like Yacco and Bernhardt. In 1904, during one of her tours with Belasco, she saw a poster of the goddess Isis in an ad for Egypt for Egyption Deities cigarettes. The image of the goddess sparked her imagination and she began reading about Egypt, and then India.).
3) 필자의 책 『내적치유와 내면아이』를 먼저 읽어야 이 책을 제대로 이해할 수 있다.

랬고 지금도 여전히 그런 바탕 위에 세워진 것들이다. 내적치유는 원리적으로 신성한 내면아이에 기초하고 있으며, 그 방법에 있어서 구상화를 사용하는 자극히 위험한 비성경적인 방법이다. 그것을 올바르게 알아 가는 것은 다만 분별의 차원이 아니라 우리 영혼의 생존에 관한 문제다!

심리학은 이미 학문의 선을 넘어 종교의 터전을 잡은지 오래되었다. 반기독교적이며 뉴에이지적인 거대한 클러스터(cluster)를 형성하고 있는 시대의 멘탈리티(mentality) 중 하나가 심리학이고 내적치유이다. 오늘날 구상화(visualization) 혹은 상상화(imagination)는 거의 모든 영역에서 사용되어지고 있다. 내적치유에서만이 아니라 목사의 설교에도 매우 지배적으로 자리하고 있다. 직장에서도 스포츠 계에서도 광고에서도 학교에서도 얼마든지 볼 수가 있다. 앞으로 더 구상화가 시대를 주름잡게 될 것이다.

이런 시대적인 흐름 속에서 성도는 어떻게 살아가야 할까? 예수 그리스도의 십자가의 은혜로 구원받은 성도라면 하나님의 말씀만으로 충분하다. 그것 외에 다른 것을 의지하지 말고, 하나님의 나라와 의를 구하며 살아가는 신실한 하나님의 백성으로 살아가는 한국의 교회가 되기를 간절히 소망한다.

이 책을 통하여 '구상화'가 신비주의와 뉴에이지적인 차원에서 얼마나 핵심적인 열쇠가 되는 것인가를 알게 되어 하나님의 말씀으로 돌아오기를 간절히 바란다. 그리하여 인간이 신성한 존재가 아니라 하나님께 반역한 타락한 죄인 된 인간이며 인간 스스로는 치유도 구원도 없으며 오직 우리를 창조하시고 그 아들 예수 그리스도의 십자가의 보혈만이 우리의 죄를 사하시고 그의 의로 구원하신다는 것을 알기를 소원한다. 그리하여 성경적으로 속사람의 성화를 이루어 가기를 간절히 바란다.

여호와 하나님께 가장 크게 영광과 감사를 돌려 드린다. 이 책이 나오기까지 신실하게 기도해 주신 손길들을 주님께서 기억해 주시기를 간구한다. 언제나 기도로 돕는 아내와 동욱이와 동인이에게도 감사한다.

2012년 2월 거창 가조에서 정태홍 목사

1
chapter
신비주의와 구상화

뉴에이지 영성시대 … 9
설교 속의 구상화 … 17
구상화란 무엇인가? … 23
신비주의와 구상화 … 39
관상기도와 구상화 … 47
리차드 포스터와 구상화 … 71
헤르메스주의와 구상화 … 83

뉴에이지 영성시대

로이드 존스는 다음과 같이 말했다.

오늘날 사회학과 정치 문제의 전문가인 모리스 긴즈버그(Morris Ginsberg)라는 사람이 최근에 쓴 글이 있습니다. "현대의 심리학 이론들은 초기 이론들이 당연시 했던 가정, 곧 지적인 진보는 필연적으로 인간관계의 향상으로 나타난다는 가정이 얼마나 순진한 것인지 폭로하고 있다." 이것은 우리 아버지와 할아버지와 조상들의 가정이었습니다. 지적으로 진보하면 필연적으로 인간관계도 향상된다는 것이었습니다. 정말 그렇습니까? 정말 그렇게 됩니까? 정말 인간관계가 더 좋아집니까? 이것이 그들의 가정이었습니다. 사람들에게 지식을 주어 지적으로 진보하게 하면 인간관계도 더 좋아진다는 것입니다.[4]

로이드 존스가 우려하듯이, 세상은 어떻게 변해 가고 있을까? 지적인 풍요는 인간들에게 무엇을 가져왔는가? 그렇게 교육을 했음에도 불구하고 교육은 실패로 드러났다. 교육이 실패로 드러났다는 것은 교육이 인간이 직면한 문제들, 곧 삶과 죽음의 문제, 참된 인생과 진정한 자유와 행복과 기쁨의 문제에 대해서는 인간은 답을 제공해 주지 못하더라는 것이다. 지적인 파탄은 더 나아가 도덕의 붕괴를 만들었다. 인간이 인간의 문제를 해결해 보려는 그 어떤 시도들도 완전히 파산이 났다. 모든 것은 정말 허탈하게 끝나고 말았다.

그러나, 사람들은 그렇게 쉽게 인간의 실패와 절망을 받아들이지 않는다. 하나님께서 인생에게 내든 옐로카드(yellow card)를 인정하지 않으려고 한다. 하나님께서는 거듭해서 카드를 꺼내시며, '멈추어라', '돌이키라'고 하시지만 인간은 끝내 발걸음을 멈추지 않는다. 언젠가 하나님께서 레드카드(red card)를 꺼내 드시는 순간, 인간의 메커니즘[5]은 무너지고 돌이킬 기회가 없다. 사람들은 예수 그리스도의 십자가 앞에 엎드리지 않고 죽을 때까지 인간의 내면에서 답을 찾으려고 몸부림을 치고 있기 때문이다.[6]

그 몸부림이라는 것이 실제로는 어떻게 나타나고 있을까? 그것은 영성으로 나타난다. 종교다원주의 시대는 다 '영성'으로 통한다. 그것이 어느 정도일까?

---

4) 마틴 로이드 존스, **십자가에 못 박히신 예수 그리스도**, 정상윤 역 (서울: 복있는사람, 2010), 31.
5) 네이버 사전에서, 사물의 작용 원리나 구조.
6) 모세가 광야에서 뱀을 든 것같이 인자도 들려야 하리니 이는 저를 믿는 자마다 영생을 얻게 하려 하심이니라 하나님이 세상을 이처럼 사랑하사 독생자를 주셨으니 이는 저를 믿는 자마다 멸망치 않고 영생을 얻게 하려 하심이니라 (요 3:14-16)

오늘날 교회는 '영성'이라는 말이 가지는 위험성을 모른다. '나는 시대의 흐름과 상관이 없다.' 그렇게 말하고 그렇게 생각하면 다 해결이 될까? 단순하게 그런 생각만으로 살다가는 변질되어 가는 줄도 모르고 죽음에 직면하게 된다. 그러면, 현실은 어떻게 돌아가고 있을까?

사실, 현대인은 종교에 관해 이야기하기를 꺼리고 영성이라는 용어를 더 선호한다. 「미국의 인구통계」(*American Demorgraphics*)라는 잡지는, "나는 종교가 아니라 영성으로 진입한다."라는 말이 새천년의 주문으로 빠르게 자리 잡고 있다고 보도했다.

이 둘의 차이는 무엇일까? 종교는 제도·교단·공식적 교리·형식적 의례 등과 같은 공적 영역을 지칭하게 되는 반면, 영성은 개인의 체험이라는 사적 영역을 연상시킨다. 웨이드 클락 루프(Wade Clark Roof)는 이렇게 설명했다.

> "영은 종교의 내적·체험적 측면이고 제도는 외적으로 확립된 형태다." 이제는 신앙의 영역까지 이처럼 공적인 부분과 사적인 부분으로 나뉜 것이 흥미롭지 않은가? 그리고 영성이 개인적 체험의 사적 영역에 확고히 자리 잡고 있기에, 많은 이들이 공적인 종교 기관과 공식적인 종교의 교리라는 개념 자체에 의심스런 눈초리를 보내고 있다. 신앙은 당연히 개인적이고 주관적인 것이라는 생각이 만연함에 따라 오늘날 종교 기관들이 신빙성을 잃게 된 것이 아닐까 생각된다.[7]

이런 말은 결코 과장된 말이 아니다. 세계미래학회는 영성이 이성과 지식의 다음 화두로 떠오를 것으로 전망하고 있다. 2030년 글로벌 지식사회와 글로벌 시민사회로 변하고, 2050년부터 영성의 시대가 열린다는 것이다.[8] 그러나 최근의 동향은 2020년부터 영성 시대로 진입하게 될 것이라고 보는 시각도 있다. 그만큼 세상은 급박하게 뉴에이지 영성으로 변질되어 가고 있다.

영성 시대라는 것은 성경이 말하는 경건과는 완전히 다르다.[9] 오늘날 교회가

---

7) 낸시 피어시, **완전한 진리**, 홍병룡 역 (서울: 복있는사람, 2006), 227-228.
8) http://www.asiae.co.kr/news/view.htm?idxno=2010123114175903493/
9) 존 칼빈, **영한기독교강요 I** (서울: 성문출판사, 1993), 11; 칼빈은 한결같이 주장하기를 경건은 하나님에 관한 건전한 지식을 얻기 위한 선결 요건이라고 하였다. 이 원칙을 처음으로 언급할 때, 그는 경건을 "하나님께서 주신 유익을 앎으로써 생겨나는 하나님에 대한 사랑과 결합된 경외심"이라고 간단하게 정의하였다. 경건이란 사람들이 "모든 것을 하나님의 덕택으로 돌리고 자신들을 양육하는 것은 아버지로서의 하나님의 돌보심 바로 그것이며 하나님은 그들이 누리는 모든 선한 것을 지으신 분임을 인정하는" 형태로 표현된다.
http://www.the-highway.com/piety1_Battles.html Piety defined by Calvin. In his first Catechism (published in French in 1537 and in Latin in 1538), John Calvin defined the untranslatable word pietas, which for him was

영성이라는 말을 별 의도성 없이 사용하기는 하지만 지금은 그 말을 사용해서는 안 된다. 현대에 있어서 영성은 자기 안에 신성한 내면아이를 계발시켜서 존재론적으로 신인합일을 이루겠다는 것이다. 오늘날의 영성이란 신이 되고 싶은 죄악 된 인간의 신비주의적 경향성을 대변하는 말이 되었다.

새로운 종교를 말하는 뉴에이저들의 가장 핵심적인 사상은 '하나님의 내재성'이다. 그들은 한결같이 '우리 안에 있는 하느님'(god-within-us)을 말한다. 뉴에이지 지도자이며 뉴에이지의 거짓 '그리스도' 마이트레야의 대변인인 벤자민 크렘(Benjamin Creme)은 다음과 같이 말했다.

> 그러나 궁극적으로 동양과 서양 종교들의 융합과 합성인 새 세계 종교가 시작될 것이다. 그리스도는 기독교와 불교를 함께 하게 할 뿐만 아니라 모든 피조물을 초월하는 초월적인 하나님 개념과 모든 피조물 안에 내재하는 하나님의 개념을 하나로 묶을 것이다.10)

뉴에이지의 여 족장 앨리스 베일리도 새 세계 종교에서 하나님께 이르는 궁극적인 길은 하나님의 내재성, 즉 하나님은 모든 것 '안에' 있다는 가르침에 기초할 것이라고 설명하며 다음과 같이 말한다.

> 이는 신성에 이르는 새로운 교육이며 또한 모든 생명체 내에는 초월하는 하나님과 내재하는 하나님이 있다는 사실을 인성하도록 하는 교육이나.11)

뉴에이지는 이런 하나님의 내재성에 기초하고 있으며 그것이 신성한 내면아이로 이미 자리 잡고 있는 것이 뉴에이지 영성이다.

이와 같은 뉴에이지 영성이 이제는 교회 안으로 흘러들어오고 있으며, 비종교적인 영역에서도 영성을 말하는 시대가 되었다. 영성 경영이 기업 경영전략에

---

the shorthand symbol for his whole understanding and practice of Christian faith and life: True piety does not consist in a fear which willingly indeed flees God's judgment, but since it cannot escape is terrified. True piety consists rather in a sincere feeling which loves God as Father as much as it fears and reverences Him as Lord, embraces His righteousness, and dreads offending Him worse than death. And whoever have been endowed with this piety dare not fashion out of their own rashness any God for themselves. Rather, they seek from Him the knowledge of the true God, and conceive Him just as He shows and declares Himself to be.
10) http://blog.naver.com/yoochinw/130077241792/(2010.01.03 09:53)
11) 같은 사이트에서.

중추적인 역할을 감당하고 있는 것은 실무자들이 더 잘 알고 있다. 회사원 연수교육 프로그램 중에는 영적인 안내자를 만나서 문제를 해결하는 프로그램이 실제로 있다.

이 시대에는 구상화(상상화)가 빠지면 앙코 없는 찐빵이 되고 만다. 그만큼 중요하게 자리 잡고 있다. 그런데도 기독교인들은 나 몰라라 하고 살 수 있을 것 같은가? 당대의 우리는 버티어 나간다고 하자. 그러면, 우리의 자녀들은 어떻게 될까? 거기에 대한 대안이 있는가? 그것은 죽느냐 사느냐의 문제다.

브래들리 P. 홀트는 영성에 대하여 다음과 같이 말한다.

> 기독교적 맥락에서 영성이라는 용어는 우선적으로 생활에서의 체험을 말한다고 생각한다. 바울은 "만일 우리가 성령으로 살면 또한 성령으로 행할지니"(갈 5:25)라고 했다. 영성의 출발점은 각 사람 안에 살아 계신 그리스도의 영이다. 그러나 여기에서 각 사람이란 그리스도의 몸이라는 공동체이다. 영성이란 특별한 형태의 기독교 제자도를 말한다. 예를 들면 제수잇과 루터교인, 그리고 여성해방론자들은 각기 특징적인 주제와 관습들의 복합체이다. 이들 집단에 속한 회원들은 각기 개인적인 은사와 특성을 가지고 있음에 유의해야 한다.12)

이 글에서 알 수 있듯이, 기독교 영성이라고 말하면서 여러 형태의 종교집단과 사회집단들을 다 포함하고 있다. 영성은 모든 집단의 '삶의 체험'을 말하고 있다. '체험'이라는 말에 주의를 놓치지 말아야 한다. 체험으로 가면 어느 종교라도 상관이 없게 된다.13) 지금 이 시대에 영성이란 단어를 사용한다는 것은 어느 종교라도 포용하겠다는 것을 의미한다. 영성은 뉴에이지 시대에 신성으로 가는 흐름을 대변하는 단어이기 때문에 교회 안에서는 사용해서는 안 된다.14)

브래들리 P. 홀트는 계속해서 "영성 훈련 : 침묵과 묵상"을 말하는데, 얼마나 동양의 신비주의적 요소로 채워져 있는지 알 수가 있다.

---

12) 브래들리 P. 홀트, **기독교 영성사**, 엄성옥 역 (서울: 은성출판사, 2002), 25.
13) 현대교회의 가장 심각한 문제 중에 하나는 체험이 진리를 분별하는 기준이 되었다는 것이다. 자신이 치유를 받았기 때문에 그 치유는 정당하다고 말한다. 그 원리와 방법이 성경적인 관점에서 검토하지 않으니 어떤 위험 속에 빠지는 줄을 모른다.
14) 혹자는 '칼빈주의 영성', '개혁주의 영성'이라는 말을 사용할 수 있다고 주장하나, 그것이 과거에는 통용이 되었을지라도 지금 이 시대에는 불가하다. 지금 이 시대에 '칼빈주의 영성' 혹은 '개혁주의 영성'이라는 말은 칼빈주의+(뉴에이지)영성, 개혁주의+(뉴에이지)영성이라는 것으로 들리는 말에 불과하다. 그러면 어떻게 해야 하나? 진정으로 칼빈주의 신학, 개혁주의 신학으로 가려고 한다면 칼빈주의 경건, 개혁주의 경건이라고 해야 한다.

어떤 이는 침묵이란 하나님과 자기 자신을 향한 "사랑의 주의 집중"이라고 한다. 날마다 시간을 정하여 고요히 지내기로 결심하십시오. 집안이나 집 밖의 장소를 선택하십시오. 몸의 리듬, 호흡, 심장 박동, 근육의 긴장 등을 들여다보십시오. 생각을 억제하려 하지 말고, 다만 하나님 임재 안에서 편안하면서도 방심하지 않는 상태에 머무십시오. 만일 생각에 앞으로 해야 할 일, 성적인 생각, 근심, 그리고 이외의 "잡념"이 일 때는, 이렇게 정신이 흐트러진 상태는 정신적인 표면에 나타나는 어떤 표징임을 알고 자책하거나 불안해하지 말고 다시 침묵 상태로 돌아가십시오.15)

이렇게 하는 것은 신비주의 마법에서 하는 것이나 아무런 차이가 없다. 이제는 이런 것들이 어색하지 않는 시대로 점점 변해 가고 있다. 소위 유명하다는 이들이 가르치기 때문에 그것을 따라 아무런 분별도 없이 따라가고 있기 때문이다.

그렇게 비성경적인 길을 가도록 미혹하는 이 시대의 거짓 선지자들은 어떻게 분별할 수 있을까? 동양의 신비주의와 뉴에이지 관상기도, 구상화를 도입하여 가르치면서도 아무런 문제가 없다고 하는 이들이다. 심리학을 성경적이라고 가르치면서 가정사역과 내적치유에 사람들을 불러 모아 온갖 심리학적인 방법과 뉴에이지적인 방법으로 사역을 하는 사람들이다. 그들은 다 좋은 것이라 말하면서 이것을 하면 한 차원 더 높은 신앙생활을 한다고 부추긴다. 강단에서 복음을 외친다고 하지만 그들이 전하는 복음은 심리학과 뉴에이지에 오염된 복음을 전하고 있다.

마약은 제조하는 사람이나 구입해서 주사(혹은 복용)하는 사람 모두 다 불법으로 구속이 된다. 그것이 현실 사회의 법이다. 왜 그렇게 할까? 마약이 이 사회를 무너뜨리기 때문이다. 그러나 교회는 유독 이상한 잣대로 법 제도를 운용하고 있다. 알미니안주의 신학적 입장에 서서 발언을 하면 이단으로 정죄를 받는다. 만일 목사가 알미니안주의 설교를 하면 이단으로 정죄된다. 그러나 정말 어이없는 것은 알미니안주의적 신학에 기초한 실천신학을 교회에서 사용하는 일에는 불법이라고 말하지 않는다. 오히려 알미니안주의 목회 프로그램에 성공한 사람들을 본받으라고 적극 추천하며, 교회에 적용을 하고 싶어서 안달이다. 지금 다니는 교회 안에 알미니안주의 프로그램이 무엇인지 생각해 보라. 이것은

---

15) 브래들리 P. 홀트, **기독교 영성사**, 엄성옥 역 (서울: 은성출판사, 2002), 39.

다만 알미니안주의 뿐만이 아니다. 신사도 운동이든 퀘이커 교도이든 뉴에이지이든지 간에 부흥만 하면 잘못되었다고 말하지 않는다. 더구나 심리학에 대해서는 너무나도 관대하게 포용한다!

담임 목사가 아무리 뉴에이지적인 방법을 동원하고 신사도 운동의 실천신학을 사용해도, 어떤 프로그램을 사용할지라도 문제가 되지 않는다. 새벽기도회에 사람들이 많이 나오고, 주일날 예배 시간에 사람들이 많이 참석하면 그것으로 '묻지 마 목회'가 시작된다. 혹 누가, '우리 목사님이 하시는 저 프로그램이 뉴에이지 구상화 아냐?' 그러면, '시끄럽다. 목사님의 치유 사역으로 얼마나 많은 사람이 치유를 받았는데, 조용히 해!' 이것이 현실이다. 결과가 있으니 그것이 성경적이라는 증거라고 말한다. 과연 그럴까? 결과만 있으면 사람들만 많이 모이면 성경적인 사역일까? 결코 그럴 수 없다. 결과보다 더 중요한 것은 성경적인 원리와 과정이다.

제일 황당하고 어처구니없는 말은 이런 말이다. '세상에 완벽한 프로그램이 어디 있습니까?' 물론 그런 프로그램은 없다. 그렇지만 조금만 알아보면 비성경적이라는 것을 아는데도 굳이 따라갈 하등의 이유가 없다. 특히나 그것이 뉴에이지에 속해 있다면 더 위험한 일이다.

인간이 어떻게 완벽하게 무엇을 만들어 내겠는가? 그러나 우리는 완벽하지 못하지만 하나님의 말씀은 완벽한 말씀이다. 그 말씀이 있기 때문에 우리가 어디로 가야 하는지 그 방향성과 목적을 바르게 할 수 있다. 그래서 '개혁된 교회는 항상 개혁되어야 한다.' 하나님께서 경고하시고 금하신 길을 못가서 안달이 나야 할 이유는 없다. 생명의 말씀을 버리고 왜 딴 길로 가야 하는가 말이다. 엄중하고 두려운 예수님의 경고를 들어보라!

> 22 그 날에 많은 사람이 나더러 이르되 주여 주여 우리가 주의 이름으로 선지자 노릇하며 주의 이름으로 귀신을 쫓아내며 주의 이름으로 많은 권능을 행치 아니하였나이까 하리니 23 그 때에 내가 저희에게 밝히 말하되 내가 너희를 도무지 알지 못하니 불법을 행하는 자들아 내게서 떠나가라 하리라 (마 7:22-23)

예수님께서 그 날에 무엇으로 판단을 하실지 깊이 생각해야 한다. 얼마나 능력을 행하였는지 얼마나 대단했는지, 그것으로 판단하지 않으신다고 말씀하신다. 그런데도 사람들은 거기에 미혹되고 있으며 더 변질되어 가고 있다.

이 세상은 영성 시대로 진입하기 위해 뉴에이지 톨게이트를 통과했다. 그리고 이제는 양자 영성(quantum spirituality) 시대가 도래했다.[16] 그러나 잊지 마라. 그들과 합승하는 순간 당신은 (뉴에이지와 양자 영성이 말하는) 하느님이 되어 가는 과정 속에 있다[17]는 사실을 말이다.

전에는 이렇게 말했다. '자기 관리 어떻게 하십니까?' 이제는 달라졌다. '영성 관리(생활) 어떻게 하십니까?' 이제는 정신을 차리고 하나님의 말씀에 기초하여 분별하고, 자신의 방향성을 분명하게 해야 한다. '뉴에이지 영성으로 갈 것이

---

[16] http://blog.naver.com/yoochinw/130077241792(2010/01/03 09:53, 양자 물리학과 뉴에이지 '하나님', 더 자세한 것은 블로그를 참고하라)- 닐 도날드 월치와 그의 뉴에이지 '하나님' 또한 새영성을 정당화하기 위한 과학적 수단으로서 양자 물리학을 언급한다. 월치의 '하나님'은 그의 "양자"를 강조하기 위해 사업계의 구루이며 릭 워렌의 "정신적 지주"인 피터 드러커에 의해 대중화된 시스템스 이론(The Systems Theory)을 적극적으로 참조한다. 월치의 '하나님'은 하나님을 대문자 'S'가 붙은 "시스템(System)"으로 설명한다. 뉴에이지 '하나님'은 우리는 모두 "시스템" '하나님'의 우주적 에너지의 부분들이기 때문에 우리는 모두 '하나'라고 말한다. '하나님'은 월치와 월치의 셀 수 없이 많은 독자들에게 말하길 "시스템"의 목적을 가진 움직이는 힘은 모두 '하나님' "시스템"과 양자적 "하나 됨"을 인식하는 모든 양자 "부분들"로부터 온다고 설명한다. 그러나 월치의 '하나님'은 또한 "시스템" '하나님'으로부터 분리된 사람들과 그 '부분'이 아닌 사람들에 대한 위험을 경고한다. 월치의 그의 '하나님'은 다음과 같은 대화를 나누었다. "하나님": 그래. 물론이다. 지능은 너로부터 오고 있다. 네 안에 바로 나인 부분으로부터 오고 있다. 즉, 지능은 그 시스템으로부터 오며 너는 원래부터 그 시스템의 부분이다. 그러나 그 시스템의 부분이 아닌 것에서 나오는 에너지가 생명의 형태를 띨 때 환상을 만들어 낸다.
월치: 그것과 함께 바로 혼돈 이론과 양자물리학이 나오게 됩니다.
"하나님": 그렇다. 양자물리학은 단지 하나님-"시스템"이 각 개인적 부분들을 어떻게 보는지, 그리고 그러한 부분들이 하나님-"시스템"이 어떤 영향을 끼치는지 보는지를 과학적으로 설명한 것이다. 너는 이 현상을 영적 용어로 "더 높은 차원의 의식" 또는 "확장된 자아-의식"이라고 부르도록 하라. 이것은 "의식 하는 것(Which Is Aware)"이 "존재(It IS)"가 의식하는 것에게 영향을 끼쳤다는 사실을 체험할 때 오게 된다.
월치: "관찰된 모든 것은 관찰자에 의해 영향을 받지 않은 것은 아무것도 없다." 이것이 양자 물리학의 첫째 법칙이다.
뉴에이지/새영성의 새세계관은 세상의 유익과 미래의 적극적인 평화를 위해 인류는 우리는 모두 "시스템" "하나님", 즉 양자 영역의 부분이기 때문에 우리는 모두 "하나"임을 인식해야 한다고 주장한다. 자신을 하나님-시스템의 부분으로 볼 때 우리는 궁극적으로 우리 자신과 세상을 구할 수 있게 될 것이라고 한다. 이것이 새 패러다임이다. 이것이 양자물리학에 의해 묘사되는 뉴에이지/새영성이다. 이것에 새롭게 등장하고 있는 새세계관이다. 그러나 이는 거짓이다. 이는 에덴동산에 나타났던 뱀이 다시 나타나 말하는 거짓말이다.
[17] http://sang1475.com.ne.kr/data/Whitehead.hwp의 HTML 버전/"화이트헤드는 두 가지 전략을 택하여 이 과제에 접근한다. 하나는 '실체-속성'의 범주와 주어-술어의 논리 간의 밀접한 상관성을 근간으로 하는 전통 실체 철학의 모든 구성적 논의를 근본적으로 비판 해체하는 것이고, 다른 하나는 사변적 상상(imagination)에 힘입어 존재와 시(공)간 간의 전통적 관계를 역전시켜 재구성하는 것이다. 화이트헤드의 형이상학적 우주론은 이 재구성의 최종 산물이다."

냐?' '개혁주의 경건으로 갈 것이냐?'를 확실하게 정해야 한다. 이것도 저것도 아니면 당신은 뉴에이지 영성의 쓰나미에 초토화되고 말 것이다.

구상화를 말하기 전에 왜 이렇게 영성에 대하여 길게 말해야만 하는가? 그것은 영성을 추구하는 사람들의 핵심에는 내면아이가 그 기초이며 구상화는 그 방법이기 때문이다. 그리고 그것이 다만 내적치유에서만 구상화가 적용되는 것이 아니라, 사회 전반에 걸쳐서 영성 시대에 구상화는 핵심적인 키워드로 자리 잡고 있기 때문이다.[18]

만일 당신이 오늘 구상화에 대하여 처음 들었다면 영성의 흐름 속에 알게 모르게 젖어 있는지 진지하게 살펴보아야 한다. 만일 당신이 어떤 형태로든지 별 의도적인 생각 없이 명상을 하고 있다면 초보적 수준이다.[19] 구상화가 무엇인지 알기는 하나 영적인 안내자[20]를 만나는데 시간이 많이 걸리면 입문자 수준이다. 그러나 눈을 감자마자 영적인 안내자를 만나면 이제는 고단수로 높아진 것이다. 그 이상은 무엇일까? 자칭 신(神)이 되어 가는 사람이다. 그럴 생각이 없다면 구상화를 중단해야 한다. 특히 교회에서 행해지는 어떤 형태의 가정사역과 내적치유에서든지 심지어 설교에서도 금지되어야만 한다. 뉴에이지 구상화를 진행하고 있으면서도 스스로 교회의 지도자라고 하며 성도라고 자부하는 분들에게 간곡히 부탁한다. 무당이 하는 짓을 목사가 해서는 안 된다! 무당이 하는 구상화를 성도들에게도 하라고 요구하는 목사가 되어서는 안 된다. 무당이 하는 신내림 굿을 할 것이 아니라면 목사도 성도도 절대로 따라 해서는 안 된다!

---

[18] 이송미, **기적의 상상치유** (서울: 한언, 2010), 78; 근대 이후 심리학과 정신의학 등에서 상상을 심리 치료에 이용하는 학자들이 등장했다. 1775년 메스머의 심상최면법, 1898년 자네의 심상체험법, 1912년 프로이트의 자연연상법, 1916년 융의 적극적 심상법, 1921년 카슬랑의 심상조절법, 1922년 크레치머의 사고연상심상법, 1925년 클락의 판타지심상법, 1938년 드주와이으의 공상치료기법, 1954년 로이너의 KB심리치료 등 상상을 치유 수단으로 하는 치유법이 소개되었다.
[19] 큐티도 이제는 관상큐티로 변했다. 그 어떤 말로 그럴듯하게 정당화 한다고 할지라도 관상큐티로 만족할 수 없는 상태에 이르게 된다. 그리고 그다음 단계로 들어가게 된다.
[20] 제임스 사이어, **왜 뉴에이지에 사람들이 매혹되는가?** 김희성 역 (서울: 예영커뮤니케이션, 1992), 78; 자신을 뉴에이지 운동의 기수라고 하는 셜리 맥클레인은 일단 비가시적 세계에 들어가면 시공을 초월하게 되며 크리스 크림슨의 침을 맞으면 무아경에 빠지면서 자신의 초자아를 만나게 된다고 밝혔다. 그 초자아는 그녀에게 "I am you higher unlimited self"라고 말했다고 한다. 그때부터 그녀는 그 초자아를 자신의 인도자로 여기게 되었다고 한다.

설교 속의 구상화

놀랍게도 '구상화'는 이미 설교 속에 깊이 들어와 있다. 그 오염의 그 대표적인 예가 요셉처럼 꿈을 꾸라는 것이다. 『꿈꾸는 자가 오는도다』, 『꿈꾸는 자가 알아야 할 21가지 믿음의 법칙』과 같은 책은 구상화를 실현하는 구체적인 책인 것을 너무도 모르고 읽어 왔다.

이렇게 꿈꾸는 것에 대하여 말하는 강준민 목사는 구상화를 이루기 위하여 어떻게 말하고 있을까? 강준민 목사는 "현실에 뿌리내린 영성이 참된 영성이다"라고 말한다. 그러면서 토마스 머튼(Thomas Merton, 1915-1968)의 글을 인용하면서 다음과 같이 말했다.

> "영성 생활에 있어서 비현실의 세계 속으로 빠져드는 것보다 더 큰 재앙은 없다." 사실 영성 생활은 현실에 뿌리를 내려야 합니다. 현실을 떠난 영성은 환상에 불과합니다. 우리의 영성은 하나님께 깊이 뿌리를 내려야 합니다. 동시에 현실에 깊이 뿌리내린 영성 생활을 해야 합니다. 그러기 위해서는 우리의 삶은 조금 더 구체적일 필요가 있습니다.[21]

도대체 "현실에 뿌리내린 영성"이라는 말이 무슨 말일까? 그것은 인간의 본성에 뿌리내린 영성을 말하는 것이다.[22] 무슨 본성을 말하는가? 인간이 하나님의 형상으로 창조되었다는 것에 무게중심을 두는 것이다. 인간의 죄성은 간과되고 형상이 강조되므로 신성(神性)의 계발에 초점을 맞추게 된다. 그렇게 신성을

---

21) 강준민, 꿈꾸는 자가 알아야 할 21가지 믿음의 법칙 (서울: 두란노, 2000), 19.
22) 「일상의 영성」, 「아래로부터의 영성」 그리고 「현실에 뿌리박은 영성」이라는 말은 사실상 동의어나 마찬가지다. 다음 글들을 참고하라; 리차드 포스터, **영적성장을 위한 제자훈련**, (서울: 보이스사, 1993), 330; 토마스 머튼은 러시아의 어느 영적인 지도자에 대해 말한 바 있습니다. 그는 농사짓는 할머니에게, 그녀의 칠면조를 돌보는 일에 대해 진지하게 충고하느라고 시간을 너무 많이 소비한다고 비난을 받고 있었습니다. 그는 이렇게 대답했습니다. "천만에, 그녀의 인생 전체가 바로 그 칠면조들에게 있는 걸." 영적지도는 우리 생활의 일상 경험들을 붙잡아, 그것에다가 신성한 의미를 부여합니다.
http://www.yes24.com/24/goods/5251608 **일상에 깃든 하나님의 손길**-로널드 롤하이저, 〈도대체 믿음은 어디에서 오는 것일까〉 현대인들은 자신의 믿음을 불안해하며 산다. 마치 인간의 감정처럼 상황과 여건에 따라 들쑥날쑥 변하기 때문이다. 그래서 그리스도인임에도 불구하고 '외로움'을 피해 갈 수 없고, '불안'에 떨며, '우울증'이라는 현대인의 치명적인 병을 앓는다. 사실 우리는 그렇듯 진정한 믿음보다는 감정적 확신에 이끌려 살아온 것이다. 헨리 나우웬 이후 대표적인 영성 작가로 주목받고 있는 로널드 롤하이저는 이 책을 통해 우리에게 절실하게 필요한 '진짜 믿음'에 관해 말한다. 믿음이란 우리의 시력을 바꿔 일, 관계, 가족, 사랑, 성, 죽음 등 현실과 그 가운데 있는 모든 것을 지평선처럼 무한하고 평온한 마음으로 바라보게 하는 것이다. 플라톤은 그것을 "신성을 관상하는 것"이라고 했고, 이 책에서는 "일상에 깃든 하나님의 손길"이라고 표현했다.〉

계발시킨 사람들을 추종하게 되고, 인간과 인간의 삶을 둘러싸고 있는 일상이 전면에 부각된다.

그런 말의 시초는 누구인가? 강준민 목사는 토마스 머튼과 리차드 포스트의 영성에 깊은 영향을 받은 사람이며, 최근 신비주의적 신인합일을 추구하는 관상 기도의 목적을 성취하기 위해 만들어진 레노바레 성경에 관여되어 있다.23)

머튼은 인간의 죄성과 무능력보다는 인간의 가능성을 강조한다. 왜냐하면 인간의 죄인 됨 보다 인간이 하나님의 형상으로 지음 받았다는 사실을 우위에 두기 때문이다.24) 애매모호한 말로 성도들을 혼란에 빠트리지만 실제는 신성한 내면아이에 기초한 사상이다. 하나님의 형상으로 창조된 인간을 더 강조하는 것은 인간 안에 신성을 확보하려는 사악한 의도다.

강준민 목사가 말하는 꿈꾸는 요셉은 성경이 말하는 요셉이 아니다. 그것은 뉴에이지 구상화에 기초한 성공지향적인 인간이다. 다음과 같은 강준민 목사의

---

23) http://mall.godpeople.com/?G=9788953106826/
24) http://blog.daum.net/sohhnia/16157493/ 윤동주, 토머스 머튼의 생애와 영성(2018.5.17.);〈머튼의 인간관은 인간의 무능력보다는 오히려 가능성을 강조하고 있기에, 긍정적이고, 낙관적이다. 머튼에게 있어서, 인간은 죄인이기에 앞서 하느님의 형상이다. 머튼은 하느님의 형상을 깊은 자기(inmost self), 지성소(inmost sanctuary), 내적 자기(inner self), 참나(true I)와 같은 여러 이름으로 언급하고 있다. 이 하느님의 형상은 모든 사람이 가지고 있다. 그것은 하느님에게서 생명을 부여받은 모든 영혼 안에 있다. 즉 우리 영혼의 중심, 하느님의 형상에서 우리는 하느님과 선천적으로 통일되어 있다는 것이다. 이것을 "자연합일"(natural union), "자연일치"(natural unity)라고 부른다. "유일하신 하느님과 우리의 자연합일은 육체적 생명의 원천으로서 우리 영혼 속에 살아 계시는 하느님과의 즉각적, 실존적 합일이다." 그러면 참된 자기인 하느님의 형상의 본질은 무엇인가? 그것은 자연 일치(natural unity)의 바탕이다. 하느님의 형상에서 나와 하느님, 나와 이웃은 둘이 아니고 하나로 일치되어 있다. 그리고 순수한 사랑과 자유이다. 이것은 하느님과의 합일을 이끄는 동적인 성향이다. 사랑과 자유는 우리의 본성에 뿌리내리고 있다. 왜냐하면 이것은 하느님의 형상이 우리 존재의 특질이기 때문이다. 자유의 실천은 무사(無私)한 사랑(disinterested love)의 실천에 지나지 않기 때문에 사실상 그 둘은 하나이다. 사랑은 절대 가난과 무(無)의 바탕에서 샘솟는 움직임이다. 그리고 실제적인 힘이며, 초월적 영적인 힘이다. 그럼 죄는 무엇인가? 죄는 인간의 무질서이다. 그리고 그것은 하느님의 형상의 부재이다. 그러한 죄는 우리 인격의 가장 깊은 내면을 강타하고, 우리의 참된 개성과 정체성과 행복이 의지하여 기대한 단 하나의 실재를, 즉 하느님을 향한 우리의 근본적인 지향을 파괴시켜 버린다. 그래서 머튼은 죄를 거짓 자기가 정체성을 부여하는 구조와 동일시하고 있다. 거짓 자기는 하느님께 대한 근본적인 거부로부터 발생하는 거짓과 환각의 전체적인 증후군이다. 그러나 거짓 자아와 육체를 하나로 보아서는 안 된다. 육체는 죄도 아니며 비현실적인 것도 아니기 때문이다. 육체는 하느님으로부터 받은 실재이다. 그렇기 때문에 이 실재는 거룩한 것이다. 그래서 육체를 "하느님의 성전"이라고 하는 것은 상징적이기는 하지만 옳은 말이다. 그리고 영혼은 선이고 육신은 악인 것처럼 영혼과 육신을 대립시켜 자신을 조갬으로써 자기의 자연적 일치를 속(俗) 되게 하지 않도록 할 것을 경고한다. 그래서 거짓 자아에서 참된 자아를 발견하기 위한 노력이 있어야 함을 말한다. 참된 자아를 찾지 않고서는 하느님을 발견하지 못함을 말한다. 이런 노력이 영성 생활이다. 이 영성 생활이 머튼에게 있어서 바로 명상기도(contemplative prayer)이다.〉

말을 들어보라.

> 저는 당신의 미래를 예측할 수 있습니다. 당신의 꿈을 보여주십시오. 그러면 앞으로 5년, 10년 후의 당신의 모습을 그려 드리겠습니다. … 모든 위대한 사람, 모든 위대한 성취는 한 사람의 가슴 속에 있던 꿈에서 시작되었습니다. 작은 상상력에서 시작된 것입니다. 당신의 꿈을 보여주신다면, 당신의 미래를 예측해 드리겠습니다.[25] 하나님의 사람은 작은 씨앗에서 수천 그루의 나무를 볼 수 있어야 합니다. 작은 씨앗을 심으면서 숲을 보아야 합니다. 그것이 바로 비전입니다. 비전은 남이 볼 수 없는 것을 보는 것입니다. 눈에 보이는 것만 보는 것이 아니라 볼 수 없는 것을 보는 것입니다. 눈에 보이는 것만 보는 것이 아니라 그 뒤에 감추인 것을 보는 것입니다. 작은 것 속에 감추인 큰 것을 보는 것이 비전입니다.[26]

미래를 예측한다니 이 무슨 해괴망측한 말인가? "상상력", "꿈에 기초한 미래 예측", 이것이 바로 구상화(상상화)에 기초한 강준민 목사의 영웅본색이다. 이런 사상을 가지고 있는 사람들은 신사상(new thought)과 뉴에이지 사상에 오염된 사람들이다. 그런 사상들이 교회 밖에 있는 줄로 생각하는 경우가 많다. 그러나 현실은 그렇지 않다. 이미 설교 속에 이런 것들을 적극적으로 모방하고 있다. 그런 설교를 하는 목사들이 무슨 대단한 사람들인 것으로 착각을 하고 있다. 그 설교를 듣는 성도들은 그것이 뉴에이지적인 설교라는 것을 몰랐다.

진지하게 성경을 읽어보고 생각해 보라. 요셉은 스스로 꿈을 꾸었는가? 아니면 하나님께서 의도하시어 요셉에게 꿈을 꾸게 하셨는가? 성경을 읽어보면 그 답은 후자라는 것을 쉽게 알 수가 있다. 그런데도 강단에서 설교를 하는 목회자들은 요셉처럼 꿈을 꾸라고 말한다. 이것이 바로 구상화에 오염된 설교다.[27]

또 다른 예는 아브라함처럼 상상하라는 것이다. 조용기 목사는 다음과 같이 말했다.[28]

---

25) 강준민, **꿈꾸는 자가 오는도다** (서울: 두란노, 2002), 22-23.
26) Ibid., 254.
27) 강준민, **꿈꾸는 자가 알아야 할 21가지 믿음의 법칙** (서울: 두란노, 2000), 87; "2) 소원한 것이 이미 이루어진 것처럼 믿고 간구하십시오. 미래를 창조하는 기도는 믿음으로 드린 기도입니다. 하나님은 우리의 믿음을 따라 역사하십니다. 믿음은 바라는 것입니다. 믿음은 바라보는 것의 실상입니다. 바란다는 것은 상상하는 것입니다. 계속해서 구체적으로 상상하는 것입니다. 아인슈타인은 '지식보다 더 중요한 것은 상상하는 것이다'라고 말했습니다. 상상은 미래를 창조하고, 상상은 세계를 움직입니다. 다시 기억하십시오. 모든 것이 생각에서 출발합니다. …
당신이 소원하는 것이 무엇입니까? 풍부 의식, 가능 의식, 형통 의식을 가지고 무엇이든 원하는 것을 주님의 이름으로 선택하고 바라보십시오. 강렬하게 바라보십시오. 계속해서 바라보십시오. 문제를 바라보지 마십시오. 오늘의 현실을 직시하십시오. 문제보다는 해결책을 바라보십시오. 소원하는 것을 선택하고, 그 선택한 것을 바라보십시오. 그리고 그것이 이미 이루어진 것처럼 믿고 생각하며 기도하십시오."

나는 아브라함이 별을 올려다보았을 때 그가 볼 수 있던 모든 것은 자기 자손의 얼굴이었으며 갑자기 그는 그들이 그에게 "아버지 아브라함!"이라고 부르는 것을 느꼈다고 상상한다. … 그는 눈을 감았을 때 잠들 수 없었다. 왜냐하면 그는 모든 별들이 자기 후손들의 얼굴로 변하는 것을 보았기 때문이다 … 그러한 그림들이 그의 마음에 계속해서 떠올랐으며 … 그의 4차원의 일부가 되었다 … 이들 환상과 꿈은 백 살 먹은 그의 육체를 지배했으며, 마치 그의 몸이 젊은이의 몸처럼 변화되었다.29)

데이브 헌트의 말대로 이것은 성경적인 주석이 아니라 순전히 공상이다. 이런 방식들이 바로 구상화의 전형적인 형태다. 아브라함은 환상과 꿈의 지배를 당한 것이 아니다. 굳이 지배라는 차원에서 말한다면 아브라함은 하나님의 부르심과 하나님께서 주시는 언약에 지배를 당했다. 왜냐하면 아브라함의 삶은 하나님과의 언약에 신실한 삶이었기 때문이다.

지나간 교회사에는 언제나 이 세상성으로 나가도록 꿈과 비전을 외치는 자들이 언제나 있었다. 그들은 이 세상의 심리학과 철학과 신비주의 종교를 혼합한 절충주의자들이었다. 입으로는 하나님을 말하나 실상은 이 세상성에 눈이 멀어 있는 사람들이었다. 하나님의 복음으로 이 세상의 것을 가질 수 있다고 부추기는 사람들이다. 천국도 가고 돈도 벌어 부자도 되는 것이 신앙이라고 가르치는 사람들이다. 예수님께서 언제 그렇게 가르쳤던가? 아니면 사도 바울이 그렇게 가르쳤는가?

이런 비성경적인 뉴에이지 구상화를 정당화하기 위하여 많은 사람들이 흥분을 감추지 못하고 인용하는 성경 구절은 잠언 29장 18절이다. 묵시가 없으면 백성이 방자히 행하거니와 율법을 지키는 자는 복이 있느니라(잠 29:18)

---

28) http://www.christiantoday.co.kr/view.htm?id=243483/ [조용기 설교] 바라봄의 법칙, 크리스천투데이 (2010.12.25 16:43) 〈미국 경제신문인 월스트리트저널이 네 자매의 성공스토리를 보도한 적이 있는데요, 미국 사회는 관리직의 절반만 여성이고, 고위직에선 남성의 6분의 1만이 여성일 뿐, 이러한 기업 환경 속에서 네 자매가 각 회사에서 중직으로 성공한 예가 별로 없습니다. 첫째 자매는 한 기업체의 사장이 되었고, 둘째는 통신회사 시티즌스 커뮤니케이션의 회장 겸 최고 경영자가 되고, 셋째는 여행업체의 판매 담당 부사장이 되고, 막내는 통신회사의 부사장으로 일하고 있습니다. 이 네 자매는 자신들의 성공 비결에 대해서 "부모님의 가정교육"을 잘 받아서 그렇게 되었다고 말했습니다. … 목표를 분명히 가지고 눈을 높이 들어 큰 꿈을 갖도록 격려해 주었는데 그대로 자녀들이 이 세상에 출세를 할 수 있게 된 것입니다. 그래서 제가 이것을 바라봄의 법칙이라고 말한 것입니다. 네 눈을 높이 들어 바라보라.〉
29) 데이브 헌트/ T.A. 맥마흔 공저, **기독교 속의 미혹**, 김문철 역 (서울: 포도원, 1991), 158.

많은 사람이 이 구절을 두고서 상상력을 동원하는 것을 정당화하려고 한다. 그러나 과연 성경이 그렇게 상상력을 통해 자기의 소원을 이루라고 하는 말씀일까?

이 말씀은 선지자의 전파가 모호했을 당시에 만들어졌다. "묵시"는 본질적으로 '예언적 계시'를 말하며 그 내용이 선포된 것이다. 묵시가 없을 때 백성들은 무질서하게 된다.30) "묵시"(vision, 히브리어로 haza = to see)는 이 구절 외에 22:29; 24:32; 29:20에 사용되었으며, 욥기 15:17; 19:26-27; 27:1`2에서도 사용되었는데, 지식을 전달해 주는 계시로써 사용되었다.31) 『바른 성경』은 "묵시"를 "계시"라고 번역했다.32) Otto Zökler 역시 "하나님의 계시"를 말하며, 그 계시의 주된 요소는 율법의 열렬한 성취를 고취하거나 율법의 요구를 강조하는 것이라고 말했다.33) Derek Kidner도 "묵시"를 선지자가 받은 계시로 말했다.34)

그러므로 "묵시"는 분명히 하나님으로부터 선지자가 받은 계시의 말씀을 의미하며, 하나님의 백성들은 그 선포된 말씀에 대한 순종을 통해서만 언약 백성의 복을 누린다. 다시 말해서, 예언적인 말씀이 개개인에게 전파되지 않을 때 혼돈(chaos)이 발생한다. 혹자는 이 본문이 포로기 이후의 상황에서 기록되어졌다고 말하지만, B.C. 8세기에 아모스 선지자를 통하여 여호와의 말씀의 기근에 대하여35) 이미 선포했다.36) W. 해리스는 다음과 같이 말했다.

> 유대인들 사이에 말씀 선포, 즉 묵시가 끝났을 때 그 백성들에게 무서운 재난과 불행이 임하였다. 그곳에서 사람들은 완전히 멸망한다. 사람의 육체와 영혼 두 가지가 모두 진지하고 의식적인 말씀 선포가 없는 곳에서는 멸망한다(호 4:6). "내 백성이 지식이 없으므로 망하는도다." 본문은 우리에게 "무지는 파멸의 어머니"라고 말한다(브룩스).37)

---

30) 카일 델리취, **잠언(하)**, 강규봉 역 (서울: 기독교문화협회, 1984), 194; 루터는 "wild und wist"라고 번역했다.
31) Christine Roy Yoder, Abingdon Old Testament Commentaries, Abingdon Press, 2009, p. 276.
32) 계시가 없으면 백성이 방자히 행하나 율법을 지키는 자는 복을 받는다(바른 성경, p. 812).
33) Otto Zökler, **랑게 주석**, 배영철 역 (서울: 백합출판사, 1981), 459.
34) Derek Kidner, Tyndale Press, 1969, p. 175.
35) 주 여호와께서 가라사대 보라 날이 이를지라 내가 기근을 땅에 보내리니 양식이 없어 주림이 아니며 물이 없어 갈함이 아니요 여호와의 말씀을 듣지 못한 기갈이라 사람이 이 바다에서 저 바다까지 북에서 동까지 비틀거리며 여호와의 말씀을 구하려고 달려 왕래하되 얻지 못하리니(암 8:11-12)
36) R. N. Whybray, New Century Bible Commentary, Marshall Pickering, p. 403.
37) W. 해리스, **베이커성경주석**, 잠언(하), 박양조 역 (서울: 기독교문사, 1989), 620.

하나님의 백성들은 계시의 말씀에 순종하는 삶을 살아야 하며, 뉴에이지 구상화를 통한 바라봄의 법칙이나 상상력을 통하여 소원을 성취하는 길로 가서는 안 된다! 사람들의 귀를 즐겁게 하는 절충주의자들은 질병에서 치유되어 열심히 일하고 있는 모습을 상상하라고 한다. 사업에 성공해서 돈을 많이 벌고 연봉이 오르는 것을 상상하라고 한다. 요즘에는 이런 것들이 설교와 기도에서 평범하게 등장하고 있다.

이제는 설교에서 꿈, 비전이 안 들어가면 이상하리만큼 변질이 되었다. 그것이 구상화라고 어느 누구도 명확하게 설명해 주지 않았다. 그것을 알고 설교를 하든지 모르고 설교를 하든지 간에 그렇게 설교하는 것이 뉴에이지 구상화 설교다. 구상화를 통하여 자신의 과거와 현재와 미래를 자신이 원하는 대로 조정하려는 것은 분명히 하나님의 권세와 주권과 능력에 반기를 드는 것이다. 그것은 인간 스스로 우주와 역사에 주인 노릇을 하려고 하는 사악한 탐욕이다.

1. 구상화란 무엇인가?

왜 구상화를 말해야 하는가? 구상화는 신성화에 도달하는 샤머니즘과 뉴에이지 방법이기 때문이다. 교회는 세상이 그렇게 변질되어 가는 것을 너무나도 모르고 있기 때문이다. 지금 이 시대정신이 무엇을 말하고 있는지 모른다. '무엇이 변했는지, 어떻게 변했는가?'를 모르니 지금 하고 있는 일들이 무엇이 잘못되었는지 분별하지 못한다. 우리가 사는 이 시대의 기독교인이 그렇다.

지금 교회에서 부르고 있는 노래가 어떤 영향을 입었는지를 모른다. 그저 가사가 좋고 멜로디가 좋아서 부른다. 그 노래가 자신을 죽이고 교회를 죽이고 있는 줄을 모른다. 손을 높이 들고 눈물을 펑펑 흘리면서 목이 터져라 소리치며 부르는 노래가 영혼을 죽이는 독이라는 것을 모른다. 그런 노래들의 거의 대부분이 퀘이커 이단이나 그 영향을 받은 노래라는 것을 모른다. 그렇게 문제점과 위험성을 말해 주면 도리어 화를 낸다.

가정사역과 내적치유를 성경적(혹은 성서적)으로 한다고 말하지만 얼마나 심리학과 뉴에이지에 물들어 있는 줄을 모른다. 이제는 이름을 바꾸어서 전인적 치유라는 말을 하기 때문에 더 혼란케 한다. 그 내적치유에서 치유를 받은 결과가 있기 때문에 정당하다고 주장한다. 그 내적치유의 이론적 배경과 근거가 너무나도 비성경적인데도 자신이 치유를 받았기 때문에 다 성경적이라고 생각한다. 그렇게 말하는 내적치유 사역자들이 절충주의자들인 것을 꿈에도 생각을 못하고 있다.

그들이 절충주의자라는 것은 성경만으로는 안 된다는 것이다. 내적치유는 그저 심리학만으로 이루어지지 않는다. 신성한 내면아이, 가계에 흐르는 저주론, 뉴에이지 구상화, 신비주의 영성 등을 섞어 놓았다. 그러면서도 성경적으로 내적치유를 한다고 말한다.

성경만으로 안 되는 기독교는 죽은 기독교다! 그런 것은 기독교가 아니다! 성경만으로 안 되는 성도는 성도가 아니다! 성경만으로 안 되는 목회, 성경만으로 안 되는 신앙생활은 거짓 목회요 거짓 신앙생활이다!38) 성경만으로 안 되는데 왜 목회를 하는가? 성경만으로 안 되는데 왜 신앙생활을 하고 있는가? 길거리에 자리 깔고 사주팔자 보는 사람들도 자기 고집이 있는데, 왜 목사가 그래야 하고 왜 성도가 그래야 하는가? 그 이유는 한 가지이다. 천국도 가고 세상에서 부귀영화도 누리고 싶은 절충주의로 가기 때문이다.

이런 모든 변화는 왜 일어났는가? 그것은 쉐퍼가 말하듯이 진리관의 변화가 일어났기 때문이다. 그것이 바로 현대인의 절망이다. 현대가 신비주의에 몰두하는 것은 그 절망의 끝에서 정신분열을 일으키고 있기 때문이다. 합리주의는 초자연적 사실들을 제거하자 상층부와의 통일성을 상실하였고 실존주의를 부르짖으나 허무주의 속에서 길을 잃고 방황하고 있다.

시대적으로도 합리주의는 거부당하고 있다. 합리주의는 객관적 진리 이외의 것들은 다 배제해 버리기 때문이다.39) 이제는 진리가 아닌 것은 비(非)진리라는 반정립을 싫어하는 시대가 되었다. 진리가 아닌 사이비를 진리라고 인정하는 다

---

38) 인간의 죄악과 어리석음과 부족함으로 인하여 일어나는 오류가 있다. 그러나 여기에서 필자가 말하는 것은 분명하게 드러난 비성경적이고 심리학적이며 뉴에이지적인 것들을 교회 안에서 가르칠 필요가 없다는 것을 강조하고 있다.
39) 이 말이 합리주의자로 살아야 한다는 의미는 결코 아니다.

원주의 시대에 살고 있다. 이것은 이전 시대가 이성을 기반으로 한 합리주의 시대에서 상상을 근간으로 하는 다원성, 가변성, 주관성으로 대체되는 시대로 전환되고 있다는 것을 의미한다.40) 우리는 지금 '합리성' 대신 '비합리성'을, '이성' 대신 '상상력'을 중요시하고 '논리'보다는 '이미지'를 우월한 것으로 내세우는 새로운 시대 속에 살고 있다.41)

지금은 상상력 시대, 구상화 시대다. 그러나 교회는 정신을 차리지 못하고 세상과 함께 구상화의 물결을 타고 뉴에이지 영성에 물들어 가고 있다. 중요한 것은 자기 자신이 그러는 줄을 모른다는 것이다. 가마솥에 개구리 같이 말이다. 지금은 개구리가 사우나를 즐기지만 조금만 지나면 개구리들이 죽는다고 소리를 칠 때가 올 것이다. 그러나 그 때는 이미 늦다. 심리학과 뉴에이지로 다 죽어 가는 개구리의 힘만으로는 가마솥 뚜껑을 열고 나올 수가 없기 때문이다.

중요한 사실은 세상도 별 수 없다는 것이다. 그러면서도 세상은 자신들의 실패를 인정하지 않는다. 세상은 폐쇄된 세계 속에서 자연적 인과관계의 통일성을 전제하고 또 찾으려 했으나 결코 도달할 수가 없었다.

세상에서 그리 똑똑하고 잘 낫다는 위인들이라도 어쩔 수 없이 비인과율의 세계를 인정하지 않을 수가 없었다. 그렇다고 그들이 초자연적 세계를 인정하고 하나님 앞으로 돌아오지 않았다.

그렇게 하면 완전히 하나님 앞에 백기를 드는 일이니 인간의 더럽고 죄악 된 자존심이 허락하지 않았다. 최후까지 발악하다가 죽었으면 죽었지 하나님 앞에 무릎 꿇고 죄인으로 엎드리지는 않겠다는 것이다. 자기 앞에 더 크고 무한한 초월자가 있다는 것을 죽어도 용납하지 않으며 그런 사실에 분노를 금하지 못한다.

그런 일들이 우리 바로 앞의 세대 곧, 칼 바르트와 그 수많은 추종자가 신신

---

40) 이것은 하나님께서 십계명의 2계명에서 철저하게 금하고 있는 것과 관련 된다. "너는 나 외에는 다른 신들을 네게 있게 말지니라 너를 위하여 새긴 우상을 만들지 말고 또 위로 하늘에 있는 것이나 아래로 땅에 있는 것이나 땅 아래 물속에 있는 것의 아무 형상이든지 만들지 말며 그것들에게 절하지 말며 그것들을 섬기지 말라 나 여호와 너의 하나님은 질투하는 하나님인즉 나를 미워하는 자의 죄를 갚되 아비로부터 아들에게로 삼사 대까지 이르게 하거니와 나를 사랑하고 내 계명을 지키는 자에게는 천대까지 은혜를 베푸느니라"(출 20:3-6)
41) 진형준, *싫증주의 시대의 힘 상상력* (서울: 살림, 2009), 40.

학을 부르짖었다. 지금도 그러고 있다. 그런 사람들이 한국교회에 큰소리를 내고 있다. 그런 사람들이 한국교회의 지도자 노릇을 하고 있다. 그런 사람들이 한국교회 영성의 대가라고 불리고 있으니 너무나도 경악스러운 일이다.

그들은 성경적 진리를 학문이나 역사와의 결합에서 분리시키고 진리는 그저 단순히 믿어야만 한다고 가르쳤다. 진리를 단순하게 믿는다는 것이 일면 일리가 있어 보이지만, 그들이 말하는 진리란 실제로 역사 속에서 일어나지 않은 진리를 말한다. 그들이 말하는 하나님은 실제로 살아 계시며 역사하시는 하나님이 아니다! 그들이 말하는 하나님은 '실존적 도약 속에 있는 하나님'이거나 '내 안에 있는 하느님'을 말한다! 그것은 성경에서 말하는 하나님이 아니다!

세상의 철학을 따라가면서 진리를 추구한다는 것은 처음부터 실패하도록 정해진 것이다. 왜냐하면 초자연적인 부분을 제거하고 인간의 삶에 가치와 통일성을 부여한다는 것은 불가능한 일이기 때문이다. 세상은 초자연성을 인정하지 않을 수 없는 막다른 길로 가게 되었다.42)

이제 세상에는 초자연적 신비주의가 모든 것을 장악하고 있다. 그것은 한 마디로 신비주의의 새로운 지배 형태다. 그것이 새로운 지배 형태라는 것은 역사성을 결여한 초자연성으로 가기 때문이다. 실재하는 현실에 개입하시는 하나님이 아니라 인간의 상상력이 만들어 낸 신비주의가 지배하게 되었다.

오늘날의 신비주의가 말하는 초자연적 세계는 역사적으로 입증할 수 있는 것이 아니라 인간의 상상력을 통하여 만난 영적인 안내자가 말해 준 비실제적 진술에 불과하다.

한마디로 합리주의는 무너졌고 상상력의 시대가 도래했다. "나는 생각한다, 고로 나는 존재한다"는 데카르트의 명제는 이제 의미가 없다. 지금은 "나는 상상한다, 고로 나는 존재한다."라는 새로운 명제가 휘날리는 시대가 되었다.43)

이 명제가 가지는 위험성은 상상하는 주체에 따라 모든 것이 좌우된다는 것이다. 더 이상 객관적 진리는 존재하지 않는다. 오로지 주관적으로 상상하는 상대적 진리가 된다. 합리적 인간이 주체가 되었을 때는 합리성과 효율성이 중시

---

42) 프란시스 A. 쉐퍼, **기독교와 현대사상 살아계신 하나님**, 홍치모 역 (서울: 성광문화사, 1992), 83-88.
43) 진형준, **상상력혁명** (파주: 살림, 2010), 38-42.

되었으나 상상하는 인간이 주체가 되자 우주 전체와 유기적으로 연결되었다는 동양적 영성이 주름을 잡게 되었다. 상상력은 이제 구상화(visualization)라는 이름으로 세상에 알려지게 되었다. 뉴에이지 시대의 핵심 키워드는 신성한 내면아이와 구상화다.

이런 신성한 내면아이와 구상화는 뉴에이지 시대에 더욱 활개를 치고 있다. 뉴에이지 시대란 무엇을 의미하는가? 그것은 진리가 외부로부터, 곧 하나님으로부터 주어지는 것이 아니라 인간의 내부로부터, 인간의 상상력으로 도출되는 것이 전면적으로 확대되는 시대를 말한다. 신성한 내면아이는 인간이 진리를 판단하고 가치를 창출하는데 정당성을 확보해 준다. 인간이 죄인이면 진리의 기준이 될 수가 없기 때문이다. 진리가 주관적 척도에 따라 진위가 가려지게 되자 주관적 가치를 대표하는 것들이 활개를 치는 시대가 되었다. 결국 기독교와는 어울릴 수가 없게 되었다. 그런데도 교회의 지도자들은 좋은 점만 가져오면 된다고 하니 누구를 죽이고 있는지 모르는 정신없는 소리다.

그렇게 (인간의) 주관적 가치를 대표하는 것들은 이미지와 상상력이다. 이미지와 상상력으로 진리를 인식한다는 것은 무엇을 말하는가? 인간의 주관적 가치 체계야말로 진리를 인식하는 객관성의 기초를 제공한다는 것이다. 그 주관적 가치 체계의 대표적인 것이 이미지와 상상력이다. 그것은 인간이 신성한 내면아이를 가지고 있다는 전제하에서 나오는 것이다.

그렇게 주관적 가치 체계를 말한 사람이 바로 가스통 바슐라르(Gaston Bachelard, 1884-1962)다. 그를 '상상력의 코페르니쿠스적 혁명'을 이룩한 사람이라고 말하기도 한다.[44] 질베르 뒤랑은 바슐라르의 개념보다 더 폭넓은 상상

---

44) 홍명희, **상상력과 가스통 바슐라르** (서울: 살림, 2010), 28-30; "과학철학의 끝에서 바슐라르는 객관적 인식이라는 문제에 천착하게 된다. 인간의 모든 활동은 외부로부터 수집하는 정보의 분석에서부터 시작하게 된다. 즉, 외부 세계에 대한 인식에서부터 출발하는 것이다. 이때 개인이 수집하는 정보의 객관성이 보장되어야 그 이후의 과정에서 올바른 결과가 나올 것이다. 그래서 바슐라르는 그 당시 유행하던 정신분석의 용어를 차용하여 '객관적 인식'의 정신분석을 연구 목표로 삼는다. 그가 생각했던 것은 객관적 인식을 가로막는 방해물들을 하나하나 제거해 나가다 보면 종국적으로 객관적 인식에 도달할 수 있을 것이라는 것이었다. 그가 생각했던 대표적인 인식론적 방해물은 그때까지 서구 철학에서 그래 왔듯이 이미지와 상상력이었다. 주관적 가치의 대표적인 예로서 인간의 객관적 인식을 가로막는 이미지와 상상력은 인간의 주관적인 욕망의 발현으로서, 인간의 오류를 범하게 하는 주된 요인이기 때문이다. 그리하여 바슐라르는 인간 정신 활동의 근원적인 오류의 원천인 이미지를 체계적으로 분류하겠다는 계획을 세우고 실행에 옮기게 된다. 훗날 그의 상상력 연구의 시발점으로 평가되는 『불의 정신분석』은 이와 같은 상당히 불순한 의도에

력 개념을 제시한다. 바슐라르에게 상상력은 시(詩)의 축에 관련될 뿐이지만, 뒤랑의 상상력 개념은 시의 축과 과학의 축을 아울러 포괄하고 있다.45) 또한 바슐라르가 연금술, 점성학, 신학, 신화 등 전통적인 사고들을 시의 축에서만 고려했고, 과학의 입장에서는 인식론적 장애물로 다루었으나, 뒤랑은 이러한 전통적 지식들이 오늘날 과학자 자신들에 의해 그 중요성이 점차로 회복되고 있음을 중

서 시작되었다. … 『불의 정신분석』을 집필하면서 인간의 삶에는 객관적으로 이해할 수 없는 요소들이 있고, 그것들은 자생적인 생명력을 가지고 있으며, 항상 인간의 내면에서 새로운 에너지로 작용한다는 것을 깨닫게 된 것이다. 이미지와 상상력은 엄격한 이성의 지배하에 있는 의식의 억압 아래에서도 항상 미래를 향해 뻗어 나간다. 그때부터 그는 이미지와 상상력은 인간의 정신 활동에 있어서 하나의 오류가 아니라, 주관적 가치 체계이고 이 주관적 가치 체계야말로 인간 정신의 가장 중요한 요소라는 것을 깨달은 것이다. 그는 스스로 객관적 인식을 방해하는 방해물이라고 이름 붙였던 '주관성의 오류'에 매몰 당한 것이다. 이때부터 그의 연구 목표는 180도 달라져서 이미지와 상상력의 긍정적 가치에 대한 탐구로 변모하게 된다."

45) http://www.yes24.com/24/goods/1937414?scode=029/ 송태현, **상상력의 위대한 모험가들: 융, 바슐라르, 뒤랑-상징과 신화의 계보학**, (서울: 살림출판사, 2005);〈상상력 철학의 선구자 카를 구스타프 융: 이성이 인류의 특성임은 분명한 사실이지만, 이성이 인류의 사고방식을 지배한 역사는 그리 길지 않다. 그보다 훨씬 더 긴 시간 동안 인류는 신화적 상상력의 세계 속에서 살았다. 정신분석학자 카를 구스타프 융은 자신의 정신분석학 이론에서 인간의 '집단 무의식'을 '원형'이라는 개념으로 설명했다. 의식의 세계 그 아래에서 의식을 끊임없이 추동하는 무엇의 세계가 존재한다는 그의 주장은 의식 또는 이성의 세계 저편에 존재하는 인류 보편의 신화적 세계를 꿈꾸게 해주었다. 이 때문에 그를 정신분석학자로만 보아 상상력 철학의 계보에서 빠트리는 것은 큰 오류이다. 새로운 철학으로서의 상상력을 발견한 가스통 바슐라르: '몽상의 철학자' 가스통 바슐라르의 이력은 과학철학자에서 시작한다. 어느 날 강의를 하던 중 한 학생의 도발적인 질문에 "사람은 살균된 세계[이성만으로 운영되는 세계]에서는 행복할 수" 없다는 점을 깨달은 그는, 창조의 원동력으로서의 인류의 상상력에 관심을 돌린다. "의지(volonte) 이상으로, 생의 비약(elan vital) 이상으로 상상력은 정신의 생산력 그 자체이다. 심리의 차원에서 우리는 우리의 몽상에 의해서 창조되어 있는 것이다.", "상상력은 초인간성(surhumanite)의 능력이다. 인간은 그가 초인(超人)인 정도에 따라 그만큼의 인간이 되는 것이다. 인간 조건을 넘어서게 하는 경향들의 총체에 따라 인간을 규정해야 한다."는 등의 언설을 남긴 그는, 인류에게 흙, 물, 공기, 불의 특성을 지닌 상상력의 세계가 존재한다는 '사원소론'을 제시하고, 상상력의 세계와 과학의 세계가 서로 뒤섞여서는 안 된다는(상상력의 세계를 보호하기 위한 의도적인 구분) 주장을 펼쳤다. 인류의 존재 안에서 상상계의 질서를 찾아낸 질베르 뒤랑: 스승 바슐라르의 상상력 철학을 계승한 질베르 뒤랑은 스승의 한계를 비판하면서 자신만의 상상력 철학 체계를 하나하나 세워 나간다. 그는 우선 바슐라르의 사원소론이 지닌 자민족 중심주의를 비판하는 데서 시작한다. "물질 원소에 고취된 몽상에 관한 그의 괄목할 만한 연구에서 바슐라르는 눈(雪)을 잊었다. 이는 상파뉴 출신의 인사(人士)에게 심각한 망각은 아니다." 알프스나 알레스카 지역의 사람들의 경우 눈과 관련한 상상력 세계가 무궁무진하고 동양의 상상 세계는 이와는 또 다른 요소들로 이루어졌다는 지적을 하면서, 뒤랑은 인류 자체에서 상상계의 근거를 찾는다. 다른 무엇보다 다양한 '몸짓'들이 인류에게 가장 근원적이라는 결론에 이른 그는, 자세를 유지하기 위한 몸짓(자세 지배반사), 영양을 섭취하기 위한 몸짓(영양 섭취 지배반사), 성적인 몸짓(짝짓기 지배반사) 등 인류의 세 가지 기본 몸짓을 정리한다. 그리고 그에 대응하는 상상계의 법칙으로 '분열형태 구조', '신비 구조', '종합 구조'라는 상상계의 기본 도식을 세운다. 그렇다면 이들은 왜 이토록 상상력에 매달렸을까? 바로 20세기 역사의 비극 때문이다. 상상력이 거세된 건조한 이성은, 마치 자본이 그러한 것처럼, 자체의 법칙만을 따라 질주하기 마련이고 그 와중에 인류는 단지 도구적 존재로 소외되고 만다.〉

시한다.46) 또한 샤르트르도 『상상계』에서 심히 난해한 말로 이미지에 대하여 말하나 그것은 영매의 주술과 흡사한 것이다.47)

세상은 점점 인간이 진리 인식의 주체가 되고, 구상화가 주도하는 세상이 되어 가고 있다. 앞으로 구상화는 더욱더 계발되고 그 영역이 확대될 것이다.

상상력과 관련하여 기억해야 할 것은 현대에 있어서 영혼이라는 의미조차도 변질되었다는 것이다. 제임스 힐먼(James Hillman)은 『심리학의 재조명』이라는 책에서 영혼을 상상력과 동일시한다. 힐먼에게 있어서 영혼이라는 의미는 인간의 본성 속에 있는 상상력과 반성적 사색과 꿈, 이미지와 환상(fantasy)을 통한 경험을 말한다. 이런 양식에서는 모든 실재를 우선 상징이나 은유로서 인식하게 된다고 말한다.48)

이렇게 영혼과 상상력을 동일시하는 것은 신인합일을 추구하는 사람들이 가지는 대표적인 증상이다. 이제는 이런 생각을 가진 사람이 점점 더 많아지고 있지만 교회는 더 열렬히 추종하면서 그것이 내포하고 있는 위험성을 알아차리지 못하고 있다.

뉴에이지 시대요 포스트모더니즘 시대에 있어서 구상화는 이제 사람들에게 점점 더 생활로 다가오고 있다. 이전에는 장미십자회, 탄트리즘, 신사상(New Thought)과 같은 일부 혹은 특정한 사람들만이 행해 왔던 것들이 이제는 평범한 사람들의 삶 속으로 깊이 파고들고 있다.49) 이제는 뉴에이지라는 말과 구상

---

46) 조성웅, **바슐라르의 저서들 속에 나타난 과학과 의식**, 2003. 5. 15. 발표문에서.
47) 샤르트르, **샤르트르의 상상계**, 윤정임 역 (서울: 기파랑에크리, 2010), 11-12; 이 책의 Ⅱ부에서 샤르트르는 지식, 정서성, 신체의 내적 운동이 어떻게 개입하여 심적 이미지의 감각적 소재를 창출하는가를 입증하려고 시도한다. 감각적 소재란 상상적 지향의 실재 대상인 유사 표상물이다. 그리고 겨냥된 대상과 아날로공이 무엇에서 갈등을 일으킬 수 있는지를 보여주고자 한다. 베르그손은 "모든 이미지들은 그 모든 기본적 부분들에게 일정 법칙에 따라 서로 작용하고 반응하는데, 나는 이것을 본성의 법칙으로 명명한다."고 말했다. 이러한 생각은 감각적인 소여들의 자발성을 자동주의의 자율성으로 이해하게 만든다. 샤르트르는 이러한 베르그손의 개념과 반대로, 심적 이미지의 주체가 이미지를 탄생시키기 위하여 전적으로 자발적으로 동원되고 있음을 주장하고 있다. 의식이 이미지를 위해 부재하는 대상을 현전하게 하는 행위는 그 목적에서 볼 때, 영매의 주술에 비견할만 한다. 영매도 자기 에너지를 집중하여 죽은 이의 영혼을 자신에게 불러들인다고 주장하기 때문이다.
48) 드와이트 쥬디, **그리스도인의 묵상과 내면의 치유**, 이기승 역 (서울: 도서출판 이포, 2011), 44-45.
49) Shakti Gawain, Creative Visualization (Mill Valley, CA: Whatever Publishing, 1983), 55, 81; Jack Canfield is Director of Educational Services for Insight Training Seminars in Santa Monica, California, past president of the Association for Humanistic Education, and consultant to over 150 schools, universities, and mental health organizations. In "The Inner Classroom: Teaching with Guided Imagery," he asserts: "Guided imagery is a very

화라는 말이 어색하지 않는 단어가 되었다.50) 20세기에 미국인들의 삶에 가장 중요한 두 가지 개념은 명상과 구상화였다.51) 20세기는 미국의 지성이 파탄을 맞이하고 그 돌파구로써 동양의 영성이 유입되는 시점이다. 그 흐름 속에서 신성한 내면아이와 구상화는 가장 핵심적인 개념이었다. 내적치유는 그 흐름들 속에 진행되어 나타난 여러 가지 결과물 중 하나에 불과하다. 그러나 내적치유가 교회에 미치는 영향이 지대하기 때문에 결코 간과해서는 안 된다.

구상화를 말한다고 하면서 동구(洞口) 밖을 살피느라고 서론이 길었다. 구상화란 무엇인가? 구상화란 단순하게 말하자면, "머릿속에서 생각하던 것을 실현되게 함"이다.52) 생각과 말과 상상을 통하여 자신이 바라는 것을 실현시킬 수 있다는 뉴에이지 사상이다. 구상화는 어떤 특정한 목적을 확보하기 위하여 정신집중을 사용하거나 유도된 이미지를 사용하는 것이다.53) 구상화란 상상을 현실

---

powerful psychological tool which can be used to achieve a wide variety of educational objectives: enhance self-esteem, expand awareness, facilitate psychological growth and integration, evoke inner wisdom, increase empathy, expand creativity, increase memory, facilitate optimal performance, evoke a more positive attitude, and accelerate the learning of subject matter."
50) http://www.healmylife.com/articles/inner%20healing/three%20generations%20of%20inner%20healing.html 이 사이트는 내적치유의 3세대를 말한다. 1세대는 아그네스 샌포드(Agnes Sanford)이며 내적치유의 개척자이다. 2세대는 존 & 폴라 샌포드이며 엘리야 하우스를 운영했다. 또 한 사람은 린느 페인(Leanne Payne)이다. 3세대는 에드 스미스(Ed Smith), 아트 킬스트라(Art Zielstra), 온 레기어(John Regier)이며 하나님이 음성듣기를 통한 치료이다 에드 스미스도 구상화를 사용한다(Ed Smith's TheoPhostics (TheoPhostic counseling) are a profound part of Listening Prayer Therapy. Theophostics (theophostic counselling) methods follow an emotion to a memory with the guidance of the Holy Spirit. The singular focus of TheoPhostics (theophostic counseling) is the wrong belief in the memory. The single approach to dealing with the wrong belief is listening to Jesus' truth.) 또 한 사람은 오지 하트웰(George Hartwel)이며 듣기 기도치료(Listening Prayer Therapy)이다. 이 단계에서도 구상화가 사용된다 (With "Listening Prayer Therapy" I build on the foundation of Agnes Sanford, John and Paula Sandford, and Leanne Payne with some the methods of Dr. Ed Smith, Art Zielstra and John Regier - the Generation Three approach. The use of Listening prayer to get at the core belief in one's life characterizes this as Generation Three. Making use of imagery as used by Agnes Sanford and Leanne Payne make my approach a form of "Inner Healing Visualized".)
51) Mike Samuels, M.D., and Nancy Samuels, Seeing with the Mind's Eye: The History, Techniques and Uses of Visualization(New York: Bookworks/Random House, 1983), 34.
52) 다음 국어사전에서,
53) http://www.inplainsite.org/html/visualization_new_age_danger.html; Visualization is the use of mental concentration and directed imagery in the attempt to secure particular goals, whether physical, psychological, vocational, educational, or spiritual. Visualization attempts to program the mind to discover inner power and guidance. It is often used as a means to, or in conjunction with, altered states of consciousness(e.g., as

화시키는 메커니즘이다.

자신의 마음속에 자기가 바라는 것을 계속해서 상상하고 계속해서 거기에 초점을 맞추어 그 상상 속의 어떤 것을 현실 속으로 만들어 낸다는 것이다. 이것을 다른 말로 신사상(New thought)이라고도 하는데, 혹자는 이것을 '끌어당김의 법칙' 혹자는 '바라봄의 법칙'이라고 말하기를 좋아하는 무리가 있다. 그래서 구상화를 '창조적 구상화'라고 한다.54) 그것이 창조적 구상화라는 것은, 창조가 하나님(GOD)의 영역에 속하는 것이었으나 이제는 인간이 신의 자리를 차지했기 때문이다. 그래서 창조적 구상화라는 말은 하나님만이 하실 수 있는 일을 '인간이 신(神)이 되어 하겠다'는 뜻이다.

---

produced by meditation), and is frequently used to develop psychic abilities or make contact with spirits. There are at least four identifiable types of visualization in our culture: academic, popular, occult, and Christian. Although there are boundaries separating these types, they are usually fairly fluid, and there is much potential for interrelationships between them. The practice of visualization, a directed form of mental imagery and concentration, is having broad and substantial impact in our culture.

54) Creative visualization (sports visualization) refers to the practice of seeking to affect the outer world via changing one's thoughts. Creative Visualization is the basic technique underlying positive thinking and is frequently used by athletes to enhance their performance. The concept originally arose in the US with the nineteenth century New Thought movement. One of the first Americans to practice the technique of creative visualization was Wallace Wattles(1860-1911), who wrote The Science of Getting Rich. In this book, Wattles advocates creative visualization as the main technique for realizing one's goals; a practice that stems from the Hindu Monistic theory of the Universe that is subscribed to by the book.

Creative visualization is the technique of using one's imagination to visualize specific behaviors or events occurring in one's life. Advocates suggest creating a detailed schema of what one desires and then visualizing it over and over again with all of the senses (i.e., what do you see? what do you feel? what do you hear? what does it smell like?). For example, in sports a golfer may visualize the "perfect" stroke over and over again to mentally train muscle memory.

In one of the most well-known studies on Creative Visualization in sports, Russian scientists compared four groups of Olympic athletes in terms of their training schedules:

  Group 1 = 100% physical training;
  Group 2 - 75% physical training with 25% mental training;
  Group 3 - 50% physical training with 50% mental training;
  Group 4 - 25% physical training with 75% mental training.

Group 4, with 75% of their time devoted to mental training, performed the best. "The Soviets had discovered that mental images can act as a prelude to muscular impulses." Visualization practices are a common form of spiritual exercise. In Vajrayana Buddhism, complex visualizations are used to attain Buddhahood, e.g. Generation Stage.[citation needed] Additionally, visualization is used extensively in sports psychology.

내적치유에서 가장 중요한 도구는 바로 '구상화'(Visualization)다. 이것은 '바라는 대로 이루어진다'는 오컬트(Occult)[55]에서 비롯되었다. 내적치유에서 '바라는 대로 이루어진다'는 오컬트의 '구상화'(Visualization) 기법을 사용하고 있는데도 불구하고 그 세미나에 참석하는 많은 사람은 거의 분별하지 못한다.

이것이 내적치유에 어떻게 사용되는가? 과거의 상처받은 현장으로 돌아가서[56] 예수님을 초청하여 치유 받고 회복된다고 한다.[57] 그러나, 바로 이런 것

---

[55] 위키피디아사전에서; "컬트(occult) 또는 비학(祕學)은 과학적으로 설명할 수 없는 신비적·초자연적인 현상, 또는 그에 대한 지식을 뜻한다. 오컬티즘(occultism)은 흔히 오컬트에 관한 연구를 말한다. 오컬티즘은 흔히 영성주의(spiritualism)와 혼동하지만 전혀 다른 분야이다. 영성주의는 신비적이고 감성적인 관점으로 초자연적인 영역을 탐구하는 것으로, 우리 주변에서 흔히 볼 수 있는 무당, 영매, 종교적 광신자, 기타 개인적인 체험을 바탕으로 신이나 혹은 천사 혹은 다른 차원의 초월적 존재들과 교통한다고 주장하는 사람들에게서 찾아볼 수 있다. 이 영성주의와 달리 오컬티즘은 과학적이고 이성적인 관점으로 물리적 영역 이외의 다른 영역에 대한 탐구를 하는 형이상학적인 과학이라 할 수 있다. 동양적 오컬티즘은 중국의 역학 체계, 도교 체계, 인도의 아유르베다와 요가 체계 그리고 티베트의 탄트리즘 체계 등에서 발견할 수 있으며, 서양적 오컬티즘은 유태의 카발리즘, 초기 기독교의 영지주의 등에서 그 원리를 찾을 수 있다. 신지학회이나 메이슨, 장미십자회 등의 단체에서 오컬티즘의 원리를 발견할 수 있다. 그러나 오늘날 순수한 형태의 오컬티즘은 접하기 어렵다. 왜냐하면 오컬티즘은 오직 "준비된 제자에게 스승이 나타난다."라는 기본적 원리에 따라, 소수의 선별된 사람이 역시 소수의 선발된 사람에게 전수하고 있기 때문이다. 일반적으로 접할 수 있는 오컬티즘은 여러 가지 종교적 교리(도그마)와 주술적 원리 그리고 심지어 영성주의의 저급한 원리가 복합적으로 뒤섞여 있는 오컬티즘의 아류라고 볼 수 있다."

[56] 필자의 책 『내적치유와 내면아이』에서 프로이트의 유혹이론과 무의식에 대한 글을 참고하라.

[57] 유병일, **치유의 비밀** (서울: 크리스챤서적, 2009), 210-213, 217-218; 유병일 목사는 "상상은 내면의 생명의 기능입니다. 그러므로 상상할 수 없는 것은 기대하거나 바랄 수 없습니다. 따라서 상상은 영적인 것들을 구체화시켜 줍니다. 즉 기도를 살아 있게 하여 말씀이 실제(생명·부활)가 되게 합니다. …"고 말하면서 상상화와 호흡기도를 함께 사용하면서 내적치유를 한다. 유병일 목사의 이런 상상화는 구상화의 변종이며 특히나 우주에 충만한 하나님의 생명 에너지를 들이 마시는 호흡 기도를 하라고 하는 것은 비성경적인 기도이다. 유병일 목사는 상상화와 호흡 기도를 통한 내적치유를 다음과 같이 훈련하라고 한다. 〈첫째, 생명의 근원이시며 치유의 근원이신 주님을 상상으로 바라보십시오. '믿음의 주요 또 온전케 하시는 이인 예수를 바라보자'(히 12:2). 상상으로 주님을 바라보는 것과 믿음의 눈으로 주님을 바라보는 것, 그리고 영적으로 주님을 지각하는 것은 모두 같은 개념입니다. 둘째, 이 주님에게서 흘러나온 영적인 빛이 우주 공간에 충만한 것을 상상하십시오(렘 23:24). 셋째, 주님에게서 흘러나온 영적인 빛이 나에게 흘러들어 오는 것을 상상으로 흡수하십시오. 그리고 흘러들어 온 빛이 나의 내면을 정화시키고 육신의 질병을 치유한다고 상상하십시오. 또 건강해진 자신의 모습을 상상으로 그려 보십시오." 이때 호흡 기도를 병행하십시오. 호흡은 생명입니다(시 33:6). 호흡에는 자연적인 호흡과 영적인 호흡이 있습니다. 우리가 주님을 의식하면서 우주 공간에 충만한 하나님의 생명 에너지를 들이마시는 것은 영적인 호흡입니다. 상상을 통한 영적인 호흡은 내면을 정화시키고 새롭게 하여 정신을 맑게 하고, 나아가 육신의 질병까지 치유합니다. 그리고 호흡을 통해서 탁한 기운을 통해 내는 것이 훈련되면 자신 안에 숨어 있는 악한 영(귀신)들을 분리시켜 토해 내는 자가 축사도 가능케 되는데, 내면의 정화를 위하여 이러한 영적 감각을 익히는 것은 매우 유익하며 꼭 필요합니다.〉 이 말을 통해서도 축사사역의 원리들 중에 하나를 발견하게 되는데, 축사사역의 그 배경에는 "호흡기도"라는 것이 있다는 것을 알게 된다. 이런 뉴에이지적인 내적치유를 하면서도 "예수 그리스도 안에 있는 치유의 비밀"이라고 하니 너무나도 어이가 없다.

이 무당이 하는 '접신술'이라는 것을 명심해야 한다. 내적치유에서 초청하는 예수는 무당과 교통하는 '애기동자'와 동일한 부류의 영적인 안내자(spirit guide)라는 것을 잊지 말아야 한다. 성도는 구상화를 통하여 자기 마음대로 예수님을 오라 가라 할 권리가 없다. 과거라는 시간으로 돌아가서 과거의 사건을 재구성하는 것은 인간의 영역이 아니다. 그것은 오직 하나님께서 오묘하신 지혜로 역사하시고 간섭하신 사건이기 때문에 다시 고쳐질 수 없다. 그것은 하나님만이 하실 수 있다. 역사의 주관자는 하나님이시다. 하나님 외에 그 누구도 지나간 역사도 현재의 역사도 미래의 역사도 개입할 수 없다. 그런데도 내적치유 사역자들은 그런 일들을 과감하게 진행하고 있으니 사람으로서는 할 수 없는 일을 도발적으로 행하고 있다. 자신에게 좋은 일이면 하나님의 역사이고 자신에게 눈물 나는 일이면 구상화를 통하여 역사를 뜯어고쳐야 하는 인간은 하나님 위에 있는 인간이다. 하나님도 자기 마음에 들어야 하나님이고 자기 마음에 안 들면 하나님이 아닌 하나님은 도대체 어디에서 말하는 하나님인가?

이렇게 말하면, '너무 심하게 말하는 것이 아닌가?' 하고 의아해할 분들이 많이 있을 것이다. 그러나 우리는 이제 적군과 아군을 식별하기가 매우 어려운 시절을 살고 있다는 것을 알아야만 한다. 지금까지 평생 신앙생활을 하고 살아왔지만 무엇이 옳은 것이고 무엇이 그른 것인지 구분할 줄 모른다면 애석한 일이다. 그것은 단순히 교파적 차이를 말하는 것이 아니다. 무엇이 성경 말씀이고 무엇이 세상의 철학과 사상을 말하는 것인지를 분별할 줄 알아야 한다.

『내적치유와 내면아이』에서 말했듯이, 교회 안에는 신비주의, 마법에 젖어 살고 있다. 그런 사실을 모르고 신앙생활을 하는 사람들이 너무나도 많다. 목사가 심리설교를 하는지, 구상화 설교를 하는지, 신(神)과 합일하고자 하는 사람들의 심리검사를 하고 있는지 모르고 있다. 사람들은 리더십을 가르치고 성공을 가르치는 것이 잘못되었다고 생각하지 않는다. 오늘날 '리더십을 가르치는 사람들이 누구인가?'를 잘 보라. 그들은 세계를 주름잡는 뉴에이지 구루(guru)들이다.[58] 그런데도 아멘 하고 갈채를 보낸다!

---

58) http://www.willowcreek.com/wca_prod.asp?invtid=PR34973; 윌로우크릭의 리더십 서밋에 등장하는 강사들이 얼마나 뉴에이지적 성향을 가진 사람들인지 직접 확인해 보기를 바란다.

뉴에이지가 처음에 다가올 때는 뉴에이지라고 신비주의요 오컬트요 마법이라고 말하지 않는다. 그러면 무엇이라고 하는가? 성공을 가르치고 자기실현과 자기계발을 말한다. 그렇기 때문에 사람들은 쉽게 속아 넘어가고 있다. 잠재력과 가능성은 인간의 신성한 내면아이를 계발시키는 개념에서 나오는 것이다.

중요한 것은 어느 누가 구상화를 사용하든지, 구상화를 통하여 어떤 목적을 성취해 가든지 그 사람은 이미 스스로 교만하고 높아져 하나님 노릇을 하고 있다는 사실을 잊지 말아야 한다.[59]

내적치유에서 '구상화'가 사용되는 이유는 '내면아이'(내 속에 울고 있는 아이)를 치유하려고 하기 때문이다. 그 '내면아이'는 '신성한 내면아이'이며 자아의 신성화를 통하여 결국 하나님이 되려는 죄악 된 동기가 내재하고 있다.

뉴에이지 영매술에서 무엇을 가르치는지 알면 신성한 내면아이와 신성화(神聖化)에 대한 의미를 파악하는데 유익하다. 그 내용은 다음과 같이 6가지로 요약된다.

> 1) 당신이 하나님이다: 영매술에서의 가르침 중 핵심을 이루고 있는 것은 '반신양적 신앙'(antibelief belief)이라 부를 수 있는 것이다. … 각 개인이 그 자신의 실재를 만든다는 반신양적인 신조인 이러한 반신양적인 신앙과 무제한적인 잠재력[60]에 대한 신앙 사이에 상호 독립성이 놓이는 것이다. 그리고 이 모든 것들은, 인간은 본래적으로 제한을 받지 않는다는, 궁극적이며 비인격적인 하나님과 공통되는 본질을 공유하는 하나의 인격적인 신("All That Is")이라는 전제를 두고 있는 범신론적(pantheistic) 세계관에 바탕을 두고 있다.

---

59) 너 아침의 아들 계명성이여 어찌 그리 하늘에서 떨어졌으며 너 열국을 엎은 자여 어찌 그리 땅에 찍혔는고 네가 네 마음에 이르기를 내가 하늘에 올라 하나님의 뭇별 위에 나의 보좌를 높이리라 내가 북극 집회의 산 위에 좌정하리라 가장 높은 구름에 올라 지극히 높은 자와 비기리라 하도다 그러나 이제 네가 음부 곧 구덩이의 맨 밑에 빠치우리로다(사 14:12-15)

60) 프란시스 아데니, **왜 뉴에이지에 사람들이 매혹되는가?** 김희성 역 (서울: 예영커뮤니케이션, 1992), 109; 어떻게 인간이 잠재력을 계발하여 초월적인 존재가 될 수 있다는 믿음에 도달하게 되었을까? 거기에는 3가지 요인이 지대한 공헌을 했다. 1) 계몽주의 시대 2) 동양의 신비주의 3) 인본주의 심리학이다. 계몽주의는 인간 이성에 대한 신뢰를 낳았다. 기독교가 하나님과 분리된 존재가 인간이라고 말하는 반면에 동양의 신비주의는 인간도 신과 마찬가지이며 전체의 일부에 불과하다고 간주한다. 인본주의 심리학에서는 프로이트가 인간의 잠재력 계발의 모체가 되었다. 심리학 1세대로부터 4세대를 지나는 과정에서, 3세대의 매슬로는 자아실현의 궁극적인 목표를 초월적 자아, 즉 인간이 자신의 한계를 뛰어넘어 우주와 합일되는 것에 있다고 보았다. 이것은 굉장한 파격이었는데, 프로이트의 결정론적인 인간관을 타파하고 인간의 영적인 측면이 본격적으로 다루어지기 시작한 것이다. 그 핵심 가설은 인간이 선하다는 것이고 그래서 인간의 선택은 잘못이 있을 수 없다는 것이다. 초인격적 심리학으로 불리는 4세대 심리학에서는 인간의 잠재력을 확대시키는 것은 인간 내부에 있는 신을 찾는 과정이며 인간 안에 내재하는 초월적인 능력을 알아내는 것이라고 주장했다.

2) 당신이 자신의 구주이다: 영적 실체들은 기독교회가 예수 그리스도를 존귀케 하는 방식을 탐구하고 나서는, 자신들은 그분처럼 구주가 됨을 위해 세상에 오지 않고 사람들 자신이 구주가 됨을 말하러 왔다고 이구동성으로 강조한다.
3) 사랑: 자아에 대한 사랑에 덧붙여 "무조건적 사랑"은 영매술에 잘 쓰이는 주제이다. 이 말은 완전한 수용을 뜻한다. 이 사랑은 정의가 없는 사랑이기 때문에 심판이 없다.
4) 죽음이란 없다: 죽음이란 환영과 같다고 주장한다. 죽음이란 더 높은 단계로 나아가는 것을 단지 뜻하는 것뿐이며 그 단계에서 정해진 시간에 지상이나 그 밖의 곳에서 환생하게 될 것이라 한다.
5) 고차적인 자아와 삶의 목적: 고차적인 자아와 접촉하는 일 그리고 고차적인 자아를 영매하는 일은 영매술에서의 가르침들을 따르는 자들에게 주요한 목표가 된다.
6) 육신이 되기 전에 선택된 "영적 안내자"는 보다 높은 목적들을 향하게끔 사람들을 북돋아 줌으로써 고차적인 자아에 대한 보완적인 역할을 수행하는 것으로 믿어지고 있다.61)

뉴에이지 영매술에서 말하는 이런 내용을 기독교와 섞거나 변형해서 '성서적'(혹은 '성경적')이라고 가르치고 있다. 이런 것들이 얼마나 위험하며 비성경적인자를 직시해야 한다.

그러나 교회에서든지 내적치유 세미나에서든지 절충주의 방식으로 가르치는 것들에 대한 심각한 위기의식이 별로 없다는 것이 너무나도 큰 문제다. 성경에 비추어 그것이 옳으냐 아니냐는 상관없고 그저 치유만 받으면 되고 결과만 있으면 된다는 생각 때문에 교회는 이름만 교회이지 실상은 죽어 가고 있다.

지금까지의 글을 읽어 오면서 독자들은 이렇게 생각했을 것이다. '그러면, 우리는 생활 속에서 상상을 하면 안 되는가?' 하고 말이다. 물론 이 질문은 당연한 질문이다. 일상생활에서 말과 생각으로 이루어지는 단순한 상상은 그 자체로 위험한 일이 아니다. 그러나 영적인 안내자(spirit guide)를 불러내는 '상상력'(구상화)은 신비주의에서 기원한 것이기 때문에 위험하고 비성경적이다. 그것은 타종교에서 접신하기 위하여 사용하는 방법이다.62) 그들이 상상하는 방법과 목적은

---

61) 박영호, **뉴에이지 운동과 영매술** (서울: 기독교문서선교회, 1992), 101-110.
62) wikipedia에서; Buddhismus(불교): Visualisierung als "geistige Projektion" von verschiedenen Buddhas oder Mandalas ist insbesondere im tantrischen Buddhismus (Vajrayana, Hevajra) eine grundlegende Meditationsübung. Dort werden verschiedene Buddha-Formen (tib. Yidam) und Mandalas, die teilweise äußerst detailliert mit vielen Attributen dargestellt werden (Damtsigpa), von den Praktizierenden während der Meditation geistig-optisch projiziert bis zur Selbstidentifikation. Unterstützend werden während solcher Praktiken Mantras rezitiert. Die Konzentrationsfähigkeit des Übenden wird gefördert und die Identifikation des Geistes mit der Vorstellung eines eigenständig existierenden unabhängigen Ichs und eines eigenen unabhängig von anderen Phänomenen existierenden Körpers soll gelockert werden. Ziel solcher Übungen ist die Auflösung

존재론적인 신인합일이기 때문에 성경이 말하는 것과 완전히 다르다. 그들의 근본적인 욕망은 인간 스스로가 하나님을 대신하고 스스로 높아져 하나님이 되고자 하는 것이다. 신비주의와 연결된 상상은 위험하고 비성경적인 상상이 된다.

그런 것을 내적치유에서 실제로 사용하고 있다. 내적치유에서 구상화는 순전히 치유를 받고자 하는 사람의 기억에 의존하게 되는데, 내적치유는 기억에 대한 위험성에 대하여 고려하지 않고 있다.

> 인간의 뇌는 과거에 대한 잘못된 기억을 확실하게 하는 방식으로 만들어진다. 우리는 들어오는 모든 정보를 자신에게 유리하게 해석한다. 주어진 순간에, 우리는 기억의 요소들-우리 자신에 대한 관점과 집중도 그리고 그들 사이의 정서적 상태에 따라 현재 들어온 정보들 중 한 측면에만 주목할 수 있다. 나중에는 다른 측면들에 주목할 수도 있을 것이다. 두 번째 회상할 때 첫 번째의 기억과 혼동하면 우리의 뇌는 원래의 상황과 두 번째 회상할 때의 다른 상황들을 조화시키려고 이야기를 만들어 내기 시작한다. 두 사건들을 섞어서 기억 혼합물을 만들어 내기 시작하면서 두 이야기들을 갑자기 혼동한다. 정확한 기억이란 이상적인 상황일 뿐 실제는 그렇지 않다는 것은 슬픈 사실이다.63)

기억에 대한 많은 연구는 핵심을 이해하는 것과 세세한 것을 보고하는 것이 완전히 다르다는 것을 확인시켜 준다. 이것을 알면 법정에서 증언이 사용되는 방식이 영원히 바뀔 수 있다. 게다가 기억이 어떻게 실제 상황을 왜곡하는지를 이해하게 되면 증언을 획득하는 새로운 기법을 만들어야 한다.

> 하버드 대학교의 대니얼 샥터는 기억 망상에 관한 그의 독창적인 연구에서, 기억에 영향을 미치는 생략과 위탁의 기본 오류들이 있다고-그가 기억의 일곱 가지 죄악이라고 부르는-주장했다. 그것들은 소멸(transience, 시간에 따라 흐려짐), 정신없음(absentmindness, 주의를 기울이지 않아서 잊어버림), 막힘(blocking, '혀 끝에서 맴도는' 어떤 것), 오귀속(misattribution, 강간당한 여성이 텔레비전에서 본 얼굴을 강간범에게 잘못 귀속시킬 때처럼), 암시성(suggestibility, 매체를 포함한 다른 이들의 기억을 왜곡), 편견(bias, 우리의 편견이 어떻게 기억에 영향을 미치는지), 지속성(persistence, 원치 않는 기억을 계속적으로 회상하는 것)이다.64) 순전히 구상화를 하는 사람의 기억에 의존하는 것은 이런 위험성을 내

---

der Ich-Vorstellung, die nach buddhistischer Lehre Ursache allen Leidens ist und die Überwindung der den unerleuchteten Wesen eigenen, unnatürlichen Aufspaltung der Phänomene der Welt in Subjekt und Objekt sowie die Überwindung von Leidenschaften. Daoismus(도교): Im dem Schamanismus entstammenden Daoismus wird die Visualisierung der fünf Elemente und der mystischen Tiere praktiziert. Besonders der Shangqing-Daoismus legt auf Visualisierung besonderen Wert.

63) 마이클 S. 가자니가, **윤리적 뇌**, 김효은 역 (서울: 바다출판사, 2009), 163.
64) http://blog.daum.net/kidoctor/15964906 마이클 S. 가자니가, **윤리적인 뇌**, 김효은 역 (서울: 바다 출판사,

포하고 있다. 상처를 치유하기 원하는 사람들은 자기중심적으로 기억을 재현하게 되고 자기 자신 외에 다른 사람들은 모두가 상처를 준 사람들로 인식되는 경우가 대부분이다. 가장 심각한 문제가 되는 것은, 내적치유를 인도하는 사람들의 성경적인 교리 기준이 명확하지 않다는 것이다. 그들은 대부분이 성경과 심리학을 섞어서 가르치는 절충주의자들이기 때문이다. 그런 마음을 가지고 있다는 것 자체가 교리적인 면에서 분명한 확신이 결여되어 있다는 것을 스스로 보여준다. 또한 심리학의 위험성(신성한 내면아이와 뉴에이지 구상화)을 파악하지 못하고 심리학에 대하여 너무나도 우호적인 자세는 수많은 영혼들을 위험에 빠지게 한다.

이런 구상화가 뉴에이지 운동을 하는 사람들의 영매술 혹은 접신술이라는 것을 알아야만 한다. 왜냐하면, 영매술은 샤머니즘의 핵심적인 방법이며, 그것을 통해 '영적인 안내자'와 접촉하기 때문이다.65) 어떤 이유에서든지 영매술을 맛보거나 심취해서는 안 된다.

앞서 언급했듯이, 내적치유에서 행하는 시간여행이나 태아치유와 같은 프로그램에 필수적인 방법인 구상화 속에 초청하는 예수는 성경이 말하는 예수님이 아니고 영매들이 초청하는 '영적인 안내자'이다!

이것이 현대에 와서 환자의 질병을 치료하기 위하여 사용되어졌는 데, 그것이 바로 '생체 자기제어'(biofeedback)이다. 이것은 요가 수행자와 샤먼들이 깊이 묵상하고 조용한 시간을 가지면서 자신을 단련시킨 그 방법들을 사용한다. 그들은 체내에서 일어나는 변화를 민감하게 알 수 있고 스스로가 자신의 몸을 조절할 수 있다고 말한다. 그 방법을 생체 자기제어 요법이란 이름으로 사용한다. 환자는 의식적으로 신체를 다른 무엇과 교통시키는 방법을 배운다. 의식이 시작되면 환자는 초월적 상태에 들어가게 되고, 상상의 세계를 여행한다. 거기에서 환자는 치유 받을 수 있는 정보를 입수하여 돌아온다. 생체 자기제어는 상상력을

2009), 163-169; 가자니가의 글을 인용한 것은 기억에 대한 오류와 위험성이 지적되고 있다는 것을 말하기 위함일 뿐이다.
65) 진 악터버그, **상상과 치유**, 신세민 역 (서울: 상담과 치유, 2005), 66-68; 진 악터버그는 샤머니즘에서 가장 중요하게 여겨지는 '영적 협력자'에 대하여 서술한다. 여기서 '영적 협력자'란 '영적인 안내자'(spirit guide)를 말한다. 샤먼들은 동물들을 영적협력자로 사용했다. 또한 인간의 모형으로 변화하기도 한다. "영적 협력자로 동물만 존재하는 것은 아니다. 어떤 경우에는 인간의 모형으로 변화하기도 한다. 사바라 인디언의 샤먼은 여자아이로 변신한 영이 나타나 그에게 누구와 결혼을 해야 하며, 결혼생활을 어떤 방법으로 이끌어 나가야 하는지에 대해 상세히 설명해 준다고 한다. …" 한 가지 흥미로운 사실은 이 책의 발행인이 "정태기"로 되어 있다는 것이다. 그러면 정태기 박사는 내적 치유 사역에 '영적인 안내자'를 이미 잘 알고 있다는 것으로 보아야 할 것이다. 그리고 그것이 샤머니즘과 연관되어 있다는 것도 모르고 있지 않았다는 것이다.

통하여 치유하는 방법이다. 이것은 샤머니즘과 매우 유사한 방법이다.66)

앞으로 구상화는 더욱 확대되어 갈 것이다. 뉴에이지 구상화는 이 시대의 멘탈리티의 핵심 키워드 중 하나이기 때문이다. 세상이 아무리 신성한 내면아이와 구상화에 휩쓸려 갈지라도67) 교회는 거기에 영합해서는 안 된다.

교회는 오직 하나님의 진리의 말씀 대로 올바르게 가르쳐야 한다. 성도는 상상을 현실화하는 거짓된 가르침에서 벗어나야 한다. 하나님의 계획과 섭리 속에서 이미 이루어진 지나간 사건을 과거로 돌아가서 자기 입맛대로 다시 바꾸겠다는 죄악을 범하지 말아야 한다.

하나님께서 언제 어떻게 우리의 삶을 인도해 가실지라도 거기에 하나님의 계획과 뜻이 있다. 숙명론을 말하는 것이 아니다. 지나간 날이 비록 힘들고 어려운 과정 속에 있었을지라도 그 속에도 하나님의 인도하심이 있었으며, 오늘과 내일에도 하나님께서는 그의 뜻대로 추호의 실수도 없이 이끌어 가신다.

그러므로 성도는 하나님의 일하심을 뉴에이지 구상화를 통해 묻고 따져서 인생의 문제를 해결하려고 하지 말고 오늘을 하나님의 그 언약에 신실한 백성으로 살아가야 한다. 날마다 자기를 부인하며 자기 십자가를 지고 가는 것이 성도의 삶이다. 그것을 버리고 눈감고 영적인 안내자를 불러 치유해 가는 길은 성도의 길이 아니다. 하나님께서는 예수 그리스도 안에 주어진 생명의 풍성함을 누리는 성도로 살아가기를 원하신다.

---

66) Ibid., 130-133.
67) http://www.theologisches.info/litera5.htm; Zu den Traditionen, die in New Age zusammenfließen, gehören unter anderem: die okkulten Praktiken des alten Ägypten, die Kabbala, der Gnostizismus der ersten Jahrhunderte des Christentums, der Sufismus, das Druidenwissen, das keltische Christentum, die mittelalterliche Alchemie, das Rosenkreuzertum, der Hermetismus der Renaissance, Theosophie, Anthroposophie, der Zen-Buddhismus und Yoga. Das Neue an New Age ist ein Synkretismus (eine Vermischung) von esoterischen und weltlichen Elementen, welche zusammenkommen in der sehr weit verbreiteten Auffassung, dass der Zeitpunkt gekommen ist für eine radikale Veränderung der Individuen, der Gesellschaft und der Welt. Dieser Paradigmenwechsel kommt zum Ausdruck im Wechsel von der mechanischen Physik zur Quantenphysik im Wechsel von der Betonung der Vernunft zur Aufwertung der Gefühle (und individueller Erfahrung) im Wechsel von der Vorherrschaft des Männlichen hin zu den weiblichen Werten, sowohl beim Individuum wie auch in der Gesellschaft."

신비주의와 구상화

　신바주의는 접신술이다.68) 신비주의는 정신연금술이다. 구상화는 현대화된 뉴에이지 접신술이다. 구상화는 현대화된 정신연금술이다. 성경이 말하는 언약적 하나 됨을 벗어나 존재론적 합일을 목적하는 이 세상의 모든 신성화를 향한 시도들은 신비주의 접신술에 속한다. 방법적인 면에서 보자면 신비주의와 구상화는 동의어이다. 이런 말이 다소 의외로 들릴 것이다. 그러나 그것이 사실이다.

　가장 오래된 형태의 신비주의가 샤머니즘이란 주장에 이론(異論)을 제기하는 사람은 거의 없다. "샤머니즘"이란 낱말은 "하늘에 계신 전능자"와 접촉할 수 있는 부족의 중심인물과 관련되어 있다. 따라서 샤먼은 특별한 사람이었다. 그는 다른 사람들이 할 수 없는 일을 해내는 사람이었다. 쉽게 말해서 샤먼의 능력은 환화를 불러일으키는 기술이었다.69)

　그러므로 신비주의라고 할 때 그것이 얼마나 비성경적인 방법이라는 것을 주지할 필요가 있다. 샤먼은 접신이 기본적인 일에 속하고 구상화를 통하여 문제 해결을 시도했다. 샤먼은 의식의 변성상태70)로 들어가 '영의 여행'(spirit travel)

---

68) 신비주의가 접신술이라는 말은 그것이 신과의 직접적인 교통을 시도하기 때문이다. 18-19세기에 계몽주의의 영향으로 신학이 합리주의 신학으로 변질이 되었는데, 그것은 자유주의 신학을 말한다. 거기에 대한 반발이 경건주의였다. 이성이 주인 노릇하는 신학으로는 인간이 당면한 위기를 해결할 수 없다는 전제하에서 시도된 것이었다. 중요한 것은 자유주의나 경건주의나 모두 인간이 출발점이 되어서 신에게로 올라가는 에로스적인 관점에 서 있다는 사실이다. 그것이 인식에 관한 문제이든지 경험에 관한 문제이든지 간에 그 주체가 인간이라는 것은 동일하다. 너무나도 포용적인 뉴에이지적인 관점은 이전과는 현격한 차이가 난다. 인간이 신에게로 도달하는 차원이 아니라 인간이 신이라는 개념으로 출발하기 때문에 얼마나 그 (뉴에이지적인) 신성으로 충만해지느냐의 싸움으로 간다. 그래서 접신술이 동원된다(김동건, 현대신학의 흐름, 대한기독교서회, 2008, pp. 91-99를 참고하라.).
69) 브루노 보르체르트, **초월적 세계를 향한 관념의 역사**, 강주헌 역 (서울: 예문, 1999). 91.
70) http://cafe.naver.com/mindcenters.cafe?iframe_url=/ArticleRead.nhn%3Farticleid=806&; 미래마음연구소; "감각이 일체 차단된 공간에 장시간 있으면 의식이 변형되어서 꿈을 꾸거나 술에 취한 것 같은 감각이 엄습하는 그런 의식 상태를 변성의식상태라고 한다. 요가와 함께 명상을 섞어 실시하면 구체적이고도 선명한 그림이나 사진이 강렬하게 입체적으로 머릿속에 그려지고 추상공간에 임장감(臨場感)이 나타난다. 그리고 환상(vision)이 보이게 된다. 단순히 보이는 것만이 아니라 입체적으로 체험할 수 있는 것이다. 이를 경험해 본 적이 없는 사람들은 이해하기 어려울지 모르지만 눈부시게 아름다운 빛이 나타나고 빛의 공간이 생기고, 그 공간 안에 커다란 입체적인 것이 우뚝 솟아오르게 된다. 눈앞에 만질 수 있는 우주가 펼쳐지는 듯한 체감을 맛보는 경우가 있다. 수행자는 명상 중에 매우 고차원적인 추상사고를 관상해 가는 가운데 암흑 속에서 갑자기 빛이 쏟아져 들어오는 듯한 감각이 엄습한다. 이윽고 그것은 입체적으로 색깔과 향기를 동반하고서 공간 전체를 뒤덮고 수행자를 가상의 세계로 끌어들이게 된다. 이렇게 가상적으로 체험할 수 있는 고차원 세계는 현실의 물리적인 세계보다 훨씬 차원이 높은 것으로 느껴질 수 있다. 시간적인 역사는 혼탁해져 축이 뒤범벅이 된 다층적이고 연속적인 다차원 공간이 눈앞에 펼쳐진다. 리얼리티 넘치는 입

을 한다. 그때 반드시 등장하는 것이 영적인 안내자(spirit guide)다.[71] 신비주의가 발전하면서 샤머니즘[72]이 자취를 감추는 듯했으나, 오히려 더 세련되게 현대인의 기호에 맞도록 그 색깔만 바꾸었을 뿐이다.

비성경적인 오컬트의 '구상화'가 점점 더 뉴에이지 운동에 있어서 핵심적인 도구로 자리 잡고 있는 것은 이제 부인할 수 없는 현실이 되었다.

> 심령 치료사 빌 헨킨(Bill Henkin)과 에이미 윌리스(Amy Wallace)는 "구상화는 (심령) 치료에서 가장 능력 있고 널리 이용되는 기술 중의 하나"라고 강조한다. 스텔러(Steller)는 "가시적 상상의 훈련은 강령술 교회에서 … 영매들과 치료자들을 위한 정규 훈련의 일부"라고 말한다. 샤크티 거웨인(Shakti Gawain)은 "창조적 구상화는 당신이 원하는 것을 창조하기 위해 상상을 사용하는 기술이며 … 의식 상태에서 당신은 당신이 자기 생의 항구적인 창조주라는 사실을 알게 된다"고 말한다.[73]

자신의 책 머리말 인사에서 거웨인은 "내게 길을 계속해서 보여주며 … 이 책을 쓰는데 실제적인 책임을 진 나의 내적 인도자"에게 특히 감사한다고 말했다. 주도적인 신비술자 데이빗 콘웨이(David Conway)는 자신의 『마법 : 신비술 입문서』(*Magic: And Occult Primer*)에서 의식적 마법을 수행하기 위해 구

체감 속에 향기가 감각을 정복하고 그 위에 혼은 차원이 높은 공간으로 퍼지면서 떠오른다. 거기에 도달하면 수행자는 황홀한 폐김이 전신에 흐르면서 기대한 지식 체계 속에 던져진 듯한 감격을 맛본다. 이것을 신비체험이라고 한다. 이것은 명상이나 밀교의 관상, 요가나 티벳 밀교만이 아니라 수학, 철학을 끝까지 추구할 때도 동일한 체험을 얻을 수가 있다.(참고: 도마베치 히데토 『세뇌의 법칙』)

71) Bruce W. Scotten, Allan B. Chinen, John R. Battista 공편, 자아초월 심리학과 정신의학, 김명권·박성현·권경희·김준형·백지연·이재갑·주혜명·홍혜경 공역 (서울: 학지사, 2008), 58-59; "비록 폭넓은 문화적 다양성이 있지만 대부분의 샤먼 치유 의식에는 공통되는 핵심이 있다. 괴로움을 당하는 개인은 보통 자신의 가족을, 그리고 때때로 그들을 포함한 전체 부족을 의식으로 불러 모은다. 샤먼은 금식과 같은 적절한 준비 뒤에 의식을 시작한다. 샤먼은 북, 환각제 또는 기타의 수단을 통해 변성 상태에 들어간다. 샤먼은 그때 하계(underworld) 또는 천국의 영역까지 영적 여행을 계속한다. 샤먼은 환자의 병의 원인을 찾고, 그것이 보통 영의 작용일 것이라고 간주한다. 샤먼은 그 영과 홍정을 하거나 싸워야 한다. 성공적일 경우 샤먼은 보통의 의식으로 돌아오고, 환자에게 교육을 하는 것으로 의식을 마무리한다."

72) http://www.czoneus.net/news/view.asp?idx=139&msection=6&ssection=68; "샤머니즘(shamanism)은 신령과 접촉을 통하여 재앙(災殃)을 물리치고 인간의 온갖 소망을 성취할 수 있다고 믿는 샤먼(무당)을 중심으로 일어나고 있는 주술 종교적(宗敎的) 현상을 말한다."

73) http://en.wikipedia.org/wiki/Shakti_Gawain Gawain's best known book is "Creative Visualization". She has also written "Living in the Light", "Awakening", "Meditations", "The Path of Transformation", "The Four Levels of Healing", "Creating True Prosperity" and "Developing Intuition". She is the co-founder, with Marc Allen, of New World Library Publishing Company and founder of Nataraj Publishing, a division of New World Library.

상화가 절대로 필요하다고 다음과 같이 설명했다.

> 구상화 기술은 당신이 점차 익힐 것이며 일단 당신이 마법에 진전을 이루려면 참으로 반드시 익혀야 하는 것이다 … 이것은 영묘적 분위기를 조성하는 우리의 유일한 방법이다. 구상화로 우리는 우리 자신의 사고 형태를 세우고 이미 존재하던 자들과 접촉하고 우리가 물질적인 단계에 내려서는데 필요한 기본 에너지를 공급할 수 있다.74)

뉴에이지 운동의 성경으로 불리는 샤크티 거웨인의 책은 영적인 안내자(spirit guide)의 책이다. 영적인 안내자가 지시해 준 것을 책으로 옮겼을 뿐이다. 3백만 부 이상이 팔린 책이 자기 자신의 생각에서 나온 것이 아니라 영적인 안내자가 말해 주는 대로 쓴 책이다.

구상화는 이름하여 정신연금술로 불린다. 정신을 실재로 현시화하려는 악한 의도는 수 천 년 전부터 시작되었다. 정신연금술을 기원으로 말하자면 크게 두 가지 기원으로 볼 수 있는데, 헤르메스 트리스메기스투스75)를 하나의 기원으로 본다. 그는 유럽 연금술의 기원이 되는 에메랄드 타블렛이라고 불리는 문서의 저자인데,76) 사실 그는 알렉산드리아 '그노시스'와 연결된 사람으로 그노시스의

---

74) 데이브 헌트/ T.A. 맥마흔 공저, **기독교 속의 미혹**, 김문철 역 (서울: 포도원, 1991), 156.
75) '세 곱절이나 위대한 헤르메스'라는 뜻.
76) http://moveon21.com/?mid=main2009&page=8&category=738&document_srl=517760; "이 문서는 2, 3세기 경 알렉산드리아에서 쓰여졌던 연금술과 마법문서 중에 하나다. 알렉산드리아 도서관이 파괴된 후, 이 문서는 아랍 세계에서 내려오다 다시 십자군 원정을 나온 유럽인들에게 발견된 것이다. 에메랄드 타블렛이 유럽에 전해진 후, 수많은 학자들이 아랍어로 된 에메랄드 타블렛을 라틴어로 번역하고 거기다 주석을 단다. 에메랄드 타블렛을 번역하거나 주해를 단 사람 중에는 알베르투스 마그누스, 로저 베이컨 같은 사람도 들어 있다. 알베르투스 마그누스(1193-1280)와 로저 베이컨(1214-1294)은 중세 최고의 신학자이자 스콜라 철학의 대가이다. 도미니코회 수사였던 알베르투스 마그누스는 쾰른과 파리 대학에서 제자들을 가르쳤다. 그는 십자군 전쟁을 통해서 아랍권에서 유럽으로 전해지는 헬레니즘의 시대의 과학과 철학을 유럽 지식계에 전달하는 역할을 했다. 알베르투스 마그누스의 제자 중에 한 사람이 바로 스콜라 철학의 대부 토마스 아퀴나스이다. 반면 프란체스코회 수사였던 로저 베이컨은 옥스퍼드와 파리 대학교에서 제자들을 가르쳤다. 그는 영국 경험론의 시조이자 근대 과학의 선구자로 평가받고 있다. 그는 유럽 최초로 화약을 만드는 과정을 자세하게 기록했던 사람이며 비행선, 동력선, 동력차 등을 만들자고 제안을 했던 사람이다. 그는 열심히 과학 실험을 했던 사람이고 또 그 사실을 자랑스럽게 여겼다. 로저 베이컨은 에코의 그 유명한 소설, '장미의 이름'의 주인공인 윌리엄 수사의 모델이기도 하다. 그러나 에메랄드 타블렛의 가장 유명한 판본과 주석은 14세기경 오르토란누스가 쓴 것이다. 이 주해는 그 후 연금술의 발전에 엄청난 영향을 미친다. 에메랄드 타블렛은 14줄로 되어 있다. 여기서 말하는 태양의 작업은 금을 만드는 작업을 말한다. 사실 연금술 자체가 금을 연성하는 것을 목표로 하는 학문이다. 그러나 여기서 금은 꼭 물질적인 금을 뜻하지 않는다. 다시 말해 연금술에서 말하는 금은 신적인 경지에 도달한 인간의 영혼이다. 따라서 연금술은 금을 만드는 것이 아니라 인간의 영혼을 제련하는 기법이다. 십자군 전쟁으로 헬레니즘 문화가 전래되면서, 유럽에서는 탐색을 통해서 진리를 파악하려는 그노시스의 전통이 살

구세주라 불린다.77) 에메랄드 타블렛의 전문은 다음과 같다.

1. 이것은 분명한 사실이고 진정한 진리이며 거짓이 아니다(This true without lying, certain & most true.)
2. 유일한 것이 기적을 일으키는 방식은 아래도 위에서와 마찬가지고 위에서도 아래서와 마찬가지다(That which is below is like that which is above & that which is above is likely which is below to do ye miracles of one only thing.)
3. 모든 사물들이 하나의 작업에서 기원하듯이 모든 사물들은 이 하나의 적용에 의해서 태어난다(And as all things have been & arose from one by ye mediation of one: so all things have their birth from this one thing by adaptation.)
4. 태양은 그것의 아버지이고 달은 그것의 어머니이다(The Sun is its father, the moon its mother.)
5. 바람은 그것을 자궁으로 데려갔고 대지는 그것에게 양분을 주었다(the wind hath carried it in its belly, the earth its nurse.)
6. 그것은 전 세계를 통틀어 완전함의 아버지이다(The father of all perfection in ye whole world is here.)
7. 그것이 대지로 변하면 그 힘은 강대해지리라(Its force or power is entire if it be converted into earth.)
7a. 신중하고 부드럽게 흙을 불로부터 분리해내고 미묘한 것을 거친 것에서 분리 해내라 (Separate thou ye earth from ye fire, ye subtile from the gross sweetly with great industry.)

아난다. 르네상스는 헬레니즘의 회복을 뜻하는 동시에, 그노시스의 부활을 뜻한다. 르네상스를 이끈 사람들은 휴머니스트(Humanist)였다. 보통 휴머니스트는 인문주의자로 번역된다. 사실 르네상스의 휴머니스트들은 헬레니즘 고전을 연구한 인문주의자였다. 그러나 그들 휴머니스트는 중세 기독교 신권주의에 대항하여 인간 존엄을 외치던 인권주의자이기도 했다."

77) http://www.symbolian.com/mail_form/wisdom_print2.php?no=265; "에메랄드 타블렛은 연금술의 원천으로서 금지된 지식에 다가갈 수 있게 해주기 때문에 수천 년에 걸쳐 즉 이집트의 사제들로부터 중세의 교회, 우리시대의 정치가들이나 종교지도자들에게 억압을 받아왔다. … 에메랄드 타블렛은 한 조각 녹색 크리스털에 새겨져 있었으며, 숨겨진 비의들로 가득한 예언자적인 메시지를 전해 준다. 그 참된 기원은 전설 속에 잊혀졌으며, 일부 사람들은 일만 년 이상이나 이전부터 존재해 왔던 문서라고 주장하기도 한다. 하지만 최소한 기원전 330년경 이집트의 알렉산드리아의 학자들이 그리스 어로 번역을 하였다는 기록이 남아 있다. 기원후 400년경에는 에메랄드 타블렛과 같은 책들을 불태워 없애려는 광신도들로부터 보호를 하기 위해 기자(Giza) 지구의 고원에 에메랄드 타블렛을 파묻었다는 기록이 있는데 많은 사람들은 아직도 그곳 어딘가에 에메랄드 타블렛이 묻혀 있을 것이라 믿고 있다. 중세 시대의 연금술사들은 에메랄드 타블렛에 물질과 정신, 영을 변화시키는 공식이 담겨 있으리라 믿었으며, 연금술에 관련한 많은 그림들이 바로 이러한 에메랄드 타블렛의 공식들이 작용하는 단계들을 도형화한 것이다. 연금술사들은 이러한 연금술적 도형들을 마치 동양의 만다라처럼 사용하여서 의식을 변화시키기 위해 연구실에서 그것들을 가지고 명상을 하곤 했다. 에메랄드 타블렛은 많은 신비주의적 종교적 전통에 영향을 미쳤지만 특히 연금술에서는 3500년 이상이나 큰 영향을 미쳤다. 이 기간 동안 세계에서 가장 창조적인 사람들이 연금술을 통하여 물질과 에너지와 정신과 영의 신비를 탐구하였다. 대부분의 중세 연금술사들은 이 에메랄드 타블렛을 모사한 것을 자신들의 작업실에 걸어 놓고 명상을 위한 그리고 실제적인 연금술 작업을 위한 안내서로 생각하였다. 에메랄드 타블렛은 마치 고의적으로 모호하게 쓰인 연금술의 기술들을 해독하기 위해 마치 샹폴리옹의 로제타 석(Rosetta Stone)처럼 사용되었던 것이다."

8. 그것은 땅으로부터 하늘로 올라간다. 그리고 다시 땅으로 내려온다. 우월하고 열등한 것을 모두 수용하라(It ascends from ye earth to ye heaven & again it descends to ye earth and receives ye force of things superior & inferior.)
9. 이러한 작업을 통해서 너는 전 세계의 영광을 얻게 될 것이고 모든 모호함이 너를 떠날 것이다(By this means you shall have ye glory of ye whole world & thereby all obscurity shall fly from you.)
10. 이 힘은 힘 이상의 힘이다. 그것은 모든 불명료한 것을 정복하고 모든 단단한 것을 뚫고 지나간다(Its force is above all force. for it vanquishes every subtile thing & penetrates every solid thing.)
11a. 그렇게 이 세계는 창조되었다(So was ye world created.)
12. 이로부터 놀라운 적용들이 얻어질 것이며 그 방법은 이와 같다(From this are & do come admirable adaptions whereof ye means (Or process) is here in this.)
13. 나는 헤르메스 트리스메기스투스라고 불린다. 나는 전 세계 철학의 세 배의 지식을 가지고 있다(Hence I am called Hermes Trismegistus, having the three parts of ye philosophy of ye whole world.)
14. 태양의 작업에 대해서 내가 말한 것은 완벽하다(That which I have said of ye operation of ye Sun is accomplished & ended.)[78]

연금술의 전승에 의하면 그리스인들에게 헤르메스 트리스메기스투스(Hermes Trismegistus: The Thrice Powerful)라고 알려진 이집트의 신 토트(Thoth)가 연금술의 창시자였다. 그는 물질세계가 정신적 상상을 통하여 변형될 수 있다고 가르쳤다.[79]

연금술이 황금을 만들겠다는 인간의 물질적 욕망에서 비롯되었다는 것은 잘못된 인식이다. 연금술은 육체를 죽여 영혼으로 다시 태어나는 인간 존재의 변성을 향한 초월적 의미가 내포되어 있으며, 그러한 연금술적 여정에는 삶과 죽음의 수수께끼를 완전히 깨닫고자 하는 치열한 영혼의 몸짓이 깃들여 있다.

초기의 연금술 이론이 아리스토텔레스의 철학과 물리학을 기초로 형성되었고, 화학적 실험 기술은 이집트와 메소포타미아의 화학에서 빌어 왔다는 점은 과학사에서 정설로 인정되고 있다. 그러나 연금술 이론이 탄생할 당시부터 연금술 내부에는 고대 주술에서 흘러들어 온 종교적 체험이 뒤섞여 있었다. 즉, 물질이 생명을 갖고 있다고 생각하는 태고의 야금술사와 대장장이들의 신비술이 연금술을 통해 연장되고 있었다. 어머니 대지의 품에서 성숙하는 광물들은 황금의

---

[78] http://web.axelero.hu/
[79] 데이브 헌트/ T.A. 맥마흔 공저, **기독교 속의 미혹**, 김문철 역 (서울: 포도원, 1991), 154-156.

완벽함에 도달할 때까지 질적 성장을 계속하는 태아로 간주되었던 야금술적 사고가 연금술에 그대로 흡수되었다. 연금술사는 대지모의 자궁 속에 배태된 태아(광석)의 성장을 가속화시키고, 모든 비천한 금속을 고귀한 금으로 최종 변성시키려 했다.

이와 더불어 연금술의 신비주의 양상에 결정적 영향을 미친 것은 서기 1-3세기 사이의 그노시스주의였다. 인간 영혼이 본질적으로 신의 영혼의 편린(片鱗, a part)이라는 그노시즘의 기본 개념은, 어두운 물질 속에 신의 빛을 구현하기를 바라는 연금술사의 생각과 맥을 같이하고 있었다. 다시 말해서, 그노시즘의 영적 과정과 연금술의 가시적 작업은 매우 비슷했고, 또 상호보완적이었다. 따라서 연금술의 신비주의적 측면은 대부분 그노시즘의 영향이라고 보면 옳다. 가령 조지 모스, 클레오파트라, 헤르메스 트리스메기스토스 등이 화학작용을 그노시즘의 용어로 표현해 놓은 것을 보면 그러한 사실이 분명해진다.

앞서 언급했듯이, 특히 헤르메스 트리스메기스토스(세 번 위대한 헤르메스)는 서양 연금술의 전설적인 창시자이다. 이집트 지혜의 신 토트와 동일시되기도 하는 헤르메스는 헤르메스즘의 시조이고, 헤르메스즘 중에 연금술이 포함되어 있다. 헤르메스는 3만 6천 권에 달하는 연금술서를 집필하였다고 하며, 그 가운데 가장 큰 영향을 미친 것이 바로 그 유명한 『에메랄드명판』 이다.[80]

또 하나의 흐름으로는, 인도의 종교를 연구한 사람들은, 이런 일련 정신연금술이 인도의 신비주의에 그 뿌리를 두고 있다고 말한다. 여기에 대해서는 『내적치유와 내면아이』를 참고하기를 바란다. 다만 여기서 말하려고 하는 것은 구상화로 알려진 정신연금술이 그 기원에 있어서 매우 오래전에 시작되었다는 것이다.

유념해야 할 것은 그런 신비주의 정신연금술이 지나간 교회사와 역사를 통하여 샤머니즘적 구상화로 교회 깊숙이 들어왔다는 사실이다. 그리고 오늘날 우리가 사는 시대에도 마찬가지로 교회 안에 들어와 있으며, 특히 가정사역과 내적 치유 사역이라는 이름으로 비중 있게 자리를 잡고 있다.

신비술을 행하고 이 분야의 전문가들이며 의사인 마이크 사무엘(Mike

---

[80] http://blog.naver.com/phillip63/140035875605

Samuels)과 그의 부인 낸시(Nancy)는 구상화에 대한 연구에서 이렇게 말했다.

> 모든 것은 정신이라고 믿은 이집트의 헤르메스(Hermes) 추종자들은, 질병은 완전한 건강을 구상화함으로 치료된다고 생각했다. 나바호 인디언들(the Navaho Indians) 사이에서는, 많은 사람들이 참여하는 정교하고 구체적인 구상화는 병자들을 치료하기 위해 사용된다. 이 의식은 그 환자를 도와서 자신이 건강하다고 구상화하게 한다. … 16세기 스위스의 연금술사이며 의사인 파라켈수스(Paracelsus)는 "상상력은 의학의 큰 요소이다. 이것은 인간 속에 질병을 만들기도 하고 치료할 수도 있다"고 믿었다. 18세기 말, 메리 베이커 에디(Mary Baker Eddy)는 … 질병은 본래 인간 정신의 산물이며 … "모든 질병의 기원은 정신적인 것이고 … 모든 질병은 신적 정신에 의해 치료 된다"는 개념에 근거한 … 크리스찬 사이언스(Christian Science)를 발견했다.[81]

이제 교회 안에서도 그 영향력을 행사하기 시작한 구상화가 고대로부터 이렇게 전수되어져 내려온 비성경적인 방법이라는 것을 속히 깨달아야 한다. 그런 뉴에이지적인 방법에 물든 설교와 내적치유는 빨리 교회 안에서 사라져야 한다. 신비주의와 구상화를 생각할 때, 구상화로 가는 첫 단계는 자아의 침묵이다. 내면의 신성과 합일하기 위하여, 자아의 범주를 벗어나야 하며, 자아가 주도권을 가지고 있어서는 안 된다고 말한다.

> 자아에는 주체인 '내'가 없다. 자아는 우리가 중요한 존재로 생각하는 남들의 기대나 바람으로 구성된 허상에 불과하다. 타자의 반응과 평가에 따라 울고 웃는 과정에서 만들어진 우리가 나로 생각하는 자아이다. … 자아의 자기 한계, 자기규정, 자기 방식, 자기 세계를 벗어나지 않는 한, 사랑하는 사람과도 하나 됨을 체험할 수 없다. 자아의 버림은 자기 상실이 아니라, 자기 확대이다. … 그러므로 모든 형태의 신비주의에서 공통적으로 발견되는 핵심 요소는, 타인과 자연과 신과의 하나 됨의 체험이다. 유형무형의 모든 대상에 대한 집착에서 벗어나는 자아 소멸을 통하여 고요한 상태에 이르는 것이다. 끊임없이 나누어 구별하고 분리하며, 판단하여 규정하고 한정 짓는 경계와 벽이 허물어지는 것이다. 자아가 침묵하는 상태에 이르는 것이다. 그 순간에 저 내면 깊은 곳으로부터 홀연히 떠오르는 신성과 만나게 된다. 그 신성이 '진정한 자기', '참된 나'라는 사실을 깨닫고, 받아들이고, 체현하는 것이다. 그리하여 모든 존재 안에 있는 동시에 모든 존재를 넘어서 있는 신과 결합하여 하나가 되는 경이로운 체험이, 종교철학적인 의미에서 신비주의의 본질이다.[82]

이렇게 '진정한 자기'가 신성(神性)이라는 길로 가기 위해서 반드시 거쳐 가야 하는 시작이 자아가 침묵의 상태에 이르는 것이다.[83] 자아가 완전히 사라져

---

81) 데이브 헌트/ T.A. 맥마흔 공저, **기독교 속의 미혹**, 김문철 역 (서울: 포도원, 1991), 156.
82) 금인숙, **신비주의** (서울: 살림출판사, 2006), 9-11.
83) 크리스찬인사이드 제39호, 2011년 10월 10일 월요 일자 3면; "2008년 4월 16일자 기독신문에 관상 기도에 대한 현재의 관심을 반영해 몇몇 사람의 말들이 인용되어 실렸다. 그 중에 이동원 목사는 '관상기도에 대해 이상하게

야만 영적인 안내자와 교통을 하게 되고 그 과정을 통해서 신과 합일하는 체험이 일어나게 된다. 이것은 거의 모든 신비주의 종교의 공통된 주장이다.[84]

이런 방법이 교묘하게 교회 안에 들어와 성도들을 미혹하고 있다. 교회는 속히 정신을 차리고 그런 비성경적인 방법에서 벗어나야 한다.

관상기도와 구상화

이것은 신비주의 속에 포함시켜 말해야 하지만 워낙 심각한 운동이기 때문에 따로 언급할 가치가 있다. 관상기도와 구상화는 뗄레야 뗄 수 없는 불가분의 관계에 놓여 있다. 그걸 모른다고 하거나 부인한다는 것은 무지의 소치이거나 매우 교묘한 속임수를 저지르는 것 중 하나이다.

근래 관상기도의 흐름이 활발한 가운데 대한민국 사람 중 어느 누구보다 앞장 서서 관상기도를 추종하는 박노열 목사는 다음과 같이 말했다.

> 관상기도는 하나님께 우리의 소원을 말하는데 있지 않고, 우리에게 말씀하실지도 모르는 하나님의 음성과 하나님의 뜻에 귀를 기울이는 것이다. 관상기도는 하나님께서 자기 내면 안으로 들어오시도록 자유롭게 자신을 열어 놓는 상태이며 마침내 하나님의 신비가 자신의 내면에 부딪혀 옴으로 직접적이고도 완전한 하나님의 인식, 즉 하나님과 하나 되는 일치 경험 상태이다. 이 상태는 이성적인 사고보다는 사랑에 의해 하나님의 임재를 가슴으로 느끼는 경험이요, 정감적인 경험이요, 직관적인 경험이요, 하나님의 은총이다.[85]

관상기도에 대한 이런 개념은 예수 그리스도의 십자가의 피로 구속을 받아 하나님의 백성이 된 새언약의 의미를 모르는 것이다. 하나님과 하나 되는 경험으로 가는 그 하나님은 성경이 말하는 하나님이 아니다. 그것은 기독교 외에 다른 종교에서 말하는 하나님, 곧 모든 것이 하나요 모든 것이 신이라는 범신론적인 관점의 하나님이다.

말하는 사람들이 있지만 핵심은 '침묵'이라고 하며, '조용히 침묵하면서 나를 돌아보며 침묵 속에서 하나님을 만나자는 것'이라고 했다."
84) 그런 의미에서, 교회에서 유행하는 「침묵기도」는 신비주의 구상화에서 유래한 것으로 이런 비성경적인 방법은 반드시 사라져야만 한다. CCM 중에서도 「침묵기도」라고 분류되는 곡들은 특히 더 경계해야 하며, 예배 전 후에나, 새벽기도 시간에 성도들에게 들려주는 것은 매우 위험한 것이다.
85) 박노열, **누구나 할 수 있는 관상기도** (서울: 나뭄, 2009), 17.

옳으니 그르니 너저분하게 늘어놓을 것 없이 딱 한 가지만 지적해 보자. 박노열 목사는 하나님을 만나기 위하여 하나님 앞으로 나아가라며, 계시록 3장 20절을 인용한다.[86]

> 볼지어다 내가 문 밖에 서서 두드리노니 누구든지 내 음성을 듣고 문을 열면 내가 그에게로 들어가 그로 더불어 먹고 그는 나로 더불어 먹으리라(계 3:20)

이 말씀이 과연 하나님과 하나 되기 위해 하나님을 만나기 위해 하나님 앞으로 가라는 말씀인가? 권성수 교수는 다음과 같이 말한다.

> 20절의 식사는 신자들이 현재 그리스도와 나누는 교제를 말하면서(Beasley-Murray, Mounce) 앞으로 재림 이후에 영원 상태에서 완성될 교제를 말한다.[87]

이 식사는 간단히 먹는 식사가 아니라 천천히 즐기며 먹는 정식(main meal)이다. 이것은 예수님과 누리는 교제가 일시적인 기쁨이 아니라 영원한 기쁨이라는 것을 강조한다.[88] 이 구절의 핵심은 예수 그리스도와의 교제 회복이다.[89]

---

[86] http://www.forleader.org/main.php?id=introduce_organization; 이필찬 교수의 해석은 책의 본문으로 채택하지는 않았다. 왜냐하면 이필찬 교수는 이동원 목사가 주관하는 목회리더십 연구소의 연구위원에 참여하고 있기 때문이다. 이런 현실에 대하여 놀라움을 금할 수가 없다. 참고로 목회리더십연구소의 연구위원은 다음과 같다. 박정근 목사(영안침례교회), 이승한 박사(홈플러스그룹회장), 윤방섭 박사(연세대학교원주캠퍼스 경영정보학부), 이필찬 박사(웨스터민스터신대원) 이필찬, **내가 속히 오리라** (서울: 이레서원, 2008), 217-219; 19a에서는 사랑하는 자에 대한 책망과 훈련의 손길을 통해 라오디게아 교회 성도들이 영적 무감각에서 각성하여 회복될 것을 촉구한다. 19b에서 '열심을 내라'는 것은 사전적으로 '어떤 일에 대해 진지하게 임하는 것'을 의미한다(BDAG). 이것은 단순히 교회의 일을 열심히 하라는 의미가 아니며 15b에서 "네가 차든지 더웁든지(뜨겁든지) 하기를 원하노라"라는 것과 유사한 의미이다. 곧, 우유부단하고 나태한 영적 무감각한 상태에서 진지하고 분명한 태도를 취하여 하나님의 교회 공동체로 하여금 합당한 삶을 회복할 것을 말씀하신다. 더욱이 이 단어는 '회개하라'는 것과 짝을 이루어 사용된다. 회개한다는 것은 단순히 생각만 바꾸는 것이 아니다. 바로 그들의 문제점인 차지도 않고 뜨겁지도 않은 상태에서 벗어나서 열심을 내어 하나님에 대한 분명한 태도를 취하도록 하는 구체적인 행동을 요구한다. 라오디게아 교회 성도들에게 있어 회개한다는 것은, 곧 '열심을 내는 것'이라고 할 수 있다. 그리고 '열심을 내는 것'은, 곧 회개하는 자의 모습이다. … 20절 말씀은 주로 처음 복음을 영접할 때 많이 사용되었다. 그러나 이러한 이해는 이 본문의 문맥과는 거리가 멀다. 여기에서 이 본문은 19절에서 보여 주는 것처럼 영적 무감각 가운데 있는 라오디게아 교회 성도들에게 회개와 갱신을 촉구하는 맥락에서 주어진다. … 현재 라오디게아 교회 공동체가 열심을 내고 회개를 통해 영적 각성을 해서 종말적 잔치인 예수님의 임재와 깊은 교제의 축복을 현재에도 체험하게 될 것을 보여 주려는 것으로 이해할 수 있다. … 그들이 문을 연다는 것은 무엇을 의미하는가? 바로 18-19절의 내용을 충실하게 실행하는 것을 의미한다.
[87] 권성수, **요한계시록** (서울: 도서출판 횃불, 1999), 132.
[88] 모리스, **요한계시록**, 김근수 역 (서울: 기독교문서선교회, 1985), 103.
[89] Stephen S. Smalley, *The Revelation To John*, (SPCK, 2005), 102.

왜냐하면 라오디게아 교회는 스스로 만족하여 그리스도를 향한 (마음의) 문을 굳게 닫고 있었기 때문이다.90)

또한, Robert H. Mounce는 이 본문이 그리스도께서 회개를 촉구하며 교회의 지체들에게 주신 말씀이라고 말한다. 왜냐하면 그리스도의 재림이 임박하기 때문이다.91)

Robert H. Mounce와 권성수 교수의 말을 종합하면 계시록 3장 20절의 말씀의 의미는 무엇인가? 그것은 불신자에게 예수님을 믿으라고 결단을 요구하는 것이 아니라, 현재에서 누리고 재림 이후에도 누리게 될 예수 그리스도와의 영원한 교제를 위하여 지금 회개하라는 의미이다. 박노열 목사의 말처럼 관상기도를 통해서 하나님과 하나 되는 일치 경험의 상태로 들어가라고 하지 않는다.

늘 문제가 되는 것은, '성경 본문의 원뜻이 무엇인가?'를 먼저 알려고 하지 않는 것이다. 자신들이 말하고 싶은 주제에 성경을 끼워 맞추기 때문에 이런 모든 문제가 발생한다. 그래서, '성경이 가는 곳까지 가고 성경이 멈추는 곳에 멈춘다'는 개혁신학의 원리에 충실해야만 한다.

실제로 한국에 이런 모든 관상기도의 바람을 일으킨 주역은 이동원 목사이다. 최근 이동원 목사는 돌연 레노바레 사역을 중단한다고 했다.92) 2007년 레노바레 사역을 시작할 당시93)에는 이철신 목사, 이동원 목사, 최일도 목사들은 "외

---

90) 필립 E. 휴스, 요한계시록, 오광만 역 (서울: 여수룬, 1993), 98.
91) Robert H. Mounce, *The Book Of Revelation* (EERDMANS, 1983), 128-129; ⟨Verse 20 is often quoted as an invitation and promise to the person outside the community of faith. That it can be pressed into the service of evangelism in this way seems evident. Compared with other world religions seeking God of the Judaeo-Christian heritage is perhaps its major uniqueness. In the context of the Laodicean letter, however, it is self-deluded members of the church who are being addressed. To the church Christ says, "Behold, I stand at the door and knock." In their blind self-sufficiency they had, as it were, excommunicated the risen Lord from their congregation. In an act of unbelievable condescension he requests permission to enter and re-establish fellowship. Two principal interpretations of verse 20 exist: (1) that it represents a call to the individual fellowship, and (2) that it is eschatological and speaks of the imminent return of Christ. The latter interprets the verse in conjunction with the reward promised the overcomer in verse 21 (an eschatological sense to be sure), while the former ties it in with the call elsewhere in the letters serves as a semi-technical term that opens a new subsection of the letter(cf. 2:7, 11b, 17b, 26; 3:5, 12) and because verse 20 provides a strong positive motivation for the repentance demanded in the previous verse, it seems best to interpret the saying as personal and present rather than ecclesiastical and eschatological.⟩
92) http://www.kscoramdeo.com/news/read.php?idxno=4431

적 부흥을 지향한 한국교회, 이제는 내면 성숙 이룰 때다"라고 말했다.94) 그랬던 그가 돌연 사역 중단을 선언하고 나선 이유는 무엇일까? 이동원 목사가 그 선언을 하기 전에 예장 합신 측은 이동원 목사의 관상기도에 대한 헌의를 접수하고 교단적으로 논의에 들어갔다. 예장 합신 측은 2011년 9월 20일부터 22일까지 서울 길동 은평교회에서 개최한 제96회 총회에서 관상기도 운동과 레노바레 운동에 대해 '참여하지 말 것'이라고 규정했다.95)

---

93) http://www.newsnjoy.co.kr/news/quickViewArticleView.html?idxno=22247; 〈평양대부흥운동100주년을 기념한 각종 행사가 마무리되는 시점인 10월, 한국의 대형 교회들이 복음주의권 영성신학자인 리차드 포스터, 달라스 윌라드, 성영 탠 등을 초청해 컨퍼런스를 개최했다. 2007영성부흥 레노바레국제컨퍼런스는 '교회 안에서 교회를 새롭게'라는 주제로 10월 14일~17일 서울 영락교회에서 열린다. 이동원 목사(지구촌교회)와 이철신(영락교회)가 공동으로 대회장을 맡고, 주강사로도 참여한다. 여기에 홍정길(남서울은혜교회)·강준민(동양선교교회)·오정현(사랑의교회)·이영훈(여의도순복음교회)·최일도(다일교회)·이윤재(한신교회) 목사 등이 강사로 나선다. 지난 9월 6일 열린 기자회견에서 이동원 목사는 리차드 포스터 등 영성가들이 말하는 묵상·성결·사회정의·카리스마·복음전도·성육신 등 레노바레의 여섯 가지 영성을 조화롭게 갖추기 위해 이번 대회를 개최한다고 취지를 설명했다. 이철신 목사도 "그동안 한국교회는 외적인 성장에 치중했다"며 "내면의 영성 수련을 통해 균형 잡힌 교회와 신앙인이 되어야 한다"고 말했다. 이번에 초청받은 해외 영성가들이 저녁시간 강연과 새벽기도를 인도하고, 한국 강사들이 오전과 오후 특강을 맡는다. 이동원 목사에 따르면, 레노바레 영성의 주제를 그 분야의 전문적인 목회자들이 강연하는 형식이다. 카리스마는 이영훈 목사, 복음전도는 오정현 목사, 사회정의는 이윤재 목사, 성육신은 최일도 목사, 묵상은 조봉희(서울 지구촌교회), 성결은 지형은 목사(성락성결교회)가 맡아 강연한다. 최일도 목사는 "교회 안에서 교회를 새롭게 하는 데 한국교회를 대표하며 한국교회의 변화를 진심으로 추구하는 지도자들이 모였다"며 "또 하나의 대형집회를 추구하는 게 아니다. 이것이야말로 한국교회의 내면적 영성을 추구하는 가장 필요한 집회가 될 것이다"고 말했다. 준비위원장 조봉희 목사는 "전자우편으로 광고한 지 이틀 만에 800명의 목회자들이 수강 신청을 했다"며 "성장에만 귀를 기울이던 한국교회가 이제 균형 잡힌 영성을 갈망하기 때문이다"고 말했다. 한편, 기자는 일부 강사들이 '교회 안에서 교회를 새롭게'라는 주제에 걸맞지 않게 선정되었다는 점을 지적했다. 강준민 목사의 경우 최근 교회 내부에서 교인들과 마찰을 빚는 과정에서 목사로서 적절하지 않은 행동을 했고 다른 강사들도 영성의 여러 분야의 두각을 나타낸 인물이라기보다는 대형 교회 목회자일 뿐이라는 것이다. 이에 대해 이동원 목사는 "강준민 목사는 힘들고 어려운 시간을 보내고 있다. 완벽하기 때문에 강사로 서는 게 아니다. 부족하고 연약한 것을 하나님 앞에 내놓고 본인의 아픔을 같이 나눌 때 성숙할 수 있는 계기가 될 것이다. 이번 행사가 그에게 좋은 고백의 장, 성숙의 장이 될 것이다"고 말했다. 또 이 목사는 "대형 교회 목사이기 때문에 강사로 나서는 것이 아니며, 각 분야를 잘 이해하고 설명할 수 있다고 보았기에 강사로 세웠다"고 해명했다.〉
94) 같은 사이트에서.
95) http://www.amennews.com/news/articleView.html?idxno=11545/ 합신측, '관상기도·레노바레 운동' 참여금지 결의 관상기도와 레노바레 운동에 대한 신학연구위원회의 답변〈1. 관상기도는 인간의 노력과 하나님의 도움을 합하여 정화, 주입, 합일의 단계로에 나아가려는 반(半)-펠라기우스(semi-Pelagianism)적인 천주교적 사상을 토대로 하고 있다. 그뿐만 아니라 최악의 형태의 관상기도는 보편종교적인 영성을 추구하고 있는 것이라고 결론 내릴 수 있다. 그러므로 관상기도는 "오직 성경"의 원리에 근거하여 신앙생활을 하려는 성경적 그리스도인들이 따라갈 수 있는 것이 아님이 아주 분명하다. 2. 현재 미국 레노바레 운동과 관련하는 사람들의 교단은 매우 다양하다. 레노바레 운동의 이런 모습을 분명하게 보여주는 증거는 리처드 포스터가 편집하여 2005년에 출판한 〈레노바레 성경〉이다. 책의

이동원 목사가 주관하고 있는 목회리더십연구소는 2011년 7월 11일(월)-14일(목)에 걸쳐서 달라스 윌라드와 오대원 선교사를 주강사로 하는 '하나님의 음성듣기' 세미나를 했다. 그러면서 다음과 같이 말했다.

> 7월 11-14일까지 달라스 윌라드 / 오대원 목사와 함께하는 기독교 묵상 세미나가 진행될 예정입니다. 부제로 하나님의 음성 듣기에 대한 성경적 지침과 깊은 실습의 기도 시간이 될 것입니다. 과거, 영성의 길 세미나와는 차별된 세미나입니다.[96]

달라스 윌라드와 오대원 선교사가 말하는 하나님은 성경이 말하는 하나님과는 다르다.[97] 그들이 말하는 하나님은 아무나 천국 보내 주는 하나님이며, 그들은 관상기도를 통하여 신이 되는 길을 추종하는 사람들이다.[98] 그들이 말하는

마지막 부분에 있는 50명이 넘는 집필자들의 프로필은 상당한 다양성을 드러내어 준다. 미국장로교회(PCUSA) 목사 유진 피터슨(Eugene Peterson)에서부터 퀘이커 신학교인 조지폭스 대학교의 종교학 교수 하워드 메이시(Howard R. Macy)까지 이 프로필 목록은 레노바레의 너무도 폭넓은 모습을 그대로 드러내 주고 있다. 3. 그러므로 본 교단에 속한 교회들은 관상기도 운동과 레노바레 운동에 참여하지 말 것은 물론 그 위험성을 다른 그리스도인들에게도 알려야 할 것이다. 또한 우리나라 안에 관상기도와 레노바레 운동이 퍼져 나가지 않도록 하기 위해 우리가 해야 할 실천적인 제안을 한다면 다음과 같다. 첫째, 우리가 참으로 성경적이고 참으로 하나님과 교제하는 기도에 힘써야 한다. 성경이 말하는 참된 기도는 결국 그리스도의 십자가 구속에만 의존하고 성령님의 감화 안에서 삼위일체 하나님과 교제하는 것이다. 둘째, 관상기도 운동에 참여하시는 분들이 말하는 성경구절들(계 1:7; 계 3:20; 시 145:5; 시 19:14; 시 46:10; 시 116:9; 마 5:8 등)이 그분들의 주장대로 이용되지 않도록 그 본문들의 진정한 의미를 잘 주해하고 성경의 가르침에 충실하도록 해야 한다.〉
96) http://blog.naver.com/yoochinw?Redirect=Log&logNo=130073181103/
97) 달라스 윌라드와 오대원 선교사에 대해서는 필자의 책 『내적치유와 내면아이』에서 「주서택 목사와 내면아이」를 참고하기 바란다.
98) http://blog.daum.net/hakema/344(2010.08.11 00:42; 한국 예수전도단 설립자 오대원 목사의 심각한 문제들) 〈오대원 목사는 그의 책 『묵상하는 그리스도인』에서 헨리 나우웬과 토마스 머튼의 '관상기도'이론을 매우 긍정하며, 적극적으로 인용하고 있습니다. 헨리 나우웬과 토마스 머튼은 종교 다원주의적 사상을 가지고 관상기도 운동을 전파하는 가톨릭 신부들입니다. 그들은 예수님은 구원의 유일한 길이 아니라, 많은 길 중의 한 길이라 주장합니다. 불교와 다른 종교들에서도 구원이 가능하다고 합니다. 이 깨달음은 관상기도를 통하여 만나는 "하나의 하느님"을 만남으로서 얻을 수 있다고 합니다. … 치유와 초자연적인 해방의 역사가 고난 받는 교회들을 통해 속속 전달되었다. 70년대에 프란시스 맥너트 목사는 한국을 자주 방문해 교회에 치유 사역을 소개하며 치유 사역이 회복되는 데 힘썼다. 수백 명의 개신교 목사들과 가톨릭 신부들이 아침마다 서강 대학교에 모여 치유 세미나를 가졌고 저녁에는 실내 체육관이나 경기장에 모여 수 천명의 그리스도인들과 함께 치유 집회를 열었다. "나도 여러 번 참석했었다. 어느 날 저녁 부산에서 열린 모임에서 사람들은 신약성경에 기록된 거의 모든 종류의 치유를 경험했다. 치유 받은 사람들의 이전 모습을 알고 있던 가톨릭 신부나 개신교 목사가 그들의 치유 사실을 증명해 주었다. 하나님은 가톨릭 교인과 개신교인들이 그들 사이에 오랫동안 존재해왔던 편견을 기꺼이 버리고 화합하는 것을 기뻐하셨다." 교회가 견고해짐으로 그분이 영광을 받으셨다. 우리 역시 크게 기뻐하고 교회가 치유된 것을 노래하고 축하해야 할 일이었다.〉 오대원, **묵상하는 그리스도인**, 양혜정 역 (서울: 예수전도단, 2005), 178.

하나님의 음성은 어떤 음성이겠는가? 이들을 강사로 세워 소위 '기독교 묵상 세미나'를 하는 이동원 목사의 '영성'은 도대체 어떤 영성이란 말인가?99)

이동원 목사가 관상기도 중단을 선언하면서 발표한 "관상기도에 대한 나의 입장"100)이라는 글을 살펴보면, 그 무엇보다 살렘 인스튜트에 대한 견해가 가장 심각한 문제이다.

> 그는 미국 워싱톤의 '살렘 인스티튜트'101)에서 목회자들을 위한 프로그램인, '성직자를 위한 영적 리더십(Clergy Spiritual Life and Leadership)에 참석했다고 말한다.102) 스스로 말하고 있듯이 '에큐메니칼 연구소'라는 것을 분명히 밝히고 있으면서도 관상기도를 받아들였다는 것은 매우 심각한 것이다. '에큐메니칼 연구소'에서 배우는 것은 '에큐메니칼 한 것'을 배우는 것이다.

살렘 인스티튜트에 대하여 레이 윤겐은 다음과 같이 말했다.

> 틸덴 에드워즈가 세운 워싱턴 D.C.의 살렘 연구소는 로렌스 형제를 자신의 관상 가운데 신이 온 세상 안에 있다는 신념을 가진 사람으로 간주한다. 기독교 관상은 하나님을 온 세상 안에서, 그리고 모든 사물을 하나님 안에서 찾을 수 있다는 의미다. 17세기 카르멜 수도회의 탁발 수도사인 로렌스 형제는 이것을 "어느 곳에서든 하나님을 발견하는 사랑스러운 용서"라고 했다.103)

---

99) http://www.forleader.org/bbs/view.php?id=journal_column&no=90 이동원 목사는 달라스 윌라드에 대하여 다음과 같이 극찬을 한다. "제가 만난 한 미국의 신학자는 오늘 미국을 대표하는 기독교 학자로 바울-어거스틴-칼빈-칼 바르트의 계보를 잇는 기독교 사상가로 자기는 달라스 윌라드를 손꼽겠다는 말을 한 적이 있었습니다. 저는 이 평가가 얼마나 정확한지는 모르겠습니다. 그러나 이 말은 그가 지닌 비중을 뜻하는 말임에는 틀림이 없을 것입니다." 이동원 목사가 말하는 "계보"는 개혁주의 신학의 계보라 볼 수 없다. '바울-어거스틴-칼빈-칼 바르트-달라스윌라드'라는 이동원 목사 식의 계보는 이동원 목사가 얼마나 신정통주의 신학에 오염되어 있으며, 종교다원주의에 오염되어 있는가를 말해 주는 증거다.

100) http://www.kscoramdeo.com/news/read.php?idxno=4431(이동원, "관상기도 세미나 접겠다"(2011.7.5.).

101) http://store.shalem.org를 조금만 살펴봐도 그들이 하는 프로그램에 '요가'가 등장하는 것을 볼 수 있다. http://store.shalem.org/product_info.php?cPath=43&products_id=159: "Yoga Drumming Retreat $185.00 During this time of renewal, we will experience yoga and drumming as prayer forms as we practice contemplative prayer in the form of devotional chanting, meditation, conscious breathing, yoga postures and group drumming. No prior experience with yoga or drumming is necessary. Please bring a yoga mat, blanket, belt or strap, and comfortable clothes in which to stretch. You are welcome to bring a drum and drums will be provided."

102) http://www.igoodnews.net/news/articleView.html?idxno=31661(2011.7.5.). 이동원 목사, "관상기도 세미나 접겠다") 〈지난 2000년 안식년을 보내면서 관상기도에 대해 구체적으로 관심을 갖게 됐다고 밝힌 이 목사는 "미국 워싱턴에 '살렘 인스티튜트'에서 안식하는 목회자들에게 좋은 프로그램을 진행한다는 소식을 듣게 됐고, 그곳에서 '성직자를 위한 영적 리더십' 프로그램에 참여하게 됐다"고 설명했다.〉

103) 레이 윤겐, 신비주의와 손잡은 기독교, 김성웅 역 (서울: 부흥과 개혁사, 2009), 241.

이제 이런 개념이 뉴에이지라는 것을 모르는 사람이 없다. 살렘인스티튜트가 에큐메니칼하다는 것은 바로 이런 뉴에이지 성향을 가졌다는 것을 기본적으로 전제로 한다. 이동원 목사는 "관상기도와 동양 명상의 차이도 명확하게 규정해 왔습니다"라고 말했다.104) 과연 그의 말처럼 실제로도 그렇게 하고 있을까? 이동원 목사의 말을 직접 들어보자.

> 최근 가평 필그림 하우스에서 열린 '하나님의 음성듣기' 세미나 도중 3인이 모여 제자도와 목회에 대해 이야기를 나눴다. 이들에게 '목회자들에게 가장 중요한 것이 무엇인지 물었다. "목사 자신이 그리스도의 제자가 되어야 합니다. 먼저 그리스도의 음성을 듣고 그리스도와 동행하며 그 안에서 안식해야 합니다. 교인들에게 목사에게도 경건과 거룩, 안식이 필요하다는 것을 생활로 보여줘야 합니다." 윌라드 박사의 말이다. 오 선교사는 묵상하며 하나님 음성을 듣는 것이 중요하다고 언급했다. "한국 교회 목사들은 지나치게 많은 설교를 합니다. 사역의 짐이 너무 큽니다. 그러다 보니 묵상할 시간이 없습니다. 묵상하지 못하니 하나님 음성을 듣지 못합니다. 그 음성 듣고 자기를 돌아보지 못합니다. 하나님과 동행하는 시간은 설교하는 시간보다 더 중요하다는 사실을 알아야 합니다." … 윌라드 박사는 이 세상에서 가장 중요한 리더는 바로 목회자라고 말했다. "목회자는 교인은 물론 사회와 민족을 향해 무언가를 이야기해야 하는 사람입니다. 그들에게 하늘의 뜻을 이야기해 줘야 합니다. 이보다 더 중요한 리더가 어디 있습니까. 그런데 그런 중요한 리더인 목회자를 누가 가르치는가도 중요한 문제입니다."105)

분명하게 생각해보자. 왜 목사가 이미 계시 된 예수 그리스도의 말씀 외에 그리스도의 음성을 들어야 하는가? 묵상을 해야 하나님의 음성을 듣는가? 오대원 목사와 달라스 윌라드가 말하는 묵상은 무엇인가? 그것은 관상기도를 통하여 영적인 안내자가 들려주는 음성이다. 힌두교나 선불교가 하는 것과 통합된 방식이다. 이동원 목사는 한국의 목사들은 설교를 많이 한다고 말했다. 그러면, 지금의 목회자들보다 더 많이 설교했던 칼빈은 기도를 게을리했는가? 아니다.106)

---

104) http://www.kscoramdeo.com/news/read.php?idxno=4431; "그리고 많은 이들이 염려하는 관상기도와 동양 명상의 차이도 명확하게 규정해 왔습니다. 1) 동양 명상의 대상이 자신의 사고라면 복음적 관상기도의 대상은 하나님 이라는 것, 2) 동양 명상의 출발이 정신 집중이라면, 복음적 관상기도는 성경에서 출발해야 한다는 것, 3) 동양 명상의 실천이 명상이라면, 복음적 관상기도는 기도라는 것, 4) 동양 명상의 비움을 강조한다면, 복음적 관상기도는 비움과 채움이어야 한다는 것 5)동양 명상의 목표가 마음의 평화라면 복음적 관상기도는 신과의 일치(영적인)이어야 한다는 것을 가르쳐 왔습니다. 처음부터 제가 의도한 것은 가톨릭적 관상기도가 아니라 복음주의적으로 재해석된 관상기도였습니다. 그래서 책을 추천할 때도 가톨릭 저자의 책들에 대해서는 *표를 달아 비판적으로 읽어야 한다고 주장했고 그렇게 교재에도 표기를 했습니다.(유인물#2와 3 참조)"
105) http://www.forleader.org/bbs/view.php?id=journal_interview&page=1&sn1=&divpage=1&sn=off&ss=on&sc=on&select_arrange=headnum&desc=asc&no=45

설교가 많아서 묵상할 시간이 없는 것이 아니라 신비주의 묵상을 하는 것이 문제다.

또한, 이동원 목사는 자신의 관상기도가 유진 피터슨의 『묵상하는 목회자』107)와 『이 책을 먹어라』의 수준을 넘어서지 않는 것이었다고 말했다.108) 유진 피터슨의 『이 책을 먹어라』에는 이동원 목사가 주 관심을 기울이는 「제2부 '렉티오 디비나'」가 나온다. 이 부분에 들어가기 전에 유진 피터슨의 사상을 말해 주는 루드비히 비트겐슈타인의 다음과 같은 인용구가 있다.

> "우리는 하나님이 다른 사람에게 말씀하시는 것은 들을 수 없다. 오직 하나님이 나 자신에게 말씀하실 때에만 그분의 말씀을 들을 수 있다."109)

외견상 이 말은 매우 그럴듯하고 성경적인 입장을 취하고 있는 것처럼 보이나, 이것은 무신론자요 실존주의자의 말이다. 비트겐슈타인은 종교언어의 구조를 분석함으로써 종교체험을 이해하려고 했다.110) 이 인용구에서 중요한 것은 비트겐슈타인이 말하는 하나님이란 역사적 진리가 없는 하나님을 말한다.111) 신앙이란 역사와 상관없이 그저 자기 결단과 자기 확신에 속한 것이다. 유진 피터슨이 말하는 하나님은 무념무상의 세계에서 만나는 하나님이다.

유진 피터슨은 다음과 같이 말했다.

---

106) http://www.apologia.co.kr/lib/news/11926/page/274/ 권호덕 교수는 "칼빈은 기도의 중요성을 깊이 알았고, 자신이 기도하는 일에 많은 시간을 보냈다"고 말하며, "그의 기도의 흔적은 여러 신학적인 저서들은 물론 그의 서신에 잘 반영되어 있다"며 "특히 이웃을 위해 교회 전체 나아가 세계 교회를 위해 도고한 사실은 주목할 만하다"고 전했다.
107) 이 책은 칼 융의 분석심리학을, 특히 적극적 심상법(active imagination)을 이해하고 읽어야만 한다! 칼 융을 모르고 유진 피터슨을 읽으면 무슨 뜻인지 모른다!
108) http://www.kscoramdeo.com/news/read.php?idxno=4431(2011년 07월 05일, 이동원 목사, "관상기도 세미나 접겠다")〈제가 추구한 복음주의적 관상기도는 유진 피터슨의 『묵상하는 목회자』(이 책의 원저 제목은 '관상적 목회자' 'Contemplative Pastor')와 『이 책을 먹어라』에 기술된 관상의 수준을 넘어서지 않는 것이었습니다.〉
109) 유진 피터슨, **이 책을 먹으라**, 양혜원 역 (서울: 한국기독학생회출판부, 2010), 139.
110) http://www.cyberspacei.com/jesusi/inlight/religion/experience/religi/ous_experience.htm
111) http://gall.dcinside.com/list.php?id=atheism&no=86299 기독교는 역사적 진리에 기초하지 않는다. 그것은 오히려 우리에게 (역사적) 소식을 주고는 말한다: 만사를 제치고 믿으라 … 매우 이상하게 들리겠지만, 복음서의 역사적 보고는 역사적인 뜻에서는 거짓임이 증명될 수 있을지 모르나, 이로써 신앙이 상실하는 것은 아무것도 없다 … 역사적 증명이 신앙과는 전혀 관계가 없기 때문이다. 그 이유는 '진리-라고-여김'의 확신이기 때문이다. (1937년에 비트겐슈타인이 쓴 조막글 중에서.)

묵상은 일관된 하나님의 계시의 세계 속으로 들어간다. 묵상은 텍스트와 친구가 되기 위해서 기도하는 마음으로 상상력을 잘 사용하는 것이다. … 묵상은 바로 참여다. 나는 워렌 위어스비(Warren Wiersbe)가 공상과 상상력을 구분해서 말한 것을 좋아한다. "공상은 '메리에게는 어린 양이 있다'라는 노래를 쓰지만, 영감 받은 상상력은 '여호와는 나의 목자시니'라는 시112)를 쓴다. 공상은 새로운 세계를 만들어 낸다. 상상력은 옛 세계에 대한 통찰을 준다."113)

이런 것은 마치 칼 융의 적극적 명상법과 일치한다. 융은 적극적 명상법 즉, 구상화를 통해서 무의식의 세계로 적극적으로 뛰어들었다. 유진 피터슨은 이런 칼 융의 구상화를 적극 활용했다.114) 묵상을 통해 하나님의 계시의 세계로 들어가는 것은 바로 그런 것을 말한다. 감히 누가 하나님의 계시의 세계로 뛰어든다는 말인가? 그것은 유진 피터슨이 신성한 내면아이에 기초하여 만들어 가는 논리 속에서만 가능한 것이다.115) 유진 피터슨이 하는 말을 더 들어보자.

---

112) 여기서 '시'는 일반인들이 이해하는 것과는 매우 다르다. '시'는 문학과 함께 계몽주의 사조 이래 합리성으로 장악된 세계를 초월하는 수단이다. 거기에는 상상력이 나래를 펼치기 때문이다. 왜 하이데거에게서도 '시'가 등장하게 되는지 고민해 보면 연결점이 보일 것이다. 또한 하이데거는 노장사상에 관심을 기울였다. 1946 봄, 하이데거는 대만 출신의 프랑스 군속의 소혼의(일명 파울 샤오)와의 만남으로 정치적, 사상적 전회의 계기가 되었다.
113) 유진 피터슨, **이 책을 먹으라**, 양혜원 역 (서울: 한국기독학생회출판부, 2010), 173.
114) 유진 피터슨, **부르심을 따라 걸어온 나의 순례길**, 양혜원 역 (서울: IVP, 2015), 216-219; 다음과 같은 유진 피터슨의 말은 융의 적극적 심상법(active imagination)을 실제로 행한 것을 의미한다. "한편 그 화요일에는 회중을 정의하는 또 다른 방식을 배우고 있었다. 화요일 세미나 때마다 내 회중에 속한 사람들을 문제로 인식하는 언어와 상상력(a vocabulary and imagination)을 배웠다. 그것은 신선했다. 자신의 경험을 초월하는 어떤 것에, 하나님에 대한 인식조차도 막연하지만 그 하나님과 관련된 무엇에 참여하고자 하는 다양한 그러나 대체로 분명하지 않은 열망을 가진 이 우연한 사람들의 모임을 분명하게 규명하는 방식이 여기에 있었다. 문제로 규정됨으로써 내 회중은 내가 손을 써 볼 수 있는 의제를 내게 던져 주는 셈이었다. … 나는 곧 에릭 에릭슨과 칼 융, 브루노 베틀하임과 빅터 프랭클의 글에 파고 들었다.(I was soon devouring the writings of Erik Erikson and Carl Jung, Bruno Bettelheim and Viktor Frankl.) … 그 무렵 나는 나의 세대가 겪고 있는 문제들을 진지하게 받아들이고 그 문제를 해결해 가는 숙련된 정신과 의사와 심리학자들, 정신분석학자와 상담가들을 이해하고 깊이 존경하게 되었다. … 긍정적으로 보자면, 그 화요일들은 내가 지역 사회에서 선한 사마리아인의 일을 더 잘 하도록 도와주었다. 하지만 부정적으로 보자면, 그 시간을 통해 우리 회중이 하나님과 진지하게 대면하지 않고도 혹은 하나님의 자녀로서 자신과 진지하게 대면하지 않고도 만족할 수 있는 유용한 방법이 있다는 사실도 알게 되었다."
115) http://notunlikelee.wordpress.com/category/eugene-peterson/ (Misplaced Trust, part II, DECEMBER 13, 2010) 유진 피터슨에게 있어서 예수는 붓다와 같은 '마스터'이다. 그것은 인간이 노력하면 '마스터'에 도달할 수 있다는 뉴에이지 사상이다. 다음 글을 주의 깊게 읽어 보라. 〈The Message (TMsg) not once puts the words "Lord" and "Jesus" together as in "Lord Jesus," yet the other translations I checked contain at least 100 different references to our Lord Jesus. Instead, TMsg has "Master Jesus" 73 times; whereas, the others have no references like this with the exception of the NCV with one. The obvious question is: why? As discussed in part I of this article in "The 'Master Jesus' and the 'Christ' of Lucis" section, to the New Ager, Jesus was a man who attained the title of "Master" through self-effort by the "Christ" within Him and "the Christ" which overshadowed Him. [See "Christ" in the New Age article for more 'illumination.'] He is now an Ascended

> 나는 수도원에서 행하는 관상에 대해 아무런 이의도 없고 또 그것을 비판하지도 않는다. 사실상 나는 우리 주님께 '그와 같은 훈련된 주의를 기울이는 데 자신을 드린 (그리고 계속해서 드리고 있는!) 이들에게 크게 감사하고 있다. 그러나 나는 또한 '관상'이라는 단어를 일상의 세계, 캐슬린 노리스(Kathleen Norris)가 '세탁, 예전 그리고 "여성의 일"이라고 하는 일상의 신비들'이라고 부른 그 세계 속으로 확장하기 위해서 내가 할 수 있는 일은 다 하고 싶다.116)

이 글에서도 하나님의 형상적 측면이 강조되는 '일상의 영성'이 강조되고 있다.117) 일상의 영성에서 말하는 묵상은 상상력이 핵심이다. 수도원의 관상을 옹호하며 신비주의자인 캐스린 노리스의 글을 인용하는 유진 피터슨이 말하는 관상 속에는 반드시 침묵과 영적인 안내자와의 만남이 동반되는 구상화가 필수적으로 행하여지는 관상이다.

유진 피터슨은 '그냥 단순히 관찰하거나 주시하는 것이 아니라 신의 임재 가운데서 그렇게 하는 것'이 관상이라고 말하는 시인 데니스 레버토브의 말을 인용한다. 스태니슬라우스 케네디 수녀 역시 데니스 레버토브의 글을 인용한다.118) 유진 피터슨의 더 경악스러운 말을 들어보라.

> 고의이건 실수이건 관상의 삶을 수용하기를 거부하면 우리는 사탄의 거짓말의 매개체가 될 위험에 처하게 되며, 별 생각 없이 경건하게 성경을 인용하는 바로 그 행위에서 하나님의 말씀을 탈육화 할 위험에 처하게 된다. 성경에 계시되고 읽혀진 모든 하나님의 말씀은 우리 안에서 잉태되고 태어나기 위해서 있는 것이기 때문이다. 육신이 되신 말씀인 그리스도는 우리의 육신에서 육신이 되셨다.119)

Master along with Buddha among others; and, we too have the potential to attain to "master" level.〉
116) 유진 피터슨, **이 책을 먹으라**, 양혜원 역 (서울: 한국기독학생회출판부, 2010), 188.
117) http://home.catholic.or.kr/pdsm/bbs_view.asp?num=910&id=126546&Page=21&menu=4823; 로욜라의 이냐시오.(1)-박저만 신부(대전 대흥동본당 주임); 〈로욜라는 1539년 반종교개혁의 핵심 그룹인 「예수회」(Societas, Jesu)를 만들고 교황 바오로 3세로부터 구두 승인을 받았다. 그의 영성은 「영성수련」과 「두 개의 깃발」에 있다. 상상력이 주된 방법인 「영성수련」은 종교개혁의 투쟁에서 가장 효율적인 무기가 되었다. "영혼의 능력들(지성, 감성, 의지, 기억, 상상력)과 오관을 사용하여 예수 그리스도의 생애의 신비 안으로 들어갈 수 있다는 신념을 가졌다. 그러한 기능들을 사용하면서 우리가 현재에서 예수님 시대의 구원의 역사를 체험할 수 있다는 것이다. 예수님의 생애를 묵상하면서 각 사건들 안에 상상으로 참여하여 보고 듣고 만지며 냄새 맡고 느낄 수 있어야 한다는 것이다." 이것을 일상생활에서 구체적으로 묵상하고 실천하는 것이 로마 가톨릭의 일상의 영성이다.〉
118) http://blog.naver.com/PostView.nhn?blogId=sjy8421&logNo=80125476158 세상의 보호막: 하느님을 믿고 하느님의 세상을 믿는 것은 보호막을 갖는 것과 같습니다. 그것은 마치 두려움을 떨쳐 내고 차가운 물속으로 뛰어들었다가, 어느 순간 편안히 파도를 가르며 헤엄치는 것을 즐기게 되는 것과 같습니다. "독수리가 바람에 기대어 쉴 때 바람이 그를 지탱하듯, 헤엄치는 사람들이 감히 하늘을 올려다보는 순간, 물살이 그들을 지탱하리라." 데니스 레버토브 / **365 매일매일 기적의 하루** (오래된 미래) 〈스태니슬라우스 케네디 수녀, 이해인·이진 역〉

관상의 삶이 없으면 사탄의 거짓말의 매개체가 된다는 사악한 말을 한다! 관상을 통해 신의 계시 임재를 체험하고 묵상을 통해 하나님의 계시의 세계를 임의로 들락날락하는 사람이 유진 피터슨이다!

관상기도와 관상의 삶을 안 해도 되는 것이 예수 그리스도를 영접한 성도들의 복이다. 자신의 존재를 고양시켜서 신의 임재 속으로 개입하는 것은 신비주의 오래된 수법이다. 그것을 교묘한 말로 포장해서 기독교라고 속이는 유진 피터슨은 기독교를 무너뜨리는 에큐메니칼 야전군 사령관이다. 그를 추종하는 이동원 목사는 누구란 말인가?120)

유진 피터슨의 더 깊은 본색은 무엇인가? 무엇보다 유진 피터슨 하면 '메시지'로 먼저 떠올리게 된다. 그것은 성경이 아니다!!! 그것은 뉴에이지를 조장하는 매우 위험하고 자극히 신비주의적인 책이다.121)

유진 피터슨은 신복음주의자이며, 관상가이며, 성경을 풍유적으로 해석하는 뉴에이지 신비주의자이다. 그가 성경을 현대어(?)로 번역한 것이 "더 메시지"(*The Message*)인데, 이 성경은 성경 원문에 충실하지 않고 자기 마음대로 성경을 재단해서 번역한 것으로 알려져 있다. 목적이 이끄는 삶에서 릭 워렌을 비롯해서 많은 신사도가 인용하기를 좋아하는 성경역(?)이다.

이 책은 처음에는 신약 부분만 번역해서 '더 메시지'라는 이름으로 출판되었는데, 이름에 전통적인 '언약(covenant) 개념을 생략하고 '메시지'라는 개념을

---

119) 유진 피터슨, **이 책을 먹으라**, 양혜원 역 (서울: 한국기독학생회출판부, 2010), 193.
120) IVP에서 발행된 『유진 피터슨』을 참고하면 그가 얼마나 에큐메니칼한 성향을 가진 사람인지 알 수가 있다.
121) http://www.av1611.org/kjv/mess_bible.html 1) In the New Testament, (ironically, the Testament of the "Lord" Jesus Christ) the "Lord" appears a skimpy 23 times in The Mess. The Mess NEVER directly honors Jesus Christ as Lord. The "Lord Jesus" occurs 118 times in the King James Bible. The "Lord Jesus Christ" occurs 84 times in the King James Bible. The phrase "Lord Jesus Christ" or "Lord Jesus" is not in The Mess! The outright denial of the "Lord" Jesus has never occurred in ANY translation. 2) The Mess calls Jesus "Master" over 400 times and the unique New Age phrase "Master Jesus" appears 76 times! The only other Bible I found "Master Jesus" in was the New Age Bible titled The Aquarian Gospel of Jesus Christ! 3) Not content with propagating the NAM "Master Jesus", The Mess continues its "master" plan. The "Lord God" occurs 546 times in the King James Bible. The "Lord God" briefly appears 9 times in the Mess. The Mess replaces the "Lord God" with "Master God." I could not find the "Master God" in any other Bible version. 더 자세한 내용은 각주의 웹 사이트를 참고하라.

사용한 것은 유진 피터슨이 영지주의자임을 시사해 준다고 본다. 영지주의 뉴에이저들은 어둠에 갇힌 우리들을 위해 '빛의 사자'(메신저 messenger)[또는 '승천한 지혜의 마스터']들을 통해 가르침을 전달해서, 우리 속에 신성이 있음을 깨닫도록 도와준다고 주장한다. ('빛의 사자'들의 우두머리는 '루시퍼'이며, 그 아래 아래 계급에 예수가 있다고 한다.) 따라서, '메시지'라는 제목은 이것이 영지주의 스승(마스터)인 메신저 예수가 '빛의 사자'로서 세상에 와서 전한 '메시지'를 담은 책(book)임을 암시하고 있다.122) 그러므로, 『메시지』는 신비주의적이고 뉴에이지적인 책(a book)에 불과한 것이지 결단코 성경(The Bible)이라고는 볼 수 없다!

유진 피터슨의 『다윗: 현실에 뿌리박은 영성』(*Leap over a Wall*)을 보면 책 제목을 차라리 『다윗: 상상화에 뿌리박은 영성』이라고 바꾸는 것이 유진 피터슨의 의도와 들어맞는 제목이다.123) 예를 들어 다윗과 골리앗의 싸움에서는 아예 제목이 "상상력"이다. 그 역사적 사건을 하나의 "이야기"로 말하며, 동화와 장난감에 빗대어 말한다.

특히나 주목해야 할 것은 "하나님께 사로잡힌 상상력"이라는 소제목이다. "하나님께 사로잡힌 믿음"은 온데간데없다. 유진 피터슨은 다음과 같이 말한다.

> 다윗의 이야기의 주제는 인간이 되는 것이다. 인간이라는 것, 인간이 되어 간다는 것, 진정한 여자, 진정한 남자가 된다는 것은 무엇을 의미하는가? 진짜 나 자신이 되고 성장하기 위해 우리가 해야 할 일은 무엇인가? … 이제 세 번째 다윗 이야기에서 우리는 우리의 상상력이 골리앗에게 사로잡히는 대신 하나님께 사로잡히기를 택해야 하는 문제에 직면한다. …124)

과연 다윗과 골리앗 사건으로 그 주제가 인간이 되는 것이란 말인가? 인간이 되기 위해 상상력을 사용해야 하는가? 유진 피터슨은 이 싸움의 키워드를 상상력으로 보고, '하나님께 사로잡힌 상상력이냐?', '골리앗에 사로잡힌 상상력?'이냐의 문제로 해석한다. 이렇게 성경을 하나의 이야기(story)로, 상상력의 문제로 해결해 가는 것은 뉴에이지 구상화가 적용된 전형적인 사례이다.

---

122) http://blog.naver.com/yoochinw/130023659097; 자세한 내용을 알기 위해서는 블로그를 더 참고하라.
123) 현실에 뿌리박은 영성이란 토마스 머튼의 개념을 그대로 차용한 것이다. 이 책의 「설교 속의 구상화」를 참고하라.
124) 유진 피터슨, 다윗: 현실에 뿌리박은 영성, 이종태 역 (서울: IVP, 2011), 68-69.

유진 피터슨이 「다윗과 골리앗 사건」을 하나의 '이야기'로 말하는 이유가 무엇인가? 그것은 이 시대의 멘탈리티(mentality)를 반영하고 있기 때문이다.

유진 피터슨은 "이야기는 신화와는 거리가 먼 내러티브 형식이다"라고 말하면서도 "바로 이러한 이야기들이 이스라엘의 상상력을 형성했다."고 말한다.125) 그러나 유진 피터슨의 이런 말들은 결국 이야기나 신화가 상상력의 관점에서는 같은 범주에 속하는 것임을 시인하는 것이다. 이런 관점들을 융의 심리학이 아니면 올 수가 없다.

왜 이 시대에 유난히 이야기(story)가 강조되는가? 첨단 과학의 시대를 달리는 이 시대에 왜 신화와 전설이 되살아나는가? 그것은 이야기 그 자체가 바로 상상력의 산물이기 때문이다. 이야기는 주어진 현실을 사실적으로 재현한 것이 아니라 인간이 주체가 되어 인간이 상상력을 동원해서 변형시킨 것이다. 또한, 이야기 속에는 인간의 꿈이 들어가 있다. 그것은 심리학의 영향과 결코 무관하지 않다.126) 융은 무의식이 상징을 통해 자신을 드러내며, 그 상징은 인간의 상상력에 기반을 둔 정신작용이라고 했다. 상상력, 신화, 이야기는 결국 인간 정신의 승리, 곧 신성화로 가는 과정 속에 있는 무의식의 자기 계시, 자기 발전을 드러내는 것이다.127)

더 심각한 문제는 이런 상상력이 "최고의 비밀", "시대들의 비밀", "믿음의 마법"으로 알려지고 있다는 사실이다. 사람들에게는 긍정적인 사고방식, 잠재력과 가능성을 계발하라는 말로 저항감이 없도록 알려져 왔다. 그 최고의 비밀이란 인간이 상상하는 것이 무엇이든지 그대로 성취할 수 있다는 것이다. 그렇게 마음먹은 대로 되는 존재는 신(神)만이 할 수 있다. 이것이 바로 상상력(구상화)이 말하는 미혹의 핵심이라는 것을 놓치지 마라!

---

125) 유진 피터슨, **이 책을 먹으라**, 양혜원 역 (서울: 한국기독학생회출판부, 2010), 193.
126) C.G. 융, **연금술에서 본 구원의 관념**, 한국융연구원 C.G. 융저작 번역위원회 역 (서울: 솔출판사, 2006), 79-80; "… 다시 말해서 무의식은 인간에게 외부로부터 다가온다. 무의식은 어느 정도 정신적-물리적 반음양적 존재이며 원시 심리학에서 자주 볼 수 있듯이 하나의 구체화이다. 따라서 '상상' 혹은 상상하는 것은 질료 변화의 순환 과정에 끼어들어서 그것에 작용하고 변화에 의해 작용받기도 하는 물리적 활동이다. 이런 방식으로 연금술사는 무의식과 관계를 맺을 뿐 아니라, 또한 그가 상상을 통해 변화시키기를 희망한 질료와 직접 관계를 맺었다. … 그러므로 상상(Imagination)은 생명이 있는 육체적인 힘과 동시에 심혼적인 힘에서 나온 진한 추출물이다."
127) 이 책의 「칼 융과 구상화」에서 '융의 무의식'을 참고하라.

융은 모든 신화적인 우화의 세계를 꿈과 마찬가지로 무의식의 환상의 소산물로 말했다.[128] 이것이 무슨 말인가? 무의식은 상징을 통하여 말하는데 상징은 인간이 의식에 의해 파악하는 사실과 다른 방향을 지시한다. 무의식이 표출하는 그 상징을 이해하는 두 가지 방법은 상상력과 직관이라고 말한다. 합리적 지성으로는 무의식을 파악할 수 없다고 보기 때문이다.[129] 무의식의 상징적 세계가 신화이며 그 신화를 뚫고 들어가는 것은 상상력과 직관이다. 이쯤 되면 성경은 무의식이 만들어 낸 작품(상징)에 불과하며, 그것을 이해하기 위하여 성령의 조명이 아닌 인간의 상상력과 직관이 동원된다. 그것이 언필칭 묵상 혹은 관상기도의 실체다! 그래서 상상력과 이야기는 신비주의 영성 무대에 반드시 함께 등장하는 주연 배우들이다.

상상력과 이야기로 살아가겠다는 것은 인간이 주인이 되어 살아가겠다는 것이다. 그것은 무의식, 곧 신성한 내면아이가 핵심이다. 그러나 믿음으로 살아간다는 것은 인간 안에서가 아니라 인간 밖에서 계시해 주신 하나님 그분을 주인으로 섬기고 살겠다는 것이다.

특별히 이 시대가 신화에 마음을 빼앗기는 이유는 상상력의 원조가 바로 신화이기 때문이다. 그래서 현대를 일컬어 상상력의 시대 혹은 이야기의 시대라고 하는 것은 신화의 시대로 복귀 혹은 재현하는 것을 의미한다. 그것은 곧, 인간이 주인이 되는 시대라는 것을 선언하는 것이다.

신화시대의 복귀는 무엇이 문제인가? 신화는 신(神)들의 이야기이기 때문이다. 칼 융은 신화에 등장하는 신들을 인간이 꿈꾼 이상형들이라고 말한다.[130]

---

128) C. G. 융, **정신요법의 기본문제**, 한국융연구원 C.G. 융저작 번역위원회 역 (서울: 솔출판사, 2007), 28.
129) C.G. 융, **C.G. 융 무의식 분석**, 설영환 역 (서울: 선영사, 2005), 316-319; 그러면서도 융은 직관의 위험성에 대하여 다음과 같이 말한다. "상징을 해석할 때 직관이 결여되어서는 안 된다. 꿈을 꾼 사람에 의해 상징이 곧바로 이해되는 경우가 종종 있는 것은 이 때문이다. 그처럼 운 좋게 얻은 직관은 확신에 넘치는 것이겠지만 한편으로는 매우 위험스러운 것이기도 하다. 그것은 우리를 무사안일주의로 유혹할 수도 있다. 예컨대 그것은 해석자와 꿈꾼 사람 쌍방이 공통된 꿈을 꾼 것처럼 착각하는 상황까지 조성한다. 만약 직관에 의해 이해한다는 막연한 만족감에 안심한다면 진정으로 지적인 지식이나 정신적인 이해의 확실한 기초는 잃고 만다. 직관을 사실에 대한 확실한 지식이나 그 논리적인 관련성에까지 환원시킨 사람만이 그것에 대해 설명하고 또 알 수가 있는 것이다." 그러나, 과연 그렇게 할 수 있는 사람이 몇 사람이나 될까? 그것이 의문이다.
130) C. G. 융/ C.S. 홀/ J. 야코비, **C. G. 융 심리학 해설**, 설영환 역 (서울: 선영사, 2007), 300; 융은 적극적 심상법(명상)을 통하여 환자들에게 상징적인 경험을 하게 하고, 그 경험을 통하여 그들 자신의 중심, 즉 자아를 경험하게

현실 세계의 실제적 사건 위에 인간의 상상력이 곁들여진 이야기가 아니다. 신화에 등장하는 신들의 모습이나 행동은 현실이 아닌 인간의 꿈과 욕망이 극대화되어 구체적으로 나타난 것이라고 본다. 신화는 인간의 상상력이 가장 최고로 발휘된 이야기, 곧 인간의 상상력의 총화이다.[131) 그것은 무의식의 자기계시를 말한다.

왜 유진 피터슨이 동화, 이야기, 상상력이라는 단어들을 사용하는지 알겠는가? 그리고 다윗과 골리앗 사건의 주제가 인간이 되는 것이라고 말하는 이유를 알겠는가? 그 사건을 하나의 신화 혹은 이야기로 보고 그것이 인간의 꿈과 욕망이 내재 된 것이라고 보기 때문이다. 유진 피터슨이 말하는 하나님은 실제로 살아 계신 하나님이 아니라 인간의 상상력이 만들어 낸 인간의 욕망이 투사된 신화적 존재일 뿐이다.

그러므로 이동원 목사가 이런 뉴에이지적 성향을 드러내는 유진 피터슨을 기준으로 제시하는 것은 오히려 더 문제점이 많다는 것을 부각시켜 줄 뿐이다. 마가렛 피스터는 다음과 같이 말했다.

> 내가 지난 10여 년 동안 했던 뉴에이지에 관한 연구에 있어 나는 향심기도가 그리스도교적 관상이 아니라는 것과 이런 유형의 기도가 요한 바오로 2세, 라칭거 추기경, 가톨릭교회의 가르침 또는 아빌라의 성녀 테레사에 의해 권고되지 않는 것이라는 것을 알게 되었다. 피스터는 요즘 제안되는 관상기도를 면밀히 조사해 보면 결국 뉴에이지식인 명상과 별반 다르지 않다라고 하는 것이다. 향심기도(CP)와 초월 명상(TM)에 몰두했었던 핀바 플래내건(Fr. Finbarr Flanagan) 신부는 향심기도는 "초월 명상에 그리스도교의 옷을 입혀 놓은 것"이라고 한다. 그가 강조하고 있듯이 "페닌턴 수사는 주저함 없이 초월 명상을 추천한다." 그래서 전통적 천주교 입장에 충실하기 원하는 사람들은 관상기도는 천주교 전통과 연관된 것도 아니고, 더 나아가 기독교적인 것도 아니라고 비판하기도 한다. 이는 결국 자기 최면이라고 강하게 비판하기도 한다. 관상기도를 다른 종교와 깊이 연관된 것으로 보는 이런 비판이 그렇게 잘못되지 않았다는 것은 현대에 와서 관상기도를 국제적으로 보급하고 있는 토마스 키팅이 세계종교 간의 대화와 협력을 증진하는 평화 회의의 국제 위원 중 한 사람으로 특히 가톨릭, 개신교, 정교회와 영지주의의 그리스도인 교회는 물론 유대교나 불교, 그리고 모든 다른 종교를 망라해 구별을 두지 않으면서 그동안 그리스도인 전통에서 억제했거나 애매한 채로 방치해 두었던 통찰과 수련을 자신이 가르치는 사람들의 삶속에 다시 도입하려고 시도하고 있는 그의 활동을 통해서도 잘 드러나고 있다.[132)

했다. 자아를 경험한다는 것은 상상력을 통하여 신성을 지닌 인간을 만들어 낸다는 것이다. 기독교적 방식으로 하자면 '성령을 지닌 인간'이며, 불교적인 방식으로는 부처를 만드는 것이다. 융은 정신연금술에서 이런 것들을 배웠으며, 연금술을 따라 해 보라고 했으며, 요가를 해 보는 것도 매우 중요한 일이라고 했다. 이 모든 것의 핵심은 상상력이다.
131) 진형준, **상상력혁명** (파주: 살림, 2010), 179-193을 참고하라.
132) http://www.amennews.com/news/articleView.html?idxno=11628; "관상기도를 다른 종교와 깊이 연관된 것

관상기도는 초월 명상이라는 것이 글 속에서 확연하게 드러난다. 관상기도는 그 어떤 명목으로도 교회 안에 자리 잡아서는 안 되는 뉴에이지 영성이다. 이렇게 말하는 것을 극단적 근본주의라고 말하는 그 사람은 도대체 어떤 주의인지 궁금하기 그지없다.

관상기도가 얼마나 반기독교적인가에 대해서는 토마스 머튼(Thomas Merton, 1915-1968)[133]과 헨리 나우웬(Henri Jozef Machiel Nouwen, 1932-1996) 그리고 토마스 키팅(Thomas Keating)을 살펴보면 알 수가 있다.

으로 보는 이런 비판이 그렇게 잘못되지 않았다는 것은 현대에 와서 관상기도를 국제적으로 보급하고 있는 토마스 키팅이 세계종교 간의 대화와 협력을 증진하는 평화 회의의 국제 위원 중 한 사람으로 특히 가톨릭, 개신교, 정교회와 영지주의의 그리스도인 교회는 물론 유대교나 불교, 그리고 모든 다른 종교를 망라해 구별을 두지 않으면서 그동안 그리스도인 전통에서 억제했거나 애매한 채로 방치해두었던 통찰과 수련을 자신이 가르치는 사람들의 삶 속에 다시 도입하려고 시도하고 있는 그의 활동을 통해서도 잘 드러나고 있다."

133) http://www.ecumenian.com/news/articleView.html?idxno=8523; 떼이야르 드 샤르뎅(Teihard de Chardin)이 멀어져 버린 종교와 과학 간의 만남을 시도했다면 토마스 머튼은 불교와 그리스도교 간의 만남을 추진했던 사람이다. "토마스 머튼이 살았던 미국 켄터키 주에 있는 겟세마니 트라피스트 수도원은 작년 한국에서도 '위대한 침묵'이란 영화로 커다란 반향을 일으켰던 카르투시안 수도원과 더불어 가톨릭교회 안에서 가장 엄격한 수행을 하는 수도원들이다. 수도원 제도는 2000년 동안 가톨릭교회를 지탱해 온 영적 원천이었으며 16세기 종교개혁의 열풍도 거뜬하게 극복할 수 있었던 것은 각 지역에 건재했던 수도원 덕분이었다. 사실 현대 가톨릭교회의 최대 위기는 다름 아닌 수도승의 격감으로 인해 생긴 수도원의 조락 현상이다. 지난 6월 겟세마니 수도원을 방문했을 때 머튼이 살았던 1960년대까지만 해도 270여명의 수도승들이 있었지만 현재 50명 정도로 줄어들었고 그나마 대부분이 60대 이상의 연로한 노인 수도승들이었다. 수도원은 외부 사목활동 (병원, 학교, 사회복지단체)을 하는 활동 수도회와 기도·명상·단순노동을 하는 관상(觀想)수도회로 분류되는데 머튼이 택한 수도원은 관상수도원 중에서도 가장 엄격한 수행을 하는 트라피스트 수도원이었다. 이 수도원은 평생동안 특별한 일이 없는 한(예, 치료 및 투표) 외출할 수 없으며 침묵과 단순노동 그리고 명상 속에서 묵언 정진해야 하고 육식도 하지 않는다. 일반 의사소통은 수화로 하고 꼭 이야기해야 할 일이 있으면 '말하는 방'(speaking booth)으로 가야 한다. 새벽 3시에 기상하고 9시에 취침하는 것도 불교 선방과 매우 흡사하다. 머튼은 동양의 종교 중에서도 힌두교나 장자를 깊게 이해하였고 특히 스즈키의 선불교 서적에 깊게 심취되었다. 스즈키와는 지속적으로 서신 교환을 하다가 1964년 뉴욕에서 둘이 만나게 되었는데 스즈키는 이후 머튼을 선의 본질을 가장 잘 이해한 서양인으로 평한바 있다. 체험은 공소한 이론을 뛰어넘는다. 머튼은 관상(contemplation)을 통해 그리스도교 신비가 들의 '부정의 길'(Apophatic 혹은 via negativa)과 선승들의 체험 방식이 본질적으로 유사성이 있다는 것을 깨달았다. 머튼은 「명상의 씨」, 「선과 맹금」, 「장자의 길」 등 동·서양 종교를 아우르는 수많은 저서를 출간했고 한국에서도 그의 저서나 그에 관한 평전 등 10 여종이 번역되어 있다. 1968년 그는 태국에서 열린 수도원 장상 회의에 참석차 들린 길에 달라이 라마를 만났으며 이때 달라이 라마는 3일간이나 모든 공식 일정을 취소하고 머튼과 대화를 나누었으며 주위의 티베트 불교도들은 생불이 왔다고 칭송했다고 한다. 머튼은 말년에는 자신이 살았던 수도원 근처에 암자를 짓고 은수자로 살았지만 끝이 없이 세상을 향해 외친 인권과 반전문제 등은 미국 가톨릭교회 주교단과 당시 월남 참전 문제 등에 지대한 영향을 끼쳤기 때문에 1968년 12월 10일 방콕에서 목욕 후 전기 감전으로 갑자기 사망 했을 때 그의 사회적 발언 때문에 CIA가 암살했을 것이라는 루머가 떠돌았다."

토마스 머튼은 "관상적 의식은 문화 초월적, 종교 초월적, 형태 초월적 의식이다. 이런저런 시스템 종교 또는 비종교를 통해 빛을 발할 수 있다"(『동양에 관한 사상』 p. 34)고 거침없이 말했다. 사람은 죽을 때 가장 의미 있는 말을 하고 죽는다고 하는데, 1968년 12월 토마스 머튼이 갑자기 세상을 떠나기 바로 전날 머튼은 한 친구에게 "미래는 선(禪)과 그리스도교에 달려 있다"라고 말했다고 한다.134) 토마스 머튼은 이교도의 요가 수행을 가톨릭 '성자'들의 관상 수행과 한데 엮은 가톨릭 트라피스트 수도사이다. 머튼은 불교와 수피교(신비주의 이슬람교)를 공부했을 뿐만 아니라 이런 말을 했다. "나는 수피즘으로 충만해 있다."(로버트 베이커, '머튼과 수피즘' *Merton and Sufism*, p. 109) 그리고 "나는 불교와 기독교 사이에 모순점을 발견할 수 없다. … 나는 할 수 있는 한 좋은 불교도가 되려고 한다."('토마스 머튼의 서구에서의 마지막 날들의 회고', *Monastic Studies*, 7:10, 1969) "아시아, 선(禪), 이슬람 등등 이 모든 것들은 나의 삶 속에 함께 진입해 온다. 이 모든 것을 배제한 채 나 스스로의 수도원 생활을 영위하려는 시도는 바보짓일 것이다."(『머튼과 수피즘』 *Merton and Sufism* p. 109)

헨리 나우웬은 동성애자이며 가톨릭 사제이며 테레사 수녀처럼 보편구원론자였다.135) 나우웬은 다음과 같이 말했다.

> 고독, 침묵, 기도는 종종 자기 자신을 알 수 있는 최고의 방법입니다. 왜냐하면 그 세 가지를 통하여 우리는 하나님이 거하시는 성스러운 중심과 대면하기 때문입니다. 성스러운 중심을 분석할 수 없을지도 모르겠습니다. 그것은 경배와 감사, 찬양을 하는 장소이지요. 오늘날 저는 개인적으로 예수님께서 하나님의 집으로 통하는 문을 열어 놓으셔서 모든 인류가 그 문으로 들어올 수 있도록 허락하신다는 것을 믿습니다. 그들이 예수를 알던 모르던 말이죠. 이제 나의 부르심은 모든 이들이 하나님께 갈 수 있도록 돕는 것임을 압니다. 우리가 (관상기도)훈련에 대한 믿음이 있다고 할 때, 설령 하루에 겨우 10분씩이라도 이를 행한다면 점차적으로 우리는 기도의 촛불을 통하여 우리 안에 있는 어떤 공간을 볼 수 있을 것입니다. 그 공간은 하나님이 거하시며 하나님이 우리와 함께 거하시며 우리를 초대하는 곳입니다. (명상)기도를 하면서 발견할 수 있는 것은 하나님께 더 가까이 다가갈수록 우리는 육신의 형제자매에게 더 가까워진다는 사실입니다. 하나님은 어느 한 개인의 하나님이 아닙니다. 우리 내부의 성소에 거하시는 하나님인 동시에 개개인의 내적 성소에도 거하시는 분이십니다.136)

---

134) http://220.67.77.10/future/TM/t09/t0900947.pdf
135) http://www.inews.org/Snews/11/articleshow.php?Domain=keyh&No=909
136) http://rnrbook.shop.mailwood.com/board/board.php?pagetype=view&num=1395&board=board03&

헨리 나우웬의 이런 보편구원론적인 성향은 힌두교 영성에 관련된 책의 서문에서도 나타난다.137) 그는 또한 "관상기도 훈련을 통해 크리스천 지도자들은 사랑의 음성 듣기를 배워야 합니다. 왜냐하면 기독교 리더십이 미래에 참 열매를 맺기 위해선 도덕론자들로부터 신비주의자들까지 망라한 운동이 요청되기 때문입니다."(『예수의 이름』 1989년)라고 말했다. 헨리 나우웬의 이런 뉴에이지적인 성향에 관상기도가 얼마나 핵심적인 역할을 하고 있는지 분명하게 알아야만 한다.

마지막으로 토마스 키팅에 대하여 살펴보면,138) 관상기도가 영적인 안내자(spirit guide)와 쿤달리니 영성과 관련되어 있다는 것을 알게 된다.139) 이런 사실들을 분명히 알고 경악하며 멀리해야만 한다.

---

block=0&gotopage=3&search=&s_check; 원문 위치는 http://apprising.org/2008/06/henri-nouwen-says/을 참고하라.
137) 레이 윤겐, **신비주의와 손잡은 기독교**, 김성웅 역 (서울: 부흥과 개혁사, 2009), 98; "저자는 불교, 힌두교 그리고 이슬람교의 선물에 활짝 열려 있다. 그는 기독교적인 영적 생활에도 유익한 종교들의 위대한 지혜를 캐내고 있다. … 저자는 자신 스스로 영적인 전통을 배우기 위해 인도를 여행했다. 그는 많은 보화를 가져왔고 그것들을 이 책에서 우리에게 제시하고 있다."
138) http://blog.daum.net/_blog/BlogTypeView.do?blogid=06rh2&articleno=13387825&categoryId= 268693&regdt=20110512144911#ajax_history_home 키팅 신부는 "순수한 의식"에 도달하는 것에 관하여 무엇을 가르치는가? 그의 책 '마음을 열고 가슴을 열고(Open Mind, Open Heart)'에서 키팅 신부가 말하길, "영혼이 차츰 당신의 기도에 대해 의무를 더욱더 지우는 만큼 당신의 참 자아에 대한 직관은 당신의 순수한 의식 속으로 들어가는 것일지도 모릅니다. 그때 다시 순수한 의식에 대해 말할 것 같으면, 키팅은 "그 상태에 있어서는 자아에 대한 의식은 없습니다."라고 언급한다. "평상시 기능으로 다시 돌아 왔을 때, 평화로운 기쁨의 느낌이 있을지 모릅니다."
139) http://www.inplainsite.org/html/visualization_new_age_danger.html
#PO3 Visualization is used widely in New Age medicine. The relevance of visualization techniques here will become evident as we proceed. For now, we may observe that a central tenet of much New Age medicine is the manipulation of mystical life energies such as chi and prana. Visualization promoters also claim that the practice of visualization can "produce" and manipulate this energy. Physicists have also begun to study subtle body energies and their effect on the world outside the body. Throughout history, philosophers have recognized this energy and given it many names. The Chinese called it chi, and the Indians prana or kundalini, the Japanese ki; 20th century parapsychologists have referred to it as bio-plasmic energy … Russian and Czechoslovakian scientists have studied bio-plasmic energy in association with healing, telepathy and psychokinesis. They have found that through visualization a woman named Nelya Mikhailova can change her bio-plasmic energy fields … Studies like this tend to confirm occult belief in such concepts as auras and astral bodies. These experiments demonstrate how a visualization [technique] can produce energy which directly affects objects in the external world.

쿤달리니란 힌두교 영성에서 저류로 흐르는 신비한 능력 혹은 힘이라는 뜻인데, 힌두교에서 쿤달리니는 보통 뱀의 힘을 말한다. '쿤달리니'란 그 말 자체로는 '감춰진', '숨어 있는'이라는 뜻이다. 이 숨겨진 힘은 일종의 정신 에너지라고 하며, 이 정신 에너지를 일깨우게 되면 여태껏 불가능해 보였던 많은 일을 할 수 있게 된다고 한다. 이것은 힌두교의 신비주의적 일파인 탄트라(Tantra)에서 나온 단어이다. 탄트라에서는 '쿤달리니'라고 불리는 뱀이 생명력과 정신적 에너지를 상징한다. 이 쿤달리니가 우리 신체 내에 있는 정신 에너지의 중심지인 일곱 개의 챠크라를 거쳐 점차 위로 올라가면서 사람들의 신체적, 정신적 에너지를 높여 준다고 한다. 그래서 탄트라를 쿤달리니 요가라고도 부른다.140)

이와 같은 쿤달리니 요가를 통하여 '더 높은 자아'(Higher Self)의 상태로 나아가는 것을 목표로 한다. 토마스 키팅은 자아가 하나님과 같다고 말한다. 이것은 힌두교적 자아개념이다.141) 그렇게 나아가기 위해서 사고를 멈춘다. 사고를

---

140) http://cafe.daum.net/TOTH/XF1u/58?docid=1ErNzXF1u5820110406222433/ 뱀으로 상징되는 쿤달리니: "비를 내리는 뱀은 자연의 에너지를 의미한다고 할 수 있지만, 인도에서 뱀은 자연의 에너지 보다는 정신적 에너지를 상징하는 것으로 더욱 유명하다. 인도의 주된 종교인 힌두교에는 단일한 종교라고 말하기 힘들만큼 다양한 종파들이 등장한다. 그중에서 쉬바신을 주신으로 모시는 종파를 쉬바파라고 하며, 여신을 주신으로 모시는 종파를 삭타즘이라고 하는데 이들에서 다시 탄트라라는 것이 갈라져 나온다. 탄트라는 신체 안에 있는 영적인 에너지를 이끌어 내는 것을 그 교의 핵심으로 삼는다. 탄트라에 따르면 복부 밑에서 정수리에 이르기까지 인체 내에는 일곱 개의 주된 거점(챠크라)이 있으며 몸 안에 에너지를 일깨워 그 에너지가 이 일곱 개의 챠크라를 하나씩 거쳐 올라가 정수리에 있는 마지막 챠크라에까지 이르게 하면 수행이 완성된다고 한다. 그런데 이렇게 몸 안에서 챠크라를 거쳐 움직이는 그 에너지를 바로 쿤달리니라고 불리는 뱀의 모습으로 형상화시키고 있는 것이다."
141) http://bbs.catholic.or.kr/bbsm/bbs_view.asp?num=4&id=1942438&menu=4779/ Margaret A. Feaste, 향심기도에 대한 보다 면밀한 검토(A Closer Look at Centering Prayer); 토마스 키팅에 대한 다음의 글을 읽고 경계해야만 한다.
〈• 우리가 기도할 때, 언제 힌두교, 불교, 뉴 에이지 기도 선으로 넘어가는가? : 향심 기도 단계에 들어가면서, 영혼은 자신 안에 떠오르는 모든 생각들을 무시합니다. 이러는 동안에도 그들이 예수님이나 천상의 것들을 생각하고 있으면, 그들은 크리스천 기도를 하고 있는 것이다. 그 후 그들이 모든 생각과 느낌들을 다 무시하는 지점에 다다르면 그들은 선을 넘어선 것이다. 다시 말하면, 모든 생각이 없어진 상태가 되는 것이다. 토마스 키팅 신부는 '마음을 열고, 가슴을 열고' 저서에서 이렇게 말한다. "여러분은 기도 속으로 더욱 깊이 들어가면서, 거룩한 단어들이 모두 없어지고 더 이상 생각이 없는 지점에 도달하게 됩니다. 이것은 어떤 공간으로서 종종 모든 의식이 정지된 상태를 체험하게 합니다." 영혼이 이렇게 할 수 있게 되면, 그는 힌두교, 불교, 뉴에이지 기도의 선으로 넘어간 것이고, 더 이상 그리스도교의 기도를 실행하는 것이 아니다. 토마스 키팅 신부는 그를 따르는 이들에게 마음에서 우러나오는 열렬한 생각들조차 버리라고 가르치며 이렇게 말한다. "이 방법은 기도 중에 떠오르는 모든 생각들, 아주 열렬한 생각까지도 모두 무시하여야 합니다." (그리스도교 기도는 이런 열렬한 생각들을 중시하고 열망한다.) 그는 또한 모든 느낌들도 무시하라고 가르친다. 이렇게 하기 위해서는 예수님과 천상의 아버지나 성령을 향하는 사랑의 느낌조차 모두 버려야

만 한다.
- 향심기도가 하느님에 관하여 힌두교의 (그릇된) 관점으로 이끌게 할 수 있는가? 물론, 그렇다. 예를 들자면 키팅 신부는 동양의 종교들을 공부하였고, 그리고 "동양의 방법들에 필적할 만한 비슷한 것을 그리스도교의 영성에서 생각해내길" 원하였다.(크리스 노블 Chris Noble, 『그리스도교 명상과 향심기도』(*Christian Contemplation and Centering Prayer*), Homiletic and Pastoral Review, March 1994, p. 25, quoting, "Contemplative Prayer", U. S. Catholic, March, 1989, p. 10.) 그러나 그가 이 연구에 있어서 어디쯤에선가 '하느님에 관한 힌두교의 관점'에 굴복하게 된 것으로 여겨진다. 그의 책 "마음을 열고 가슴을 열고-Open mind Open heart"에서 시종일관하여 그는 궁극의 신비, 궁극의 존재와 출처로서 하느님에 대해 언급한다.(이것은 하느님이 뉴에이지 신봉자들에 의해 불리는 방법이다.) 셜리 맥클레인(Shirley MacLaine)은 그녀의 책의 내부로 들어가노라면 하느님을 근원과 신성한 에너지로 부른다. 키팅의 새로운 저서 『사랑에로 초대』(*Invitation to Love*)에서 그가 말하길 "하느님의 에너지는 본래 무한의 잠재성과 현실성입니다."(토마스 키팅, 『사랑에로의 초대』(*Invitation to Love*)", (NewYork, NY: The Continuum Publishing Co., 2002) p. 102.) 페닝턴 수사도 그의 책에 유사한 언급들이 나타나는데, 참 자아, 거짓 자아가 만유에 있는 신의 사랑 에너지로서 하느님을 말하고 있다. 가톨릭인으로서, 우리는 하늘에 계신 우리 아버지라 부르는 인격적인 하느님을 믿는다. 키팅은 또한 말하길, "당신이 기도를 하기 위해 앉을 때, 당신은 전체의 정신을 모으며 하느님 안으로 녹아듭니다."(토마스 키팅, 『마음을 열고, 가슴을 열고』(*Open Mind, Open Heart*), p. 49.) (하느님 안으로 녹아드는 것이 힌두교/ 불교/ 뉴에이지의 믿음이다) 가톨릭의 교의는 이런 범신론의 개념을 반박한다. "그것은 미사 안에서, 우리는 그분의 신성(神性)의 참여자들임을 말한다. 하지만 이것이 범신론의 의미 안에서의 영혼이 신성으로의 변화로 생각되어져서는 안 된다. 창조자와 창조된 존재들 사이에 거리는 무한이다."(루드비히 오트 교수 가톨릭 교리의 개요, p. 256.)
- 키팅과 페닝턴이 한 다른 진술들 중에 뉴에이지의 믿음들을 반영하는 것은 무엇이 있는가? 그의 책 '마음을 열고 가슴을 열고' 37쪽에서 키팅은 긴장을 푸는 것에 대해 요가와 조깅을 추천한다. 사실 요가 (명상들을 포함하는 유형)는 힌두교의 한 형태이자 뉴에이저들이 변형된 의식 수준들(ALC's)로 들어가는데 있어 가장 일반적으로 쓰는 방법이다. 실제로 Webster's Dictionary Library에서는 이런 정의를 부여한다: "요가는 자기 자신의 존재의 힘에 대한 지배를 얻기 위해, 신비로운 능력들을 얻기 위해 연습했던 엄격한 정신적인 규율이지만 그러나 주로 우주적인 정신 또는 신(God)과 더불어 결합에 이르기 위한 힌두교도들의 철학적 정신체계이다."

키팅의 책 『사랑으로의 초대(Invitation to Love)』 125쪽에서 그는 "에너지 센터들"이라는 뉴에이지 일반의 언어를 말한다. 뉴에이저들은 몸에 샤크라(Chakras)라 불려지는 7개의 에너지 센터들을 가졌다고 믿는다. 페닝턴 수사는 그의 저서 『영혼 안에서 깨어나다』(*Awake in the spirit*) 97쪽에서 '척수 시스템의 오르락내리락하는 에너지들'에 대해 언급한다. 배우 셜리 맥클레인은 그녀의 저서 『내면 속으로』(*Going Within*) 64쪽에서 이와 유사한 말들을 한다. 그녀는 또한 그녀의 곧추선 등뼈와 함께 그녀가 앉을 때 척추 기둥 속의 에너지를 묘사한다. 벤코비치(Benkovic)가 말하길, "힌두교는 쿤달리니 샥티(Kundalini Shakti: Kundalini-우주의 에너지라는 뜻, Shakti-우주를 움직이는 활동적인 음 에너지라는 뜻) 안에 존재하는 것은 척추의 근저에 하나의 삼각형(triangle)이라 가르친다." 쿤달리니 샥티는 사람이 깨는 때 이외에, 샤크라 라고 불려지는 6개의 정신 센터들을 통해 지나가고, 그것이 머리 꼭대기에서 척추 윗부분으로 여행하는 것은 보통 수면 중이다. "쿤달리니 샥티가 샤크라를 통해 지나갈 때 사람은 정신의 경험들과 힘을 받는다. 그것이 샤크라 정상에 도달했을 때 추정상 기적과 해방을 수행하기 위한 힘은 실현됩니다."(요하네프 벤코비치Johnnette Benkovic, 『뉴에이지는 모조품』(*The New Age Counterfeit*), p. 11.)

랄프 카스(Ralph Rath)는 그의 책 『만트라』(*Mantras*)에서 말하길 "그의 책 앞부분에 성 필립 로메인(Philip St. Romain)에 의한 그리스도교 영성과 쿤달리니 에너지에서, 키팅은 쿤달리니를 '선(善)에 대한 하나의 거대한 에너지'라고 말한다. 그리고 키팅은 통제되지 않은 쿤달리니가 사람을 죽게 할 수 있거나, 미치게 한다거나 또는 몇몇의 기도 요법들이 극단적으로 인격이 떨어 뜨려진 상태에서 쿤달리니를 사용한다는 것에 대해서는 지적하지 않고 있다"

멈추기 위하여 만트라를 한다. 사고를 멈추게 되면 어떻게 되는가? 그 때에 영적인 안내자(spirit guide)라고 부르는 악령이 그 빈자리를 차지하고 들어온다. 놀라운 사실은 이런 것이 관상기도를 통해서도 동일하게 나타난다는 것이다. 토마스 키팅은 쿤달리니가 기독교 명상과 동일하다고 말했다.142)

(랄프 라스 Ralph Rath, 『만트라들』(*Mantras*), South Bend, IN: Peter Publications, 1993, p. 25.) 모든 영적인 힘은 성령 또는 악마로부터 오므로 그는 여기서 영적 식별력이 보이지 않는다. 키팅과 페닝턴은 또한 『그리스도교 헤르메티즘(비법 전수주의) 속으로의 여행』과 책 『타롯(Tarot)에 관한 명상』을 열성적으로 자켓 표지 위에 승인하였다.(타롯 카드는 점을 치는 한 방법이고 신명기 18장에서 금지되었던 것이다.) 핀바 플래내건 신부에 따르면 "타롯에 관한 명상들은 신비적이고, 신지학, 연금술적이며 비의(秘意)적인, 점성술과 환생의 생각들에 대한 혼합에 유대교, 그리스도교, 이슬람 그리고 수피교와 함께 뒤섞였던 방식에서 C. G. 융의 일들을 생각나게 한다."(핀바 플래내건 Finbarr Flanagan, 『향심기도: 그리스도교 시장의 초월명상』(*Centering Prayer: Transcendental Meditation for the Christian Market*), p. 5.)
• 향심기도(CP)의 목표는 참 자아를 발견하는 것인가? 그렇다. 그들의 모든 책들을 통해서 키팅과 페닝턴은 참 자아를 찾는 것에 관해 이야기 하며, 그것은 우리가 정말로 누구인지 깨닫는 것이다. 그럼 무엇이 정확하게 참 자아인가? 키팅 신부가 언급하길 "하느님과 우리의 참 자아는 개별적인게 아닙니다. 비록 우리가 하느님은 아니지만, 하느님과 우리의 참 자아는 같은 것입니다."(토마스 키팅, 『마음을 열고 가슴을 열고』(*Open Mind, Open Heart*)", p. 127.) 참 자아는 인간의 영혼과 같은 것으로 설명되어진 것 이상 어떻게 그것이 전지전능하신 하느님과 같을 수 있단 말인가? 영혼은 하느님에 의해 창조되어진다. 페닝턴 수사도 그의 책 『영혼 안에서 깨어나다』(*Awake in the Spirit*)에서 같은 생각을 나타내는데, 그는 책 81쪽에서 우리의 "신격화 과정"에 대해 말한다. 참 자아의 개념은 힌두교로 부터 시작된다. 벤코비치(Benkovic)에 따르면, 힌두교도들은 다음의 것들을 믿는다: "자아는 다름 아닌 브라만(Braham) 또는 신이다. … 참 자아는 신이다. 내가 '나' 자신이라고 간주하는 '나'는 실제로는 非자아 이다. 이 '非자아'는 환각, 무지와 속박의 세계에 붙잡혀 진다. 당신은 신의 내부에로 당신의 자기만의 자아-의식을 잃어버려야 한다. 당신은 '나는 브라만이다'라고 말해야 한다."(요하네트 벤코비치 Johnnette Benkovic, 『뉴에이지는 모조품』(*The New Age Counterfeit*), p. 10-11.) 맥클레인(MacLaine)은 그녀의 책 『내면 속으로』(*Going Within*) 83쪽에 더 높은 자아를 부르는 것에서 이와 같은 생각을 드러낸다. 그녀도 영혼이 신이라고 주장한다. 그러므로 힌두교도들, 맥클레인, 그리고 키팅 그들 모두는 참 자아(인간 영혼)는 하느님이라고 주장한다. 가톨릭인 그리고 그리스도인으로서 우리는 이런 주장이 진실이 아니라는 것을 안다. 우리는 영혼이 하느님에 의해 창조되었으며, 하느님보다 열등하며 죄악으로 더러워졌다는 것을 안다. 우리는 최후의 심판 날에 하느님 앞에 가게 될 것임을 안다.?
142) http://www.onetruthministries.com/KundaliniContemplative.htm/ 〈Is the practice of kundalini and contemplative prayer the same? Father Thomas Keating, who has inspired many evangelical contemplatives like Henri Nouwen, Richard Foster, and Brennan Manning, wrote the foreword to Philip St. Romain's book, Kundalini Energy and Christian Spirituality. In the forward, Keating acknowledges that kundalini is the same as Christian contemplation. He states: Since this energy [kundalini] is also at work today in numerous persons who are devoting themselves to contemplative prayer, this book is an important contribution to the renewal of the Christian contemplative tradition. It will be a great consolation to those who have experienced physical symptoms arising from the awakening of kundalini in the course of their spiritual journey … Most spiritual disciplines world-wide insist on some kind of serious discipline before techniques of awakening kundalini are communicated. In Christian tradition … the regular practice of the stages of Christian prayer … contemplation are the essential disciplines. … Keating explains that the reason spiritual directors are needed is to help guide the

관상기도는 생각으로부터의 이탈이고 '생각 바우기' 상태에 들어가서 모든 생각들 심지어 제일 좋은 생각들까지도 벗어버리는 시간으로 오직 순수한 각성만이 존재하도록 하는 것이라고 말한다. 그는 심지어, 우리가 논리와 지성을 사용하면 성령님은 참견하지 않을 것이라고 주장한다.[143]

마찬가지로 이런 상태에 들어가면 영적인 안내자를 초청하며 그때 악령이 나타난다.[144] 그래서 관상기도를 지도하는 사람들은 그 위험성을 알기 때문에 숙련된 영적인 지도자와 안내가 필요하다고 누누이 강조한다. 그렇게 위험한 것을 왜 하라고 권하는가? 그것도 목사가 왜 거기에 목숨을 걸어야 하는가? 관상기도를 말하면 빼놓을 수 없는 퀘이커교도인 리차드 포스터도 역시 이런 일에 우려를 나타내면서도 이런 비성경적인 운동을 앞장서서 추진하고 있다.[145]

이와 같이 관상기도 속에는 구상화가 핵심적으로 자리 잡고 있으며, 관상기도는 반기독교적인 영성이다. 그런데도 불구하고 기독교의 탈을 쓰고 교회 안으로 들어와 관상기도를 보급시키려 하는 것은 교회를 뉴에이지 물결에 매장시키겠다는 것이나 다를 바 없다.

Christian contemplative is because of the powerful and dangerous nature of kundalini. He says that these "spiritual directors" may need to consult with "Eastern teachers in order to get a fuller understanding.">
143) http://blog.daum.net/dockyun/12994754 이동원 목사의 레노바레 비판
144) http://www.unhealthydevotions.com/new-age/meditations-center-transform-empower.htm의 글을 참고하라.
145) http://www.onetruthministries.com/KundaliniContemplative.htm/ In Foster's book, Prayer: Finding the Heart's True Home, he states: I also want to give a word of precaution. In the silent contemplation of God we are entering deeply into the spiritual realm, and there is such a thing as a supernatural guidance that is not divine guidance. While the Bible does not give us a lot of information on the nature of the spiritual world, we do know … there are various orders of spiritual beings, and some of them are definitely not in cooperation with God and his way! … But for now I want to encourage you to learn and practice prayers of protection. … "All dark and evil spirits must now leave." I believe Foster made these comments because he was well aware that contemplative prayer could be dangerous because it is no different than kundalini. And yet in Celebration of Discipline (p. 13, 1978) he says "We should all without shame enroll in the school of contemplative prayer." The unfortunate outcome is that both Thomas Keating and Richard Foster continue to endorse contemplative prayer and encourage others to engage in this un-biblical practice when they know good and well it can have detrimental effects.

리차드 포스터와 구상화

관상기도를 하는 기초는 인간의 내면에 신성한 빛이 있다는 것이며, 그 신성함을 근거로 하여 신성화에 이르는 방법이 관상기도이다. 그 관상기도 속에 구상화가 핵심 방법으로 자리 잡고 있다. 관상기도 세미나 백날을 해도 이 핵심을 모르면 헛발질만 하고 만다.

리차드 포스터는 퀘이커교도이며 관상기도의 선두주자다.[146] 그의 구상화는 1세대 내적치유자이며 샤머니즘적이고 뉴에이지적인 아그네스 샌포드로부터 직접적인 영향을 받았다.

---

[146] http://www.wayoflife.org/database/visualization.html 데이비드 클라우드는 관상기도의 잘못에 대하여 다섯 가지로 다음과 같이 말한다. Visualization prayer has become very popular within the modern contemplative movement, but it is heretical. First of all, visualization prayer is disobedience. The Bible contains everything we need for faith and practice. It is able to make the man of God "perfect, throughly furnished unto all good works"(2 Timothy 3:16-17). The Bible contains everything we need to learn how to pray correctly, and it says nothing whatsoever about imagination prayer. This is not the type of prayer that Jesus taught us to pray(Matthew 6:9-15).
Second, visualization prayer is vain and foolish because it is pure fantasy. We can't imagine Jesus' birth beyond the simple facts described in Scripture. We don't know what Mary or Joseph or baby Jesus or the room or the manger or the angels or the shepherds or the wise men looked like. We don't know what they said to one another. We don't know the temperature or the exact smells and tastes. If I try to imagine such things I am entering into the realm of pure fantasy.
Third, visualization prayer is not faith. Faith is not based on imagination; it is based on Scripture. "So then faith cometh by hearing, and hearing by the word of God"(Romans 10:17). God has given us everything we need in Scripture and our part is to believe what God says. "But these are written, that ye might believe that Jesus is the Christ, the Son of God; and that believing ye might have life through his name"(John 20:31). We have everything we need to know about Christ for the present in the Scripture, and we accept it by faith. "Whom HAVING NOT SEEN, ye love; in whom, THOUGH NOW YE SEE HIM NOT, yet believing, ye rejoice with joy unspeakable and full of glory"(1 Peter 1:8).
Fourth, visualization prayer is presumptuous because it goes beyond divine Revelation. Deuteronomy 29:29 says, "The secret things belong unto the LORD our God: but those things which are revealed belong unto us and to our children for ever, that we may do all the words of this law." By going beyond what the Bible says and trying to delve into Bible history through the imagination, I am leaving the revealed things and entering the secret things.
Fifth, visualization prayer is dangerous. It is dangerous because it adds to Scripture. If I get in the habit of visualizing Bible scenes, I can easily think that my visualizations are authoritative. I can fall into Rome's error of accepting extra-biblical revelations. It is also dangerous because demonic entities can involve themselves in my vain imaginings.

리차드 포스트는 다음과 같이 말했다.147)

> 상상을 통하여 기도하고 … 치유를 마음에 그리고 … 더 많은 것을 그려보라고 하는 이 충고는 아그네스 샌포드에게서 받았다. 나는 그녀가 굉장히 지혜롭고 능숙한 상담자라는 것을 발견했다 … 그녀의 책 『성령의 치유 은사』(*The Healing Gifts of the Spirit*)는 훌륭한 자원이다.148)

또한 리차드 포스트는 『*Spiritual Classic*』149)이란 책에서 샌포드의 집을 방문해서 그녀의 기도에 깊은 인상을 받았다는 이야기를 하고 있다.150) "나는 아그네스 샌포드와 나의 친한 친구 빌 바스윅(Bill Vaswig) 목사의 도움을 크게 받아 다른 사람을 위해 기도할 때 상상의 가치를 이해하게 되었다"고 포스터는 말했다.

여기서 주목해야 할 것은 포스트는 레노바레를 주도하는 인물이며, 빌 바스윅은 레노바레를 대표하는 구성원 중에 중요한 인물이라는 것이다. 포스트는 이 세상의 그 어떤 사람보다 철저한 퀘이커교도다.151)

---

147) http://amazinghealth.com/AD-Spiritual-Deceptions-Spiritual_Formation-American-Foster 리차드 포스터가 "Celebration of Discipline"에서 묵상에 대해서 말하면서, 구상화와 상상력에 대하여 말하는 것이 얼마나 심각한지는 다음과 같은 말을 참고하라. The inner world of meditation is most easily entered through the door of the imagination. We fail today to appreciate its tremendous power. The imagination is stronger than the conceptual thought and stronger than the will … Another form of meditation is what the contemplatives of the Middle Ages called "re-collection", and what the Quakers have often called "centering down". It is a time to become still, to enter into the recreating silence, to allow the fragmentation of our minds to become centered. Perhaps some rare individuals experience God through abstract contemplation alone, but most of us need to be more deeply rooted in the senses. We must not despise the simpler, more humble route into God's presence. Jesus himself taught in this manner, making constant appeal to the imagination, and many of the devotional masters likewise encourage us this way … Seek to live the experience, remembering the encouragement of Ignatius of Loyola to apply all our senses to our task. … we must be willing to go down into the recreating silences, into the inner world of contemplation. In their writings, all of the masters of meditation strive to awaken us to the fact that the universe is much larger than we know, that there are vast unexplored inner regions that are just as real as the physical world we know so well.
148) 데이브 헌트/ T.A. 맥마흔 공저, **기독교 속의 미혹**, 김문철 역 (서울: 포도원, 1991), 139.
149) 리처드 포스터, 에밀리 그리핀, **리처드 포스터와 함께하는 영성 고전 산책**, 방성규 역 (서울: 도서출판 두란노, 2002).
150) http://crossway.tistory.com/96/
151) http://www.seekgod.ca/renovare.htm Quaker and Fuller graduate (holds a doctorate in pastoral counseling), Richard Foster is co-founder of Renovaré, and Professor of spiritual formation at Azusa Pacific University in Southern California. Foster became an ordained clergyman for the Society of Friends in 1967. He's held pastoral positions in 'Friends' churches since that time and became professor of theology and

레노바레는 수많은 사람의 이론과 사상을 혼합한 것이다.152) 레노바레는 신인합일을 이루고자 하는 이교도 수피가 사용하는 애니어그램을 장려하며, 리차드 포스터는 토마스 머튼의 책들을 추천하고, 토마스 키팅과 칼 융153)을 인용한다.154) 왜 칼 융인가? 관상기도는 칼 융의 신성한 내면아이와 적극적 심상법(active imagination)인 구상화와 완벽하게 조화를 이루기 때문이다.

리차드 포스트는 동양의 묵상은 우주의 정신과 합일되는 것이라고 비판하며,

---

writer-in-residence, 1979 on, at Friends University in Wichita and adjunct professor at George Fox College, from 1974-1979. He is a member of the publications board of California Yearly Meeting of Friends. He obtained his B.A. in Philosophy and Religion from George Fox College (now University) and D.Th.P, Biblical Studies and Social Ethics in 1970, from Fuller Theological Seminary. Foster teaches all the techniques of the New Age such as quietism, mantras, centering, Buddhism, Yoga, T. M., the exercises of Ignatius of Loyola, Eastern religion and so on. An evaluation of Fosters sources of learning is discussed in, 'A CRITIQUE ON THE MINISTRY OF RICHARD FOSTER.'

152) http://amazinghealth.com/AD-Spiritual-Deceptions-Spiritual_Formation-American-Foster Celebration of Discipline also includes references to the teachings of many mystic personalities, such as St. Teresa of Ávila, Carl Jung, French mystic Madame Guyon, Russian mystic Theophan the Recluse, Thomas Kelly, Thomas Merton, Thomas à Kempis, and a group Foster calls "the Devotional Masters of the Christian faith—Augustine of Hippo and Francis of Assisi and Julian of Norwich."

153) http://www.svchapel.org/resources/book-reviews/4-christian-living/107-celebration-of-discipline-by-richard-foster/ 〈…Eugene Peterson informs us that Foster has "'found' the spiritual disciplines [in the mystics] that the modern world stored away and forgot" (p. 206). Foster's views are also formed by Quaker mystics and even secular thinking, most surprisingly Carl Jung, self-confessed demon-possessed psychologist.〉

154) http://rock-to-salt.cephasministry.com/spiritual_formation_richard_foster_and_renovare_pt.7.html Why would you be so sensitive about calling Richard Foster a disciple of Thomas Merton? Since Richard Foster raves about Merton with thirteen quotes in his book, why would he not be proud to be identified with Merton? But it is not just Thomas Merton, but all of the people Foster quotes or mimics, including Thomas Keating and Carl Jung, who share the same or similar false teachings, that magnifies Richard Foster's culpability and reasonable perception by the reader or hearer that he is a disciple of Thomas Merton. In and of itself it is not even wrong to quote a false teacher and properly cite them. It is not the use of quotations that is the problem, whether by Richard Foster or others. Rather, the problem lies in the inherent promotion … by using these quotations … of false teaching, ideas and techniques. In fact, one could even quote Hitler or document some good things he did, such as petting his dog, or requesting that a "people's car" be invented! But such quotes would be extremely dangerous and misleading without simultaneously identifying him as the monster he was. Quote from Susan Anderson regarding Richard Foster quoting Carl Jung: "Well, hey, Richard Foster quoted Jung, so there must be something to Jung's writings, teachings, etc., that are of value to me, to the church." Off they go, marching straight ahead to their nearest bookstore or library, to read Jung's writings, as their sinful human natures have now had their appetites whetted for Satan's lies. And, of course, he is most obliging and will help them open those doors wide.

TM(초월적묵상)은 불교의 뿌리를 가지고 있으며 유물론자들을 위한 묵상이라고 비판한다. 그러면서도 토마스 머튼의 글을 직접 인용하며 누구나 묵상을 배울 수 있다고 말한다.

> 토마스 머튼은 이렇게 썼습니다. "묵상은 정말 아주 간단하다. 그 방법을 가르치려고 기술을 갈고 닦을 필요가 별로 없다."155) … 사실, 묵상은 인간 생활을 성공적으로 이끌어 나갈 수 있도록 삶의 방향을 다시 잡게 하는 수단입니다. 토마스 머튼은, "삶에 깊이 뿌리 박지 못한 묵상은 아무 뜻도 없고, 참된 것도 못된다"라고 썼습니다.156)

그러나 토마스 머튼이 선불교, 수피즘, 도교, 힌두교의 영성에 영향을 받았다는 것은 널리 알려진 사실이다.157) 이어지는 그의 말을 보면, 퀘이커 교도로서 그가 누구를 추종하며 어떤 방향성으로 나가고 있는지 알 수가 있다.

> 역사상, 퀘이커 교도들만큼 귀 기울이는 침묵을 실시해야 할 필요성을 강조한 집단은 없었습니다. 그 결과 그들의 숫자와는 비교도 안 되게 힘찬 영향력을 사회에 행사할 수 있었습니다. 묵상하는 사람들이 곧 행동하는 남녀들이었습니다. 마이크 엑크하르트는 이렇게 썼습니다. "비록 사도 바울과 같은 무아경에 빠져 있을 때라도, 굶주린 사람이 눈에 띄면, 황홀경에 남아 있기보다 그에게 음식을 주는 것이 더 좋다." … 몰톤 켈시는 이렇게 말했습니다. "정적 속에서 내면으로 눈을 돌려, 하는 일이 묵상의 일부이듯이, 바깥 생활을 영위하고 남들을 대하는 것도 묵상의 일부입니다. 사실 기독교의 묵상이 바깥 생활의 질에 아무 변화도 주지 못한다면, 그런 묵상은 그만두어야 합니다.158)

마이크 엑크하르트는 신인합일을 지향하는 사변적-철학적 신비주의자이며, 몰톤 켈시는 성공회 사제이며 융학파 심리학자이며 아그네스 샌포드의 친구였다. 켈시는 샌포드보다 더 사악하게 샤머니즘을 교회에 퍼뜨렸다. 켈시는 예수

---

155) 리차드 포스터, **영적성장을 위한 제자훈련** (서울: 보이스사, 1993), 43.
156) Ibid., 45.
157) http://www.beopbo.com/news/view.html?no=59994&section=93(법보신문)
"머튼은 예수님이 탄생했을 때 동방 박사들이 선물을 가져다 준 까닭에 그리스도교 탄생이 있을 수 있었다는 점에 주목하며 2000년이 지난 오늘 그리스도교가 새로운 활기를 되찾으려면 다시 동방으로부터 선물이 와야 한다고 말했으며, 그것은 선불교와 노장사상 같은 동양의 정신적 유산들이라고 역설했다. 특히 머튼은 꼭 그리스도교와 같은 종교적인 부분이 아니더라도 인간과 문명 자체를 위협하는 비극을 촉진시키는 일을 늦추기 위해서라도 서구 사회가 동양의 정신적 유산을 겸허하게 받아들일 것을 촉구하기도 했다. 그는 틱낫한 스님, 도나 루이사 쿠마라스와미 등 세계 종교지도자들과도 교류하면서 그들로부터 배우려 했다. 물론 머튼이 말하는 동양의 정신적 유산이란 역사적 불교나 역사적 도교를 의미하는 것이 아니라 그런 역사적 종교를 배출하게 된 인류 보편의 영적 바탕, 즉 명상의 침묵과 신비적 체험 속에서 만나는 '신 너머의 신'에 대한 체험 같은 것을 의미한다."
158) 리차드 포스터, **영적성장을 위한 제자훈련** (서울: 보이스사, 1993), 45-46.

님을 위대한 샤먼으로 보며 그의 제자들에게 초능력(psychic powers)을 전수한 자라고 말한다.159)

퀘이커 교도인 리차드 포스터가 아그네스 샌포드의 구상화를 적극 수용한 것은 결코 간과할 일이 아니다. 그들은 다 같은 방향성과 목표를 가지고 있기 때문에 똑같은 방법들을 사용하고 있다. 그들 모두는 신(神)이 되고 싶어 하는 사람들이기 때문이다.

마찬가지로 교회가 내적치유라는 이름으로 구상화를 사용하는 것을 지금이라도 내버리지 않는 이상 결국 신(神)이 되고 싶어 하는 사람들과 같은 방향으로 달려가고 있다는 것을 잊지 말아야 한다.

포스터는 『제자훈련의 찬사』에서, 구상화를 통하여 시간과 공간을 초월하여 하나님의 목전에 올라 갈 수가 있다고 가르치며 다음과 같이 말한다.

> 상상 속에 빛으로 빛나는 당신의 영적인 몸이 당신의 육체적인 몸에서 나와 구름과 성층권을 지나 … 영원한 창조주의 온화한 임재만이 있는 곳까지 외적 우주의 아주 깊은 곳으로 들어가게 하라.160)

포스터는 묵상의 세계로 들어가는 첫 단계로 상상력의 문을 통하는 것이 가장 쉽다고 말하면서 다음과 같이 말했다.

> 묵상의 세계로 들어가려면, 상상력이라는 문을 통하는 게 가장 쉽습니다. 우리는 그 상상력의 굉장한 힘을 제대로 알지 못하고 있습니다.161)

포스터는 상상력을 통하여 '형상'으로 '체험'하는 것이 중요하다고 말한다. 그

---

159) http://www.firstplumbline.net/html/jakiepullinger.html; In 2001 Kevin Reeves in "Charismatic Cultism" stated "When John Wimber officially introduced inner healing and wild manifestations blamed on the Holy Spirit, he was generally welcomed with open arms, even among some evangelical churches. And this despite his crediting such people as Morton Kelsey (who called Jesus a shaman who passed on psychic powers to His disciples) with offering Wimber wisdom in developing his spiritual approach. New Age thought had finally gained acceptance in the Church."
160) 데이브 헌트/ T.A. 맥마흔 공저, **기독교 속의 미혹**, 김문철 역 (서울: 포도원, 1991), 159.
161) 리차드 포스터, **영적성장을 위한 제자훈련** (서울: 보이스사, 1993), 55; 〈『헌신하는 삶의 소개』에서 살레의 프란시스는 이렇게 썼습니다. "상상력에 의하여, 우리는 묵상하는 신비 속에 정신을 가둔다. 마치 새 장에 새를 가두고 매에 끈을 달아 놓듯이, 정신이 이리저리 흔들리지 않게 하기 위함이다. 어쩌면 신비를 표현함에 있어서 신앙이라는 단순한 생각을 순전히 정신적이고, 영적인 방법으로 인식하는 게 좋다고 말할지도 모른다. 혹은 그것이 내 영혼에서 일어났다고 가상하는 것이 좋다고 할지 모른다. 그러나 이런 방법은 초보자에게는 너무 어렵다.〉

러면서 칼 융의 상상력을 언급하는 것은 그가 얼마나 융 심리학에 영향을 받았는지 알 수가 있다. 또한 로욜라의 이그나시우스가 행한 모든 묵상은 상상력을 열기 위한 것이라고 말하면서 더욱 상상력을 강조한다. 포스터는 상상력을 배우기 위해 꿈으로 먼저 시작하라고 하면서, 꿈을 "내면세계의 문을 여는 열쇠"라고 말한다.162) 상상화를 통한 그의 내면세계의 완성은 무엇인가? 그것은 하나님과의 합일이다!163)

또한, 포스터는 구상화를 통하여 실제로 예수님을 만날 수 있다고 다음과 같이 말했다.164)

> 당신은 실제로 살아 계신 그리스도를 사건 속에서 만날 수 있다. 그것은 상상을 발휘하는 것 이상이 되어 진정한 만남이 될 수 있다. 예수 그리스도는 실제로 당신에게 오실 것이다.165)

포스터는 또 잠자고 있는 아이들에게 부모들이 다음과 같이 기도하라고 권했다.

> 그리스도의 빛이 당신의 손을 통하여 흐르고 있으며, 당신의 아이들이 그날에 경험한 모든 감정의 외상과 상처를 치료하는 것을 상상하라. 그(녀)에게 주님의 평강과 기쁨으로 채워라. 잠 속

---

162) Ibid., 56-57.
163) http://rpress.or.kr/xe/index.php?mid=planning_special&page=2&document_srl=25569; "포스터는 카톨릭 신비주의자인 머튼으로부터 영향을 받아 그의 개념을 자신의 언어로 새롭게 표현한 것이다. 머튼과 포스터는 동시에 인간의 내면의 세계에서 이루어지는 '하나님과의 합일'이라는 신비한 경험을 궁극적인 목적으로 삼고 있다. 그것은 하나님과 인간의 정체성이 독자적으로 있는 것을 아니라, 오로지 하나님의 정체성만 있는 것을 말한다."
164) http://www.wayoflife.org/database/visualization.html; Richard Foster recommends visualizing prayer in his popular book Celebration of Discipline: "Imagination opens the door to faith. If we can 'see' in our mind's eye a shattered marriage whole or a sick person well, it is only a short step to believing that it will be so. … I was once called to a home to pray for a seriously ill baby girl. Her four-year-old brother was in the room and so I told him I needed his help to pray for his baby sister. … He climbed up into the chair beside me. 'Let's play a little game,' I said. 'Since we know that Jesus is always with us, let's imagine that He is sitting over in the chair across from us. He is waiting patiently for us to center our attention on Him. When we see Him, we start thinking more about His love than how sick Julie is. He smiles, gets up, and comes over to us. Then let's both put our hands on Julie and when we do, Jesus will put His hands on top of ours. We'll watch and imagine that the light from Jesus is flowing right into your little sister and making her well. Let's pretend that the light of Christ fights with the bad germs until they are all gone. Okay!' Seriously the little one nodded. Together we prayed in this childlike way and then thanked the Lord that what we 'saw' was the way it was going to be" (Celebration of Discipline, 1978, p. 37).
165) 데이브 헌트/ T.A. 맥마흔 공저, **기독교 속의 미혹**, 김문철 역 (서울: 포도원, 1991), 181.

에서 하나님의 온유한 영향력에 장벽을 세우려고 하는 의식적인 마음(the conscious mind)이 편안해질 것이기 때문에 아이들은 기도를 매우 잘 받아들이게 된다.166)

이런 것은 성경적인 기도가 아니다. 이 말이 의미하는 바는 상상 속에서 예수 그리스도를 접촉하는 것은 현실 세계 속에서 우상을 섬기는 것이나 다를 바가 없다는 뜻이다. 이것은 오컬트에서 하는 기도이다. 세상의 이방 종교들이 우상을 만드는 것은 그것이 고차원적인 실재를 숭배자에게 상기시켜 주는 데 유익하기 때문이다. 우상은 단지 우상 그 자체로써가 아니라 그 우상을 통하여 어떤 신적인 실재와의 접촉을 시도한다. 그것이 어떤 형상을 가지고 있든지 상관없다. 그것이 목적하는 바가 동일하기 때문이다. 같은 맥락에서 구상화를 통하여 초청하는 그 신의 형상이 누구이든지 간에 그것을 통하여 신적인 실재와의 실제적인 접촉을 시도하는 것이다.

그러므로, 그것이 현실 속에서든지 상상 속에서든지 하나님의 형상을 만들어 그 형상과 접촉을 시도하는 것은 우상숭배이다. 하나님은 우리가 상상해서 형상화시킬 만큼 제한적이시지 않으며, 우리가 상상한다고 해서 만들어지고 접촉할 수 있는 대상이 아니시다. 퀘이커는 인간의 내면에 빛이 있다고 주장하고 내면의 빛을 더 채우기 위해 영적인 안내자를 필요로 한다.167) 그러나, 성경은 인간은 빛이 아니라 어둠이기 때문에 스스로 빛을 깨달을 수도 없다고 분명하게 선

---

166) http://www.wayoflife.org/database/visualization.html Foster describes "flash prayers" and "swish prayers" as follows: "Flashing hard and straight prayers at people is a great thrill and can bring interesting results. I have tried it, inwardly asking the joy of the Lord and a deeper awareness of His presence to rise up within every person I meet. Sometimes people reveal no response, but other times they turn and smile as if addressed. In a bus or plane we can fancy Jesus walking down the aisles touching people on the shoulder and saying, 'I love you …' Frank Laubach has suggested that if thousands of us would experiment with 'swishing prayers' at everyone we meet and would share the results, we could learn a great deal about how to pray for others. … 'Units of prayer combined, like drops of water, make an ocean which defies resistance'"(*Celebration of Discipline*, p. 39).

167) http://board.wassada.com/iboard.asp?code=discuss&mode=view&num=14235; "이들이 추구하는 핵심은 침묵 가운데 내적인 기도를 통하여 빛을 보는 것입니다. *모든 사람의 내면에는 신성한 무엇이 있습니다. There is something sacred in all people. *모든 사람은 하나님 앞에서 평등합니다. All people are equal before God. *종교는 삶 전체에 관한 것입니다. Religion is about the whole of life. *우리는 보다 깊은 하나님의 현존을 느끼기 위해 고요한 가운데서 모입니다. We meet in stillness to discover a deeper sense of God's presence. *참 종교는 지구와 그 위의 모든 생명을 존중하는데 이르게 합니다. True religion leads to respect for the earth and all life upon it. *각 사람은 고유하며, 소중한, 하나님의 자녀입니다. Each person is unique, precious, a child of God"

언한다.168) 성경은 이렇게 말한다.

> 오직 그에게만 죽지 아니함이 있고 가까이 가지 못할 빛에 거하시고 아무 사람도 보지 못하였고 또 볼 수 없는 자시니 그에게 존귀와 영원한 능력을 돌릴지어다 아멘(딤전 6:16)

인간이 스스로 노력해서 빛 되신 예수 그리스도에게 나아갈 수가 없다. 인간은 죄인이기에 그 죄에서 구속하여 줄 구속자 주 예수 그리스도로 말미암아 생명이 주어지지 인간 내면에는 빛도 생명이 없다.

그러나 퀘이커교도로서 포스터는 내면의 빛을 충만케 하기 위하여 구상화에 대한 애착은 더욱 강렬하다.

> 당신의 상상 속에서 빛으로 빛나는 당신의 영적인 몸이 당신의 육체적 몸으로부터 일어나 나오도록 허락하라. 그래서 당신이 당신 자신을 볼 수 있도록 돌아보라 … 그리고 당신의 몸에게 당신이 순간적으로 돌아오겠다고 확신시켜라 … 영원한 창조주의 따뜻한 임재 외에는 아무것도 없는 곳까지 더 깊은 외적 우주로 들어가라. 그의 존재 안에서 안식하라. 주어지는 어떤 교훈을 … 조용히 들어보라.169)

이런 것은 퀘이커의 성향을 대변해 주는 전형적인 글이다. 그들에게 있어서 인간 내면의 빛을 충만하게 해주는 예수는 성경이 말하는 예수님이 아니다. 이것은 막연한 저자의 추측이 결코 아니다.

다음의 글을 잘 읽어보라. 많은 사람이 교회 안에서 즐겨 부르는 노래인 "나의 주 크고 놀라운 하나님"(Our God is an Awesome God)을 부르기 전에 자막에 나오는 글이다.

> 사실 1. 성경에 묘사된 하나님은 폭군이다.
> 사실 2. 하나님에 대한 증거가 없다.
> 사실 3. 창조론은 증거가 될 수 없다. 왜냐면 당신은 우리가 창조물이라고 가정을 하는데 가정은 증거가 아니기 때문이다.
> 사실 4. 만약 성경이 예수가 진짜 하나님임을 증명한다면 코란은 알라가 진짜 하나님임을 증명한다.
> 사실 5. 개인 경험은 모든 종교에서 모든 사람에게 일어난다. 예수님만이 인간의 삶을 바꾸는 것이 아니다. 많은 힌두교인들 역시 구원의 능력에 대해 당신에게 말하고 싶어할 것이다.
> 사실 6. 하나님에 대한 증거가 없으므로 기독교의 하나님이 무슬림이나 유태인의 하나님보다

---

168) 빛이 어두움에 비춰되 어두움이 깨닫지 못하더라(요 1:5)
169) 데이브 헌트/ T.A. 맥마흔 공저, **기독교 속의 미혹**, 김문철 역 (서울: 포도원, 1991), 182.

실제적이지 않다. 그러므로 당신은 다신교로 바꾸고 그들 모두를 경배해야 할 것이다.
사실 7. 진화론은 하나님과 상관이 없다. 진화론은 우주의 형성과도 아무 상관이 없다. 당신은 유신론자가 되서 진화론의 이론을 받아들일 수도 있고, 무신론자가 되어 그것을 거절할 수도 있다.170)

이 노래는 퀘이커의 성향을 여실히 반영하고 있다. 글의 내용을 보면 얼마나 신성모독적인 글인지 알 수가 있다. 그들에게 예수는 삶을 변화시키는 유일한 하나님이 아니다. 퀘이커 교도들에게는 예수나 알라나 동일한 하나님이다. 그러기에 퀘이커 교도들에게 예수는 구속주가 아니다. 구상화를 통하여 예수를 만나거나 퀘이커적인 노래로 예수를 부르며 소리치는 것은 순전히 자기 내면의 빛을 충만케 해주고 자기의 원하는 것을 충족시켜 주기 때문이다.171)

순진하게도 많은 그리스도인이 설령 그럴지라도 우리는 그런 의미로 안 부르면 된다고 생각한다. 그러나, 그런 생각들이 얼마나 오래가는지 역사를 통해서 돌아보라. 그리고 지금 현실적으로 얼마나 변해 가고 있는지 똑똑히 살펴보라. 지금은 구상화가 빠지면 정지된 화면 같이 무엇을 어떻게 해야 할지 어쩔 줄을 모르는 시대가 되었다.

우리의 아이들이 '엄마 이 노래는 퀘이커 이단 노래에요, 계속 불러야 하나요?'라고 물으면 교회의 지도자로서, 부모로서 무엇이라고 답할 수 있겠는가 솔직히 대답에 보라. '그냥 불러도 돼' 그런 무책임한 말을 할 수 있는가? 그래서 나중에 아이들이 퀘이커로 변질되어 버리면 그것은 누구의 책임이 되는가? 그때는 자녀들에게 무엇이라고 말할 것인가?

---

170) http://www.youtube.com/watch?v=EH3OEfapLnc&feature=related Fact1. The God depicted in the Bible is a tyrant. Fact 2. There is no Evidence for God. Fact 3. Creationism is not Evidence because you are assuming we are a creation and assumptions are not evidence. Fact 4. If the Bible proves that Jesus is the true God, then the Qur'an proves that Allah is also the true God. Fact 5. Personal experience happens to people in all Religions. Jesus isn't the only god changing lives. Many Hindus would love to tell you about the saving power of Lord Krishna. Fact 6. Since there is no Evidence for God. the Christian God is no more real then the Muslim God or Jewish God(Who are all basically the same guy), so you mine as well convert to polytheism and worship all of them. Fact 7. Evolution has nothing to do with God. Evolution has nothing to do with the formation of the universe. You can be theist and accept the theory of Evolution and you can be atheist and reject it.
171) 교회 안에서 애창되었던, '오 나의 자비로운 주여'도 마찬가지다. 이 노래는 존 웜버의 대표적인 노래이다. 퀘이커는 내면에 빛이 있다고 믿기 때문에 예수는 다만 그 빛을 충만하게 해 주기 위해서 오는 자일뿐이다.

잊지 마라! 육신의 목이 터져라 부르는 동안에 당신의 영혼의 목이 터져 죽어 가고 있는 것을 말이다. 지금 이 시대의 소위 영성을 주름잡는 핵심 인물들은 퀘이커 이단이거나 그 추종자들이 많다는 것을 결코 잊어서는 안 된다! 저들은 CCM을 통하여 자신들의 사상을 전하고 있지만 성도들은 거기에 속아 넘어가는 줄도 모르고 따라가고 있다.

칼빈은 인간이 자기 멋대로 하나님을 고안해 내고 상상해 내는 것을 경고하면서 다음과 같이 말했다.

12. 하나님을 아는 지식을 가로막는 인간의 미신과 철학
그렇기 때문에, 끝없이 더러운 오류의 진흙 창이 온 땅을 가득 덮고 있는 것이다. 각 개인의 마음이 이처럼 일종의 미로(迷路)와도 같은 상태에 있기 때문에, 각 민족마다 갖가지 거짓 것을 취하였을 뿐 아니라 거의 모든 사람들이 제각기 자기의 신을 갖게 된 것이 전혀 이상할 것이 없다. 무지와 몽매함에 경솔함과 얄팍함이 합쳐져서, 하나님 대신 우상이나 환영을 스스로 만들어 섬기지 않은 사람이 거의 없을 정도가 되어 버린 것이다. 마치 거대하고 풍성한 샘에서 물이 솟아 나오듯이 무수한 신들이 사람의 마음에서 만들어져 나왔는데, 각 사람마다 방종이 극에 달하여 제각기 자기 마음에 맞는 대로 하나님에 대해 이런저런 그릇된 것들을 만들어 내 것이다. 그러나 그렇다고 해서 세계가 얽혀 들어간 미신들의 목록을 여기서 제시할 필요까지는 없다. 그런 목록이 끝이 없을뿐더러, 그것들이 없어도 사람의 마음의 몽매함이 얼마나 끔찍스러운가 하는 것이 온갖 부패한 것들을 통하여 충분히 드러나기 때문이다.[172]

또한 칼빈은 계속해서 다음과 같이 말했다.

1. 성령께 그릇되게 호소하는 광신자들의 오류
성경을 버리고서, 이런저런 다른 길을 통해서 하나님께 도달할 수 있다고 상상하는 자들이 있으나, 이들은 오류에 사로잡혀 있는 것이 아니고 광란의 상태에 있는 것으로 보아야 할 것이다. 최근 아주 경솔한 사람들이 일어나서 성령의 우월성을 굉장히 과시하면서 성경을 읽는 행위 자체를 완전히 거부하고, 또한 여전히 성경을 따르는 자들 - 그들의 표현대로 하면, 스스로도 죽어 있고 또한 영혼을 죽이는 율법 조문을 따르는 자들 - 의 단순함을 조롱하고 있다. 그러나 나는, 그들을 감동시켜 그렇게도 높이 끌어올려서 감히 성경의 교리를 유치하고 조잡한 것으로 경멸하게까지 만드는 그 영이란 게 무엇인지를 그들에게서 알고 싶다. 만일 그것이 그리스도의 영이라고 대답한다면, 그런 그들의 확신은 그야말로 우스꽝스러운 것이다.[173]

칼빈이 살았던 시대에도 거짓된 것들이 넘쳐 나는 시대였다. 지금은 칼빈이

---

172) 존 칼빈, **기독교강요 I**, 원광연 역 (고양: 크리스챤다이제스트, 2003), 72-73.
173) Ibid., 108.

우려하는 것보다 더욱더 위험한 시대를 살고 있다. 이제는 하나님의 말씀 이외에 다른 길로도 구원에 이를 수 있다고 하는 자들이 점점 많아지고 있다.

다시 한번 말하지만, 교회 내에서 언필칭 '영성의 시대'를 주름잡는 흐름의 핵심은 퀘이커교들이거나 그 추종자들이라는 것을 잊지 말아야 한다. 그러나 많은 목회자와 성도들이 이런 사실을 너무나도 간과하고 있기 때문에 교회가 어디로 가고 있는 줄도 모르고 있다. 이런 시대적 흐름과 위험성을 간파하지 못하면 교회는 내일이 없다. 사도 바울은 다음과 같이 엄중하게 경고한다.

> 대저 이방인의 제사하는 것은 귀신에게 하는 것이요 하나님께 제사하는 것이 아니니 나는 너희가 귀신과 교제하는 자 되기를 원치 아니하노라(고전 10:20)

하나님을 믿는 성도라면 분명해야 한다. 그 하나님이 성경에서 말하는 유일하신 여호와 하나님이신지, 아니면 세상의 어떤 종교라도 포용하여 신이 되고자 하는 범신론적 하나님인지 확실하게 선을 그어야만 한다. 인간 속에는 빛이 없으며 죄인이요 어둠이라는 사실을 분명하게 해야 한다. 구원은 오직 인간 밖에서, 곧 구속주 되시는 예수 그리스도로 말미암아 주어진다는 사실을 분명히 가르쳐야 한다. 그리하여 예수 그리스도의 십자가로 구원받아 하나님의 백성이 된 자리에서 시대를 분별하며 하나님의 말씀만으로 충분한 삶을 살아가기를 바란다.

헤르메스주의와 구상화

앞서 언급이 되었듯이 구상화는 헤르메스주의와 매우 깊은 관련을 맺고 있다. 격변하는 시대 속에 르네상스는 실재에 대한 답을 찾느라 헐떡이고 있었으며, 당대의 것으로는 그 어떤 해결책도 제공하지 못한다고 생각하고 있었다. 아리스토텔레스적인 체계 속에서 아무리 발버둥 쳐도 길이 없다고 생각하고, 그 모든 것을 아우르면서도 답을 제시할 수 있는 것은 오로지 직관적이고 신비적이며 마법적인 것이 될 수밖에 없다는 방향으로 나아가게 되었다. 그렇게 목마른 그 시대에 헤르메스주의는 이성적인 변증술이 아니라 세계와 의미에 대한 직관적 지식에 도달하는 진수였다.

헤르메스주의는 영지주의와 깊이 관련되어 있는데 낙관적 영지주의와 염세적(비관적) 영지주의가 섞여 있다. 그래서 직관적 지식에 도달하기 위한 종교적 삶과 수행의 훈련이 헤르메스의 문서들에 나타나며, 보통 스승과 제자와의 대화 형식을 띠고 있다. 그 대화를 통해 제자가 궁극적인 깨달음의 환희 속에서 찬양의 송가를 부르게 되는 내용들이 담겨져 있다. 제자는 세계와 우주에 관한 명상이나, 그 자신의 누스(Nous), 혹은 영지주의적 계시와도 흡사한 영적 신비의 체험 속에서 그러한 깨달음에 도달하는 것으로 보인다.174) 신비술을 행하며 이 분야의 전문가들인 의사 마이크 사무엘(Mike Samuels)과 그의 부인 낸시(Nancy)는 그들의 구상화에 대한 명확한 연구에서, "모든 것은 정신이라고 믿는 이집트의 허메스(Hermes) 추종자들은, 질병은 완전한 건강을 구상화함으로 치료된다고 생각했다."175)고 말했다.

그 핵심이 되는 헤르메스 트리스메기스토스176)의 마법은 다음과 같다.

> 헤르메스 문헌은 두 종류로 나눌 수 있다. 하나는 『헤르메스 전서 Corpus Hermeticum』와 『아스클레피우스 Asclepius』 같은 철학적 문서들이고, 다른 하나는 점성술적, 연금술적, 마법적, 헤르메스 트리스메기스토스의 이름으로 쓰인 실제적(실천적) 문서들이다. 이 두 종류의 흐름은 서로 완전하게 분리되지 않는다. 『아스클레피우스』에서 우리가 본 바와 같이, 이집트인들이 "신들을 만든" 방법과 같은 실제적 마법에서뿐 아니라, 가장 [수준]높고 신비스러운 철학적 헤르메스 문서들 역시 전제로 하고 있는 것은 우주 속에서의 점성술적인 패턴이다. 영지주의와 마법은 같이 가는 것이다. 염세적 영지주의는 그가 천상의 영역으로 상승할 때 악한 별들의 힘을 제거

---

174) http://blog.naver.com/gitar/110004106696/
175) 데이브 헌트/ T.A. 맥마흔 공저, **기독교 속의 미혹**, 김문철 역 (서울: 포도원, 1991), 155.
176) 에두아르 쉬레, **신비주의 위대한 선각자들**, 진형준 역 (서울: 사문난적, 2009), 130-131; 이집트 최초의 종교적·정신적 지도자인 헤르메스-토트라는 이름은, 아리안족 시대가 오기 훨씬 이전, 에티오피아와 북이집트 지역에서 흑인종과 백인종이 평화롭게 뒤섞이게 되던 시기까지 거슬러 올라간다. 헤르메스는 마누나 붓다처럼 한 개인을 가리킨다기보다는 총체적인 명칭이다. 그 이름은 인간, 카스트, 신을 동시에 지칭한다. 인간으로서 헤르메스는 이집트 최초의 위대한 정신적 지도자이다. 카르스로서의 헤르메스는 신비의 전통을 간수하고 있는 성직자 계급이다. 신으로서의 헤르메스는 수성(메르쿠리우스)으로서 정신의 영역, 신성의 지도자이다. 한마디로 표현한다면 헤르메스는 천상에의 입문 과정에서 내세의 영역을 관장하고 있다. … 헤르메스의 이름은 바로 그 원칙, 다양해 보이고 이질적으로 보이는 만물을 연결시켜 주는 부적이며 그 연결 관계를 떠올리는 마술이다. … 이집트인들의 제자격이라 할 수 있는 그리스인들은 헤르메스를 세 배나 위대한 헤르메스라는 뜻의 '헤르메스 트리스메기스트'라고 불렀는데 그것은 헤르메스가 왕인 동시에 입법자, 그리고 사제로 간주되었기 때문이다. 따라서 헤르메스라는 이름으로 대표되는 시대는 성직권·행정권과 왕권이 분리되지 않고, 한 명의 지배자가 그 모두를 동시에 행사하는 시대를 뜻한다. 이집트 신비주의의 역사는 그 시대를 신들이 지배하는 시대라고 일컫는다.

할 수 있는 마법적 비밀주문과 기호를 알 필요가 있었다. 한편 낙관적 영지주의는 공명 마법(sympathetic magic), 소환(召喚, invocation), 부적 같은, 그가 선한 것이라고 믿는 우주의 힘들을 끌어오는데 두려움이 없었다.

공명 마법의 방법은 『아스클레피우스』의 저자가 말하고 있는 바와 같은, 별들로부터 지구로 끊임없이 유출되고 있는 힘들을 전제로 한다. 그런 유출과 영향은 적절한 지식을 가지고 작용한다면 올바른 방향으로 사용할 수 있다고 믿어졌다. 물질세계의 모든 대상은 그것이 의존하고 있는 별로부터 쏟아지는 오컬트적 공명으로 가득 차 있다. 이를테면, 금성의 힘을 끌어오고자 하는 사람은 어떤 식물과 돌들, 금속, 동물이 금성에 속하는지, 금성의 이미지가 무엇인지, 금성에 초점을 맞춘 부적에 그 이미지를 어떻게 새기는지를 알아야 하며, 마법을 시술해야 할 적절한 점성학적 순간을 알아야 한다. 행성들은 오컬트 공명과 관련되어 있을 뿐 아니라, 조디악(황도대)의 12궁들 역시 각각 그들의 식물, 동물, 이미지들을 지니고 있었다. 모든 것은 '하나'이며 복잡한 관계의 시스템으로 끝없이 통합되어 있기 때문이다. 마법사는 위로부터 수직으로 내려오는 존재의 사슬의 연결 고리를 앎으로써 이 시스템으로 들어가는 방법을 알고 그것을 사용하는 사람이며, 땅적인 것, 천상의 이미지, 소환과 이름, 그와 유사한 오컬트 공명을 정확하게 사용함으로써 그 자신을 상승하는 연결고리에 바친 사람이었다. 마법사가 구체적인 물질적 이익을 얻기 위해 그 힘을 사용하는 경우이거나, 『아스클레피우스』의 신성마법에서 묘사된 바와 같은, 자연 속의 신성한 힘에 대한 통찰을 종교적으로 사용하는 경우이거나 간에, 전제로 하고 있는 방법과 그 우주론적인 배경은 같았다.177)

우선 참고적으로, 어거스틴은 『신국론』에서 『아스클레피우스』에 나오는 우상에 관한 내용을 강하게 비난한다. 어거스틴은 마법 일반에 대하여 적대적이었으며, 특히 아풀레이우스가 말하는 정령이나 데몬들에 관한 대목에서는 더욱 심했다.178) 아풀레이우스는 그리스화 된 로마 문화 속에서 높은 수준의 교육을

---

177) https://blog.naver.com/gitar/110004419800/ 헤르메스 트리스메기스토스와 마법(2006.5.20.)
178) George Roberg Stow, Thrice-Greatest Hermes; Studies in Hellenistic Theosophy and Gnosis, Bibliolife, London and Benares, The Theosophical Publishing Society, 1906. pp. 249-250. Augustine is arguing against the views of Appuleius(first half of the second century) on the cult of the "daimones", and in so doing introduces a long disquisition on the doctrine of "Egyptian Hermes", whom they consecrated and "ensouled", or "animated", statues of the gods. In the course of his remarks the Bishop of Hippo quotes at length from a current Latin version of "The Perfect Sermon" or "Asclepius" (though without himself giving any title), which we see at once must have been the very same text that has come down to us in its entirety. It is precisely the same text, word for word, with ours; the variants being practically of the most minute character.
First of all Augustine quotes from P. S. A., xxiii. 3, xxiv. 2. This "prophecy" of the downfall of the Egyptian religion Augustine naturally takes as referring to the triumph of Christianity, and so he ridicules Hermes "[qui] tam impudenter dolebat, quam imprudentur sciebat."
ii. Ibid., xxiv.; Hoffmann, i. 396. The Bishop of Hippo begins his next chapter with a quotation from P. S. A., xxxvii. 1, 2, on the same subject, and proceeds scornfully to criticise the statements of the Trismegistic writer.
iii. Ibid., xxvi.; Hoffmann, i. 402. After quoting the sentence, from P. S. A., xxiv. 3, in which Hermes says that the pure temples of Egypt will all be polluted with tombs and corpses, Augustine proceeds to contend that the

받았으나 지친 나머지 이집트의 신비주의에 빠졌고 헤르메스의 냄새가 물씬 풍기는 『황금 당나귀』를 썼다.179) 어거스틴은 아풀레아우스를 플라톤주의자로 부르며, 신과 인간 사이를 중개하는 데몬 혹은 환상적인 정령들에 대하여 공격하고 있다. 어거스틴은 그런 데몬들을 믿지 않았으며 사악하다고 생각했고 불경스럽다고 여겼다.

앞서 인용한 글에서 마법들을 사용하는 근본적인 핵심이자 그 이유는 지구 외부의 행성들로부터 쏟아지는 힘들을 받아들이기 위해서이다. 그리하여 천상의 영역으로 상승하려고 한다. 천상의 영역으로 상승한다는 것은 신과 존재론적 합일을 이룬다는 것이다.180) 거기에는 자연스럽게 점성학과 연결된다. 그렇게 힘을 받아들이는 이집트의 마법을 '헤카'(Heka)라고 부르는데, 가장 대표적인 마법이 탤리즈먼(Talisman) 마법이다. 탤리즈먼은 부적(符籍)을 의미한다.

> 고대 이집트에는 여러 가지 부적이 있었는데, 대표적인 것들이 참(charm), 애뮬릿(amulet), 탤리즈먼(Talisman)이다. 참은 귀신을 내쫓는 부적이었고, 애뮬릿은 악마의 침범을 막아 주고, 사고를 예방하며, 재물과 복을 불러들이는 역할을 하는 부적이었다. … 이들이 탤리즈먼에 집착했던 이유를 알기 위해서는 점성술을 염두에 두어야 한다. 헤르메스 마법의 핵심은 점성술이다. 고대 이집트인들은 모든 물체를 부적으로 제작하여, 천체(天體)의 유익한 영향만이 도시에 들어오도록 물체들을 배열하는 주술을 행한 것이다. 천체의 유익한 영향이 도시 사람들을 윤리적이고, 건강하고, 현명해지게 만든다고 생각했다.181)

헤르메스는 인간의 마음이 하느님의 큰마음의 형상에 따라 만들어졌다고 가르치며, 만약 인간이 인간의 마음을 육체가 주는 제약으로부터 자유롭게 할 수 있다면 하느님의 마음을 경험할 수 있다고 말한다. 인간은 이 경험을 배우는 특별한 목적에서 창조되었으며 이것이 인생의 정신적인 목적이라고 한다. 이 목표에 도달하기 위해 인간의 인식을 확장해야 하는데, 하느님의 그 큰마음에 도달

---

gods of Egypt are all dead men, and in support of his contention he quotes P. S. A., xxxvii. 3, 4.
179) http://blog.naver.com/gitar/110004160646/ 『황금당나귀』 (원제는 '변형담'이다)는 완전한 형태로 남아 있는 로마 시대의 유일한 소설이다. 에서 주인공은 마법에 의해 당나귀로 변한다. 다시 인간으로 돌아오기 위해서는 장미꽃을 먹지 않으면 안 된다. 이렇게 하는 동안 수많은 고초를 겪고, 끝내는 이시스 여신의 황홀한 비전을 봄으로써 다시 인간으로 돌아오게 되며, 결국 이집트 사원의 이시스 사제가 된다(위키피디아 사전 참조).
180) 프란츠 바르돈, **헤르메스학 입문**, 박영호·임동욱·정은주 역 (서울: 좋은글방, 2011), 400; "마법사에게 신이란 지극히 높은 존재이자 궁극의 진리이며 현존하는 궁극의 법칙성이다. … 기독교, 유대교, 불교, 이슬람교, 힌두교, 브라만교 등 그 어떤 종교를 갖고 있어도 이 법칙은 동일하게 적용된다."
181) 김태한, **뉴에이지 신비주의** (서울: 라이트하우스, 2008). 149-150.

하기 위해 인간에게 주어진 작은 마음의 힘을 이용하라고 한다.

문제는, '어떻게 이용하는가?' 하는 것이다. 인간이 하느님의 큰마음을 알게 되는 것은 우주의 경외스러운 아름다움을 올바르게 인식하고 우주가 작용하는 기본 법칙들을 이해하는 것을 통해서이다.[182]

이런 내용을 좀 더 구체적으로 알기 위해서는 역사를 거슬러 올라가 '피렌체 아카데미'의 중심 사상가인 피치노를 눈여겨봐야 한다. 그는 헤르메스주의와 마법을 르네상스 시대에 재현시킨 핵심 인물이다.

피치노의 오르페우스 마법은 신플라톤주의의 외관을 한 탤리즈먼(부적) 마법처럼, 헤르메스 트리스메기스토스의 '태고 신학'으로 돌아가는 것이었다. 그것은 『오르페우스 송가』로 알려진 송가 모음집에 나온다. 그 내용은 보통 신, 특별히 태양신을 다양한 이름으로 부르며 그의 힘을 초환(招還)하는 것인데, 그 속에는 마법적 주문 이상의 것들이 들어 있다.[183]

> 피치노의 마법은 이렇게, 별의 영향력을 끌어오기 위해 음악적 주문을 이용하는 것, 탤리즈먼 같은 부적을 이용하는 것, 자연 대상을 이용하는 것 등으로 요약할 수 있는데, 그 중재자로는 영혼(spiritus)이 전제가 된다고 할 수 있다. 그의 말에 의하면 탤리즈먼에는 "천상의 조화(harmony)와 같은 조화가" 밑받침 되어 있는 것이다. 무엇보다 피치노가 강조한 것은, 마법에는 두 종류가 있어, 하나는 데몬(정령)적이 것으로 부적하고 악한 것이며, 다른 하나는 자연 마법으로 그것은 유익하고도 필요한 것이라는 점이다. 그가 실천했고 권면한 유일한 마법은 자연 마법(magia naturalis)이었다. 그의 자연 마법은 우아하고, 예술적이며, 세련된 것이다. 이 신플라톤주의적인 철학자가 그 아름다운 음악으로 동물들을 길들이던 오르페우스의 송가를 부르는 모습과, 『피카트릭스』에 나오는 소환 주문의 조야한 중얼거림(barbarous mutterings)을 비교해 볼 때, 두 마법의 대조성은 확연하게 뚜렷하다. 피치노의 환자들이 주위에 꽃이나 보석, 향기들을 두기를, 매혹적이고 건강한 삶을 살기 위해 따라야 할 방법들을 권고 받았음을 생각할 때, 『피카트릭스』의 상스럽고 외설스런 주문과의 대조성은 다시 한번 충격적으로 다가오게

---

182) Timothy Freke & Peter Gandy, *The Hermetica: The Lost Wisdom of the Pharaohs*, Material (Penguin, 2008), 22.
183) http://blog.naver.com/gitar/110004506072/ "피치노는 〈오르페우스 송가〉를 노래하곤 하였는데, 그 노래들은 단조로운 독창류의 것으로, 그 소리는 피타고라스가 말했던 별들이 내는 음악을 형성케 한다고 믿었다. 따라서 태양 송가, 목성 송가, 금성 송가를 이 별들에 맞춰 부르고, 그 이름과 힘을 초환함으로써 별들의 영향력을 포획할 수 있을 것이었다. 이러한 소리 혹은 청각 마법의 배후에는 공명 마법과 탤리즈먼 마법에서 그러한 것처럼, 영혼 이론이 자리 잡고 있다. 오르페우스 마법은 따라서 탤리즈먼 마법과 정확히 일치하는 것으로, 선택된 별의 영향력을 포획하려 함에 있어서 역시 영혼을 그 중개자 혹은 통로로 여긴다. 양자의 유일한 차이점이란, 당연한 것이지만, 하나는 눈에 보이는 탤리즈먼 같은 시각 이미지를 사용하고, 다른 하나는 음악과 소리를 사용하는 청각적인 것이라는 점이다."

된다. 원시적인 탤리즈먼 이미지가 르네상스 예술가들에 의해 불멸의 아름다움을 갖춘, 새로운 어떤 형상으로 발전되었던 것으로 보인다.184)

중요한 것은 독실한 기독교인이었던 피치노가 어떻게 마법과 조화시킬 수 있었는가? 하는 것이다. 그것은 그가 (신)플라톤주의를 수용했기 때문이다. 그는 이집트의 마법적 종교까지도 기꺼이 받겼다. 피치노는 헤르메스 트리스메기스토스를 경외하면서 기독교와 섞이기 시작했을 때 교회는 이미 이방 종교가 되기 시작했다는 사실을 잊지 말아야 한다.

시대적으로 볼 때, 낭만주의 이래로 끊임없이 새로운 반대 세계들(Gegenwelten)이 생겨났다. 그들은 서양의 전통과 (마지막으로는 스스로를 "시민"사회로 이해한) 사회에 반대하였는데 그런 것들이 외적으로 나타난 헤르메스적 저항 운동들이라면, 요가 운동, 선(禪) 운동과 같은 동양의 명상 운동은 내부적으로 일어난 헤르메스적 저항운동이다.185)

그 헤르메스적이란 것은 무엇인가? 그것은 헤르메스적 원리와 해석학적 원리

---

184) http://blog.naver.com/gitar/110004506072 피치노의 자연 마법1(2006.5.23.).; 〈피치노의 마법은 영혼(spiritus) 이론에 기초하고 있다. 피치노는 별들이 방사하고 있는 힘의 통로인 영혼으로 어떻게 "하늘의 생명을 끌어낼" 것인가라는 이론을 세운다. 세계의 혼(soul)과 세계의 몸(body) 사이에는, 온 우주에 부어지고 있는 세계 영혼(spiritus mundi)이 있다. 영혼은 지성과 육체를 매개하는 것이며, 하느님의 순수한 지성 안에 존재하는 이데아를 질료로 운반하는 행동의 원리이다. 영혼은 만물에 해명을 주고 모든 발생과 운동의 직접적인 원인으로 작용하며, 이 우주 전체는 영혼으로 충만하다. 특정한 별에 속하는 동물, 식물, 음식, 향기, 색깔 등을 사용하는 것은 그 영혼을 끌어내기 위한 방법이다. 영혼은 공기 속에 있고 바람 위에 있으며 매우 좋은 공기이며 열이다. 우리의 영혼이 "마시는" 세계의 영혼은 특별히 태양빛과 목성을 통해 들어온다. 피치노는 「피카트릭스」에서 영혼에 대한 이론과 실제적 마법, 탈리스만에 대한 정보 등을 발견하였다. 기본적으로 마법이론은 지성, 영혼, 물질 이론에 근거한다. 하위 세계의 물질으 별들의 영혼-물질과 친근한 관계를 갖는다. 마법은 물질에 흘러들고 있는 영혼의 유입을 이끌거나 지배하려는 것이며, 그 가장 중요한 방법 중 하나는 탈리스만을 이용하는 것인데, 부적은 별의 영혼을 간직하고 있을 수 있는 물건이기 때문이다. 이 영마법 이론을 피치노는 영혼을 끌어오는 사물들의 목록, 탈리스만 제작 방법에 관한 설명, 그리고 부적을 사용하기 위한 이미지들의 목록과 함께 「피카트릭스」 옛 배웠던 것 같다. 피치노가 묘사하고 있는 이미지들이 「피카트릭스」의 그것과 비슷한 것들이 많다는 사실은 그가 「피카트릭스」를 이용했을 가능성을 높여 주고 있다. 예를 들어, 피치노는 다음과 같이 말하고 있다. 만일 장수를 하고 싶다면, 당신은 사파이어에 다음과 같은 토성의 이미지 형상을 만들 수 있을 것이다. "높은 옥좌나 용 위에 앉아, 짙은 색깔의 아마폴 만든 두건을 쓰고, 머리 위로 낫이나 생선을 든 손을 치켜들고 있는 어두운 의복을 입고 있는 노인." 이 형상은 두 가지 점에서 다르기는 하지만 「피카트릭스」에 나오는 이미지와 유사하다. 길고 행복한 삶을 살기 위해서는, 희고 깨끗한 다음의 제우스이 이미지를 새겨야 한다. "도금된 의상을 입고 독수리나 용 위에 있는 왕관을 쓴 남자." 「피카트릭스」에도 '독수리 위에 앉아 있는 의상을 입은 남자'라는 유사한 이미지가 있다.〉 이런 글을 읽으면 칼 융이 말하는 것과 너무나 유사하다는 것을 알 수 있다.
185) H. 롬바흐, **아폴론적 세계와 헤르메스적 세계**, 전동진 역 (서울: 서광사, 2009), 45.

를 통해 파악이 될 수 있다. 해석학적 원리가 이해와 이해 가능성에 온 주의력을 기울인다면, 헤르메스적 원리는 비(非)이해와 이해 불가능성에 모든 주의력을 기울인다. 전자가 전적으로 개방성과 공공성을 향해 매진한다면, 후자는 폐쇄성과 고유성을 향해 매진한다. 전자가 섬(Stehen)과 지속(Bestehen)을 목표로 한다면, 후자는 소멸(Vergehen)과 무상함을 목표로 한다.186) 더불어서 헤르메스는 이런 모든 대립적인 것을 통합하는 신으로 등장하고 있다.187) 헤르메스주의가 이 두 가지를 다 아우른다는 것은 인간의 한계에 직면한 인간이 선택한 탈출구는 비인과율의 신적 세계라는 것이다. 그래서 인간이 살아온 그 어느 시대에나 신비주의가 창궐했다. 성경의 삼위 하나님을 의도적으로 그리고 악의적으로 끝까지 부정하고 부인하면서 그래 왔다.

그러면, 이것이 무엇을 의미하는가? 지나간 모든 시대를 통해서나 지금 현실 속에서도 돌아갈 수 없는 막다른 길에서 인간은 어쩔 줄 몰라 하고 있다는 것이다. 그 허탈하고 절망적인 상황 속에서 헤르메스를 택했다는 것은 신비주의 도약으로 인간 스스로 갈 때까지 그리고 끝까지 가보겠다는 심산이다.

지나간 역사 속에서도 인간은 자기 안에서 삶의 가치와 의미를 만들어 내지 못하며, 비인과율적 세계 속에 살아간다는 것을 일찍이 알았으나 그들은 하나님께로 돌아오지 않고 다른 신들을 선택했다. 왜냐하면 그들이 필요로 하는 신이란, 신은 신이로되 인간을 위한 신(神)이어야만 했기 때문이다. 그들이 택한 신들은 이교도의 신들이었다(여기서 '그들이 택한 신들'이라는 말을 주의하기 바란다). 거기는 주술과 마법이 판을 치는 세계였다. 오늘날 뉴에이지 시대로 말하자면 신성한 내면아이와 스토리와 구상화(상상화)가 대세이다.

프란츠 바르돈은 구상화를 비롯한 모든 헤르메스적인 마법을 『헤르메스학 입문』(*Initiation into Hermetics*)에서 말하고 있다. 10단계로 되어 있는 이 책은 마법에 속한 모든 것들을 총망라하고 있다고 해도 과언이 아니다. 10장의 육체 훈련에서는 암시, 텔레파시, 최면, 파키르의 집단 최면, 독심술, 사이코메트리, 기억조작, 아카샤에 개입하기, 원격 공간 충전, 공기를 통한 메시지 전달, 외

---

186) Ibid., 45-46.
187) Ibid., 287-294.

재화, 은혜 마법, 4원소 활용, 공중부양, 자연 마법, 생사에 대한 관능을 가르치고 있다.188)

구상화와 연관 지을 수 있는 헤르메티카의 문구들은 다음과 같다.

> 그대의 모든 의식을 나에게 집중하여 명상 속으로 침잠하라.
> 왜냐하면 아톰의 존재에 대한 지식은 깊은 성찰을 요구하는데
> 이 성찰은 오로지 은총으로만 주어지기 때문이다.189)
> 그대가 생각을 볼 수 없는데 어떻게 아톰을 보려고 하는가?
> 마음으로 바라보라.190)
> 아톰의 존재를 알려거든 생각 속에서 그를 묵상하라.191)
> 인간은 자신이 아톰과 우주의 형상임을 알아차림으로써
> 자기 자신을 알 수 있고 나아가 우주를 알 수 있다.
> 그는 마음을 가지고 있다는 점에서
> 살아 있는 다른 것들과 다르다.
> 마음을 통해 그는 두 번째 신인 우주와 소통할 수 있고
> 생각을 통해 하나인 하느님, 아톰의 지식에 이를 수 있다.192)

헤르메스에게 있어서 인간은 위대한 존재이다. 무엇이 위대한가? 모든 존재는 자신의 존재 안에서 영혼-생명력을 가지고 있으나, 오로지 인간 존재만이 우주에 대해 묵상함으로써 하느님을 알 수 있는 마음의 힘을 가지고 있다고 보기 때문이다.193) 그런 신성한 내면아이에 기초하여 신인합일을 추구했다.

이런 헤르메스주의의 영향이 언필칭 현대 영성을 논하는 소피스트들에게 계속 나타나고 있다. 그 대표적인 것이 유진 피터슨의 『메시지』이며 그의 사상이다. 그것은 비단 그 한 사람의 일이 아니다. 자칭 영성의 문턱을 밟은 사람들은 알게 모르게 헤르메스주의에 오염이 되어 있다. 교회는 그들이 말하는 헤르메스적 영성의 서릿발에 사지가 얼어붙고 물 한 모금 삼키기 어려운 형국이 되어 봐야 정신을 차릴 것인지 안타깝기 그지없다.

---

188) 프란츠 바르돈, **헤르메스학 입문**, 박영호·임동욱·정은주 역 (서울: 좋은글방, 2011).
189) 티모스 프레케, 피터 갠디, **헤르메티카**, 오성근역 (서울: 김영사, 2005), 56.
190) Ibid., 66-67.
191) Ibid., 68.
192) Ibid., 107.
193) Ibid., 112.

2

chapter
프로이트와 칼 융의 구상화

프로이트와 구상화 … 92
- 원인이 멈추면 결과도 멈춘다 … 92
- 샤르코의 오류에 빠진 프로이트 … 96
- 안나 오 … 98
- 꿈의 해석 … 105
- 자유연상 … 116

라이히와 오르곤 치료 … 127

칼 융과 구상화 … 132
- 최면요법의 역사 … 132
- 『Red Book』과 적극적 심상법 … 136
- 융의 무의식 … 148
- 만다라와 연금술 … 160
- 적극적 심상법의 실제 … 169

프로이트와 구상화
원인이 멈추면 결과도 멈춘다

지나간 역사를 살펴보면 인간의 어리석음을 여실히 드러나게 해 주는 사실들이 있다. 그 인간의 어리석음이라는 것은 자신의 방법이 가장 강력한 것이라고 말했던 것이다. 역사 속의 어떤 어리석은 사람들처럼, 프로이트도 자신의 정신분석194)이 가장 강력한 치료 방법이라고 했다.195) 그러나, 과연 그럴까?

프로이트를 구상화적인 측면에서 살펴볼 때 결코 간과해서는 안 되는 것은 프로이트(1856-1939)가 그 당시의 영적인 분위기에 영향을 입었다는 사실이다. 그 당시 유럽과 미국에는 '심령술'(혹은 강신술, spiritualism)이 퍼져 있었다.196) 심령술(spiritualism)은 19세기 후반부터 유럽에 유행한, 영매를 통해 죽은 자와 교통하는 새로운 종교현상을 지칭하는 이름이었다.197)

프로이트에게 있어서 구상화는 무의식 이론에 기초하고 있다. 그러나 프로이트의 야망이 서려 있는 무의식은 결코 성경적일 수 없다.198) 당시에 유행했던 심령술과 무의식에 기초한 것이 프로이트의 치료 방법이었다. 프로이트 역시 무당이 쓰는 방법을 사용했다는 것을 잊지 말아야 한다.

프로이트는 『히스테리 연구』에서 인과관계로 접근한다. 그는 환자에게 최

---

194) 지그문트 프로이트, **정신분석학 개요**, 박성수·한승완 역 (서울: 열린책들, 2003), 231; 프로이트는 정신분석이라는 이름이 생기게 된 것을 다음과 같이 말한다. "억압이론은 신경증 이해를 위한 초석이 되었다. 이제 치료의 목적은 잘못된 길에 들어선 정동의 소산(消散)이 아니라, 억압을 찾아내어 전에 거부되었던 것을 받아들이거나 폐기하도록 하는 판단 행위로 억압을 대체하는 것이다. 나는 이런 새로운 점을 고려하여 나의 연구 방법과 치료 방법을 더 이상 감정 정화라 하지 않고 정신분석(Psychoanalyse)이라 불렀다."
195) 지그문트 프로이트, **새로운 정신분석 강의**, 임홍빈·홍혜경 역 (서울: 열린책들, 2003), 207; "심리치료의 다른 과정들과 비교해 본다면 정신분석은 말할 것도 없이 가장 강력한 치료 방법입니다."
196) C. G. Jung, *The Red Book*, edited by Sonu Shamdasani, Mark Kyburz and John Peck (New York·London: W.W. NORTON & COMPANY, 2009), 195. "The latter half of the nineteenth century witnessed the emergence of modern spiritualism, which spread across Europe and America. Through spiritualism, the cultivation of trances-with the attendant phenomena of trance speech, glossolalia, automatic writing, and crystal vision-became widespread. The phenomena of spiritualism attracted the interest of leading scientists such as Crookes, Zollner, and Wallace. It also attracted the interest of psychologists, including Freud, Ferenczi, Bleuler, James, Myers, Janet, Bergson, Stanley Hall, Schrenck-Notzning, Moll, Dessoir, Richet, and Flournoy."
197) http://bhang813.egloos.com/9756136
198) 프로이트의 무의식에 관해서는 필자의 책 『내적치유와 내면아이』에서 「프로이트와 내면아이」를 참고하라.

면을 걸어서 처음 증세가 나타났던 시점에 대한 기억을 일깨워서 그 인과관계를 밝히려고 한다. 프로이트는 어린 시절에 경험한 사건이 히스테리를 유발시킨 경우가 많다고 말한다. 그러면서 프로이트는 다음과 같이 말했다.

> 왜냐하면 놀랍게도 우리는 〈환자가 히스테리의 원인이 되는 사건을 다시 완전하게 기억해 내고 동시에 그 기억에 얽혀 있는 감정을 불러일으키는 데 성공하면, 그리고 환자가 그 사건에 대하여 가능한 한 상세하게 진술하고 감정들을 말로 표현하게 된다면, 개개의 히스테리 증상은 곧 소멸되고 두 번 다시 일어나지 않는다〉는 사실을 발견했기 때문이다.[199]

히스테리 환자의 원인을 찾아내어서 그것을 말하게 하고 그때의 감정을 표현하게 하면 치료가 된다는 것이다.[200] 내적치유에서 태아적 상태나 과거로 돌아가서 그 때 사건을 경험하게 하고 감정을 표현하게 하는 것은 다 이런 원리를 가지고 있기 때문이다.

그러나 인간이 마음과 삶의 문제에 대한 원인을 다 알 수가 있을까? 인간은 절대로 알 수가 없다. 그것을 알 수 있다고 자만하는 것은 인간의 문제를 인간이 해결할 수 있다고 자만하기 때문이다. 그러나 하나님께서는 인생보다 비교할 수 없는 지혜와 능력으로 그 지으신 창조 세계를 섭리하시는 분이시다. 프로이트는 인간의 능력으로 인간의 문제를 해결할 수 있다는 것을 보여주려는 망상에 젖어 있었다.

프로이트가 이렇게 접근하는 까닭은 한 가지 중요한 원리를 가지고 있기 때문이다.

「원인이 멈추면 결과도 멈춘다」(cessante causa cessat effectus)[201]

히스테리의 원인이 되는 사건은 계속해서 영향을 미치며, 그것이 무의식 속에

---

199) 지그문트 프로이트, **히스테리 연구**, 김미리혜 역 (서울: 열린책들, 2011), 17.
200) Ibid., 18: "이러한 절차가 치료법으로 쓰여질 가능성은 이미 델뵈프(Delboeuf)와 비네(Binet)가 생각해 내었다. 다음의 인용문을 보면 이를 분명히 알 수 있다. 〈여기에서 우리는 최면 시술자의 완치를 어떻게 촉진시키는지 설명할 수 있다. 최면 시술자는 환자를 병이 발생했을 당시의 상태로 돌리고는 언어를 사용해서 그 병과 싸운다〉(델뵈프, 『**동물 자기**』, 1889), 〈… 아마 우리들은 다음 사실을 깨닫게 될 것이다. 즉, 심리기법을 써서 환자를 처음 증상이 나타난 바로 그 당시로 되돌려 그 환자가 치료 암시에 한층 잘 따르도록 할 수 있다는 것을 …〉(비네, 『**성격의 변화**』, 1892). 자네(P. Janet)는 『**정신적 자동현상**』(1889)이라는 흥미로운 저서에서 히스테리를 겪는 소녀에게 현재 우리가 시도하고 있는 치료법과 비슷한 방법을 써서 효과를 본 사례에 대해 기술하고 있다."
201) 지그문트 프로이트, **히스테리 연구**, 김미리혜 역 (서울: 열린책들, 2011), 18.

서 직접적인 원동력으로 작용하기 때문에 그 사건을 추적하는 작업을 하는 것이다. 그 원인이 되는 사건을 표현하게 함으로써 감정을 소멸시킨다는 원리로 치료를 한다. 그러나 이것은 환자의 기억에 의존하는 방법이므로 환자의 기억이 거짓이거나 조작되면 엉터리가 되고 만다. 또한 환자가 기억을 찾아내는데 치료자가 치료자의 원리로 암시를 줄 수 있기 때문에 역시 엉터리 치료가 된다. 그러나 프로이트는 아주 당당하게 다음과 같이 말했다.

> 회상의 재생이나 사실과의 관련성을 자신의 예언에 맞춰 변경하거나 위조함으로써 성공한 예는 한 번도 없었다. 그러한 위조나 변경은 결국에는 구조상 모순으로 나타나 폭로되게 마련이다. ...202)

"한 번도 없었다"는 말이 진실이 아니라는 것이 밝혀지는 데는 그리 오랜 시간이 걸리지 않았다. '프로이트가 얼마나 확신을 가지고 있느냐?'의 문제가 아니라 '치료의 과정과 결과가 얼마나 사실에 근거하고 있느냐?'가 중요하다. 사실이 아니었기 때문에 프로이트의 말대로 "위조와 변경"은 폭로되고 말았다.

이제 프로이트의 구상화로 들어가 보자. 프로이트의 구상화는 초기에 최면요법에서 드러난다. 정신분석적 치료에서 나타나는 프로이트의 구상화적 자료는 다음과 같은 몇 가지 기술에서 나타난다.

> 첫째, 전이(transference). 전이란 분석치료를 받는 환자가 무의식적으로 자신에게 중요했던 인물이나 경험 양식을 분석가에게 전치시키는 현상을 말하는데, 이를 통해 환자는 과거의 인물과 연관된 숨겨진 충동, 환상 등을 분석가를 통해 재경험할 수 있게 된다. 그래서 무의식 속에 감추어졌던 기억과 원망들이 천천히 의식의 수면으로 떠오를 수 있게 되는 것이다.
> 둘째, 저항(resistance). 감추어졌던 원망과 환상들이 분석치료 과정을 통해 의식의 수면으로 떠오를 때, 환자는 다시 과거의 두려움과 공포가 되살아나기 때문에 인지된 사실을 부정하거나 회피하게 된다. 과거의 억압이 다시 되살아난다. 이런 현상을 저항이라고 하는데, 분석가는 오히려 환자의 저항을 통해서 숨겨진 과거의 진실에 접근하게 된다. 즉 환자가 심하게 저항하는 것일수록 더욱 심하게 억압된 결정적 진실, 분석의 실마리라고 판단하게 되는 것이다.
> 셋째, 자유연상(Free association). 분석치료 과정에서 분석가는 환자에게 머릿속에 떠오르는 것은 무엇이든지 말하도록 요구한다. 또한 억압 된 기억이 의식으로 떠오를 때는 스스로를 은폐하기 위해 아주 사소한 것처럼 위장을 하고 나타나는 것이 보통이기 때문에 환자는 아무리 사소한 것이라도 숨김없이 말해야 하고, 분석가 역시 환자가 강조하는 것보다 그냥 흘려보내는 얘기에 더욱 신경을 써야 한다. 이와 같은 자유연상법 이전에 프로이트는 환자의 의식적 저항을 없애기 위해 최면 방법을 시도했는데, 최면 방법은 저항 현상을 통해 드러나는 억압된 것과 의

---

202) Ibid., 382.

식 사이의 갈등을 파악할 수 없었기 때문에 이후에 포기하게 된다. … 이와 같은 전이, 저항, 자유연상 등의 치료 방법을 통해 알게 된 사실을 개념화하고 체계화한 것이 정신분석 이론이다.203)

프로이트가 만들어 낸 심리분석의 방법은 일차적으로 정신적으로나 정서적인 장애를 겪고 있는 사람을 치료할 목적이었다. 그러나 그의 진정한 목적은 의식이 전부가 아니라 무의식이 인간의 심리를 주도하는 것이라고 주장함으로써 인간의 이성이 외부의 도움 없이 주체적으로 살아갈 길을 모색한 것이다.

그의 심리분석의 방법은 자유연상(free association)과 꿈의 분석으로 무의식의 세계를 드러내는 것이다.204) 그 무의식이라는 것이 프로이트에게 있어서는 성적인 억압을 받은 영역이라는 것을 생각해야 한다. 그러니 늘 해석을 해도 성적인 것과 연관이 될 수밖에 없다. 그것을 위해서 심리분석의 가장 핵심적인 활동이 자유연상이다. 생각의 제한 없이 마음대로 말로 표현하고 꿈을 이야기하면 심리 분석가는 환자의 무의식을 알게 된다는 것이다.205)

---

203) 서울사회과학연구소, **맑스 프로이트 니체를 넘어서** (서울: 중원문화, 2010), 113-114.
204) http://yonshin.yonsei.ac.kr/data/%BD%C5%C7%D0%B3%ED%B4%DC47-3.pdf; 프로이트는 심리 분석을 통해 무의식의 영역을 파악하기 위한 주요 도구, 곧 "제왕의 길"(via regia)은 꿈의 분석과 해석에 있다고 보았다. 환자의 배제되고 억압된 욕구 내지 충동들이 일반적으로 꿈을 통해 대리 충족을 얻는다고 보았기 때문이다. 그러므로 꿈은 해석되어져야 할 욕구들과 소원들이 섞여드는 형식일 것이다(프로이트는 인간의 욕구들 가운데 가장 강한 욕구는 성적 욕구 내지 충동으로 본다). 꿈의 분석과 해석으로 치료자는 환자의 어린 시절의 망각된 자료들에 접근할 수 있다고 생각했다.
205) http://www.jongmankim.pe.kr/vision.html; 프로이트는 샤르코(Charcot)로부터 최면학을 공부해서 1년 후에 비엔나(Vienna)로 되돌아오게 되었다. 비엔나에서 히스테리아(hysteria)환자들을 치료하면서 최면에 걸리지 않는 사람이 있다는 것을 알게 되었다. 최면학은 결국 온전한 치료 기법이 아니고 반쪽 치료 기법임을 깨닫고 모든 사람에게 적용할 수 있는 새로운 치료 기법을 모색하게된 것이다. 그는 이 문제를 해결하기 위해서 1889년에 다시 프랑스로 건너가서 낸시 학교(Nancy School)를 방문하게 된다. 낸시 학교에는 그 당시 샤르코와 쌍벽을 이루는 베른헤임이 있었다. 프로이트는 베른헤임이 히스테리아 환자에게 최면을 걸고 치료를 한 다음에 최면에서 깨어나서 환자에게 조용히 기억을 할 수 있으니 기억을 해보라고 유도를 했다. 환자는 최면에서 했던 내용들을 기억할 수 있었다. 프로이트가 이것을 보고 최면에서 이야기한 것을 다시 기억으로 회상을 시킬 수 있다는 것을 보게 되었다. 그는 최면에 걸리지 않는 환자들을 위해서 기억을 회상할 수 있는 방안을 고안하기로 했다. 먼저 환자를 편안하게 카우치에 눕게 하고 손으로 이마를 만지면서 '기억이 날 것입니다'라고 제시를 했다. 환자를 안정시키고 프로이트는 환자가 보이지 않는 곳에 의자에 앉아서 환자가 머릿속에 떠오르는 생각, 느낌, 상상, 지각 등을 있는 그대로 이야기를 하게 했다. 그는 환자가 하는 말들을 노트를 하면서 환자가 편안하게 이야기를 할 수 있는 분위기를 만들었다. 이 방법이 바로 정신분석의 탄생이 된 것이다. 프로이트가 사용한 편안한 카우치가 환자의 치료에서 사용되게 되었고 프로이트가 사용한 기억 회상 기법은 자유 연상(free association)으로 자유롭게 끊어진 기억들을 연결시켜서 기억을 회복하는 방법이 된 것이다. 1895년에 프로이트가 치료한 5명의 히스테리아 환자와 브로이어가 최면으로 치료한 2명의 환자를 치료 내

샤르코의 오류에 빠진 프로이트

최면의 역사에 대해서는 융의 구상화에서 좀 더 살펴보기로 하고, 근대 최면에 대하여 말하자면 프란츠 안톤 메스머(Franz Anton Mesmer, 1734-1815)가 처음으로 의학, 과학적 분석을 시작한 것으로 전해지고 있다. 그 이후로는 영국의 외과 의사인 제임스 브레이드(James Braid, 1795-1861)가 최면 상태는 잠자는 것과 다르다고 주장했다. 그는 단일 관념 혹은 이중의식이라는 말로 설명을 했는데, 한편으로는 의식이 되고 한편으로는 의식이 안 되는 상태라고 했다. 브레이드 이후에는 더 많은 최면학자가 등장한다.

프로이트는 초기에는 목욕요법이나 가벼운 전기요법을 시도했으나 별 효과가 없었다. 프로이트가 최면요법에 발을 디디게 된 것은 1885년에 1년간 프랑스의 신경학자인 샤르코와 함께 일하면서부터였다. 그 당시 샤르코(Charcot)는 최면적 암시206)로 히스테리207)를 치료할 수 있다고 주장했다. 프로이트는 그때부터 최면을 배우기 시작했다.208) 프로이트는 샤르코의 잘못된 이론을 끝까지 지

용을 과학적으로 설명하기 위해서 "히스테리아 연구"(study on Hysteria)가 공동작으로 출판되었다. 여기에서 프로이트가 치료한 5명의 환자들 중에 3명은 최면에 걸리지 않아서 프로이트가 고안한 방법으로 치료를 한 것이었다. 이것이 바로 정신분석학의 탄생이 되었다.
206) 의학검색사전에서; 암시(suggestion): 1. 어떤 생각을 넌지시 알림. 또는 그 내용. 2. 어떤 자극이나 작용에 대하여 이성에 호소함이 없이 수동적-무비판적으로 반응하는 과정. 심리학 용어. 암시는 최면상태에서 행해질 때도 있고 각성 상태에서 행해질 때도 있다. 피암시자는 암시자의 언사나 행위를 무비판적으로 받아들이며 그것이 타인으로부터 전해진 것이라는 생각을 하지 않고 마치 자기 자신이 생각해 낸 것 같이 믿고 거의 자동적-일방적으로 어떤 태도를 취하거나 판단을 내린다.
207) http://100.naver.com/100.nhn?docid=175543/ 히스테리(Hysterie): 정신적·심리적 갈등 때문에 일어나는 정신신경증(네이버 백과사전에서)
208) http://www.jongmankim.pe.kr/vision.html/ 〈프랑스에는 최면학이 의과대학에 도입이 되어 치료에 사용되고 있었다. 그 당시 프랑스에는 최면학파가 샤르코(Charcot) 학파와 낸시 학파(Nancy)학파로 양분이 되어 있었다. 샤르코는 샤르코 학교(Charcot School)에서 자신의 계통의 제자들을 양성하고 있었고, 낸시 학교(Nancy School)에서는 유명한 베른헤임(Bernheim)이라는 내과 교수이자 최면학자가 있었다. 베른헤임은 의과대학 내과 교수로 낸시(Nancy)라는 지역에 라보(Liebeault)라는 바보 같은 괴짜 의사가 치료비용을 받지 않고 이상한 치료를 하고 있다는 소문을 들었다. 그는 바보 의사(무료 치료)가 이상한 치료를 한다(최면 치료)는 소문에 그 의사를 찾아가게 되었고 그가 최면이라는 치료법을 사용하는 것을 알게 되어 이것에 심취하게 되어 최면을 의과 대학에 소개를 하고 직접 대학병원에서 환자들을 치료하면서 의학계에 보고를 하고 최면학 교과서를 쓰게 되었다(Ellenberg, 1970).
이후에 샤르코와 베른헤임은 최면에 대한 사소한 의견 충돌로 갈라서게 되었다. 샤르코는 최면 치료 시범에서 자신의 제자들에게 최면을 걸어서 팔에 감각이 없도록 제시를 하고 최면에 깨어났을 때 실제로 팔에 감각이 없는 것을 보여주면서 히스테리아와 최면은 같은 것으로 즉 hyteria=hypnotism으로 보았고 베른헤임은 히스테리아는 질병이고

지했다. 말년에 샤르코는 히스테리를 과학적으로 연구하는 과정에서 치명적인 오류를 범했다. 환자가 최면상태 시(時)에 의사로부터 암시를 받을 가능성을 고려하지 않았다. 그것은 의사도 모르게 환자에게 암시를 줄 수가 있기 때문이다.

샤르코의 이론은 베르넹(Hippolyte Bernheim)으로부터 공격을 당했다. 그리고 그런 논쟁이 한창이던 때에 샤르코는 사망했고 그의 제자들은 베르넹의 반론에 결국 굴복했다. 샤르코의 관찰 또는 실험이 제대로 통제된 상태에서 이루어지지 않았음을 따라서 암시가 있을 수 있었음을 스스로 인정한 것이다. 하지만 프로이트는 끝까지 샤르코의 잘못된 이론 즉 암시에 의한 영향을 무시한 이론을 옹호했다. 이것으로 프로이트는 과학적인 감수성이 부족했음을 드러냈다.209)

안나 오

최면학은 제시에 의한 의식의 변형이지 질병이 아니라는 주장 즉 hysteria=/=hypnotism에 서로 등을 돌린 것이었다. 이후에 최면학은 베른헤임의 설명이 옳다는 것이 샤르코의 사후에 제자인 바빈스키(Babinsky)의 연구에 의해서 최면은 설득에 의해서도 같은 효과를 얻을 수 있으며 최면은 제시의 결과임이 밝혀지게 되었다(Ellenberg, 1970).
프로이트는 샤르코가 제자들을 시켜서 병원에 입원 중인 발짝 증세를 보이는 히스테리아 여성 환자를 데리고 오게 했다. 그 당시에 히스테리아 환자는 대부분이 여성들이었다. 그 이후는 다음 장에서 설명하기로 한다. 발짝 증세를 보이는 여성 히스테리아 환자를 제자들이 부축해서 샤르코 앞으로 데리고 왔다. 치료 시범을 보이기 위해서 명사들이 모인 앞에서 샤르코가 환자에게 최면을 걸었다. 프로이트는 최면에 걸린 환자와 샤르코 이야기를 나누는 장면을 보았다. 환자는 자신의 어린 시절에 근친상간이나 강간을 당하거나 자신이 폭력을 당한 상처들을 이야기하면서 통곡하고 몸을 부르르 떨었다. 상당한 시간이 흐른 후에 최면 치료가 종료되면서 샤르코는 환자를 최면상태에서 깨어나게 했다. 최면에서 깨어난 환자는 최면 치료 이전의 발짝 증세가 사라져 정상적인 상태로 돌아와 있었다. 또한 최면에서 깨어난 환자는 샤르코와 지금까지 최면상태에서 한 이야기를 알고 있는지 물었을 때 환자는 조금 전에 최면 상태에서 한 이야기들을 환자가 전혀 기억하지 못했다. 프로이트는 최면에서는 어린 시절의 상처나 과거의 일들을 기억을 하면서도 깨어나서는 기억을 하지 못한다는 것을 알게 된 것이었다. '사람은 자신이 기억하지 못하는 과거의 경험들을 기억할 수 있다는 것을 알게 되었고 망각으로 기억 속에서 사라져서 기억이 지워진 것이 아니다'라는 무의식 이론이 이후에 탄생하게 된다. 이후에 프로이트는 사람이 기억을 할 수 없는 기억들은 대부분이 상처 기억들로써 이 기억들을 의식하지 않으려고 노력을 하는데서 무의식 속으로 억압되어진다는 것을 과학적으로 설명을 하게 되면서 정신분석학이 탄생하게 된 것이다(Ellenberg, 1970).
그는 샤르코의 최면에 걸린 히스테리아 환자들의 어린 시절의 근친상간, 강간, 폭력 등의 심리적 상처들이 히스테리아의 밑바닥에서 작동을 하고 있다는 것을 알 게 되었다. 샤르코는 '히스테리아(hysteria)는 심리적 원인이다'라는 것을 밝혀냈고 프로이트가 이것을 물리, 화학적인 과학적인 설명으로 풀어내어 설명을 하게 된 것이 정신분석학의 시발점이 된 것이었다. 고로 정신분석의 핵심이 섹스 심리 즉 psycho-sexual이라고 부르는 것도 이 때문이다. 이후에 프로이트는 섹스 심리의 발달을 과학적으로 설명을 하게 되는데 이것이 구순기 단계(oral stage), 항문기 단계(anal stage), 남근기 단계(오디팔 단계)(odepal stage, phallic stage), 성기기 단계(genital stage)로 분류해서 섹스 심리 발달의 단계 이론으로 발전하게 되었다(Ellenberg, 1970).〉

209) 이덕하, **나는 왜 프로이트주의자가 아닌가**.

그 후에 절친한 동료인 J. 브로이어로부터 히스테리 치료법으로 정화법(카타르시스210) 요법)이라는 새로운 방법을 접하게 되었다.211) 프로이트는 브로이어와 공동 연구를 통하여 『히스테리에 대한 연구』(1895)를 출판하였다.212) 최면상태에서 히스테리 환자가 억눌렸던 감정을 폭발했을 때 히스테리가 사라졌으나, 마지막에 환자가 의사에게 강한 집착을 보이는 것을 보고 브로이어는 질려버렸다. 또한 프로이트는 히스테리에 대한 성적 요인의 중요성을 강조했기에 브로이어와 결별하게 된다. 왜냐하면, 최면이 안 걸리는 환자가 있었기 때문이다.213) 그래서 만든 것이 '자유연상법'(free association)이다.214)

---

210) http://krdic.naver.com/detail.nhn?docid=38549000 카타르시스(catharsis): 1 .〈문학〉비극을 봄으로써 마음에 쌓여 있던 우울함, 불안감, 긴장감 따위가 해소되고 마음이 정화되는 일. 아리스토텔레스가 ≪시학(詩學)≫에서 비극이 관객에 미치는 중요 작용의 하나로 든 것이다. [비슷한 말] 정화(淨化). 2 .〈심리〉정신 분석에서, 마음속에 억압된 감정의 응어리를 언어나 행동을 통하여 외부에 표출함으로써 정신의 안정을 찾는 일. 심리 요법에 많이 이용한다. [비슷한 말] 정화 · 정화법.

211) Todd Dufrensne, Killing Freud, continuum, London · new york, 2003, pp. 6-7. The identity of Anna O. was revealed by Ernest Jones in the first of his three-volume magnum opus. 「The Life and Work of Sigmund Freud」. There we learn that Anna O. was in fact Bertha Pappenheim, a well-known social worker and feminist activist. This was a genuine surprise to everyone, since the trail-blazing Pappenheim is quite unrecognizable from Breuer's description of the hysterical Anna O. The greatest surprise, however, occurred in 1972 when Henri Ellenberger revealed the existence of Breuer's original case report of 1882, as well as a short follow-up report written by a Dr Laupus. Armed with these documents, Ellenberger quietly dropped a bombshell on psychoanalytic studies, concluding that the famed "prototype of a charthartic cure" was neither a cure nor a catharsis.

212) http://weekly.donga.com/docs/magazine/weekly/2008/03/26/200803260500005/200803260500005_1.html/
"프로이트의 정신분석은 인간의 의식 세계는 거대한 무의식에 비하면 빙산의 일각일 뿐이며, 인간이란 리비도라는 성욕에 의해 조종된다는 주장으로 요약 된다. 이 '발칙한' 주장은 실은 한 여성에게서 시작됐다. … 어느 여름날, 휴가를 함께 보내던 브로이어는 자신이 치료했던 한 젊은 환자에 대해 프로이트와 상의했다. 부유한 유대인 집안의 딸인 이 환자는 아무런 이유 없이 갑자기 환각과 불안장애에 시달리며 반신마비 증상, 기억상실증을 보였다. 또한 물 공포증으로 며칠간 단 한 모금의 물도 마시지 않거나, 모국어인 독일어를 전혀 알아듣지 못하고 영어, 프랑스어 또는 이탈리아어로만 의사소통을 했다. 이처럼 특이한 증상을 치료하게 된 브로이어는 최면요법을 사용, 환자가 최면상태에서 자신의 증상이 발생하게 된 과거 사건들을 설명하게 하자 증상이 호전됐다고 보고했다. 브로이어와 프로이트는 이 환자를 안나 오(Anna O.)라 칭하고 '히스테리에 관한 연구'라는 공동저서에 히스테리 완치 사례로 발표했다. 이후 프로이트는 병을 만드는 억눌린 감정을 표출하며, 그때 느끼는 카타르시스를 통해 증상을 없애는 최면요법을 시도했다. 그러나 그는 곧 최면요법의 한계에 부딪혔다. 어떤 사람들은 도무지 최면에 걸리지 않았으며, 또 최면치료를 통해 사라진 증상이 다른 형태로 다시 나타나는 환자들도 있었기 때문이었다. 이에 프로이트는 최면 상태가 아닌 멀쩡한 정신으로 과거를 이야기하는 '자유연상법'을 시도했고, 이를 통해 오늘날의 정신분석학이 탄생했다. 프로이트는 '안나 오'야말로 사실상 정신분석을 창시한 사람이라고 말했으나, 실제 그를 만난 적은 없었다고 한다."
213) 지그문트 프로이트, **정신분석 강의**, 임홍빈·홍혜경 역 (서울: 열린책들, 2003), 604; "… 세 번째로 최면 요법은

그 어떤 관점에서 신뢰할 수 없다는 결함을 가지고 있습니다. 어떤 사람에게는 그 방법이 적용되지만, 다른 사람에게는 그렇지 못합니다. 또 어떤 사람에게는 너무 잘 듣지만 다른 사람에게는 거의 듣지 않습니다. 그러나 그 이유가 무엇인지도 전혀 모릅니다. 이런 치료 과정상의 기복보다 우리를 더 짜증나게 하는 것은 치료의 효과가 지속적이지 못하다는 사실입니다. …"
지그문트 프로이트, **히스테리 연구**, 김미리혜 역 (서울: 열린책들, 2011), 334; "내가 브로이어 박사의 방법을 사용해서 매우 많은 수의 환자에게 최면을 걸어 히스테리 증세들을 샅샅이 캐고 소산시키려 했을 때 다음의 두 가지 어려움에 부딪쳤다. 그리고 그 어려움을 다루는 과정에서 나의 기법과 견해를 모두 바꾸게 되었다. (1) 분명한 히스테리 증세를 겪는 모든 사람이 다 최면에 걸리지는 않는다. 그러나 그런 사람들도 동일한 심리 기제의 지배를 받는 것 같다. (2) 결국 히스테리를 구성하는 본질적인 요소, 히스테리를 다른 신경증과 구별 짓는 요소는 무엇인가 하는 데 의문을 가지게 되었다."

214) https://news.joins.com/article/3656217 고대 샤먼의 신비로운 술법, 근대엔 과학의 영역으로, 중앙선데이 (2009.06.21.), 119호 20면; 〈고대 샤먼(Shaman)들이 치료에 최면상태를 이용했다는 서구의 기록이 있습니다. 그리스 로마 시대에도 최면에 대한 기록이 있다고 합니다. 최면에 대하여 본격적인 연구가 이루어진 것은 비교적 최근입니다. 근대 최면에 대한 의학, 과학적 분석을 시작한 것은 의사였던 프란츠 안톤 메스머가 처음인 것으로 전해지고 있습니다. 메스머가 근대 최면의 아버지로 불리기는 하지만 최면현상에 대한 이해는 부족했다고 합니다. 그의 업적은 정신이 육체에 미치는 영향을 최초로 보여줬다는 것입니다. 최면 상태가 잠을 자는 것과 다르다는 주장을 한 것은 영국의 외과의사인 제임스 브레이드(James Braid, 1795-1861)입니다. 그는 한 상태는 의식이 되나, 또 다른 상태는 의식이 안 되는 상태를 생각했습니다. 그것을 단일관념 혹은 이중의식이라는 말로 설명하였습니다. 브레이드 이후 많은 최면학자가 등자하였습니다. 프로이트는 처음에 의학 자체보다는 신경학의 연구에 깊은 관심을 갖고 1876년에서부터 15년 간을 신경학자로서 연구에 전념하였습니다. 그러나 생계유지의 어려움과 유태인 배척운동으로 대학에서 승진할 수 없다는 판단 아래 스승 Brucke의 권유를 받아들여 종합병원의 인턴으로 일하게 됩니다. 병원의 임상에서 환자들과 접촉을 통해서 그는 신경질환을 심리학적 관점에서 생각해야 한다는 자극을 받았습니다. 1885년에서부터 1년간 프로이트는 프랑스의 유명한 신경학자인 샤르코와 함께 함께 연구할 수 있는 기회를 갖게 되었는데 그 당시 샤르코는 최면적 암시에 의해서 히스테리를 치료할 수 있다고 주장하였는데 프로이트는 샤르코의 지도 아래 히스테리 내담자를 관찰하고 최면을 배우게 됩니다. 후에 프로이트는 그의 임상 경험을 통하여 최면술에 의한 히스테리의 치료 효과에 대해서 회의를 갖게 되지만 샤르코와의 만남은 신경학자에서 정신 병리학자로 전환하게 되는 중요한 계기가 되었으며 프로이트는 의사인 J. 브로이어로부터 히스테리의 치료에 정화법이라는 새로운 방법이 효과적임을 알게 되었고 그와 공동연구하여 「히스테리에 대한 연구」(1895)를 출판하게 됩니다. 그러나 그 후, 두 사람은 히스테리에 있어서 성적 요인의 중요성에 대한 견해 차이로 둘은 결별하게 되고 프로이트는 최면요법과 정화법과는 다른 '자유연상법'을 개발하여 치료에 적용하기 시작합니다. 그는 성적 갈등이 히스테리의 원인이라는 자신의 주장을 끝내 굽히지 않다가 결국은 1896년 비엔나 의사회에서 탈퇴를 합니다. 그리고 프로이트는 자아분석을 시작하고 환자들이 제공한 자료를 통하여 정신분석을 시도하게 됩니다. 최면에 대해 송공보다 실패가 많았던 프로이트는 후학들에게 최면을 하지 말도록 권유하면서 많은 심리학자들이 최면보다는 정신분석으로 방향을 바꾸었습니다. 이로 인하여 최면은 암흑기를 맞이하게 됩니다. 프로이트가 최면을 그만두게 된 계기에 대해선 여러 설명이 엇갈리기도 합니다. 어떤 사람은 프로이트에게 최면치료를 받던 여환자가 그를 껴안는 장면을 프로이트의 하녀가 목격해 최면을 위험한 것으로 여기게 되었다는 설도 있고, 프로이트 최면기술이 부족했다는 논문기록에 나왔다는 말도 있습니다. 대한최면치료협회 회장인 변영돈 정신가 의사는 프로이트의 변절을 두 가지로 설명했습니다. "첫째는 최면이 정신분석에 비해 경제적 이득이 별로 없었기 때문이고, 둘째는 오이디푸스 콤플렉스 때문입니다. 그의 주요 학설은 '신경증이란 오이디푸스 콤플렉스가 풀리지 않아서 그렇다'는 것인데, 이는 바로 자신의 양친을 해하려는 무의식적인 소망입니다. 즉 정신분석의 부모인 최면을 해하고자 한 것이죠."〉

이 과정에서 중요한 것은 프로이트가 '안나 오'(Bertha Pappenheim)라는 환자를 치료했다215)는 브로이어의 카타르시스 요법 치료는 거짓으로 들통이 났다는 것이다.216) 1953년에 어네스트 존스(Ernest Jones)가 프로이트 전기 1권에서 그 사실을 공개적으로 드러낸 이후로 그 사실은 널리 알려졌으며 그 후로 Henri Hellenberger, Albrecht Hirschmüller, Ellen Jensen, 그리고 Peter Swales와 다른 많은 사람이 힘들여 한 연구로 충분히 입증했다. 그러나 그 속임수를 주도한 것은 프로이트였다. 프로이트는 이미 1888년에 브로이어(Breuer)가 그런 주장을 한 적이 없는데도 카타르시스를 사용한 (존재하지도 않는) 브로이어의 "성공적인 치유들"에 대해 공표했다. 그리고 나중에, 주저하는 브로이어를 끈덕지게 졸라 안나 오를 "말하기 치료"(the talking cure)의 첫 번째 수혜자이자 그 치료법이 탄생하는 데 주요한 기여를 한 사람으로서 소개하도록 만든 것은 프로이트였다.217)

---

215) 지그문트 프로이트, 히스테리 연구, 김미리혜 역 (서울: 열린책들, 2004), 66-67; 『히스테리 연구』의 Anna O.의 병력의 끝부분에서 브로이어는 환자가 치유되었다고 썼다. "병의 시작부터 종결까지 제2차 상태에서 비롯된 모든 자극들, 그리고 그 결과들까지 최면시의 언어적 표현에 의해 영구히 제거되었다는 놀라운 사실에 대해서는 내가 이미 서술한 바 있다. 여기서 나는, 이 사실이 내가 환자에게 암시를 걸어 강요한, 내 자신에 의한 허구가 아니라는 보증을 덧붙이고자 한다. 이 사실에 나 자신이 전적으로 놀랐고, 이런 식으로 증상들이 제거된 다음에야 비로소 나는 그 사실로부터 치료 기법을 발전시켰다."
216) http://mybox.happycampus.com/cindy8488/4796573 "정신분석의 이론체계는 안나 오(Anna O.)라는 환자로부터 출발한다. 그녀의 증례는 프로이트와 브로이어가 쓴 '히스테리 연구(1885)'라는 정신분석 최초의 논문에 소개되었다. 공수증 같은 신경증의 증상은 심적 손상 경험에서 유래된 것이고 마음속에 숨겨진 손상된 기억을 말함으로서 치료가 된다고 여겼다. 프로이트는 여기서 비의식의 존재를 발견하고 잊혀진 기억을 말하게 하는 치료법을 계발하기 시작했다. 그러나 심적 손상은 실제에서 유래하는 것만은 아니며 유년기의 환상을 착각하고 있을 수도 있다는 것을 알았다. 인간의 보편적 정신기능의 핵심, 특히 정신적 갈등의 핵심이 인간의 환타지 속에 있다는 것을 깨달은 계기였다. 이것으로 그의 관심은 외적 현실 사건으로부터 환자의 내면세계로 옮기가게 되었고 정신세계의 여러 현상이 발견되었다." 여기서 안나 오를 말하는 이유는 안나 오라는 환자의 치료가 거짓이라고 판명 나면 프로이트의 정신분석이라는 것이 무너지는 것을 의미하기 때문이다.
217) Frederick Crews ed., *Unauthorized Freud - Doubters Confront a Legend*, 이덕하 역, 1998, Penguin Books, Viking Penguin. (원문: Here, we recognize the story that Josef Breuer told about the spectacular cure of Fräulein Anna O., his patient:) 브로이어(Josef Breuer)는 그의 환자인 안나 오(Anna O)의 굉장한 치유에 대해 다음과 같이 말했다: "극히 더운 한여름이었으며 환자는 목마름 때문에 아주 끔찍히 괴로워했다. 왜냐하면 그 이유를 어떤 식으로도 설명할 수 없었지만 그녀는 갑자기 어떤 것도 마실 수가 없었던 것이다. 그녀는 갈망하던 물이 들어 있는 컵을 들었지만 그 컵에 입술을 대는 순간 공수병(hydrophobia)에 걸린 사람처럼 그것을 밀어냈다. … 이것은 약 6주 동안 계속되었는데 어느 날 최면 상태에서 그녀는 자신이 좋아하지 않는 영국인 여자 가정교사(lady-companion)에 대해 투덜거렸다. 그녀는 계속해서 역겨움을 온갖 방식으로 드러내며 그녀가 한번은 어떻게 그

안나 오 사건은 일반 대중에게는 알려져 있지 않았으며, 정신분석자들 내부에서도 공공연한 비밀이었다. 1916년에 Paul Bjerre는 『The History and Practice of Psychoanalysis』라는 책에서 다음과 같은 말로 빗장을 열었다.

<small>나는 그 환자가 그 사례에 대한 기술에 발표된 것에 더하여 심각한 위기를 겪을 운명이었다고 덧붙일 수 있다. 하지만 그 후로 그녀는 광범위한 활동과 함께 최고의 건강을 누렸고 지금도 여전히 그렇다.218)</small>

이것을 공적으로 문제시한 사람은 칼 융이다. 그는 1925년 취리히 세미나에서 "그리하여 뛰어난 치료적 성공의 예로 그렇게도 많이 언급된, 그(프로이트)와 브로이어가 함께 한, 유명한 첫 사례의 경우에도 사실은 전혀 그렇지 않았다."라고 말함으로써 그들의 치료가 말짱 헛것이라고 말했다. 그러나 융의 이런 주장은 변절자의 질투성 발언이라 여겨져 묵살되었다. 프로이트에게서 배운 융이 그 말을 했으니, 사람들은 융이 프로이트보다 더 위대해 지고 싶어서 프로이트를 비판한다고 생각했을 것이다. 그 후에 어네스트 존(Ernest Jones)에 의하여 융의 말이 진실성을 가지고 있음을 주장했다. 존은 브로이어가 안나 오라는 젊은 환자와의 관계에 의문을 던졌다.

그녀에 대한 실체는 헨리 엘렌베르그(Henri Ellenberger)에 의해서 완전히 파헤쳐졌다. 엘렌베르그는 파펜하임(Bertha Pappenheim, '안나 오'의 본명)의 사진을 발견하게 되는데 그 한 장의 사진을 집요하게 추적했다. 그는 경찰(Montreal City Police)의 도움으로 안나 오가 스위스 크로이츠링엔(Kreuzlingen) 시(市)의 콘스탄스 호수 옆에 위치한 유명한 요양원에 입원했었다는 것을 확인했다. 그 때가 1882년 7월 12일인데, 브로이어가 안나 오의 치료가 끝난 지 겨우 한 달이 지난 때였다. 그녀는 여전히 황홀경과 환청으로 고통을 받고 있었다. 요양원의 라우푸스(Laupus)의 보고서는 매우 흥미롭다.

라우푸스(Laupus)가 쓴 보고서는 군말을 덧붙이지 않고 베르타 파펜하임

<small>여자(lady)의 방에 들어갔었으며 어떻게 그녀의 작은 개–끔찍한 피조물!–가 거기에 있던 컵에서 [물을] 마셨는지에 대해 묘사했다. 그때 환자는 예의를 지키기 위해 아무 말도 안했다. 그녀는 억눌렀던(held back) 분노를 정력적으로 더 표출한 후에 뭔가 마실 것을 달라고 요청했으며 아무 어려움 없이 많은 양의 물을 마셨으며 컵을 입술에 댄 채 최면에서 깨어났다. 그리고 그 후로 그 장애는 사라졌으며 다시는 돌아오지 않았다.
218) Mikkel Borch-Jacobsen, Remembering Anna O.: A Century of Mystification(Routledge, 1996), 이덕하 역.</small>

(Bertha Pappenheim)이 6개월 동안 심각한 "3차 신경통"(trigeminal neuralgia)을 앓아 왔으며 그것이 모르핀 - Breuer는 그녀의 통증을 완화하려고 모르판을 투여했다(Breuer는 또한 잠드는 것을 도와주려고 그녀에게 클로랄(chloral)도 투여했다) - 다량에의 중독(addiction to the high doses of morphine)을 초래했음을 보여주었다. 이 안면 신경통(facial neuralgia) - Breuer는 『히스테리 연구』(*Studies on Hysteria*) 어디에서도 이에 대해 언급하지 않았다(마찬가지로 그는 당혹스러운 베르타(Bertha)의 모르핀 중독에 대해서도 어떤 언급도 하기를 꺼렸다) - 은 1880년 봄에 잠시 나타나서 1882년 "3월 중순"까지 베르타(Bertha)의 병에서 "상당히 부차적인 역할"만 하다가 이때에 와서는 통증이 "지속적이고 매우 대단해졌다"(2월에 했던 환자의 왼쪽 위턱(upper left jaw)에 대한 수술의 결과로 그렇게 되었을 가능성이 상당히 크다). 환자의 통증이 크로츠링엔(Kreuzlingen)에 머물고 있던 내내 지속되었으며 모르핀 중독을 끝장내려는 모든 시도가, 치료의 아주 초기에는 어느 정도 외관상의 성공이 있었음에도 불구하고, 완전히 실패했다고 라우푸스(Laupus)는 적고 있다. 라우푸스(Laupus) 박사는 또한 환자가 계속해서 "히스테리의 진짜 징후들" - (낮 동안에는) 우울한 상태였다가, (저녁 때에는) 쾌활해졌다가, 그녀의 "개인 극장"(private theater)에서 "극적인(dramatic)" 상연(enactments)을 하다가, (밤에 베게에 머리를 얹자마자) 간헐적으로 [모국어인] 독일어를 하지 못하는 식으로 변한다 - 을 보인다고 보고하고 있다.219)

그녀는 브로이어가 치료했다는 질병에서 여전히 벗어나지 못하고 있었던 것이다. 이런 일련의 사실들을 통하여 안나 오의 치료는 가짜라는 것이 백일하에 드러나게 되었다. 엘렌베르그는 "'그 유명한 최면 치료의 원형'은 치료도 아니며 카타르시스도 아니다."고 말했다.220) 안나 오를 치료했다는 것은 완전히 엉터리

---

219) Frederick Crews ed., *Unauthorized Freud - Doubters Confront a Legend*, 이덕하 역, 1998, Penguin Books, Viking Penguin. Hirschmüller가 발굴한 다른 기록 문서들은 베르타 파펜하임(Bertha Pappenheim)의 신체적 신경통(somatic, 모르핀 중독) 증상들과 기능적(functional) 증상들 양쪽 모두가, 그녀가 크로이츠링엔에 있는 요양원에서 퇴원한 후로도 상당 기간 지속되었음을 의심의 여지없이 보여 준다. 실로, 1883년과 1887년 사이에 베르타는 인첸스도르프(Inzensdorf)에 있는 같은 요양원 - 그녀는 1881년에 처음 그곳에 입원했었다 - 에 적어도 세 번 장기 입원(prolonged visits)했으며 의사들은 매번 같은 진단 - 즉 "히스테리" - 을 내렸다.
220) Richard Webster, Why Freud was wrong, Basic Books, 1995, pp. 111-112.

였다. 또한 프로이트는 이런 모든 상황에 대하여 다 알고 있었다.221) 결국 이런 모든 사실들은 안나 오라는 환자의 치료는 조작이었으며, 프로이트의 치료라는 것이 꾸며낸 거짓 치료라는 것을 말해 준다.222) 이런 말들이 가지는 의미는 샤르코와 브로이어의 영향을 입은 프로이트의 심리치료에 대한 기초가 순전히 엉터리라는 것이다.223)

오늘날도 이런 식의 심리치료는 여전히 번성하고 있다. 엘리자베스 로프터스는 다음과 같이 말한다.

> 그러나 기억의 놀라운 속임수, 즉 암시의 크레용으로 과거의 희미한 부분에 색을 입히면서, 기억의 낡은 부분을 더 밝게 빛나고 더 깔끔해 보이는 새것으로 주저 없이 바꾸는 기억의 성질은 거듭 나를 놀라게 한다. 나는 20년 이상 수많은 사람을 대상으로 실험을 하며 사람들의 기억을 주물러 왔다. 존재하지도 않는 깨진 컵과 녹음기를 기억해 내게 했고, 말끔하게 면도한 남자를 콧수염 난 남자로, 직모를 곱슬머리로, 정지 표지를 양보 표지로, 망치를 드라이버로 기억하게 만들기도 했다. 건물 하나 없는 시골 풍경 속에 헛간처럼 크고 눈에 띄는 무언가를 집어넣어 기

---

221) Frederick Crews ed., *Unauthorized Freud - Doubters Confront a Legend*, 이덕하 역, 1998, Penguin Books, Viking Penguin. 우리는 프로이트가 약혼녀 Martha Bernays에게 쓴 출간되지 않은 편지들(Jones가 쓴 프로이트 전기에 인용된 편지들)을 통해서 브로이어가 베르타 파펜하임(Bertha Pappenheim)에 대해 프로이트에게 1882년 11월 18일에 처음 말했으며 치료의 끔직한 결과를 숨기려 하지 않았다는 것을 알고 있다. 그리고 1883년 8월 5일 프로이트는 Martha에게 다음과 같이 썼다: "베르타(Bertha)가 다시 한 번 Gross-Enzensdorf에 있는 요양원에 입원한 것으로 생각됩니다. 브로이어는 끝없이 그녀에 대해 이야기하며 그 불쌍한 여인이 죽어서 고통으로부터 자유로워졌으면 한다고 말합니다. 그는 그녀가 다시는 건강해지지 못할 것이며 완전히 망가졌다고 말합니다." 게다가 Martha Bernays가 베르타 파펜하임(Bertha Pappenheim)과 준-가족적 관계(quasi-familial ties)를 맺고 있었으며 정기적으로 그녀를 보았기 때문에 프로이트는 베르타의 병이 어떤 식으로 진행되었는지에 대해 듣지 않을 수 없었을 것이다. Martha는 1887년(이 때에는 Martha Freud였다) 1월과 5월에 자신의 어머니에게 보낸 두 편지에서 자신의 친구가 계속해서 저녁 때에 환각을 본다고 썼다. 이 모든 것도 나중에 프로이트가 브로이어에게 졸라 Bertha의 병력을 출간하도록 만들어서 프로이트 자신의 사례에 대한 후험적 입증(a posteriori validation)을 제공하도록 하는 것을 막지 못했다. 또한 그는 주저하지 않고, 이미 1888년에, 브로이어의 "방법"이 암시에 의한 히스테리 치료에 비해 더 좋다고 거짓 주장을 했다: "Vienna의 Breuer가 처음 행한 방법을 채택하여 환자를 최면 하에서 병의 정신적 전사(prehistory)로 되돌리고 그가 해당 장애가 기원한 정신적 계기(occasion)를 인정하도록 만든다면 훨씬 더 효과적이다. 이 치료 방법은 새로운 것이지만(이 시점에서 정확히 한 명의 환자에게만 사용되었다는 것을 생각해 볼 때 지독히도 삼가는 표현이다) 다른 방법으로 이룰 수 없었던 성공적 치유를 산출한다."

222) 이덕하, **나는 왜 프로이트주의자가 아닌가**; Esterson은 프로이트가 상습적으로 거짓말을 한 것이 코카인 중독 때문일 수도 있다고 추측하기도 하고 프로이트가 DSM(미국 심리학회의 정신 장애 진단 및 통계 편람)의 용어로 표현하면 편집성 인격 장애자이기 때문에 그럴 수도 있다고 추측하기도 한다.

223) Todd Dufrensne, Killing Freud, continuum, London · new york, 2003, pp. 17-18. As such the 'O' in Breuer's case study of Anna O. reveals itself as a big zero; a nothing, just the same, out of which Freud fashioned the foundation for a therapy that conjured patients and followers as though, indeed, they were rabbits pulled from a hat.

억하게도 만들었다. 심지어 존재한 적도 없는 인물이나 일어나지도 않은 사건을 믿게 만드는 식으로 사람들의 마음에 '거짓 기억'을 심는 일도 가능했다.[224]

로프터스는 그저 책상에 앉아서 이런 글을 쓴 것이 아니다. 그녀는 고발한 사람과 고발당한 사람, 심리치료사, 변호사, 심리학자, 정신의학자, 사회학자, 범죄학자, 법집행관들과 수많은 인터뷰를 통해서 책을 썼다.

로프터스는 「3장 기이한 심리치료: 린 이야기」에서 엉터리 심리치료의 허구성을 고발한다. 그녀는 수많은 심리치료를 통해서 거의 폐인이 되었으나, 치료비 부족으로 정신병원에서 퇴원을 당한 후에 몇 달이 지나고 부모의 성추행은 거짓 기억이라는 것을 알게 되었다.[225]

프로이트는 거짓 기억에 대하여 무엇이라고 말할까?

> 왕 노릇 기억된 유아기의 체험들은 한편으로는 분명히 거짓입니다. 그러나 또 다른 한편으로는 틀림없는 사실이기도 합니다. 그리고 대부분의 사례들에서 참과 거짓은 뒤섞여 있습니다. … 그런 기억의 오류들을 입증하는 것은 별로 어렵지 않습니다. 그래서 우리는 이 같은 예상치 못한 실망은 분석 때문이 아니라, 어떤 형태로든 환자의 책임이라는 최소한의 안도감을 느끼게 됩니다.[226]

프로이트 역시 기억에 대하여 거짓이 있음을 인정하고 있다. 그러면서 그것을 입증해 낼 수 있다고 말하지만, 도대체 그 입증의 기준이 없다. 기준이 없이 기억이 참인지 거짓인지 입증해 낸다는 것은 순전히 자기 주관적이라고 밖에 볼 수 없다. 사람은 자기 좋은 대로 말하고 자기에게 좋은 말 해주기를 바란다. 그것이 인간의 죄성이다.

---

224) 엘리자베스 로프터스·캐서린 케첨, **우리 기억은 진짜 기억일까**, 정준형 역 (서울: 도솔, 2008), 19-20; 거짓 기억에 대하여 참고하려면 반드시 이 책을 읽기를 바란다.
225) Ibid., 44-45: "린은 자기가 심리치료에서 대체 무엇을 겪었는지 이해하려고 애썼다. 그 모든 생생하고 끔찍한 기억들은 어디서 왔을까? 그게 진짜였을까? 시간이 지날수록 그 기억들은 다채로운 만화영화 같은 느낌으로 변하면서 점점 고통을 주지 않게 되었다. 술과 약물 없이 몇 달을 보낸 뒤 린은 진실을 깨달았다. 부모에게 성추행 당하는 그 모든 기억이 약에 절은 혼란스런 자신의 마음이 만들어 낸 환상이었다는 진실 말이다. 린은 실제 삶의 이런저런 조각들 위에 자신의 두려움, 꿈, 욕망이 더해져 그런 상상의 기억이 만들어졌음을 이해하기 시작했다. 다량의 약물 복용, 성추행에 대한 집착, 치료사가 부추긴 편집증, 집단 히스테리가 함께 작용해 트라우마(정신적 외상)에 사로잡힌, 그러나 전적으로 허구인 세계를 만들어 냈던 것이다."
참고로, 트라우마(외상성 신경증, 外傷性神經症)는 정신적 외상을 뜻하는 정신 의학 용어로 과거의 충격이 현재까지 미치는 것을 말한다.
226) 지그문트 프로이트, **정신분석강의**, 임홍빈·홍혜경 역 (서울: 열린책들, 2004), 495-496.

프로이트의 정신치료의 문제점에 대해서 융은 다음과 같이 말했다.

> 프로이트로부터 시작된 정신치료의 문제점의 분화와 심화는 결국 의사와 환자 사이의 최후의 대면은 의사의 인격을 포함시켜 생각해야 한다는 결론에 도달할 수밖에 없다. 예전의 최면술이나 베른하임의 암시요법은 이미 그것을 충분히 알고 있었다. 즉, 치료 효과는 첫째로 의사와 환자의 치료적 상호 관계(Rapport, 프로이트의 용어로는 전이)에 의해 좌우되며, 둘째로 의사의 인격에서 우러나는 설득력과 관찰력에 의해 좌우된다는 것이다. 의사와 환자의 관계에서는 두 개의 정신체계가 상호 작용을 하므로 정신치료의 현상에 대해서 깊이 통찰해 보면, 개성이 간과할 수 없는 사실인 경우, 결국 의사와 환자 관계가 변증법적 과정이어야만 한다는 결론에 도달하게 된다.227)

프로이트의 치료 방법이 얼마나 잘못된 길로 갈 수 있는지 융은 간파하고 있었다. 이런 거짓된 기억은 내적치유에서도 유사한 방식으로 이루어지고 있다. 치유를 원하는 당사자들이 말하는 기억이 참인지 거짓인지 무엇으로 구분하겠는가? 내적치유를 받는다면서 거짓된 기억을 쏟아 내어도 그들이 말하는 것을 그대로 수용하고 치유한다면 그런 치유는 거짓된 치유가 된다.

꿈의 해석228)

프로이트에게 있어서 무의식을 파악하기 위한 제왕의 길(via regia)은 꿈의 분석과 해석이다. 꿈 해석을 살펴보기 전에 프로이트가 1900년에 『꿈의 해석』을 출판하기 이전에 일어난 변화에 대해서 생각해보자.

프로이트는 1895년 브로이어와 함께 『히스테리 연구』를 출판한 이후에, 1897년에 프로이트는 자기 분석 끝에 심적 외상 이론을 포기하고, 유아성욕이론과 오이디푸스 콤플렉스에 대한 이론을 펼쳤다. 1905년에는 『성욕에 관한 세 편의 에세이』를 발표하여 유아에서 성인에 이르기까지 인간의 성적 본능의 발전 과정을 추적하였다.229)

---

227) C.G. 융, **정신요법의 기본문제**, 한국융연구원 C.G.융 저작 번역위원회(서울: 솔출판사, 2006), 21.
228) http://haza.egloos.com/4530679 1900년에 출판된 『꿈의 해석』은 정신분석을 획기적으로 도약시킨다. 이것은 예지몽이나 기껏 정신의 경련으로 치부했던 꿈이라는 현상을 근대과학 영역에 편입시킨 좁은 의미에만 머물지 않는다. 프로이트가 밝혔듯이, 누구나 꾸는 꿈이 "이미 신경증적 증상과 같이 구성되어 있"고, "자아 속에서 일어난 억압된 본능적 충동과 검열하는 힘의 저항 사이의 타협의 산물"이라면, 우리는 모두 (예비) 신경증을 앓고 있는 셈이다. 신경증 환자와 정상인의 차이는 기껏 "물질들의 큰 차이가 동일한 원소들의 결합 비율의 양적 변화"에 따라 다른 것과 진배없다. 『꿈의 해석』 이후에야, 정신 병리학의 보조학문에 묶여 있었던 정신분석은 인간 정신구조에 대한 보편적 탐구로 확장될 수 있었다.

그것은 1897년, 자기 분석을 통한 오이디푸스 콤플렉스의 발견과 그 이전까지 히스테리를 설명하면서 거론하던 유혹이론, 즉 어린 시절 어른의 개입으로 인한 성적 유혹의 외상적 결과가 히스테리로 나타난다는 이론을 파기함으로써 그는 새로운 성 이론으로 나아가는 계기를 마련하였다. 결국 프로이트의 성욕 이론은, 성적 충동은 외부의 자극이 없이도 어린아이들에게 정상적으로 작용하는 충동이라는 새로운 인식과 더불어 시작한 것이었다.230)

쿠보의 말을 빌리자면, "프로이트는 '히스테리' 환자의 연구에서 꿈의 분석으로 나아가 드디어는 아동의 정신 상태를 추구하게 되었다. 바꾸어 말하면, 어른 연구에서 어린이 연구로 이행한 것이다." 중점적으로 소개되고 있는 '유아 성욕론'은 아동기의 '성욕에 관한 욕망'이 채워지지 않은 채 무의식 세계에 억압되어 있다가 히스테리적 증후군으로서 나타난다는 것이다. 그리고 프로이트가 비난의 화살을 받았던 것은 그가 다루었던 사례의 상당수가 '어른 환자'였으며, 더욱이 어린이 사례는 단 한 건뿐이었다는 데서 아동연구자들로부터는 비난의 화살을 받기도 했다.231)

프로이트는 자유연상법의 도입 이전부터 신경증이 성적 충동에 기반을 둔다는 것을 자주 겪게 되면서, 병의 원인을 환자의 아동기까지 찾아들어 가고, 유아 성욕이라는 사실에 직면한다. 유아는 성적 쾌락을 (구순기, 항문기, 남근기로 점차 나아가는) 자신의 신체에서 찾는다. 이러한 자가 성애의 단계 이후, 아이는 어머니에게 성적 원망을 집중시키고, 아버지를 경쟁자로 적대시하는 오이디푸스 콤플렉스를 겪으며, 거세 위협으로부터 아버지라는 이름의 법을 받아들임으로써 사회에 진입한다는 것이다.232) 그러니 이후에 나오는 꿈 해석이라는 것이 얼마나 성욕 이론에 근거하여 나아가게 되었는지 충분히 짐작을 하고도 남게 된다. 이런 과정이 있었다는 것을 염두에 두고, 꿈 해석을 살펴보자.

---

229) 지그문트 프로이트, **성욕에 관한 세 편의 에세이**, 김정일 역 (서울: 열린책들, 2010), 381.
230) Ibid., 9.
231) http://hanliptoy.co.kr/20c/20c_2_03_4.html/
232) http://haza.egloos.com/4530679/ 유아 성욕은 '순정하고 순진한 유아'라는 그간의 '믿고 싶었던 이미지'를 뒤집어 버린데 1차적으로 기여했지만, 그 보다는 성욕 개념 확장이라는 측면에 진정한 의의가 있다. 요컨대, "첫째, 성욕을 성기와 맺는 밀접한 관계에서 분리시켜, 쾌락을 목표로 하는 2차적으로나 생식에 봉사하는 보다 포괄적인 신체 기능으로 보았다. 둘째, 우리의 언어사용에서 사랑이란 모호한 말로 불리는 다정하고 호의적인 모든 충동을 성충동으로 간주하였다." 이것은 프로이트 정신분석의 핵심인 무의식화 된 억압된 충동의 성격을 밝히고 그것의 보편성을 획득하기 위해 반드시 전제되는 것이다.

프로이트가 정신적인 현상으로 관심을 가진 것은 실수 행위와 꿈 두 가지였다. 그러나 프로이트가 열렬히 관심을 가진 것은 꿈의 해석이었다. 꿈의 해석을 통해서 과학으로서의 자리매김을 하고 싶어했다. 프로이트는 다음과 같이 말했다.

> 의학적 연구는 꿈이 아무런 의미나 의의가 없는 단순히 신체적 현상이라고 설명하며, 부분적으로 잠을 깨우는 신체적인 자극에 대한 수면 상태에 빠져 있는 정신 기관의 반작용으로 간주한다. 정신분석학은 꿈의 지위를 의미와 목적을 지니며, 주체의 정신생활에서 하나의 장소를 갖는 정신적인 활동의 지위로까지 격상시킨다. … 생리학적 가설에 대립하여 주장되는 것은 그것을 불모성이고, 정신분석학적 가설에 찬성해서 주장될 수 있는 것은 그것이 수많은 꿈을 해석하여 의미를 부여하였고 인간 정신을 세밀하게 밝히는 데 그 꿈들을 사용했다는 사실이다.233)

그래서 프로이트에게 있어서, 꿈 해석이 정신분석학적 작업의 초석이며 그 성과가 정신분석학이 심리학에 기여한 가장 중요한 공헌이라고 보았다.

프로이트가 꿈을 분석하려는 의도가 무엇일까? 프로이트의 속셈은 다음과 같은 말에서 드러난다.

> … 그런데 도대체 우리가 도달하려고 하는 목표가 무엇입니까? 우리는 무엇 때문에 이러한 작업을 하고 있는 것입니까? 우리는 사람들이 학문의 세계에서 노력해서 얻고자 하는 것, 즉 현상(現象)에 대한 이해, 현상들 간의 관련성을 도출해 내는 것, 그런 것들을 목표로 하고 있습니다. 더 나아가서 궁극적으로 가능한 이 현상들에 대한 우리들의 지배력을 확장시켜 나가는 것입니다.234)

프로이트가 꿈을 해석하려는 것은 단순히 꿈을 해몽해 주기 위해서가 아니다. 현상에 대한 이해로부터 시작해서 현상에 대한 지배력을 확장시키려는 것이다. 프로이트가 꿈을 이해하려고 하는 것은 인간의 삶을 이해하기 위한 것이다.235) 프로이트는 모든 꿈에는 의미가 있다고 보았으며, 꿈-작업은 일반적인 이해를 초월한다.

> 꿈-작업은 우리로 하여금 의식과 연결된 친숙한 활동보다 더 포괄적이고 더 중요한 〈무의식적인〉 심리 활동의 존재를 가정하게끔 강제한다. 그것은 정신적 장치를 수많은 상이한 기관 또는

---

233) 지그문트 프로이트, **정신분석학 개요**, 박성수·한승완 역 (서울: 열린책들, 2003), 16-17.
234) 지그문트 프로이트, **정신분석 강의**, 임홍빈·홍혜경 역 (서울: 열린책들, 2004), 135-136.
235) Ibid., 193-194; "… 꿈을 이해하기 위한, 그리고 정말로 인간의 삶을 이해하기 위한 것이 될 가장 기본적인 이 물음은 우리가 해석을 하기 위해 연구해 온 일련의 꿈들을 살펴보면 쉽게 대답할 수 있습니다. …"

체계들로 상세히 분석할 수 있게 하며, 무의식적인 정신 활동의 체계 내에서는 의식에서 지각되는 과정들과는 전혀 다른 종류의 과정들이 작동한다는 사실을 보여 준다.236) 꿈의 언어는 무의식적인 정신 활동이 그 자신을 표현하는 방법으로서 간주될 수도 있다.237)

이 말이 의미하는 것은 무엇일까? 인간의 삶을 지배하는 것은 무의식이라는 것이다. 하나님께서 이 세상을 창조하시고 다스려 가시는 것이 아니라, 인간 속에 내재하는 무의식이 세상을 지배해 가는 것이라고 프로이트는 주장했다.238) 그저 단순하게 꿈을 알고 싶어 하는 정도가 아니라는 점을 분명히 해 두자. 프로이트는 그의 야망을 실현하기 위해 자기 스스로 어떤 방법을 고안해 낸 것이 아니라 비성경적인 방법들을 동원했다.

> 꿈-이론과 더불어 분석학은 심리치료적인 방법에서부터 심층 심리학으로 발전되었습니다. 꿈 이론은 그로부터 새로운 학문의 가장 특징적이고도 가장 독특한 것으로서의 위치를 지켜 왔습니다. 우리의 여타 학문적 영역에는 그에 대응할 만한 그 무엇이 존재하지 않습니다. 그것은 민간 신앙과 신비주의로부터 개척되어 나온 새로운 영역이라고 할 수 있습니다.239)
> 나는 책에서 사태들에 대한 정보를 찾기 전에 사태 자체를 항상 연구하는 습관을 견지하였기 때문에 그 주제에 관한 셰르너의 저작에 의해 꿈의 상징성에로 인도되기 전에 혼자 힘으로 그것을 확립할 수 있었다. 나중에 가서야 나는 꿈의 표현의 이러한 양상을 충분한 범위에 있어서 올바르게 인식하게 되었다. 이는 부분적으로 슈테켈(Stekel)의 저작의 영향을 통해서였는데, 그는 처음에는 그와 같은 매우 신뢰할 만한 작업을 했으나 나중에는 완전히 길을 잃고 말았다. 정신분석학적인 꿈 해석과 한때는 매우 존중되었던 고대의 꿈 해석 기술 사이의 밀접한 연관은 훨씬 뒤에 가서야 비로소 내게 분명해졌다. 나중에 나는, 실제로 철학에는 그렇지 않았지만 의학에는 무지했던 유명한 기술자 포퍼(J. Popper)라는 저자에게서 내 꿈 이론의 본질적인 특징과 가장 중요한 부분-내적인 갈등으로부터의 꿈-왜곡의 파생태, 즉 일종의 내적인 부정직을 발견하였다. 그는 링코이스라는(Lynkeus)라는 이름으로 『현실주의자의 환상 Phantasien eines Realisten』(1899)을 발표하였다.240)

프로이트의 꿈 해석이 민간 신앙과 신비주의로부터 개척되어 나왔다는 프로이트 자신의 이런 글은 그의 꿈 해석이 얼마나 비과학적이고 엉터리인지 말해

---

236) 지그문트 프로이트, **정신분석학 개요**, 박성수·한승완 역 (서울: 열린책들, 2003), 19.
237) Ibid., 27.
238) 지그문트 프로이트, **정신분석 강의**, 임홍빈·홍혜경 역 (서울: 열린책들, 2004), 202; "정신생활에는 사람들이 전혀 모르고 있는, 오래전부터 모르고 있을 뿐 아니라 어쩌면 단 한 번도 의식되지 않은 과정이나 경향들이 있다는 가정을 할 수밖에 없습니다. 이로써 〈무의식〉은 하나의 새로운 의미를 얻게 되는데, 〈그때〉라든가 〈일시적으로〉라는 말은 무의식의 본질에서 사라지게 됩니다. 그것은 단지 〈그 당시에 잠재한〉 것이 아니라 〈영구적으로〉 무의식적이라는 것을 의미하게 됩니다. …"
239) 지그문트 프로이트, **새로운 정신분석강의**, 임홍빈·홍혜경 역 (서울: 열린책들, 2004), 13.
240) 지그문트 프로이트, **정신분석학 개요**, 박성수·한승완 역 (서울: 열린책들, 2003), 65-66.

준다.241) 프로이트는 자신의 책 『꿈 해석』을 가장 중요한 책으로 여기고 꿈의 해석이 정신분석에서 핵심적인 위치임을 천명해 왔다.242)

프로이트는 꿈 해석을 조각 그림 맞추기에 비유하면서 다음과 말했다.

> 결국 그가 확신하게 되는 것은 바로 주어진 과제의 복잡성 때문이다. 이는 아이들 놀이의 일종인 "퍼즐(Puzzles: jig-saw puzzle, 조각 그림 맞추기)"을 푸는 것에 비유할 수 있다. 컬러로 된 그림이 조그만 나무판에 붙여진다. 그 나무판은 나무틀에 딱 맞게 들어간다. 그리고 그 나무판은 아주 불규칙한 곡선으로 많은 조각으로 나뉜다. 마구 뒤섞인 나뭇조각들―각 조각에는 알 수 없는 그림 조각이 있다―을 짜 맞추어서 의미 있는 그림이 되었고 그림 조각들 사이의 이음매에 틈이 없으며 나무틀을 완전히 채우는 데 성공했다면 이 모든 조건을 만족시켰다는 것에서 우리는 퍼즐이 풀렸다는 것과 다른 식의 풀이는 없다는 것을 알 수 있다.243)

문제가 되는 것은, '만일 조각 그림의 원본이 없다면 어떻게 되는가?' 하는 것이다. 원본이 없는 상황에서는 조각을 맞춘 것이 맞는지 틀리지 확신을 가질 수 없다. 그것은 그야말로 엿장수 마음대로다. 프로이트는 다음과 같이 말했다.

> 즉 일단 꿈꾼 사람의 연상들이 현시된 요소들(manifeste Elemente; manifest elements)로부터 멀리 발산해서 아주 많은 수의 테마들과 표상 영역들(Vorstellungskreise; ranges of ideas)을 건드리게 되고 그 후 여기서부터 일련의 두 번째 연상들이 우리가 찾던 꿈-생각들(Traumge-danken; dream-thoughts)로 급속히 수렴한다.244)

말이 복잡해서 그렇지 이 말은 꿈을 해석하는 것은 해석자의 마음대로 된다는 의미이다. 다른 말로 '해석자의 유연성'이라고 학자연하게 말한다. 해석은 오로지 프로이트의 심리학적 전제를 통해서 해석되기 때문에 그 어떤 꿈도 프로이

---

241) '꿈의 분석'에 대한 자료는 아직 출판되지 아니한 『나는 왜 프로이트주의자가 아닌가』에 나오는 자료를 참고했음을 밝힌다.
242) 지그문트 프로이트, 꿈의 해석(프로이트 전집 4권), 김인순 역 (서울: 열린책들, 2003), 8; "꿈-생활 분야에서 만큼은 처음에 서술한 내용을 수정할 필요가 없었다. 여러 해에 걸쳐 신경증의 많은 문제들을 연구하는 동안, 나는 누차 마음의 동요를 겪었으며 또한 확신을 잃은 적이 한두 번이 아니었다. 그럴 때마다 자신감을 되찾게 해준 것은 다름 아닌 『꿈의 해석』이었다."(1908년에 붙인 서문에서)
지그문트 프로이트, 새로운 정신분석강의, 임홍빈·홍혜경역 (서울: 열린책들, 2004), 13; "내 자신에 관해 말한다면 그것은 신경질환의 인식되지 않은 사실들이 나의 미숙한 판단을 혼란시키곤 하던 어려운 시기에 나를 붙들어 주던 지주였다고 할 수 있습니다. 나의 흔들리는 인식의 정확성에 대해 자주 의심이 들기는 했지만, 꿈꾸는 사람의 무의미하고 복잡한 꿈을 명확하게 이해할 수 있는 정신적인 과정으로 번역해 내는 데 가까스로 성공할 수 있었을 때, 문제를 제대로 추적하고 있다는 나의 자신감은 그때마다 새로워졌습니다."
243) 지그문트 프로이트, 끝낼 수 있는 분석과 끝낼 수 없는 분석, 이덕하 역 (서울: 도서출판 b, 2004), 300.
244) Ibid., 292.

트의 꿈으로 변하고 만다.245)

놀랍게도 프로이트는 꿈의 해석의 타당성을 환자들이 꿈의 해석 내용에 대하여 확신을 느낀다는 것에 두었다. 과연 환자의 확신이 꿈 해석이 실제적 결과라고 어떻게 신뢰할 수 있을까? 꿈 해석에 대한 방법은 주로 다음과 같은 3가지 방법이 있다.

1) 기억 회복 요법(Recovered Memory Therapy, RMT): 최면을 사용하거나 약물을 사용해서

---

245) 해석과 저항의 문제에 관해서는 『나는 왜 프로이트주의자가 아닌가』 (이덕하 역)를 참고하면 다음과 같다. 〈꿈 우리는 흔히 깨어 있을 때 꿈의 상황과 비슷한 상황에 처하게 되는 경우에 꿈을 기억하게 된다. 이것은 연상의 효과인 듯하다. 꿈을 해석할 때에도 연상의 효과 때문에 잊혀졌던 꿈조각이 기억날 수 있을 것이다. 프로이트는 저항의 제거 때문이라고 하지만 저항의 제거 때문인지 단순한 연상의 작용(인출 단서) 때문인지를 구분하기 힘들다. 프로이트는 "저항의 제거"라는 사건과 "꿈조각의 기억"이라는 사건 사이에 인과 관계를 수립하려고 한다. 그러려면 여러 가지가 필요하다. "꿈조각의 기억"이 무엇을 뜻하는지는 명백하다. 하지만 "저항의 제거"란 무엇인가? 이것이 정의되어야 한다. 그리고 "저항의 제거" 후에 "꿈조각의 기억"이 뒤따라옴을 입증해야 한다. 하지만 여기서 프로이트의 임무가 끝나는 것은 아니다. 시간적인 관계를 인과관계로 착각할 수도 있기 때문이다. 우연의 일치일 수도 있다. 프로이트가 "저항의 제거"라고 믿는 사건이 일어난 후에 "꿈조각의 기억"이 뒤따랐지만 사실은 연상 작용에 의해 기억되었을 수도 있는 것이다. 만약 프로이트가 꿈조각이 기억되었기 때문에 저항이 제거된 것이라고 주장한다면 이것은 순환논법이다. 프로이트는 잊혀졌다가 기억되는 부분이 "가장 가치 있는 꿈의 중요 부분"이라고 한다. 문제는 "가치 있는" 것이 어떻게 정의될 수 있는가이다. 프로이트는 아마 해석의 열쇠라고 정의할 것 같다. 그런데 여기에는 함정이 있을 수 있다. 프로이트는 아마 그럴듯한 이야기가 만들어지는 순간에 등장하는 꿈조각 또는 연상이 꿈 해석의 열쇠라고 생각할 것이다. 만약 잊혀졌던 꿈조각 때문에 그럴듯한 이야기가 만들어졌다면 프로이트는 그 때문에 그 꿈조각이 해석의 열쇠였다고 생각할 것이다. 하지만 정확한 통계를 내지 않는다면 인간의 지성이 농락당할 가능성이 있다. "꿈조각이 기억"되는 사례들 중 10 퍼센트만이 열쇠의 역할을 했다 하더라도 해석자는 그것만 기억할 수 있다. 이것은 머피의 법칙(Murphy's law)과 비슷하다. 만약 자신이 승강장에 도착하기 직전에 지하철이 떠나 버린다면 그 아쉬움 때문에 기억에 각인된다. 그래서 "열차가 나를 피해 간다"고 느낄 수 있다. 마찬가지로 잊혀진 꿈조각 때문에 뭔가 기가 막힌 해석이 만들어진다면 그것은 큰 인상을 남길 것이고 잊혀졌다가 기억된 꿈조각은 항상 열쇠의 역할을 한다고 착각할 수 있다. 마치 사람들이 자기가 승강장에 도착하기 직전에 열차가 떠난다고 착각하듯이. 하지만 더 심각한 문제가 있다. 이야기[프로이트의 이론에서는 잠재된 꿈-생각들]를 만들어 가는 과정에서 이야기의 통일성에 기여하는 요소가 나중에 나타난다면 프로이트는 그것을 해석의 열쇠라고 생각할 것이다. 하지만 이것은 프로이트의 이론이 맞다고 전제했을 때에나 들어맞는 말이다. 만약 꿈의 해석이 그냥 이야기를 만들어 가는 과정이라면 즉 해석이 아니라 창작의 과정이라면 그런 요소는 그냥 나중에 떠오른 착상에 불과하다. 그리고 프로이트는 만약 꿈을 기록하면 연상이 잘 안될 것이라고 한다. 문제는 이것을 입증하기가 힘들다는 것이다. 예컨대 하나의 꿈을 기록하지 않은 채 해석하고 타임머신을 타고 가서 이번에는 기록하고 나서 해석할 수는 없다. 적어도 꿈을 기록한 경우와 기록하지 않은 경우에 대한 체계적인 연상 실험이 필요하다. 또 하나의 문제는 어떤 꿈에 대한 저항의 크기를 알아내는 방법이 사후적이라는 것이다. 꿈을 해석한 다음에야 그 꿈에 대한 저항의 크기를 알아낼 수 있다. 그리고 이마저도 문제가 있다. 프로이트는 그럴듯한 해석이 만들어지기까지의 과정을 보고 저항의 크기를 측정할 것이다. 문제는 어떤 것이 그럴듯한 해석인가가 애매하다는 것이다. 이것은 얼마만큼의 현시된 꿈 내용이 있는가에 의존한다. 만약 어떤 꿈을 기록한다면 더 많은 꿈내용을 해석해야 한다. 따라서 더 많은 꿈 내용을 설명할 수 있어야 그럴듯한 해석이 된다.〉

암시를 주면 '환자는 어린 시절(심지어 한두 살 때)의 기억을 떠올린다. 특히 이 요법에서는 어린 시절의 성폭행 기억을 떠올린다. 그것도 성폭행을 한 사람이 부모다. 소위 말하는 연령 퇴행이 일어나는 것이다. 그런 경험을 한 피험자들 중에는 그 기억이 틀림없다고 믿는 사람들도 있다. 물론 대부분의 경우는 그런 일이 일어나지 않았다. 이 요법은 1980년대에 미국에서 대유행해서 수많은 아버지들을 감옥에 가게하고 가족을 해체했다. 프로이트가 유혹이론(seduction theory, 유아기의 성폭행[유혹]이 성인기의 히스테리를 유발한다는 이론)을 정립했을 때 아마도 그의 환자들에게 비슷한 일이 일어났던 듯하다(이 부분에 대해서는 의견이 분분하다).246)

2) 전생퇴행: 최면 시에 일어나는 전생퇴행은 연령퇴행보다 더 황당하다. 이때에도 피험자는 많은 경우 전생퇴행에서 본 것들이 자신의 전생이라고 굳게 믿는다.

3) 싸이언탈러지(scientology)의 전생퇴행: 싸이언탈러지 강연을 들은 사람들 중 일부는 자신의 전생 중에 단세포 생물 시절도 있었음을 확신하게 된다. '조상 중에'가 아니라 '전생 중에'임을 명심하라.247)

이런 신비주의적인 방법들은 환자의 확신만으로 꿈 해석이 맞다는 신뢰를 줄 수가 없다. 그런 까닭에 환자가 가진 꿈에 대한 확신은 꿈을 분석하는 사람의 확신과 비슷하다. 그것은 꿈 해석의 유연성이 만들어 내는 착각이다.

프로이트는 꿈 해석을 과학적이라고 주장했다. 그러면서, 자신의 정신분석학을 천문학과 비교했다.248) 과연 천문학과 꿈 해석이 같은 차원에서 논할 수 있

---

246) http://theacro.com/zbxe/free/164277 "그럼에도 불구하고 기억 회복 요법이라는 치료법을 쓰는 치료사들은 그렇지 않았다. 그들은 연령 퇴행 시의 기억이 실제 기억이라고 생각하는 경향이 있었다. 그들은 특히 잊었던 기억 중 외상(trauma)이 된 것들을 중시했다. 육체적, 성적 학대 경험이 주로 등장한다. 그들에 따르면 어린 시절에 학대를 당하면 감당하기 힘든 그런 기억이 억압(repression)된다고 한다. 그 억압된 기억들이 어른이 되어서 온갖 악영향을 끼치기 때문에 그것들을 끄집어내서 해결해야 한다는 것이 그들의 주장이다. 성적 학대에 대한 기억 중에 자신이 한두 살 때에 친아버지가 항문 강간을 했다는 것이 상당히 큰 비중을 차지한다. UFO에 납치되었다고 주장하는 사람들이 흔히 하는 말이 항문 검사다. 나는 왜 항문이라는 테마가 대대적으로 유행하게 되었는지 잘 모른다. 치료사가 항문에 대한 암시를 주었기 때문일 수도 있고, 항문이라는 테마가 대중에게 널리 알려졌기 때문일 수도 있고, 우리가 모르는 어떤 뇌의 메커니즘 때문일 수도 있을 것이다. 자식이 한두 살 때에 친아버지가 항문 강간을 하는 경우는 지극히 드물거나 사실상 없어 보인다. 보통 가족 내 강간은 양부나 계부가 저지르며 한두 살 때가 아니라 적어도 대여섯 살이 되었을 때 일어나며 보통 사춘기가 되었을 때 일어난다. 치료사들은 학대에 대한 기억이 진짜라고 우기지만 그것을 객관적으로 입증하지는 못한다. 이런 점은 다중 인격의 경우에도 마찬가지다. 그럼에도 불구하고 치료사가 그런 것들이 사실일 것이라고 굳게 믿으면 그런 믿음이 환자(?)에게도 영향을 끼치는 것으로 보이며 환자도 그것을 굳게 믿게 되는 경우가 많다. 이것은 UFO 납치나 전생에 대한 기억을 피험자가 믿게 되는 경우가 많은 것과 비슷하다. 이러면 재앙이 일어난다. 이제 어른이 된 딸은 얼마 전까지만 해도 그렇게 좋아했던 아버지가 악마와 같은 존재라는 것을 갑자기 깨닫게(?) 되며 가정은 풍비박산 난다."

247) 이덕하, **나는 왜 프로이트주의자가 아닌가**.

248) 지그문트 프로이트, **새로운 정신분석 강의**, 임홍빈·홍혜경 역 (서울: 열린책들, 2003), 33; "… 아주 최근에 한 미국 대학의 학자들이 정신분석학이 어떠한 실험 증거도 내놓지 못하고 있다는 이유로 정신분석학에 학문의 성격을 부여하는 것에 반대했다는 소식을 들으셨을 줄 압니다. 그렇다면 그들은 천문학에도 역시 똑같은 반론을 제기해야만 할 것입니다. 천체를 가지고 실험을 한다는 것은 참으로 어려운 일입니다. 사람들은 그저 관찰에 의존할 수밖에 없습

는 것인가? 천체라는 객관적 실체가 존재하는 것처럼 꿈이 객관적 실체로 존재하고 있는 것이 아니기 때문에 참고의 대상이 될 수가 없다.

프로이트는 그의 꿈-해석을 정당화하기 위하여 슈뢰터(Schrötter)의 실험, 베틀하임(Betlheim)과 하르트만(Hartmann)의 실험, 질베러(H. silberer)의 실험, 라이크(Th. Reik)의 보고, 페렌치(Rerenczi)의 설명, 아이슬러(J. Eistler)의 분석, 프란츠 알렉산더(Franz Alexander)의 연구를 말하면서 자신의 논리를 입증 받으려고 했다. 이들은 다 꿈-상징체계를 말하는 사람들이다. 꿈은 상징해석이 관건이다. 그러나 그 꿈은 접근하는 사람들마다 완전히 다른 해석이 나온다. 길게 갈 것 없이 칼 융은 프로이트의 꿈 해석에 반기를 들었다.

프로이트의 다음 말을 들어보자.

> 전 생애를 통하여 꿈-형성을 위한 에너지를 제공하는 모든 꺼지지 않는, 이루어지지 않은 소원 충동에는 이와 같은 어릴 적의 체험이 달라붙어 있으며, 강력한 추진력으로 이처럼 고통스럽게 느껴지는 사건들의 재료를 의식의 표면으로 밀어 올릴 수 있는 힘이 내재되어 있습니다.[249]

프로이트가 과학적이라 말하는 꿈에 대한 기초가 무엇인지 잘 보라. 거기에는 "어릴 적의 체험"이 근거가 되고 있다. 도대체 어느 누가 그것을 증명해 보일 수 있다는 말인가? 그것은 순전히 프로이트의 가정일 뿐이다. 칼 융은 그것만 가지고는 설명이 안 된다고 했다. 아무리 프로이트가 부탁을 했어도 칼 융은 프로이트의 이론을 지지해 줄 수가 없었다.

더 놀라운 것은 프로이트가 정신분석을 과학이라고 말하기 위해서 심령학을 덧붙여 말한다는 것이다. 영매를 통하여 이루어지는 일을 말하면서 심령학자들에게 고마워해야 한다고 말했다.[250] 운석이 하늘에서 떨어진 돌이라고 말하는 것과 조개껍질을 포함하고 있는 산의 암석들이 한 때는 바다의 바닥을 형성했다는 설이 오랫동안 엉터리 가정으로 여겨졌던 것처럼, 정신분석의 무의식 추론이 그와 같은 대접을 받고 있다고 말했다.[251] 그리고 연이어서 텔레파시와 꿈을 연결해서 설명했다. 이런 설명들은 프로이트의 망상에 속한 일이다. 그것을 더

니다. …"
249) Ibid., 42.
250) Ibid., 49; "근본적으로 우리는 심령학자들에게 고마워해야만 합니다."
251) Ibid., 47.

말하는 것은 먹물만 아까울 뿐이다. 중요한 것은 과연 이런 것을 성경과 통합해서 가르칠 수가 있을까? 하는 것이다. 결단코 그럴 수 없다. 그런데, 놀랍게도 그것이 된다고 하는 사람들이 많으니 경악스러울 뿐이다.

프로이트가 자신의 생각을 환자의 정신에 있는 것으로 돌리고 있다고 말한 사람은 프로이트의 가장 가까운 친구인 플리스(Fliess)였다(1901년). 칼 융(C. G. Jung)은 프로이트와 결별하기 전이었던 1906년에, 정신분석 요법은 "그 이론에서 예상될 수 있는 것을 실제로는 항상 산출하지는 않는다."고 말했다. 같은 해에 구스타프 아샤펜부르크(Gustav Anschaffenburg)는, 사례 자료에 대한 프로이트의 발표가 불충분하며, 그가 환자를 허울뿐인 성적 발견들(revelations)로 유도했으며, 그럴듯한 대안을 고려하지 않고 마음에 들어 하던 꿈 해석을 고집했다고 불평했다. 1913년에 「The Psychoanalytic Review」의 바로 첫 호에는 다음과 같이 주장하는 글이 실렸다.[252]

> 이 세계에 즉각적으로 성적 상징으로 만들어질 수 없는 것은 그야말로 아무것도 없다. … 우리는 프로이트의 원리들에 따라 왜 나무의 뿌리가 땅 속에 있는지, 왜 우리가 펜으로 글을 쓰는지, 왜 우리가 1쿼트(quart)의 와인은 햄처럼 고리에 매달아 놓지 않고 병 속에 넣는지 등등을 설명할 수 있을 것이다. … 프로이트의 치료법으로 회복이 되었다고 해도 그것은 프로이트의 교의를 입증하는 증거로서의 가치가 없다(Dunlap, 1913-14, p. 151).

게다가 다음과 같은 프로이트의 이론과 요법 모두에 대한 통렬한 혹평은 최근의 비판자가 아니라 프로이트와 동시대인인 피에르 자넷(Pierre Janet)이 1925년에 한 것이다.[253]

> 병든 사람과 건강한 사람에게서 같은 정도로 작동하는 요인은 어떤 것이라도 병인적으로 중요할 수 없다. … 무엇보다도 내게는 정신분석적 방법이 상징적이고 임의적인 구성물인 것으로 보인다. 그것은 신경증의 성적 원인론이 확실히 받아들여졌을 때 어떻게 사실들이 설명될 수 "있을지도 모르는지"를 보여준다. 하지만 그 이론이 여전히 입증되지 않은 한 그것을 적용해야 한다고 고집할 수는 없다. … 어떤 사건(happening)이 옛날에 어떤 역할을 했다는 사실 자체가 그것이 지금도 여전히 중요한 역할을 할 것이라는 것을 입증하지는 못한다. … 미생물에의 감염이 과거에는 회복할 수 없을 정도로 그 사람을 약화시켰을 수 있지만 현재에는 그런 영향이 완전히 그친 상태일 수도 있다. 후자의 경우에 우리는 이제 소독 처치를 해도 환자에게 아무런 도

---

252) Frederick Crews ed., *Unauthorized Freud - Doubters Confront a Legend*, 이덕하 역, 1998, Penguin Books, Viking Penguin.
253) Ibid.,

움이 안 될 것이다(Janet, 1925, 1: 623, 627, 652).

미국의 심리학자 엘리자베스 로프터스(Elizabeth F. Loftus)는 『우리 기억은 진짜 기억일까』라는 책에서 '억압된 기억'에 대한 새로운 주장을 말했다. 기억이라는 것은 사실상 시간이 지나면 변하거나 왜곡되고 나아가서는 조작될 수도 있다는 것이다.254)

로프터스는 수많은 성폭행 피해 주장자들의 사례 분석을 통해 아들이 '성폭행 당했다는 기억'이 사실은 심리치료사들의 최면과 암시, 기억화복을 목표로 하는 치료모임, 기억 화복을 다루는 TV 프로그램 등에 의해 생겨나고 눈덩이처럼 커져 버렸을 가능성을 제기했다. 틀림없는 사실이라고 믿고 있는 기억이 실제로는 전혀 일어난 적 없는 거짓 기억일 수 있다는 것이다. 한발 더 나아가 로프터스는 거짓 기억을 주입할 수도 있다고 주장한다. 로프터스는 '쇼핑몰 실험'이라고 명명된 실험에서 그것을 증명했다.

> 아빠는 여덟 살 된 아이에게 아이가 다섯 살 때 대형 쇼핑몰에서 길을 잃었었다고 이야기해 준다. 길 잃은 사실을 기억해내지 못하던 아이는 아빠가 계속 구체적인 상황을 이야기해 주자 자신이 길을 잃었다는 사실을 '기억해내고는 아빠가 말하지 않은 자세한 상황까지도 이야기한다. 쇼핑몰 실험은 여덟 살 아이뿐 아니라 12살, 22살, 42살 남성에게서도 똑같은 거짓 기억을 만들어 내는 데 성공했다.255)

프로이트가 정신분석학이 과학이라고 선언한 것에 대하여, 리꾀르(Paul Ricoeur)와 하버마스(Jurgen Habermas)는 정신분석이 과학이 아니라 해석학적 활동이며, 따라서 경험적 기반 위에서가 아니라 직관적, 공감적(empathic) 기반 위에서만 판단되어야 한다고 말했다.256)

---

254) 엘리자베스 로프터스·캐서린 케첨, 우리 기억은 진짜 기억일까, 정준형 역 (서울: 도솔, 2008), 18; "우리 마음이 맑은 물이 담긴 그릇이라고 합시다. 그리고 각각의 기억은 그 물에 뒤섞여 들어가는 한 스푼의 우유라고 보고요, 모든 성인의 마음속에는 이처럼 뿌연 수많은 기억들이 들어있습니다. 어느 누가 거기서 물과 우유를 따로 구분해 낼 수 있을까요?"
255) http://www.chosun.com/site/data/html_dir/2008/06/16/2008061601108.html/ 로프터스의 표현을 빌리자면 억압된 기억이란 이런 식이다. '어떤 일이 너무 충격적이고 끔찍한 일이 일어나면 기억의 정상적인 작용에 심각한 문제를 일으켜 아예 떨어져 나가버린다. 시간이 흘러 누군가 무심코 어떤 단어를 내뱉는다. 그러자 갑자기 얼어붙은 연못 속에 완벽하게 보존돼 있던 물체가 얼음이 녹으면서 잔잔한 수면 위로 떠오르듯 기억이 모습을 드러낸다.' 어린 시절 경험했지만 '억압된 기억'이었던 성추행·성폭행의 기억이 심리치료를 통해 의식의 세계로 떠오른다는 것이다.
256) Frederick Crews ed., *Unauthorized Freud - Doubters Confront a Legend*, 이덕하 역, 1998, Penguin

자유연상257)

프로이트는 자유연상의 기법을 최면·암시기법을 극복하면서 점진적으로 발전시켰다. 프로이트가 최면술과 암시요법을 포기한 것은 진실에 도전하는 인간의 대담성과 용기를 치료의 원동력으로 활용하고자 함이고, 근본적으로 인간의 자아 능력을 신뢰하는 것을 의미한다.258)

프로이트는 어떻게 자유연상법을 생각해 냈을까?259) 프로이트의 다음과 같은 말을 들어보면 알 수가 있다.

도대체 어떤 사람은 최면에 빠지는데 어떤 사람은 그렇지 않은가 하는 것은 거의 설명할 수가

Books, Viking Penguin.

257) http://haza.egloos.com/4530679 〈자유연상법을 도입하면서부터 프로이트는 환자들이 의식에 무언가를 떠올리지 않으려는 '저항'에 직면한다. 이를 역으로 추적해서 얻은 결론이 바로 '억압이론'이었다. 소위 정상인들의 정신적 갈등은 의식이 허용치 않는 본능이 패배하면서, 덩달아 에너지 집중도 중단되기 마련이다. 그런데 신경증에서는 본능적 충동과 의식적 저항 사이의 경합이 다른 결과로 빠지고 만다. "자아는 불쾌한 본능적 충동과 처음 충돌하게 되면 말하자면 움츠러들어, 그것이 의식에 들어와 직접 발산되는 것을 막는다. 그러나 이로 인해 본능적 충동은 그것의 에너지 집중량을 완전히 유지하게 된다." 즉, 의식에 의해 억압된 본능적 충동은 단지 의식 밖으로 은폐되었을 뿐, 에너지량 자체는 그대로 생생히 살아 있는 것이다. 이렇게 되면, 자아는 억압된 충동을 틀어막느라 용을 쓰다가 황폐해지고, '무의식화 된 억압된 충동'은 우회적인 방식으로 발산과 대리충족의 길을 찾으면서 신경증을 유발한다는 것. 이제 "치료의 목적을 잘못된 길에 들어선 정동의 수사이 아니라, 억압을 찾아내어 전에 거부되었던 것을 받아들이거나 폐기하도록 하는 판단 행위로 억압을 대체하는 것"으로 전환된다. 프로이트는 이러한 자신의 새로운 이론적 기반을 토대로 한 연구 및 치료 방법을 '정신분석'(Psychoanalyse)이라 불렀다.〉

258) http://www.psychoanalysis.co.kr/materials/view.php?board_idx=1454&page=1&article_num=5 "프로이드는 〈사례 도라〉에서 근본적인 혁신을 하게 된다. 즉, 신경증의 원인은 복합적이어서 최면-정화 요법 등에서 실시한 것처럼 일회적인 작업으로서는 치료 효과를 낼 수 없다는 것이다. 증상과 원인을 기계적이고 결정론적으로 번역하듯 밝혀 나가는 방법은 복합적인 구조를 가진 신경증을 치료하는 데는 적합하지 않다는 것을 깨닫게 된 것이다. 이제 내담자 자신이 그 시간의 주제를 선택하고, 프로이드는 내담자가 제시하는 무의식적 내용의 조각들을 의식적인 것과 연결시키는 작업을 하기 시작했다. 치료자는 깨어 있고 내담자는 최면 상태에 있는 것이 아니라, 두 사람 다 깨어서 작업 동맹을 맺으며 공동으로 일을 하게 된다. 분석을 받는 사람은 장의자에 누워 그때그때 심중에 떠오르는 것은 무엇이든지, 그것이 엉뚱하든 수치스럽든, 기괴하고 하찮은 것이든 단지 말로 전하는 것이다. 이 언어화는 지대한 의미를 가진다. 생활 감정, 정서, 충동 등을 행동화하지 않고 우선 말로 전하는 것은 더 깊은 탐색과 통찰, 통합을 가능케 하며, 일차적 충동 등을 지연시킬 수 있어 자아 기능을 강화하기도 한다. 비언어적인 표현은 이러한 언어화된 내용을 더 완벽하게 보완할 수 있다."

259) 정인석, 의식과 무의식의 대화 (서울: 대왕사, 2008), 99; "프로이트 이전에는 최면술(hynotism)에 의해서 잊어버린 기억을 되찾을 수 있다고 생각하여 '기억의 잠든 부분'을 '무의식'으로 생각하였다. 프로이트는 이렇듯 막연하게 이해하고 있던 무의식에 대해서 정신 의료의 현장에서 처음으로 과학적인 이해를 시도하여 '자유연상법'(free association)을 통해서 최면술보다 더 명석하게 심층에 깔려 있는 마음의 정체를 탐구하였다."

없었다. 그래서 어려움의 원인이 되는 것을 찾아내어 고치는, 인과론적인 방법을 채택할 도리가 없었다. 그러나 내가 알아챈 것이 있는데 그것은 바로 어떤 환자들에게는 장애 요소가 좀 더 깊은 곳에 있는 것 같다는 것이다. 그러다가 갑자기 이런 생각이 떠올랐다. 즉, 두 경우 모두 어쩌면 동일한 것이며 양쪽 다 내키지 않는 마음을 가지고 있으나 특히 최면에 걸리지 않는 환자는 속으로 최면에 대해 심리적 의구심을 가지고 있으며 이러한 감정을 겉으로도 표현해 내는 사람들이라는 것이다. 그러나 이러한 나의 생각을 고집해도 되는지에 대해서는 확신이 서지 않는다.

그러나 문제는 최면을 제외하고 나서 병인이 되는 회상을 불러일으킬 수 있는 대안이 어떤 것인가 하는 것이다. 나는 다음과 같은 방식을 사용하여 목적을 달성했다. 즉, 맨 처음 만났을 때 환자에게 현재의 증상이 나타나게 된 최초의 계기를 기억하는지 물어본다. 그러면 아무것도 기억하지 못하는 환자도 있고 막연히 기억하고 있지만 그 이상 생각해 내기는 불가능하다고 말하는 환자도 있다. 그래서 내가 베르넴의 방법을 응용하여 그들이 잊었다고 말하는 인상을 몽유 상태로부터 불러일으킨 후 그들이 그 인상을 알고 있다, 그들의 마음속에 떠오를 것이다 하고 주장하면서 그 기억을 생각해 내도록 끈기 있게 요구하면, 역시 무엇인가 생각해 내는 사람도 있었고 기억이 약간 확장되는 사람도 있었다. 그래서 나는 점점 이 방법을 확대시켜, 환자에게 〈집중〉을 위해 옆으로 눕고 눈을 감게 했다. 이렇게 해서 최면 상태와 어느 정도 비슷한 상태가 되면, 환자는 최면의 힘을 빌리지 않고서도 아주 옛날까지 거슬러 올라가 문제와 관련된 기억을 새로이 떠올릴 수 있게 되었다.260)

프로이트는 자신이 발견한 이 방법을 계속해서 연구해 갔다. 프로이트가 자유연상을 통하여 히스테리의 원인을 탐색하는 과정에서 알려지는 일련의 단어들을 "신탁"(神託)이라는 단어로 표현한다는 사실에 놀라움을 감출 수가 없다.261) 이런 말들 속에는 '프로이트의 야심이 무엇인가?'를 다시 한번 생각하게 한다. 자유연상이 다만 히스테리를 치료하기 위한 방법만으로 생각하지 않았다는 것이다. 프로이트는 하나님 없이 인간의 문제를 해결하려는 선구자로 자취를 남기려 했다.

프로이트는 그의 자유연상법을 더 계발시키는 방법으로 '압박법'을 창안해 내었다.262)

---

260) 지그문트 프로이트, **히스테리 연구**, 김미리혜 역 (서울: 열린책들, 2011), 348-349.
261) Ibid., 359.
262) http://user.chollian.net/~hephziba/freud01.html / 「히스테리 연구」 - 이 책은 브로이어와 프로이트가 함께 쓴 「히스테리 연구의 심리기전에 대하여: 예비적 보고서」라는 짤막한 논문과 브로이어의 사례 보고 한 편, 「이론적 고찰」, 그리고 프로이트의 네 편의 사례 보고와 「히스테리의 심리 치료」로 이루어져 있다. 「히스테리 연구의 심리기전에 대하여」는 1893년 프로이트와 브로이어의 연구 결과를 종합하여 발표한 것이다. 브로이어가 치료한 안나 O. 양의 사례를 통하여 카타르시스 요법의 중요성을 깨달았고 히스테리 치료를 위하여 최면 요법을 사용하기 시작한 프로이트가 브로이어를 설득하여 출간하게 된 것이 바로 이 논문이다. 1895년 「예비적 보고서」와 더불어 그 동안 연구해 왔던 사례와 이론적인 장을 덧붙여 발간한 것이 「히스테리 연구」이다. 사례 연구에는 브로이어가 보

그래서 이제 다시 통증을 느끼는 원인을 밝혀낼 필요가 있었다. 그러나 마음의 동요가 없는 상태에서는 그녀가 나를 도울 수 없었다. 내가 손으로 압박하여 정신을 집중시킨 후 무엇이 떠오르는지, 혹은 무엇이 보이는지 물었을 때 뭔가 보인다면서 그녀 눈앞의 광경을 묘사했다.263)

그러나 압박법으로도 안 되는 일이 있었기 때문에 프로이트는 더 환자의 비밀을 알아내기 위해서 환자에게 더 말해 줄 것을 요구했다. 프로이트는 더 알기 위해서 환자의 비밀을 추측해서 말했고 환자는 그것을 거부하는 일이 발생했다. 그러나 프로이트는 그것을 '저항'이라고 하면서 치료를 주도해 갔다. 과연 이런 상황에서 프로이트의 의도가 환자에게 주입되지 않았다고 볼 수 있겠는가? 단

고한 안나 O. 양의 사례와 프로이트가 보고한 에미 폰 N. 부인, 루시 R. 양, 카타리나, 엘리자베스 폰 R. 양의 사례가 실려 있다.

안나 O. 양은 도덕성이 발달해 있었고 직관력과 지적 능력이 뛰어났으나, 아버지의 병을 간호하면서 깊어진 정신의 부재 현상으로 인하여 심각한 히스테리 증세를 겪었다. 치료를 받고 난 후 정상적인 일상생활을 영위했을 뿐 아니라 사회적으로도 많은 기여를 했다. 에미 부인은 일찍 남편을 여읜 이후 대규모 공장 경영에서 자기의 위치를 지킬 수 있었으며 지식계의 걸출한 사람들과 지속적인 교류를 할 수 있었다. 에미 부인은 매우 정열적이었으며 또 남편의 죽음 이후 정신적인 고립 속에서 살아왔다. 그녀는 친척들의 압박과 자녀의 문제 등으로 인해 히스테리 증세를 보이기 시작하였으며 증상이 나타나면 그녀와 같은 교육을 받은 여성들에게는 어울리지 않는 표현법으로 생생하게 자기의 감정을 표현하곤 하였다. 신체적으로도 여러 가지 증상을 나타냈으며 특히 히스테리성 마비가 극심했다. 최면 상태의 카타르시스 요법을 통하여 그녀를 치료했는데 쉽사리 최면에 걸리지도 않았으며 에미의 부인의 독립적인 기질이 엉성함 암시 등은 전혀 효과를 나타내지 못하게 했다. 루시 양은 어느 집에서 가정교사로 일하면서 아이들의 어머니 대신 어머니의 역할을 감당하였다. 주인 남자에게 사랑을 느끼게 되면서 히스테리 증상을 보였으며 건강한 유전 인자를 가진 사람들도 어떤 적절한 경험의 결과 히스테리에 걸릴 수 있다는 것을 보여 주었다. 카타리나는 어렸을 때 아버지가 성적인 행동을 시도한 결과 히스테리 증세를 나타내게 되었으며, 어린 시절의 경험이 무슨 의미인지 알게 되자 증상이 사라졌다.

엘리자베스 양의 경우는 자유분방하면서도 절도 있고 지적이었는데 가정생활의 평화가 깨지고 불행을 겪게 되면서 히스테리 증세를 드러내기 시작하였다. 여러 가지 심리적 외상을 겪으며 엘리자베스의 병은 악화되었는데 그녀는 최면상태에도 잘 빠지지 않았다. 그래서 프로이트는 이 사례를 치료하면서 이마에 압박을 가하면서 생각나는 것을 말하게 하는 압박법을 사용하게 되었고 이 방법은 점점 자유 연상으로 발전하게 되었다. 프로이트와 브로이어는 여러 사례 연구를 통하여 카타르시스 요법을 발전시켜 나갔고 환자를 최면 상태에 빠뜨리지 않고도 치료할 수 있는 자유연상법을 계발해 내기에 이르렀다. 브로이어의 「이론적 고찰」과 프로이트의 「히스테리의 심리 치료」는 이러한 치료 요법의 발달과 이론을 서술한 논문으로 정신분석의 초석이 된 히스테리 연구의 기반을 닦은 논문이라고 할 수 있다. 『히스테리 연구』는 겉으로 드러나 있는 정신 뒤쪽에 알려지지 않은 무의식의 세계가 있다는 것을 증명해 냈으며, 최면 상태의 치료에서 〈정신 집중〉 상태의 치료로 발전된 심리 치료 기법에 대하여 상세히 다루고 있다. 이러한 치료는 고의적인 암시를 벗어나 자유 연상에 의존하게 되었고 결국은 꿈 분석이라는 길을 열었다. 이것은 최면이나 암시와는 다른 〈해석〉이라는 도구를 얻게 해주었고, 유아기의 성(性)이라든지 오이디푸스 콤플렉스라는 개념을 발견해 내게 하였다.

263) 지그문트 프로이트, **히스테리 연구**, 김미리혜 역 (서울: 열린책들, 2011), 360.

지 환자의 탓으로만 돌리고 치료자인 프로이트는 늘 옳은 것이라고 할 수 있는가 말이다. 프로이트 자신도 거기에 왜곡이 일어나는 것을 시인했으니, 아무리 그럴듯한 말로 변명을 해도 거기에는 객관적인 동의를 받아 낼 수가 없다.264)

자유연상과 관련하여 프로이트의 스승이 된 히스테리 환자가 있었으니 『히스테리 연구』 (Studies on Hysteria)에 있는 "Cäcilie M. 부인"이라는 부유한 유대인 여인 안나 폰 리벤(Anna von Lieben)을 두고 하는 말이다.265)

프로이트는 거의 3년 동안 수백 번의 치료를 했다. Cäcilie M.부인은 몇 시간 동안 병리적인 참울한 상태에 빠졌으며 강박적이며 고통스러운 환각, 신경통과 다른 육체적 증상이 교대로 일어났다. 프로이트는 하루에 2번씩 호출되어 치료를 하였으나, 회복이 되었다가 다시 발작을 일으키곤 했다.

안나 오를 치료할 때에 프로이트는 브로이어(Josef Breuer)로부터 영향을 받아 카타르시스 요법을 사용했으나, Cäcilie M. 부인에게는 자유연상이라는 기법으로 대체된다.

그러나, 프로이트의 『히스테리 연구』 (Studies on Hysteria)에는 (Cäcilie M. 부인의 병력 단편들을 말하면서) 안나 폰 리벤(Anna von Lieben)이 심각한 모르핀 중독자였다는 사실이 빠져 있었다. 이 말이 의미하는 것이 무엇일까? 1885-1887년 동안에 프로이트는 모르핀 중독에 대한 치료 수단으로 무분별하게 코카인을 옹호한 것 때문에 손상을 입었다. 또한 브로이어가 환자들에게 어

---

264) Ibid., 366; "… 분석의 후기에서 초기를 되돌아보면 압박법으로 우리가 환자에게서 끌어낸 관념이나 장면이 얼마나 왜곡되었는가를 깨달으면서 놀라는 경우가 많다. 장면의 필수적인 요소가 빠지는 수가 있다. …"
265) http://www.answers.com/topic/c-cilie-m-case-of/ "Frau Cäcilie M." is the pseudonym given by Sigmund Freud to Anna von Lieben (her identity was discovered by Peter Swales [1986]), a patient Freud described only briefly in the Studies on Hysteria (1895d). Born Baronne von Todesco in 1847 into a rich Jewish family living in Vienna, she was treated for several years by a number of celebrated physicians, including Jean Martin Charcot, before being sent to Freud, in 1887 or early 1888, by either Josef Breuer or Rudolf Chrobak. http://people.tb.ro/2011/11/27/sigmund-freud/ Freud used pseudonyms in his case histories. Some patients known by pseudonyms were Cäcilie M. (Anna von Lieben); Dora (Ida Bauer, 1882–1945); Frau Emmy von N. (Fanny Moser); Fräulein Elisabeth von R. (Ilona Weiss); Fräulein Katharina (Aurelia Kronich); Fräulein Lucy R.; Little Hans (Herbert Graf, 1903–1973); Rat Man (Ernst Lanzer, 1878–1914); Enos Fingy (Joshua Wild, 1878–1920); and Wolf Man (Sergei Pankejeff, 1887–1979). Other famous patients included H.D. (1886–1961); Emma Eckstein (1865–1924); Gustav Mahler (1860–1911), with whom Freud had only a single, extended consultation; and Princess Marie Bonaparte.

느 정도 경솔하게 모르핀을 주었을 것이라는 것을 가리키는 것들이 있는데 그는 아마도 그 때문에 동료들(의사들 colleagues) 중 어떤 사람들로부터 비판을 받았을 것이다. 그렇다면 그 약물(drugs)은 두 저자들에게 좀 민감한 주제였을 것이라고 생각할 수 있다. 또한 Cäcilie M. 부인이 안정을 찾은 것이 프로이트의 치료 덕택이 아니라 모르핀이 주된 효과가 아니었을까 하는 비판을 의식했을 수도 있다는 것이다.266)

Cäcilie M. 부인을 치료할 당시 프로이트는 정규 의사라기보다는 최면술사(magnétiseur)로 알려진 시절이었다. Cäcilie M. 부인 집의 아이들이 볼 때 프로이트는 마법사로 보였다.267)

중요한 것은 Cäcilie M. 부인의 치료를 통해서 프로이트는 "자유연상"법의 개선을 통해 "무의식의 발현"이라고 가정한 정신의 메커니즘에 대한 통찰을 얻었다는 것이다. 그러면, 자유연상은 어떻게 하는가?

> 자유연상은 신경증에 대한 정신분석 요법의 기본 기법이다. Freud가 창안한 것으로 1890년대에 점진적으로 확립되어 갔다. 환자를 소파에 누이고, 분석자는 그 등 뒤에 앉는다. 분석자는 환자를 볼 수 있으나, 환자는 분석자를 볼 수 없다. 이와 같은 치료 상황을 설정한 다음, 치료자는 환자의 마음속에 떠오른 일체의 것을 언어화하기를 요구한다. 비록 치료와는 관계없는 것이라도, 또 도덕적으로 용납되지 않는 것이라도 두서없이 말하게 하되 동정을 구하는 말, 자기 변호적인 말이 나올 수 없도록 머리에 떠오르는 것을 정리하지 말고 자유롭게 말하게 한다. 이 환자의 자유로운 연상에 대해 분석자는 '담담한 마음'을 가지고 듣는 것이 필요하다.268)

---

266) Frederick Crews ed., *Unauthorized Freud - Doubters Confront a Legend*, 이덕하 역, 1998, Penguin Books, Viking Penguin.
267) Ibid.; "실로 Anna의 병실의 분위기에는 퇴폐적(decadent)인 것은 말할 것도 없고 좀 강신술(séance)적이며, 흑마술(black magic)적인 것이 있었다. 그것은 모르핀 - 그리고 아마도 코카인 - 투여, 캐비어와 샴페인, 무대의 풍부함(opulence of the setting)을, 또한 Anna의 회상들 - 그녀는 안락의자(chaise longue)에 누워 그것들을 소산(abreacting)했다 - 의 강렬했으며(passionate) 어쩌면 가끔은 어느 정도 섬뜩했을(lurid) 내용을, 또한 치료에 있었던 약간은 육체적인 측면을 수반하는 어떤 것이었다."
268) http://cafe.daum.net/chambit1/MS4o/111/ 자유연상; "자유연상은 신경증에 대한 정신분석 요법의 기본 기법이다. Freud가 창안한 것으로 1890년대에 점진적으로 확립되어 갔다. 환자를 소파에 누이고, 분석자는 그 등뒤에 앉는다. 분석자는 환자를 볼 수 있으나, 환자는 분석자를 볼 수 없다. 이와 같은 치료 상황을 설정한 다음, 치료자는 환자의 마음속에 떠오른 일체의 것을 언어화하기를 요구한다. 비록 치료와는 관계없는 것이라도, 또 도덕적으로 용납되지 않는 것이라도 두서없이 말하게 하되 동정을 구하는 말, 자기 변호적인 말이 나올 수 없도록 머리에 떠오르는 것을 정리하지 말고 자유롭게 말하게 한다. 이 환자의 자유로운 연상에 대해 분석자는 '담담한 마음'을 가지고 듣는 것이 필요하다. 이 방법이 자유연상에 대한 갖가지 저항의 지적 및 선이의 조작을 매개로 하여 환자의 무의식 속의 갈등을 의식케 하고, 이것을 자아 속에 편입시킴으로써 환자의 자아를 강화하고 신경증을 치유하는데 유용한 수단이

프로이트는 인간의 무의식 속의 기억을 조사하기 위해 자유연상과 꿈의 분석을 도입했으나 어떤 것도 입증되지 않았다. 순전히 프로이트의 생각일 뿐이다. 프로이트가 이런 방법들을 도입하게 된 것은 최면술로는 환자들을 치료할 수 없다고 판단했기 때문이다.

사실상 꿈에 대하여 정확하게 알 사람은 아무도 없다. 이런저런 자극이나 충동이라고 하기도 하고 무수한 이론으로 주장하기는 해도 그것은 하나의 가설이지 아무도 모른다. 심리분석가들의 해석은 주관적인 해석일 뿐이다.

또 다른 예를 보자. 다음 글은 결혼을 앞둔 어느 여성의 꿈을 프로이트가 해석한 것이다. 그녀는 자신이 꾼 꿈의 내용을 다음과 같이 말했다.

"나는 테이블 중심을 생일을 위해 꽃으로 정돈했다."
"비싼 꽃입니다. 지불해야만 되지요."

프로이트가 그 꽃이 무엇이었냐고 묻자, 그녀는 이렇게 대답했다.

"계곡의 백합화, 제비꽃, 패랭이꽃 혹은 카네이션."

프로이트는 이 꿈이 기본적으로 결혼을 앞둔 여성의 무의식적 원망(wish)이 드러난 것으로 해석하면서, 꿈속에 나타난 각각의 이미지(혹은 단어)가 갖고 있는 의미를 다음과 같이 해석한다.

① 테이블의 중심 : 테이블의 평평함은 그녀의 육체적 빈약함을 의미하며, 중심은 여성의 성기를 의미한다. 그래서 평평한 테이블에서 중심이 강조되는 것은 자신의 처녀성의 귀중함을 강조하는 것이다.
② 비싼 꽃 : 역시 그녀의 귀중한 처녀성에 대한 강조이다. 즉 그녀는 애인과 결혼하기 위해 자신이 성적인 순결을 지켜 왔다는 것을 강조하는 것이다.
③ 계곡의 백합화 : 계곡은 여성의 성기를, 백합은 여성의 순결을 의미한다.
④ 제비꽃 : 제비꽃은 영어로 바이어러트(violet)로 발음되는데, 이것은 강간을 뜻하는 영어인 바이어레이트(violate)와 발음이 비슷하다. 그래서 제비꽃(violet)은 꽃을 통해서 강간에 대한 생각과 함께 처녀의 메저키즘적 욕망이 표현된 것이다. 또한 처녀의 강간에 대한 무의식적 욕망은 생일이라는 생각과 겹쳐서 아이의 출산에 대한 희망을 의미한다. 또한 처녀는 애인과 이미 결혼하기로 한 처지에 있으므로, 애인이 아무 말 없이 자신을 강간하기를 희망하는 것이다.
⑤ 카네이션 : 프로이트가 카네이션에 대해 물어보자, 카네이션은 처녀의 애인이 가장 자주 선물하는 꽃이라고 대답했다. 또 카네이션 하면 무엇이 떠오르냐고 물었더니, 화신을 뜻하는 인카

라는 것을 Freud는 발견했다. 그는 이 방법을 꿈의 해석에도 적용했고, 자기분석에도 응용했다. 정신분석가의 양성을 목적으로 하는 교육분석에서도 사용된다. 오늘날 널리 이루어지고 있는 정신분석적 정신요법에서는 소파를 사용하지 않는 대면면접을 쓰고 있으나 환자에게 자유로이 말하게 한다는 자유연상법의 기본방침은 그대로 답습되고 있다.

네이션(incarnation)이라는 단어와 색깔을 뜻하는 컬러(color)가 떠오른다고 했다. 제비꽃의 경우처럼, 발음상의 유사성에 기초한 연상 작용이었을 것이다. 육체를 부여한다는 뜻인 인카네이션(incarnation)은 애인이 자신에게 육체적 사랑을 해줄 것을 바라는 처녀의 희망이 드러난 것이다. 또한 색깔을 뜻하는 컬러(color)는 카네이션의 색깔인 붉은 색과 겹쳐 역시 살의 색깔, 즉 육체적 사랑에 대한 희망을 의미한다. 그래서 애인이 처녀에게 자주 선물했다는 카네이션은 '성적인 선물'의 의미를 갖는데, 처녀는 자신의 처녀성을 지불하고, 애인으로부터 풍부한 애정 생활을 얻고 싶다는 희망을 의미한다.269)

이것이 프로이트가 말하는 언필칭 무의식을 연구하는 과학적인 방법이다. 이런 것이 과학이면 길거리에 자판 깔고 꿈 해몽해 주는 사람은 과학 할애비다. 프로이트는 이런 비과학적인 꿈 해몽을 어디에서 가져왔을까? 프로이트는 다음과 같이 말했다.

> 나는 〈꿈-상징의 의미를 매우 다양한 원천에서 끌어올 수 있습니다. 동화나 신화들, 농담이나 기지, 민속학, 즉 풍습이나 습관, 격언, 민중들의 민요에 대한 학문들, 또 시적이고 통속적인 관용어를 통해서 알 수 있을 것입니다〉라고 대답하려 합니다. …270)

프로이트는 이런 비과학적이고 비성경적인 것들로부터 꿈 분석의 기초를 마련했다. 프로이트 식으로 꿈을 해몽하면 더러워서 입에 올리지도 못할 불경스러운 분석(?)이 다반사로 일어나게 된다. 프로이트의 꿈 해석은 난잡하기 이를 데 없다.271)

그런데도 프로이트의 좋은 점을 받아들이자고 하는 사람들은 도대체 머릿속에 무슨 생각을 가지고 있을까? 성도가 찾아와서 어젯밤에 꿈에, '교회에서 기도하는 꿈을 꾸었는데요, 어떻게 생각하시나요?' 하고 물으면, 무엇을 어떻게 분석(?)을 해 줄 것인가? 프로이트의 꿈 해석은 상징을 해석하는 것인데, 교회, 산,

---

269) 서울사회과학연구소, **맑스 프로이트 니체를 넘어서** (서울: 중원문화, 2010), 115-116.
270) 지그문트 프로이트, **정신분석강의**, 임홍빈·홍혜경 역 (서울: 열린책들, 2004), 216.
271) 지그문트 프로이트, **새로운 정신분석강의**, 임홍빈·홍혜경역 (서울: 열린책들, 2004), 35; "제가 얘기하고자 하는 또 하나는 다리의 상징입니다. 페렌찌(Ferenzi)가 1921년에서 1922년 사이에 이에 대해 설명한 바 있습니다. 그것은 부모들의 성행위에서 서로를 연결시키는 것은 원래 남성의 성기라는 사실을 상징하고 있습니다. 그러나 그 첫 번째 의미에서 또 다른 의미가 파생됩니다. 인간이 양수로부터 세상으로 나오기까지의 과정이 어찌 됐든 남성 성기에 감사해야 할 것이라면, 다리는 다른 세계(아직 세상에 태어나기 전의 상태, 어머니의 자궁)에서 이 세계(생명)로 통과하는 것이며, 또 사람들이 죽음을 어머니의 자궁(물) 속으로의 회귀로 상상할 때, 다리는 죽음으로 이르는 것이라는 의미까지도 갖게 되는 것입니다. 그러므로 처음의 의미에서 계속 나가다 보면 그것은 결국 통과, 이행, 상태의 변화 등을 의미하게 됩니다. 그러므로 남자이기를 바라는 소망을 극복하지 못한 어느 여인이 다른 쪽 강변에 도달하기에는 너무 짧은 다리에 대한 꿈을 자주 꾼다는 것은 이상한 일이 아닙니다."

숲이 있는 풍경은 여성의 성기로 해석한다.272) 이런 개념으로 프로이트의 관점으로 꿈을 해석해 주면 과연 그것이 교회의 지도자가 할 노릇인가? 어림 반 푼어치도 안 되는 소리다. 그래도 프로이트를 말하며 무의식을 말하면서 내적치유를 하고 가정사역을 해야 하는가?

프로이트가 말하는 꿈이란 단순한 꿈이 아니다. 프로이트는 인간의 삶은 쾌락원칙과 현실원칙이 지배하는 고달픈 존재이며, 그 쾌락원칙을 지배하고 있는 것이 인간의 성적(性的) 충동이라고 보았다.273) 프로이트에게 있어서 '리비도'(libido)라는 인간의 성적 충동은 그 힘이 하도 절대적이라서 인간의 이성이나 의지로 억누를 수 없는 것이다.274) 그러나 현실은 그 성적 충동이 아무리 커도 다 표현할 수가 없다. 왜냐하면 현실 세상은 그 성적 충동이 마음대로 표현되지 않도록 억압하고 검열한다. 프로이트는 그것을 인간의 숙명으로 보았다.

그 성적 충동이 현실적 억압을 뚫고 나오기 위하여 변장술을 발휘한다. 인간이 살아가는 정상적인 삶이란 리비도가 사라진 것이 아니라 완벽하게 위장하고 살아가는 삶이다. 그렇게 현실에 적응해서 살아가다가 현실의 억압과 검열이 약해지는 틈을 타서 폭발하는데 그것이 바로 꿈이라는 것이다. 프로이트에게 있어

---

272) 지그문트 프로이트, **정신분석강의**, 임홍빈·홍혜경 역 (서울: 열린책들, 2004), 263.
273) 최영민, **대상관계이론을 중심으로 쉽게 쓴 정신분석이론** (서울: 학지사, 2015), 127; 프로이트의 자유연상법에 대해 최영민은 다음과 같이 비판했다. "프로이트는 도라의 꿈이 무의식적인 욕망을 깨닫게 해 줄 것이라고 믿었다. 그래서 히스테리 증상이 해소될 것으로 기대하였다. 그가 꿈을 해석하는 방식은 환자로 하여금 다시 꿈에 대해 말하게 하고 꿈의 내용에 대해 자유연상을 하게 하는 것이었다. 융통성 있는 자유연상 기법에 대해, 프로이트는 때로 자신의 해석에서 경직된 면을 보이기도 하였다. 첫 꿈에서의 보석함에 대해 여성 성기를 상징한다고 주장하며 다른 가능성에 대해서는 일체 거부한 것이 그 예다. 프로이트가 도라의 심리과정을 파악하는 방식은 주로 성(sexuality)에 근거한 것이었다. 그런 방식들은 때로 도가 지나치다는 느낌을 주고 입증되지 않은 결론을 내렸다는 비판을 받기도 한다. 사례 전체를 통하여 프로이트의 해석에 대해 도라가 동의하지 않는 부분들을 찾을 수 있다. 도라는 K씨를 사랑하지 않는다고 말했지만 프로이트는 그렇지 않다고 주장하였다. 그가 도라의 무의식에 대해 그녀보다 더 잘 알고 있다고 주장할 때, 도라는 특히 좌절감과 무력감을 느꼈다. 프로이트는 정신분석가로서 숨겨진 욕망을 찾아내는 기법을 갖고 있다고 단언하였고, 이러한 권위가 분석에 무게를 실었다. 심지어 도라가 'No'라고 했을 때에도, 프로이트는 'Yes'라고 주장하였다. 무의식에서는 'No'가 아니기 때문이라는 주장이었다. 자신이 도라의 무의식을 옳게 이해하고 있다는 프로이트의 주장에 대해서는 논란이 많은 것이 사실이다. 페미니스트들은 도라를 대하는 프로이트의 태도가 가부장적이고 여성을 경시하는 것이라고 비판하였다."
274) 지그문트 프로이트, **정신분석강의**, 임홍빈·홍혜경 역 (서울: 열린책들, 2004), 423, 556; "… 리비도는 〈배고픔〉과 마찬가지로 본능이 드러내는 힘을 나타냅니다. 즉 배고픔이 영향을 섭취하려는 충동을 불러일으키는 힘인 것처럼, 리비도는 성적 충동을 불러일으키는 힘입니다. …"(p. 423) "… 우리는 자아가 자신의 성적 욕구의 대상들에 쏟는 에너지의 집중을 〈리비도〉라고 불렀습니다. …"(p. 556)

서 꿈은 무의미한 것이 아니라 인간의 심리와 정신 전체의 메커니즘을 밝힐 수 있는 중요한 열쇠로 보았다.

프로이트의 이와 같은 꿈에 대한 해석이 가지는 의미는 무엇인가? 그가 살았던 시대는 계몽주의가 주도하는 합리주의 체계 속에서 삶을 살도록 요구받았던 시대였다. 그것은 외부로부터 주어지는 합리적인 질서와 가치를 따라 살아가는 삶이었다. 프로이트는 이런 모든 것을 거부하고 자신의 내면적 욕구에 이끌리는 삶, 곧 외부로부터 통제받는 삶이 아니라 자신의 내면의 소리를 따라서 살아가는 삶을 부르짖었다.

중요한 것은 왜 이런 자료들을 통해서 꿈 해석을 해야 했느냐? 하는 것이다. 인과율의 세계만으로는 인간을 설명할 수 없기 때문이다. 부정할 수 없는 비인과율의 세계를 인간의 이성으로는 해결할 수가 없었기 때문이다. 이런 프로이트의 고뇌는 무엇을 말하는가? 하나님 없는 인간의 삶은 결국 신비주의적 도약으로만 가능하다는 것을 드러낸다.

그럼에도 불구하고 더 더욱 프로이트는 기독교를 싫어했다. 기독교는 그가 원했던 내면의 소리를 따라 살아가는 삶이 아니라 자기 외부, 곧 하나님으로부터 통제받는 삶이었기 때문이다. 프로이트가 꿈의 분석을 말하는 그 속셈은 하나님이라는 외부의 절대자가 아니라 인간을 기준으로 삼아 살아가는 반기독교적인 인간관에 기초하고 있다.

그렇게 꿈을 분석했던 프로이트의 삶은 어떠했을까?

1908년에 융은 『조기성 치매의 심리학에 관하여』(*Über die Psychologie der Demintia Praecox*)라는 논문을 프로이트에게 보내 비엔나로 초대를 받았다. 비엔나에 도착하여 그날 저녁 프로이트의 집에서 저녁 식사는 하는 동안에 융은 프로이트와 프로이트의 부인과 정신분석과 프로이트의 활동에 관해 이야기를 나누었다. 그런데 프로이트의 부인은 프로이트가 하는 일을 전혀 모르고 있었다. 그에 반해, 프로이트의 집에 함께 살고 있었던 프로이트의 처제는 프로이트가 하는 일을 모두 알고 있었다.[275] 수일 후에 프로이트의 실험실을 방문했을 때

---

[275] Ibid., 284. 프로이트 자신이 말하는 방식대로 하자면 프로이트는 성도착적인 사람이다. "우리가 성인의 생활 속에서 〈성도착적인〉이라고 부르는 것은 정상적인 행위와 다음과 같은 점에서 차이가 납니다. 첫 번째로 종의 장벽

프로이트의 처제는 융에게 면담을 요청했는데, 그 면담에서 그녀는 프로이트와의 관계 때문에 몹시 괴로워하였고 그 관계에 대해 죄책감을 나타내었다. 융은 그녀와 프로이트가 깊은 사랑의 관계에 있음을 알고 큰 충격을 받았다.[276]

프로이트는 리비도를 삶의 에너지로 표현했지만, 자신의 리비도에 대해선 은폐하려고 했다. 프로이트는 1915년 미 신경학자 제임스 푸트먼(Putman)에게 보낸 편지에서 "나는 훨씬 자유로운 성생활을 지지하지만, 실제 생활에서 그렇지 못했다"고 썼다고 NYT는 보도했다.[277] 또한 프로이트는 동성애(homosexuality)에 대하여 지극히 관대했다.[278]

그러면서도 프로이트는 자기 자신의 도덕성에 대해 민망할 정도로 예찬한다. 프로이트는 푸트먼(Putman)에게 보낸 편지(1915년 7월 8일자)에서 자신에 대해 다음과 같이 썼다.[279]

나는 정의감, 다른 사람에 대한 배려, 다른 사람을 고통에 빠뜨리거나 이용하는 것을 싫어하는

(인간과 짐승 간의 메울 수 없는 심연)을 무시하고, 두 번째로 혐오감이라는 장벽을, 세 번째로 근친상간의 장벽(혈연적으로 가까운 사람에게서 성적 만족을 구하는 것을 금지하는 것)을, 네 번째로 동성의 일원이라는 방벽을 뛰어 넘으며, 그리고 다섯 번째로 성기의 역할을 다른 신체 기관이나 신체 부분으로 확장시키는 것 등 입니다."

276) 이죽내, 융심리학과 동양사상(서울: 하나의학사, 2005), 20-21.
277) http://cafe.daum.net/ppancafe/2kHq/51/ 프로이드 처제와 밀애.〈프로이트와 9년 연하 처제 사이의 '부적절한' 관계는 심리학자 카를 구스타프 융(Jung)이 1957년 "프로이트가 처제를 사랑했고, 매우 '밀접한'(intimate) 관계였다"고 말한 이래, 프로이트 연구학자들 간에 계속 논란이 됐다. 그러나 1898년 8월13일 스위스 알프스의 말로야의 한 호텔인 '슈바이처하우스'의 11호실에 프로이트(당시 42세)가 처제(33세)와 투숙하면서 갈겨쓴 '프로이트 박사와 아내'(Dr Sigmund Freud u frau)라고 쓴 자필 서명이 공개되면서 이 논란은 종지부를 찍게 됐다고 NYT는 24일 보도했다. 프로이트의 아내 마르타는 처제가 따라간 이 여행을 알고 있었지만, '성격'은 알지 못했다. 프로이트는 투숙한 날 아내에게 보낸 엽서에서 "누추한 곳에 묵었다"고 썼지만, 슈바이처하우스는 이 인근에서 두 번째로 좋은 호텔이었다. 당시 프로이트는 처제와 한 침대를 썼을 뿐 아니라, 이런 낯선 곳으로의 여행에선 처제를 '아내'로 내세웠다. 이 숙박부는 프로이트를 추적해 온 하이델베르크대의 한 사회학자가 발견했다. 「프로이트와 처제의 '밀애'」 [조선일보] 2006년 12월 25일(월)기사 참조.〉
278) Richard Webster, *Why Freud was wrong, Sin, Science, and Psychoanalysis* (Basic Books, 1995), 320-321; "Freud himself could on occasions be remarkably tolerant and generous, even in relation to homosexuality, which he found personally distasteful. In a letter which he wrote to the mother of a homosexual, Freud offered reassurance: Homosexuality is assuredly no advantage, but it is nothing to be ashamed of, no vie, no degradation; it cannot be classified as an illness; we consider it to be a variation of the sexual function, produced by a certain arrest of sexual development. Many highly respected individuals of ancient and modern times have been homosexuals, several of the greatest injustice to persecute homosexuality as a crime-and a cruelty, too."
279) 이덕하, 나는 왜 프로이트주의자가 아닌가.

것과 관련해서 내가 아는 최선의 사람들과 내가 동등하다고 믿습니다. 나는 어떤 비열하거나 악의적인 일도 한 적이 없습니다. … 내가 왜 언제나 명예롭게 행동하기를, 다른 사람에게 자비를 베풀기를, 가능할 때마다 친절을 베풀기를 열망하였는가 그리고 다른 이들이 잔인하고 믿을 수 없는 사람들이기 때문에 이런 식으로 행동하다가는 해만 입고 다른 사람들의 발판이 되기 십상임을 내가 깨닫고 있음에도 불구하고 내가 왜 이런 식으로 행동하기를 멈추지 않았는가를 내 자신에게 물어본다면 사실 나도 대답을 모릅니다. (『Seductive Mirage』, P. 87.)

로버트 D. 헤어는 그의 책 『진단명: 사이코패스』에서 프로이트처럼 이런 식으로 자신의 정직성에 대해 말하는 사람들을 사이코패스(psychopath, 정신병질자)라고 말한다.[280]

프로이트의 이론과 프로이트의 삶에서 볼 수 있듯이 자신의 가르침과 삶은 일치하지 못했다. 인간은 결코 하나님을 떠나 살 수 없으며, 인간의 죄성을 부인할 수 없다. 아무리 그럴듯한 말로 인간의 삶을 조명해 보려고 해도 아무것도 밝혀낼 수가 없으며, 설명하려고 하면 할수록 더 미로로 빠져들고 만다. 그러므로 오직 하나님 안에 있을 때 참된 자유와 만족을 누릴 수 있으며, 인간은 절대로 인간 속에서 답을 찾을 수 없다.

오직 예수 그리스도의 십자가의 피 흘린 대속만으로 인간은 죄와 허물로 죽은 자리에서 벗어날 수 있다. 인간의 죄성은 하나님 앞에 겸손하게 하며, 성령 하나님은 우리로 하여금 예수 그리스도 안에서 서로가 서로를 불쌍히 여기며 긍휼히 여기는 삶을 살게 하신다. 거기에는 용서와 사랑이 있다. 그것이 십자가로 구원받은 성도의 삶이다.

라이히와 오르곤 치료

프로이트와 관련하여 라이히의 오르곤 치료를 참고적으로 살펴보는 것이 유익하리라고 본다. 프로이트의 자유연상법과 달리 라이히는 오르곤 치료라는 독특한 방법을 사용했기 때문이다. 라이히는 프로이트의 제자로 성격 전반에 초점을 두는 정신분석 체계 전반에 대한 이론을 발전시킨 사람이었다. 그는 오르가

---

280) 로버트 D. 헤어, 진단명 사이코패스(우리 주변에 숨어 있는 이상인격자), 조은경·황정하 역 (서울: 바다출판사, 2016).

즘에 도달할 수 있는 능력은 건강한 사람의 필수적인 조건이므로 억압된 에너지를 오르가즘을 통해 해소하지 못하면 신경증이 생길 수 있다고 주장했다. 그로 인해 그는 정신분석학계의 이단아로 낙인찍혀 파문당했다. 독일에서 입지를 잃은 그는 노르웨이에서 새로운 연구 모임을 결성했지만 그곳에서도 바이온 연구로 빈축을 샀다.281) 그의 치료법은 추잡한 포르노라는 비난을 받았고, 그는 결국 미국으로 떠났다.282) 참고적으로 라이히는 프로이트의 제자이지만 프로이트에 대해 비판적 시각을 가지고 있었다는 것을 기억해 두어야 한다.283)

---

281) http://blog.daum.net/green8/15905620/ 라이히는 노르웨이 오슬로 시절 동안, 생명의 기본적인 성질을 에너지적으로 확인하려는 방향으로 연구 초점을 맞추었으며 이러한 과정을 통해 원초적 생명 에너지에 대한 개념이 정립되어졌다. 오실로스코프 장치를 이용한 피부 전위 변화 측정 등을 통해서 생명체에서는 전기에너지와 유사한 에너지 현상이 일어나고 있다는 것을 이미 실험적으로 확인하였던 라이히는, 이 에너지가 근원적으로 발생하고 또 전달되는 실제 메커니즘을 알아보기 위해 생물체 세포 단위에서 관찰과 실험의 필요성을 느끼게 된다. 이러한 실험에 필요한 고배율의 현미경 장치와 사진기 등을 친구의 도움을 받아 어렵게 구입하였는데, 1936년 그 당시만 해도 생물 원형질체(Protozoa)를 현미경으로 자세하게 관찰한다는 것은 그리 쉬운 작업이 아니었다. 실제로 그는 현미경을 통하여 생물체 세포 내 조직 관찰 실험을 행하던 도중에 무언가 가장 기본적인 생명 에너지 단위체라고 볼 수 있을 어떤 미지의 소포체를 발견하였고, 이것을 바이온(Bion)이라고 명명한다. 그가 발견한 바이온이란, 아메바와 같은 최소 단위의 생물체와 무기물질과 같은 무생물체 사이에 과도적 단계에 놓여 있는 생명의 기원체라고 불릴 수 있는 어떤 소포체를 일컫는 것이다. 어느 날 라이히는 생물체의 조직 세포들을 현미경으로 관찰하는 시험들을 진행하고 있었다. 건조시킨 이끼나 풀 등의 유기물들을 고온에서 열처리하여 살균시킨 뒤에 그 조직 배양액을 현미경으로 관찰하던 중이었다. 그런데 조직 배양액 속에서 이상한 형태의 자그마한 소포(Vesicle)들이 발견되었다. 그것들은 유기물의 본체로부터 떨어지려 하고 있었으며 마치 자그마한 원생동물처럼 스스로 팽창과 수축을 반복하고 있었다. 이러한 소포(小胞)들이 상당수 모여들어 막에 쌓이더니 이제는 진짜 원생동물처럼 움직이기 시작했다.
더욱 정밀한 실험에서도 계속 똑같은 현상이 관찰되었다. 그 뿐만 아니라 유기물질의 조직 배양액에서가 아닌, 바다 모래와 같은 무기물질에서도 똑같은 소포들이 관찰되었던 것이다. 1939년에 라이히는 태양광에 의해 달구어져서 뜨거워져 있는 바다 모래를 채취하여 현미경으로 관찰하고 있었다. 현미경의 배율을 2,000-4,000배 정도로 맞추었을 때 푸르스름한 빛을 방사하는 똑같은 소포들이 관찰되었다. 라이히는 이것을 샌드파켓 바이온(SAPA bion)이라고 명명하였다. 크기가 1미크론 정도인 이 소포들의 정체는 과연 무엇일까? 이 소포체는 청백 또는 청회색의 연한 빛을 방사하며 불규칙적으로 맥동하였다. 게다가 여기에 생물 염색액을 부어 주면 격렬하게 반응하였기 때문에 생물체적인 활동성을 지니고 있음이 파악되었다. 라이히는 이것이 비생물체로부터 생물체로의 과도적 단계에 있는 생명의 실제적인 원인체라고 판단하였으며 따라서 이름을 바이온이라고 명명하였던 것이다. 이에 반해 기존의 과학계에서는 아직까지도 라이히의 바이온에 대하여 지극히 냉담한 자세를 견지한다. 라이히가 관찰하였던 것은 단순히 어떤 무기물질의 브라운운동에 불과하다는 것이다. 그러나 라이히와 그의 계승자 그룹은 이 같은 안이한 해석을 단호히 거절한다. 이 새로운 소포체의 운동은 대단히 규칙적이고 또 소포체 내부의 맥동까지 관찰되고 있으므로 무기물질의 브라운운동과는 근본적으로 다른 것이었다. 라이히는 브라운운동과 생물체의 자발적 운동형태의 구별조차 못한다고 당시 과학계를 거꾸로 비판하였으며, 결국 유럽을 떠나 미국으로 이주할 결심을 굳히게 된다.
282) http://v.daum.net/link/17143818/
283) http://blog.naver.com/ploski/100064691123/ 라이히는 인류의 문명과 문화를 오이디푸스 콤플렉스로 설명하는 프로이트의 가설에 대해서 반기를 들고 있다. 한마디로 말해서 프로이트의 상기한 논의 사항은 (라이히에 의하면)

그는 미국에서 열정적으로 연구에 몰두 오르곤 에너지 축적기라는 획기적인 과학적 도전에 나섰다. 오르곤 에너지 축적기란 공중전화 부스만한 크기의 장치인데, 대기 중에 있는 에너지를 모아서 그 안에 있는 환자의 일반적인 감기나 암, 성불능을 치유해 줄 수 있다는 것이다.284)

라이히는 1939년부터 오르곤 치료법을 시작했다. 오르곤 치료법이란 광채가 나는 금속통인 '오르곤 치료기'를 사용하는 것이다. 이 '오르곤'이라는 것은 일종의 우주 에너지를 뜻한다. 오르곤 치료법이라는 것은 다음과 같다.

> 오랜 생물학적인 관찰과 임상 실험 등을 통하여 라이히는 소위 생명 에너지라는 미지의 에너지를 발견(?)한다. 그는 오르곤 에너지라고 명명하였으며, 오르곤 에너지라는 개념은 그 이후 라이히의 제반 연구를 관통하는 핵심 내용이다. 라이히에 의하면, 인간의 성적인 욕망과 오르가즘과 같은 성적 황홀 상태는 프로이트가 주장하는 리비도와 같은 심리적 현상이 아니라, 오르곤 에너

과거에 실제로 존재했던 구체적인 역사적 사실을 근거로 하지 않고, 프로이트가 머릿속에서 추상적으로 생각한 변증법적인 모순 논리에 바탕을 두고 있다. 만약 인류학이 원시 시대의 성생활을 명확하게 설명 해줄 수 있다면, 프로이트의 오이디푸스 콤플렉스는 사실이 아니라, 그야말로 하나의 가설로서 판명될 것이다. …
첫째, 만약 프로이트의 논리대로 성장한 자식들의 부친 살해 사건이 동서고금을 막론하고 계속 이어져왔다면, 어떻게 인류가 존속될 수 있었겠는가? 원시 씨족 사회에서는 친아버지라는 개념이 존재하지 않는다. 설령 아이들 주위에 어머니와 관계를 맺는 성인 남자가 있다고 하더라도, 그는 대부분의 경우 다른 씨족 출신의 사람이다. 따라서 백 퍼센트 근친상간이라는 논리는 성립되지 않는다. 둘째, 프로이트의 논리에 의하면 부친 살해 후에 아들이 죄의식과 후회 때문에 여자들(어머니 또는 자매)과 성관계를 맺지 못한다고 한다. 그러면 인구는 현저히 줄어들어야 했을 텐데, 실제로는 그렇지 않았다. 셋째, 원시 씨족사회의 사람들에게는 질투심이란 전혀 발견되지 않는다. 그러므로 아버지에 대한 자식들의 '사랑과 미움의 동시적 감정'(ambivalenz)은 세월이 흐른 뒤에 부권 사회에서 비로소 등장하는 것인지 모른다. 넷째, 프로이트에 의하면 아들은 부친을 살해한 죄의식 때문에 근친상간을 실행할 능력을 상실한다고 한다. 이로써 그 후에 윤리가 탄생하였다는 것이다. 그러나 죄의식이란 그 자체 윤리적인 반작용에서 나온 것이 아닌가? 프로이트는 사건의 선후 관계를 뒤집어서 설명하고 있는 셈이다. 다섯째, 프로이트는 원시시대에 이미 행해졌을 법한 근친상간 행위의 가능성을 전혀 인정하지 않고 있다. 그러나 원시사회 사람들의 근친상간 행위는 신화학적으로 그리고 인류학적 답사로 얼마든지 증명될 수 있는 것이다. 대부분의 성년 남자들은 다른 씨족 출신이기 때문에 자식들은 그들을 친아버지로 간주하지 않았을 뿐 아니라, '근친상간'이라는 개념조차 인식하지 못했다고 한다. 여섯째, 프로이트의 가설은 아버지를 살해한 아들과 어머니와의 성관계에 바탕을 두고 있다. 그러나 인류학 연구에 의하면 원시 씨족사회에서는 모자간의 근친상간은 무척 드물었고, 대부분의 경우 남매 사이의 근친상간이 이루어졌다고 한다. 일곱째, 프로이트의 근친상간의 범위를(시대착오적으로) 현대적 의미에서의 가족 단위에서 파악하고 있다. 그러나 원시시대에서는 가족이 문제되지 않고, 씨족 전체가 하나의 단위로 이루어져 있었다. 요약하자면 오이디푸스 콤플렉스에 대한 라이히의 비판은 생물학적 그리고 인류학적인 사실적 증명에 의해서 이루어지고 있다.
284) http://v.daum.net/link/17143818/ 라이히는 자신처럼 '세상에 대해 분노' 하는 사람의 운명을 잘 알고 있다고 말했다. 그것은 바로 진리는 하나의 규범으로 고정되어 있는 것이 아니라 다양성과 창조성, 그리고 은폐된 진실 속에 숨어 있다는 것과 그것을 인정하지 않는 세상에 대한 분노이다. 저자 마이런 섀라프는 라이히의 제자이자 동료로서 이렇듯 분노의 열정으로 타오른 이단자의 면면을 아주 생생하게 그려낸다.

지라는 생명 에너지가 관련된 생명 물리학적인 현상에 오히려 가까운 것이다. 라이히는 이러한 오르곤 에너지가 인간과 같은 생명체에만 국한되지 않고 우주공간에 이미 편재해 있는 근원적인 에너지라는 것을 발견하여, 이어서 공간상의 오르곤 에너지를 강하게 응집시킬 수 있는 오르곤 에너지 집적 장치를 개발했다. 이러한 발견 등을 통하여 라이히는 정신분석학이라는 심리학 분야에서 완전히 이탈하여 생물학, 의학, 물리학, 기상학 등의 전체 자연과학을 포괄하는 오르고노미(Orgonomy)라는 새로운 학문을 정립해 나가기 시작했다.[285]

라이히는 바다모래에서 발견된 바이온을 매일같이 현미경으로 관찰해 나갔다. 그러던 어느 날 그는 눈 주위가 마치 강렬한 태양광에 그슬린 것처럼 따끔거리는 것을 느꼈다. 바이온 배양액을 손바닥에 올려놓고 한참 있어 보니 무언가 가려운 느낌이 전달되었다. '바이온에서부터 어떤 미지의 기묘한 방사 작용이 일어나고 있는 것은 아닐까' 하는 느낌을 받은 것이다.

새로운 실험이 시작되었다. SAPA 바이온 배양액 근처에 놓인 고무장갑을 검전기에 대자 강한 반응이 일어났다. 또 목화와 셀루로이스 재료로 시험해 보았을 때에도 마찬가지 현상이 발생하였다. 그러나 바이온 그 자체는 검전기에 전혀 반응을 보이지 않았다. 한편으로는 야간이나 어두운 곳에서 SAPA 바이온을 관찰하자 푸르스름한 안개 같은 빛이 은은히 방사되어 나오는 것이 확연히 관찰되었다. 바이온으로부터 방사되어 나오는 이 미지(未知)의 에너지를 라이히는 「오르곤」이라 명명하였다.[286] 얼마 후에 라이히는, 밀도는 서로 다르지만 오르곤 에너지는 도처에 편재해 있다는 것을 발견한다.

---

[285] http://blog.chosun.com/blog.log.view.screen?blogId=65389&logId=3008339/
[286] http://blog.daum.net/green8/15905620/ 당시에 라이히는 성적인 행위 속에는 심리적 요인뿐 아니라 오히려 에너지적 현상이 더욱 지배적으로 작용한다고 단정 짓고 있었다. 따라서 성적 오르가슴에 대한 연구방법도 정신분석학 방법에서 완전히 탈피하여 자연과학적인 실험 방법을 도입하였다. 전기에너지를 과학자들이 실험하고 측정하듯이 오르가슴을 발생시키는 성적 에너지 현상이 존재한다면 이것 역시 유사한 방법으로 측정할 수 있을 것으로 생각하였다. 전기에너지를 측정할 때에 사용하는 오실로스코프 장치를 이용한 여러 가지 실험과 시도를 통해 성적 흥분 상태에서는 피부 전기저항이 현저하게 변화한다는 것을 객관적으로 측정해 낼 수 있었다. 분명히 성적 행위 속에는 소위 생명 전기라고 불러야 할 것 같은 전기적 에너지 현상이 함께 발현되고 있었다. 하지만 이 생명 전기는 일반적인 전기 개념으로는 이해되지 않는 독특한 패턴을 보여주었다. 일반적으로는 아무리 전기저항이 높다 하여도 기본적으로 전기가 전달하는 속도는 거의 광속에 가깝다. 하지만 이 생명 전기는 일초에 ㎜ 정도라는 아주 느린 속도로 전달하는 것이다. 그 이외에도 일반 전기의 에너지 현상과는 거의 동떨어지는 현상들이 눈에 띄었다. 이로부터 라이히는 여기에는 지금까지 과학자들에게 알려지지 않은 미지의 에너지가 잠재되어 있는 것이 아닐까 생각하였다. 그리고 이 미지(未知)의 에너지는 성적 행위뿐 아니라 생명 현상 그 자체를 근원적으로 가능하게 만드는 힘의 실제적인 근원이라고 보고, 이 미지(未知)의 에너지를 나중에 라이히는 오르곤(Orgone)이라고 정식으로 명명한다.

라이히는 오르곤 에너지를 모아 집적시킬 수 있다는 사실을 SAPA 바이온 배양을 연구하면서 우연한 기회에 발견하였다. 그는 프레스 합판 상자를 만들어 내부에 철판을 대고 그 속에서 바이온을 배양하였다. 배양 상자의 내부를 금속으로, 외부를 목재와 같은 유기물로 만들면 오르곤 에너지가 외부로 방사되어 유출되는 것을 좀 더 효과적으로 방지할 수 있지 않을까 생각하였던 것이다. 하지만 정반대의 기묘한 사실을 알게 되었다.

어느 날 바이온 배양액을 꺼내어 놓고 금속 벽을 청소하고 있는데 놀랍게도 이 금속 주위로부터 푸른빛 방사가 느껴지는 것이었다. 이 상자는 혹시 오르곤을 외부에서 끌어당겨 집적하는 것이 아닐까. 이렇게 생각한 그는 새로운 상자를 만들어 바이온 배양액을 전혀 넣어 두지 않은 채 그냥 놓아두어 보았다. 그 결과는 역시 생각한 대로였다. 나중에 그는 이 상자를 오르곤 집적기(Orgone Accumulator)라고 명명하였다. 라이히는 이 오르곤 집적기를 통하여 오르곤 치료법을 시작했는데, 오르곤 치료기 안에 들어가서 떠다니고 있는 우주의 에너지를 받아들임으로써 치료가 가능하다고 보았다. 그는 정신병이란 에너지가 방출되지 못하고 특정한 기관에 응어리져 있을 때 발병한다고 생각했기 때문이다. 프로이트처럼 환자에게 어떤 정신 질환이 있는지 말해 줌으로써 치료해 가는 것이 아니라, 특정한 신체 부위에 쌓여 있는 에너지를 방출함로써 가능하다고 주장했다.[287] 라이히와 같이 에너지를 방출하여 사람을 치료한다고 하면 사람의 문제와 질병에 대한 기독교적 개념과는 매우 반대되는 것이다. 더군다나 거기에는 인간의 죄에 대해서는 일말의 여지도 없다.

프로이트와 라이히는 동일하게 인간의 문제가 인간의 내면에서 발생한다고 보았다. 다만 그 해결점에서 차이가 났다. 프로이트가 말하는 인간 내면은 기독교적 내면이 아니라 무의식이라는 것이고 그 속에는 리비도라는 성적충동의 핵심 열쇠로 자리 잡고 있다. 그러니 프로이트는 기독의 원죄의 교리를 무너뜨리게 되고 새로운 구원론을 펼치는 인류의 메시아로 군림하게 되는 것이다.

또한 만일 라이히와 같이 인간의 문제를 인간 내부에서 에너지를 방출하지 못함으로 발생한다고 하여 우주의 에너지를 받아들임으로 치료를 한다고 하니

---

[287] 서울사회과학연구소, 맑스 프로이트 니체를 넘어서 (서울: 중원문화, 2010), 146-147.

하나님의 은혜와 도움 없이 인간 스스로가 마음의 문제를 치료하는 주인 노릇을 하게 된다.288)

---

288) http://www.newspower.co.kr/sub_read.html?uid=27272〉〈… 모든 학문은 인간의 이성을 바탕으로 출발이 되었습니다. 특별히 철학이 그렇습니다. 탈레스에서부터 플라톤에 이르기까지 철학은 우주의 기원과 만물의 시작을 탐구하는 거예요. 특별히 플라톤 때 와서는 현상계와 이데아의 세계를 탐구하고 연구했어요. 플라톤이 말한 이데아의 세계는 완전하고 이상적인 세계인데, 그는 이 이데아를 통해 신적인 존재나 세계를 설명하려고 노력했어요. 인간 이성을 강조한 칸트까지도 플라톤의 철학을 어느 정도 계승하고 인정했어요. 그러다가 사조의 흐름은 구조주의로 변합니다. 구조주의란 구조가 인간의 이성을 컨트롤하거나 지배한다는 사조를 말합니다. 다시 말하면 문화라는 구조, 언어라는 구조, 전통이라는 구조가 인간의 이성을 컨트롤한다는 거예요. 인간이 순수이성으로만 모든 것을 판단하고 규정하면 미국사람이나 아프리카사람이나 한국 사람이나 다 똑같이 판단하고 의사를 결정해야 하지 않겠습니까? 그러나 미국 문화가 다르고 아프리카 문화가 다르고 또 한국의 문화가 달라요. 그러니까 그 사람이 속한 문화나 언어나 사회 구조가 이성을 컨트롤하고, 그 구조 속에서 판단하고 결정하게 한다는 겁니다. 바로 이런 구조주의 시대까지만 해도 시대와 사회는 항상 어떤 보편적 규범이 있고 가치가 있고 통념이 있었어요. 그러기 때문에 그 시대와 사회는 보편성의 원리와 동일성이 지배를 했어요. 그러니까 그 때는 어떤 색다른 주장이나 행동을 하더라도 그것들이 인정을 받지 못했어요. 그것들이 보편성이나 동일성을 따라와야 했고 그 안에 흡수가 되어 버린 것입니다. 그러나 구조주의 다음으로 후기구조주의가 등장하기 시작했어요. 후기구조주의는 한 마디로 말해서 지금까지의 모든 구조를 다 무너뜨려버리자는 것입니다. 동일성이나 보편성, 일반성을 다 해체시켜 버리는 거예요. 왜냐면 후기구조주의에서는 차이를 강조했거든요. 모든 인간과 만물의 존재는 다 차이가 있다는 거예요. 사실 옛날에도 동성애 문제는 있었습니다. 역사에 보면 네로를 비롯하여 로마황제들 가운데도 동성애자가 많았고 삼국유사에 의하면 우리나라도 신라시대 때부터 동성애자가 있었어요. 고려 시대에 공민왕도 동성애자였다고 전해지고 있어요. 그러니까 구약에서도 소돔과 고모라나 모세 시대 때도 동성애를 거론하고 신약에서도 언급을 하지 않았습니까? 그러나 그 때는 보편성이나 동일성의 구조에 그것들이 다 흡수가 되어 버린 거예요. 그런데 후기구조주의에 와서는 개인의 차이를 강조하다 보니 보편성이나 동일성을 다 무너뜨려 버려요. 전통적인 가치나 구조, 통념... 이런 것들을 다 해체시켜 버려요. 개개인마다 다 차이가 있으니까 욕구의 차이도 있다는 거예요. 따라서 그 욕구를 따라 사는 권리가 있고 자유가 있어야 한다는 거예요. 바로 이런 것을 사회적 통념이나 규범같은 것으로 제어하고 지배해서는 안 된다는 거예요. 그래서 후기구조주의를 포스트모던이라고도 해요. 이러한 사조에 프로이드의 심리학을 연결했어요. 프로이드에 의하면 사람에게는 개인의 잠재된 깊은 욕구가 있어요. 그 욕구를 발산시키고 충족시키며 살게 되면 누구나 개인의 행복을 누리게 된다는 거예요. 그런데 바로 이것이 네오 막시즘(Neo Marxism)이라는 이론으로 포장되어 젊은이들에게 다가갔습니다. 사실 막시즘이 한 시대에 얼마나 많은 사람들에게 매혹적으로 다가갔습니까? 구조주의 때까지만 해도 사람들은 역사의 발전이 없다고 생각했어요. 미래에도 가진 자와 가지지 못한 자, 지배계급과 피지배계급이 있게 될 것이라고 생각했어요. 그러나 막시즘은 역사발전을 주장합니다. 프롤레타리아 혁명을 통하여 부르조아를 무너뜨리고 지배계급도 없고 피지배계급도 없는 모든 사람이 균등하고 평등하게 사는 이상적인 시대가 온다는 거예요. 그래서 막시즘은 한동안 전 세계의 절반 가까이 지배한 적이 있어요. 이 이야기를 노동자들이 들었을 때 얼마나 매혹적이었겠습니까? 그러나 지금 지구상에 그런 나라가 한 군데라도 있습니까? 레닌도 실패했고 스탈린도 실패했어요. 모택동도 실패했습니다. 공산국가일수록 얼마나 권력의 암투가 심하고 지배계급 간에 피의 보복이 얼마나 많았습니까? 그래서 동구권의 공산국가들이 다 망해버렸어요. 중국은 이 사실을 뒤늦게 깨닫고 시장 경제를 추구하게 되었지 않습니까? 그러자 구라파 젊은이들에게 막시즘은 더 이상 매력이 없게 됐습니다. 그래서 후기구조주의가 등장하면서 네오 막시즘이 출현하게 된 거에요. 네오 막시즘을 주장한 사람이 빌헬름 라이히라는 사람인데요, 이 사람은 마르크스주의와 프로이드 심리학을 아주 교묘하게 접목을 하였어요. 그런데 그가 근로자들의 정신치료를 해주다가 발견한 사실이 있었는데, 좁은 국민주택에서 사는 노동자들이 신경증이나 노이로제에 걸려있더라는 거예요. 그 이유를 분석해보더니 성적인 억압때문

이었다는 겁니다. 작은 집에서 부모님도 모시고 애들도 우글우글하지요. 그러다보니 부부간에 원만한 성생활을 못해 성적 억압이 되어 있다라는 겁니다. 그때 그는 깨달았어요. "아, 이것이다. 사람은 성적 욕구를 잘 풀어줘야 한다. 누구나 평등하게 성적 욕구를 발산시켜줘야 한다." 이 사람에 의해 처음으로 오르곤이나 오르가즘이란 말이 나왔는데요. 어떻게든지 남자는 오르곤을 느끼고 여자는 오르가즘을 느껴야 활력이 넘치는 삶을 살게 된다는 것입니다. 그리고 그럴 때 참으로 아름다운 세상이 이루어진다는 거예요. 그래서 그는 성정치를 주장하기 시작했어요. "정치가 무엇인가? 인간의 삶의 문제를 현실적으로 해결해주는 것이 정치가 아니라 말인가? 그렇다면 인간에겐 성적인 억압부터 풀어줘야 한다. 제한받고 있는 성적문제부터 해방시켜줘야 한다." 바로 이것이 그가 주장한 성정치 이론이었습니다. 그런데 인간의 성적 욕구를 여러 사회 구조가 억압을 시킨다는 거예요. 다시 말하면 윤리나 규범, 보편적 가치, 법률, 종교... 이런 것들이 성적 욕구를 억압시킨다는 거예요. 그리고 억압된 성적 욕구는 사람을 더 불행하게 만들고 피폐적으로 만든다는 거예요. 그래서 개인의 성적 욕구를 자연스럽게 발산하고 자유롭게 분출할 때 개인도 행복하고 이 세상 누구나 평등하게 사는 새로운 막시즘의 세상을 맞는다는 거예요. 그런데 이것을 가장 억압하는 첫번째 구조가 가정이라는 것입니다. 이 가정의 울타리나 굴레 때문에 성적 욕구를 제대로 발산하지 못한다는 거예요. 특별히 남녀가 만나 서로 사랑하고 결혼해야 한다는 보편적 통념 때문에 동성끼리 서로 사랑을 못하게 된다는 거예요. 두 번째 구조는 학교라는 것입니다. 왜냐하면 학교에서 이런 것들을 자꾸 하지 않도록 교육을 시키기 때문입니다. 세 번째는 종교가 그것을 억압한다는 거예요. 특별히 종교 중에서도 교회가 이런 개인의 성적 욕구를 억압시킨다는 겁니다. 간음하지 말고 가정이 건강하기를 역설하며 특별히 동성애를 반대한다는 거예요. 그래서 네오 막시즘은 성정치 이론을 통해서 가정의 고정관념부터 깨는 운동을 합니다. 한 남자는 한 여자에게 구속될 필요도 없고 한 여자도 한 남자에게 제한을 받을 필요가 없다는 거예요. 성은 얼마든지 자유로운 것이니 즐기라는 거예요. 그러니 구라파의 젊은이들이 얼마나 좋아하겠습니까? 게다가 가정은 남자와 여자가 결합해서 이루는 것만이 아니라는 거예요. 동성애를 하는 사람도 얼마든지 남자끼리 부부가 되어 가정을 이루고 여자끼리도 마음만 맞으면 얼마든지 가정을 이룰 수 있다는 거지요. 그러다 수가 틀리면 헤어질 수 있다는 거예요. 그래서 우리나라도 어느 진보 정당에 속해 있는 국회의원이 '생활동반자법'을 입법하려고 하지 않습니까? 남자끼리든, 여자끼리든 함께 살면 가족으로 인정해 주어야 한다는 법안을 말입니다. 도대체 이것이 무엇입니까? 인간이 짐승으로 돌아가자는 것입니까? 여러분, 왜 이런 흐름이 우리나라에까지 폭풍처럼 흘러들어오는지 아세요? 진보주의자들이 이러한 사상적 흐름을 그대로 받아들여서 그래요. 그래서 이러한 마인드를 가진 사람은 학교에서 가르치는 전통 교육부터 공격하는 거예요. 그리고 전통적인 성의 규범과 구조에서 해방을 하도록 충동하고 선동을 합니다. 그러기 위해서 지자체에서는 어떻게든지 학생들의 인권조례를 만들려고 하는 거예요. 이것이 바로 성정치와 네오막시즘의 목표입니다. 그런데 이런 성정치를 주장한 빌헬름 라이히의 성장배경이 어떤지 아세요? 그는 어릴적에 그의 어머니가 가정교사와 간통하는 장면을 목격했습니다. 그리고 그 사실을 아버지에게 일러바쳤습니다. 그러자 어머니는 자살을 해버리고 말았습니다. 그래서 라이히는 그때부터 성욕을 억제하는 제도나 문화에 반감을 갖게 되었습니다. 그리고 성욕이란 무제한으로 풀고 그 발산을 인정해야 한다는 성해방이론을 구축하게 된 것입니다. 바로 이런 동기에서 성정치가 나오고 네오막시즘이 등장한 거예요. …〉

칼 융과 구상화

칼 융의 구상화는 '적극적 심상법'(active imagination)이다. 융의 '적극적 심상법'(혹은 적극적 상상력)을 말하기 전에 그 이전에 사용된 방법과 과정에 대하여 살펴보자.

최면요법의 역사

최면에 대한 기록은 B.C. 928년 그리스 잠의 사원에서 발견된 벽화와 B.C. 376년 이집트 궁정 마법사 치차엠 잉크의 치료에 대한 기록이 파피루스에 남아 있을 정도로 오래되었다고 한다. 하지만 기독교 시대를 거치면서 사라지게 된다.[289]

그 후 1770년대 오스트리아 빈의 의사 메스머가 최면요법의 선구자로 떠올랐는데 당시 그는 최면술로 환자를 황홀경에 빠지게 한 후 특수하게 제작된 자석으로 환자의 몸에 갖다 대는 동물자기 요법을 썼다고 한다. 그 효과는 놀라운 것이어서 상당한 인기를 끌었다. 하지만 파리의 의사 협회가 메스머의 최면요법을 사기로 규정하여 사라지게 된다.(최면술을 뜻하는 mesmerism은 여기에서 기인한다)[290]

---

[289] http://www.hypnos114.com/ 최면에 대한 역사에 대한 자료들은 한국최면과학원의 임재형 박사의 글이 대부분이다.

[290] http://www.jongmankim.pe.kr/vision.html/ 최면학의 등장은 샤르코(Charcot) 등장 이전에 100년 전으로 거슬러 올라가게 된다. 1775년 1월에 신부이자 성공적인 귀신을 쫓아내는 로마 가톨릭의 굿을 하는 엑소시스트인(exorcist) 가스너(Gassner)가 대중들 앞에서 귀신들린 환자들을 치료하는 시범을 보이면서 오스트리아 전국으로 돌아다니고 있었다. 가스너는 전국으로 순회를 하면서 귀신들린 사람들을 이러한 귀신 쫓는 굿 즉 exorcism을 하고 다녔다(Ellenberg, 1970). 로마 가톨릭 교구장은 가스너의 소식을 듣게 되었고 가스너가 신부의 본업을 잊어버리고 귀신들린 사람을 고쳐 주며 순회를 한다는 것에 실제로 귀신들린 환자를 치료를 하는지 진상 조사위원회가 열리게 되었다. 여기에 진상 조사 위원 중에 한 사람인 메스머(Mesmer)가 있었다. 그는 의과대학을 졸업한 의사였다. 메스머는 가스너가 귀신들린 환자에게 귀신을 쫓는 시범을 보게 되었고 그는 진상 조사 위원회 앞에서 가스너가 신부 복장을 하고 십자가와 성경책을 들고 하는 것을 내 손가락 하나로써 할 수 있다고 공언을 했다. 그는 진상 조사 위원회 앞에서 손가락 하나로써 귀신들린 사람들을 자기 마음대로 오게 하고 가게 하면서 귀신들린 사람들을 마음대로 컨트롤했다. 마치 자석에 끌리는 사람처럼 귀신들린 사람은 메스머에게 끌려오고 밀려가고 메스머의 손가락으로 지시하는 대로 하는 것을 보았다. 여기에서 메스머의 최면학이 등장하게 된다. 가스너는 진상 조사 위원회의 보고서를 근거로 로마 가톨릭 교구장의 지시를 받아서 exorcism의 활동의 중지 명령을 받았고 해고 되어 조그만 교구 내로 추방이 되었다. 엄격한 로마 가톨릭 교회의 의식에 의해서만 그리고 교인들만을 상대로 실시하도록 명령을 받았다(Ellenberg, 1970).

가스너의 시대가 물러나고 메스머의 시대가 열리게 되었다. 프랑스 전역을 휩쓰는 메스머의 열풍은 1784년에 드디어

메스머의 제자 중 한 사람으로 후작 퓌세귀르(Puysegur, 1751-1825)는 오늘날의 최면법에 가까운 유도법을 창안했다. 그는 우주 유체는 자력이 아니라 전기이며 이 전기 유체는 동물뿐 아니라 식물 등 모든 생명체에서 발생한다고 믿었다. 그는 이 '전기 유체'를 환자들에게 제공하는 동안 이상한 현상을 발견하게 되었는데 환자들 중 일부가 '몽유병' 상태가 되었으며 그 상태에서도 여전히 의사소통을 할 수 있었고 의식도 있었으며 암시에 반응을 보였다. 이것을 '자가수면현상'이라 한다.291)

포르투갈의 사제 파리아(Abbe Faria, 1756?-1819)는 퓌세귀르에게 최면을 배웠다. 파리아는 또 언어 암시만으로 트랜스 상태로 유도하여 환자를 치료할 수 있고 통증을 감소시킬 수 있다는 것도 밝혀냈는데 아마 근대 최면의 역사에 있어 암시만으로 최면 상태로 유도하여 치료를 행한 것은 파리아가 최초라고 볼 수 있을 것이다. 이후 1829년 외과 의사인 클로케(Jules Cloquet)는 메스머리즘 하에서 유방 종양을 절제하는 수술을 하였으며, 1836년 우데(Jean Victor Oudet)는 처음으로 메스머리즘을 이용하여 무통 발치를 하는 데 성공하였다.292)

1840년 영국에서는 최면에 대한 활발한 연구가 이루어졌으며, 최면에 의한 마취로 수많은 수술을 시도하고 성공한다. 이후 최면은 마취제가 도입되기 전까지 마취술의 목적으로 사용되었다.293)

과학 학회와 의학 학회가 공동으로 진상 조사위원회가 열리게 되었다. 이 공동 조사 위원회에는 화학자인 라보아제, 과학자인 프랭클린(피뢰침을 발견한 미국의 과학자로 그 당시 미국 대사로 근무), 의사 킬로틴(사형틀인 단두대를 만든 사람) 등이 섞여 있었고 진상 조사위원회의 목적은, '정말로 만유인력에 버금가는 새로운 유체를 발견했나?'에 집중이 되었다. 메스머(Mesmer)가 직접 대면을 거부했기 때문에 진상 조사 위원회는 델슨(Deslon)에게 가서 조사를 했다. 조사 결과, 메스머의 새로운 유체 발견은 거짓으로 드러나고 그의 인기는 폭락을 했다. 그는 1785년 실망해서 고향으로 돌아갔고 그 이후에는 이름 없는 사람으로 역사에서 사라졌다(Ellenberg, 1970). 역사는 메스머를 계몽주의가 낳은 시대적 산물로 보고 있다. 무지, 미신, 맹목적 믿음, 악령에 대한 이성의 승리로 본다. 귀신, 악령, 마귀, 마녀로 보았던 시각을 병이라는 개념을 도입했고 치료 기법을 고안한 공로는 인정하고 있다. 증기 기관, 전이 이론 등을 통해서 자석, 전기의 흐름, 동물 자장 등 과학적 개념의 사용으로 인정을 받게 되었다. 정신 이상자는 병에 걸렸기 때문에 치료를 해야 한다는 개념이 지역사회에서 받아들여지는 계기가 되었다. 메스머주의(Mesmerism)는 귀신을 쫓아내는 굿을 하는 가스너주의(Gassnerism)에 대한 승리로 본다(Ellenberg, 1970).
291) http://mireene1004.tistory.com/tag/%EC%9A%B0%EC%9A%B8%EC%A6%9D
292) 같은 사이트에서.
293) http://blog.daum.net/kingbo/13745471/ 영국의 저명한 의사이자 런던 대학 병원의 교수인 엘리엇슨(John Elliotson, 1791-1868)은 1837년에 최면 실험을 시작한 이래로 환자들이 고통 없이 수술을 받을 수 있음을 발견하고

제임스 브래이드(James Braid, 1795-1860)가 메스머의 치료는 자기에 의한 치료가 아닌 암시에 의한 환자 스스로의 치유였다는 것이라 생각하여 언어 치료를 시작하였고 효과를 보게 됨으로 그 이후 최면은 히프노시스(그리스어로 '잠'이라는 뜻)라는 용어가 현재에서는 사용되고 있다.

1880년경에 프랑스의 의사 베른헤임과 리에보(1823-1904)가 공동으로 최면 치료에 성공을 거두자 프로이트를 비롯한 많은 의사가 그 방법을 배우기 위하여 찾아갔으나 프로이트는 최면 치료에 한계를 느끼고 자유연상법을 사용하였다. 한편 프랑스의 신경학자인 샤르코(1825-1893)는 최면이 신경병 환자들에게서만 발견되는 신경계의 병리 현상이라고 믿고 최면요법을 시행하였다.

에밀 쿠에(Emile Coue, 1857-1926)는 1857년 2월 26일 프랑스의 트로와(Troyes)에서 태어났다. 어렸을 때부터 과학에 대한 열정으로 가득했던 에밀 쿠에는 순수 화학자가 되고 싶었으나 가정 형편 때문에 약사가 된다. 28세에 리에보를 만나 최면술을 본격적으로 연구하다가 '플라시보 효과'를 확인하게 되고, 이를 더욱 발전시켜 '자기암시법'이라는 자신만의 요법을 창시했다.

그 후 진료소에서 자기암시법으로 정신과 몸에 병이 있는 수많은 사람들을 치료하였고, 명성이 널리 알려진 후에는 세계 곳곳을 돌아다니며 환자를 치료하고 자기암시법을 전파하는 데 평생을 바쳤다. 일반 환자들은 물론 의사들과 정치가에게까지 영향을 끼친 그의 치료법은 질병과 고통에서 벗어나고자 하는 사람들에게 위로와 희망이 되었다.[294] 약사였던 쿠에는 찾아오는 환자들을 통해

그 기술을 적용하게 되었다. 엘리엇슨은 우데가 무통 발치를 성공시킨 1836년에 프랑스에 있는 메스머리스트가 런던을 방문했을 때 거기에 주목했었다. 하지만 일찍이 메스머가 박해를 받은 것처럼 그도 무통 수술에 대한 소문이 퍼져가면서 같은 의사 동료들로부터 증상이나 비판의 소리가 높아지면서 대학의 이사회에서 메스머리즘을 치료나 수술에 사용하는 것을 금지하는 결의가 이루어졌다. 이에 분노한 엘리엇슨은 대학병원을 그만두고 1846년 런던에 자기 치료 전문의 병원을 개업하여 무통 수술을 계속해 갔으며 많은 환자가 그의 병원에 몰려들었다. 또한 엘리엇슨은 스스로 「조이스트」(Zoist)라고 하는 기관지를 발행해 메스머리즘에 의한 무통 수술에 대해 소개하기도 했다. 이후 그는 최면 마취만으로 1,800여건이 넘는 외과적 수술을 통증 없이 성공적으로 시술하였으며 암시를 통한 신경성 질환의 치료도 실시하여 많은 성과를 올렸다. 비슷한 시기에 엘리엇슨의 제자인 스코틀랜드 출신 외과의 제임스 에스데일(James Esdaile, 1808-1859)은 인도 캘커타 병원에 재직하면서 「자기적 수면」(magnetic sleep)이라는 최면 수술을 함으로써 최면이 보다 과학적 인정을 받는데 크게 이바지하였다. 그가 행한 무통 수술은 작은 수술만으로도 수천, 대수술은 300건 정도 이다. 그 중에는 손발 절단 수술, 거대한 종양 적출 수술, 무통 분만도 포함되어 있었다. 그러나 이 후 마취제의 발명으로 인해 점차 쇠퇴하였다.
294) http://www.aladin.co.kr/shop/wproduct.aspx?ISBN=8986938758/

우연히 "위약효과"라고 불리는 플라시보 효과를 확인하게 되고[295], 이를 더욱 발전시켜 자기암시(Autosuggestion)라는 자신만의 암시 요법을 창안했다.[296]

쿠에를 언급해야 하는 이유는 심상(visualization)을 사용하여 스트레스를 줄이고 치료하는 방법이 처음으로 도입되었기 때문이다. 마음속에 상상으로 형상을 만들어 시각적 이미지를 통해 신체적, 정서적 반응을 얻어 내고 증상을 치료하는 것이다. 그것은 인간이 하는 모든 생각이 현실이 될 수 있기 때문에 생각하는 대로 이루어진다고 확신 속에 있었기 때문이다.[297] 쿠에는 상상력의 힘이 의지력의 힘을 훨씬 증가한다고 믿었다. 수의적인[298] 의지력에 의해 이완 상태로 들어가기는 어렵지만 상상력에 의해서는 이완감이 전 신체에 골고루 퍼져 나가게 한다거나 정서적으로 안정을 얻을 수 있는 안식처를 찾아갈 수 있도록 심상화 할 수 있다는 것이다.

쿠에는 우리가 하는 모든 생각이 현실이 될 수 있기 때문에 생각하는 대로 이루어진다고 확신하였다. 슬픈 일을 생각하면 불행을 느끼게 되고, 불안한 생각을 하게 되면 긴장하게 된다는 것이다. 그는 불행감이나 긴장감을 극복하기 위해서 긍정적이고, 치유가 이루어지는 심상화(visualization, 구상화)에 초점을 두어야 한다고 말했다.

그래서 쿠에는 결핵, 뇌출혈, 변비와 같은 질병을 앓고 있는 환자들에게 하루

---

295) http://www.mindbook.co.kr/upload/the%20magic%20story_sample.pdf 쿠에는 환자들에게 자기 최면 상태에서 "나는 매일 모든 면에서 계속 좋아지고 있다"는 말을 스무 번씩 반복하게 하여 수많은 난치병 환자들을 치료했다. 그는 마음을 "인간의 운명을 결정하는 위대한 장치"라고 말했다. 처음에 쿠에는 본업대로 약을 주로 처방했지만 갈수록 자기암시요법이 더 나은 효과를 발휘하게 되자 결국 '약이 치료하는 것이 아니라 약에 대한 믿음이 병을 치료한다'는 결론을 내리고 1910년부터는 약사의 업무를 접어 버렸다. 이후 1920년대에는 유럽과 미국을 여행하면서 자기암시법만으로 한 해에 약 만 5천 명을 치료하기도 했다.

296) http://k.daum.net/qna/view.html?qid=2gvHs/

297) http://cafe.daum.net/kmbsr/Cj0K/24/ 심상법; "심상(visualiztion)을 사용하면 스트레스를 강력하게 감소시킬 수 있다. 이런 방법은 20세기 초 프랑스의 에밀 쿠에(Emile Coue)에 의해 마음 속에 상상으로 형상을 만들어 시각적 이미지를 통해 신체적, 정서적 반응을 얻어 내고 증상을 치료하는 방법으로 처음 도입되었다. 쿠에는 상상력의 힘이 의지력의 힘을 훨씬 능가한다고 믿었다. 수의적인 의지력에 의해 이완상태로 들어가기는 어렵지만 상상력에 의해서는 이완감이 전 신체에 골고루 퍼져 나가게 한다거나 정서적으로 안정을 얻을 수 있는 찬식처를 찾아갈 수 있도록 상상화 할 수 있다. 쿠에는 우리가 하는 모든 생각이 현실이 될 수 있기 때문에 생각하는 대로 이루어진다고 확신하였다."

298) http://www.jisiklog.com/qa/17044770.htm/ 수의라는 말은 [자기의 마음대로 함]을 뜻한다. 보통 수의적 운동이라는 말은 타인에 의해서라 아니라 스스로 움직일 수 있는 것이다.

20번씩 '나는 매일매일 또 순간순간마다 좋아지고 있다'고 권유했다. 그 환자들은 편안하게 이완된 자세를 취하고선 눈을 감고 모든 신체 근육을 이완하는 훈련을 했다. 쿠에는 환자들이 반의식 상태에서 졸기 시작하면 환자에게 '나는 이제부터 이완할 거야'와 같은 주문을 하라고 권했다.

융은 이런 사람들 중에서도 특히 스위스의 심리학자이며 오컬트 연구가요 심령현상 연구가인 플루르노아(Théodore Flournoy, 1854-1920)로부터 큰 영향을 받았다. 그는 당시 유명한 여성 영매사(靈媒師)가 신령이나 유령을 자신에게 들리게 하는 빙의현상(possesion)299)을 조사하였다. 그녀는 마치 옮아 붙은 유령이 추억담을 말하듯이 지난 과거에 있었던 일을 너무나도 잘 말했다. 그러나 그 이야기란 '실제의 영혼'에 의해서 나온 추억담이 아니라, 그녀의 '무의식의 힘'에 의해서 유발된 이야기라고 결론을 내렸다. 다시 말해서, 그녀는 자각이 아니라 무의식이 만들어 놓은 증상을 의식적으로는 잊었으나 무의식에 잠재했던 것을 영매사가 그대로 재생하여 말했다는 것이다.300)

「Red Book」과 적극적 심상법(active imagination)

이제 심상(visualization)은 칼 융에게 넘어오면서 이전과는 차원이 다른 접근이 이루어진다. 칼 융(Carl Jung)은 그것을 '적극적 상상력' 혹은 '적극적 심상법'(active imagination)이라고 하였다.301) 적극적 심상법은 무의식을 이해하는

---

299) http://my.netian.com/~skakypia/main.htm "육채를 상실한 인간의 혼이나, 동물의 혼이 살아있는 사람의 몸 안에 들어와서 그의 두뇌를 점령하여 여러 가지 이상한 행동을 시키는 것을 빙의현상이라고 한다."
300) 정인석, **의식과 무의식의 대화** (서울: 대왕사, 2008), 92-94.
301) http://blog.daum.net/simsang754/52 심상치료에서 융의 적극적 심상법의 이해(2010.1.9.). "적극적 심상법은 곧 인간의 모든 심리적·정신적 문제 및 마음 문제점들이 자연 정신에 입각하여 이해되고 극복되고 해결되는 것이 올바른 치유 방법이라는 관점이다. 적극적 심상법에서 의미하는 치료란 곧 각 개인이 진정한 인생의 인도자인 자연을 접촉하고 만나는 경험과 이를 통하여 각자 자기 인생의 본질적 의미를 자연적 흐름의 정신에서 발견하는 체험을 말한다. 적극적 심상법에 의하면 인간의 인생이란 본질적으로 개인이 외적 환경 및 현실 세계를 자신의 마음으로 그린 형상적 모습의 반복되는 경험에 불과하기 때문에 인간은 자신의 고유한 마음 세계를 반영하는 심상을 통하여 이들을 자각하고 깨달아야 비로소 자신의 진정한 인생을 찾게 되고 나아가 이를 토대로 자아실현을 체험하게 된다는 것이다. 다시 말해 인간이 갖는 '심리적 · 정신적 문제'란 곧 한 개인이 고유한 개체로서 자신의 독립적인 개성화(Individuation)과정을 제대로 밟지 못해서 발생하는 것이고 이에 개인이 개성화 과정을 경험해야 진정한 치유가 이루어진다는 것이다. 인간이 자신의 자아실현을 위해서는 삶에서 이 과정들이 반드시 계속 정진되어야 한다. 그러므로 융이 이해한 치유는 곧 각 개인이 터득한 자신의 고유한 개성화 과정과 실제의 삶에서 이상적인 자아실현의 구체적인 체험 그 자체인 것이다. 이 과정을 실제로 가능하도록 인도하는 방법이 곧 적극적 심상법이다.

3가지 수단 중 하나다. 융은 무의식을 이해하는 중요한 수단으로 꿈의 분석302), 회화분석 그리고 적극적 심상법을 말했다.

융의 제일 큰 업적 중 하나가 구상화(visualization)라고 하는 것은 융의 제자들도 하는 말이다. 융은 프로이트와 결별 후 7년 동안 구상화로 자기 자신의 무의식을 여행하고 『Red Book』이란 책을 출판했다.303) 그는 무의식 안에 있는 이미지는 생명을 갖고 있고 그 이미지를 "안내자"라고 명명하고 그 자신도 "빌레몬(Philemon)"이란 영적인 안내자가 자기 자신에게 더한 지혜를 주었다고 말했다.304) 『Red Book』의 목적은 '내면의 삶을 평가하라'는 것이다.305) '내면

---

302) 정인석, 의식과 무의식의 대화(서울: 대왕사, 2008), 73-74. 융은 꿈을 적극적으로 경험하고 주의 깊게 관찰하여 '요해(了解, Verstehen: 단순한 지적인 이해가 아니라 깨달아 알아낸다)해야 할 산 현실로서 연구하였다. 때문에 그는 꿈을 '해석'의 대상이 아니라 '체험'의 대상으로 본 것이다. … 왜냐하면 분석자가 피분석자의 꿈을 훌륭하게 해석해 주었다 할지라도 그 결과가 피분석자의 마음에 아무것도 못 느끼고 깨닫게 해 주지 못했다면 무의미한 것이기 때문이다. 그는 이러한 관점에서 꿈의 형태와 내용을 세밀히 관찰함으로써 꿈의 상징(symbol)의 의미를 해독하려고 노력하였으며 그리하여 자유연상법(free association)에 의한 정신분석적인 꿈분석을 멀리 하고, 하나의 꿈의 상(像)을 중심으로 꿈을 꾼 사람의 연상과 인류의 보편적인 연상을 수집하여 그 꿈의 이미지 자체에 접근하여 꿈의 의미를 이해하려는 소위 '확충'(amplification)이라는 방법을 사용하였다. … 확충을 하기 위해서는 신화·역사·민담·원시종교·문화·메타로(metaphor)에 수반했던 이미지를 이용하여 은유적인 꿈의 상징을 밝히고 이를 넓혀 가는 것이 필요하다고 보았다."

303) 위키피디아 사전에서 http://en.wikipedia.org/wiki/Red Book (Jung)#
Context The work is inscribed by Jung with the title Liber Novus (The New Book). The folio size manuscript, 11.57 inches (29.4 cm) by 15.35 inches (39.0 cm), was bound in red leather, and was commonly referred to as the 『Red Book』 by Jung. Inside are 205 pages of text and illustrations, all from his hand: 53 are full images, 71 contain both text and artwork and 81 are pure calligraphic text. He began work on it in 1913, first in small black journals, during a difficult period of "creative illness", or confrontation with the unconscious, and it is said to contain some of his most personal material. During the sixteen years he worked on the book, Jung developed his theories of archetypes, collective unconscious, and individuation.
The Red Book was a product of a technique developed by Jung which he termed active imagination. As Jung described it, he was visited by two figures, an old man and a young woman, who identified themselves as Elijah and Salome. They were accompanied by a large black snake. In time, the Elijah figure developed into a guiding spirit that Jung called Philemon (ΦΙΛΗΜΩΝ, as originally written with Greek letters). Salome was identified by Jung as an anima figure. The figures, according to Jung, "brought home to me the crucial insight that there are things in the psyche which I do not produce, but which produce themselves and have their own life." The Philemon figure represented superior insight and communicated through mythic imagery. The images did not appear to come from Jung's own experience and Jung interpreted them as products of the collective unconscious.
304) http://www.mightyatlas.net/jung_himself_archtype_freud/ philemon and other figures of my fantasies

의 삶을 평가하라'는 말의 의미는 무엇인가? 그것은 인간 속에 신성한 내면아이가 있다는 것이고 그것을 계발시키라는 뜻이다.306)

그런 까닭에, 융의 구상화를 살펴볼 때 가장 중점으로 살펴보아야 하는 것이 『Red Book』이다. 『Red Book』에 대하여 말하는 글부터 읽어보자.

1913년 융이 프로이드의 정신분석 학파를 결정적으로 떠난 뒤에 그가 시작한 중요한 작업은 자기 자신의 무의식과의 대화였다. 그것은 그가 그렇게 하기로 계획한 일이라기보다 무의식에서 폭류처럼 솟아오르는 심상들이 그로 하여금 어떻게든 대면하지 않을 수 없게 만들었던 것이라고 해야 할 것이다. 융은 꿈과 환상을 진지하게 받아 드리고 환상 속의 이미지들과 대화하면서 그 과정을 성실하게 기술해 나갔다. 꿈의 상들을 실재하는 존재처럼 상상하며 이들과 대화함으로써 무의식의 의도를 알아내고 그것을 의식화하는 '적극적 명상'(Active Imagination)은 융의 이 당시의 경험에서 나온 것이다. 융은 그의 환상을 즐겨 그림으로 표현하여 언어로는 나타낼 수 없는 무의식의 상을 체험해 나갔다. 이런 작업은 1913년에서 1919년까지 6년간 계속되었으며 이 기간을 어떤 사람은 융의 내향기라고 부르고 무의식에 대한 융의 중요한 학설이 이

---

brought home to me the crucial insight that there are things in the psyche which I do not produce, but which produce themselves and have their own life. Psychologically, Philemon represented superior insight. All my works, all my creative activity, has come from those initial fantasies and dreams which began in 1912.(C. G. Jung, 1961)
305) http://psychcentral.com/blog/archives/2009/09/20/carl-jungs-red-book/
The historian who did the translation over the past few years has said the book's basic message is "Value your inner life." Whether you read it or not, that's a message worthy of any great theorist in psychology.
https://philemonfoundation.org/projects/red_book/+Value+your+inner+life+divine+jung&cd=3&hl=ko&ct=clnk&gl=kr While Jung considered the Red Book, or Liber Novus (New Book), to be the central work in his oeuvre, it has remained unpublished until the end of 2009, and unavailable for study and unseen by the public at large. The work can be best described as a work of psychology in a literary and prophetic form. Its publication is a watershed that inaugurates a new era in the understanding of Jung's life and work.
306) http://jeanraffa.wordpress.com/2011/07/08/dreams-of-the-divine-child/ Jung had a name for Joseph's symbol of innocent childish wonder: the Divine Child. He saw it as an archetypal symbol for the Self – the whole, integrated, fully conscious psyche – and for the process of individuation which forms it. In every era and culture, this archetype shows up spontaneously in myths, fantasies and the dreams of individuals as a wise, knowing, unusual, precocious, or otherwise fascinating infant or child.
The Divine Child is an image of yourself in your purest form, with all your weaknesses and vulnerabilities, hopes and ambitions. Its appearance in your inner life means that forces are at work in your unconscious to return you to your original state of innocence, before the world wounded your trust and hardened your heart; before your ego dominated your psyche and the walls went up and the cynicism set in. But where your childhood innocence was a function of inexperience and lack of self-awareness, your newly regained transparency is a function of intentional psychological integration.

당시의 체험에서 싹텄다고 전한다. 그러나 실제로는 1927년까지 14년간을 융은 이 환상의 기록을 다듬고 정리하는데 이바지 했다. 처음에는 검은 표지의 책, 즉 '검은 책에 수록했다가 그것을 붉은 양피지로 엮은 책, 그래서 '붉은 책(das rote Buch)에 정성드려 옮겨 썼다. 그러면서 거기에 자기의 환상과 관계되는 생각들을 고대 독일어체로 적어 넣었고 상징적인 그림들을 그려 넣었다.307)

융은 이미 취리히에 있는 의과대학에 재학 중에 사촌인 헬렌 프라이스베르크(Helene Preiswerk)의 트랜스 채널링과 해리 상태308)에 관한 주제로 영적 현상의 심리발생론(psychogenesis)에 초점을 둔 영매현상에 대한 연구로 졸업학위논문을 썼다(1899년 24세). 애초에 융은 그녀의 영적인 현시(manifestations)들에 대한 정확성에 있었으나, Frederic Myers, William James 그리고 특별히 Théodore Flournoy의 저술들을 연구하였다. 그들의 연구는 영적인 경험들과 관련된 것이었는데, 영매(mediums)가 심리학에 중요한 주제로 자리 잡게 되었다. 거기에는 영매를 통한 자동기술(automatic writing),309) 최면술(trance speech), 수정점(crystal vision)이 사용되었다. 그 영향을 입은 융은 이미 학위논문에서부터 심리적 탐구의 방법으로 자동기술을 사용하고 있었다.310) 말이 좋아 심리발생론이고 영매라는 것이지 무당들이 쓰는 방법을 그대로 사용했다는 말이다.

---

307) http://www.jung.re.kr/php/board.php?board=bulletin&config=&command=body&no=56&
308) http://user.chollian.net/~leesim42/list/disso/DISSOCIA.htm/ 해리(Dissociation): 받아들이기 어려운 성격의 한 부분이 자아의 통제를 벗어나 독립적으로 행동하는 경우, 해리 상태: 강한 강제적 설득 시에 여러 수준의 해리가 나타날 수 있다. 예를 들어 세뇌, 사고 개조, 테러리스트에 포로로 사로잡혔을 때, 광신적 종교의식, 납치된 사람이 강요받을 때 등 해리 상태가 나타난다. 나치스 집단 수용소 포로들에서도 볼 수 있었다. 몽유병도 유사 해리 상태이다(DSM-Ⅲ-R)에서 몽유병은 수면 장애로 분류되고 있다).
309) http://100.daum.net/encyclopedia/view.do?docid=b18j2133a/ 자동기술(심령술) [自動記述, automatic writing]: 심령술에서 피험자가 무심결에 글을 쓰는 행위. 이 현상은 교령회(交靈會) 중에 피험자가 완전히 깨어 있는 상태나 최면상태에 있을 때 일어날 수도 있다. 이때 쓰인 것은 서로 무관한 말들, 시구(詩句), 별명, 말장난, 음담패설 또는 잘 짜인 몽상 등이다. 이 현상에 대한 대중적 관심이 최고조에 달했던 19세기 후반기 동안 자동기술현상은 일반적으로 외적 또는 초자연적 힘의 탓으로 여겨졌다. 1900년경 의식적 동기화는 물론 무의식적 동기화를 주장하는 성격이론들이 등장한 뒤에야 자동기술현상은 전적으로 내적인 것으로 상정되었다. 현대의 정신역동적 성격 이론들은 사람의 의식과 양립할 수 없는 특성·태도·동기·충동·기억 및 부분적으로 발달된 재능과 기술조차도 의식적 자각과 분리될 수 있으며 정상적인 각성 상태의 행동 과정에서는 밖으로 표출되지 않을 수 있다고 주장한다. 그러나 이러한 요소들은 자동기술의 내용에서 드러날 수 있다.
310) C. G. Jung, *The RED BOOK*, edited by Sonu Shamdasani, Mark Kyburz and John Peck (New York · London: W.W. NORTON & COMPANY, 2009), 195-196.

융이 구상화를 본격적으로 도입하기 전에 그에게는 몇 가지 체험들 곧 꿈과 환상을 보게 된다. 융은 그런 체험들을 통해서 무의식의 과정을 능동적으로 분석해 가는 사람으로 변했다. 이때부터 융은 완전히 다른 사람으로 바뀌어졌다. 이전의 융이 아니었다. 그는 내면의 목소리가 말하는 것을 기록하기 시작했다.311) 융은 그것을 어거스틴이 회심할 때 들려온 목소리와 동일하게 이해했다. 융은 이 목소리를 그가 아니마(anima)라 부르는 원초적인 의미에서 영혼이라고 보았다. 그리고 꿈들을 다시 연구하였는데, 이전의 방법과는 다르게 최면 상태의 영매들을 연구하면서 여러 가지 체험을 하게 된다. 그 때 융은 다양한 종교적인 전통들을 경험했다.

1912년에 융은 Ludwig Staudenmaier로부터 음향적이고 시각적인 환영들을 시도하는 마법의 과학화를 시도하도록 권유를 받는다. 융은 흥분제(mescalin)까지 사용해 가면서 자신에게 들려왔던 그 내면의 목소리가 이미지화 되도록 노력하며 계속 계발시켜 나갔다.

이후로 융은 15세기 영성가 이그나타우스 로욜라(Ignatius Loyola, 1491-1556)의 영성훈련을 통하여 상상력을 사용하는 것을 배웠으며,312) 스베

---

311) Ibid., 199; I said to myself, "What is this I am doing, it certainly is not science, what is it?" Then a voice said to me, "That is art." This made the strangest ort of impression upon me, because it was not in any sense my impression that what I was writing was art. Then I came to this, "Perhaps my unconscious is forming a personality that is not I, but which is insisting on coming through to expression." I don't know why exactly, but I knew to a certainly that the voice that had said my writing was art had come from a woman … Well I said very emphatically to this voice that what I was doing was not art, and I felt a great resistance grow up within me. No voice came through, however, and I kept on writing, This time I caught her and said, "No it is not, and I Felt as though an argument would ensue."

312) http://acha.pcts.ac.kr/pctl/board/down.php?kind_code=518&w_seq=85/

영의 형세(A Geography of Spirit) 「The Spirit of the Child」 / by D. Hay and R. Nye-상상력은 다른 것으로 대신할 수 없는 거룩한 경험의 응답인 비유, 상징, 이야기 그리고 예식들을 통한 종교적 활동의 중심이다. 기독교에서, 이것은 예수교의 창설자 이그나타우스 로욜라의 '영성훈련'에 의해 발전된 기도의 방법 안에서 특별히 분명해진다. 훈련에 들어온 사람들은 성서로부터 상황 안으로 상상적으로 들어갈 수 있는 용기를 얻는다. 그들은 모든 감각을 사용하여 그들에게 무엇이 일어나는지를 알고, 자유롭게 그것을 풀어 놓음으로써 이야기 속의 인물들과 연관된 느낌을 탐험하도록 도움을 받는다. 훈련을 경험했던 사람들은 전통적으로 성서본문의 의미로 향하는 그들의 시각이 매우 깊어졌는데, 그것은 단순히 지성 때문이라기보다는 묵상을 통해서 상상력 모두를 사용할 수 있었기 때문이라는 것이다. 상상력을 사용하는 비유는 많은 다른 종교들에서도 나타나는데, 예를 들어 Shingon 불교나 많은 샤머니즘적 종교들에서 나타나는 영적인 여행에서 나타난다.

(http://210.101.116.28/W_kiss9/56200201_pv.pdf 참고.)

덴보리(Emanuel Swedenborg, 1688-1772)를 통해서 영기술(spirit writing)을 배웠다.313)

융은 *Black Books*로부터 대부분의 환상들을 옮겨 『*Liber Novus*』(New Book, 『*Red Book*』)를 쓰기 시작했다. 아울러 그는 니체의 『짜라투스트라는 이렇게 말했다』(*Thus spoke Zarathustra*)를 깊이 연구했다. 융은 니체의 책에서 영감을 얻어 『*Liber Novus*』의 구조와 스타일을 만들었다. 니체는 하나님의 죽음(the death of God)을 선언했지만, 융은 『*Liber Novus*』에서 영혼 속에 하나님의 재탄생을 그렸다.314)

또한 이 시기에 융은 단테의 『신곡』(*Commedia*)315)을 읽으며 『*Liber*

---

313) http://blog.daum.net/maloysia/8022396/ 꿈과 영상: 영상과 마찬가지로 꿈은 숨겨져 있는 어떤 의미의 원형적 중심에서 분출된다. 융은 꿈과 영상 모두 예언적인 의미를 가진다고 생각했다. 예를 들어 1759년 엠마누엘 스베덴보리(Emanuel Swedenborg)의 텔레파시적인 영상을 살펴보자. 1759년 7월의 어느 토요일, 스베덴보리는 친구들과 함께 스톡홀름에서 300마일 떨어진 고텐부르그(Gothenburg)에 머물고 있었다. 오후 여섯 시쯤 혼자 외출했던 스베덴보리는 잠시 후 놀라서 창백하게 질린 얼굴로 돌아왔다. "스톡홀름에 큰 불이 났어. 빠르게 번지고 있다구. 자네 집이 재로 변했고 내 집도 불이 옮겨 붙을 지경이야." 오후 여덟 시, 잠자코 앉아 있던 그가 갑자기 탄성을 질렀다. "하느님 감사합니다! 불이 진화되었다네. 내 집에서 불과 몇 집 떨어지지 않은 곳에서 말이야." 월요일과 화요일에 스톡홀름에서 두 명의 급사가 왔는데, 그들이 전한 전갈은 스베덴보리가 화재에 묘사했던 세부 사항과 모두 일치했다. 친구들이 신기해하며 어떻게 그 화재에 대해 알았냐고 묻자, 스베덴보리는 천연덕스럽게 대답했다. "천사들이 내게 말해 줬지."
스베덴보리가 목격한 영상은 시공간에 대한 일상적인 법칙을 깨는 것이며, 집단 무의식에 직접적으로 연결된 것이다. 융은 다양한 점술의 체계와 마찬가지로 꿈이 심리적 현실을 드러내 주며, 때때로 예언적인 의미를 띤다고 믿었다. 무의식으로부터 무엇이 산출되건 간에, 그것이 어떤 생각이건 이미지건 환영(illusion)이건, 그것은 심리적 실체(psychic realities)를 창출한다. 심리적 실체란 사실에 대한 정신적 상태이다. 꿈이나 적극적 명상에서 비롯된 이미지들, 혹은 필레몬과 같은 영혼들은 단순한 망상이나 환상이 아닌 것이다. 그렇다면 환영(illusion)은 무엇인가? 우리가 환영이라고 부르는 것이 정신세계에는 존재할까? 그렇지 않다. 정신은 우리가 현실과 비현실로 분류하는 것에 대하여 고민하지 않는다. 정신에게는 모든 작동하는(work) 것이 다 현실이다. 이러한 '작동 가능성'이라는 기반 위에, 융은 정신적 현실의 본질을 탐구하는 분석심리학을 발달시켰다.
314) http://blog.naver.com/artnouveau19/140126378369/ 융과 쇼펜하우어 "나에게 가장 위대한 정신적 모험은 칸트와 쇼펜하우어 연구였다"(1977: 213) 의지와 표상으로서의 세계. 모든 존재의 핵에 존재하는 맹목적인 의지- 융이 신이라고 불렀던 것이다? (리비도?) 인간의 모든 기본적인 것들은 자연적인 힘처럼 무의식적으로 작용, 악은 선의 결여가 아니라 그 스스로의 권리를 가지고 존재하는 실재물, 융은 무의식의 기원과 정신생활의 중심에 대한 영감을 쇼펜하우어에게서.
융과 니체: 니체의 초인 개념, 개성화 과정, 니체에게 초인은 물질주의, 합리성, 과학적 진실과 같은 19세기 도그마들을 극복하는 데에. 짜라투스트라의 환영을 통해 그는 예전의 기독교적 가치는 충분치 않으며 보다 이상적인 도덕성이 요구된다는 메시지/ 다른 사람과 다른 온전히 그 자신이 되어 가는 한 개인의 입문식을 가리키는 융 자신의 개성화 individuation 개념. 초인개념과 융의 개성화 과정 간의 연결, 두 사상가 모두 나치 이념지지,
315) http://ko.wikipedia.org/wiki/%EC%8B%A0%EA%B3%A1/ 《신곡》(神曲, La Divina Commedia)은 저승 세

『Novus』의 구조를 만드는데 도움을 받았다. 단테는 우주론을 만들었다면 융은 『Liber Novus』에서 개인 우주론을 만들려고 시도했다. 융에게 빌레몬의 역할은 니체에게 책에서 '짜르투스트라'와 단테의 '버질'에게 비유할 수 있다.

융은 계속되는 자기 탐험 가운데서 큰 혼란을 겪었으며 큰 두려움을 느끼기도 했다. 융은 요가를 함으로써 그런 감정을 제거하기 위하여 싸웠다. 그리고 자신이 하는 이런 과정들을 자신과 교류하는 사람들과 그의 환자들에게도 행하라고 하면서 점점 확대해 나갔다.

『Red Book』에는 어떤 말이 있을까? 『Red Book』은 어떤 책이기에 융이 반기독교적이라고 해야 하는가? 융은 먼저 악마(the devil), 곧 사탄과의 대화로 시작한다. 그 배경을 마치 예수님께서 마태복음 4장에서 사단으로부터 시험을 받으시는 그 장면과 흡사하게 그린다. 융은 그에게 초자연적인 능력(supernatural ability)이 있는지 그것부터 묻는다.

결론은 무엇인가? 융의 영적인 안내자인 빌레몬은 최후에 다음과 같이 말했다. 빌레몬은 융에게 인간은 변했으며, 인간은 더 이상 종들이 아니며 하나님들(Gods)의 사기꾼이 아니며, 인간은 신성한 본성이라고 말했다. 그리고 그 본성이 또한 뱀(the serpent)의 본성이라 했다.316)

> 빌레몬(ΦΙΛΗΜΩΝ)이 말하길, "그대여, 여기 인간 세상의 주인이여. 사람은 변화되었소. 그들은 더 이상 노예도 아니고, 신들의 협잡꾼도 아니며 당신의 이름으로 애도하지도 않소. 단지 신들을 환대 할뿐이오."
> 신성으로는 당신의 형제로 인식하고, 인성으로는 당신의 아버지로 인식하는 그 끔찍한 벌레(사탄)이 당신 앞에 왔었소. : 그가 사막에서 당신에게 현명한 상담을 줬을 때 당신은 그를 버렸소. 당신은 상담은 취했지만 그 벌레는 버렸소: 그는 우리와 있을 곳을 찾소. 그러나 그가 있는 곳에 당신도 있을 것이오.
> 내가 시몬이었을 때, 나는 마법의 술책으로 그를 탈출하려 했었고 그렇게 당신을 탈출했소. 지금 나는 그 벌레에게 내 정원의 장소를 주었소, 당신은 내게 오시오."

계로의 여행을 주제로 한 13세기 이탈리아의 작가 단테가 1308년부터 죽은 해인 1321년 사이에 쓴 대표 서사시이다. 신곡은 이탈리아 문학의 중심적인 서사시이자 중세 문학의 위대한 작품으로 손꼽는다. 저자와 같은 이름을 가진 여행자 단테는 여행 안내자 베르길리우스(virgil, 연옥과 지옥의 안내자), 베아트리체(천국의 안내자)와 함께 지옥-연옥-천국으로 여행을 하면서 그 곳에서 수백 명의 신화상 혹은 역사상의 인물들을 만나 이야기를 나누며 기독교 신앙에 바탕을 둔 죄와 벌, 기다림과 구원에 관해 철학적, 윤리적 고찰을 할 뿐만 아니라 중세 시대의 신학과 천문학적 세계관을 광범위하게 전하고 있다.
316) "뱀(the serpent)의 본성"은 무엇을 말하겠는가?

어둠이 대답했다. "내가 당신의 속임수에 빠지겠소? 당신이 나를 비밀스럽게 잡았소? 속임수와 거짓이 언제나 당신의 이름이 아니었소?"
그러나 빌레몬이 대답하기를, "오 주인이시며 사랑받는 자여, 당신의 본성이 교활한 뱀인 것을 깨달으시오. 당신은 나무에서 뱀과 같이 길러지지 않았소? 당신은 뱀의 피부처럼 당신의 몸을 누이지 않았소? 뱀과 같이 치료술을 행하지 않았소? 당신이 올라가기도 전에 지옥을 가지 않았소? 그리고 그곳에서 구렁텅이에 고립되어 버린 당신의 형제를 보지 않았소?"
그러자 그늘(the shade)이 말했다. "당신은 진실을 말하고 있소, 거짓말하지 않소. 그렇다 하더라도 내가 당신에게 무엇을 가져오는지 아시오?"
빌레몬이 대답했다. "나는 모르오. 나는 오직 누구든 그 벌레를 접대하는 자는 또한 그의 형제가 필요하다는 한 가지 만을 아오. 당신은 내게 무엇을 가져오겠소? 나의 아름다운 손님이오? 한탄과 혐오스러움만이 그 벌레의 선물이었소. 당신이 우리에게 무엇을 주겠소?"
그늘이 대답했다. "나는 당신에게 고통의 아름다움을 줄 것이오. 그것이 누구든 그 벌레를 접대하는 자에게 필요한 것이오."317)

무엇이 변했다는 것인가? 융 속에 신성한 내면아이가 있다는 것이며 융이 바로 그리스도라는 것이다.318) 융이 서양에 속해 있기 때문에 그리스도라고 표현했을 뿐이며, 융에게 있어서 그리스도나 부처나 마호메트나 동일한 의미를 가진다. 다시 말해서, 『Red Book』의 핵심은 신성한 내면아이이며, 그 신성한 내면아이를 구상화를 통하여 그리스도화 되어 간다는 것이다. 그것이 개성화(individuation)의 실체다!319)

1913년 10월, 융은 낮에 엄청나게 압도적인 환상을 보았다. 무서운 홍수가 북반구를 모두 덮어 버리고 북해와 알프스 사이에 놓여 있는 저지대의 땅을 휩쓸었다. 그것은 영국으로부터 시작해서 러시아에 이르렀고, 북해로부터 시작해서 알프스의 코앞에 도달했다. 홍수가 스위스에 이르렀을 때 산들이 점점 커져서 스위스를 보호했다. 엄청난 재앙이 진행 중임을 깨달았다. 엄청난 위력을 지닌 흙탕물 파도(yellow waves)에 부서진 문명의 부유물, 셀 수 없이 많은 익사한 시체들이 떠다녔고, 마침내 바다는 핏빛으로 물들었다.320) 같은 꿈이 2주 후

---

317) C. G. Jung, *The Red Book*, edited by Sonu Shamdasani, Mark Kyburz and John Peck (New York·London: W.W. NORTON & COMPANY, 2009), 359.
318) Ibid., 243, 286.
319) C.G. 융, **인격과 전이**, 한국융연구원 C.G.융 저작 번역위원회 (서울: 솔출판사, 2007), 75; "… 개성화(Individuation)란 개체가 되는 것이다. 개성을 우리의 가장 내적이며 궁극적인 비길 데 없는 유일한 것으로 이해하는 한, 개성화란 본래의 자기(Selbst)가 되는 것이다. 그러므로 우리는 개성화를 '자기화'나 '자기실현'이라고 번역할 수 있을 것이다."
320) http://blog.daum.net/saidamaken/15757294/ 융 심리학자

에도 되풀이되었다.321)

　　1913년 11월, 영적인 안내자, 빌레몬(Philemon)이 나타났다.322) 융은 이것을 무의식과의 대면이라고 했으니 깊이 생각하고 유념해야 하는 말이다.323) 갑자기 하늘을 가르고 나타난 황소의 뿔을 한 노인이 나타났다. 그 노인은 물총새의

---

321) http://www.equip.org/articles/the-jung-cult-origins-of-a-charismatic-movement/ Noll also indicates that Jung's long-time interest in spiritualism gave him "ample experience of how one may deliberately enter a dissociative state, or trance, that allowed such automatisms as automatic writing or even alternate personalities to emerge. Jung had observed this at séances, and indeed, his entire mother's side of the family … seemed to have regularly engaged in discourse with spirits" (202).
After having repeated visions in 1913 of all Europe being destroyed in a sea of blood, Jung heard a disembodied voice speak to him about the visions. Desiring to hear more from the voice and engage it in conversation, Jung offered the entity the use of his body so that it would have the necessary "speech centers" to communicate with him. "This," Jung wrote, "is the origin of the technique I developed for dealing directly with the unconscious contents." Noll makes the obvious but critical point: "Jung is therefore admitting here that his psychotherapeutic technique of active imagination is based on the techniques of spiritualism" (203).
Active imagination became the foundation for Jung's entire approach to psychotherapy, as Noll describes: It was in December 1913 that he begins the deliberately induced visionary experiences that he later named "active imagination." From this time forward, Jung engages in these visions with the attitude that they are real in every sense of the word. In these visions he descends and meets autonomous mythological figures with whom he interacts. Over the years (certainty by 1916) a wise old man figure named Philemon emerges who becomes Jung's spiritual guru, much like the ascended "masters" or "brothers" engaged by [Theosophy's H. P.] Blavatsky or the Teutonic Brotherhood of the Armanen met by [Guido von] List. Philemon and other visionary figures insist upon their reality and reveal to Jung the foundation of his life and work. He refers on many occasions to the place where these beings live as "the land of the Dead." These visionary experiences — Jung's mythic confrontation with the unconscious — form the basis of the psychological theory and method he would develop in 1916. (209-10)
It would seem then that Jung's approach is essentially a fusion of spiritualism with psychology, the "collective unconscious" being nothing other than a psychoanalytic term for the same realm of experience that occultists call the spirit world.
322) C. G. Jung, *The Red Book*, edited by Sonu Shamdasani, Mark Kyburz and John Peck (New York·London: W.W. NORTON & COMPANY, 2009), 200. 빌레몬이 융에게 언제 나타났느냐를 아는 것이 융의 구상화에 대해 매우 중요하다. 그러나 실제로 빌레몬이 언제 나타났느냐를 말해 주는 것을 찾는 것은 쉽지 않다. 『Red Book』에서는 다음과 같이 밝히고 있다. "From November 1913 to the following July, he remained uncertain of the meaning and significance of his undertaking, and concerning the meaning of his fantasies, which continued to develop. During this time, Philemon, who would prove to be an important figure in subsequent fantasies, appeared in a dream. …"
323) Ann Casement, Who owns jung? Karnac Books, 2007, 〈philemon is the significant fantasy figure that appeared to Jung from 1913 in what he termed his "confrontation with the unconscious". He was based on the figure of Philemon who appeared in Ovid's Metamorphoses and Goethe's Faust.〉

날개가 있었으며, 4개의 열쇠를 가지고 있었으며, 그중 하나는 문을 열기 위해 따로 붙잡고 있었다. 빌레몬은 융에게 대단한 통찰력을 제공했는데, 그것은 융에게 구루와 같은 존재였다.324)

1914년 6월 말과 7월 초에 같은 꿈을 세 번이나 꾸었다. 융은 낯선 땅에 서 있었다. 여름의 중간이었는데 갑자기 매서운 추위가 몰아쳤다. 모든 바다와 강은 꽁꽁 얼어붙었다. 모든 녹색 생명은 다 얼어 버렸다. 두 번째 꿈도 그와 꼭 같았다. 세 번째 꿈은 7월 초에 꾸었다.

융은 영국으로부터 떨어진 곳에 있었는데, 가능한 빠른 속도로 집으로 돌아왔다. 빨리 집에 도착한 융은 여름 중간에 매서운 추위가 몰아쳤다는 것을 발견하였다. 살아 있는 모든 것은 얼음으로 변해 버렸다. 열매는 없고 이파리 하나만 딸랑 있는 나무를 발견하였는데, 그 잎은 치료의 즙으로 가득한 달콤한 포도로 바뀌었다. 융은 포도를 따서 많은 사람에게 나누어주었다.

이 꿈을 꾼 후에 환상은 점차 사라졌다. 그런데, 1914년 8월 1차 세계대전이 일어났는데, 꿈이 현실로 이루어지게 되었다. 이로 인해 융은 꿈은 단순히 개인적인 것 이상임을 알게 되었으며, 한 개인의 경험이 모든 인류의 경험과 일치한다고 생각하게 되었다.

1913년 11월에 영적인 안내자, 빌레몬(Philemon)이 나타나고 난 뒤에 곧바로 확신에 잡혔다기보다는 1914년 6월 말과 7월 초에 같은 꿈을 세 번이나 꾸는 과정에서 획기적인 변화가 일어났다고 볼 수 있다. 그것은 단순히 빌레몬이라는 영적인 안내자를 통하여 구상화에 접어들게 되었다는 것만이 아니다. 그 획기적인 변화란 무엇인가? 그러니까 1914년 6월의 꿈은 융으로 하여금 인간 내면 안에 길이 있으며 진리가 있으며 생명이 있다고 확신하게 된 것이다. 성경에서 예수님만이 길이요 진리요 생명이라고 말한 것과 얼마나 정면으로 대조되는지 경계해야 하고 반드시 유념해야만 한다.325) 그것은 요한일서에서 말하는 것326)

---

324) C. G. Jung, *The Red Book*, edited by Sonu Shamdasani, Mark Kyburz and John Peck (New York·London: W.W. NORTON & COMPANY, 2009), 201. Philemon was a pagan and brought with him an Egypt-Hellenic atmosphere with a Gnostic coloration ⋯ It was he who taught me psychic objectivity, the reality of the psyche, Through the conversations with Philemon, the distinction was clarified between myself and the object of my thought ⋯ Psychologically, Philemon represented superior insight.

과 매우 유사한 듯하지만 완전히 다른 길이다.327)

1913년 10월, 융이 홍수 꿈을 꾸었을 때, 내면의 목소리(inner voice)는 융에게 말했다. "그것을 보라, 그것은 완전히 사실이다, 그리고 그렇게 될 것이다. 너는 이것을 의심하지 말라." 융은 두 시간 동안이나 이 환상을 가지고 싸름을 했으며 미칠 지경이었다.

이때가 융의 나이 40이었다. 융은 그 나이에 돈과 명예, 부와 지식 그리고 인간의 모든 행복을 성취했다고 말했다. 그러나 그 모든 것은 썰물같이 밀려가는 듯 했다. 그리고 융은 내면의 갈함에 목말라 하고 있었다.

융은 그 순간에 자기의 영혼에게 질문을 했다. 방황하는 자신의 영혼을 채워 달라고 했다. 융은 지쳐 있었고 방황은 너무 길게 지속되고 있었다. 중요한 것은 융이 이런 말을 하도록 한 것은 '깊은 영'(the spirit of the depths)이었다는 사실이다. 그 깊은 영은 하나님328)이 융의 영혼에 아이로 존재한다고 말해 주었다. 빌레몬과 엘리야와 살로메는 신성한 내면아이가 융의 영혼 속에 있다는 것을 가르쳐 주었다.

그러나 융은 아직 확신에 이르지 못하고 있었다. 계속되는 대화와 환상 속에서 융이 도달한 것은 무엇인가? 자신이 그리스도가 된다는 것이다. 자기 밖에서 자기 자신을 찾은 것이 아니라 자기 안에서 자기를 찾았다. 이때가 1913년이었

---

325) 예수께서 가라사대 내가 곧 길이요 진리요 생명이니 나로 말미암지 않고는 아버지께로 올 자가 없느니라(요 14:6)
326) 너희는 주께 받은 바 기름 부음이 너희 안에 거하나니 아무도 너희를 가르칠 필요가 없고 오직 그의 기름 부음이 모든 것을 너희에게 가르치며 또 참되고 거짓이 없으니 너희를 가르치신 그대로 주 안에 거하라(요일 2:27)
327) C. G. Jung, *The Red Book*; edited by Sonu Shamdasani, Mark Kyburz and John Peck (New York·London: W.W. NORTON & COMPANY, 2009), 231. "Believe me: It is no teaching and no instruction that I give you. On what basis should I presume to teach you? I give you news of the way of this man, but not of your own way. My path is not your path, therefore I cannot teach you. The way is within us, but no in God, nor in teachings, nor in laws. Within us is the way, the truth, and the life."
328) http://www.suntao.org/Community/FBoardView.asp?idx=921&Page=46&Sch_Key=&Sch_Wd=/ "분석심리학의 창시자 스위스의 칼 융은 기독교의 삼위일체론은 불완전한 이론이라고 한다. 기독교의 삼위일체론은 성부-성자-성신의 삼위로 되어 있는데 이는 인간의 마음에 대한 불완전한 상징체계라는 것이다. 즉 이 삼위는 인간의 마음 중 선만을 대표하기 때문이다. 따라서 그는 그의 완전수인 4를 내세워 4위일체론을 주장하게 되었다. 즉 기독교의 삼위일체론에서 빠진 인간 마음의 어두운 부분을 나타내는 악마를 결합시킨 것이다. 이로써 기독교의 불완전한 삼위일체론은 완전하게 된다. 즉 신의 뒷모습은 악마라는 것이다. 이는 서양의 이분법적 사고를 극복하고 동양적 통합과 상보의 논리를 받아들인 결과라고도 할 수 있겠다."

으니329), 프로이트와 결별한 때였다. 프로이트의 심리학과는 완전히 다른 차원, 곧 영적이고 종교적인 심리학으로 가기 시작했다. 1919년까지 영적인 안내자들과의 교통을 통해서 만들어진 심리학이 융의 분석심리학이다. 자신의 무의식을 체험하기 위하여 도입된 것이 적극적 심상법인데 그것이 바로 구상화(visualization)다. 적극적 심상(명상)법은 1916년에 「초월적 기능」이라는 논문에서 처음 기술했다. 이 적극적 심상법에는 태양신 숭배가 핵심으로 자리 잡고 있다.330)

7년 동안의 그 체험기간을 칼 융의 「내향기」라고 하는데, 말이 좋아 「내향기」이지 무당이 접신하는 것과 같은 방법으로 자신의 심리학을 만들어 냈다. 그런데도 융은 원형의 초월적 기능을 심리학적 기능으로 이해해야 한다고 말하니, 결국 그의 말은 심리학적 기능이 곧 초월적 기능이라는 의미다.

융의 무의식

1916년 그의 나이 41(40?)세 때에, 융은 무의식의 구조를 발견하고, 「초월적 기능」이라는 논문에서 '적극적 명상'에 대해 처음으로 기술했다. '개인적 무의식', '집단적 무의식', '아니마', '아니무스', '자기', '개성화'의 개념을 「무의식의 구조」라는 논문에서 수정 보충했다.331) 1913년부터 이미 영적인 안내자와

---

329) C. G. Jung, *The Red Book*, edited by Sonu Shamdasani, Mark Kyburz and John Peck (New York·London: W.W. NORTON & COMPANY, 2009), 254.
330) http://www.equip.org/articles/the-jung-cult-origins-of-a-charismatic-movement/
Sun worship occupied a central place in this turn-of-the-century neopagan spirituality. Believed to be the practice of the ancient Teutons, it was viewed as the best alternative to Semitic Christ worship and in keeping with modern scientific knowledge of the earth's dependence on the sun. Noll extensively documents that "Jung's earliest psychological theories and method can be interpreted as perhaps nothing more than an anti-Christian return to solar mythology and sun worship based on Romantic beliefs about the natural religion of the ancient Aryan peoples. What Jung eventually offered to volkisch believers in sun worship circa 1916 was a practical method - active imagination - through which one could contact [Teutonic] ancestors and also have a direct experience of God as a star or sun within"(p. 136). Indeed, Noll affirms that "sun worship is perhaps the key to fully understanding Jung and the story I tell in this book"(The Jung Cult: Origins of a Charismatic Movement, p. 137).
331) C. G. 융, **정신요법의 기본문제**, 한국융연구원 C.G.융 저작 번역위원회 (서울: 솔출판사, 2007), 362.

접촉을 하기 시작했다는 것을 염두해 두고 이해해 가야 한다.

중요한 것은, '왜 무의식을 이해해야 하는가?'이다. 융이 말하는 무의식은 집단 무의식을 말한다.332) 프로이트가 말하는 무의식은 억압된 것이 쌓여 있는 것을 말하나, 융은 그것을 개인 무의식이라고 말하면서 그보다 더 차원 높은 집단 무의식이 있다고 했다. 집단 무의식은 원형(Archetype)이라는 것으로 구성되어 있으며, 이 원형들은 쉬지 않고 상호 작용을 하면서 의식을 보이지 않는 곳에서 움직이고 있다고 보았다.

원형은 초월적인 구조, 영적인 기능을 의미하지만,333) 융은 이 원형을 단지

---

332) 융이 무의식의 구조를 발견하고 집단 무의식, 아니마와 아니무스를 말한 때가 1916년 그의 나이 41살 때였다. 1913년에 프로이트와 결별했으니 불과 2년 후이다.
333) https://www.krm.or.kr/krmts/search/detailview/research.html?dbGubun=SD&m201_id=10024577/
노자(老子)의 내재화된 '도(道)' 범주와 칼 융(C.G.Jung)의 '자기(Self)'
《(1) 노자의 '도(道)'와 융의 '자기(Self)'는 우리의 파악 능력을 넘어서는 초월적 구조이다. 노자에 의하면, 비록 '무(無)'의식의 원리적 차원인 '도(道)'의 실재는 인식 불가능하지만, 반드시 이 "옛 道(깊은 곳에 있는 근원의 도)를 잡아 현실세계를 주재"해 내야만 한다. 이 경계 지평은 원형 상징들에 의해 은유적으로 표현된다. 원형은 개체로 하여금 자신이 주로 터 잡고 있던 현실의 공간을 반성적 자세로 평가하도록 한다. 융이 말한 원형의 실례로는, 어린아·노현인(老賢人)·어머니의 대자연계의 대상과 수레바퀴 등이 있다. 이는 노자가 언급한 곡신(谷神)·식모(食母)·박(樸)·영아(嬰兒)·곡(穀) 등에 대응된다. 노자가 정식화한 이 원형적 상징들은 융이 말한 '자기(Self)'라는 전체성의 상징적 의미에도 포섭된다. 노자가 말한 여성성과 남성성의 조화는 융의 '아니마(Anima)'와 '아니무스(Animus)'라는 개념적 장치와 잘 정합된다. 융에 따르면 모든 정신현상은 상반된 대극의 갈등과 통합의 과정 아래에 놓여있다. 의식과 무의식, 남성성과 여성성, 선과 악, 아름다움과 추함, 정신과 신체, 내향과 외향 등 무수한 대극성 속에서 우리는 살아간다. 노자에게 있어서도 무욕(無欲)과 유욕(有欲), 도(道)와 도를 잃은 것, 선함과 불선함, 남성성과 여성성, 화(禍)와 복(福), 영혼과 육체 등으로 상반된 영역간의 대극과 종합이 묘사되어 있다. 노자가 말한 '화광동진(和光同塵)' 등은 곧 '자기' 실현의 기본자세이다. 이 '화광동진'에는 상반된 범주의 공존과 이 공존이 가능하게 하는 모질(母質; Matrix)에 대한 불가해성이 잘 드러나 있다. 이런 간섭현상에 의해 노자의 '도'와 융의 '자기'의 지평은 정신 내에서 불가지(不可知)한 영역이면서도 구체적인 활동상으로 대극의 합일을 이루어낸다. (2) 무의식으로의 '물러남'은 새로운 원천을 불러오는 것을 통하여 다시금 생기를 되찾는 '치유'를 통한 재생이다. 노자의 "근원으로 돌아가는 것이 도의 움직임"이라는 언설은 이러한 의미를 잘 드러내 준다. 인류사에서 보이는 수많은 재생의 전설 또한 이러한 원형적 세계로의 물러남의 이점을 신화적인 형태로 표현한 것이다. 융에 의하면, '자기'로의 발전적 지향성은 직선이 아니라 순환구도를 지닌다. 노자의 '복귀(復歸)'도 마찬가지의 맥락이다. 융에 의하면 '자기(Self)'는 여타 모든 원형들을 아우르는 중심적인 원형이다. 이 '자기'란 의식과 무의식을 포함한 그의 '전체성'을 뜻한다. 노자의 '도(道)' 또한 융의 시각으로 바라보면 중심적 원형이라 할 수 있다. '유무상생(有無相生)'을 통해 보아도 알 수 있듯이, 노자는 현상세계와 그것을 받치고 있는 근원적 지평을 아울러 중시하였다. 융에 의하면, 동양적 태도에서 보면 대극 속에 참된 현실이 있으며 이것이 전체를 인식하고 포괄한다. 같은 맥락에서 노자에 따르면 "도(道)는 만물의 가장 깊은 곳에 존재한다. 그것은 선인(善人)의 보배인 동시에, 불선인(不善人)이 자신을 보전하는 수단이 되기도 한다." 사람으로 하여금 '그 사람 자신'이 되게끔 하는 능력이 바로 자기원형의 기능이며, 이는 노자의 '자연(自然; 스스로 그러함)'이다. (3) 자기 자신의 원형적 세계와 조화를 이루면 이기적 욕망으로부터 초월한 상태에서 타인의 원형성과 교류함으로써 서로 간

관념적으로만 이해한 것이 아니라 하나의 실체들로 보았다.334) 그러나 원형은 오직 심상(image)의 형태로만 자신을 드러낸다.335) 예를 들어, 모든 세대와 문명에서 인류는 '현자의 원형'과의 교류를 가정하고 있다. 민담에서 어려움에 처한 주인공을 돕는 산신령이나 고승을 말하며, 융의 경우에는 빌레몬(밤바다 모험 때 융의 꿈 해석을 지시해 준 노현자)이 이에 해당된다.336)

원형의 체험에 대하여 융은 다음과 같이 말한다.

> 현대인은 이 원형의 체험에서 인간이 그 대상이며 자율적으로 활동하는 태곳적 방식의 사고를 경험한다. 헤르메스 트리스메기스토스(Hermes Trismegistos), 또는 비술적(秘術的) 문학의 토트(Thoth), 포이만드레스(Poimandres), 오르페우스(Orpheus)와 이에 밀접하게 관련된 헤르마스의 포이맨(Poimēn des Hermas)은 같은 경험의 다른 공식화인 것이다. '사탄(Lucifer)'이라는

에 본능적 차원에서의 조화를 이끌어낼 수 있다. 이는 나의 마음 안의 배열이 나의 마음 밖의 배열과 일치하는 경계이며, 이는 개체의 '치유'적 내면공간을 더욱 더 확충시킨다. 이러한 인간형은 끊임없이 '자기 변형적(Self-transformation)'인 경계를 창출할 수 있다.〉

334) 「칼 융과 머세아 일리아데의 종교이해에 관한 비교연구-원형이론을 중심으로-」 김재영, p. 23. "인류의 문화적 현상들을 다양하게 수집하여 비교 연구해 보면 겉에서 드러난 내용물들은 시대, 환경, 그리고 전통에 따라 다양한 차이점을 보여주지만 그 내용물들을 담아내는 구조적인 그릇들은 매우 비슷함을 알 수 있다. 융은 그 비슷한 그릇들을 원형으로 이해하였다. 원형은 시대에 따라 쉽게 변하는 것이 아니라 인류 역사이래 한결같은 모습을 그대로 유지한다. 따라서 원형은 고정되어 있는 이미지가 아니라 역사적인 상황을 초월한 보편적인 이미지들을 산출할 수 있는 잠재적이고 내재적인 가능성을 그 자체 속에 지니고 있다."

335) http://blog.daum.net/saidamaken/15757294/ 융 심리학자; 본능과 원형(Instincts and Archetypes): 융은 마음에 병이든 사람이 겪는 환상이 고대로부터 이어져 오는 원형적 심상이나 상징의 집단적 저장물로부터 나온다는 것을 발견했다. 융은 '밤바다 모험'에서 고대의 심상과의 만남을 통해 원형의 실제를 확인했다. 1919년 융은 원형이라는 용어를 밤바다의 여행과 관련하여 처음으로 사용했다. 개인적 무의식에 덧붙여, 융은 본능과 원형이란 두 개의 요소로 이루어진 집단 무의식을 가정했다. 본능이란 필요에 의해 특정 행동을 하게 하는 충동으로, 이러한 본능은 새들이 집으로 돌아오는 귀소 본능과 유사하게 생물학적 성질을 지니고 있다. 본능은 우리의 행동을 결정한다. 동일한 방식으로 융은 인식 그 자체를 통제하는 선천적 무의식적 이해 양식이 있음을 가정했다. 이것이 바로 원형으로 모든 심리적 과정의 필연적인 결정인자로 '직관'이라 불리며, 선천적으로 타고난 것을 의미한다. 본능이 개인의 행동을 결정하는 것처럼, 원형은 개인의 이해 방식을 결정한다. 본능과 원형은 개인적인 차원을 넘어 보편적이고, 집단적이며 유전적(타고난)인 것으로 이 둘은 서로 관련되어 있다. 상황을 어떻게 이해하는가(원형)에 의해 행동하고자 하는 충동이 결정된다. 또한 원형을 통해서 얻어진 무의식적 이해는 본능의 형태와 방향을 결정한다. 한편 행동하려는 충동(본능)은 상황을 어떻게 이해할지(원형)를 결정하게 해준다. 이와 같이 융은 본능과 원형을 닭과 계란의 관계와 같다고 보았다. 원형은 자신에 대한 본능적 인식, 곧 '본능의 자화상'이라 했다. 이는 의식이 객관적인 생의 과정에 대한 내적 지각인 것과 정확히 일치하는 것이다.

336) https://m.blog.naver.com/choicreation/100113377584; "이처럼 영(Sprit)은 지속적으로 나타나는 심상을 통해 인류 전체에 공통적인 집단적 무의식의 실체가 있음을 말해 준다. 융은 본질적인 실체인 원형과 원형적 심상에 구분을 두는데, 원형의 실체 존재는 정의상 무의식이기 때문에 단지 추론될 뿐이지만, 원형적 심상은 상징으로 우리의 의식에 나타나며, 우리는 상징을 통해 원형을 이해하게 되는 것이다."

> 이름이 편견에 사로잡히지 않았더라면 그것은 아마도 이 원형의 매우 적절한 표현이었을 것이다. 그러므로 나는 그것을 노현자나 의미의 원형으로 부르는 것에 만족한다.   …337)

융의 말 대로 하자면, 사탄은 그저 원형의 하나에 불과하다. 그것이 원형 중에 하나라는 말은 기독교적 차원에서는 매우 위험한 말이다. 융에게 원형이란 심혼을 구원하는 원천으로서 계시 된 자로 말하기 때문이다.338) 사탄이 하나의 원형으로서 설명이 된다면 그리고 심혼을 구원하는 자로 해석이 된다면 기독교는 사탄의 종교가 되어 버린다. 융에게 있어서 사탄은 대극으로서 존재하기 때문이다. 이런 융의 원리는 축사사역의 기초가 되었다.

이것들이 얼마나 더 위험하고 비성경적인지 다음과 같은 말을 들어보라.

> 원형은 아주 먼 옛날부터 조상들의 삶의 지혜를 통해서 계속해서 모든 삶의 자리에서 전해져 내려왔다. 인간은 그 전해 내려온 원형들을 반복함으로서 비로소 자연적이고 본능적인 상태에서 새롭게 만들어져 영적 인간으로 다시 태어나게 되는 것이다. 특히 엘리아데는 원시사회에 있어서 입문식을 통해서 신참자가 새롭게 태어난다는 과정에 대한 분석을 통해서 이점을 잘 보여주었다. 그에 의하면, 입문식이란 태초에 계시되어 나타난 삶의 시간인 영원한 시간을 회복하여 성을 경험하는 것이다. 그러므로 모든 역사적 사건들이 원형을 통해 표출되어 나오지 않았다면 그것은 시적인 상상력이나 대중적인 기억들 속에 남아 있지 않게 된다. 다시 말해서 역사적인 진리라는 것도 역사 자체가 스스로 만들었던 것이 아니라 그것을 만들어 낸 전통이나 사회가 규범으로 받아들여 온 모델인 원형과 조우될 때만이 생명력을 갖게 된다. 오히려 태초의 영원한 현재는 역사적인 시간 때문에 방해받거나 망각되어지고 있으므로, 역사 자체는 원형적 삶의 공포의 대상이라고 할 수 있다.339)

"원형과 조우될 때만이 생명력을 갖게 된다."는 말은 접신술을 말한다. 원시 사회의 입문식이라는 것도 그런 접신술의 변형태이다. "원형과 조우될 때만이

---

337) C.G. 융, **원형과 무의식**, 한국융연구원 C.G.융 저작 번역위원회(서울: 솔출판사, 2006), 150.
338) Ibid., 149; "… 마법사는 바로 원시 사회의 메디신맨에 기원을 둔 노현자와 같은 뜻의 말이다. 그는 아니마와 마찬가지로 단순한 삶의 혼란스러운 어둠을 의미의 빛으로 뚫고 들어가는 불멸의 데몬이다. 그는 깨우친 자이자 스승이고 장인이며 영혼의 인도자인데, 그것의 인격화 자체는 '잔칫상의 파괴자'인 니체 자신도 피해갈 수 없었다. 비록 그가 거의 호메로스 시대의 우월한 정신, 짜라투스트라로의 그의 화신을 자기 자신의 '디오니소스적' 깨우침과 환희의 전달자이며 선도자로서 불러내긴 했지만 말이다. 그에게 신은 죽었다. 그러나 지혜의 데몬은 그에게는 소위 생생한 제2의 존재가 되었다. 그는 말한다: 거기, 갑자기, 여자 친구여! 하나가 둘이 되었네- 그리고 짜라투스트라는 내 곁을 지나갔다. … 니체에게 짜라투스트라는 시적 인물 이상의 것으로, 그의 의도하지 않은 신앙고백인 것이다. 그 역시 신을 저버린 탈기독교적 삶의 어둠 속에서 길을 잃었고, 그렇기 때문에 그의 심혼을 구원하는 원천으로서 계시 된 자, 깨달은 자가 그에게 다가온 것이었다. 『짜라투스트라』의 성직자적 언어가 여기서 유래한다. 그것이 원형의 스타일이기 때문이다."
339) 김재영, '칼 융과 머세아 일리아데의 종교이해에 관한 비교연구-원형이론을 중심으로,' 25.

생명력을 갖는다"는 말은 무당이 애기동자라는 원형에 사로잡혀야 무당이 제 기능을 발휘하는 것을 말한다. 내적치유에서 구상화를 통하여 예수를 만나는 것은 이런 원형과의 조우(遭遇)를 의미한다. 무당이 왜 악귀를 쫓아내는지를 생각하면 축사사역도 역시 같은 맥락에서 이루어진다는 것을 알 수가 있을 것이다.

기독교 예배는 원형과의 조우가 아니다! 인간과는 존재론적으로 구별되는 살아 계신 하나님을 경배하고 찬양하는 것이 기독교 예배이다! 그렇게 살아 계신 하나님께 대하여 성경은 다음과 같이 말한다.

> 오직 그에게만 죽지 아니함이 있고 가까이 가지 못할 빛에 거하시고 아무 사람도 보지 못하였고 또 볼 수 없는 자시니 그에게 존귀와 영원한 능력을 돌릴지어다 아멘(딤전 6:16)

여기서도 한 번 더 짚고 넘어가야 할 것은, 앞서 언급했듯이 융이 이런 고민을 할 때가 그의 나이 40살이었다는 것이다. 융은 그 나이에 세상에 태어난 사람으로서 가질 것은 다 가졌으나 만족과 자유를 누리지 못하고 허탈감에 빠져 있었다.340) 그런 상황 속에서 자기 영혼의 갈급함을 채우기 위해 달려 간 곳이 세상의 여러 종교와 신비주의였고 그 속에서 집단 무의식과 원형을 만들어 내었으며 그 원형과의 조우를 통해서 자기 인생의 개성화를 이루었다. 융은 자칭 그리스도가 되었다!!341) 이것이 융의 실체! 그래도 심리학을 교회에 도입해서 순전한 성도들에게 내적치유를 하고 가정사역을 하고 싶은가!

집단 무의식과 원형에 대한 개념이해를 위해 다음 글을 살펴보자.

> 집단 무의식은 의식이 이에 대해 관심을 갖던 갖지 않던 간에 항상 쉬지 않고 자신을 자신의 언어로 표현한다. 이 언어는 의식의 언어와는 근본적으로 다른데 중요한 특성은 상징 언어라는 것이다. 융은 대표적인 집단 무의식의 언어로 꿈, 민담, 신화, 오래된 여러 종교의 경전들 등등 속의 이야기들을 들었다. 융의 제자로서 민담 연구를 심화시킨 폰 프란쯔(Von Franz)는 민담은 인류 공통의 영혼의 뼈대를 보여주기 때문에 민담을 통해 영혼의 해부학을 공부할 수 있다고 하였다. 문화와 인종적 차이로 인한 겉모습의 다름에 불구하고 신체의 뼈대의 구조는 동일하듯이 영혼의 뼈대 구조도 동일한 것이다.342)
> (집단)무의식은 상징을 통해서 이해될 수 있다. 왜냐하면 무의식은 항상 상징으로 표현된다고

---

340) C. G. Jung, *The Red Book*, edited by Sonu Shamdasani, Mark Kyburz and John Peck (New York · London: W.W. NORTON & COMPANY, 2009), 232-233.
341) Ibid., 243, 286.
342) http://jungfairytale.or.kr/m02.html/

보기 때문이다. 상징은 어디에서 나오는가? 원형으로부터 나온다고 말한다. 상징은 무의식의 언어인 셈이다. 그 언어는 단어로 표현되는 것이 아니라 어떤 구체적 혹은 상징적인 이미지로 감추어져 있거나 의식에 떠오르게 한다.343)

그러면, 왜 그렇게 상징으로 나타나게 되는가? 인간의 합리적인 언어로는 표현하지 못하는 것을 표현하기 때문이라고 한다. 그것이 합리적인 언어로 표현되지 못하는 것은 상징이 신성(神性)과 관련된 신비적인 것이기 때문이다. 그렇기 때문에 상징들은 인간에게 항상 신성의 예감을 열어 주는 동시에 신성의 직접적인 경험을 보증한다고 융은 말했다.344) 그것이 겉으로 드러난 것이 꿈·민담·신

---

343) C. G. 융, **정신요법의 기본문제**, 한국융연구원 C.G.융 저작 번역위원회(서울: 솔출판사, 2007), 47-49: "이제 사람들은 틀림없이 꿈이 '무의식적 형이상학' 같은 것을 내포하고 있다는 것을 도대체 내가 어떻게 아는지 이의를 제기할 것이다. 이에 대해 나는 꿈이 그것을 가지고 있는지 모른다고 고백할 수밖에 없다. 그것에 관해 말하기에는, 내가 꿈에 관해 아는 바가 너무 적다. 나는 다만 환자에게 미치는 작용만을 알 뿐이다. … 그리고 만약 꿈꾼 사람이 자신의 꿈을 통해 그런 생각을 갖게 된다면 그런 의미에서 역시 '무의식의 형이상학'이란 말을 할 수 있을 것이다. 그러나 나는 좀 더 앞으로 나아간다. 나는 환자에게 자신의 꿈에 대해 연상할 기회를 줄 뿐 아니라, 나 자신에게도 그런 기회를 준다. 나는 환자에게도 나의 연상과 의견을 제공한다. … 그러므로 나에게는 원시인의 심리학, 신화, 고고학, 그리고 비교종교사에 관하여 가능한 한 많이 아는 것이 특히 중요하다. 왜냐하면 이 분야들은 내 환자들의 연상을 풍부하게 할 수 있는 값진 비유 자료들을 나에게 제공해 주기 때문이다. … 비록 개인적이고 합리적인 삶의 영역에서 최선을 다했으나 아직 거기에서 의미와 만족을 찾지 못한 보통 사람에게는, 비합리적인 경험의 영역에 들어갈 수 있다는 것이 대단히 중요하다. 그것을 통해서 통상적이고 일상적인 면이 변화되고, 이 변화는 그런 통상적이고 일상적인 면에 하나의 새로운 빛을 부여할 수 있다. … 나는 심지어 환자와 함께 환상하려고 힘쓰고 있다. 나는 환상을 가치가 적은 시시한 것으로 생각하지 않는다. 나에게 환상은 결국 남성적인 정신 속에 있는 모성적 창조성이다. 근본적으로 우리는 환상의 영역을 결코 벗어나 있지 않다. …"
344) C.G. 융, **원형과 무의식**, 한국융연구원 C.G.융 저작 번역위원회(서울: 솔출판사, 2006), 112-113; 융은 신성한 내면아이에 기초하여 인간 내면의 신성을 계발시키려고 하기 때문에 기독교와 기독교의 상징은 '신앙의 대상'이 되어 버렸다고 말하면서 거부한다. 예를 들면, 삼위일체 하나님이 신앙의 대상이 되면 안 되고 인간의 신성을 일깨우고 확장시키는 것이 되어야 한다는 것이 융의 생각이다. 그래서 그렇게 해주는 신비주의와 동양의 종교에 몰입한다. 다음의 글은 융의 그런 사상을 정확하게 말해 준다. "많은 사람들에게 기독교의 관념 세계가 퇴색해 버렸다 하더라도 그 대신에 동방의 상징적 보고(寶庫)는 아직 경이로움으로 가득 차 있어 바라보는 데서 얻는 즐거움이나 새 옷에 대한 즐거움을 오랜 시간 동안 지속하게 만들고 있다. … 동정녀 마리아의 출산의 비밀이나, 아버지와 아들의 닮은 꼴(상사상, 相似像) 그리고 3위성이 아닌 삼위일체성은 더 이상 철학적 상상력을 북돋아 주지 않는다. 그것은 단순한 신앙의 대상이 되어 버렸다. 그러므로 교육을 받은 유럽인들의 종교적 욕구나 신앙적 의미, 철학적 사변으로 동양의 상징들, 신격(神格)에 대한 인도의 웅대한 견해, 중국의 도교 철학의 심연에 매혹을 느끼는 것은 별로 놀라운 일이 아니다. 고대 그리스인들의 마음과 혼이 그 옛날 기독교 이념에 사로잡혔던 것과 마찬가지다. 많은 사람들이 처음에는 기독교의 상징에 몰두해서 키에르케고르식 신경증에 얽혀 든다. 그러다가 신선하며 이색적인 동양의 상징들에 매혹되는 상태에 이르게 된다. 신과의 관계에서 상징적 의미의 빈곤이 점차로 증가하게 됨에 따라, 참을 수 없이 첨예화한 나-너 관계로 발전된 결과로, 이제는 유럽이 동양의 상징의 지배 아래 있는 것이 무조건 패배를 뜻하는 것은 아니다. 종교적 감성이 개방되어 있고 살아 있음을 증명하는 것이기도 하다. … 사람들이 이러한 영원한 상(像)에 빠지는 것 자체는 정상적인 일이다. 그러기 위해 이 상들이 존재하는 것이다. 상들을 마땅히 끌어당기고, 확신하고, 매

화·종교다!

여기서 중요한 것은, '상징이 어떻게 형성되는가?' 하는 점이다. 융은 상징이 인간의 상상력에 기반을 둔 정신작용이라고 했다. 또한 융은 "상상력이란 살아 있는 힘, 즉 정신적인 힘은 물론 물리적인 힘이 압축되어 있는 정수(extrait)이다"라고 말했다. 상상력에 기반을 둔다는 것은 하나님 대신에 인간이 주인이 되는 것을 말한다.

원형의 자동성과 상상력이라는 두 가지 차원에서 생각해 보면, 융이 얼마나 신성(神性)에 도전하고 있는지 생각하지 않을 수가 없다. 특히나 융이 말하는 상상력이란 단순한 상상이 아니라 적극적인 상상력을 두고 하는 말인데, 그것은 인간 내면에 능동적으로 뛰어드는 것을 말한다. 거기에 구상화가 사용된다. 그럼으로써 인간 내면의 깊은 세계와 그 의미를 인간 스스로가 파악하고 장악하겠다는 것이다. 그것은 오직 하나님만이 아시고 하나님만이 펼쳐 가시는 세계이다. 그러니 융의 상징 세계는 신성(神性)의 세계이며 반기독교적인 세계이다.

이제 중요한 것은, '집단 무의식을 이해하기 위해서 실제로 어떻게 하는가?' 이다. 원형을 이해하고 문제를 치료하기 위해 꿈, 민담, 신화, 종교의 경전들을 연구했다.345) 융은 인간 존재를 이해하기 위하여 기독교 이전과 비기독교적 세

료하며 압도해야 한다. 그것들은 계시의 원초적 자료에서 만들어진 것이며 그때그때의 신격의 최초의 경험을 묘사한다. 그러므로 그 상들은 인간에게 항상 신성의 예감을 열어 주는 동시에 신성의 직접적인 경험을 보증한다. …"
345) 이죽내, **융심리학과 동양사상** (서울: 하나의학사, 2005), 93; "하이데거의 현존재분석과 융의 분석심리학에 있어서 현상과 상징의 의미를 밝히는 실제적인 방법은 무엇인가? 분석심리학에 있어서 정신 현상의 상징적 의미를 밝히는 방법은 확충방법이다. 확충방법에는 주어진 정신 현상의 의미를 이해하기 위하여 신화, 민담, 전설, 종교 등으로부터 그 정신 현상과 유사한 모티브를 끌어 모아 거기로부터 그것의 의미를 추출해 내는 집단확충방법과 개인 연상을 통한 개인확충방법이 있다. 이에 비해 현존재분석에 있어서 현상의 의미 내용을 밝히는 방법은 해석학적 방법이다. 해석학적 방법은 현상학적 서술을 통해 현상의 의미와 기본 구조를 벗기고 펼치는 것이다. 예를 들면, 꿈속에 나무라는 현상(분석심리학에서는 정신 현상이라 지칭)이 나타났을 시, 우선 그 나무는 그의 공통적인 속성에 따라 도처에 그리고 통시적으로 동일한 현상적 의미 내용을 갖고 있다. 이런 동일한 의미 내용은 초개별적이다. 그런 의미에서 '객관적'이다. 그러나 이런 초개별적, 객관적 의미 내용은 존재 의미가 아닌 그 존재자의 공통적 성질이다. 그다음으로 그 나무는 그 나무를 대하는 개인에 따라 그 개인 특유의 '주관적' 관계를 갖는다. 이를테면 그 나무는 벌목인에게는 단순히 벌목되어질 나무로, 건축가에게는 건축 재료로, 식물학자에게는 살아 있는 식물로, 서로 사랑하고 있는 남녀에게는 만남의 장소로, 그리고 많은 사람들에게는 자연의 성장과 변영의 의미일 수 있다. 나아가서 모든 인간에게 공통되는 설화적인 의미상일 수 있다. 여기서 인간에게 공통되는 의미는 앞에서 언급된 초개별적, 객관적인 존재자의 공통적 성질과는 전혀 다르다. 존재자의 공통적 성질은 현존재의 존재개현과는 무관하게 그 존재자 자체에 속해 있는 것인데 반해, 인간에게 공통되는 의미는 인간 현존재의 존재개현을 통해 드러나는 존재의미이다. 그러나 그

계관의 자료로 돌아갈 필요가 있다고 했다. 융은 그것을 자연의 빛(lumen naturae)라고 했다.346) 자연의 빛이라는 것은 인간 외부에서 주어지는 빛이 아니라 인간 내부에 내재하는 빛을 말한다.347) 그것은 하나님께서 비추어 주시는 빛이 아니다. 그것은 신성한 내면아이를 말한다.

중요한 것은 그것이 일상적인 사람들에게 비일상적인 경험을 만드는데, 그 경험은 현재의 철학과 종교로는 부족하다. 그래서 융은 역사 속에 담겨진 신화, 민담, 종교를 연구하여 심리학과 철학이 치료하지 못하는 것을 치료하려고 하였다. 융은 그런 과정에서 결국 보편주의로 나아가게 되었다. 그가 말하는 보편주의라는 것은 기독교로 규정되어지는 인간 존재가 아니라 자연의 빛을 추구하는 모든 비의와 종교, 민담과 신화 등을 통해서 규정되어지고 채워지는 종교와 구원을 말한다. 이것은 융이 말하는 정신치료의 목적을 들어보면 더 분명해 진다.

> … 그러므로 정신치료의 주목적은 환자를 상상할 수 없는 행복으로 이끌어 가는 데 있는 것이 아니라, 그가 고통을 참는 철학적 인내와 꿋꿋함을 갖도록 도와주는 것이다. 삶의 전체성과 충만을 위하여 기쁨과 고뇌의 균형이 요청된다.348)

융이 말하는 "삶의 전체성과 충만"이란 자연의 빛이 만들어 내는 "자기"(Selbst)를 말한다. 그런 과정을 개성화 과정(Individuationsprozeß)이라고 한다. 융은 이 자기를 경험하고 체험하는 것이 인도 요가의 최상의 목표라고 했

런 의미들 개개로는 나무의 본질 내용이라 할 수 없다. 이와 관련하여 현존재분석은 비판한다. 사람들은 오직 측정 가능한 것, 대상적이고 사물적인 것만을 지각하고 그것만을 유일한 현실로 간주하거나 오직 하나의 의미만을 봄으로써 현상의 다양한 의미 충만에 대해 눈이 멀고 있다고 비판한다. 의미 충만의 정도는 현존재의 존재 개현 정도와 일치한다. 따라서 분석심리학의 집단연상과 개인연상에서 드러나는 다양한 의미는 현존재분석에서 말하는 현상의 의미 충만과 상통한다. 다만 현존재분석에서는 정신이라는 개념을 사용하지 않기 때문에 개인무의식이나 집단 무의식이란 말이 없다. 그러나 '존재'의 개념은 집단 무의식의 내용인 '원형'에 비견될 수 있다. 하이데거나 융이 의미 충만을 아무리 가지려고 해도 인간 안에서 발견하려고 하기 때문에 그것은 결코 도달할 수 없는 헛된 욕망이다. 존재 내의 의미 규정은 자기 소외와 자기 절망에 이르게 되며 스스로 벗어날 수가 없다는 것을 역사가 증명해 왔다. 그러므로 인간은 인간 밖에서, 곧 하나님 앞에 돌아와 하나님의 계시된 말씀 속에서 의미 충만을 누려야 한다."
346) C. G. 융, **정신요법의 기본문제**, 한국융연구원 C.G.융 저작 번역위원회 (서울: 솔출판사, 2007), 66-67.
347) 한림대학교한강성심병원, https://hangang.hallym.or.kr/ptm815.asp?Health_No=97 융 심리학 분석가 Gothilf Isler박사가 한국을 방문했다. 그는 '자연의 빛(Lumen Nature)'이라는 강연에서, '내면세계에서 비치는 빛이야말로 인간을 성숙하게 만들어 자기 자신에 가깝게 한다.'고 하였다. 내면의 어두움을 외부의 빛으로 치유할 것이 아니라 내면의 빛으로 치유해야 한다는 뜻이다.
348) C. G. 융, **정신요법의 기본문제**, 한국융연구원 C.G.융 저작 번역위원회 (서울: 솔출판사, 2007), 65.

으며, 연금술은 개성화 과정의 상징을 이해하는 데 매우 큰 도움을 준다고 했다.349) 인도 요가의 최상의 목표란 무엇인가? 그것은 고통에서 벗어나 해탈 독존의 상태에 이르는 것이다.350) 인간 속에 있는 신성한 존재가 있다고 생각하며 궁극적 실재와의 합일을 목표로 한다. 수행을 통하여 신이 되는 것이다.351) 융은 기독교 문화 속에 있었기 때문에 그것을 그리스도라고 했다.352) 만일 융이 불교문화 속에 있었다면 그것을 부처라고 했을 것이다. 그것은 성경이 말하는 그리스도가 아니며 대극의 충만한 합일이요 극치에 도달한 자기(Selbst)의 충만한 표상이다. 그런 의미에서 M. 스캇펙은 융의 열렬한 추종자다.

거기에서 터득한 것과 기존의 심리치료를 종합하여 만들어 낸 방법이 바로 융의 적극적 심상법(명상법)이다. 또한 춤, 그림, 싸이코 드라마가 함께 사용되기도 한다. 이것은 지적인 연구에 앞서서 이야기를 몸과 마음으로 깊이 체험하는 계기를 주며, 쉽게 알 수 없는 원형적 이야기와 자신의 구체적인 일상 이야기 사이의 연관관계를 깨닫게 하기 위함이다.353)

이런 것이 실제로 교회에 어떻게 도입되고 있을까? 어떤 교회는 설교 전에 성경 드라마를 하는 곳도 있다. 그것은 전적으로 무의식을 체험케 하려는 융의 방식을 따르는 것이다. 지적인 이해에 앞서서 먼저 체험케 함으로써 원형의 이

---

349) Ibid., 79.
350) kbri.co.kr/zDn/hakbo51/51-13.pdf/
351) http://www.equip.org/articles/the-jung-cult-origins-of-a-charismatic-movement/ It would seem then that Jung's approach is essentially a fusion of spiritualism with psychology, the "collective unconscious" being nothing other than a psychoanalytic term for the same realm of experience that occultists call the spirit world. From here Noll proceeds to describe how "active imagination" led Jung to an experience of deification in which he identified himself with Christ. And Noll leaves no room for doubt that such self-deification is one and the same as "individuation" — the therapeutic goal of analytical psychology.
Jungian analysis, explains Noll, is essentially an initiation into a pagan mystery — a means to experience what Jung experienced. It is an occult process in which the opposites of creation supposedly reconcile in the oneness of the god within, and thus the individual becomes psychologically and spiritually whole. As Noll aptly observes: "Jung's familiar psychological theory and method, which are so widely promoted in our culture today, rests [sic] on this very early neopagan or volkisch formulation — a fact entirely unknown to the countless thousands of devout Christian or Jewish Jungians today who would, in all likelihood, find this fact repugnant if they fully understood the meaning behind the argument I make here"(219).
352) C. G. Jung, *The RED BOOK*, edited by Sonu Shamdasani, Mark Kyburz and John Peck (New York · London: W.W. NORTON & COMPANY, 2009), 254.
353) http://jungfairytale.or.kr/m02.html/

해를 도우려는 것이다. 만일 교회에서 그런 일들을 하고 있다면 당장에 그만두어야 한다! 말씀은 믿음으로 받아들이지 체험으로 받아들이는 것이 아니기 때문이다.

놀라운 사실은 융은 샤머니즘의 치료 방법이 자신의 치료 방법과 근본적인 구조상에 유사점이 있다는 것을 발견하고 그것을 적용하였다는 것이다. 샤머니즘적 치료에서는 음악이 결정적 역할을 한다.[354] 샤먼이 의식과 무의식 사이의 여행, 이승과 저승 사이의 여행을 안내하는 데 중요한 역할을 하는 것이 바로 음악이기 때문이다. 그 목적에 따라 다른 악기와 다른 리듬이 사용된다. 이것은 융 심리학의 적극적 명상 체험과 관련된 것이다.[355]

디오니소스교의 광기 넘치는 음악과 류라의 조용한 음색을 즐기는 오르페우스교로부터 뉴에이지 음악을 들으며 성인아이 치료를 하는 존 브래드쇼,[356] 삼현육각[357]과 쇠장풍 장단에 맞추어 접신하는 무당, 조용한 음악을 들으며 시

---

354) http://blog.naver.com/PostView.nhn?blogId=guduse&logNo=150039971224/ 분석심리학에서의 치료란 무의식을 외면한 채 의식이 주도하는 삶을 살거나, 의식이 기능을 제대로 발휘하지 못하면서 무의식이 주도하는 삶을 살 때, 뉴로시스나 사이코시스가 발생하기 때문에 이 둘이 조화를 이루도록, 즉 전체적인 삶을 살도록 돕는 것이다. 이 무의식과 의식 사이의 매개 역할을 하는 것이 음악이다. 무의식의 특성은 휴식/나태, 분산, 혼돈이다. 의식의 특성은 활동, 집중, 질서이다. 예를 들어 의식이 고도로 발달된 현대인에 비해 원시인들은 아직 무의식의 상태에 있다고 볼 수 있다. 이것은 어른에 비해 아이가 더 무의식의 상태에 있는 것과 마찬가지이다. 평상시에 나태한 원시인들이 어떤 목적을 달성해야 할 때, 사냥을 하거나 씨를 뿌릴 때, 에너지를 일깨우기 위해서 북을 치거나 노래를 부른다. 음악의 리듬이 무의식의 에너지, 리비도를 전율시키면서 활동, 집중 상태로 몰고 가면서 질서를 만들어 내는 것이다. 반대로 미담이나 신화에서는 피리소리, 하프 소리 등을 통해서 무의식의 세계로 넘어가는 예가 많이 있다. 융은 샤머니즘의 치료 방법이 자신의 치료 방법과 근본적인 구조상에 유사점이 있다는 것을 발견하였다. 샤머니즘적 치료에서는 음악이 결정적 역할을 한다.
355) http://jungfairytale.or.kr/m02.html/ "현재 스위스 융 연구소에서 적극적 명상 체험을 돕는데 사용되는 악기는 모노코드이다. 모노코드는 피타고라스가 처음으로 만들었고 오랜 세월 동안 변형되며 전해져 내려왔는데, 현재 음악 치료용으로 개발되어 주로 트랜스(Trance)작업에 사용된다." 현대의 음악치료는 이런 융의 심리학에 근거하고 있는데도 불구하고 교회 안에서조차 음악치료를 열성적으로 하고 있으니 참으로 안타까운 현실이다. 그것은 무용치료(댄스치료, 힐링댄스), 모래놀이치료 역시 결코 기독교인으로서는 결단코 해서는 안 되는 것이다. 성경적인 음악치료, 성경적인 무용치료는 성경적인 무당치료와 동일한 말이다. 현대의 음악치료, 무용치료, 모래놀이치료는 융의 심리학에 뿌리를 두고 있기 때문이며, 융 심리학의 위험성을 알지 못하기 때문에 이런 치료들이 교회 안에서 극성을 부리고 있다. 뿌리가 융이면 열매도 융이다. 뿌리는 융이지만 열매는 예수님인 나무는 없다.
356) 존 브래드쇼, **상처받은 내면아이 치유**, 오제은 역 (서울: 학지사, 2004), 244-246.
357) http://terms.naver.com/entry.nhn?docId=366017 피리2, 해금, 대금, 북, 장구 등 6개의 악기로 편성하는데 선율악기가 3개여서 삼현이고 6개의 악기를 사용한다고 해서 육각이라고 한다. 대풍류와 편성이 같으며 연주하는 곡목도 같지만 삼현육각은 춤 반주나 시나위를 연주할 때 붙이는 명칭이다.

간 여행을 하는 내적치유, 침묵 기도에 이르기까지 음악은 매우 중요한 역할을 한다.

융는 자신의 환자들에게 마음속에 어떤 구체적 목표나 프로그램 없이 명상을 하라고 가르쳤다. 환자들이 어떤 추론 없이 단순히 관찰하고 경험할 때 그 상상은 의식화된다.358) 그런 후에 환자가 원하면 그 환자에게 그러한 상상에 대해 물어보거나 그 내용과 관련하여 대화를 나누어 봄으로써 실제적인 소통이 가능하게 된다. 융은 적극적 상상력을 통해 환자의 내면세계의 풍요성을 발견하게 되고, 스트레스를 받을 때 상상력을 통해 치유의 힘을 끄집어내게 하는 것을 배울 수 있도록 하였다.359)

쉽게 말해서 융의 적극적 심상법은 서양 명상법이다. 그것은 1935년 타비스토크 강좌(Tavistock Lectures)에서 처음으로 사용한 용어다(Über Grundlagen der analytischen Psychologie, Die Tauistock Lectures, 1935, Olten Walter). 그것은 꿈이나 이미지 등이 무의식으로부터 개인에게 자연스럽게 나타나는 것이지만, 적극적 심상법은 자기 의지로 의식을 약화시켜서 무의식의 영역에 들어가 능동적으로 그곳에 있는 이미지를 파악하는 방법이다.360) 무의식과 직접 대

---

358) C. G. 융, **정신요법의 기본문제**, 한국융연구원 C.G.융 저작 번역위원회 (서울: 솔출판사, 2007), 35-36; "영향은 주는 치료 방법에는 분석적인 방법도 포함되지만 이 경우에는 화자를 가능한 한 자주 보아야 한다 나 자신은 일주일에 최대한 세 번에서 네 번 정도 보는 것으로 만족한다. 합성적 치료의 초기에는 시간적으로 거리를 두는 것이 유리하다. 그럴 때 나는 일주일에 한두 번으로 면담 횟수를 줄인다. 왜냐하면 환자가 자신의 길을 가도록 배워야 하기 때문이다. 그 이유는 환자가 스스로 자신의 꿈을 이해하도록 시도함으로써 무의식의 내용이 점차적으로 의식과 합치되도록 하는 데 있다. 신경증의 원인을 의식적인 태도와 무의식의 경향 사이의 불일치로 보기 때문이다. 이러한 해리(解離)는 무의식적 내용을 동화함으로써 극복된다. 그러므로 면담과 면담 사이의 시간이 무익한 것은 아니다. 이러한 방법으로 자기 자신이나 환자가 많은 시간을 절약하게 되는데, 이것은 환자가 그만큼 많은 돈을 절약한다는 의미이기도 하다. 동시에 환자는 의사에게 매달리는 대신 스스로 자립하는 법을 배우게 된다. 환자가 행하는 이러한 작업은 무의식의 내용을 점진적으로 동화함으로써 마침내 그의 인격의 통합을 성취하고, 이와 더불어 신경증적 해리를 제거하게 된다. …"

이 복잡한 말의 요점은 환자 각자가 구상화를 통해서 무의식을 대면함으로써 신경증을 치료한다는 말이다.

359) http://defoore.com/innerchildexcerpt.htm/ The magical child. This image of the child suggests a wellspring of energy. From this wellspring emerge your humor, spontaneity, creativity, joy and capacity for unconditional love. This is in some ways just another way of looking at the divine child, as these qualities too are the reward for your journey of self-discovery and healing. The magical child also provides a doorway to wisdom and undeveloped powers, suggesting a connection between the child and the wise elder that also lives inside each of us.

360) 아놀드 민델, **명상과 심리치료의 만남**, 정인석 역 (서울: 학지사, 2011), 70-72; "예컨대, 영성훈련(spiritual

면하기 위하여 무의식 속으로 직접 뛰어드는 것이다.361) 그래서 적극적(active)이라고 한다. '그곳에 있는 이미지를 파악한다'는 것은 융이 정신연금술362)을 통하여 배운 것으로 인간의 내면에 있는 신성을 경험하는 것이고 신성을 만들어 내는 것이다.363) 이런 것이 구상화다.364) 그런 면에서 보면, 융은 서양식 박수 무당이며 융의 적극적 심상법은 서양식 굿판이다.

이처럼 융 학파와 게슈탈트 치료가들은 직관력과 상상력을 사용하여 스트레스를 감소시키려고 하였다. 그들은 모든 것을 에너지라고 본다. 그래서 인간의 마음을 마치 영사기가 텅 빈 스크린 위에 온갖 세계를 투시하는 것처럼 인간의 마음이 인간의 세계를 창조한다고 본다.365) 이렇게 말하는 것을 보면 얼마나 신비주의 사상에 오염되어 있는가를 알 수가 있다. 오늘날 융은 뉴에이지 선동가 중에 한 사람으로 널리 간주되고 있다.366)

---

exercise)이나 선(禪) 수행에서 이용되는 명상도 융의 적극적 이미지법과 맥락을 같이 한다. 따라서 이미지법은 의식적인 날조와는 대조적이다."
361) http://www.idss.co.kr/board/edu/read.php?board=tbl_idss_edu&page=19&id=151 "적극적 명상은 무의식과의 대화이다. 이것은 그림으로 표현될 수도 있고 글로 표현 될 수도 있다. 사람에 따라 시각적 체험을 하는 사람과 청각적 체험을 하는 사람으로 나눌 수도 있다. 드물게는 춤과 같은 동작으로 표현할 수도 있다고 한다. 그림 작업은 또한 적극적 명상의 좋은 매개체가 된다. 꿈이나 환상 또는 어떤 강박관념을 그림으로 표현하기 시작하면 무의식은 의식의 관섭이 없는 한 자율적인 기능을 발휘하여 무의식의 심상을 보내어 일련의 과정을 형상 속에 현시하게 된다. 이때 그 사람이 미적인 표현에 더욱 신경을 쓰면 무의식의 뜻이 순수한 형태로 의식에 전달되지 못한다. 또한 성급하게 지적으로 무의식의 '뜻'을 밝히려고 해도 안 된다. 참을성 있게 무의식으로부터의 심성을 묘사해 나가는 것이 중요하다. 무의식에 대한 자아의 적절한 관심만이 의식과 무의식을 통합하는 초월적 기능(超越的機能, transzendente Funktion)을 촉진시키게 된다. 적극적 명상은 분석을 종결하고 독립할 수 있는 좋은 수단이라 생각되고 있다."
362) C.G. 융, **꿈에 나타난 개성화 과정의 상징**, 한국융연구원 C.G.융 저작 번역위원회 (서울: 솔출판사, 2006), 35. 융은 연금술을 다음과 같이 기술한다. "… 연금술과 기독교의 관계는 꿈과 의식의 관계와 같다. 꿈이 의식의 갈등을 보상하듯이 연금술은 기독교의 대극 긴장으로 열린 틈을 메우고자 노력한다. …"
363) C. G. 융/ C.S. 홀/ J. 야코비, **C. G. 융 심리학 해설**, 설영환 역 (서울: 선영사, 2007), 300; "연금술사들은 동양인이 사용하는 정신의 '능동적인 상상력'에 기초하여, 자신들의 결작품 혹은 부처를 만들어 낸다."
364) C.G. 융, **연금술에서 본 구원의 관념**, 한국융연구원 C.G. 융저작 번역위원회 역 (서울: 솔출판사, 2006), 74-75; '명상'(meditation)과 '상상'(imaginature)은 연금술사들의 주목할 만한 방식이다. 1612년에 편찬된 룰란드(Ruland)의 『연금술 사전』(Lexicon Alchemiae)을 들어서 명상에 대한 다음과 같은 말을 인용한다. "메디타치오'(meditatio)라는 낱말은, 사람이 눈에 보이지 않지만 어떤 다른 이와 내적인 대화를 나눌 때 사용되는 말이다." 융은 이것을 무의식과 대면하는 기법의 본질적인 부분이라고 말한다. 그래서, "내면의 대화를 통해 우리 안에 있는 '타인', 즉 무의식으로부터 응답하는 목소리와 생생한 관계를 이루어 나가는 것"이라고 한다.
365) http://cafe.daum.net/kmbsr/CjOK/24/ 심상법.
366) C. G. Jung, *The RED BOOK*, edited by Sonu Shamdasani, Mark Kyburz and John Peck (New York · London: W.W. NORTON & COMPANY, 2009), 193.

융 연구소의 융 학파 분석가이며 교사인 바바라 한나(Barbara Hannah)에 의하면 심상(imagery)이나 구상화에 대하여 다음과 같이 말한다.

> 융 학파 심리학에서 무의식과 직접 접촉을 이루고 더 큰 내적 지식을 얻기 위한 가장 힘 있는 도구로 간주된다.367)

"무의식과 직접 접촉"이라는 말은 매우 위험한 말이다. 무의식은 알 수 없는 세계인데, 그 세계로 직접 뛰어든다는 것은 마치 알 수 없는 깊은 바다 속으로 빠지는 것과 같은 꼴이다.

결국 인간 지식의 한계를 극복하기 위해 구상화라는 방법을 도입해서 사용했다는 말이다. 그러나 거기에는 악한 영이 역사하는 사악한 방법이라는 것을 알아차리지 못하고 있다. 융이 말하는 적극적 심상법이 왜 내적치유의 핵심으로 자리 잡고 있을까? 융의 적극적 심상법에는 어떤 비성경적인 위험이 도사리고 있을까?

만다라와 연금술

적극적 명상368)은 무의식을 이해하는 방법으로 두 단계로 나누어 말한다. 적극적 명상은 무의식의 환상상(像)을 직접적으로 관찰하는 방법이다. 첫째는 명상자의 관조를 통해 관찰대상인 환상상으로 하여금 '일어나게끔 하는'(Geschehenlassen) 단계이고, 그다음은 명상자가 그 일어난 환상상과 '적극적으로 직면하는'(dialekische Auseinandersetzung) 단계다.369)

철학자나 심리학자들의 말은 참 어렵게 되어 있다. 이런 말들은 처음 접하는 사람으로 하여금 난감하기 이를 데 없어 당황하게 만든다. 왜 이렇게 어려운 말들을 할까? 그것은 인간이 넘어가서는 안 되는 선(線)을 넘어가기 때문이다. 그 선이라는 것이 무엇인가? 그것은 하나님과 인간의 존재론적 구분이다. 그러나 역사 이래로 인간의 죄악 된 욕망은 하나님의 자리를 찬탈하고 자신이 신(神)이 되려고 발버둥을 쳐 왔다. 그 핵심에 자리 잡고 있는 것이 신성한 내면아이이며

---
367) 데이브 헌트/ T.A. 맥마흔 공저, **기독교 속의 미혹**, 김문철 역 (서울: 포도원, 1991), 148.
368) 적극적 심상과 동일한 말이다.
369) 이죽내, **융심리학과 동양사상** (서울: 하나의학사, 2005), 61-63.

구상화(상상화)다. 신성한 내면아이는 신으로 도약하기 위한 자기 안에 정당성을 부여하는 기초이자 발판이며, 구상화(상상화)는 신으로 상승하기 위한 방법이다. 폰 그란츠는 융의 적극적 명상에 가장 가까운 것은 선불교일 것이라 말했다.370)

융은 그 '일어나게끔 하는'(Geschehenlassen) 단계를 위해 만다라(Mandala)를 사용했다.371) 만다라는 산스크리스트어로 '원'이라는 뜻이다. 이것은 인도의 요가 수행자들과 특히 티베트 밀교에서 명상의 도구로 사용된 그림을 가리킨다. 그 기본 구조는 보통 세 개인 원과 4각으로 이루어지며 변두리에서 중심을 향해 마음을 집중하도록 그려진 일종의 마술적 명상도구이다. 사방의 문을 가진 사각형의 성과 이를 에워싼 원 사이에는 여러 가지 상징적인 형상들이 그려져 있고 중심에는 대극합일을 표현하는 금강저 또는 인도의 창조신 시바와 그의 아내 샤크티와의 융합이 표현되기도 한다. 수행자는 만다라 그림을 바라보며 명상을 통해 세속의 번뇌를 버리고 마음의 중심으로 집중해 들어감으로써 자기가 중심적 존재임을 깨닫게 된다. 그리고 만다라 그림을 그리는 그 자체가 바로 수행의 과정이기도 하다.

융은 아침마다 그 자신의 매일의 내적 상태를 반영하는 듯한 작은 원을 그리기 시작했다. 융은 만다라에서는 모든 것이 유일한 중심으로 되돌아오는 것을 보며, 이를 심리적 발달의 목표인 '중심, 곧 개인화에 이르는 길'이라고 해석했다. 만다라에서 동심원의 구조는 개인의 완전성, 의식과 무의식, 개인이 중심을 향해 갈 때 개인에게 의미와 목적을 가져다주는 자기(Selbst)를 상징화한 것이다.

융은 왜 이런 만다라를 사용하게 되었을까? 융은 1913년 이후 프로이트와 결별했다. 융은 프로이트의 무의식과는 다른 생각을 가지게 되었다. 그의 무의식적 개념엔 동의했으나 프로이트가 성과 공격본능으로 모든 것을 설명하는 것에는 반대했다. 그래서 그는 프로이트와 결별했다. 융은 집단 무의식으로 프로이

---

370) http://www.idss.co.kr/board/edu/read.php?board=tbl_idss_edu&page=19&id=151
371) 융이 만다라를 이해하기 시작한 때는 1918년 그의 나이 43살이었다. 물론 만다라에 대한 본격적인 이해는 리하르트 빌헬름이 중국 연금술에 관한 책 『태을금화종지』 때문이었다.

트에게 반기를 들었다. 그리고 융의 생각을 더 확증시키고 더 깊은 세계로 들어가게 만드는 일들이 발생한다.

융은 일찍이 무의식에 대한 프로이트의 정신분석적 접근을 지지하였다. 두 사람은 편지를 왕래한 뒤 만났고, 이후 5년간 가깝게 일하였다. 융은 정신분석학파에서 프로이트의 공식적인 후계자로 간주되었으며, 국제 정신분석학 회의 회장이 되었다. 그러나 곧 융과 프로이트의 세계관이 매우 다르다는 것이 분명해졌다. 융이 프로이트를 방문하여 초심리학적 현상(parapsychological phenomena)에 관하여 이야기를 하고 있을 때, 방 안의 책장에서 커다란 소리가 났다. 융은 바로 이것이 자신이 이야기하던 초심리학적 현상이라고 말하고는, 그 커다란 소리가 또 한 번 날 것이라고 예언하였다. 프로이트는 그러한 주장은 터무니없는 것이라고 일축하였지만, 곧 책장에서 같은 소리가 나기 시작하였다. 훗날, 프로이트는 융에게 "당신이 떠난 이후에도 같은 소리가 반복되었기 때문에 그 사건에 의미를 부여하기 어렵다."라는 편지를 보냈다.372)

융은 1916년 그의 나이 41살 때에 '유령을 만났다'고 말했다. 융이 어느 날 자신의 세계를 관조하면서 정신을 몰두하고 있을 때 갑자기 현관의 초인종이 요란하게 울리더니 어떤 무리들이 떼 지어 집안으로 들어 왔다. 그것은 정체불명의 유령 무리였던 것이다. 융은 '이 때 집안 공기가 분명히 탁해 있었다'고 말하였다. 그는 오들오들 떨면서 '도대체 이것이 무엇이란 말입니까?'라고 유령들에게 물었다고 한다. 그랬더니 유령들은 한결같이 큰 소리로 '우리들은 예루살렘으로부터 되돌아 왔습니다. 그 곳에는 우리들이 찾고 있는 것이 없었던 것입니다'라고 대답하였다.373)

융은 유령들이 예루살렘으로 갔으나 만족할 만한 '지'(知, great knowledge)를 얻지 못하고 자신에게 왔다고 생각했다. 2세기 초에 영지 학파의 대가였던 바실리데스의 『죽은 자를 위한 일곱 가지 설법』(*The Seven Sermons to the Dead*)을 상기했다. 융은 바실리데스의 설법을 3일간에 걸쳐서 한 권의 소책자로 정리했으며 그 때에 유령 집단은 떠났다. 융은 그 책 제목을 바실리데스와 같

---

372) http://cafe.daum.net/mindmove/2Sge/668/ 칼 융이 최면과 영적세계에 끼친 영향(2010.11.18.).
373) 정인석, 의식과 무의식의 대화 (서울: 대왕사, 2008), 306.

이 『죽은 자를 위한 일곱 가지 설법』이라 했다. 융은 이것을 쓰고 난 후에 자기가 만든 만다라 속에 소우주의 여러 가지 대극이 대우주의 여러 가지 대극 안에 있다는 것을 표시했다. 융은 이 유령들을 융의 마음속에 있는 '보편적 무의식'이 모습(원형적인 구조가 작용한 결과)을 나타내 보인 것이라 했다. 그것은 융 자신의 신화로서의 세계상을 생각하는 기회였으며 그런 의미에서 '융의 최초의 신화 체험'이라 한다.[374]

1918년 융은 영국인 수용소의 지휘자로 있으면서, 자기(Self)의 세계에서 끊임없이 형상화되어 나타나는 상(像)을 그림으로 옮겼다. 그 그림은 황금의 성 모양을 한 만다라였다. 얼마 뒤에 리하르트 빌헬름이 융에게 보낸 책 『태을금화종지』 안에는 융이 그렸던 만다라 그림이 놓여 있었다. 융은 이러한 정신적 사건과 물질적 사건의 의미 있는 일치를 「동시성 이론」(Synchronicity)으로 부르고, 이와 같은 정신 현상에 대하여 진지하게 논의한다.[375]

이렇게 융의 오컬트적 성향은, 특히 밀교(密敎, Esoteric Buddhism), 동양의 만다라, 『티벳사자의 서』(*The Tibetan Book of the Dead*, 1927)[376], 연금술적

---

374) Ibid., 306-316. '타인'
375) http://theology.co.kr/article/jung.html/ 전철, '칼 구스타프 융의 분석심리학: 인간 정신의 깊은 바다를 연 한 의사의 삶과 사상.'; "어느 날 융은 호텔에서 휴식을 취하고 있었는데 순간 뒷머리에 참을 수 없는 통증을 느꼈다. 그 순간 그의 환자 가운데 한 사람이 권총 자살을 하였던 것이다. 그런데 총알은 마침 융이 심한 통증을 느낀 부분에 박혀 있었다. 1918년 융은 영국인 수용소의 지휘자로 있으면서, 자기(Self)의 세계에서 끊임없이 형상화되어 나타나는 像을 그림으로 옮겼다. 그 그림은 황금의 성 모양을 한 만다라였다. 얼마 뒤에 리하르트 빌헬름이 융에게 보낸 책 안에는 융이 그렸던 만다라 그림이 놓여 있었던 것이다. 융은 이러한 정신적 사건과 물질적 사건의 의미있는 일치를 동시성(Synchronicity) 이론으로 부르고, 이와 같은 정신 현상에 대하여 진지하게 논의한다. 사실 융이 최초로 이론화한 동시성 이론은 우리 시대의 양자 물리학적 세계상의 정신적 현상이라고 할 수 있다.[12] 오늘날의 많은 과학자들은 융의 저 이론에 대하여 다각도의 접근을 시도하고 있다. 실로 융에게 있어서 텔레파시나 예언 현상은 신비한 체험이나 주관적 환상이 아니라 자명한 현실이었던 것이다." 각주 11번에서, "융은 동시성 개념을 [동시성: 비인과적인 연결원리](Synchronicity: An Acausal Connecting Principle)이라는 논문에서 발표하였다. 그 논문은 배타원리의 발견자인 볼프강 파울리와 공동으로 연구한 논문이다. 이 논문에서 융은 파울리와 함께 무의식에서 보이는 동시성과 양자물리학에서 인과율의 파탄이 일어나는 현상 사이의 유사성에 주목하였다. 그런데 이 논문은 부분적으로 파울 카메러(Paul Kammerer)의 논문 [연속성의 법칙](Das Gesetz der Serie, Stuttgart, 1919)에 근거하고 있다. 카메러는 20세부터 40세까지 동시성 현상에 관련한 경험사례를 정리하여 [연속성의 법칙]이라는 저서에 100가지의 사례로 수록하였다. 융의 동시성은 주로 시간적으로 연결된 사건의 동 시성을 기술하는 반면, 카메러의 연속성은 주로 공간적으로 연결된 사건의 동시성을 기술하였다 ; Arthur Koestler(최효선 역), [야누스-혁명적 홀론이론] (서울: 범양사, 1993) 참조"
376) '티벳 사자의 서'의 원제는 '바르도 퇴돌 쳰모'로서, 흔히 '바르도 퇴돌'이라고 부른다. 바르도 퇴돌의 의미는

용어로 쓴 도교경전인 『태을금화종지』(太乙金華宗旨)등의 영향을 입어 더욱 심화되었다.377)

그렇게 융은 자신의 고민을 해결해 준 『태을금화종지』 통하여 「만다라」의 존재를 알게 되었으며, 연금술378)에 흥미를 갖게 한 결정적인 계기가 되었다.379)

융은 개인적 삶의 영역으로서 만다라를 심층심리학적 관점에서 접근했는데,380) 융에 의하면 만다라는 「원형적 통일체」(archetypische Ganzheit)를 상

'죽음과 환생의 중간' 상태에서 듣는 영원한 자유의 가르침이다. '바르도'는 '사람이 죽은 다음에 다시 환생하기까지 머무는 중간 상태'이며, '퇴돌'은 '듣는 것만으로 영원한 자유에 이른다'는 뜻이다. 바르도 퇴돌은 8세기에 파드마삼바바에 의해 만들어졌고 전한다. 파드마 삼바바는 '연꽃 위에서 태어난 스승(연화上生師)'이라는 의미로, 그의 탄생 설화에는 그의 순수함과 완전함이 담겨 있다. 파드마삼바바는 인도인으로 유명한 탄트라의 대가이며, 신비 과학에 정통한 스승으로서 인도 최고의 대학이며 당시 영적 탐구의 중심지였던 나란다 불교대학의 교수였다. 파드마삼바바는 티벳의 삼예 지방의 악귀를 쫓아내기 위해 티벳왕, 티송데첸의 초청을 받아 티벳에 오게 되었다. 스승은 악귀를 몰아내고, 그곳에 사원을 완성시켜 티벳불교 최초의 승단을 749년에 세웠다. 그 후 티벳의 히말라야 설산에 머물면서 많은 탄트라 경전들을 인도의 산스크리트 원본으로부터 티벳어로 번역하고, 또한 인간을 궁극의 깨우침으로 인도하는 비밀의 책들을 직접 그 자신의 언어로 썼다. 그리고, 일부는 티벳 사원에 보관하였으며 일부 비밀 서적은 당시 공개할 때가 아니라하여 티벳 전역의 히말라야 동굴 속에 한 권씩 숨겨놓았다.

하지만, 스승은 죽기 전 몇 명의 제자들에게 특별한 능력을 주어 적당한 시기에 다시 육체를 갖고 환생하여 그 책들을 찾아내도록 하였다고 전한다. 때가 이르면 그 책을 찾아 세상에 전하기 위해 환생한 틸쿠들은 파드마삼바바의 화신이라 여겨지기도 한다. 책을 찾아내기 위한 사명을 가진 사람들은 '보물을 찾는 자'라 하여 테르퇸이라 불렸으며, 이늘이 찾아 낸 파드마삼바바의 경선은 65권에 달안나고 안나. 바르노 퇴돌, 즉 티벳 사자의 서는 틱신 가르바 팅파에 의해 티벳 북부 지방의 한 동굴에서 찾아졌고, 이후 티벳과 히말라야 인접국가로 필사본과 목판본이 전해졌다. 이후 필사본과 목판본이 티벳지역에 전해지다가 1919년 영국인 에반스 웬츠에 의해 발견되어 '티벳사자의 서'라는 제목으로 발행되어 세상에 알려지게 되었다. 이렇게 전해지던 바르도 퇴돌의 필사본을 1919년 다르질링의 한 사원에서 옥스퍼드 대학의 종교학 교수였던 에반스 웬츠가 구하게 되고, 그는 당시 영어와 티벳어, 산스크리트어에 능통한 위대한 학승, 라마 카지다와삼둡의 제자로 입문하여 시킴의 강톡에서 번역작업을 하게 된다. 그렇게 바르도 퇴돌은 라마 카지다와삼둡에 의해 번역되고, 에반스 웬츠가 주석과 해설을 받아 적어 '티벳 사자의 서'라는 이름으로 새롭게 탄생하여, 1927년 옥스퍼드 대학 출판부에서 인쇄되어 서구세계에 엄청난 반응을 일으켰다. 특히 한 때 프로이트의 수제자였다가, 인간 존재의 접근 방식에 있어서의 근본적인 차이 때문에 스승과 결별하고 독자적인 심리학의 길을 모색했던 칼 융은 이 책을 평생 곁에 두고 지냈다고 할 정도로 티벳 사자의 서에 큰 영향을 받았다.

377) 정인석, **의식과 무의식의 대화** (서울: 대왕사, 2008), 316-319.
378) 연금술은 세월이 좀 더 지난 10년 뒤 1928년의 일이었다. 그의 나이 53세였다. 이때 「자아와 무의식의 관계」를 발표했다.
379) http://www.fly.co.kr/Post.aspx?Category=Western&ID=632813418812645216/
380) 파란사전에서; 심층심리학[深層心理學/depth psychology]-정신분석적 심리학. 일반심리학이 의식적인 지각 기억·사고 등을 객관적인 관찰을 통하여 연구하는 반면, 정신분석은 의식을 문제 삼지 않고 무의식을 다룬다. 의식이 무의식의 영향을 받는다는 의미에서 의식(표층)이 아닌 무의식(심층)을 연구하고자 하는 정신분석을 심층심리학이라고 한다. S. 프로이트의 정신분석은 전기와 후기로 구분되는데, 전기는 무의식을, 후기는 자아를 중요 논점으로 다룬

징한다. 현대인들의 꿈이나 무의식적으로 그린 그림을 통하여 원형적(原型的) 상징 언어로 나타난다고 보았다.

> 1918년과 20년 사이의 여러 해 동안 융은 '자기'가 정신적 발전의 목표임을 이해하기 시작했다. 1927년에 만다라의 꿈을 꾸고 그에 대한 그림들,「영원에 이르는 창」과 「황금의 성」을 그렸다. 또 중국학자 빌헬름의 『태을금화종지』의 번역서를 논평하면서 융은 중심과 자기에 관한 생각이 동방의 연금술서에 똑같이 존재함을 발견하고 자기의 보편성에 확신을 갖게 되었다. 그 뒤에 융은 주로 서양인 피분석자들이 그린 무의식의 형상들 속에 나타난 여러 가지의 만다라상들을 자기실현의 과정과 관련하여 연구하였고, 또한 꿈에 나타난 자기실현(개성화)과정의 상징과 연금술의 변환 상징 사이의 공통성을 제시하였다.
>   그리스도, 도, 불성과의 일치와 실현 등, 고등 종교의 수행 목표는 한결같이 융이 심리학적 견지에서 '자기'라고 부른 인간 정신의 중심적인 것에 도달하는 것으로서 이런 생각은 인류의 역사 속에 이미 오래 전부터 제시되고 체험되어 왔다는 사실을 입증하고 있다. 그러므로 진정으로 우리 안의 그리스도를 받아들이고 그와 하나가 된 사람, 도의 경지에 있는 사람, 자기 마음의 불성을 실현한 사람은 모두 자기를 실현하는 체험을 하고 있는 것이나 다름없다. 다만 심리학적으로 개개인의 무의식에 현시되는 자기의 상은 종교의 틀 속에서 형성된 상보다 훨씬 다양하게 나타난다는 차이가 있다.381)

이 글에서 말하듯이, 만다라 상을 통하여 목적하는 것은 자기실현이다. 자기실현을 무엇이라고 하는가? "우리 안의 그리스도를 받아들이고 그와 하나가 된 사람, 도의 경지에 있는 사람, 자기 마음의 불성을 실현한 사람은 모두 자기를 실현하는 체험을 하고 있는 것"이라고 한다. 또한 융은 만다라가 정신적 혼돈 상태에 대한 해독제라고 말했다.382) 이런 것은 성경적인 기독교가 지향하는 것이 아니며, 에덴동산에서부터 사탄이 미혹하여 하나님을 반역케 한 죄악의 실체이다! 융이 말하는 자기실현은 신성한 내면아이를 바탕으로 한 존재론적 신인합일을 말하기 때문이다. 융의 실체를 바르게 알면 교회에서 융을 입에 담지 못하며 입에 담아서도 안 된다!

이 부분을 좀 더 말해 보자. 융의 분석심리학을 정신의 전일성(全一性, die Einheit und Ganzheit)에 대한 통찰에 근거하고 있는 전일성의 심리학이다. 심리학이 무슨 별스런 말을 하는 것 같지만 철학이 그래 왔듯이 인간이 고민하는

다. 그래서 전기와 후기를 구분하기 위하여 전기를 심층심리학이라 하고 후기를 자아심리학이라 한다. 이러한 맥락에서 심층심리학은 의식심리학에 반대되는 것이 아니라 자아심리학에 반대되는 것이다. 그러나 무의식이라고 하는 심층을 문제 삼는다는 점에서는 둘 다 같다.
381) http://blog.naver.com/cindy0301?Redirect=Log&logNo=140133777608/
382) C.G. 융, **원형과 무의식**, 한국융연구원 C.G.융 저작 번역위원회(서울: 솔출판사, 2006), 114.

문제가 같은 고민이었기 때문에 아무리 복잡한 말을 해도 그 핵심은 동일하다.

전일성이란 무엇인가? 대극(對極, Gegensatz)의 합일을 말한다. 대극이란 무엇인가? 쉽게 이해하자면 동양의 음양의 원리를 말한다. 동양사상에서는 이것을 상반상생의 원리라 한다. 대극이란 빛과 어둠, 선과 악, 여기와 저기, 의식과 무의식, 파우스트와 메피스토텔레스를 의미한다. 이 대극이 일치되고 합일이 되지 않으면 정신병리 현상이 생긴다고 본다. 심리학자들은 '의식과 무의식이 일치되고 합일이 되어야 된다'고 말한다. 이 합일을 통해 세계의 근원이자 뿌리인 '플레로마'로 돌아가는 것이다.[383] 융은 이것을 개성화의 과정이라고 하고, 동양에서는 수도(修道)의 과정이라고 한다. 말을 좀 어렵게 하는 사람들은 '정신의 전일성을 실현하는 과정'이라고 말한다. 정신의 전일성을 가능케 하는 원리가 대극성이며, 그래서 융의 심리학을 '대극성 심리학'이라 부른다.[384]

그러면 성경적 관점에서 볼 때, '정신의 전일성을 실현하는 과정'이 무엇이 잘못되었는가? 무엇보다 가장 중요한 것은 죄악에 대한 관점이 성경적이지 않기 때문이다. 융은 악이란 대극의 균형이 파괴될 때 생겨난다고 말한다. 대극의 균

---

[383] http://theology.co.kr/article/jung.html 전철, "칼 구스타프 융의 분석심리학: 인간 정신의 깊은 바다를 연 한 의사의 삶과 사상."; "융은 우주의 대극쌍으로서 '플레로마'와 '클레아투라'를 말한다. 융에게 있어서 플레로마는 원형의 세계이고 자기(Self)의 세계이고 영원의 세계이고 무(無)의 세계이다. 플레로마는 이 세계의 근원이자 뿌리이다. 그리고 플레로마와 대극의 자리에는 크레아투라가 놓여 있다. 크레아투라는 자아(自我)의 세계이고 의식의 세계이다. 융은 의식의 기원을, 이해하고자 하는 지칠 줄 모르는 충동에서 시작되었다고 말한다. 이해는 지(知)이고 그것은 분별(分別)을 통해서 가능한 것이다. 무의 세계인 플레로마의 세계에서 분별의 세계인 클레아투라로 나아가려는 것, 그것은 플레로마 자신이 자신을 밝혀 드러내어 보이려는 강렬한 의지이고 신념이다. 그런데 플레로마와 클레아투라의 긴장적 대극적 운동은 플레로마의 세계인 무로 와해되는 것, 그리고 클레아투라의 세계인 끊임없는 분열상으로 와 해되는 것을 동시에 지양한다. 클레아투라를 통하여 플레로마가 승화되어 드러나는 과정, 혹은 플레로마의 중심인 자기로 향해 가는 과정이 개성화(個性化)이다. 이 개성화의 과정은 자기실현이다. 하지만 이 과정은 결코 평탄한 길이 아니다. 깨달음이란 고통스러운 것이며 고통을 거치지 않은 깨달음이란 또한 없기 때문이다. 또한 플레로마의 무로 와해되지 않고 클레아투라의 구별로 와해되지 않는 고양과 상승의 과정으로서의 개성화는, 결국, 세계를 배제하지 않고 수용한다 : **회상, 꿈, 그리고 사상**, pp. 365, 466. C. G. Jung(이부영 역), **현대의 신화** (서울 : 삼성출판사, 1993), p. 21 참조."

[384] 이죽내, **융 심리학과 동양사상** (서울: 하나의학사, 2005), 113-114; "전일성과 대극에 관해서 융은 도(道)에 관심을 가졌다. 융은 도를 이해함에 있어서 항상 도(道)의 본질적인 측면인 '하나임'과 도(道)의 현상적 측면인 '전체'를 구별하면서 그 양 측면은 불가분적 관계에 놓여 있음을 말하고 있다. 본질은 현상의 본질이고 현상은 본질의 현상이기 때문에 양자의 구별은 현실적으로는 불가능하지만 개념상의 구별은 매우 중요하다. 왜냐하면 이런 개념상의 구별이 없이는 본질에 대한 통찰이 희미해지고, 그로 인해 현상은 전일성을 떠난 부수 현상으로만 보여지고 오직 인과론적으로만 이해될 수 있기 때문이다."

형이 깨어지는 근본적인 이유는 두 가지인데, 첫째는 인간이 어떤 정신적인 요소에 대해 알지 못하거나 그 요소를 무시할 때이며, 둘째로 어떤 요소가 일방적으로 발달하게 될 때라고 주장했다.385) 결국 죄악이란 하나님 앞에서 언약을 어기고 범죄한 실제적 사건이 아니라 인간 내부에서 일어난 심리적인 현상일 뿐이다. 하나님도 무의식 속의 원형의 발로로 보는 융인데 죄악은 더 말할 것 없는 것이다. 융은 대극의 관점에서 보기 때문에 사탄도 정당한 위치를 확보하게 된다. 그래서 '사위일체'를 말한다! 그런데도 융의 심리학에 기초한 온갖 가정사역·내적치유·음악치료·무용치료를 자랑삼아 교회 안에서 하고 있으니 어찌 교회라 하겠는가! 그것을 가르치는 자들에게 예수 그리스도의 십자가는 무슨 의미가 있는가! 십자가도 가르치고 융도 가르치는 것은 예수님도 가르치고 사탄도 가르치는 융 무당이 되는 것이다!

왜 융은 그렇게 만다라에 빠지고 동양사상에 심취하게 되었을까? 그것은 서양의 외향에 대한 허탈함을 동양의 내향에서 찾았기 때문이다.

칼 융은 그의 책 『기억, 꿈, 사상』에서 다음과 같이 말했다.

> 무엇보다도 내 마음을 가장 깊이 움직인 것은 선과 악, 정신과 물질, 빛과 어둠의 대극문제였다. 파우스트는 자신의 어두운 측면, 자신의 음흉한 그림자 메피스토텔레스와 맞닥뜨렸다. 메피스토텔레스는 그의 부정적인 본성에도 불구하고, 자살 직전까지 간 의기소침한 학자와는 대조적으로 참된 생명의 혼을 나타내고 있다. 나 자신의 내적인 대극이 여기에 극화되어 있었다. 괴테는 나 자신의 갈등과 해결의 공식과 도식을 어느 정도 그려낸 셈이다. 둘로 나뉘어 있는 파우스트와 메피스토텔레스가 합해져 나 자신 속으로 들어와 하나의 사람이 되었고 그 사람이 바로 나였다.386)

그렇게 융은 대극의 문제로 고심했다. 그리고 그 대극의 문제를 동양에서 찾아냈다. 그리하여 융은 헤르메스의 기둥, 카발라의 생명나무, 그리스도의 십자가, 불교의 만다라를 한 얼굴로 보았다.387)

왜 서양에서는 안 되었는가? 융은 이미 기독교에 대하여 적극적으로 반항적

---

385) 김성민, **융의 심리학과 종교**, (파주: 동명사, 2010), 136-143; 〈융은 악마에 대하여 다음과 같이 말했다. "악마란 의식의 흐름 속에 나타난 무의식적인 콤플렉스들의 불현듯한 분출이며 무의식에 의한 간섭 이외에 아무것도 아니기 때문이다. 고대나 중세에서 사람들은 매우 심한 신경증적인 문제들을 악마가 씌워진 것이라고 생각하였다"
386) 카를 구스타프 융, **카를 융 : 기억 꿈 사상**, 조성기 역 (서울: 김영사, 2007), 420.
387) http://blog.naver.com/sugar2274/110096137080

인 자세를 가지고 있었다. 여러 이유들이 있지만, 기독교는 자기 체험을 줄 수 없다고 보았기 때문이다. 그것이 기독교에서 뿐만이 아니라 서양의 학문이라는 것이 계시 의존적인 성향, 곧 외부에서 간섭을 받는 것 자체가 싫었던 것이다. 그것은 하나님을 전적으로 의지할 때 인생에게 참된 자유와 만족과 기쁨이 있다는 것인데, 융은 그것을 지독하게 싫어했다.

『태을금화종지』를 통해서 융은 그런 서양의 종교와 학문적 성향에서 찾을 수 없었던, 그리고 프로이트와 다른 무엇인가를 찾고 있었던 것에 대한 해답을 찾았다. 인간 속에 내재되어 있는 무엇을 발견했다. 그것은 신성한 내면아이, 곧 불성(佛性)이었다.388) 그렇게 자기 속에서 진리를 찾고 자기(Selbst)를 실현하는 과정이 정신의 전일성을 실현하는 과정이다. 쉽게 말해서 부처가 되는 것이다. 융과 같은 서양 심리학으로 말하자면 의식과 무의식이 일치되고 합일된다고 말하고 그것이 정신의 전일성 심리학이라고 한다. 그렇게 되는 것이 정신치료의 궁극적인 목표라고 말하며 그 궁극적인 목표와 이상은 자유의 실현이라고 말한다. 그것은 무슨 자유인가? 외부의 어떤 간섭과 통제 없이 신(神)이 되는 것이다. 그러나 그런 자유를 누릴 인간은 아무도 없다!

왜 그런가? 인간은 죄인이기 때문이다. 인간은 하나님의 다스림 속에 있기 때문이다. 인간 속에서는 그 자유를 절대로 만들어 낼 수 없으며, 하나님께서 주시는 자유는 정신분석학이 말하는 자유와 완전히 다르다. 하나님께서 주시는 자유는 예수 그리스도로 말미암아 주어진 새언약 속에서 그 언약에 신실하게 살아가는 풍성함이다.

이제 적극적 명상의 다음 단계에 대해서 알아보자. 환상상이 '일어나게끔 하는'(Geschehenlassen) 다음 단계인 '적극적으로 직면하는'(dialekische Auseinandersetzung) 단계는 무엇인가? 그것은 바로 영적인 안내자를 만나서 치료하는 단계다. 융은 이것을 자기 원형의 초월 기능의 작용으로 본다.

예를 들어, 자기 꿈에 호랑이가 반복적으로 나타난다고 하면 그것은 동물원이

---

388) http://blog.paran.com/udantang/29564787; 융은 신에 대해서 루돌프 오토(Rudolf Otto : 1869-1937)와 마찬가지로 누미노제 체험으로 생각하지만, 오토와 달리 체험 대상은 절대타자가 아니라고 주장한다. 사람들에게 누미노제 체험을 불러일으키는 존재는 인간의 정신 속에 있는 역동적인 요소인 것이다. 그러므로 그에게 있어서 인간성과 신성 사이의 관계는 자아와 자아를 구속(救贖)하려는 자아의 창조주 사이에서 일어나는 관계인 것이다.

나 책에서 본 호랑이가 아니다. 정신 현상이 호랑이로 나타난 것으로 보고, 실제로 내 속에 살아 있는 호랑이로 받아들여서 말을 걸고 대화를 한다. 이 대화 속에서 원형 작용이 일어나고 호랑이는 다른 상으로 변화되고 결국 그 상은 사라진다고 말한다. 이것을 초월적 기능의 작용이라 말한다. 그래서 의식과 무의식, 자아와 '자기'의 합일 체험이 일어난다. 이런 직면하는 단계가 바로 구상화(상상화)다. 그러나 융 자신도 위험성을 경고했으며[389], 심리학자들도 이런 구상화를 위험하다고 말한다.[390]

원형의 초월 기능은 매우 위험하고 반기독교적이다. 융은 원형 그 자체 내에 누미노제(das Numinose)[391]를 갖고 있는 자연의 빛(Lumen naturae)이라고 했다. 융은 이 자연의 빛을 드러나게 하는 것이 진정한 의미의 의식화라고 보았다.[392]

융은 "나의 정신치료적 작업의 주된 관심은 노이로제의 치료에 있지 않고 누미노제에로의 접근에 있다. 누미노제에로의 접근이 원래적인 정신치료이고 누미노제의 체험에 도달하는 한 병화(病禍)로부터 해방된다."고 하였다.[393]

적극적 명상(active imagination)의 목표는 누미노제의 체험을 통한 '자기' 체험이다. 정리를 하면, 원형의 초월 기능은 누미노제를 체험케 하는 것이고 그 체험은 정신의 전일성 체험 혹은 주객일여의 체험이라고 한다. 그것은 학문의 영역이 아니라 종교의 영역이다. 그것은 학문적 깨달음이 아니라 신성을 체험하는 것이다.

---

389) C.G. 융, **원형과 무의식**, 한국융연구원 C.G.융 저작 번역위원회 (서울: 솔출판사, 2006), 338.
390) 이죽내, **융심리학과 동양사상** (서울: 하나의학사, 2005), 62.
391) 네이버 백과사전; 누미노제 [Numinose] 독일의 철학자 R. 오토가 그의 저서 『성(聖)스러운 것』에서 새로이 만든 철학용어. 그는 독일어의 heilig(神聖)라는 말이 합리적이고도 도덕적이어서 '표현하기 어려운' 본질을 나타낼 수 없다고 하여, 라틴어의 누멘(numen: 아직 명확한 표상을 갖추지 않은 초자연적 존재)에서 이 말을 새로 만들었다. 이 말은 사람에게 피조물(被造物)이라는 느낌을 불러일으키는 '무서운 신비'로서, 이를 다시 분석하면 외경심(畏敬心)을 불러일으키는 전율적(戰慄的)인 무서움, 압도적인 권위, 세력 있는 것, '절대타자(絶對他者)'로서의 신비이다. 그것은 또한 사람의 영혼을 홀리는 것으로 가치로서는 존엄이다. 그러나 그것은 본시 말로 표현할 수 없으며 다만 암시할 수 있을 뿐이다. 제국주의의 모순이 심각한 상태에 이른 제1차 세계대전 말기에 나타난 이 신학적 용어는 프레애니미즘설(說)이나 원시일신관설(原始―神觀說) 등의 종교학상의 주장과 호응하여 당시의 비합리주의와 종교 부흥의 일면을 대표하였다.
392) 이죽내, **융심리학과 동양사상** (서울: 하나의학사, 2005), 27.
393) Ibid., 49.

융이 분석심리학을 통하여 의도하고 결론지으려는 것이 무엇인지 똑바로 알아야 한다. 절충주의 방식을 따르게 되면 예수 그리스도를 믿는 것이 아니라 다만 누미노제를 체험하고 신성을 체험하는 것으로 끝이 나기 때문이다.

적극적 심상법의 실제

이제 융이 적극적 심상법을 실제로 어떻게 사용했는가를 살펴보자. 융은 이런 구상화를 치료에 사용했는데 다음과 같은 글을 읽어보자.

> 융은 오래전부터 이 방법을 자신에게 적용하여 왔고 그의 제자들에게도 권해 왔다. 하나(B. Hannah)여사와 폰 프란츠(M. L. von Franz) 여사 등이 많이 간여했고, 그밖에도 이를 통한 임상치료 사례 등이 보고되고 있다. 저자가 가장 깊게 들은 치료 사례는 하나 여사가 치료한 한 여성의 경우이다. 심한 환청을 가진 환자였는데 환청의 내용이 파괴적이고 위험하여 환자는 그 소리의 명령에 쉽게 영향을 받고 있어 시급한 치료가 필요했다. 융에게 소개된 환자였는데 그가 제자들에게 이 환자를 맡기려고 하였다. 한 사람은 정신과 의사인 B씨였고 한 사람은 하나 여사였다. B씨는 즉시 입원 치료를 시켜야 한다고 했으나, 하나 여사는 적극적 명상을 시켜 보겠다고 했다. 융은 하나 여사에게 환자를 맡겨 적극적 명상을 시켰다.
>
> 환자는 귀에서 들려오는 목소리의 주인공에게 적극적으로 질문을 던지도록 권고 받고 그가 무슨 까닭으로 그녀를 괴롭히는가 그는 누구인가 하는 등의 물음을 던지면서 대화를 나누기 시작하였다. 정신분열병의 정신 치료에서 환각에 주의를 기울이게 하는 방법은 흔히 쓰이는 방법이 아니다. 환자의 자아가 무의식의 비합리적이고 위험한 내용에 휩쓸려 현실감각을 잃을 우려가 있기 때문이다. 그러므로 정신과 의사인 B씨의 태도로는 납득할 만한 보수적인 치료 태도였던 것이다.
>
> 그러나 융은 직관적으로 이 환자에게 그것이 가능하다는 판단을 내린 모양이었다. 그리고 이 판단에 입각한 적극적 명상은 예상대로 좋은 성과를 거두었다. 즉 파괴적이고 위험했던 소리의 내용은 차츰 그 위험도가 감소되고 긍정적인 내용으로 바뀌기 시작한 것이다. 환자는 그 뒤에 결혼하고 별 탈 없이 정상적인 사회생활을 하고 있다고 한다. 그녀의 환청이 완전히 없어진 것은 아니다. 그러나 그 소리는 극히 중요한 충고를 그녀에게 하거나 먼 곳에서 일어난 일들을 정확하게 그녀에게 알려 주곤 한다고 하였다.394)

---

394) http://www.idss.co.kr/board/edu/read.php?board=tbl_idss_edu&page=19&id=151/ "이 경우에 임상 정신의학적으로 이 환자가 정말 정신분열병 환자였는가, 보다 가벼운 정신장애인가, 아 사람의 병이 아직 낫지 않았으니 재발의 우려가 있다든지 하는 것은 여기서 중요하지 않다고 본다. 인간 정신의 깊은 곳에서 들려오는 소리-전혀 병적이라 할 수 없는 정상적인 직관적 인식능력이 사람에 따라서는 실제로 밖에서 들리는 소리로 인식되는 수가 있고 위험하고 병적인 듯 보이며, 그래서 환청이라 불리는 이 현상 뒤에 정상적인 마음의 표현 가능성이 숨어 있다는 사실에 더 무게를 둔다. 그러한 건강한 마음의 표현은 겉에 나타난 위험하고 추악해 보이는 것들을 의식적으로 받아들이고, 그 뒤에 숨은 의미를 존중할 때 더욱 선명하게 드러난다고 본다. 이러한 정신의 변환과정(變換過程, Wand-lungsprozess)을 가능하게 하며 무의식적인 것을 의식에 옮겨 오도록 다리를 놓아 주게 하는 것이 이 적극적 명상이 목적하는 것이다."

이것이 적극적 심상법(구상화)을 이용한 치료인데, 융은 환자의 환청 속에 주인공과 대화를 함으로써 환자를 치료해 갔다.

놀라운 것은 융 역시도 이런 치료를 하게 되는 것은 자신의 영적인 안내자(spirit guide)인 빌레몬과의 만남을 통해서 이루어졌다는 것이다. 영적인 안내자라고 하면 대단하게 들릴지 모르나 이미 동양의 샤머니즘에서 행해져 왔던 것이다. 다시 말해서 영적인 안내자는 무당이나 샤면(영매)에게 내린 귀신을 말한다.

이런 치료법이 말해 주는 위험성은 무엇일까? 그것은 일차적으로 인생의 문제를 자기 책임과 반성으로 말하지 않는다는 것이다. 두 번째로는 그것이 영적인 존재와의 대화를 통해서 해결한다는 것인데, 그것이 가지는 뉴에이지적인 위험 요소를 간과해 버린다.

융의 분석심리학에서는 의식과 무의식이 얼마나 잘 이해하느냐 일치하느냐로 건강하느냐 안 하느냐가 결정된다. 하나님을 알아 가고 그 말씀을 따라 사는 것이 성도의 건강한 삶인데, 심리학은 무의식을 의식화하는 것이 건강하다고 하니 하나님을 무의식과 바꾸어 버린 것이다. 무의식을 잘 파악하기 위해 적극적 심상법, 곧 구상화로 영적인 안내자와 대화를 하라고 하니 하나님도 그 말씀도 설 자리가 없게 된다. 그런데도 융을 따라서 구상화로 내적치유를 하니 얼마나 안타까운 일인가!

이런 말들이 가지는 의미는 무엇인가? 그것은 융의 분석심리학은 종교의 차원이라는 뜻이다. 그는 오컬트와 강신술에 깊이 빠졌으며,[395] 그가 원형이라고

---

[395] 이죽내, **융심리학과 동양사상** (서울: 하나의학사, 2005), 17-19; "융은 유년기에 어머니로부터 그림책을 통하여 외국의 종교에 대한 이야기를 들었다. 그것은 심령현상에 대한 이야기였다. 대학시절에는 친구의 아버지의 서재에서 심령현상에 관한 소책자를 접하고 심령현상에 사로잡혔다. 융은 그때부터 그런 현상이 세계 도처에 보편적으로 있을 것이라고 생각했다. 융은 의과대학 시절 어느 날 자신의 공부방에서 책을 읽고 있는 동안 그의 어머니는 자신의 방 옆 식당의 창가에서 뜨개질을 하고 있었는데, 그때 권총 쏘는 소리 같은 것이 들리더니 식당에 있는 견고한 호두나무로 된 원형식탁이 갈라진 것을 보았다. 그 후 2주가 지나 저녁에 집에 돌아왔을 때 그의 어머니와 14살 난 누이동생, 그리고 하녀가 매우 흥분되어 있었다. 그 내용인즉 약 1시간 전에 그 식당에 있던 찬장 주위로부터 귀청을 뚫을 만큼 날카로운 소리가 들려와 그녀들이 그 찬장을 살펴보았으나 그럴 만한 이유를 발견하지 못했다는 것이었다. 그런데 융은 그 찬장 안에서 빵을 써는 칼이 산산조각 난 것을 발견했다. 또한 그 후 2-3주가 지나 융은 16세 소녀 영매의 강신술 모임에 초대되었는데, 그곳에서 그 소녀 영매가 손을 그녀 앞 테이블 위에 얹으니 그 테이블이 저절로 움직여서 한쪽으로 기우는 것을 보고 자기 집에서 일어났던 불가사의한 현상들이 그 영매와 관계할지도 모른다고 추측했다. 그 후 그는 의과대 학생으로 2년 동안 그 영매의 강신술 회합에 참여하여 그곳에서 일어난 사실들을 정확하게 기술하였다. 융은 25세로 1900년 12월 10일 취리히대학 부속병원 정신과의 과장으로 당시 정신분열증 연구로 유

불렀던 영적인 안내자를 날마다 접촉했다. 심리학은 학문의 차원이 아니라 종교의 영역이라는 것을 명심해야 한다.396)

왜 심리학이 종교의 영역으로 선(線)을 넘어올 수밖에 없었는가? 그것은 인과율의 세계만으로는 인간의 삶과 세계를 설명할 수 없었기 때문이다. 융은 인과율의 포로가 된 프로이트를 넘어서 목적론과 동시발생론으로 설명하려 했다.397) 설명할 수 없고 이해할 수 없는 비인과율의 세계를 장악하며 주도하려

명했던 블로일러(Eugen Bleuler) 밑에 조교 의사(정신과 전공의)로 들어갔다. 브로일러 교수의 지도하에 융은 1902년에 「소위 심령현상에 관한 심리학과 정신병 이레 관하여 Zur Psychologie und Psychopathologie sogenannter okkulter Phaenomene」란 제목의 박사논문을 썼다. 이 논문은 앞에서 언급된 그 소녀 영매의 강신술 회합에 2년간 참여하여 기록한 내용을 분석하고 그동안 그가 연구한 몽유병, 히스테리, 기억상실 및 그 밖의 의식에 몽롱상태에 관한 논문들을 재검토한 것으로, 분석심리학의 발단이 된다. 이 논문의 중요한 결과는 첫째, 무의식의 자율성이다. 융은 그 영매의 몽유 상태에서 일어난 모든 행동 예를 들면, 환시, 자동적 동작 등은 의식의 통제를 받지 않는 무의식의 자율성에 의해 일어남을 관찰했다. 둘째, 무의식의 목적적 의미이다. 모든 증상이나 정신장애는 정신의 전체성이 깨진 상태인 동시에 그 전체성을 회복하려는 무의식적 노력의 결과임을 관찰했다. 셋째, 무의식의 목적적 의미와 관계하는 집단 무의식의 존재이다. 융은 프로이트의 무의식의 개념을 훨씬 넘어서, 모든 인간에서 선험적으로 내재하는 미지의 정신세계가 있음을 관찰했다."
396) C.G. 융, **꿈에 나타난 개성화 과정의 상징**, 한국융연구원 C.G.융 저작 번역위원회 (서울: 솔출판사, 2006), 27-28. "무의식의 원형이 종교적 도그마와 일치한다는 것은 경험으로 입증할 수 있다. … 그러나 차이점은 교부신학의 비유는 '그리스도에 연관되는' 반면, 심리적 원형은 바로 그것 자체이기 때문에 그때그때의 시간, 공간, 환경에 따라 해석될 수 있다는 점이다. 서양에서는 그것이 도그마적인 그리스도 상을 통해서, 동양에서는 푸루샤, 아트만, 히라냐가르바(Hiranyagarbha, 황금의 모태), 붓다 등을 통해서 충만하게 나타난다, …" 이런 유의 많은 宗教라는 범주는 무의식의 범주 아래에 속한다는 것을 암시한다. 결국 융은 하나님을 무의식보다 열등한 존재로 만들고 있으며, 기독교를 짓밟고 더 나은 삶의 원리를 제시하고 싶은 인간의 죄악 된 욕망을 드러내고 있다.
397) http://blog.naver.com/liuxing77/30020092029/ "융이 학생 때의 과학계에는 인과론이 널리 퍼져 있었다. 모든 것에는 원인이 있었다. 심리요법에 관해 말하면 환자의 현재의 어려운 원인을 그 과거의 생활에서 찾으려고 했다. 프로이트가 어른의 신경증의 원인으로서 아동기의 정신 외상에 최대의 중점을 둔 것은 인과론적 관점의 한 예였다. 융이 인과론을 부정한 것은 아니다. 그 대신에 다른 과학적 입장의 타당성도 인정했다. 이 입장은 '목적론' 또는 '목적원인론'이라고 불린다. 이 입장을 심리학에 적용하면, 인간의 현재 행동은 미래에 의해 결정된다는 것을 의미한다. 만년에 융은 인과론도 아니고 목적론도 아닌 원리를 제창했다. 그는 그것을 동시발생론이라고 불렀다. 동시에 일어나지만 인과 관계가 전혀 없는 일에 이 원리는 적용된다. 예컨대 어떤 사고가 어떤 객관적인 일과 동시에 발생할 경우가 그것이다. 거의 대부분의 사람들은 이런 종류의 동시 발생을 경험하고 있다. 어떤 사람에 대해 생각하고 있으면 그 장본인이 모습을 나타내거나 그의 편지를 받기도 한다. 혹인 친구나 친척들이 병들었거나 죽은 꿈을 꾸고, 그 꿈을 꾼 바로 그 시간에 그 일이 일어나는 경우가 있다. 융은 심리학에 동시발생론의 원리를 도입할 필요가 있다는 증거로서 정신 감응(텔레파시), 투시, 그 밖의 초정상적인 현상에 관한 방대한 문헌을 들고 있다. 이러한 경험은 우연의 일치로는 설명되지 않으며, 우주에는 인과론으로는 설명할 수 없는 또 다른 질서가 있다는 것을 시사하고 있다고 융은 생각했다. 그는 동시발생론을 태고유형의 개념에 적용하여, 태고유형은 외계에서 물리적으로 표현되는 동시에 개인의 내부에서도 정신적으로 표현될 수 있다고 주장했다. 태고유형이 두 현상의 원인이 아니다. 오히려 한쪽 현상이 다른 현상에 병행하여 일어난다."

고 했기 때문이다. 그러나 그것은 오로지 하나님만의 영역이다! 인간으로서는 절대로 이해할 수가 없다!

> 하늘이 땅보다 높음 같이 내 길은 너희 길보다 높으며 내 생각은 너희 생각보다 높으니라(사 55:9)

타락한 인간들은 하나님 앞에 자기 죄를 회개하고 돌아오기를 거부하고 스스로 높아져 신(神)이 되는 신성한 내면아이와 구상화를 택했다. 하나님으로부터의 간섭 없이 오로지 인간이 왕이 되고 주인이 되고 싶기 때문이다. 그것은 하나님을 향한 의도적인 반역이며 악의적인 죄악이다!

하나님의 깊은 섭리를 거부하고 인간이 인간 스스로 세계를 이해하려고 했을 때 거기에는 반드시 신비주의 접신술이 등장했다. 그것이 바로 구상화이며 융의 심리학으로 말하자면 적극적 명상이다.

그래서 융의 적극적 명상은 동양의 명상뿐 아니라 모든 종교에서의 명상은 모두 융의 적극적 명상과 맥락을 같이 한다. 샤먼(Shaman)의 신령과의 교통이나 신비주의 기독교 특히 로마 가톨릭의 이그나티우스 폰 로욜라(Ignatius von Loyola)의 '영성훈련'(Exercitia spiritualia), 중세의 연금술, 동양의 도가(道家)들의 양생술(養生術), 티벳 밀교의 수도, 요가, 선(禪) 등은 모두 적극적 명상의 역사적인 선례다.398) 융은 그런 것들을 하나의 체계화 된 방법으로 세상에 내놓은 사람이다. 온 세상은 융의 적극적 심상법이라는 구상화로 오염되고 죽어가는 줄을 모른다. 왜냐하면 자기실현의 방법으로 말하고 있기 때문이다. 그러나 그것은 하나님께 대한 전면적인 반역이다. 자기실현이란 존재론적 신인합일을 의미하기 때문이다.

칼 융은 연금술, 점성술, 심령술에 심취했던 사람이고399) 그가 말하는 하나

---

398) http://www.idss.co.kr/board/edu/read.php?board=tbl_idss_edu&page=19&id=151
399) http://blog.naver.com/PostView.nhn?blogId=choicreation&logNo=100113377584/ "융은 강령회에 2년 동안 참석했다. 영매(무당)는 열다섯 살 난 융의 사촌 헬레나 프리스워이었으며, 고인이 된 사무엘 프리스를 영혼의 안내자로 삼고 있었다. 헬레나는 빙의에 빠져 실제 모습과는 다른 매우 다소곳하고 세련 된 이반느라는 여인이 되었다. 헬레나는 자신과 다른 사람들의 수많은 과거의 삶을 계시하였는데, 계시한 내용에는 극적인 정사들이 종종 포함되어 있었다. 당시 융은 몰랐으나 헬레나는 소녀적인 짝사랑에 빠져 있었고, 계시의 많은 이야기들은 융의 관심을 끌기 위해 일부러 꾸며낸 것이었다. 헬레나가 환영을 만들어 낸다는 것과 속임수를 쓰고 있다는 것을 알고 난 후 융은 발길

님은 성경의 하나님이 아닌 세상이 말하는 하느님이었다. 그리고 불교에서처럼 하느님과 천국은 우리의 마음에 있다고 말했다. 융은 신영지주의자였으며400) 뉴에이지의 아버지라고도 불렸다.401)

융의 영향으로 기독교는 더욱더 뉴에이지로 물들어 가게 되었다. 몰톤 켈시, 아그네스 샌포드는 극렬하게 융을 추종한 사람들이다. 리처드 포스터, 달라스 윌라드, 헨리 나우웬, 존 웜버 등은 구상화를 통하여 신인합일을 이룰 수 있다고 조장하는 사람들이며, 리차드 포스터는 구상화를 통해서 주님을 직접 만날 수 있다고 가르친다. 마르틴 루터의 말처럼 말씀을 통하여 오지 않는 영은 사탄이다.402) 성경 말씀을 통하여 오지 않는 영, 곧 구상화를 통하여 오는 영은 사탄이다!

그럼에도 불구하고 이들을 적극적으로 추종하며 권장하는 사람들은 누구인가? 프로이트와 융의 심리학에 근거한 내적치유는 교회에서 사라져야 한다. 눈을 감고 예수님을 초청한다고 하지만 그것은 예수님이 아니라 자기가 불러들인 영적인 안내자에 불과하다. 그것은 원형의 상징에 불과하며, 사탄의 영이다. 언필칭 성서적(혹은 성경적) 내적치유는 더 이상 발붙이지 못하도록 하나님의 말씀만으로 치유가 되는 교회로 서야 한다.

을 끊는다."
http://www.sewoondol.org/sd_clm4/sdclm4tsabda205.html/ 칼 융은 로마 가톨릭의 신비주의에도 흥미를 느껴서 신비주의자 로욜라(Ignatius von Loyola)에 대한 세미나도 주관하는 등 신앙 초점을 주님으로부터 인간 자신에게 돌리게 했다.

400) http://blog.naver.com/artnouveau19/140126378369/ 영지주의: 인간의 몸에 갇혀 있는 비실재성 부분. 영지주의와 연금술에 대한 관심. 연금술이 영지주의와 근대 심리학을 연결하는 것으로 생각. 영지주의 비세속적. 연금술은 비물질성에 대한 영지주의자의 초점과 세속적인 물질의 변환에 대한 근대적 초점을 결합시킨다. 융에게 연금술 과정은 추락한 영혼의 불꽃을 물질에서 해방시키는 영지주의적인 과정의 연속. 내적 심리적 과정, 융은 그의 심리학을 악의 실체 및 여성적인 힘(?)을 인식하고 있던 신화를 찾고 있었던 영지주의의 현대판 병행물로 묘사한다. 경험에서 우리൶ 종교를 찾는 공통점-융 자신의 영지주의적 신화: 죽은 자를 향한 일곱 가지 설법-1916년 융이 사흘 저녁에 걸쳐, 1912년 프로이트와의 관계가 깨지고 난 후 5년 동안 집단적 무의식과의 대면을 통해 나왔다. 일곱 가지 설법은 2세기 알렉산드리아 영지주의자 바실리데스(Basilides)가 기원인데, 융의 무의식적 심상인 필레몬이 말한 것이 형상화, 자신을 현대판 영지주의자로 보는. 그러나 영지주의자들과의 차이. 융에게 최고의 신은 전적으로 선한 것만이 아니라 동시에 악하기도 한 신. 완벽성이 아닌 전체성이 목표. 하지만 융은 경험주의적 과학자였다는 것을 근거로 단지 그에게 붙여졌던 영지주의자라는 모멸적인 칭호를 거부한다.

401) http://kr.blog.yahoo.com/visions72000/1666.html?p=1&t=2
402) http://blog.daum.net/discern/60/ 칼 융과 오컬트 그리고 내적치유

오늘날 소위 내적치유라는 것부터 시작해서 관상기도나 그 어떤 영적인 이름의 모임에서 융의 '적극적 상상력 혹은 적극적 심상법'(active imagination)이 열렬하게 애용되고 있다. 그것은 샤머니즘을 합법화 하도록 만들었고, 과학과 어깨동무를 하면서 현실은 뉴에이지로 범벅이 되어서 죽어 가면서도 죽어 가는 줄을 모른다. 과거에는 죄악 된 것들이 이제는 없어서는 안 될 것처럼 그리고 영적 지도자의 자리에 앉아서 호령을 하고 있으니 아무도 거기에 대해서 이의를 제기하려고 하지 않는다.

3

chapter

구상화의 리더들

론다 번과 구상화 … 176
나폴레온 힐과 구상화 … 195
찰스 해낼과 구상화 … 205
디팩 초프라와 구상화 … 212
　・동시성 운명 … 212
　・자기 삶의 원형을 찾으라? … 216
노만 빈센트 필과 구상화 … 224
로버트 슐러와 구상화 … 230
조용기 목사와 구상화 … 235
조엘 오스틴과 구상화 … 262

론다 번과 구상화

이제부터 살펴볼 인물들은 신사상 운동과 뉴에이지 운동과 깊이 관련된 인물들이다. 그러면 이 두 가지 사상이 무엇인지 살펴보자.

신사상 운동이란 무엇인가?[403] 신사고 운동은 긍정적 사고 운동의 종교적 사상적 근원이다. 신사고 운동 속에는 융의 심리학[404]을 비롯하여 힌두교, 불교, 플라톤, 기독교, 칸트의 선험주의, 헤겔의 관념론, 라이프니츠의 단자론 등이 혼합되어 있다.

신사고 운동의 역사는 랠프 월도 에머슨(Ralph Waldo Emerson, 1803-1882)을 시조로 본다.[405] 그에게 깊은 영향을 준 것은 초월주의 철학이

---

403) 프렌티스 멀포드, **생각이 실체다**, 정형철 역 (서울: 이담북스, 2010), 7; 1917년 세인트루이스에서 열린 제3차 '국제 신사상 연맹' 대회에서 참가자들은 '원칙 선언'(Declaration of Principles)을 했는데, 그레서가 정리한 것을 요약하면 다음과 같다. (1) 우리는 선택과 믿음에 관한 각자의 자유를 인정한다. 신사상의 본질은 진리인데 각 개인은 그가 보는 진리에 충실해야 한다. (2) 우리는 선을 긍정한다. (3) 우리는 건강을 긍정한다. 인간의 육체는 성전이다. 영적 치유(spiritual healing)는 모든 인종들에게 모든 시대에 걸쳐 존재해 왔다. (4) 우리는 신의 공급(divine supply)을 긍정한다. (5) 우리는 "천국이 우리들 안에 있다"라는 예수 그리스도의 말을 긍정한다. 우리는 서로를 판단하지 않고 서로를 치유해야 한다. (6) 우리는 신을 보편적 사랑, 생명, 진리, 기쁨의 원천으로 긍정하고, 그와 하나가 되는 것이 사랑, 진리, 평화, 건강, 풍요를 가져다준다고 믿는다. (7) 우리는 이것들을 실천으로 긍정하고 소수의 성직자 중심주의가 아니라 모두의 민주주의로서 받아들인다. (8) 우리는 지금, 여기에서의 천국을 긍정한다.

404) http://www.examiner.com/new-thought-in-denver/carl-jung-and-the-alchemy-vibration-waking-up-to-new-thought/ Carl Jung stated that the human psyche is "by nature religious". Although he was a theoretical psychologist and practicing clinician, he developed many of his theories and teaching by exploring other areas, including Eastern and Western philosophy, astrology, sociology and Alchemy. Jung's approach to psychology has been influential around the world, including the teachings of New Thought.

405) http://blog.daum.net/goodguybk/2(2009.10.26. 04:52, 불교 영시-브라흐마 / 에머슨) 랠프 왈도 에머슨 Ralph Waldo Emerson: 19세기 미국 초절주의의 대표자, 미국 문학사에서 뛰어난 위치를 차지하는 그의 범신론적 자연관은 신, 인간, 자연이 하나가 되는 낙관적인 관점으로, 자연을 창조의 형식으로 보며 인간 정신을 관통하는 신의 사고/형상으로 보았다. 그는 삼라만상에도 인간 내부에 존재하는 신성인 대령(大靈,Over-soul)이 깃들어 있다고 여겼다. 그의 대령(大靈) 사상은 신플라톤주의의 절대 존재(the Absoulte), 힌두교 경전(우파나샤드, 바가바드 기타, 비쉬뉴 푸라나)의 브라흐마(Brahma)라는 궁극적 존재 개념에 영향 받았다. 에머슨의 동양사상의 중심에는 인도의 종교와 철학, 그 가운데도 브라흐마(Brahma)의 개념이 있다. 브라흐마는 우주아(宇宙我)/범천(梵天)으로서 에머슨의 대령(大靈)/우주의 보편적 존재와 같은 초월적 존재를 의미한다. 궁극적 실재인 브라흐마는 힌두교의 최고신으로서 우주만물을 창조 지탱하는 힘이다. 브라흐마는 우주아로서 시작도 끝도 없이 우주의 삼라만상을 순환한다. 이 점에서 힌두교의 순환적 우주론은 불교의 윤회와 비슷하다. 만물에는 우주아(宇宙我)의 영혼이 깃들어 있어 통일성이 존재하며, 따라서 모든 상반된 것들은 결국 같은 것이며, 모순과 대립은 단지 인간의 제한된 3차원적인 이해의 산물에 불과하다. 멀다 가깝다. 그림자와 햇빛, 수치와 명성이 서로 대립되는 개념이라는 것은 환상이라는 것이다. 선과 악, 보이는 것과 보이지 않는 것이라는 대립 개념의 환상은 더 이상 우리를 홀리지 못한다. 존재의 모순성은 인간의 분별심으로는 이해할 수 없지만, 시공을 초월한 브라흐마에게는 보상적인 순환 관계 속에서 이해될 수 있다.

었다. 초월주의는 임마누엘 칸트의 초월과 독일 관념론을 뿌리로 삼는 사상으로, 랠프 왈도 에머슨과 헨리 데이비드 소로우가 주도하였다. 그들은 동양사상에 깊이 빠져들기 시작했는데, 에머슨은 힌두교의 『바가바드기타』406)에 심취했다. 그들은 눈에 보이는 사물의 이면에 진리가 있으며, 인간의 마음이 물질보다 우위에 있다고 말했다.

이런 생각으로 신사고 운동을 일으킨 사람은 피니어스 큄비(Phineas Quimby, 1802-1886)이다. 위키피디아에서는 다음과 같이 말한다.

> 신사상 운동(New Thought)은 19세기 미국에서 시작된 치료 운동이다. 범신론적 경향을 특징으로 한다. 신사상에 매우 단순한 메시지가 두 가지 있다. 사람들은 그 내면 깊숙한 곳에 엄청난 힘을 지니고 있다는 것이다. 부정적인 생각을 떨쳐 버리면 이런 힘의 문을 열 수 있다는 것이다. 이것을 처음 부르짖은 사람은 피니어스 P. 큄비(1802-1866)로 알려져 있다. 그는 최면술사로, 질병은 마음의 문제라는 견해로 정신요법과 건강의 생각을 발전시킨 신사상 운동의 아버지다. 데일 카네기의 『인간관계론』은 번영 지향적인 신사상으로 인기를 끌었다.407)

큄비는 원래 동물자기법(mesrmerism)을 연구하던 최면요법사였다. 그는 최면요법으로 수많은 사람을 치료하면서 환자들의 잘못된 생각이 병을 만든다고 보았다. 그래서 그는 최면요법 대신에 사람들의 생각을 교정해 줌으로써 치료를 하게 되었다. 얼마나 그것이 주목을 받았던지 그의 집에는 불구였던 환자들이 버리고 간 지팡이로 옷장 하나가 가득 찼다고 한다.

큄비는 질병, 물질, 죄, 죽음이라는 것은 실제로 존재하는 것이 아니라, 생각이 만들어 낸 환영(幻影)일 뿐이라고 주장했으며, 그런 자신의 주장을 '크리스천 사이언스'(Christian Science)라고 불렀다.408)

큄비의 사상을 고스란히 가져온 사람이 바로 '크리스천 사이언스'라는 사이비 종교의 창시자 메리 베이커 에디(Mary Am Morse Baker Glover Patterson Eddy, 1821-1922)이다.

---

406) 위키피디아 사전에서; 바가바드 기타(산스크리트어: भगवद् गीता Bhagavad Gītā)는 성스러운 신에 대한 기타(Gita:歌頌)라는 뜻이며, 기원전 4-2·3세기경에 성립된 것으로 여겨진다. 신에 대한 신애(信愛)의 실천은 카스트나 남녀의 구별을 초월하여 모두 최고신의 은총을 받을 수 있다고 하여 정통적 브라만교 사상과 다른 입장을 표명하고 있다.
407) 위키피디아 사전에서
408) 김태한, 뉴에이지 신비주의 (서울: 라이트하우스, 2008). 18-19.

그녀는 마국 뉴햄프셔에서 마이크 베이커와 아비가일 베이커 사이에서 6남매의 막내딸로 태어났다. 그녀의 부모는 철저한 칼빈주의자들로서 엄격한 예정론을 신봉한 화중 교회의 교인들이었다. 1843년 남편이 죽자 치과의사 다니엘 패터슨과 재혼하였다. 그러나 별거 중에 그녀를 죽음에까지 몰고 간 척추 쇠약증으로 7년간 투병 생활을 하게 되었다. 투병 생활 중 약 없이 치료한다는 메인네 주 피니아스 큐엄바이 의사를 찾아가 그의 치료 방법인 최면술이나 자기 암시(mind control)라는 심리적 방법을 발견한 것이다. 그녀는 이것을 '예수의 치료 방법'이라고 했고 이것을 더 계발하여 다른 사람들에게 보급하였다. 1879년 메사추세츠 보스턴에 그리스도 과학자 제일 교회를 조직하고서 그 목사로 취임하였다. 그 후 지교회 및 지회 등을 갖고 마국 캐나다 영국 등 많은 지역에 크리스찬 사이언스 등의 조직을 두고 있다. 최근에 우리나라에도 마인트 콘트롤, 단전수련, 최면요법 등으로 보급되고 있다.409)

메리 베이커 에디가 주장하는 것은 무엇일까? 크리스천 사이언스는 일원론(一元論, monism)을 기초로 한다. 일원론은 '모든 것이 하나'라는 주장이다. 모든 것이 하나라는 신비주의 원리에 기초하니 하나님과 인간은 아무런 차이가 없다. 결국 인간이 하나님이 되어 버린다. 인간은 하나님의 형상으로 만들어졌으며, 하나님만이 세상에 존재하는 유일한 존재이므로 모든 것은 하나님이고 인간도 하나님이 되어 버린다. 그러니 인간에게 발생하는 죄, 질병, 죽음이라는 것은 모두 부인하게 된다. 크리스천 사이언스에 있어서 구원이란 죄, 질병, 육체, 죽음이라는 것은 존재하지 않는다고 믿는 마음(생각)이다.410)

모든 것이 하나님이니 인간도 하나님이라고 한다. 이런 일원론은 한두교의 전형적인 원리이다. 이와 같은 신사상과 크리스천 사이언스를 추종하는 사람들은 누구인가? 로버트 슐러, 노먼 빈센트 필, 나폴레온 힐, 모턴 켈시, 디팩 초프라 등이 있다.

뿐만 아니라 신사고 운동은 지금도 지구촌 전역으로 퍼지고 있다. 일본에서 시작된 「생명의 실상」이라는 책을 낸 광명회, 남묘호렌게교라고 불리는 SGI

---

409) http://www.aspire7.net/reference/Christian-Science.htm
410) 김태한, 뉴에이지 신비주의 (서울: 라이트하우스, 2008). 19-20.

역시 신사고 운동의 한 부류이다.411) 근래에는 신사고 운동을 이어받은 것으로 '에너지 세라피'라는 것이 있다. 에너지 세라피는 동양의 경락이론과 기공(氣孔), 인도의 차크라 체계, 하와이 원주민의 전통기법 등을 마음 치료법과 통합한 것이다. 이것이 한 간에 유행하는 대체의학의 주류를 형성하고 있다. 그 대표적인 예로는, 퀀텀 터치, 프라닉 힐링, 레이키, EFT, 후나, 호오포노포노, AK, NLP 등이 있다.412) 교회와 가정사역 단체에서도 이런 일들을 자행하고 있으니 얼마나 안타까운 일인가?

김영재 교수의 뉴에이지에 대한 글을 읽어보자.

> 뉴에이지(New Age)는 새로운 시대라는 의미이다. 새로운 시대가 있기 위해서는 그에 버금가는 구시대(Old Age)가 있어야 하는데 이 구시대로 지목되는 것은 바로 예수 그리스도이다. 뉴에이저들의 주장은 구시대의 주역인 예수 그리스도가 역사의 무대 뒤로 사라지고 이제는 사탄이 주도하는 새로운 시대인 뉴에이지가 도래했다는 것이다. 그러므로 뉴에이지를 단지 문화라고만 하기에는 불충분한 것이다. 왜냐하면 이처럼 뉴에이지가 종교적인 색채를 강하게 띠고 있기 때문이다. 종교의 요소를 여러 가지로 분류할 수 있지만 크게 세 가지로 분류한다면 신과 구원과 내세이다. 이 세 가지의 사상이 뉴에이지 속에 엄연히 내포되어 있기에 뉴에이지는 단순한 문화가 아니라 반 기독교적인 종교인 것이다. 뉴에이지는 창조 대신에 진화를 주장하는데 그 진화의 의미는 인간이 여러 가지의 수행을 통해 진화하여 신이 된다는 것이다. 그러기에 신인 인간이 다른 신을 숭배하는 것은 어리석은 행위에 불과한 것이며 진정한 자아를 알지 못하는 무지에서 나온 발산물이라는 것이다.413)

한 마디로, 뉴에이지 시대를 산다는 것은 인간이 신이 될 수 있으니, '인간은 신이다'는 망상에 사로잡힌 시대를 살고 있다는 것이다. 그것을 쉽게 분별해 내지 못하는 이유는 그것들이 기독교의 복음과 혼합되어져서 교회 안으로 들어와 있기 때문이다. 특별히 내적치유라는 이름으로 성도들을 오염시키고 있다. 그들의 문제점이 무엇인가?

> 신사상 운동과 뉴에이지 운동의 개인과 세계의 근본적인 변화를 지향하지만, 뉴에이지 운동은 개인의 의지를 통한 변형을 강조하는 데에 반해, 신사상 운동은 신(神)의 의지를 배우고 그 의지의 활동에 협력하는 것을 통한 치유를 중시한다. 그리고 이 경우의 신은 신사상 운동과 관련

---

411) http://www.hknews.co.kr/shk01/index.asp 「화광신문」
412) http://www.kyta.co.kr/treatment2_1.htm "에너지테라피를 받는 내담자에게는 인도 의학인 아유르베다의 체질 평가에 따라 개인의 체형과 병증, 심리구조에 적합한 요가 동작과 호흡, 이완 방법 등을 처방하고 훈련되어지며 에너지 테라피를 받는 기간 동안은 쿤달리니 요가센터의 치유요가 그룹 수련에 참여한다."
413) 김영재, **뉴에이지가 교회를 파괴한다** (서울: 한국학술정보(주), 2010), 65.

된 사람들이 대체로 넓은 뜻에서의 기독교도들이었다는 점에서 기독교의 신을 가리키는 것으로 보아도 될 것이다.414)

그들은 신(神)을 영상화하는 방법을 가르치며 서양과 동양의 종교를 통합하려고 한다. 겉으로는 예수 그리스도를 말하나 동양의 신비주의와 범신론으로 융합하고 있다. 그리하여 기독교의 하나님이 이교도의 신으로 변질된다.

역사 속에 구상화와 관련된 인물을 다 말할 수는 없어도 이 시대의 멘탈리티(mentality)를 주도하는 중요한 인물들에 대해서는 꼭 언급을 할 필요가 있다. 그 인물들은 구상화에 대해서 무엇이라고 말하는지 살펴보자.

최근 전 세계적으로 유명세를 타고 있는 론다 번의 『시크릿』415)에서 말하는 '끌어당김의 법칙'이 바로 '구상화'를 말하고 있다.416) 이혼녀로 힘들게 살아가던 론다 번은 딸이 준 책 『부의 비밀』(부자가 되는 과학, *The Science of Getting Rich*, 월리스 워틀스, 1910)을 보고 소위 말하는 '비밀'을 발견했다.

워틀스가 뉴에이지라는 것은 그의 책 머리말에서 발견되는데, 그의 철학적 기반이 힌두교의 일원론에 기초하고 있다고 말했다.

> 이 책은 철학적이거나 이론적인 논문이 아니라 실용적인 설명서이다. 그 무엇보다 돈이 필요한 사람, 빨리 '부자가 되고 싶은 사람들을 위한 책이다. … 일원론은 힌두교에서 발생하여 지난 200년 간 서양에 점차 스며든 사상으로, 모든 동양철학과 데카르트, 스피노자, 라이프니츠, 쇼펜하우어, 헤겔, 에머슨 철학의 근간이 되는 사상이다. 이것은 하나가 전체요, 전체가 하나로써 그 하나의 본질이 물질세계의 수많은 존재로 나타난다는 원리이다. 이에 관한 철학적 기반을 알고 싶은 사람은 특히 헤겔과 에머슨의 글을 읽어보길 바란다.417)

---

414) 프렌티스 멀포드, **생각이 실체다**, 정형철 역 (서울: 이담북스, 2010), 7.
415) http://www.amazon.com/Secret-Rhonda-Byrne/dp/1582701709/ref=sr_1_1?ie=UTF8&qid=1309596911&sr=8-1 『시크릿』은 종교와 영성 부분에서 혹은 오컬트에서 뉴에이지, 신사상으로 분류되는 책이다. #1 in Books 〉 Religion & Spirituality 〉 New Age 〉 New Thought / #2 in Books 〉 Religion & Spirituality 〉 New Age 〉 Mental & Spiritual Healing / #3 in Books 〉 Health, Mind & Body 〉 Self-Help 〉 Personal Transformation
416) 에스터 & 제리 힉스, **뉴비기닝**, 서수정 역 (시골생활, 2008), 7-11, 90-91; 『시크릿』은 에스터 & 제리 힉스의 『뉴비기닝』이 원조다. 힉스 부부는 깊은 명상에서 '아브라함'이라는 영적인 안내자(spirit guide)를 만나서 『뉴비기닝』의 내용을 알게 되었다고 한다. 『뉴비기닝』 역시 그 내용을 조금만 살펴보아도 힌두교의 사상을 그대로 말하고 있다는 것을 알 수가 있다. 『시크릿』과 『뉴비기닝』은 현대인들의 구미에 맞춘 편리하고 쉬운 힌두교 설명서인 셈이다. 한 가지만 예를 들어 말하면 힉스 부부는 윤회적 차원에서 인간을 설명하는데서 그 사실을 확인할 수가 있다. "당신은 어떤 차원에서든 수천 번의 삶을 경험한 존재로서 자신을 바라볼 수 있어야 합니다. 또한 그 수천 번의 삶을 통해 지혜를 쌓아 온 존재로서 자신을 바라볼 수 있어야 합니다."(pp. 90-91)

일원론이란 창조주와 피조물은 같은 근원이라는 철학으로 한두교나 불교도 일원론에 속한다. 즉 자연과 초자연 간에는 분명한 한계가 없다. 여기서 신과 영들의 세계와 자연과 인간은 연속성이 있다. 이러한 연속성 때문에 윤회설이 가능하다. 그러나 기독교는 창조주와 피조물은 동일한 근원이 아니라 질적으로 전혀 다른 차원이기 때문에 존재론적 연속성이 있을 수 없다.[418]

그러나 워틀스에게 있어서는 "지구상에 존재하는 모든 것은 한 가지 근본 원소(original substance)에서 비롯되고, 그로부터 모든 것이 만들어진다."는 일원론에 철저한 기초를 두고 있다.[419]

문제는 이 "근본 원소"가 무엇인가? 하는 데 있다. 이 단어에 대한 설명은 다음과 같다.

> 근본 원소란 original substance를 번역한 표현으로, '우주 창조에 이용된 눈에 보이지 않는 재료를 과학적인 관점에서 바라보기 위해 붙인 이름이라고 생각하면 된다. 근본 원소는 이 책에서 다양한 이름으로 사용된다. 근본 원소 = 무형의 원료 = 무형의 존재 = 무형의 원소 = 생각하는 원소 = 하느님 = 조물주 = 무한한 존재 등으로 사용되었다.[420]

---

417) 월러스 워틀스, **부의 비밀**, 김우열 역 (서울: 흐름출판, 2010), 5.
418) http://inbora.com/gnuboard/bbs/board.php?bo_table=board3&wr_id=1962/ 〈애니미즘은 창조주와 인간과 자연 및 동물과의 관계를 설명하는 양식으로, 특히 창조주와 피조물 간에는 분명한 한계가 없다. 애니미즘이란 모든 만물에는 영이 존재한다는 신앙이기 때문에 범신론도 되고 혹은 다신론으로 말하기도 한다. 그러나 더 비판적 시각에서는 마귀론(demonology)으로 말하는 신학자도 있다. 성경은 분명 애니미즘을 정죄하는데, 이유는 이들 영들을 마귀 혹은 마귀와 관련된 것으로 해석한다. 애니미즘은 종교학적으로는 일원론(Monism)에 속한다. 이 영을 달래는 것은 아무나 할 수 있는 것이 아닌 샤먼(무당)의 일이다. 여기서 애니미즘은 샤먼의 역할이 대단히 중요하여 한국에서는 애니미즘을 샤머니즘이라고 한다. 그런데 우리나라에서는 샤먼은 특정한 복장을 하지만 많은 부족사회에서는 "유니폼"이 없는 것이 특징이다. 그런데 이 무당은 굿을 하면 반드시 대가를 받는 것이 특징이다. 무당의 기능은 점으로부터 치유 등 다양한 역할을 수행한다. 따라서 이러한 사회의 기독교도 이런 식으로 성령론 위주의 목회가 발전하게 된다. 그래서 현대 선교는 능력 대결(power encounter)을 중시하나, 능력 대결로 접근하면 매우 비성경적이고 위험한 길로 빠지게 된다.〉
위키피디아 사전에서; 일원론(一元論)은 볼프에게서 처음으로 나온 말로, 오직 일종(一種)의 실체(물질이나 정신)를 인정하는 철학이다. 예컨대 데카르트는 정신과 신체를 별개의 것으로 생각했기 때문에 이원론(二元論)이지만 스피노자는 정신과 신체를 실체의 표리(表裏)로 생각했으므로 일원론이다. 일원론에는 관념론적 일원론과 유물론적 일원론이 있으나 세계의 근본은 하나이며 모든 것은 거기에서 전개되므로, 결국은 대립과 다양(多樣)이 통일로 환원된다고 보는 일원론도 있다.
419) 월러스 워틀스, **부의 비밀**, 김우열 역 (서울: 흐름출판, 2010), 34.
420) Ibid., 36.

이 설명에서 보듯이 세상의 모든 것이 하느님이라는 범신론이 드러난다. 문제는 이런 범신론을 기독교적인 용어와 성경을 섞어 가면서 마치 성경적인 것처럼 논리를 펼쳐 간다는 것이다. 여기에 미혹이 있다!

> 조물주는 잠재되어 있는 가능성이 모두 인간을 통해 드러나기를 바란다. … 조물주가 이 모든 것을 바라는 이유는 그것을 즐기고 음미하는 주체가 바로 조물주 자신이기 때문이다. 그것들 모두 그의 창조물인 것이다. 연주하고, 노래하고, 아름다움을 즐기고, 진리를 찬양하고, 멋진 옷을 입고, 훌륭한 음식을 먹기를 바라는 것은 바로 조물주다.
> "너희 안에 행하시는 이는 하느님이시니 너희로 소원을 두고 행하게 하시노라."
> 사도 바울의 말이다.[421]

워틀스의 책을 번역하는 사람이 "하느님"이라고 번역하는 것도 유의해서 지켜봐야 하는 대목이다. "조물주"이든지, "하느님"이든지 간에 그것은 성경이 말하고 있는 하나님이 아니다. 그것은 힌두교의 범신론에 속하는 신에 불과하다. 성경을 인용하고 사도 바울의 말이라고 하지만 그것은 기독교적 영향 속에 있는 사람들을 미혹하기 위한 분칠이다.

론다 번은 "힌두교, 신비주의, 불교, 유대교, 그리스도교, 이슬람교 같은 종교와 고대 바빌론이나 이집트 같은 문명은 글과 이야기에서 이 법칙을 이야기했다"고 말하며, 이어서 고대 바벨론 사람들에 대해서 말한다. 『시크릿』의 사상적 뿌리는 신사상 운동이며 뉴에이지와 매우 밀접한 관련이 있다.[422]

『시크릿』에서 말하는 문장들은 힌두교에서 말하는 것들과 일치한다.

> 우리는 영적인 존재다. 우리는 에너지요, 에너지는 생성되거나 파괴되지 않는다. 단지 형태만 바꿀 뿐이다. 따라서 순수한 본질은 늘 존재했고, 앞으로도 존재할 것이다. 우주는 생각에서 비롯된다.[423] 우리는 자신의 운명뿐 아니라 우주의 운명을 만드는 창조자다. 우리는 모두 연결되

---

421) Ibid., 69-70.
422) 론다 번, **시크릿**, 김우열 역 (서울: 살림출판사, 2010), 135.
423) 이지성, **노시크릿** (서울: 다산라이프, 2008), 160-162; "힌두교에서 말하는 우주는 과학에서 말하는 우주가 아니다. 힌두교의 우주는 힌두교 신인 브라만 자체다. 서구의 자기 계발 책에서 '우주의 영혼'이라든가 '우주의 힘' 같은 단어를 종종 접했을 것이다. 이 단어 역시 힌두교의 브라만을 뜻한다. '우주의 순수의식' 같은 말도 마찬가지다. 내 안에 있는 브라만을 의미한다. … 19세기 미국의 신사상 운동가들은 끌어당김의 법칙에 관한 책을 집필하면서 '우주에 소원을 빌면 우주가 들어 준다'라거나 '우주에 요청하면 우주가 도와준다' 같은 말을 했다. 독자들은 이 말의 진정한 의미를 몰랐다. 책에 자세한 설명이 없었으니 당연한 결과였다. 독자들은 그냥 물리적 우주로 이해했다. 그리고 책에서 읽은 대로 우주에 열심히 소원을 빌었다. … 우주에 소원을 비는 자체가 힌두교식 예배에 준하는 행위나 마찬가지라는 사실을 모른 채 신사상 운동가들은 그렇게 교묘하게 독자들을 미국식 힌두교로 이끌었다. … 서구의 점성

어 있고, 모두 하나다.424)

다음에 나오는 이은구 박사의 『힌두교의 이해』 에서 말하는 글과 앞서 인용한 『시크릿』 의 글을 비교해 보라.

> "(힌두교) 제례의식은 상징적으로 우주이며, 이를 주관하는 사람 자신이다. … 브라흐마나에서의 최고의 신은 프라쟈파티(prajapati, 生主)인데, 프라쟈파티는 일체의 우주이고 동시에 제사이다. … 대단히 오만해진 브라만들은 스스로 일종의 신이라고까지 지칭하게 되었다. … (브라만들은) '성스러운 말이나 어구의 신비한 힘'(brahman)에 의해 결국에는 우주나 신들까지도 통제할 수 있다고 생각하였던 것이다. … 인간의 행복과 불행은 이미 신의 지배에 의한 것이 아니라 제례의식의 집행에 있게 된다고 생각하게 되었다. 제례의식을 올바르게 실행함으로써 우주적인 현상까지도 지배할 수 있다고 생각한 것이다. … 브라만교는 우리가 힌두교라고 하면서 힌두교 안에서 행해지고 있는 종교 형태의 바탕이 되고 있다.425)

론다 번의 '끌어당김의 법칙'에서 말하는 것이나 이은구 박사의 『힌두교의 이해』 에 나오는 말이나 그 이면의 중심에 자리 잡고 있는 것은 동일한 힌두교의 원리다.426) 다시 말하면, 힌두교 제의(祭儀)의 현대화가 론다 번의 『시크릿』이다.427) 그것은 힌두교의 정통 교리를 현대인들의 입맛에 맞춘 현대화 된

술사, 마녀, 사탄숭배단체, 프리메이슨 등은 '지혜의 영', '고차원적인 존재' 같은 단어를 '사탄'을 지칭하는 은어로 사용한다. '무한한 지성'이라든가 '창조의 영' 같은 단어도 마찬가지다. 많은 사람들이 이를 성경의 하나님을 지칭하는 다른 말로 생각하는데 전혀 그렇지 않다."
424) 론나 빈, **시크릿**, 김우열 역 (서울: 살림출판사, 2010), 206.
425) 이지성, 노시크릿 (서울: 다산라이프, 2008), 122.
426) Ibid., 16, 128-129; "끌어당김의 법칙은 19세기 미국에서 일어난 신사상 운동의 실천 방안으로 고대 브라만교에 그 기원을 두고 있다. 서구에서 끌어당김의 법칙이라는 말을 최초로 사용한 사람은 신지학의 창시자인 블라바츠키인데, 그는 공식적으로 인정된 사탄 숭배자였다. 그녀는 신지학의 아이디어를 상당 부분 고대 부분 고대 브라만교에서 따왔다. 신사상 운동의 창시자인 큄비와 끌어당김의 법칙에 관한 책을 최초로 집필한 앳킨슨 역시 마찬가지다 (p. 16). 그(피니어스 P. 큄비)는 신약성경에 나오는 예수의 병 고침 기사를 연구한 결과 모든 질병을 고칠 수 있는 능력을 얻었다고 주장했는가 하면, 지구상에 존재하는 모든 물질과 질병, 심지어 죽음까지도 인간의 생각이 만들어낸 환영에 불과한 것이라고 주장했다. 이는 다름 아닌 고대 힌두교 교리다. … 큄비는 인류는 생각으로 만들어 낸 부정적인 환영의 노예가 되어 고통 받고 있기 때문에 이 생각을 치료 해주면 부정적인 환영으로부터 풀려나서 부와 건강을 누리며 영원히 행복하게 살 수 있다고 주장했다. 생각을 바꾸면 부자가 될 수 있고, 병도 치유할 수 있으며 늙거나 죽지 않고 영원히 젊음으로 살 수 있다는 『시크릿』 의 주장이 어디서부터 비롯되었는지 알 수 있게 해 주는 대목이다(p. 128-129)."
427) Ibid., 146-154; 〈1930년부터 1950년까지 인도에서 가장 훌륭한 성자로 존경받은 사람으로 스리 라마나 마하리시(Sri Ramana Maharishi, 1879-1950)가 있다. 그의 가르침은 "의식만이 유일한 실재이다"는 것이다. 이 문장만 놓고 보면 찰스 해낼, 토머스 트로워드, 네빌 고다드 같은 신사상 운동가들의 주장과 같다. 『시크릿』 에 나오는 비밀의 달인들의 주장과도 일치한다. 그렇다면 스리 라마나 마하리시는 어떤 의미로 이 말을 했을까? … 물질적 욕망을 버리라는 의미로 말한 것이다. … 그는 생각의 힘도 인정하지 않았다. 오히려 생각을 전혀 하지 않는 상태만이 자유

신사상 운동이다. 그것은 현대인들에게 부를 가져다주기 위하여 쉽고 간편하게 목적을 달성하도록 뉴에이지 구상화를 주된 방법론이다.

론다 번의 시크릿은 디팩 초프라가 말하는 「신비주의 전통의 11가지 지혜」와 동일하며,428) 그녀의 사상은 찰스 해낼의 '끌어당김의 법칙'을 그대로 수용한 것이다. 그러나, 성경은 분명히 말한다.

> 만군의 여호와 이스라엘의 하나님이 이같이 말하노라 너희 중 선지자들에게와 복술에게 혹하지 말며 너희가 꾼 바 꿈도 신청하지 말라(렘 29:8)
> 여호와께서 내게 이르시되 선지자들이 내 이름으로 거짓 예언을 하도다 나는 그들을 보내지 아니하였고 그들에게 명하거나 이르지 아니하였거늘 그들이 거짓 계시와 복술과 허탄한 것과 자기 마음의 속임으로 너희에게 예언하도다(렘 14:14)

하나님께서는 허탄한 것을 말하며 거짓을 말하는 복술자들과 거짓 선지자들을 엄히 책망하셨다. 또한 예수님께서는 이 세상의 것을 즐기는 것이 하나님의 나라의 본질이라고 말씀하신 적이 없으시다. 예수님께서는 이 세상 나라에서 잘 먹고 잘살게 하기 위하여 십자가를 지시고 죽으신 것이 아니라, 허물과 죄로 죽은 우리를 살리시려고 못 박혀 죽으셨다.429)

> 한 사람이 두 주인을 섬기지 못할 것이니 혹 이를 미워하며 저를 사랑하거나 혹 이를 중히 여기며 저를 경히 여김이라 너희가 하나님과 재물을 겸하여 섬기지 못하느니라(마 6:24) 하나님의 나라는 먹는 것과 마시는 것이 아니요 오직 성령 안에서 의와 평강과 희락이라(롬 14:17)

하나님의 나라는 하나님의 언약의 백성으로 그 통치를 받으며 그 언약에 신실한 삶을 살아가는 사람들이다. 그것은 인간의 능력으로 말미암는 인과율의 세계가 아니라, 오직 성령 하나님의 역사로 일어나는 의와 평강과 희락이다. 세상

로우며 유일한 실재라고 했다. … 마라 크리슈나(Ramakrishna, 1836-1886)는 … 힌두교 구루다. 『시크릿』은 돈에 대해 좋은 감정을 가지라고 하고, 영원한 젊음을 생각으로 얻을 수 있다고, 즉 당신은 죽지 않는다. 당신은 신이다, 라고 한다. 하지만 라마 크리슈나는 정반대의 이야기를 한다. … "돈은 사람들로 하여금 수행의 길에서 벗어나 세상에 끌려들게 하는 장애물이다." "나는 갠지즈 강둑에 앉아 이렇게 말하곤 했다. '돈은 흙이고, 흙은 돈이다.' 그러고는 둘 다 갠지즈 강에 버렸다." … 결론적으로 말하면 19세기 미국의 신사상 운동이 실천 방안으로 제시한 끌어당김의 법칙은 정통 힌두교 구루들의 가르침과는 전혀 다르다는 것을 알 수 있다. 즉 이들이 인도 정통 힌두교를 미국식으로 개조한 자기들만의 힌두교를 믿었다고 할 수 있다.〉
428) 필자의 책 『내적치유와 내면아이』에서 신비주의란 무엇인가? 참고하라.
429) 너희의 허물과 죄로 죽었던 너희를 살리셨도다(엡 2:1)

은 절대로 만들어 낼 수가 없다. 아무리 생각하고 아무리 상상을 해도 결단코 이루지 못한다!

워틀스는 무형의 원소에서 유형의 부를 생산해 내는 유일한 힘은 '생각'이라고 한다.430) 그 생각을 구체화하는 방식은 구상화다.

> 재봉틀을 원한다면, 마음속으로 그것을 그리면서 재봉틀이 만들어지고 있거나 자신에게 오는 중이라고 확신하라. 일단 생각을 전달한 뒤에는, 재봉틀이 오고 있다고 절대적으로 믿어야 한다.431) 새집에 사는 모습을 상상하라. 그것이 실체가 되어 당신에게 나타날 때까지, 원하는 것을 마음껏 즐기는 상태를 마음으로 그려라. "너희가 기도할 때에 무엇이든지 믿고 구하는 것은 다 받으리라." 예수의 말씀이다. 바라는 것이 실제로 항상 당신의 주변에 있는 것처럼 생각하라. 그것을 얻어서 사용하는 모습을 떠올려라. 실제로 그것을 얻게 되었을 때 사용하듯이 상상 속에서도 사용해 보아라. 분명하고 명확해질 때까지 마음의 그림을 그린 뒤에는 그 그림에 있는 것이 모두 당신 것이라고 생각하라. 마음으로 그것이 100퍼센트 당신 것이라고 믿으면서 그것을 취하라. 당신 것이라는 생각을 놓지 마라. 그것이 현실이라는 믿음이 한순간이라도 흔들리지 않게 하라.432)

구상화를 말하고 있으면서도 "예수의 말씀이다"라고 말하고 있다. 더 놀라운 것은 자신이 이런 뉴에이지 구상화를 사용하면서 신비적이거나 주술적인 방식을 사용해서는 안 된다고 말한다는 것이다.

> … 생각을 신비적이거나 주술적인 방식으로 '투영해서' 원하는 바를 이루려 하면 안 된다. 이런 노력은 낭비이고, 이성적으로 생각하는 힘마저 약하게 만들어 버린다.433)
> 주술이나 신비적인 힘으로 손에 닿지 않는 사람이나 사물에 영향을 미치려고 하지 마라.434)

워틀스가 왜 이런 신비적 주술적인 것을 하지 말라고 할까? 그것은 자기 자신이 신이기 때문에 남을 의지할 필요가 없기 때문이다. 워틀스의 구상화는 자기 주도의 상상화이다. 주술은 주술이되 영적인 안내자가 필요 없는 주술인 셈이다. 워틀스는 자신의 원리를 하나씩 추가로 설명해 가면서 다음과 같이 정리한다.

첫째, 만물이 창조되는 근본에는 무형의 근본 원소가 존재하는데, 이것은 우주 공간 전체에 스

---

430) 월러스 워틀스, 부의 비밀, 김우열 역 (서울: 흐름출판, 2010), 40.
431) Ibid., 67.
432) Ibid., 89-90.
433) Ibid., 117.
434) Ibid., 120.

머들어 있다. 둘째, 이 원소에 생각이 깃들이면 그 생각대로 사물이 창조된다. 셋째, 사람은 사물을 생각할 수 있고, 그 생각을 무형의 원소에 각인함으로써 생각하는 대상을 창조할 수 있다. 넷째, 그러려면 경쟁의식에서 벗어나 창조 의식으로 들어가야 한다. 원하는 바를 명확하게 마음속으로 그리고, 그것을 얻겠다는 '결의와 흔들림 없는 '믿음'으로 그림을 간절해야 한다. 또 결의를 약하게 하거나 비전을 흐리거나 믿음을 없애는 것에는 철저하게 관심을 끊어야 한다. 다섯째, 원하는 것이 올 때 받으려면, 현재 환경에서 현재 주변에 있는 사람과 사물을 통해 '지금' 행동해야 한다.435)

이런 원라들은 인간이 신이라는 사상에 기초한 것이다. 워텔스의 책 제목이 말하는 대로 부자 되기 위한 것이며, 부자 되는 것을 가장한 현대판 뉴에이지 사상이다. 다시 말해, 현대인들의 구미에 맞도록 뉴에이지 사상을 리메이크한 것이다. 론다 번은 이 '비밀'을 미국에 퍼뜨리기 위하여 DVD와 책을 만들었다. 그녀의 책이 주목을 받게 것은 오프라 윈프리 쇼 때문이었다.

이 책에서 그녀가 말하는 '끌어당김의 법칙'에서 말하는 것은 사람이 무엇을 생각하느냐에 따라 일정한 주파수를 우주에 내보내게 되고, 끌어당김의 법칙에 따라 원하는 것이 끌려오게 되어 있다고 말한다. 부를 원하면 부가 오며, 건강을 원하면 건강이 온다고 한다. 우주의 모든 것이 카탈로그에 담겨 있다고 생각하고 선택만 하면 된다고 한다. 다만 부정적인 생각은 하면 안 되고 긍정적인 생각만 하라고 한다.

사람이 생각으로 무엇인가를 끌어당기면, 생각하는 대로 그 대상이 자기를 향하여 확실히 몰려온다고 말한다. 예를 들어, '나는 부자'라는 생각을 가지고 돈을 끌어당기면 틀림없이 돈이 모이게 되어 있다는 것이다.436) 이것을 가리켜서

---

435) Ibid., 122-123.
436) 이지성, **노시크릿** (서울: 다산라이프, 2008), 26-30; 『시크릿』 55페이지에서, 윈스턴 처칠이 등장해서 참으로 장엄한 말을 한다. "You create your own universe as you go along(당신은 살아가면서 자신의 우주를 창조한다)" 『시크릿』에는 처칠의 이 한 문장만 등장한다. … 그러나, 이 문장이 등장하는 처칠의 『나의 청춘기』 (My Early Life)를 보면 다음과 같다. "Some of my cousins who had the great advantage of University education used to tease me with arguments to prove that nothing has any existence except what we think of it. You create your own universe as you go along. The stronger your imagination, the more variegated your universe. When you leave off dreaming, the universe cease to exist. These amusing mental acrobatics are all right to play with. They are perfectly harmless and perfectly useless …"(대학 교육깨나 받았다던 나의 사촌 중에는 오직 생각만이 실재하는 것이라며 나를 곧잘 희롱했던 사람이 있었다. "당신은 살아가면서 자신의 우주를 창조한다. 상상이 강하면 강할수록 당신의 우주 또한 풍부한 변화를 갖는다. 그러나 꿈꾸기를 멈추는 순간 당신의 우주는 존재하지 않게 된다." 이와 같은 정신운동을 논하는 것은 흥미롭고 또 좋은 일일 것이다. 그것은 전혀 해가 될 것이 없다. 하지만 전혀 쓸모도 없

그녀는 '예외 없는 법칙'이라고 말한다. 그러나 그것은 비성경적인 신사상 운동의 사상이며, 헤르메스주의 3번째 원칙인 진동의 원칙(The Principle of Vibration)이다.

> [시크릿]은 뉴에이지 운동의 일종인 '신사상 운동'(New Though Movement)을 추종하는 사람이 쓴 책에 불과하기 때문이다. 저자 스스로가 이 책이 신사상 운동과 관련된 책(書)임을 밝히고 있다. 신사상 운동은 사람이 무언가를 '생각'하여 그것을 '말'로 발설하면 그 말이 실체(實體)를 만들며, 말한 그것을 소유하게 만들어 준다는 주장을 하는 '종교 운동'이다. 이 운동의 핵심 교리를 한마디로 요약하면 "생각이 현실이 된다!"이다. 이런 주장을 '영상화'(visualization)라고 하는데, 이것은 '이교주의'의 핵심 사상이다.437) … 그저 원하는 것을 생각하고 이야기함으로써 이 신사상 운동(new thought movement)의 선구자가 되는 것이다.438)

이와 같이, 생각을 현실로 만들고자 하는 것이 신사상 운동의 핵심이고, 그 운동의 가장 핵심적인 것은 구상화(영상화)이다. 론다 번은 그의 생각을 타당성 있게 말하기 위하여 우주는 정신으로 이루어져 있으며 이것은 양자물리학에 의하여 뒷받침된다고 말한다. 그러나 그녀가 양자물리학을 언급한다고 해서 그 말이 진실이 되는 것은 아니다.439)

이원종 교수(서울대 격자게이지이론연구단장)는 다음과 같이 말했다.

다. 내게 젊은 독자들에게 주의하라고 말하고 싶은 것은 그런 주장일링 말장난으로 받아들이다는 것이다.) … 처칠 관련 책을 몇 권만 읽어보면 알겠지만 처칠은 단 한 번도 끌어당김의 법칙이 자신의 성공 비결이라고 말하지 않는다. 젊은 시절 하루 5시간의 독서와 2시간 운동이라는 원칙을 철저히 지킨 결과 남다른 일을 할 수 있는 능력을 갖게 되었다고 말하고 있다.
437) http://cafe.daum.net/nnaaammmm/FnrV/28?docid=1L61CFnrV2820101129084823
438) 론다 번, 시크릿, 김우열 역 (서울: 살림출판사, 2010), 29.
439) 이지성, 노시크릿 (서울: 다산라이프, 2008), 48-49; 이지성씨는 양자역학에 대하여 서울대 물리학과 최무영 교수의 'EBS 논술 세대를 위한 철학교실' 강의 내용을 말한다. 최무영 교수가 학생들에게 묻는다. "뉴턴의 운동법칙은 고전역학인데, 20세기에 들어서서 상대성 이론과 양자역학이 등장해서 좀 더 넓은 범위의 세계를 설명하게 되었다. 그런데 이런 법칙이 어디에 존재한다고 생각하는가?" 학생들이 대답한다. "우주", "움직이는 물체", "일상생활" 최무영 교수는 다 아니라고 하면서 이렇게 말한다. "이런 법칙들은 우주가 아니라 우리의 머릿속에서만 존재한다. 우주에 이런 것들이 내재하고 있는 게 아니다. 인간이 만들어 낸 것이다. 물리학을 한다는 것은 예술과 같다. 예술가들이 창작을 하듯이 물리학자들도 이론을 창작해 낸다. … 과학은 인간의 활동이다. 자연에 내재해 있는 것을 찾아내는 것이라기보다는 해석의 과정이다. 인간이 자연을 해석 해가는 과정인 것이다." 최무영 교수의 말이 사실이라면(나는 사실이라고 믿는다), 『시크릿』에서 내세운 유일한 과학적 근거는 우주에 존재하는 것이 아니라 인간의 머릿속에서만 존재하는 것이라고 할 수 있다. …『시크릿』의 주장은 틀렸다. … 양자론은 물리학 이론에 불과하다는 사실을 알아야 한다. 새로운 이론이나 새로운 실험 결과가 나오면 언제든지 수정될 수 있다는 의미이다. 또 양자론이 다루는 세계는 원자 이해의 세계다. 현실 세계에 몸담고 있는 우리에게 직접적으로 적용하는 것은 무리가 있다는 의미이다.

1600년대에 뉴턴은 '고전역학'의 기본 이론을 창시했다. 이 이론은 당시에 굉장히 놀라운 발견이었을 뿐 아니라 이후 약 300년 동안 진리로 승인됐다. 그러나 20세기 초에 등장한 여러 정밀한 실험 결과가 고전역학으로 설명될 수 없었다. 고전역학은 더 이상 진리일 수 없었던 셈이다. 그래서 새로운 이론인 '양자역학'과 '상대론'이 고전역학을 대신해서 진리로 승인됐다. 하지만 20세기 후반에 이르러서 상대론이 스스로 모순이 없는 이론이 되기 위해 가져야 하는 중요한 조건을 채우지 못한다는 걸 알게 됐다. 이러한 물리학자들의 불만족은 '끈 이론'이라는 새로운 이론을 만드는 원동력이 되었다. 그러나 현재 '끈 이론' 역시 많은 문제점을 가지고 있고, 우리의 이해도 부족한 실정이다. 양자역학은 '양자장론'으로 발전해 우리가 현재 표준모형이라고 받아들이는 이론으로 발전했다. 21세기에 들어서 과학은 더욱 눈부시게 발전했다. IT산업과 컴퓨터의 발달이 과학의 발전에 중요한 역할을 담당하게 됐다. 그런데 최근에는 우리가 믿고 있는 표준모형의 모순이 서서히 그 모습을 드러내는 느낌이다. 역사는 반복된다더니 지금의 모습은 마치 20세기 초에 고전역학의 모순이 드러나는 것과 흡사한 모양이다. 인류는 천문학적으로 많은 돈과 노력을 들여 현재 과학의 발전에 사용했다. 우리가 사는 세상의 진정한 진리를 찾기 위해서다. 그런데 우리가 진리라고 믿었던 모든 이론은 검증을 통과하지 못하고 수정에 수정을 거듭하고 있다. 불행하게도 우리는 아직 진정한 진리를 찾지 못했다.440)

양자물리학에 대하여 흥분하는 사람들이 많지만 그 이론 역시 오류를 포함하고 있다.441) 중요한 것은, 이원종 교수의 말처럼 진리가 아니다. 또한 더 심각한 문제는 양자물리학에 대한 오해가 너무나 크다는 것이다. 여기에 대하여 최종덕 교수는 다음과 같이 말했다.

> 양자역학의 세계상은 기존의 뉴턴적인 인과율이 적용될 수 없는 물리 세계가 있음을 보여주었기 때문에, 때마침 결정론적이고 기계적인 세계상에 식상한 일반인들에게 크나큰 호기심의 대상이 되었다. 하이젠베르크의 불확정성원리는 그 어휘 자체만으로도 그것의 내용과 관계없이 카리스마적 이성에 의해 덮여진 속에서 자유를 향한 갈증을 해갈해 주는 듯 보였다. 그리고 아인슈타인의 상대성이론의 상대성이라는 말 하나 만도 이성의 절대성에 질려 버린 분위기를 역전시키기에 충분하였다. 그러나 상대성이론의 상대성이란 기준 좌표계의 상대성이라는 의미일 뿐이며 우리의 상식 세계라는 좌표계에서는 여전히 절대성의 위치를 갖는다. 그러나 양자역학에서는 문제가 더 심각하다. 양자역학적 세계상 혹은 그의 정신이 일반인들에게 어떻게 받아들여지고 있는가의 문제는 단순한 양자론의 체계 내에서 해결되지 않는다. 일반인에게 받아들여지는 양자역학의 곡해는 상당 부분 양자론의 물리적 해석과 많이 떨어져 있다. 예를 들어 일반인에게 주로 소개된 양자역학의 코펜하겐 해석에 대해서 주관주의적으로 과장된 이해가 많음을 여러 교양 과학 책에서 찾아볼 수 있다.
> 첫째 양자역학의 코펜하겐 해석에서 양자 차원의 (양성자, 중성자, 전자의 크기)실재는 개별 체계를 전체계와 분리해서 생각할 수 없는 그러한 연관 과정의 역동적 관계망 속에서 이해되어야 한다고 본다. 이 점 때문에 양자역학을 동양 철학의 옴살론적(holistic)442) 우주론과 같다고 간

---

440) http://www.creative.re.kr/news/view?cn=83&no=907
441) http://blog.daum.net/luspj32/523 「슈레딩거의 고양이」 참고.
442) http://www.cyworld.com/gwonjirak/2712501 부분으로 전체를 이해하는 사고방식, 사유와 객체로서의 생명체가 아니라 하나가 됨으로써 그 안에서 일어나는 현상을 느끼는 방식

주하는 성급한 결론을 내리는 사람들도 있다. 물론 동양 철학은 그 전일론적 세계관으로 말미암아 적어도 그 사유의 기본 틀에서 양자역학의 해석과 연관될 수 있다. 그러나 그 사유의 외형적 구조가 비슷하다고 해서 그 사유의 대상 기준 내용 그리고 방법이 같을 수 없다.
둘째 양자역학에 대한 주관주의적 해석이다. 양자역학의 측정 과정을 주관주의로 해석하는 요르단(Jordan)의 물리적 입장도 있기는 하지만, 극히 소수로서 이론의 일관성을 갖고 있지 않다. 결정론에 대한 일부 서구인의 피해 의식적 경향과 반결정론이라는 포스트모더니티의 당위성에 빠진 지나친 주관주의적 오해는 일단 그런 방향으로 유도한 통속적 과학 서적에 책임이 있을 수 있다.
1975년에 발표된 카프라의 『현대물리학과 동양 사상』(The Tao of Physics)은 현대 과학이 일선 과학자만의 소유가 아니며 일반인들도 가까이 할 수 있다는 희망을 주었다. 그 책은 과학에 대한 친숙감을 주었다는 긍정적인 요소가 있음을 인정해야 한다. 또한 지구의 환경문제에 대한 나름대로의 호소력을 담고 있다. 그러나 그 긍정적 요소와 호소력이란 대체로 구체성을 결여하고 있으며 특히 동양인들에게는 자연과학과 동양철학이 궁극적으로는 일치한다는 오해를 낳게 할 수도 있다. 그 책은 서구의 전형적인 기계론적 환원주의에 대한 신앙적 거부에서 출발한다. 따라서 양자역학과 소립자 운동으로부터 반기계론적 요소를 찾아 그것을 곧장 동양적 사유 방식에 꿰어 맞추는 작업을 시도하였다.
이 책을 통하여 서양의 첨단 자연과학이론이 동양의 고전 사상에 접근되고 있다는 식의 어설픈 자부심을 동양인에게 주고 있는 듯하였다. 또한 기계의 부속품으로서 자아가 추락되었다고 생각한 많은 서구인에게도 큰 희망을 주었다. 나아가 무섭게 변해 가는 현대 물리학에 대한 지식을 획득했다는 작은 만족감보다는 거기서 한 걸음 더 나가 계몽주의 이성을 화한 카리스마적 이성에 도전해 볼 수 있다는 탈근대의 햇살을 보았다. 결국 그 책은 동서양을 막론하고 독서계에 큰 영향을 주었다 전 세계를 통해서 특히 자본주의 국가에서 이 책이 베스트셀러가 된 사실을 우리는 알고 있다. 그러나 문제는 이 책보다는 이 책 이후 물밀듯이 쏟아져 나온 그와 비슷한 경향의 책이다.
양자론자로서 이미 초기에 물리학적 입지를 굳힌 데이빗 보옴은 후기에 들어와 완전히 신비주의자로 가리바꿈을 했으며, 켄 윌버처럼 동양이 찬선을 물리하이 성지로서 본 사람도 있는 등, 이후 많은 자연과학을 뒤집어쓴 신비주의 책들이 나왔다. 그들은 언어적 이성에 싫증을 느끼면서 탈현대성을 지나쳐버려 신비주의적 원시성을 독자들에게 요구하였다. 더 나아가 러브록 같은 이는 지구를 하나의 유기체로 간주하는 '가이아'라는 이론을 내 놓으면서, 무지의 독자들을 신비의 유토피아 속으로 빠져들게 하였다.443)

이 글을 통해 알 수 있듯이, 양자물리학을 동양적 신비주의와 동일시하는 것은 양자물리학에 대한 오해 때문이라는 것을 지적하고 있다. 그런 착각 때문에 그런 부류의 사람들은 뉴에이지 물결을 주도하거나 추종자가 되었다. 실제로 그들은 명상, 최면, 요가와 함께 치유를 하고 있다. 론다 번 역시 그 부류의 사람 중 하나다. 갈수록 "상상이 현실이 된다", "꿈이 현실로 된다"고 주장하는 사람

---

443) 과학전쟁과 지식인(한겨레문화센터 강의자료)
http://www.eyeofphilosophy.net/board/download.php?forum=list&num=120&n=0&PHPSESSID=da4031bba08f741073ea298f3b339116/

들이 많아지고 있다. 그러면서 못 고칠 병이 없다고 호언장담을 한다. 그들이 하는 말은 다음과 같은 말과 거의 일치한다.

> 병과 삶에 대한 두려움을 밀어내기 위해서는, 자신의 잠재력을 믿고 걱정거리가 해소된 즐거운 모습을 상상하면서 '지금 이 순간을 충실히 살아야 한다. 긍정적인 상상은 믿음을 강화하는 초강력 도구다.444)

이런 부류의 사람들은 잠재력을 계발시킬 수 있는 모든 방법과 수단을 다 동원한다. 그 방법을 말하는 사람이 어떤 종교를 가졌는지, 어떤 종교적인 방법에서 유래된 것인지는 전혀 상관이 없다. 오로지 자기들이 원하는 것을 가지기 위하여 진동을 우주에 내보내면 된다. 그러기 위하여 과학적 근거라고 하면서 양자물리학을 전면에 부각시키며, 상상력(구상화)이 꿈을 현실로 만드는 동력이라고 말한다.445)

"감추어진" 지식이라는 어원에서 유래된 오컬트(오컬티즘)는 마술, 점성술, 연금술 등으로 대표 되는 신비술을 말한다. 일종의 형이상학적 과학이라고도 불리는 오컬트는 의식과 주문 그리고 기법 등을 통해서 초자연적 현상을 가져온다고 한다. 론다 번은 그것을 다음과 같이 말했다.

> 당신의 인생에 나타나는 모든 현상은 당신이 끌어당긴 것이다. 당신이 마음에 그린 그림과 생각이 그것들을 끌어당겼다는 뜻이다. … 이것으로 하지 못할 일은 하나도 없다. … 그림을 그릴 때 당신은 그 강한 파장을 우주에 내뿜는 것이다. 그러면 끌어당김의 법칙이 그 신호를 받아서 당신이 마음속에 그린 그림을 현실로 만들어 되돌려 준다.446)

이런 끌어당김의 법칙은 반드시 구상화로 가게 된다. 오컬트에서 유래한 '구상화'는 세 가지 단계가 있다. 첫 번째는 생각과 마음으로 환경을 바꿀 수 있다는 것에 기초하여 긍정적으로 사고하는 단계다. 두 번째는 만트라를 통해 말하는 단계다. 세 번째는 마음에 그려내는 '구상화' 단계다. 론다 번은 이 세 가지를 보다 쉽게 사람들에게 가르치고 있다.

---

444) 이송미, **기적의 상상치유** (서울: 한언, 2010), 114.
445) Ibid., 69-74.
446) https://truthnlove.tistory.com/entry/바라는-대로-이뤄진다-오컬트의-구상화-기법-키레네?category=72539 김삼, "바라는 대로 된다" - 오컬트 구상화 기법 (키레네)," (2009.8.30.).

마음을 지배하는 한 가지 깊은 고요하게 하는 법을 배우는 것이다. 이 책에 나오는 대가들은 예외 없이 날마다 명상을 한다. '비밀'을 발견하기 전까지는 나도 명상이 얼마나 강력한지 알지 못했다. 명상은 마음을 잔잔하게 하고, 생각을 평화롭게 하는 데에도 이로우며, 몸에 생기를 불어넣어 준다. 더 좋은 건 명상하기 위해 시간을 따로 떼어놓을 필요가 없다는 사실이다. 그저 하루를 시작하면서 3-10분 정도 명상하면 생각을 평화롭게 하는 데 믿어지지 않을 정도로 도움이 된다.447)

론다 번은 명상을 힘들고 어려운 것이 아니라 쉬운 것처럼 말하고, 그것도 짧은 시간에 이루어지는 것처럼 말한다. 그러나 과연 그럴까? 그런 일은 처음 명상을 하는 사람들에게나 하는 말일 것이다. 그 명상이 일상 중에 잠깐 하는 명상일지 모르지만, 실제로 명상을 하는 사람들이 그렇게 짧게 한다는 것은 누가 들어도 웃고 말 일이다. 명상을 통하여 구체적인 구상화에 들어가는 자들은 더 깊은 구상화의 세계로 끌어들이기 위해 쉽고 간단하다고 세일즈를 하고 있다.

론다 번의 구상화는 여러 사람의 영향을 입었지만 무엇보다도 앞서 언급한 월러스 워틀스와 찰스 해낼의 영향이 지대하다. 찰스 해낼로부터 그림 그리기를 배웠다고 하는데, 그 그림 그리기가 바로 구상화(visualization, 영상화)다.

> 그림 그리기(visualization, 영상화)는 예부터 위대한 스승과 대가들이 가르친 방법이다. 찰스 해낼이 1912년에 쓴 『성공의 문을 여는 마스터키, The Master Key System』에는 24주 동안 그림 그리기를 완성하는 훈련이 기록되어 있다(게다가 이 책은 당신이 자기 생각의 주인이 되는 데 크게 도움이 된다.) 그림 그리기가 그토록 강력한 힘을 내는 이유는 마음속에서 원하는 것을 얻는 모습을 그릴 때 그것이 이미 당신에게 있다는 생각과 느낌을 발생시키기 때문이다. '그림 그리기'란 간단히 말해서 생각과 느낌을 강력하게 집중하는 것인데, 생각이 집중된 만큼 강력한 감정이 동반된다. 그림을 그릴 때 당신은 그 강한 파장을 우주에 내뿜는 것이다. 그러면 끌어당김의 법칙이 그 신호를 받아서 당신이 마음속에 그린 그림을 현실로 만들어 되돌려 준다.448)

론다 번은 끌어당김의 법칙을 실현하기 위한 구체적인 방법이 구상화라는 것을 찰스 해낼의 글을 인용하면서 강력하게 외치고 있다. 그렇게 외치는 목적은 잘 먹고 잘사는 것이다. 그러기 위해서는 돈이 필요한데, 돈 역시 끌어당김의 법칙으로 쉽게 벌 수 있다고 말하니 얼마나 황당한 일인가!

> 당신이 "돈을 벌려면 정말 힘들게 일하고 고생을 해야 해"라고 생각한다면, 이 생각을 즉시 버려라. 그 생각을 할 때 당신은 바로 그 주파수의 신호를 전송한 것이고, 따라서 그것이 당신 삶

---

447) 론다 번, 시크릿, 김우열 역 (서울: 살림출판사, 2010), 40-41.
448) Ibid., 103-104.

에 나타난다. 로럴 랭마이어의 조언을 받아들여 이렇게 바꿔라. "돈은 쉽게 시시때때로 들어온다."449)

과연 그럴까? 오늘도 삶의 어려움으로 죽을 고생을 하며 돈 버는 사람들에게는 어떻게 들릴까? 정말로 돈이 그렇게 "쉽게 시시때때로 들어"올까? 생각하면 돈이 들어온다는 말은 아이들의 소꿉장난에서도 그렇게는 안 한다. 론다 번의 이런 사상의 가장 큰 문제점은 그녀가 이 책에서 가장 중요한 부분이라고 말하는 것이다.

> 당신이 영적 존재라는 걸 어떻게 알 수 있을까? 내가 보기에 이 질문의 대답은 이 책에서 가장 중요한 부분이다. 당신은 에너지고, 에너지는 창조되거나 파괴될 수 없다. 그저 형태를 바꿀 뿐이다. 그 바뀐 형태가 바로 당신이라는 말이다! 당신의 진정한 본질, 순수한 에너지는 영원히 존재했고 앞으로도 존재할 것이다. 당신은 사라질 수 없다. … 당신은 영원한 에너지다.450)

이 말이 의미하는 "존재"는 무엇인가? 신(神)이다! 이것은 산을 묘사한 말이지 인간을 묘사한 말이 아니다. 끌어당김의 법칙을 말하고 구상화를 통하여 현실화를 이루려고 하는 그 정당성의 발판은 인간이 신이라는 것이다. 이것은 필자가 지어내는 말이 아니다. 론다 번은 다음과 같이 말했다.

> 따라서 우리는 자신의 운명뿐 아니라 궁극적으로 우주의 운명을 결정하는 창조자다. 우리는 우주의 창조자다. 그러므로 인간의 잠재력에는 진정 한계란 없다.451)

자신의 운명만이 아니라 우주의 운명도 결정하는 자라고 큰 소리를 치고 있으나, 인간은 돌아서면 무슨 일을 만날지 아무것도 모른다. 인간은 결코 신이 될 수가 없다. 하나님 앞에 겸손히 엎드려 그 말씀에 순종하는 삶을 살아갈 때 인간의 가치와 의미를 발견할 수 있다. 인간은 결코 신성하지 않으며 죄인이다. 인간이 인간의 삶을 마음대로 좌우지하는 것이 아니라 하나님께서 그 뜻대로 자유로이 행하신다. 구상화는 인간을 더욱 타락하게 만들며 하나님의 심판을 자초하고 있다.

---

449) Ibid., 131.
450) Ibid., 189.
451) Ibid., 190.

나폴레온 힐과 구상화

나폴레온 힐과 구상화를 말하기 전에 그가 처했던 시대적인 흐름과 심리학의 흐름에 대하여 먼저 살펴보자. 나폴레온 힐은 1883년에 출생하여 1970년에 죽은 사람이다. 나폴레온 힐은 미국의 신학이 자유주의에 좌초당하고 심리학이 급부상하는 시대에 태어나고 살아간 사람이다.

제2차 세계대전(1939-1945)이 끝나자 미국의 정신과 의사들인 Robert Felix와 William Menninger와 Francis Braceland와 Jack Ewalt는 미국 연방정부가 정신건강을 위한 프로그램을 만들도록 입법 의안의 기초를 제공했다. 이로 인해 국립정신 보건원(National Institute of Mental Health)이 발족되고, 정신의학이 연방정부의 재정적 지원을 받아 그 영역을 확대되어 갔다. 국립정신보건원은 미국 전역에 100,000명에 하나씩 지방 정신보건소(2,000개)를 세웠다.452)

1960년대 이후로 미국에는 지방 정신보건소가 생기기 시작했고 이때부터 목회자들이 정신의학에 관심을 가지게 되었다. 그러면서 전문목회상담자들이 등장하게 된다. 더욱 심리학에 열을 올리게 되는 계기는 미국이 1980년대부터 정신과 환자들에게도 보험을 적용하는 것을 의무화한 것이다. 우후죽순 격으로 소위 기독교 정신과 진료소가 생겨나기 시작했다.

이런 일이 일어나 기간이 놀랍게도 미국의 제2차 대각성 기간(1790-1840)이라는 사실이다. 또한 1800년대 말부터 미국의 신학은 자유주의 신학으로 물들어 가고 있었다. 오번 선언서(1924년)를 발표함으로써 배도의 깃발을 들었다.453) 그런 흐름 속에 상담학은 자유주의 신학과 함께 미국을 강타했다.454)

---

452) 손경환, **성경적상담** (서울: 은혜출판사, 1998), 56-57; 손경환 목사의 성경적 상담 시리즈에 나오는 상담원리들은 "자기대면"을 확대 혹은 해석한 것이다. 말은 성경적 상담이라 하지만, BCF의 "자기대면"은 적지 않은 부분에서 성경적 해석의 부적절성과 심리학과의 연계성을 부인할 수 없다.
453) 오번 선언서(Auburn Affirmation, 1924)의 내용은 다음과 같다. 1. 성경의 무오성은 반드시 믿을 필요는 없다 (성경무오 교리는 매우 해로운 교리이다). 2. 예수의 동정녀 탄생도 반드시 믿을 필요는 없다. 3. 예수님의 대속의 죽음도 반드시 믿을 필요가 없다. 4. 예수님의 기적의 역사성도 반드시 믿을 필요가 없다. 5. 예수의 육적 부활도 반드시 믿을 필요가 없다.
454) http://mission.bz/?mid=m719&page=11&document_srl=7084/ 이 일을 선두적인 역할을 한 사람이 자유주의 목사였던 뉴욕의 리버사이드 교회의 헨리 에머슨 포스딕(Harry Emerson Fosdick)였다. 〈그는 "설교는 상담이다"라고 주장한 바가 있다. 그는 말하기를 "나의 목회의 핵심은 설교라기보다는 상담이라고 하고 싶다. 내가 설교하는 동안 나는 어떤 사람들과의 상담 내용이 내 설교의 클라이맥스가 되도록 하기 위해 끝없이 노력한다. 나의 설교는

문제는 무엇인가? 수많은 목회자가 정신의학에 관심을 가지고 그것을 연구하게 되었다는 것이다. 그리하여 전문적인 목회상담자까지 등장하게 되었다. 교회는 이제 말씀만으로 충분하다는 견고한 기초에서 벗어나서 세상의 상담학을 함께 가르치기 시작했다. 그 일에 가장 큰 기여를 한 것이 풀러 신학대학원의 심리학과이다.455) 신학의 변질과 인본주의 상담학의 유입은 결코 무관하지 않다.

풀러신학대학원은 심리학과 신학을 통합한 30주년 기념행사를 하였는데, 총장 Richard Mouw는 다음과 같이 말했다.456)

> 풀러의 심리학과(School of Psychology)는 성경적인 인간론에 기초한 심리학을 증진시키고 실천하기 위해 창설되었다.457)

이것이 미국의 복음주의였다. 그것은 자유주의에 패배한 신복음주의다. 거기에는 더 이상 개혁주의 신학이 발붙일 틈이 없다. 심리학과 자연스럽게 어울릴 수 있는 복음이란 자유주의와 동거동락하는 일부다처제 복음주의다. 심리학은 그저 단순한 '학'(學)이 아니라 종교화되어 있기 때문이다.

다음의 두 글을 잘 읽어보라.

> 종교로서의 심리학은 미국 전역에서 큰 세력으로 존재한다. … 이것은 몹시 반기독교적이고 …

그 자체가 청중을 상대로 하는 집단상담이다. 사실 모든 설교는 정신적으로 방황하는 사람들과 깊이 만날 수 있어야 하고, 심리적으로 무거운 짐진 사람들의 문제 속으로 파고 들 수 있어야 한다."고 하였다.〉
455) Ibid., 56-57; 남가주에 위치한 풀러 신학대학원만해도 1950년에 "목회신학"이란 과목에 "목회상담" 내용을 추가했는데 그 과목 설명 중 추가된 내용을 보면 " … 육체의 질병, 신경 및 정신적 욕구가 있는 증상, 성격의 균형 및 불균형, 정신의학의 최신 연구 결과, 이에 대한 복음적 교회가 보는 평가 등 … "이라고 했다. 그 후 1964-5년에 정신과 의사들과 심리학자들의 영향을 받아 풀러신학대학원은 파사데나 상담소(Pasedena Community Counseling Center)와 심리학과(School of Psychology)를 설립했고 또 1968년에는 지역사회 활동으로 여러 개의 진료소(Clinic) 들을 열었다. 이 심리학과를 설립하는데 또 세계에서 제일 큰 정신의학 약품을 aksesmms Eli Lilly & Co.의 산하기관인 Lilly Endowment Inc.가 전적으로 자금 후원을 했다. 또 풀러신학대학원은 1972년 미국심리협회(American Psychological Association)의 공인을 받아 임상심리학의 박사학위(Ph.D.) 과정을 시작했다. 그리고 1987년에는 "결혼 및 가정상담 프로그램을 신학과(School of Theology)에서 심리학과(School of Psychology)로 옮겼다.
456) http://pcouncil.net/jboard/?code=ilban-aa002&id=2961&p=detail&page=1/〈뉴스앤조이는, 미주뉴스앤조이 보도를 인용하여, 복음주의 신학교로 알려진 풀러 신학교의 리처드 마우 교수(총장, 윤리학)가 2011년 4월 8일, "힌두교인도 불교도도 예수를 구주로 영접하지 않고 천국에 가는 경우도 있다"고 말했다고 보도했다. 그리고 그는 그러한 시각은 알버트 말러 총장(남침례교신학교)도 마찬가지로 가지고 있을 것이라고 생각한다는 내용의 글을 자신의 블로그에 올렸다고 한다.〉
457) 손경환, **성경적상담** (서울: 은혜출판사, 1998), 61.

대학원, 대학교에서 광범위하게 지지를 받고 있으며 사회적인 프로그램들이 그리스도인들에게서 받은 세금으로 재정 지원을 받는다. 그러나 처음으로 이 세속적인 종교의 파괴적인 논리가 이해되기 시작하고 있다.(뉴욕대학교 심리학교수 폴 비츠) 심리학은 거대한 국제적인 존재로 현대 사회의 바로 중심에 위치하고 있으며 그 계층은 수천에 달하고 있다. … 그 실험동물은 부지런하고 심지어 고맙기까지 한 인류이다. 우리는 이전에는 결코 그런 적이 없는, 인간이 자기 자아만을 생각하는 문화 속에 살고 있다. … 개신교의 윤리가 서양 사회에서 약화되었으므로 혼란에 빠진 시민들은 자신이 아는 단 하나의 선택으로 돌아섰는데, 그것은 사라져 가는 전통들을 대신할 수 있는 것이란 새로운 행동의 과학적 기준이라고 주장하는 심리학 전문가이다. … 과학이란 거룩한 이름을 말할 때 심리학 전문가는 모든 것을 알고 있다고 주장한다. 이러한 새로운 사실은 태어나면서 죽을 때까지 우리에게 제공되고 있다.(저널리스트 마틴 글로스)458)

이런 글을 통해서 심리학이 미국이라는 사회를 얼마나 종교적인 영역으로 만들었는가를 볼 수가 있다. 나폴레온 힐의 이론이 등장하기 전까지 미국의 신학은 자유주의에 패배한 신복음주의가 득세하기 시작했으며, 더불어 심리학이 종교를 대체하는 시대적인 흐름 속에 있었다.

나폴레온 힐의 이론은 *Think and Grow Rich*(『놓치고 싶지 않은 나의 꿈 나의 인생』이다)라는 책에 나와 있는데, 이 책은 앤드류 카네기로부터 영향을 받아서 출판된 것이다.459) 첫 출판은 1937년 미국의 대공황 때 이루어졌다. 그는 이 책에서 자신은 힌두교의 열렬한 추종자인 에머슨을 정신적 멘토로 두고 있다고 말했다.

나폴레온 힐은 『놓치고 싶지 않은 나의 꿈 나의 인생』에서 '성공한 사람들의 8단계 성공법칙'을 다음과 같이 말한다.

모든 것은 생각한 대로 이루어진다(생각이 현실이 된다). 성공은 성공을 확신하는 사람에게만 찾아온다. 조금이라도 실패를 의식하면 실패하고 만다. 지금 당신의 생각은 어떠한가? 이제 성공은 당신의 확신에 달려 있다.
성공한 사람들의 8단계 성공법칙
1. 확실한 목표를 세워라(목표를 종이에 적어야 한다). 성공을 원한다면 목표를 세워라. 그리고 실현할 수 있다는 믿음을 가져라. 마음의 준비를 하고 있지 않으면 신념이나 용기가 솟아날 리 없다.
2. 신념은 한계를 뛰어넘는다(신념은 그 안에 천재성, 힘, 그리고 마술을 가지고 있다). 모든 것은 당신의 마음에 달려 있다. 자신감이 없다면 당신은 패배하고 만다. 강한 사람만이 승리하는 것은 아니다. 최후의 승자는 '나는 할 수 있다'고 생각하는 사람이다.
3. 자신을 향한 긍정적인 암시(긍정의 힘은 잠재의식을 불러 모은다) 당신에게는 잠재의식이라

---

458) 데이브 헌트/ T.A. 맥마흔 공저, **기독교 속의 미혹**, 김문철 역 (서울: 포도원, 1991), 30.
459) 앤드류 카네기와 데일 카네기와 혼동하지 말아야 한다.

는 기름진 밭이 있다. 적극적인 사고는 씨앗이고, 자기암시는 농부다. 즉 자기암시는 잠재의식 계발을 위한 가장 적극적인 수단이다.
4. 아는 것이 곧 힘이다(많은 독서를 해야 한다). 단순한 지식은 힘이 되지 못한다. 명확한 목표를 향해 체계화된 지식이어야 한다. 그렇지 않으면 지식은 관념으로만 남을 뿐 성공을 위한 어떤 도움도 주지 못한다.
5. 상상력은 모든 것을 만들어 낸다(잠재의식을 발동시켜야 한다). 성공은 간단한 아이디어에서 출발한다. 그 아이디어는 어디에서 나오는 것일까? 그것은 바로 상상력에서 나온다. 강렬한 소망과 굳은 결의로 가득 찬 상상력으로 꿈을 키워야 한다.
6. 실천적인 계획을 세워라(행동으로 옮기는 첫 단추는 적는 것입니다). 당신에게 아무리 간절한 소망이 있다 해도 행동으로 옮기지 않으면 아무 소용이 없다. 행동으로 옮기기 위해서는 구체적인 계획이 필요하다. 실패를 두려워 않는 철두철미한 계획은 행동을 이끌어 낸다.
7. 신속하게 결단하라(당장 오늘부터 시작해야 합니다). 실패한 사람들의 가장 큰 원인은 바로 결단력의 부족이다. 성공한 사람들의 가장 큰 비결은 바로 신속한 결단력이다. 우유부단은 모든 사람이 극복해야 할 최대의 적이다. 신속한 결단을 위해서는 확실한 목표와 신념이 필요하다.
8. 인내를 습관으로 만들어라(기억해야 함을 기억해야 합니다). 당신의 소망을 성취하기 위해서는 인내력이 절대로 필요하다. 인내력의 기초는 의지력이다. 인내력과 의지력이 결합할 때 무서운 힘이 생겨나며 당신의 초능력은 발휘된다. 초능력은 잠재의식과 일맥상통한다.

이런 말을 하는 나폴레온 힐을 두고서, 사람들은 그를 꿈을 현실화 하고 생각을 실현하는 재능의 소유자라고 극찬한다. 그가 말하는 것이 얼마나 뉴에이지에 물든 구상화인 줄을 모르고서 하는 말이다.

나폴레온 힐의 이런 성공의 방법, 부자 되는 방법들을 두고서 구상화와 연관 짓는 것은 무리가 아닌가 하고 생각이 들 수가 있다. 그러나 그는 단지 성공하고 부자 되는 것만을 결코 말하지 않는다.

이 책을 읽은 사람의 반응부터 살펴보자.

> 모든 것의 시작인 열망, 신념, 자기암시를 얻으려면 기도만한 것이 없을 것 같습니다. 모든 것의 기초에는 자신감과 강한 정신력이 필요한데 어떻게 하면 자신을 강하게 만들 수 있는지 생각해 보십시오. 자기암시, 상상력, 잠재의식과 잠재된 두뇌 능력을 끌어내고 계발하려면 명상으로 정신을 집중시켜야 할 것이고 명상을 할 때 생각을 입체화해야 할 겁니다. 생각의 입체화는 생각을 할 때 2차원이 아니고 3차원적으로 하고 한 차원을 더한다면 시간까지 포함시켜 계획을 구체화해야 더 좋은 결과를 만들 수 있을 겁니다. 나폴레온 힐에 의하면 6가지 공포가 있다고 합니다. 공포의 종류 (가난, 비난, 건강, 죽음, 실연, 노화). 공포에서 해방되지 않으면 우리는 여섯 번째 감각인 육감/직감을 얻을 수 없다고 합니다. 그리고 성 에너지를 창조적으로 전환시키라고 합니다. 사람의 에너지 중에 최고는 Sex Drive이기에 잘 사용하라고, 다른 책에는 없는 특이 사항입니다. 책을 읽고 이런 생각을 했습니다. 만일에 성공을 했다고 해도 진짜 인간이 되지 않았다면 결국은 다시 실패로 돌아갈 것이라고 그리고 어떤 부자가 되고 싶은지 항상 자신과 대화를 하라고 …460)

책을 읽은 독자가, "자기암시, 상상력, 잠재의식과 잠재된 두뇌 능력을 끌어내고 계발하려면 명상으로 정신을 집중시켜야 할 것이고 명상을 할 때 생각을 입체화해야" 한다고 말한 것을 주의해서 보라. 이런 단어와 방식들은 단순한 개념들이 아니라, 신비주의 마법과 뉴에이지 방식들이다.

나폴레온 힐의 이런 사상은 단순히 인간의 사고력의 결과물이 아니라는 것이 중요하다. 다음의 글은 그 사실을 입증해 준다.

> 때때로 나는 보이지 않고 보통 감각으로는 알 수 없는 친구들이 나의 주위에서 배회한다는 증거를 갖고 있다. 나는 연구 중에 지혜의 무리를 이루고 있는 일단의 이상한 존재들이 있다는 것을 발견했는데 … 그 무리들은 자신을 분리시킬 수 있는 주인들이 있으며 직접적으로나 목소리로 지식을 주기 위하여 그들이 원하는 곳은 어디든 즉시 여행할 수 있다. … 나는 그가 말한 모든 말을 받아 적지는 못했지만 … 그가 말한 것 중 많은 부분이 이미 본서의 여러 장에서 여러분에게 제시되었고 다음 장들에서도 제시될 것이다. "너는 다른 사람들에게 최고의 비밀을 계시할 권리를 얻었다."라고 진동하는 목소리로 말했다. "너는 큰 무리의 인도 하에 있는데 … 이제 너는 세계에 세밀한 계획을 제시해야 한다. …"461)

이런 나폴레온 힐의 말은 영적인 안내자가 해주는 말이라는 것을 입증한다. 그것은 신비주의 전통과 마법을 따르는 것이다. 그 마법이란 것은 인간이 상상하는 것은 무엇이든지 실제로 성취할 수 있다는 것이다. 이런 것은 일반적으로 '긍정적 정신태도'(PMA, Positive Mental Attitude)라고 불린다. 그리하여 PMA는 성공의 법칙으로 통한다. PMA는 긍정을 통하여 모든 것을 성공적으로 이룰 수 있다는 뉴에이지의 사고방식이다.462) 다음의 글에서 더 구체적으로 말했다.

---

460) http://www.cyworld.com/onlyrunning/5430076
461) 데이브 헌트/ T.A. 맥마흔 공저, **기독교 속의 미혹**, 김문철 역 (서울: 포도원, 1991), 18.
462) http://en.wikipedia.org/wiki/Affirmations_(New_Age) Affirmations in New Age and New Thought terminology refers primarily to the practice of Positive thinking – fostering "a positive mental attitude supported by affirmations will achieve success in anything." More specifically an affirmation is a carefully formatted statement that should be repeated to ones self and written down frequently. For an affirmation to be effective, it needs to be present tense, positive, personal and specific. This concept has grown popular due to Rhonda Byrne's The Secret (also a 2006 film) and The Law of Attraction series by Esther Hicks and Jerry Hicks.[3] These books and teachers express similar ideas to Napoleon Hill's classic book Think and Grow Rich. Byrne was inspired in particular by New Thought pioneer Wallace D. Wattles' 1910 book The Science of Getting Rich. Affirmations are also referred to in Neurolinguistic Programming (NLP), Neuro Associative Conditioning "NAC" as popularized by Anthony Robbins, and hypnosis. Esther Hicks is a proponent of using affirmations when one is already in a state of happiness and peace, otherwise many very positive affirmations can actually feel bad.

이들 아홉 사람(과거에서 온)은 에머슨(Emerson), 페인(Paine), 에디슨(Edison), 다윈(Darwin), 링컨(Lincoln), 버뱅크(Burbank), 나폴레온(Napoleon), 포드(Ford), 카네기(Carnegie)였다. 매일 밤 나는 나의 "보이지 않는 상담자들"이라고 부르는 이 사람들과 상상의 상담회를 열었다. 이 상상의 상담회에서 나는 한 사람 한 사람에게 말을 걸어 그들에게서 지식을 얻기 위하여 그들을 방문했다. … 몇 달 동안 매일 밤 이러한 과정을 거친 후에 나는 이들 상상의 인물들이 분명하게 실제 인물이 되는 것을 발견하고 몹시 놀랐다. 이들 아홉 사람은 각각 개인의 특성을 발전시켰으며 그것은 나를 놀라게 했다. … 이러한 모임은 아주 실제적인 것이 되었으므로 나는 그 결과에 대해 두려워하게 되었으며 여러 달 동안 그 모임을 중단하기도 했다. 그러한 경험은 아주 기분 나쁜 것이었으므로 나는 그 모임을 계속하면 그 모임이 순전히 내 상상의 경험이었다는 사실을 망각하게 될 것이 두려웠다. 내가 용기를 가지고 이 일에 관하여 말한 것은 처음 있는 일이다. … 나는 여전히 나의 모임을 순전히 상상적인 것으로 생각하지만 … 그 모임으로 인하여 나는 모험의 영광스러운 길로 들어서게 되었다. … (그리고) 나는 과거의 (묵었던) 어려움들을 기적적으로 지도받아 왔다. … 나는 이제 나와 내 환자들이 어려운 문제를 만나면 언제나 나의 상상의 상담자에게로 간다. 그 결과는 종종 놀라운 것이다. ⋯463)

이것이 바로 구상화의 실체다. 나폴레온 힐은 영적인 안내자로부터 지도를 받았다. 이런 방법들은 신비주의 마법사와 무당들이 사용하던 방법이다. 내적치유자들이 태아적으로 돌아가서 예수를 초청하는 것은 구상화를 하는 것이고 그때 초청한 예수는 나폴레온 힐이 말하는 "상상의 상담자"에 불과하다.464) 그 "상상의 상담자"는 무당을 조종하는 신, 곧 애기동자나 조상신과 같은 존재이다. 이런 방법들은 결코 성경적일 수가 없으며 사탄이 사용하는 악한 도구다.

나폴레온 힐은 이런 모든 것이 상상력으로 이루어진다고 말한다. 그가 말하는 상상력은 창조력을 지니고 있는 상상력이다. 상상력은 한 가지 힘을 발휘하는데 즉, 외부로부터 움직여 오는 사고의 진동과 파장을 포착하는 힘을 발휘할 수 있다고 한다. 나폴레온 힐은 상상력의 이런 해석 능력이 작용하는 원리를 텔레파

---

463) 데이브 헌트/ T.A. 맥마흔 공저, **기독교 속의 미혹**, 김문철 역 (서울: 포도원, 1991), 33-34.
464) 브래드 롱, 신디 스트릭 클러, **마음의 숨겨진 상처를 치유하시는 예수님** (서울: 도서출판 세복, 2005), 191-198; 〈"성인아이는 소용돌이 기억 소에 담긴 상처를 표현하는 상징이다. 치유 과정에서, 성령님은 의미를 찾고자 하는 그 사람의 욕구와 협력하여 치유를 일으키는 이미지로 사역하실 수 있다."고 말하면서 구상화를 통한 치유를 주장한다. 그러면서도, "이미지와 상징은 영적인 세계로 들어가는 입구이다. 예수 그리스도께 열리는 것이다. 그러나 또한 악한 영들에게도 개방될 수 있다. … 우리는 성령님의 인도하심을 받으며 예수 그리스도의 이름으로 치유를 간구하였기 때문에 예수님이 상상의 문으로 들어오셨다. 그러나 만일 우리가 다른 신의 이름을 부르짖거나 이미지를 그저 심리적 실제를 이용하는 방책으로 사용한다면, 악한 영이 들어올 기회일 가능성이 매우 높다. …"고 말한다. 이 말은 구상화라는 것이 어느 종교에서나 사용하고 있다는 증거이며, 다만 어떤 이름을 부르느냐에 따라 영적인 안내자(spirit guide)가 달라진다는 것이다. 구상화 속에 들어온 것이 예수인지 악한 영인지 그것은 순전히 자기의 주관적인 생각이다. 구상화의 위험성 중에 하나가 바로 여기에 있다.〉

시(Telepathy, 정신감응)라고 말했다.465)

이것은 『놓치고 싶지 않은 나의 꿈 나의 인생』의 목차만 보아도 뉴에이지 구상화로 이루어진 것을 알 수가 있다.466) 자기암시, 상상력(Imagination), 잠재의식, 두뇌능력 계발이라는 단어들은 결코 성경의 핵심 본질과는 매우 거리가 먼 것들이다.

> 나폴레온 힐은 『긍정적 정신태도를 통한 성공』(Success Through A Positive Mental Attitude)이라는 책에서 "PMA의 성공과학"을 유명하게 만들었으며, 그는 "무한적인 지성의 대우주적 보고"로 들어가기 위한 길잡이로서 크레멘트 스토운(Clement Stone)과 함께 그 책을 공동 저술했으며, "그 대우주적 보고에는 모든 지식과 사실이 들어 있으며 무의식을 통하여 이 보고와 접촉할 수 있을 것이다. …"라고 한다. … 그는 다음과 같이 말한다. … PMA는 성공 원리들의 결합이 잘 이루어지도록 하는 촉매이다. … 이것은 무엇이든지 간에 우리가 마음에 갖고 있는 생각과 태도를 물질적인 실재로 바꿀 수 있는 우주의 법칙이다. …467)

오늘날 강단에서 비전을 외치고 꿈을 외치는 목소리가 터져 나오고 있으나, 거의 대부분은 이렇게 나폴레온 힐이 말하는 사상과 같은 뉴에이지의 사상의 영향을 받은 것들이라는 것을 알아야 한다. 긍정적인 사고방식 그 이면에 있는 사상이 무엇인지 모르면 좋은 것이 좋다는 생각으로 아무 생각 없이 따라가게 된다.

예수님께서는 분명하게 말씀하셨다.

> 거짓 선지자가 많이 일어나 많은 사람을 미혹하게 하겠으며(마 24:11)

그 미혹이라는 것이 어떻게 다가오는가? 보기 좋은 타협으로 다가온다. 그 타협이란 하나님의 말씀과 세상의 철학과 사상을 혼합하는 것이다.468) 하나님의

---

465) 나폴레온 힐, **창의력 계발 상상력으로 부자가 된다**, 손풍삼 편역, (서울: (주) 고려원, 1996), 206.
466) http://www.cyworld.com/onlyrunning/5430076 이 책은 총 15장으로 되어 있다. 1장. 소개글: 생각에 따라 삶이 달라진다. 2장. Desire, 모든 것은 열망에서 이루어진다. 3장. Faith, 신념이 나를 움직인다. 4장. Auto-Suggestion, 자기암시에는 놀라운 힘이 있다. 5장. Specialized Knowledge, 전문지식을 활용한다. 6장. Imagination, 상상력에서 가능성이 나온다. 7장. Organized Planning, 행동할 수 있는 계획을 세운다. 8장. Decision, 결단은 신속히 한다. 9장. Persistence, 참고 견디는 마음을 키운다. 10장. Power of Master Mind, 유익한 협력자를 찾는다. 11장. The Mystery of Sex Transmutation, 성 에너지를 창조적으로 전환시킨다. 12장. The Subconscious Mind, 잠재의식을 끌어낸다. 13장. The Brain, 잠재된 두뇌 능력을 계발한다. 14장. The Sixth Sense, 직감을 깨운다. 15장. How to Outwit the Six Ghost of Fear, 마음의 힘은 무한하다.
467) 데이브 헌트/ T.A. 맥마흔 공저, **기독교 속의 미혹**, 김문철 역 (서울: 포도원, 1991), 19.

말씀과 비슷해 보이나 실제로는 완전히 다른 것이다.

사도 바울은 다음과 같이 엄중하게 경고했다.

적은 누룩이 온 덩이에 퍼지느니라(갈 5:9)

처음에는 별 대수롭지 않게 보이던 것들이 결국은 하나님의 말씀보다 더 중요한 자리를 차지하고 사람들의 마음을 빼앗고 멸망으로 치닫게 한다.

겉으로는 하나님의 이름을 말하며 기독교적인 용어를 사용하는 것처럼 보이나 그 속내는 다르다. 그것은 자신의 죄악 된 욕심을 이루는 일이다. 그것을 이루기 위하여 인간의 열심과 능력을 동원하여 결과를 만들어 내려고 한다. 이것이 바알과 아세라의 종교다. 가나안 사람들이 바알과 아세라를 숭배한 이유가 무엇인가? "땅의 풍성한 수확"을 얻기 위한 것이었다. 당시 가나안 사람들은 식물이 자라고 열매를 맺는 일을 종교적인 관점에서 이해하고 있었다. 그들은 신적인 힘이 땅 속에 내재하고 있으며, 그 힘이 땅을 바옥하게 하고 곡식을 자라게 하며 열매를 맺게 한다고 생각했다. 당시의 가나안 농부들은 이러한 힘이 바알 신과 아세라 신의 성적 결합을 통해서 생겨난다고 믿었다.

그러므로 그들은 신전에서 바알과 아세라를 성적으로 자극하기 위해서 성적 흥분을 자극하는 일을 했다. 그들은 바알과 아세라를 흥분시키기 위해서 신전에서 음란한 제사 의식을 거행했다. 그리고 이러한 일을 돕기 위해서 신전 안에는 제사를 드리는 사람과 성관계를 맺는 소위 거룩한(?) 창녀들이 있었다.

그들은 신전에서 제사를 드리는 사람과 성관계를 맺음으로 바알과 아세라가 성적으로 흥분하도록 자극했다. 그들은 이렇게 해서 바알과 아세라가 성적으로

---

468) http://www.believershome.com/html/deception_in_the_church.html False Prophets and Teachers (The Pulpit Commentary: Deuteronomy. (H. D. M. Spence-Jones, Ed.) Exposing error: Is it worthwhile? Dr. Harry Ironside. There is constant temptation to compromise. "Let us go forth therefore unto Him without the camp, bearing His reproach." It is always right to stand firmly for what God has revealed concerning His blessed Son's person and work. The "father of lies" deals in half-truths and specializes in most subtle fallacies concerning the Lord Jesus, our sole and sufficient Savior. Error is like leaven of which we read, "A little leaven leaveneth the whole lump." Truth mixed with error is equivalent to all error, except that it is more innocent looking and, therefore, more dangerous. God hates such a mixture! Any error, or any truth-and-error mixture, calls for definite exposure and repudiation. To condone such is to be unfaithful to God and His Word and treacherous to imperiled souls for whom Christ died.

결합을 하게 되면 비가 내려 땅을 적시게 된다고 생각했다. 그리고 이로 말미암아 곡식이 자라고 풍성한 수확을 할 수 있다고 생각했다. 가나안 사람들은 자신의 행동이 하늘의 신에게 영향을 줄 수 있다고 생각했다.

이러한 생각은 무속 종교와 같다. 무속 종교의 경우에는 무당을 통해서 굿을 하며 귀신을 달래서 자신이 원하는 것을 이룰 수 있다고 생각한다. 자신들의 노력으로 신을 설득할 수 있다는 생각에서 행해진 것이었다.

구상화는 그런 것들이 현대화된 방법이다. 인간의 타락한 죄성은 하나님으로부터 주어지는 아가페적인 은혜를 거부하고 에로스적인 자기 성취의 도구로 자기 열심과 자기 상상력을 동원하고 있다. 저들은 세상의 성공과 물질에 노예가 되어 구상화로 성취하려고 하나, 하나님의 백성은 하나님의 나라와 의를 구하며 그 언약의 말씀에 신실하게 순종하고 살기를 바라신다.

찰스 해낼과 구상화

찰스 해낼도 똑같이 '끌어당김'의 법칙을 말하며 론다 번의 말과 거의 유사하다.[469] 해낼은 '구상화'를 전부라고 말하지 않는다. 해낼은 소위 "the Master Key System"을 주장하면서 다음과 같이 말했다.

> 1. 절대로 평범한 사람이 되면 안 된다: 평범한 사람들은 깊게 생각할 줄 모른다. 대중에 항상 끌려 다닐 뿐이다. 훌륭한 자본가들은 대중으로부터 점점 더 멀어지는 법을 배운다.
> 2. 육체를 완벽하게 다스릴 줄 알아야 한다: '완벽하게'라는 단어는 '어느 정도'나 '완벽에 가깝게' 정도의 수준이 아니다. 100퍼센트 완벽하게 통제할 수 있어야 한다.
> 3. 생각을 완벽하게 다스릴 줄 알아야 한다: 생각을 제어하라. 걱정과 근심을 없애라. 원하는 생각만 하라. 이 모든 과정을 완벽하게 통달해야 한다.
> 4. 과학적인 생각만 해야 한다: 피상적인 관찰을 토대로 하지 말고, 날카롭고 분석적인 관찰을 토대로 시각화해야 한다.
> 5. 자신의 이익을 위한 것이 아니어야 한다: 우주는 끊임없이 누군가에게 봉사할 길을 찾고 있다. 인류에게 큰 도움과 가장 큰 이익을 주기 위해서.

해낼의 기본 전제는 인간이 필요로 하는 모든 것은 인간 내부 세계에서 찾을 수 있다는 것이며, 그 내부 세계의 의식이 모든 것을 좌우한다는 것이다. 구상화

---
469) http://cafe.daum.net/lightroom/OUcB/1572

로 곧장 들어가기 전에 그가 생각하는 기초가 무엇인지 들어보자.

> 한 사람의 사고 능력이란 우주의 마음에 작용하여 그것을 외부 세상에서 나타나게 하는 능력이다. 인간 의식이란 결국 사고하는 능력을 말한다. 워커(Walker)는 이렇게 말했다. "마음 자체는 미세한 형태의 정적인 에너지로 추정되고, 여기에서 마음의 동적인 상태인 '생각'이라는 활동이 생겨난다. 마음은 정지된 에너지요, 생각은 움직이는 에너지다. 둘은 동일한 존재의 다른 양상이다." 그러므로 생각은 정지된 마음을 동적인 마음으로 전환함으로써 형성되는 '진동하는 힘'이다.[470]

마음의 생각이 모든 것을 존재케 한다고 믿는다. 그는 그렇게 생각을 하게 되면 무엇이든지 만들어 낼 수 있다고 생각한다. 생각은 빛이나 전기처럼 '진동의 법칙'에 따라 이루어진다. 그 이유는 "진동"이 에너지가 움직이는 것을 의미하기 때문이다. 그것은 모든 물질의 근원이 에너지이고, 에너지가 '진동', 곧 움직이는 빠르기에 따라서 각각 다른 물질이 된다는 해석에 기초한 것이다. 놀라운 것은 "생각은 영적인 '나', 곧 신성하고 영적이며 창조적인 본질이 빚어낸 산물이다."라고 주장하는 것인데, 찰스 해낼은 인간을 신과 동등한 존재로 여기고 있으니 얼마나 위험하고 비성경적인 것인가!

찰스 해낼은 무엇보다 심리학의 영향 속에서 자신의 이론을 만들어 가는데, 그중에서도 잠재의식에 대한 생각이 그의 논리를 끌어간다.

> 잠재의식의 가치는 엄청나다. 잠재의식은 우리에게 영감을 주고, 경고를 주며 기억의 창고에서 장면과 사실과 이름들을 꺼내어 우리에게 전해 준다. 잠재의식은 우리의 생각과 취향을 지휘하고, 의식 수준에서는 힘이 있어도 결코 해낼 수 없는 복잡한 일까지 해낸다.[471]

그가 잠재의식을 말하는 이유는 잠재의식 속에 깊이 받아들여진 그릇된 생각들을 개조하기 위해서이다. 잠재의식 내에 자리 잡은 습관들을 재조정하여 창조적인 능력을 발휘하게 한다. 잠재의식이 어떻게 활동하게 하는가 하는 것이 찰스 해낼의 관심사다. 왜냐하면 그에게 있어서 잠재의식은 근본적으로 전능하다고 믿기 때문이다.[472]

그것은 '끌어당김의 법칙'(the law of attraction)에 의하여 움직이는데, 해낼은 끌어당김의 법칙이 "마음은 창조적이고, 그 대상과 저절로 연결되어 그것이

---

470) 찰스 해낼, *성공의 문을 여는 마스터키*, 김우열 역 (서울: 샨티, 2011), 27.
471) Ibid., 36.
472) Ibid., 225.

현실로 드러나게 한다"고 말한다. 그것은 원하는 대상을 끌어당겨서 나타나게 하는 법칙이다.473) 이것이 론다 번에게 영향을 주었고474), 론다 번은 '끌어당김의 법칙'이 우주에게 가장 강력한 법칙이며, '비밀'이라고 했다. 해낼은 구상화에 대해서 다음과 같이 말했다.

> 영상화(visualization)란 마음의 그림을 그리는 과정이고, 그림은 당신의 미래가 드러남에 있어 하나의 원형으로 작용하게 될 틀 혹은 꼴이다. … 첫 번째로 할 일은 이상화(idealization)이다. 이것은 건축물을 쌓기 위한 밑그림(plan)과 같으므로 가장 중요한 과정이다. … 그들은 첫 걸음을 내딛기 전에 마지막을 구상한다. 당신도 바라는 것은 마음속에서 그려야 한다. … 처음에는 흐릿해 보이겠지만 차츰 밑그림이 형태를 취해서 나타나고, 다음에는 그 얼개가 나타나며, 그런 뒤 세부사항이 나타날 것이다. … 그런 다음에 오는 과정이 영상화이다. 이때는 세부사항을 그려 넣는 등 그림을 더욱더 완벽하게 해야 하는데, 세부사항이 나타나기 시작하면서 그것을 현실화하는 데 필요한 수단과 방법도 나타날 것이다. … 그리하여 마지막으로 물질화(materialization)가 뒤따르게 된다.475) 영상화는 필요한 것이 오게 하는 메커니즘이다. 영상화는 '보는 것'과는 매우 다른 과정이다. 보는 것은 물질적이고, 따라서 객관적인 세계, 곧 외부 세계와 연관되지만, 영상화는 상상의 산물이고, 따라서 주관적 마음, 곧 내부 세계의 산물이다. 그러므로 영상화는 생명력을 갖는다. 그것은 성장해 나아갈 것이고, 영상화된 것은 외형을 띠고 나타날 것이다.476) 영상화를 명확하고 완벽하게 할 수 있게 되면, 그 영상화 되는 대상의 혼에 다가갈 수 있다.477) … 우리는 영상화하는 존재이다. 상상은 당신의 일터이다. 당신은 바로 그 곳에서 이상을 영상화해야 한다.478)

해낼이 이런 영상화(구상화)라는 과정을 통하여 자신이 원하는 것을 얻으려고 하는 것은 단순한 상상의 산물이 아니다. 그것은 뉴에이지 구상화이기 때문에 위험하다. 사람이 무엇을 생각하고 계획하는 것 자체가 나쁜 것은 아니다. 그러나 그것이 인간을 신이라 생각하며 그래서 자신이 생각하는 모든 것이 현실화 될 수 있다는 기본 전제를 가지고 있는 한 성경적이라고 볼 수 없다.

그것을 이루기 위해서 사용하는 방법이 구상화(영상화)인데 거기에는 반드시

---

473) Ibid., 43.
474) 론다 번, 시크릿, 김우열 역 (서울: 살림출판사, 2010), 58; "생각과 생각의 대상을 연결해 주는 원동력이자, 모든 불행한 상황을 지배하게 해주는 원리는 바로 끌어당김의 법칙이고, 이를 다른 말로 사랑의 법칙이라 한다. 이것은 만물에, 모든 철학과 종교와 과학에 담겨 있는 근본원리다. 사랑의 법칙에서 벗어날 길은 없다. 생각에 생명력을 주는 것은 바로 감정이다. 감정은 욕구고, 욕구는 사랑이다. 사랑이 스며든 생각은 무적이 된다."-찰스 해낼-
475) 찰스 해낼, 성공의 문을 여는 마스터키, 김우열 역 (서울: 샨티, 2011), 96-98. 이 책의 번역에서 "영상화"(visualization)라고 번역된 단어는 "구상화"와 같은 단어이다.
476) Ibid., 124-125.
477) Ibid., 131.
478) Ibid., 254-255.

영적인 안내자(spirit guide)가 등장한다. 이런 것은 접신을 용이하도록 하는 현대적인 접근이다. 찰스 해낼은 거부감이 없도록 다음과 같이 말했다.

> 이번에 할 훈련은 친구를 영상화 하는 것이다. 지난번에 본 모습 그대로 친구를 떠올려라. 방과 가구를 떠올리고 서로 나눈 대화를 떠올려라. 친구의 얼굴을 분명하게 떠올려라. 이제 서로의 관심사에 대해 이야기하라. 친구의 표정 변화를 살피고 웃는 얼굴을 지켜보라. 이렇게 할 수 있는가? 좋다. 할 수 있다면, 친구의 관심을 불러일으켜 보라. 친구에게 모험담을 들려주고, 친구의 눈이 흥분과 재미로 반짝거리는 것을 보라. 이것도 할 수 있는가? 그렇다면 당신의 상상력은 훌륭하다. 당신은 훌륭하게 나아가고 있다.[479]

이런 구상화 속에 등장하는 친구는 영적인 안내자 개념이다. 구상화를 통해 영적인 안내자를 만나며, 대화를 통해서 생각을 만들어 간다. 그 생각은 자신의 생각이 아니라 영적인 안내자의 생각에 사로잡힌다. 이런 과정들은 신비주의자들과 무당들이 하는 것이기 때문에 기독교인들이 따라가서는 안 되는 위험하고 비성경적인 방법들이다.

가장 반기독교적인 심각한 문제는 예수님을 단지 위대한 스승 중에 하나로 본다는 것이다. 찰스 해낼에게 예수님은 단지 "위대한 스승 예수"에 불과하다.[480] 이것을 말한 위대한 스승들은 누구인가?

> 예수, 플라톤, 스베덴보리.[481]

찰스 해낼에게 있어서 예수님은 단지 진리를 전수해 주는 영적인 안내자이며, 플라톤이나 스베덴보리와 같은 수준으로 다루고 있다. 그 진리라는 것은 생각과 그 대상을 연결하는 끌어당김의 법칙이다. 예수님의 말이나 플라톤과 스베덴보리의 말은 정확히 같은 진리를 말하고 있으며 다만 표현 방식만 다르다는 말이다.[482] 더불어서 깊고 넘어가야 할 것은, '찰스 해낼에게 있어서 하나님은 무엇인가?' 하는 것이다. 그것은 다음과 같은 말에서 드러난다.

> 마치 이미 실현된 것처럼 이상(理想)에 집중하라. 이상이 하느님(Elohim)이요 생식세포이며 생

---

479) Ibid., 105.
480) Ibid., 153.
481) Ibid., 157.
482) Ibid., 103.

명 원리이니, 필요한 것을 안내하고 지휘하고 불러와 결국 외형으로 그 모습을 나타낼 원인들을 움직인다.483)

찰스 해낼에게 있어서는 "이상이 하느님"이다. 그의 말을 들으면, 우상은 인간의 욕심을 객관화시킨 것이라는 말을 실감케 한다. 전능한 잠재력을 극대화시키기 위해 무엇이든지 동원한다. 찰스 해낼에게 있어서는 인간이 신이고 인간의 생각이 모든 것을 결정한다. 이런 생각들은 완전히 뉴에이지 사상이다! 안잘리 가르퓨어는 다음과 같이 말했다.

> 시각적 상상은 당신이 원하는 이상적인 환경의 그림을 그리고, 긍정적 확인과 에너지 채널링을 통해 생각을 실체로 결정화 시킨다. 구상화는 목적을 이루는 뉴에이지 기법이지만 그 뿌리는 마술의 오컬트 과학에서 찾을 수 있다. … 창조적 구상화는 또 다른 마술적 루틴이다: 마술적으로 무엇을 이루기 위해서는 먼저 마음속에 이것을 확실하게 그려야 한다. 이것을 가진 상태를 그리고 마음에 간직한 채 수 분간 잡고 있는다. 이 강하게 잡고 있는 이미지는 마술적 의식이다. 창조적 구상화는 강한 상상과 조절된 호흡의 마술적 의식이다. 당신의 내면의 욕망의 에너지가 넘쳐 오르는 것을 느끼십시오. 이것이 강해지면 당신의 마음에서 그림 또는 욕망이 풀린 것을 순간 느끼십시오. 그림을 통해 지나간 에너지를 느낄 것이며 점점 강해질 것이다. 에너지가 당신의 소우주에서 모든 방향으로 터져 나감을 상상하십시오. 그리고 우주가 이 힘에 반응함으로써 흔들리는 것을 느끼십시오.484)

구상화가 오컬트에서 온 것이며 마술적 뿌리를 두고 있음을 분명하게 말하고 있다. 찰스 해낼도 역시 그런 동일한 차원에서 구상화를 진행하고 있다. 그의 뉴에이지적인 성향은 이미 정평이 나 있다.485)

한편, 찰스 해낼은 구상화는 추구하면서도 최면술은 위험하다고 본다.

> 대개의 경우 최면술은 시술자와 대상자 모두에게 위험하다. 마음의 세계를 지배하는 법칙을 잘 아는 사람이라면 누구도 다른 사람의 의지를 지배하려고 하지 않을 것이다. 그렇게 하면 점차 (하지만 분명히) 자신의 힘을 빼앗기게 될 것이기 때문이다.486)

이렇게 보는 근본적인 이유는 최면술이라는 것은 타자에 의해서 유도되는 생

---

483) Ibid., 227.
484) https://truthnlove.tistory.com/entry/바라는-대로-이뤄진다-오컬트의-구상화-기법-키레네?category=72539/ 김삼, "바라는 대로 된다'- 오컬트 구상화 기법 (키레네),'(2009. 8. 30).
485) http://ezinearticles.com/?The-Master-Key-System-by-Charles-F-Haanel---Book-Review&id= 5911016/ "In this book Haanel uses new age psychology concepts to describe how people can use thought in complex ways to be successful."
486) 찰스 해낼, **성공의 문을 여는 마스터키**, 김우열 역 (서울: 산티, 2011), 163.

각이기 때문이다. 자기 스스로 생각을 하고 의지를 발휘해서 그것이 진동을 일으키고 현실로 만들어 내는 것이 바른 생각 방식이라는 주장이다. 그러나 최면술은 다른 사람이 자신의 생각을 지배하는 것이기 때문에 "자신의 힘이 빼앗기"기 때문에 끌어당김의 법칙에 비해 덜 효과적이거나 맞지 않다고 본다.

찰스 해낼이 이런 논리를 펼쳐 갈 수 있는 것은 잠재의식이 전능하다고 보기 때문이다. 전능한 잠재의식이니 최면술을 통해서 구상화로 들어갈 필요가 없다. 오히려 스스로 구상화를 함으로써 잠재의식의 전능한 힘을 접하도록 자기 내부에서 찾으라고 한다.487) 해낼은 다음과 같이 말했다.

> 우리는 늘 '내부 세계'에서 원인을 찾아야 한다. 원인을 바꾸면 결과가 바뀐다.488) 잠재의식은 근본적으로 전능하다는 사실을 기억하라. 잠재의식에 행위의 힘을 부여할 때 한계란 존재하지 않는다. 얼마만큼 성공하는가는 소망의 성격에 따라 달라진다. 소망이 자연의 법칙 혹은 우주의 마음과 조화를 이룬다면 마음이 자유로워지고 무한한 용기가 생길 것이다.489) 그러므로 완벽한 그림을 잠재의식에 각인하면, 창조의 에너지가 완벽한 신체를 만들어 낼 것이다.490) 절대적인 진리는 '내가 완벽하고 완전하다는 것'이다. 참 '나'는 영혼이고, 따라서 완벽하지 않을 수가 없다. …491) 인간은 지금까지 이 우주 창조의 원리를 가리키는 말로 '신'이라는 단어를 사용해 왔다. 그러나 '신'이라는 말은 적절한 의미를 전달하지 못한다. 대다수 사람들은 이 말이 외부에 존재하는 대상을 의미한다고 생각한다. 그러나 실상은 정반대다. 그것은 바로 우리의 생명이다.492)

이런 말들은 해낼이 얼마나 뉴에이지 첨단을 달리고 있는자를 증명해 준다. 자기의 욕심을 이루기 위해 신이 되어 버린 인간은 자신이 전능하다고 주장하며 완벽하다고 주장한다. 그러므로 해낼에게 있어서 구상화는 그 전능하고 완벽한 것을 드러내는 방편이기에 반기독교적이며 뉴에이지에 속한 방법이다.

디팩 초프라와 구상화

신사상 운동의 추종자인 디팩 초프라는 국내에서는 세계 최고의 영적 지도자로, '심신의학'(mind-body-medicine)으로 통하는 유명한 사람이다.493) 그의

---

487) Ibid., 167.
488) Ibid., 281.
489) Ibid., 225.
490) Ibid., 281.
491) Ibid., 305.
492) Ibid., 307.

사상은 영지주의, 칼 융의 심리학, 인도의 베단타 철학, 헤르메스의 마법과 연금술 등과 같은 신비주의가 통합되어 있는 지극히 혼합주의적인 것이다. 인터넷에서는 디팩 초프라의 요가와 명상에 관한 동영상을 쉽게 발견할 수 있다.

동시성 운명

디팩 초프라는 먼저 '동시성 운명'(synchrodestiny)을 강조한다. 그의 책 『바라는 대로 이루어진다』(*The Spontaneous Fulfillment of Desire*)에서 초프라가 말하고자 하는 것도, 동시성 운명이 어떻게 작용하는가를 이해하는 것과 그것을 일상 속에서 그 힘을 이용할 수 있는 특별한 방법을 배우는 것이다.494) 동시성 개념은 칼 융의 심리학에서도 중요하게 피력하는 것이기도 하다. 초프라는 '동시성 운명'에 대하여 다음과 같이 말했다.

---

493) 이송미, 기적의 상상치유, 한언, pp. 85-86. 디팩 초프라에게 어느 날 한 여성이 찾아온다. 그녀는 회사에 입사지원서를 내기 위해 건강검진을 받으러 왔다. 그 결과 그녀는 암세포가 골수까지 퍼진 말기 암 환자였던 것이다. 초프라는 이 여성 때문에 상상치유법을 하게 되었다. 부모가 모두 의사였던 그녀는 암 진단을 받은 후 부모의 권유대로 큰 병원에 입원해 화학요법을 받았다. 그녀는 그것이 너무나 고통스러웠다. 죽을 것 같은 고통의 나날을 보내다가 몰래 병원을 떠났다. 그녀는 조용한 작은 도시에 머물며 삶을 돌아보기로 했다. 그녀는 거기에서 상상치유에 관한 책을 읽게 되었고, 자신도 상상훈련을 시작했다. 1년이 지나 건강을 되찾았고, 다시 집으로 돌아와 병원에서 검사를 받았을 때 말끔히 나았다. 디팩 초프라는 이 여성의 일로 인해 상상치유에 관심을 갖게 되었다. 그 후 명상을 중심으로 하는 고대 인도의 치유의학인 아유르베다를 연구해 현대 의학과 접목시켜서 심신의학자가 되었다. 디팩 초프라의 심신의학은 이런 배경을 가지고 있다.
http://www.hani.com/section-021086000/2003/05/021086000200305210460008.html/ "아유르베다는 인도의 전통의학이다. 인도의 전통적 삶의 지침에는 요가, 탄트라, 아유르베다가 있다. 요가는 신성 즉 진리와의 결합을 가르치며, 탄트라는 에너지 조절에 대한 가장 직접적 방법을 제시하고, 아유르베다는 생활의 과학이라 말할 수 있다. 아유르베다 의학과 한의학이 지니는 공통점은 '인간은 소우주이다'라는 점과 '질서는 건강이고 무질서는 병이다'라는 점이다. … 아유르베다에는 에테르(공히)·공기·불·물·흙의 다섯 가지 요소가 이론의 바탕을 이루고 있다. … 아유르베다에서는 바타(공기와 허공)·피타(불과 물)·카파(물과 흙)의 세 체질로 구분한다. 어떤 의학이던 "이래야 건강하다"하는 건강수칙이 있게 마련인데, 아유르베다에서는 '육체의 세 성분인 바타-피타-카파가 평형상태를 유지해야 하며, 소변·대변·땀의 세 가지 배설물이 정상적으로 배설되어야 하며, 감각기관이 정상적으로 기능해야 하며, 육체와 마음과 의식이 조화로운 통일체로서 작용해야 한다'고 주장하고 있다. 치료 원칙의 하나는 몸속의 독소를 제거하는 것이고 또 하나는 독소를 중화시키는 것이다. 대부분의 경우 약물 치료, 침술, 척추 지압, 마사지, 구토법, 하제(下劑), 관장제, 코 안의 약물 투여, 방혈, 음식 조절, 맛의 조절, 생활 방식과 규칙성, 요가, 호흡과 명상, 만트라(암송) 등을 병용하고 있다."
494) 디팩 초프라, 바라는 대로 이루어진다(*The Spontaneous Fulfillment of Desire*), 도솔 역 (서울: 황금부엉이, 2005), 26.

삶에서 일어나는 우연의 일치에 주의를 집중함으로써 당신은 그 메시지에 더욱 분명히 귀 기울이는 법을 배울 수 있다. 그리고 우연을 만들어 내는 힘에 대해 이해함으로써 당신은 그 힘에 영향을 미치고, 의미 있는 자신만의 우연의 일치를 창조할 수 있다. 그리하여 우연히 제공하는 기회를 이용할 수 있다. 이처럼 당신은 경외심을 일으키는 기적이 끊임없이 일어나는 삶을 살 수 있다.[495] 당신이 철저히 계획된 삶을 살고 있다고 생각할 때조차도 전혀 예상치 못한 운명으로 당신을 인도하는 일들이 일어난다. 삶에서 날마다 일어나는 우연의 일치와 작은 기적들은 우주가 당신의 꿈꾸는 것보다 훨씬 더 큰 계획을 갖고 있음을 보여주는 일종의 암시다.[496]

결국 초프라가 말하는 동시성이란 우연히 일어난 것처럼 보이지만 그것은 조화 속에서 하나가 된 것처럼 작용하는 것이다.[497] 융이 그러했듯이 동시성과 관련하여 중요한 것은 디팩 초프라 역시 비인과율에 대한 개념을 깊이 파악하고 있다는 것이다.

… 영혼은 '비인과적'으로 보이는 동시적 관계를 통해 '운명'을 만든다. 이것이 바로 동시성 운명이다. 동시성 운명 속에서 우리는 감각 너머의 세계, 곧 영혼의 세계를 이해함으로써 자신의 삶을 창조하는 데 의식적으로 참여한다.[498]

인과율로는 반드시 한계에 맞닥뜨리기 때문에 비인과율의 세계를 분명히 인정하게 된다. 그러나 그것을 신비주의의 원칙을 따라서 인간 스스로가 만들어 내고 그렇게 하기 위해서 인간 스스로가 신이라는 길로 간다. 개별자는 결코 스스로 가치와 의미와 통일성을 부여하지 못한다. 세상은 그것을 분명히 안다. 그러나 보편자를 찾되 하나님이 아닌 다른 보편자를 추구한다. 그런 길로 가는 자들은 신성한 내면아이를 계발시켜 신이 되는 길로 간다.

이 동시성 운명을 받아들이고 그렇게 살기 위해서, 디팩 초프라는 존재의 세 가지 차원을 이해해야 한다고 말한다. 그 세 가지 차원이란 1) 물질의 영역 2) 양자 영역 3) 비국소적 영역을 말한다.[499]

첫 번째 차원으로 물질의 영역이란, 물질의 차원을 말하는데 눈에 보이는 우주를 말한다. 경험하는 물질계는 원인과 결과라는 불변의 법칙의 지배를 받는데 따라서 모든 것이 예측 가능하다고 본다. 두 번째 차원은 양자 영역이라 불리며,

---

495) Ibid., 15.
496) Ibid., 18-19.
497) Ibid., 23.
498) Ibid., 23.
499) Ibid., 31-57.

이 영역에서 모든 것은 정보와 에너지로 이루어져 있다고 말한다. 이 말은 물질의 영역의 모든 것들이 정보와 에너지로 이루어져 있다는 뜻이다. 물질을 구성하는 분자 아주 작은 원자로 구성되어 있으며 그것은 다시 소립자로 세분된다. 그 소립자는 정보와 에너지의 다발 또는 파동이다. 물질계는 서로 다른 주파수로 진동하는 에너지에 담긴 정보다.

세 번째 차원은 지성, 즉 의식으로 구성되어 있다. 이 차원은 가상의 영역, 영적인 영역, 잠재력의 장, 보편적 존재, 그리고 비국소적(nonlocal) 지성으로 불리기도 한다. 여기가 디팩 초프라가 목에 힘을 주어서 말하는 중요한 차원이다. 자연의 가장 근본적인 차원은 물질이 아니며 심지어는 에너지와 정보의 수프도 아니고, 순순한 잠재력이라고 힘주어 말했다. 이 순순한 잠재력이 활동하는 가상의 영역인 비국소적 실재의 차원은 시간과 공간을 넘어서 작용하고 또한 시간과 공간이 존재하지 않기 때문에 비국소적(nonlocal)이라고 말했다.

디팩 초프라가 이렇게 말하는 목적은 자기 자신이 의도하는 대로 인생의 대본을 다시 쓰거나 역할을 바꾸어 보겠다는 것이다. 우주에서 일어나는 모든 일은 의도와 함께 시작한다고 보며 그런 일들은 언제나 비국소적 영역, 곧 보편적인 마음에서 일어난다고 보았다. 그것이 개인의 마음이라는 한 곳에 제한되기는 하나, 의도는 물질적 실재가 된다고 믿었다.500) 디팩 초프라는 동시성 운명을 살기 위하여 하루에 두 번 15분에서 20분 정도 명상을 하라고 말했다. 그리고 원형을 불러와서 변화를 받고 자신이 원하는 기적을 창조하라고 말했다.501)

디팩 초프라에게 있어서 이런 동시성을 지배하려는 가장 근원적인 개념은 역시 내면의 신성함이다.

> 종교와 인종과 전통은 광범위하게 분화했지만 하나의 지혜, 하나의 창조적인 생각이 숨을 불어넣어 창조한 것이 바로 천의무봉(天衣無縫)의 세상이라는 보편적인 동의가 있었다. 그 유일한 실체를 인도에서는 브라흐만, 중국에서는 도(道)라고 불렀다. 이름이야 무엇이든 간에, 모든 사람들은 이 조물주의 지혜 속에 거했고, 우리가 무엇을 하든지 이 창조주의 거대한 계획의 일부에 포함되는 것이었다. 사람들은 유일한 실체를 찾기 위해 영적인 탐구자가 될 필요가 없었다. 모든 사람의 삶은 그것에 이미 맞추어져 있었다. 창조주는 모든 창조물에 고루 충만해 있었고, 신성의 불꽃은 모든 형태로 존재에 생기를 불어 넣었다.502)

---

500) Ibid., 95-96.
501) Ibid., 175-176.

이런 상상력의 도약은 모든 것으로 끊임없이 발전해 간다. 우리는 평생 동안 텔레비전과 인터넷, 전자우편, 핵기술, 그리고 우주 개발이 이루어지는 것을 보아 왔다. 상상력은 우리를 모든 곳으로 인도한다. 상상력이 보편적 의식의 특징이라 할지라도 그것은 모든 국소화된 표현을 통해 제약을 받는다. 인간 존재는 그 너머로 갈 수 있는 능력을 갖고 있다. 인간은 국소적인 마음, 즉 국소적인 '나'를 통해 의도를 갖고 선택할 수 있는 능력을 갖고 있다. 그리고 비국소적인 마음, 곧 비국소적인 '나'는 의도를 실현하기 위해 세부적인 일들을 동시에 보살핀다. 이것이 꿈을 현실로 만드는 방법이다.503)

이것이 디팩 초프라의 신성한 내면아이 개념이다. 그리고 그것을 펼쳐 가기 위한 구상화이다. 거듭 강조하지만, 성경에서 말하는 대로 가는 기독교와 세상의 이방 종교들과 신비주의 사상의 분기점이 바로 이것이다. 신성한 내면아이가 출발점이고 구상화는 그것을 성취하는 구체적인 방법이다. 이것을 바르게 구분할 줄 알아야 개혁주의 신앙과 개혁주의 교회를 성경적으로 세워간다.

디팩 초프라에게 발견되는 신성한 내면아이 개념은 필자의 막연한 추측이 아니라는 것은 다음과 같은 말에서 분명하게 확인할 수 있다. 다음의 글은 '자기 삶의 원형을 찾으라'에서 그 원형을 찾는 방법에 나오는 것이다.

이제 사랑의 여신을 놓아 버리고, 당신의 중심인 빛으로 돌아가라. 분화 되지 않는 순수한 상태, 무한한 가능성을 지닌 중심으로 돌아가라. 당신의 본질 속으로 깊이 뛰어들어 거룩한 아이로 나타나라. 순수하고 신성한 잠재력을 표현하는 아이로 나타나라. 당신은 무조건적인 사랑을 기대하는 순수함의 화신이다. 당신은 그런 사랑을 주는 자이자 받는 자다. 당신은 신성한 부모를 통해 세상에 태어나서 자기 운명과 우주의 잠재력과 더불어 성숙한다. 거룩한 아이의 눈을 통해 세상을 보라. 순수한 당신의 가슴 속으로 흐르는 사랑을 느끼라. 빛의 아이로서 자신의 천진한 모습을 경험하라. 자신의 존재 속에서 기쁨을 느끼라.504)

"순수하고 신성한 잠재력을 가진 아이", "빛의 아이"가 모든 것을 시작할 수 있는 원동력이 된다. 그러나 성경은 인간 안에서 시작할 수 있는 일말의 가치도 부여하지 않는다. 하나님의 은혜와 긍휼이 없이는 결코 구원도 생명도 없다. 예수 그리스도의 십자가의 피 흘림으로 우리의 죄가 사해진 것은 인간의 능력과 지혜가 아니라 하나님의 능력과 지혜다!

---

502) 디팩 초프라, **완전한 삶**, 구승준 역 (서울: 한문화, 2010), 36-37.
503) 디팩 초프라, **바라는 대로 이루어진다**, 도솔 역 (서울: 황금부엉이, 2005), 105-106.
504) Ibid., 166-167.

자기 삶의 원형을 찾으라?

초프라는 동시성을 실현하기 위하여, "나는 누구인가? 나는 무엇을 원하는가? 이 삶에서 나의 목표는 무엇인가?"에 대한 답을 찾으라고 말했다. 그 답을 찾기 위해 명상을 통해 원형을 초대해서 만나라고 말했다. 이것은 영적인 안내자와 접신을 하는 것이다. 내적치유에서 만나는 예수는 바로 이런 것이다.

> 신화적인 이야기들, 곧 우리 내면에 있는 영웅과 여걸은 원형으로 불린다. 원형(archetype)은 보편적이고 집단적인 영혼의 차원에 머무는 영원한 주제다. 이 주제들은 우리의 집단적 영혼의 염원과 상상력, 가장 깊은 소망의 표현이다. 이 주제들은 영원히 존재한다. 우리는 그것을 오래된 문화에서 전해진 글들, 곧 세대를 이어온 문학 작품에서 발견한다. 작품의 줄거리는 역사의 시기에 따라서 달라지지만 그 핵심은 늘 같은 모습으로 남아 있다. 이런 원형은 현대의 영화와 텔레비전 연속극, 선정적인 신문 속에서 상연된다.[505]

초프라가 말하는 원형은 칼 융의 심리학을 그대로 물려받은 것이다. 초프라는 융의 말 대로, 원형은 삶의 방향을 영혼의 궁극적인 운명으로 안내하는 삶의 모델이자 상징, 아이디어라고 말했다.[506] 원형과의 만남은 적극적 심상법(active imagination)을 통하여 이루어지는데 그것이 바로 구상화다.

또한 초프라 인도의 베다 사상을 "베다 과학"이라고 하면서 다음과 같이 말했다. 오늘날 신비주의자들은 고대로부터 내려온 마법들을 과학이라고 말한다.

> 우리가 자기 안에 품고 있는 신이나 여신의 태아와 접촉할 수 없다면, 그 태아가 완전히 태어나게 할 수 없다면, 우리의 삶은 언제나 세속에 머물러 있을 것이다.[507]

그것이 칼 융의 심리학이든지 베다의 신비주의 철학이든지 간에 자신의 원형을 찾으라고 하는 것은 매우 위험한 발상이다. 왜냐하면 그것은 곧 접신(接神)을 의미하기 때문이다.

초프라는 원형을 찾기 위한 방법을 구체적인 방법으로 길게 설명한다. 그것은 구상화를 통해 원형을 찾는 방법이다. 그 속에는 호흡법, 만트라, 영적인 안내자(spirit guide), 신성한 내면아이 등이 다 동원된다.[508] 무엇보다 놀라운 것은 다

---

505) Ibid., 154.
506) Ibid., 156.
507) Ibid., 157-158.
508) Ibid., 160-169.

음과 같은 원형에 대한 실제적인 적용이다.

> 최신 패션을 따르거나 유명한 영화배우를 모방하는 대신에 당신의 원형에 따라서 그 생각과 행동을 본받으라. 사실 사람들은 날마다 그렇게 한다. 자신들이 그렇게 하고 있다는 걸 깨닫지도 못한 채 당신은 "예수님이라면 어떻게 할까?"라고 묻는 사람을 본 적이 있는가? 자신이 삶의 기로에 서 있다고 느끼거나 어떻게 해야 할지 고민하는 기독교인들은 스스로에게 그런 질문을 던진다. 그것은 구세주라는 강력한 원형을 이용하는 방법이다. 자기 삶의 안내자로서 예수라는 구세주를 원형으로 이용하는 것이다. 이런 방법으로 당신의 개인적인 원형들을 이용하라. 당신 스스로에게 이렇게 물으라. "나는 내 원형과 일치된 방법으로 행동하고 있는가?"
> 그리고 다음과 같은 더욱 심오한 질문을 던지라. "난 나 자신에게 진실한가?"
> 당신은 자신의 원형들, 즉 신, 여신, 토템, 성격 등이 당신을 통해 그들의 드라마를 연기하게 함으로써 원형과 일치된 삶을 살 수 있다. 그 원형들이 바로 당신에게 기적적인 운명을 제공하는 열쇠다.509)

그저 별 생각 없이 "예수님이라면 어떻게 하셨을까?"라는 질문을 던지면서 행동했던 것들이 원형을 이용하는 것이었단 말인가? 충분히 그럴 수 있다. 그런 줄도 모르고 얼마나 따라 했던가?

그렇게 되고 안 되고의 차이는 무엇일까? 출발이 신성한 내면아이로 시작하면 예수님은 그야말로 강력한 원형이 되고 만다. 하나님 앞에 불의한 인간으로 심판받아 마땅한 죄인이라는 것으로 시작하지 않으면 예수님은 구세주가 아닌 위대한 하나의 원형으로 전락하게 된다. 구상화를 통하여 영적인 안내자(spirit guide)로 예수님을 불러내어 인생의 문제를 해결하고 상처를 치유하는 것 역시 예수님을 원형으로 이용하는 것이다.

이런 일들이 언필칭 내적치유에서도 그대로 사용되고 있다. 예수님을 불러내어 치유를 원하는 사람이 자기 상처를 해결해 주는 분으로 만들어 버린다. 구상화를 통한 예수님을 불러내는 것은 비성경적인 구상화에 기초한 죄악이다!

결국 이런 모든 것을 이루기 위하여 구상화로 직행한다. 디팩 초프라에게 있어서 구상화는 생활 속에 기적을 일으키게 하는 방법이다. 구상화는 다음에 말하는 원칙에 잘 나타나 있다. 초프라는 일곱 개의 원칙, 일곱 개의 수트라, 당신의 원형들, '호-흠' 만트라를 이용하는 명상의 능력, 그리고 중심을 잃었다고 생각할 때 읽는 수트라 경구들을 통하여 동시성 운명에 이르게 할 수 있다고 말했

---

509) Ibid., 169-170.

다.510)

디팩 초프라는 동시성 운명의 7가지 원칙을 말했다.

 첫 번째 원칙: 근원적 지성을 자각하라.
 두 번째 원칙: 인간관계의 비밀을 파악하라.
 세 번째 원칙: 마음이 실재를 창조한다.
 네 번째 원칙: 의도를 명확히 하라.
 다섯 번째 원칙: 감정적인 혼란을 억제하라.
 여섯 번째 원칙: 우주의 춤을 즐겨라.
 일곱 번째 원칙: 우연의 은밀한 계획

디팩 초프라의 7가지 원칙을 개략적으로 요약하면 다음과 같다.511)

 첫 번째 원칙: 근원적 지성을 자각하라.
 당신은 우주를 이루는 하나의 물결이다.
 수트라: "아함 브라흐마스미"
 내 존재의 중심은 궁극적인 실재이고, 우주의 뿌리이자 바탕이며, 존재하는 모든 것의 원천이다.

당신과 나, 우주는 하나이다. 나는 우주이며, 다만 하나의 인간 존재에 제한되어 있을 뿐이라고 한다. 한 개인에게 일어나는 의지와 소망이 우주의 소망이라는 것이다. 존재하는 모든 것은 하나이기 때문에 카르마와 연결된다. 길은 달라도 목적지는 같다는 것이다.512)

---

510) Ibid., 179-183; 〈만트라는 물질계를 초월하여 생각의 원천으로 돌아가게 하는 방법이다. 실제로는 '흐-흠'을 반복하면서 진동을 만들어 낸다고 보는 것이다. '만'(man)은 '마음'(mind)이라는 단어의 어원이며, '트라'(tra)는 '도구'(instrument)라는 단어의 어원이다. 만트라는 문자 그대로 말하자면 마음의 도구라는 뜻이다. 인도의 베단타 철학은 자연에서 만들어지는 소리, 곧 주변 세계에 있는 근본적인 진동을 조사했다. 자연의 소리는 진동이라는 것이고, 무한한 잠재력은 진동을 통해 눈에 보이는 우주로 자신을 표현한다는 것이다. 그래서 만트라를 암송하면 그 진동의 특정한 패턴이 일정한 효과를 창조하고, 물질계에서 어떤 일들을 일으킬 수 있다고 주장한다. 만트라가 명상의 단계에서 무념무상으로 들어가는 방편으로 아무 의미 없이 '흐-흠'을 반복하는 것이라면, 수트라는 '의미를 가진 만트라'이다. 소리 속에 의도가 들어갈 때 수트라가 된다. '수트라'는 산크리스트어에서 유래된 것으로, 라틴어 '수트라'(sutura)와 관련이 있다. 그리고 수트라는 영어의 '수처'(suture, 봉합)의 어원이라고 할 수 있는데, 수처는 '꿰매서 하나로 만든다'라는 뜻이다. 따라서 수트라는 실제로 영혼을 바느질 하는 것이다. 수트라는 '아브라흐마스미'(내 존재의 중심이 궁극적인 실재이고, 우주의 뿌리이자 토대이고, 존재하는 모든 것의 원천이다)를 반복한다. 자아를 초월하기 위해 '흐-흠'만트라를 하고, 그런 다음 특정한 의도를 자신의 의식에 새기기 위해서 실제적인 말, 곧 수트라를 이용한다. 또한 만트라와 수트라를 통해 원형을 불러온다. 그것이 곧 영적인 안내자(spirit guide)이다. 이런 과정들은 신비주의 마법의 전형적인 방식이다. 그런데도 내적치유에서 버젓이 사용하고 있으면서도 성경(서)적이라고 하니 이런 패악한 일이 또 어디에 있겠는가.〉
511) Ibid., 189-269; 여기에 있는 신비주의 근본 원리 11가지는 디팩 초프라의 글을 요약한 것이다.

> 두 번째 원칙: 인간관계의 비밀을 파악하라.
> 관계의 거울을 통해 비국소적 자아를 발견하라.
> 수트라: "탓 드밤 아시" 나는 내 안에서 타인을 보고, 타인 속에서 나를 본다.

이 원칙은 범신론적인 관점의 구체화라고 할 수 있는데, 여기에서 제시하는 만트라는 '나는 그것이다'라는 뜻이다. 이것은 세상의 모든 것, 세상의 다른 모든 사람을 보면서 자신의 또 다른 모습을 보고 있음을 깨닫는다는 뜻이다. 당신은 나와 같고 모든 것이 같다. 나는 그것이고 당신은 그것이며, 모든 것이 그것이다. 모두는 타인을 위한 거울이며, 다른 사람에 비추어서 자신을 보는 법을 배운다. 이것은 관계의 기술이라는 것인데, 관계의 거울을 통해서 자신의 바국소적 자아를 발견한다. 그리하여 긍정적인 관계를 키우며, 주변의 모든 것이 자신의 표현이라고 본다.

이렇게 하는 것은 영적 진화의 수단이 되며, 이런 과정을 통하여 관계의 궁극적인 목표인 하나 된 의식에 이르는 것이다. 근본적으로 '모든 것은 하나다'라는 개념이 깔려 있다.[513]

> 세 번째 원칙: 마음이 실재를 창조한다.
> 내면의 대화의 주인이 되라.
> 수트라: "사트 치트 아난다"
> 내 내면의 대화는 내 영혼의 불꽃을 반영한다.

세 번째 원칙은 자기 자신이 내면의 대화의 주인이 됨으로써 실재를 변화시켜 자아의 힘을 기르는 것이다. 수트라 '사트 치트 아난다'에서, '사트'는 진리, 곧 모든 한계로부터의 자유를 뜻한다. '치트'는 총체적인 지식, 곧 자발적인 앎이나 순수한 의식을 뜻한다. '아난다'는 축복, 전체적인 행복, 완전한 성취를 의미한다. 세 번째 원칙의 수트라는, "내 영혼은 한계를 벗어나 자유롭다. 내 영혼은 자발적으로 알고 있다. 내 영혼은 완전한 성취감 속에 존재한다."를 의미한다. 자아의 힘을 기르기 위해 명상과 긍정적인 내면의 대화를 연습하라고 한다.[514]

---

512) Ibid., 190-195.
513) Ibid., 197-209.

> 네 번째 원칙: 의도를 명확히 하라.
> 우리의 의도가 우주를 만든다.
> 수트라: "산 칼파"
> 내 의도는 무한한 조직력을 갖고 있다.

이것은 자신의 의도가 우주의 의도라는 것이다. 왜냐하면 인간은 우주의 일부분이기 때문이라고 한다. 자신의 모든 의도를 실현시키기 위한 최선의 방법은 자신의 의도를 우주의 의도와 일치시키고, 자신이 의도하는 것과 우주가 자산을 위해 의도하는 것이 조화가 이루게 하는 것이다. 그런 조화를 이루는 최선의 방법은 단지 감사하는 마음을 키우는 것이다.515)

> 다섯 번째 원칙: 감정적인 혼란을 억제하라.
> 나는 감정적으로 자유롭다.
> 수트라: "목샤"
> 나는 부정적 에너지를 더욱 높은 차원의 자각으로 바꿀 수 있다.

다섯 번째 원칙의 기본 전제는 외부적 실재가 내부적 실재와 분리될 수 없으며, 우주가 자기 몸의 연장이라는 것이다. 그래서 부정적인 에너지가 나쁜 영향을 미치기 때문에 그런 부정적인 감정을 변화시키라는 것이고, 고통을 영적인 깨달음으로 가는 하나의 단계로서 고통을 기쁘게 받아들이라는 것이다.

'목샤'는 '자유'를 뜻하는데, 이 수트라를 하면서 자기 마음에 다음과 같이 말한다. "난 감정적으로 자유롭다. 내 영혼은 멜로드라마의 지나친 감정에서 벗어나 있다. 나는 분노와 슬픔, 적대감, 죄의식으로부터 자유롭다. 나는 자만심으로부터 자유롭다. 나는 이기심으로부터 자유롭다. 나는 자기 연민으로부터 자유롭다. 나는 나 자산을 향해 웃을 수 있다. 나는 삶에서 유머를 본다." 이런 자기 최면을 통해서 자기의 나쁜 감정을 조절해 가는 것이다. 특히 이 원칙에서는 자기 속에 일어난 분노를 치유하는 것을 목적으로 하는데, 어린 시절의 상처 치유를 위해 구상화를 적극 활용한다. 물론 구상화는 다른 원칙들 속에서도 사용하고 있다.516)

---

514) Ibid., 211-219.
515) Ibid., 221-232.
516) Ibid., 234-251.

여섯 번째 원칙: 우주의 춤을 즐겨라. 당신의 내면에서 우주를 춤추게 하라.
수트라: "시바 샥티" 나는 내 안에서 신과 여신을 낳는다. 그들은 나를 통해서 자신의 모든 특징과 힘을 표현한다.

이것은 인간 존재의 남성적인 면과 여성적인 면을 모두 포용함으로써 삶을 완전하게 살라는 것이다. 그렇게 하기 위해서 남성적인 원형과 여성적인 원형을 불러내라고 한다. 이것은 칼 융의 원형론에 기초한 것인데, 원형이란 인간이 물려받은 기억으로서 보편적인 상징을 통해 마음속에 나타난다는 것이다. 그 원형은 꿈과 신화 속에서 볼 수 있으며, 일반적으로 정신 에너지가 집중된 것이라 본다. 날마다 명상을 통해 그 원형을 불러와서 그 원형에게 자신을 안내하고 지혜를 달라고 요청하라고 하는데, 이런 것은 완전히 무당의 접신술과 동일하다.517)

일곱 번째 원칙: 우연의 은밀한 계획
우연의 은밀한 계획을 알아차린다. 수트라: "리탐"
나는 깨어 있는 마음으로 우연의 일치에 주의를 기울인다. 그리고 그것이 신이 보낸 메시지라는 것을 알고 있다. 내 주변에는 우주의 춤이 가득하다.

수트라 '리탐'이라는 말은 '나는 우연의 은밀한 계획에 주의를 기울인다'라는 뜻이다. 왜냐하면 모든 사건은 일어날 수 있는 특별한 가능성, 곧 개연성을 갖고 있기 때문이다. 자신의 삶을 변화시키기 위해 카르마의 조건에서 벗어나야 한다고 강조한다. 이것은 인과율에서 벗어나 비인과율로 가야 한다는 것을 알고 있는 것인데,518) 그 기초와 방법이 인간이 창조적으로 만들어 가는 것이다.519)

디팩 초프라의 이런 모든 사상의 핵심은 두 말할 나위 없이 내면아이의 신성함과 구상화이다. 생소한 단어와 개념이 등장할 뿐이지 그 본질은 동일하다. 헤르메스주의의 7가지 원리에 기초하고 있다.520)

이런 기초 속에 있는 디팩 초프라의 가장 큰 위험성은 예수를 단지 가장 높은

---

517) Ibid., 253-259.
518) 디팩 초프라, **완전한 삶**, 구승준 역 (서울: 한문화, 2010), 250-251; 『완전한 삶』에서 인과율을 '결정론'으로 비인과율은 '자유의지'라는 개념으로 설명한다. 초프라는 이 두 가지를 합쳐서 산크리스트어로 바사나로 말하는데, "자유의지처럼 느껴지는 결정론"이라 한다. 결국 운명의 주인이 되고 싶은 인간의 욕망을 드러내는 것이다.
519) 디팩 초프라, **바라는 대로 이루어진다**, 도솔 역 (서울: 황금부엉이, 2005), 261-269.
520) 필자의 책 『내적치유와 내면아이』에서 '신비주의란 무엇인가?', '헤르메스주의와 내면아이'를 참고.

신-의식(God-consciousness)의 단계에 도달한 사람으로 보며, 어떤 인간도 예수가 도달한 신의식의 수준에 도달할 수 있다고 말하는데 있다. 그는 다음과 같이 말한다.

> 예수는 신-의식에 이르는 길을 우리에게 보여줌으로써 세상을 구원하려 했다.521) 교조적인 가톨릭주의나 힌두이즘의 경계로부터 벗어나야 그 양자 간의 약점을 볼 수 있다. 의식은 보편적인 것이다. 따라서 신-의식이 있다면, 누구나 깨달을 수 있어야 한다. 그렇기 때문에 아무도 배타적인 주장을 할 수 없다. 만약 예수가 깨달음의 가장 높은 단계에 도달했다면, 왜 그만이 신-의식에 이를 수 있는 유일한 존재여야 하는가? 붓다도(수많은 그의 제자들이 그렇게 믿고 있듯) 어쩌면 예수와 같은 경지에 오른 사람이었을지 모른다. 바시스타(Vasishta)나 비야사(Vyassa) 같은 베다의 성취자들 또한 그럴지도 모른다.522) … 신이나 더 높은 자아에 대한 우리의 기도를 통해서 환영은 실재가 아님을 상기하고 그럼으로써 본질적인 실재와 연결될 수 있다.523) … 요컨대 하나님 왕국에 도달한다는 것은 더 높은 의식 수준에 오른다는 사실을 의미한다.…524) … 예수는 신성한 실재, 영혼의 드러난 지혜에 대해 말했다. 높은 차원의 의식 안에 있다면, 누구나 이를 경험할 수 있다. 이는 직관의 한 측면이며 드러나는 것은 영혼의 본성이자 높은 차원의 자아라고 할 수 있다.525)

통찰력과 직관을 통하여 각자의 내면에 있는 하나님을 발견하고 그 신-의식(God-consciousness)의 단계에 도달하려는 것은 반기독교적인 사상이다. 예수님은 인간 내면에 빛이 있다고 그것을 깨달으라고 오신 분이 아니다. 오히려 인간은 어둠이며 죄인이기에 하나님의 은혜가 아니면 구원에 이를 수 없다는 것을 말씀하셨다. 하나님과의 언약을 저버리고 자기 자신이 신이 되어 살아가는 인간들의 죗값을 십자가에서 죽으심으로 대신 담당하신 분이 예수님이시다.

노만 빈센트 필과 구상화

이제부터 살펴보게 될 몇 사람들은, 언필칭 긍정적 사고 운동의 핵심 인사들인 노만 빈센트 필, 로버트 슐러, 조용기, 조엘 오스틴 같은 번영의 신학과 매우 깊은 관련이 있는 사람들이다.

---

521) 디팩 초프라, **제3의 예수**, 이용 역 (서울: 송정, 2009), 23.
522) Ibid., 39.
523) Ibid., 51.
524) Ibid., 61.
525) Ibid., 103.

긍정적 사고 운동은 신사고 운동이 그 형태를 탈바꿈한 것에 불과하다. 그런 변화에 기여한 것은 오리슨 스웻 마든(Orison Swett Marden, 1850-1924)이 발행한 「석세스 매거진」(*Sucess magazine*)이었다.526) 이 잡지는 1891년에 처음 발행되었는데, 주로 성공학과 자기계발의 관점에서 신사고(New Thought)를 제시했다. 나폴레온 힐을 포함한 당대 최고의 작가들이 기고한 글들은 수많은 미국 사람들을 고무시켜 성공(?)으로 이끌었다. 이 잡지는 아직도 발행되고 있다. 또한 1910년에 발간된 월러스 워털스(Wallace Wattles, 1860-1911)의 『부자가 되는 과학 법칙』(*Science of Getting Rich*), 1912년에 발간된 찰스 해낼(Charles Haanel, 1866-1949)의 『마스터 키 시스템』(*Master Key System*)은 '상상과 생각의 힘으로 부자가 될 수 있다'는 가르침으로 인기를 얻었다.527)

긍정적 사고 운동의 핵심은 "생각은 실체다"(Thoughts are things)라는 신사상 운동의 핵심 문장 속에 있다. 이것을 보면 그것이 얼마나 신비주의 사상과 일치하고 있는지 알 수가 있다. 이런 것을 주장하는 사람들은 사람의 생각과 마음으로 물질세계를 지배할 수 있으며 운명을 바꿀 수 있다고 생각한다.

일반적으로 긍정적 사고 운동은 미국의 대공황기에 시작되었다고 본다. 1929년 10월 24일에 뉴욕의 증권시장은 붕괴가 시작했다. 이름 하여 검은 목요일이라 한다. 그것이 전 세계로 확대되었다. 1932년까지 미국 노동자의 1/4이 실직되었다. 유럽에서는 수백만의 노동자들이 일자리를 잃었다. 1930년대에 전체주의로 기울지 않은 나라들은 제2차 세계 대전이 발발한 1939년까지 대량 실업과 불황에 시달렸다.528)

---

526) http://www.successmagazine.com/
527) http://www.mindbook.co.kr/upload/the%20magic%20story_sample.pdf/
528) 위키피디아 사전에서; 제1차 세계대전에서의 전쟁 전승국 미국은 1920년의 대전 후 공황을 거쳐 빠르게 세계의 중심적 자유주의국으로 대두했으며, 전쟁터였던 서유럽 여러 나라에 반해, 제국주의 국가로서의 생산력과 자본력의 격차를 보이면서, 1922년에는 상승 국면으로 들어갔다. 그것을 밑받침한 것은, 주로 미국의 전시 이득에 따른 과잉 자본을 서유럽·중남미로 수출한 것과, 국내 성장산업인 내구(도소비율 1%)소비재(자동차·가전제품 등) 및 건축에 대한 투자이고, 저렴한 구입신용(소비자 신용)도 이에 유용했다. 그 반면에, 그 1920년대에는 일관해서 5% 이상의 실업률을 가진 구조적 실업(構造的 失業)도 분명히 존재했고, 또한 농업·면방직·피혁·석탄·조선 등 불황산업도 유지하고 있어서, 성장과 정체가 병존하는 형태에서의 호황이었다. 다른 한편, 미국은 제1차 세계대전 뒤로는 세계 제1의 농업국이 되었으나, 유럽 농업의 회복과 함께 세계적으로 생산과잉이 표면화하였고, 1920년대를 통하여 세계 농업은

이런 상황 가운데서 미국인의 마음을 사로잡은 책이 두 권이 나왔다. 첫 번째는 데일 카네기(Dale Carnegie, 1888-1955)의 『어떻게 친구를 얻고 사람을 움직일 것인가』(*How to Win Friends and Influence People*)이며, 두 번째는 나폴레온 힐(Napoleon Hill, 1883-1970)의 『생각으로 부자가 되어라』(*Think and Grow Rich*)였다. 특히나 나폴레온 힐의 책은 '인간의 생각은 실체다'라는 신념이 성공의 비결이라고 하여 미국인의 마음을 사로잡았다.

문제는 이것이 미국의 신학과 맞물려 썩어 가기 시작했다는 것이다. 미국의 번영신학은 1960년대 후반 이후 일어난 새로운 대부흥 운동 과정에서 등장한 성공지상주의적 신학이다. 법학자이자 미국 기독교교회협의회(NCC) 실행위원인 딘 켈리가 포착한 대로, 이 시기 미국의 주요 교단은 성장이 멈추거나 감소한 반면, 새로운 복음주의 교단과 교회가 급격히 성장했다. 이런 성장에 대한 신학적 서사로 등장한 것이 번영신학인데, '적극적 사고'를 신학의 키워드로 제시한 노먼 빈센트 필이 그 선구자이며, 그의 문제들을 목회에 적용해 큰 성공을 이룬 크리스털 교회 목사인 로버트 슐러, 『목적이 이끄는 삶』을 저술한 새들백 교회 목사 릭 워렌, 『긍정의 힘』 저자인 레이크우드 교회 목사 조엘 오스틴 등 미국의 대표적인 대형 교회 목사들이 번영신학을 이끌었다.

> 요컨대 번영신학은 1970년 이후 급부상한 미국판 대형 교회('메가 처치'라는 용어는 이런 특성의 대형 교회를 함의하는 개념이다)의 서사로 등장한 신학으로, 그 용어대로 신학의 키워드를 '번영'에 두고 있다. 번영을 신앙적 현실관의 최상위에 두고 그것을 위해 내면을 적극적으로 구성 해가는 자기계발적 삶의 태도를 강조한다. 이는 공동체성을 강조한, 19세기에서 20세기로 넘어가는 시기에 부상한 복음주의와는 다른 양상의 신학이 등장했음을 뜻한다. 그런 의미에서 번영신학이 담고 있는 신앙 양식을 '신복음주의'라고 부르는데, 신자유주의적 성공 담론의 원조 격 되는 담론 양상이 미국판 대형 교회 신학에서 유래했다.529)

이런 번영의 신학을 현실적으로 성공시키기 위하여 사용하는 도구는 '구상

만성적 불황을 나타내고 있었다. 또 하나의 원인은 증권 시장의 투기꾼 때문이라는 주장도 있었다. 그 이유는 1차 세계대전 후 당시 월가에 사는 은행재벌들이 돈을 벌자는 식의 투기(헤지 펀드)로 인해 증권시장의 붕괴로 기업들의 신뢰 하락과, 기업들의 실적 악화로 인해 실업자가 생기고 그로 인해 소비심리 악화 소비 감소 등의 악순환으로 대공황이 일어났고 나라들은 이로 인해 은행재벌들에게 돈을 빌릴 수밖에 없는 형국이 되어 버린 꼴이 되었고, 이윽고 일어난 '2차 세계 대전'으로 인해 소비가 증가함에 따라 대공황도 끝이 났다.
529) http://h21.hani.co.kr/arti/society/society_general/29210.html

화'(visualization)이다. 이 '구상화'를 교회에 끌어들여 교회를 타락하게 한 장본인으로는 누구보다도 노먼 빈센트 필이라고 해도 과언이 아니다. 그의 긍정적인 사고방식은 사실상 긍정적으로 '상상'(positive imaging)하는 것에 기초하고 있다. 이런 사상은 다음과 같은 필의 말로 증명이 된다.

> 인간의 본성 속에는 능력 있고 신비로운 세력이 있다. … 그것은 일종의 정신공학이며 … 능력 있는 신, 구 개념(a powerful new-old idea)이다. 그 개념은 상상하는 것이라고 불리는 정신활동의 한 형태이다. … 그것은 당신의 의식 속에서 바라는 목적이나 대상을 생생하게 묘사하는 것인데, 그 사상이 당신의 무의식 속으로 들어갈 때까지 그 상상을 하여, 당신의 무의식 속에서 크고 계발되지 않았던 에너지들을 풀려 나오게 하는 것이다. … 상상한다는 개념이 꾸준하게 그리고 체계적으로 적용될 때 그것은 문제들을 해결하고 인간성을 강하게 하며 건강을 증진시키고 어떤 노력에서는 성공의 기회를 향상시킨다.530)

필이 말하는 것처럼 상상을 통하여 어떤 일들이 일어나게 된다면 현실은 어떻게 변하게 될까? 그것이 악용이 된다면 도대체 세상은 누구의 것이 될까? 구상화를 통해서 에너지가 풀려나오고 그것을 내 마음대로 사용할 수 있으면 세상은 무법천지가 되고 생지옥이 되고 말 것이다. 필은 진정으로 그런 세상을 꿈꾸었을까?

보다 중요한 것은 '필의 이런 사상이 어디서부터 왔느냐?' 하는 것이다. 뉴에이지 설교가인 필의 사상은 뉴에이지 저자 플로렌스 스코벨 신(Florence Scovel Shinn)으로부터 가져왔다.531)

---

530) 데이브 헌트/ T.A. 맥마흔 공저, **기독교 속의 미혹**, 김문철 역 (서울: 포도원, 1991), 35; 유사종교를 믿는 사람들이나 비성경적인 복음을 신봉하는 신비주의자들은 영의 차원으로 들어가는 가장 좋은 방법은 구상화(visualization)를 통하는 것이라는 사실을 오래 전부터 알고 있었다. … 노만 빈센트 필은 이것을 긍정적으로 상상하는 것(positive imaging)이라고 부르는데, 그는 이것은 '상상'(imagination)으로부터 파생된 어휘이며 "긍정적 사고를 한 단계 발전시킨 것"이라고 할 수 있다.

531) http://herescope.blogspot.com/2006/08/new-age-preacher-and-his-influence.html The article, published by Knight-Ridder Newspapers, asked the question: "Was the Rev. Norman Vincent Peale, father of the 'believe and succeed' theology sweeping American Protestantism, a plagiarist inspired by the occult?" In attempting to answer that question, the newspaper referred to an article from the Lutheran Quarterly that had contended that Norman Vincent Peale drew much of his inspiration from the writings and teachings of occult/New Age author Florence Scovel Shinn. Concerning the Lutheran Quarterly article, the Indianapolis paper stated: After comparing his books to hers, the authors cite scores of specific instances in which Peale and Shinn not only think alike, but use similar or identical phrases. The newspaper article went on to say: Shinn, who died in 1940, drew on mystical sources dating to the ancient Egyptian philosopher Hermes Trismegistus and the secrets

"노만 빈센트 필이 표절로 고소를 당하다"라는 인디애나폴리스 스타 신문 (1995년 8월 3일자 기사, 루터란 쿼털리)에서, 노만 빈센트 필의 글들과 뉴에이지 저자 플로렌스 스코벨 신(Florence Scovel Shinn)의 글들이 놀랄 정도의 유사하다는 것이 드러났다.532) 그녀(Florence Scovel Shinn)는 고대 이집트 철학자인 헤르메스 트리스메기스투스 ["위에서와 같이 아래에서도"(as above, so below)]533)와 같은 신비주의적인 자료들을 많이 사용했다.

---

of Freemasonry. Such sources are progenitors of New Age, a movement considered ungodly hocus-pocus by conservative and fundamentalist Christians …. Shinn's privately published metaphysical works, reissued by both Simon & Schuster and the Church of Religious Science, are available in New Age bookstores. Peale penned the introduction to the Simon & Schuster edition, indicating he had "long used" Shinn's teachings.

532) http://blog.daum.net/discern/48/ 인디애나폴리스 스타 기사는 질문을 하고 있었다: "미국의 개신교를 휩쓴 '형통 신학'(believe and succeed)의 아버지 노만 빈센트 필 목사가 사교에 물든 표절자인가?" 이 질문에 답하기 위해 이 신문은 필이 밀교/뉴에이지 저자 플로렌스 스코벨 신의 글들과 가르침으로부터 영감을 얻었다고 주장하는 루터란 쿼털리의 기사를 언급하였다. 루터란 쿼털리로부터의 정보를 제시하면서 인디애나폴리스 스타 신문은 다음과 같이 보고하였다. 저자들이 필의 책과 신(shinn)의 책을 비교한 후에 수십 개의 구체적인 사례들을 들 수 있었는데 이 둘은 사상에 있어서 같을 뿐만 아니라 유사한 표현 및 똑같은 문장늘을 사용하였다. 1940년에 사망한 신(Shinn)은 신비주의적인 자료들을 많이 사용했는데 그 자료 중에는 고대 이집트 철학자인 헤르메스 트리스메기스투스 ["위에서와 같이 아래에서도"(as above, so below)] 까지 거슬러 올라가는 것들도 있었고 프리메이슨의 비밀들도 있었다. 이러한 자료들은 보수적이고 근본주의적인 기독교인들에 의해 불경건한 요술과 눈속임으로 여겨지는 뉴에이지 운동의 뿌리이다. 신(Shinn)이 개인적으로 발행한 형이상학 작품들은 시몬과 슈스터 그리고 종교 과학 교회(the Church of Religious Science)에 의해 재발행 됨으로 뉴에이지 책방에서 구입할 수 있게 되었다. 필은 시몬과 슈스터에서 발행한 작품들에 서론을 썼는데 그는 신(Shinn)의 가르침을 '오래 동안 사용했다.'고 말하였다.

인디애나폴리스 스타 신문이 언급한 루터란 쿼털리 기사는 필이 신의 밀교 및 뉴에이지 가르침을 인용 표시도 없이 사용했음을 증명했다. 루터란 쿼털리는 두 개의 글들을 하나씩 비교 인용하면서 그들의 글이 얼마나 같은지 증명했다. 루터란 쿼털리의 기사를 계속 보자. 양쪽의 단락들이 놀랍도록 유사하다는 것은 필이 신학적으로 불안정하다는 의미이다. 수백만의 사람들에게 사역을 하고 또한 백만장자인 노만 빈센트 필의 글들이 무명의 밀교 과학 선생인 플로렌스 스코벨 신의 글들과 비교해 볼 때 여러 비슷한 개념, 확신, 은유, 이야기들은 놀랍도록 유사했다. 노만 빈센트 필의 글들과 뉴에이지 저자 플로렌스 스코벨 신(Florence Scovel Shinn)의 글들 간의 놀랄 정도의 유사함은 매우 당황스러워도 정통 교리와 성경만을 지지하던 수백만의 주류 그리스도인들이 아무것도 모르는 사이에 밀교를 포용하게 될 비참한 상황을 생각하면 정말 악과이다. 사교가 서 있는 무언의 발판은 매우 강해서 지금은 사교가 교회 내의 많은 사람들의 주요 믿음이 되어 버렸다.

1925년에 출판되었던 신(Shinn)의 책 『삶의 게임과 삶을 즐기는 법』(The Game of Life and How to Play It)은 1986년에 재출판 되었는데 노만 빈센트 필이 사교/뉴에이지 책인 그 책의 앞면과 뒷면에 추천의 글을 썼다. 삶의 게임은 지혜와 창의적인 통찰력으로 가득 차 있다. 내가 사실대로 아는 바는 그 가르침은 확실한 효력이 나타날 것이라는 점이다. 그 이유는 내가 친히 오랫동안 그 가르침을 사용해 왔기 때문이다. 이 책에 있는 원칙을 공부하고 실습한다면 누구든지 형통을 발견하게 될 것이다. 문제가 풀리고 건강이 좋아지며 멋진 대인관계를 이룰 것이다. 한 마디로, 삶의 게임에서 승리한다.

533) http://www.iepn.co.kr/index.html?type=board&subi=2&id=619&mtype=view&page=1&bid=

결국 이런 증거들을 통하여 '구상화'라는 도구가 신비주의 사교에 뿌리를 두고 있다는 것은 명백한 사실이다. 이런 방식들이 소위 내적치유라는 이름으로 사용되고 있으며 설교에도 이미 사용되고 있기 때문에 교회는 그것이 '구상화 치유', '구상화 설교'인지 분별을 하지 못하고 있는 상황이다.

노만 빈센트 필은 다음과 같이 말한다.

> 이 개념은 심리행동의 한 형태로서 구상화(이미징)라고 불린다. 이는 의식 속에서 원하는 목표와 목적을 생생하게 그려서, 이 그림이 무의식 속으로 가라앉을 때까지 그림을 잡고 있는 과정인데, 이 그림은 무의식 속에서 미계발의 거대한 에너지를 방출한다.534) 기도의 능력은 에너지의 표출이다. 원자 에너지를 방출시키기 위한 과학적 기술이 존재하는 것처럼 기도라는 도구를 통하여 영적 에너지를 방출시키기 위한 과학적 과정들이 있다. 이러한 에너지의 힘을 자극하여 표출할 수 있다는 것은 분명한 사실이다. 당신이 기도할 때 세상에서 가장 큰 능력을 다루고 있다고 깨닫는 것은 중요한 것이다 … 새롭고 신선한 영적 기술들을 기도의 능력에 대한 시도로 … 계속해서 발견되고 있다.535)

상상과 기도에 대한 필의 글들은 성경이 말하는 원리와 방법이 아니다. 기도를 통하여 에너지를 자극하고 움직이게 하는 것은 신비주의 마법에서나 하는 일이다. 성경에서 말하는 하나님은 비인격적인 에너지가 아니다! 결국 노만 빈센트 필의 성공주의, 번영의 신학 속에는 인간 내면이 능력 있고 신비스러운 세력이 있다는 신성한 내면아이 사상과 그 내면아이를 계발시키는 뉴에이지 구상화가 있다는 것을 증명하고 있다.

619&num=215&seq=503061&confirm=1&rcvUserid=iepn/ 최근 들어 유진피터슨의 '메시지'성경에 대한 비판 속에서 등장하는 매우 중요한 핵심 문장이다. 여기에 대해서 서창원 목사는 이렇게 말한다. 〈메시지 역본에 함축된 여러 뉴에이지 성향 중에 한 가지 구체적인 예를 들면 주기도문을 들 수 있다. 대부분의 성경 번역은 '하늘에서 이루어진 것같이 땅에서도'라고 되어 있다. 그러나 메시지 성경은 전형적인 뉴에이지·사교 관용구인 '위에서와 같이 아래에서도(as above, so below)'를 삽입하였다. 신비주의적 사교에서 가장 의미 깊게 사용하는 표현이 '위에서와 같이 아래에서도'(As Above, So Below)인데 이 표현을 메시지 성경에서 사용하고 있는 것이다.

밀러의 설명에 의하면 이 문구는 보이는 세계와 보이지 않는 세계가 하나이며 한 존재와 많은 존재, 시간과 영원이 전부 하나라는 것이다. 인터넷 상에서 '위에서와 같이 아래에서도'(As above, so below)를 검색하면 가장 먼저 떠오른 것이 뉴에이지 용어로 소개되는 것이었다. 책이던 인터넷 상에서든 잠시든 '위에서와 같이 아래에서도'라는 표현은 사교·신비·뉴에이지·밀교·비법·마술의 자원과 관련 된다. 어떤 웹 사이트는 다음과 같이 말한다. "이 고대 표현 '위에서와 같이 아래에서도'는 모든 존재하는 것의 단일성을 설명한다."〉

534) https://truthnlove.tistory.com/entry/바라는-대로-이뤄진다-오컬트의-구상화-기법-키레네?category=72539/ 김삼, "'바라는 대로 된다'- 오컬트 구상화 기법 (키레네),'(2009. 8. 30).

535) 데이브 헌트/ T.A. 맥마흔 공저, **기독교 속의 미혹**, 김문철 역 (서울: 포도원, 1991), 118.

로버트 슐러와 구상화

최근에 일어난 수정 교회의 파산과 매각536)은 인간의 가능성에 목숨을 걸은 인간의 내일이 파산될 것이라는 하나의 상징적 사건이다. 미국의 경제적 부와 번영에 기초하고 있는 것이 낙관주의인데, 수정 교회의 파산은 그 가능성이라는 것이 파산하게 된다는 하나의 경고적 사례이다. 그럼에도 불구하고 로버트 슐러의 사상은 그 뒤를 이은 사람들이 더 열렬히 전하고 있고 사람들은 희망을 저버리지 않으려고 몸부림치고 있다. 실패한 슐러의 긍정적 사고방식을 여전히 따르고 있다. 그러나 그 위험성을 아는 사람들은 극히 적다.537) 이제 사람들의 관심은 자존심(혹은 자존감)을 세워야 영적으로 건강한 사람이 되는 거짓된 가르침을 삶의 중심으로 삼고 있다. 로버트 슐러는 말한다.

> 나는 그리스도와 기독교의 이름으로 행해진 것이면 무엇이든, 그것이 사람들에게 그들은 잃어버린바 되었고 죄로 가득 찬 상태라는 사실을 깨닫게 하려고 때때로 거칠고 기괴하며 또한 반기독교적이기까지 한 정책의 시도보다도 더 인간의 인격성에 파괴적이고, 이로 인해 복음전도 사업에 비생산적으로 입증되었다고 생각하지는 않는다.538)

이 애매한 말의 내용은 기독교인들에게 세상의 부와 성공을 추구하라는 것이다. 그의 노력으로 세상 사람들이 추구하는 성공지향적인 삶을 교회 안에서도 쉽게 들을 수가 있게 되었다. 그렇기 때문에 로버트 슐러는 예수님을 보는 눈이 다르다. 슐러가 말하는 예수님은 성경의 예수님이 아니기 때문이다.

> 예수님은 자신의 가치를 아셨으며 예수님의 성공은 자신의 자존심을 만족시켰는데 예수님은 자신의 자존감을 거룩하게 하기 위해서 십자가를 참으셨다. 예수님은 당신의 자존심을 거룩하게 하기 위해서 십자가를 지셨다. 그리고 십자가는 자아지향적인 삶을 거룩하게 할 것이다.539)

---

536) http://news.khan.co.kr/kh_news/khan_art_view.html?artid=201111191211031&code=970201/ "'빛더미' 초대형 교회, 천주교에 매각-한국 개신교계에서도 유명한 미국 로스앤젤레스의 초대형 복음주의 교회인 수정 교회 (Crystal Cathedral)가 천주교에 팔린다. 캘리포니아 주 산타 애나 연방 파산법원은 가톨릭교회 오렌지카운티 교구를 수정 교회 건물 인수자로 확정했다고 지역 언론이 18일 보도했다." 다음 차례는 과연 어느 교회가 될까?
537) http://www.tongil.or.kr/main2/boardhtml/boardcontent.html?code=WORLDBLESS02, http://kr.blog.yahoo.com/goryo2005/5808 세계평화통일가정연합 창설을 위한 세계대회가 1996년 7월 30일부터 8월 1일까지 미국 워싱턴에서 있었는데, 거기에 로버트 슐러가 참석했다.
538) 데이브 헌트/ T.A. 맥마흔 공저, **기독교 속의 미혹**, 김문철 역 (서울: 포도원, 1991), 14.
539) Ibid., 13.

예수님을 성공과 자존심의 차원으로 해석하기 때문에 로버트 슐러는 자존심을 잃었을 때 지옥에 있는 것이라고 말한다.540) 이런 성공의 심리학은 긍정적인 사고방식이라는 이름으로 널리 알려져 있다. 그러나 그 실체가 얼마나 뉴에이지와 연관되어 있는지 아는 사람들은 많지 않다. 이런 것들은 성경의 하나님과 아무런 상관이 없다. 로버트 슐러는 더 대담하게 말했다.

> 당신은 당신 내부에 소유한 능력이 어떠한지 모르고 있다! … 당신은 세계를 당신이 선택하는 대로 만들어진다. 그렇다. 당신은 당신이 무엇을 원하든지 간에 당신의 세계를 그렇게 만들 수 있다.541)

로버트 슐러는 예수님께서 가르친 "하나님의 나라는 각 사람 안에 있는 힘이다"라고 말했다.

> "그는(예수) 이 능력 있는 말씀을 선포했다. 즉 하나님의 나라는 너희 안에 있느니라(눅 17:21). 이 말씀은 한 영원한 창조적 힘이 너희 안에 있다는 뜻이다."라고 했다.542)

그는 우리의 삶을 이끄는 힘을 "영원한 창조적 힘"이라고 말하며, 그 힘이 인간 안에 있다고 주장한다. 이것은 우리 안에 있는 힘이 하나님의 목적을 이끌고 성취하는 원동력이라는 뜻이다. "한 영원한 창조적 힘"이 인간 안에 있다는 생각과 주장은 뉴에이지 사상의 핵심이다.543)

겉으로는 자신의 잠재능력을 계발시키라고 하며 세상의 성공과 번영을 말하지만, 실제로 긍정적인 사고방식의 핵심은 구상화이다. 구상화는 신비주의 전통에서 '최고의 비밀'이라고 불리는 뉴에이지 방법이다. 교회 안팎으로 사람들에게 처음부터, '이것이 뉴에이지 구상화'라고 말하지 않고, 긍정적인 사고방식을 가르치고 자기 계발을 가르쳤기 때문에 미혹에 넘어갔다.

로버트 슐러를 두고 뉴에이지 구상화와 관련된다고 하면 그것 역시 지나치다고 생각할 것이다. 그러나, 그는 아무런 거리낌도 없이 이렇게 말했다.

---

540) Ibid., 14.
541) Ibid., 25.
542) Robert Schuller, If It's Going To Be, It's Up to Me, p. 9.
543) 조영엽, "목적이 이끄는 삶" 무엇이 잘못되었는가? (서울:성광문화사, 2008), 21; 이 말은 그의 책 『자애』(Self-Love, 1969)의 "What is the Basic, Driving Force in Your Life?"에서 말한 것이다.

> 명상을 위한 다양한 시도는 … 여러 비종교적인 정신 조절 체제뿐만 아니라 여러 다른 종교에서도 채택되고 있다. 초월 명상, 선불교 또는 요가, 혹은 유대-기독교 전승의 명상과 같은 모든 형태에서 중재자는 의식의 산만을 극복하려고 노력한다. … 어떤 형태든지 명상은 하나님의 신적 법칙들을 인간적인 방법으로 제어한다는 것임을 기억하는 것은 중요한 일이다 … 우리는 아직 자신이 완전하게 이해하지 못하는 크고 많은 능력과 힘을 부여받았다. 가장 효과 있는 만트라(mantras)는 소리 "M"을 이용하는 것이다. 당신은 "I am, I am"이라는 말을 수 없이 되풀이하여 그것을 느낄 수 있다. … 초월 명상은 종교도, 또한 반드시 반기독교적인 것도 아니다.544)

"M"을 반복하는 이유는 몸에 잔동이 일어나기 때문이다. 사유 잔동을 통해 원하는 것을 현실시키는 힌두교의 원리를 따르는 것이다. 그렇게 만트라를 계속하는 이유는 무념무상의 세계로 들어가서 영적인 안내자(spirit guide)와 교통하기 위해서이다. 그런 과정을 통해 영적인 안내자의 지배를 받게 되고 그리하여 결국 신(神)이 되고자 한다. 이런 초월 명상은 힌두교 관상기도에서 필수적으로 사용하는 방법이며, 초월명상이 반기독교적인 것이 아니면 기독교는 힌두교다!

로버트 슐러는 자기 교회에서 「미라클 코스」를 열었는데, 말이 좋아 「미라클 코스」이지 사실상 「뉴에이지 코스」다. 로버트 슐러는 정신과의사이며 뉴에이지 리더인 제리 잼폴스키를 두고서 하나님을 발견한 사람이라고 떠벌렸다.545) 또한 새로운 종교개혁을 말하면서 자아존중을 말하는데, 그 때의 자아존중은 신성한 자아에 대한 존중이다.546) "예수님은 이상적인 존재인데, 왜냐하면, 자아존중의 화신(incarnate)이었기 때문이다."고 말했다.547) 로버트 슐러는 거듭남을 부정적인 생각에서 긍정적인 생각으로 바꾸는 것이라고 말한다.548) 로

---

544) 데이브 헌트/ T.A. 맥마혼 공저, 기독교 속의 미혹, 김문철 역 (서울: 포도원, 1991), 144-145.
545) http://www.inplainsite.org/html/robert_schuller.html#RSC/
546) http://www.letusreason.org/Poptea1.htm/ Robert Schuller, in his book Self-Esteem: the New Reformation, writes, "I contend that his unfulfilled need for self-esteem underlies every act … over and over again that the core of man's sin is not his depravity but a "lack of self-dignity", Self-esteem is … the single greatest need facing the human race today." (p. 15) He calls this esteem "divine self-esteem" (p. 95). "If the gospel of Jesus Christ can be proclaimed as a theology of self-esteem, imagine the health this could generate in society!" (Self-Esteem, the New Reformation Word Books, 1982 p. 47)
547) 같은 사이트에서, Schuller even redefines Jesus, "Christ is the Ideal One, for he was Self-Esteem Incarnate"(p. 135 Self-Esteem: The New Reformation Robert Schuller).
548) 같은 사이트에서; "To be born again means that we must be changed from a negative to a positive

버트 슐러는 회교도와의 평화를 부르짖으며,549) 1827년 교황이 로스엔젤레스를 방문했을 때 교황을 "기독교는 목자(the shepherd, 교황)에게 돌아가야 할 때"라고 했다.550)

워렌 스미스는, "과거 뉴에이지 추종자였던 나의 관점으로 볼 때 슐러의 사명은 늘 성경진리를 '재사고'하고 '변화'시켜 기독교를 뉴에이지/새 영성으로 바꾸는 것이었다고 믿는다"고 말했다.551) 노만 빈센트 필의 수제자552)인 로버트 슐러의 하나님은 힌두교의 하느님이며 뉴에이지의 하느님이다!!!553) 그렇게 가는

---

self-image-from inferiority to self-esteem, from fear to love, from doubt to trust."
549) http://www.letusreason.org/Poptea1.htm/ Schuller is currently promoting CAMP-Christians and Muslims for Peace. Which is an organization of both Christians and Muslims finding "Common Ground" by being dedicated to the promotion of Peace and Justice, as well as reconciliation the world's two largest religions. Schuller, whose Crystal Cathedral houses the offices for "Christians and Muslims for Peace," told Imam Alfred Mohammed of the Muslim American Society that "if he [Schuller] came back in 100 years and found his descendants Muslims, it wouldn't bother him...." Schuller is unconcerned that Islam denies that Jesus is God and that He died for our sins (they teach someone else died on the Cross in His place). In its place they offer good works for salvation, and death in jihad as the only sure way to the Muslim's "heaven. This is more than just warming your hands at the enemy's fire.
550) http://www.letusreason.org/Poptea1.htm/ During the Pope's visit to Los Angeles in 1987" Schuller said: "It's time for Protestants to go to the shepherd [Pope] and say 'what do we have to do to come home'?" (Calvary Contender 11/15/87). When Schuller was planning for the building of his Crystal Cathedral, he made a special trip to Rome to ask the Pope's blessing on the building plans (Foundation , March-April 1990).
551) http://www.newspower.co.kr/sub_read.html?uid=10307%C2%A7ion=sc3%C2%A7ion2=
552) http://www.newspower.co.kr/sub_read.html?uid=16553 "슐러는 2001년 '나의 여정'이라는 자서전에서 자신이 데일 카네기, 노먼 빈센트 필의 영향을 크게 받아 자신의 사역에서 신학을 요법으로 바꾸기로 결심했음을 시인했다. 이같은 생각은 뉴에이지 사고와 별 다를 바 없다는 증명이다."
553) http://www.inplainsite.org/html/a_course_in_miracles.html/ A Course in Miracles: Christian Glossed Hinduism For The Masses를 참고하라.
http://www.inplainsite.org/html/robert_schuller.html#RSC/   "All in all, the Course is carefully designed for radically restructuring a persons perception against Christian faith and toward New Age occultism". But has any of that stopped 'Christian leader' Robert Schuller? Sadly the answer is no! I guess there's no reason to let a little channeling and occultism stand in the way of a successful career as a 'possibilities' teacher. In the late 1980s Schuller's Crystal Cathedral church hosted workshops for A Course In Miracles, a blatantly New Age human-potential course. Only after much outcry from knowledgeable Christians did the Crystal Cathedral stop hosting the workshops. Yet over the years Schuller has continued to champion many New Age teachers and has even showcased some on his Hour of Power television program. One, psychiatrist Jerry Jampolsky, has been touted by Schuller as a "Peace Maker" as recently as 2003. In introducing Jampolsky to his congregation, Schuller claimed that Jampolsky had "found God." What he neglected to tell the people is that Jampolsky found "God" through A Course In Miracles, and that Jampolsky's book, Love is Letting Go of Fear, is completely

방법이 구상화다!

이제 이런 뉴에이지 구상화는 다만 종교계 안에서만 일어나는 일이 아니다. 구상화가 단지 내적치유에서만 사용하는 것이 아니다. 지금은 이런 구상화가 기업체 연수, 운동선수들의 훈련, 예술계와 음악계, 교육계뿐만이 아니라 생활 속으로 실제로 파고들고 있다.

그들은 매일 순간마다 영적인 안내자와 교통하며 영적인 안내자의 지시를 받으며 살아간다. 이제는 막연한 상상의 어떤 존재가 아니라 그 상상의 인물 곧 영적인 지도자(그것이 붓다이든지 예수이든지 애기동자이든지 아무 상관이 없다)가 주도하는 세상 속에 살아가고 있다.

뻔히 드러나 있는 이런 샤머니즘의 방법들을 두고서 성경적이라고 하면서 교회에 도입하는 사람들은 유명세를 힘입어서 더욱더 왕성하게 사역하고 있다. 그런데도 이 구상화를 포기하면 모든 것이 무너지기 때문에 중단하지 못하고 있다. 내면아이와 구상화는 반드시 교회 안에서 근절되어야만 하는 원리와 방법이다.

조용기 목사와 구상화

이렇게 힌두교와 뉴에이지의 하느님을 말하는 로버트 슐러는 조용기 목사의 『4차원』(*The Fourth Dimension*)이라는 책의 서문에서 다음과 같이 말하고 있다.554)

---

based on the teachings of A Course In Miracles. It's not that Jampolsky's connection to A Course In Miracles was hidden. On the dedication page of his book he thanked the authors of A Course In Miracles and openly stated that his book was based on their work. [Albert James Dager. Review of Deceived on Purpose...The New Age Implications of the Purpose-Driven Church by Warren Smith.

554) 이지성, **노시크릿** (서울: 다산라이프, 2008), 119-121; "우리가 익히 알고 있는 서구의 자기 계발 작가들 중에는 힌두교의 영향을 받은 사람들이 많다. 보다 구체적으로 말하면 고대 브라만교이지만, 고대 브라만교도 넓은 의미에서 힌두교에 속하니 힌두교라 칭하겠다. 이 중에는 의외의 작가들도 있었다. 노만 빈센트 필, 로버트 슐러가 대표적이다. 알다시피 이들은 기독교 목사다. 물론 정통 기독교 신학자들로부터 이단과 마찬가지의 판정을 받았다는 이야기가 나돌고 있긴 하지만 말이다. 두 사람은 세계 단일정부를 만들어서 인류의 대다수를 노예로 만들 계획을 가지고

> 나는 구상화를 통하여 실현되는 기도의 역동적 차원의 실재를 발견했다.555) … 그것이 무엇인가 이해하려 하지 말라. 그저 그것을 즐기기 시작하라. 그것은 사실이며 실제로 작용한다. 나는 그렇게 하려고 노력했다.556)

이 말의 의미는, 조용기 목사의 4차원의 영성의 핵심이 구상화라는 것이다. 순전하고 신실한 수많은 그리스도인이 볼 때 그의 메시지는 매력적으로 들려지겠지만, 실제로 구상화가 모든 것을 주도하고 있으며, 이미 조용기 목사에 대한 비판이 해외의 여러 사람에 의하여 제기되었다.557)

있다는 프리메이슨 당원이라는 소문도 있는 모양이다(『성공학의 역사』, 정해윤, 살림). 그러니까 세계 단일정부 계획에 결사적으로 반대하는 기독교 세력을 내부에서 와해시키기 위해 프리메이슨이 파견한 비밀 첩자라는 것이다. 믿거나 말거나이지만 말이다.… 참 머리 아픈 세상이다. 세계적인 명성을 가지고 있는 기독교 목사들이 기독교 이단에 고대 브라만교에 프리메이슨 짬뽕이라는 의혹을 받고 있으니 말이다."

555) Yong-gi Cho, *The Fourth Dimension, Vol. I* (Bridge-Logos, 1979), 9; 이 부분이 한글판에서는 생략되어 있는데, 그 이유가 궁금하다. 영문판에는 다음과 같이 분명하게 서술되어 있다. "I discovered the reality of that dynamic dimension in prayer that comes through visualizing the healing experience." 여기에서는 분명히 "구상화를 통한 치유경험"이 있었다고 로버트 슐러는 말하고 있다. 하나님으로부터 계시를 받아 "사차원의 영성"을 썼다고 하면서 왜 한글판 머리말에는 생략하고 영문판 머리말(foreword)에는 구상화라고 표현을 했는지 그 의도가 매우 의심스럽다.

556) http://cafe.daum.net/jesus330/7OpE/10378
557) http://www.nationmaster.com/encyclopedia/David-Yonggi-Cho/
Like some leaders, Cho has fueled a considerable amount of theological controversy. Michael Horton, John MacArthur, Paulo Romeiro and Dave Hunt are among a number of prominent Christian leaders who have expressed great concern over Cho's teachings, which they allege are rooted in "Buddhist and Occult teachings". Others, who are opposed to the Brownsville Revival in Pensacola, Florida, look with disfavor on Cho's avowed support for that movement. The Rick A. Ross Institute, a non-profit organization dedicated to giving public information about religious groups it considers to be strange or cultish, has claimed that the church promotes a mixture of Korean Shamanism, Christianity and Cho's own ideas. Michael Horton Michael Scott Horton is Professor of Theology and Apologetics at Westminster Seminary California and is heard regularly as host of The White Horse Inn radio program. … John MacArthur John F. MacArthur, Jr. … Paulo Rodrigues Romeiro is a Brazilian Christian apologist and pastor. … Dave Hunt, born in 1926, is a Christian apologist, speaker, radio commentator and author. … Buddhism (also known as Buddha Dharma, Pali …, the teachings of the awakened one) is a charmic, non-theistic religion, a way of life, a practical philosophy, and a life-enhancing system of applied psychology. … The word occult comes from the Latin occultus (clandestine, hidden, secret), referring to the knowledge of the secret or knowledge of the hidden and often popularly meaning knowledge of the supernatural, as opposed to knowledge of the visible or knowledge of the measurable, usually referred to as science. … The Brownsville Revival (also known as The Pensacola Outpouring) was a widely reported religious phenomenon that began within the Pentecostal movement in 1995. … Nickname: The City of Five Flags Location of the city within the state of Florida Country United States State Florida County Escambia

사실 한글 책 속에는 구상화라는 말이 거의 명시되어 있지 않기 때문에, 『4차원의 영적 세계』가 구상화와 무슨 상관이 있을까? 하며 의아스러워 할 수 있다. 그러나 영어로 된 그의 책은 구상화가 분명하게 드러난다.

먼저, 조용기 목사는 4차원적인 존재를 하나님과 인간 그리고 사단이라고 봄으로써 하나님의 초월성을 부정했다.

> 4차원적인 존재는 하나님과 인간 그리고 사단인데, 현재 우리는 똑같은 4차원 중에서 가장 낮은 4차원에, 마귀는 중간 4차원에 있으며, 하나님은 가장 높은 4차원에 계십니다. 4차원은 3차원을 지배하므로 인간이 3차원의 세계를 지배하고 있습니다. 또한 우리 인간은 영적인 존재이기에 발명과 발견을 통해 3차원을 변화시킬 수 있습니다.558) 우주에는 세 가지 형태의 영이 존재합니다. 하나님의 성령, 악마의 영, 그리고 인간의 영입니다(In the universe there are three types of spirits-the Holy Spirit of God, the spirit of the devil, and the human spirit).559)

하나님과 마귀와 인간이 모두 동일한 4차원에 거주한다는 것은 하나님의 초월성이 전면 부인되는 것이다. 이와는 반대로 성경은 "그에게만 죽지 아니함이 있고 가까이 가지 못할 빛에 거하시며 아무 사람도 보지 못하였고 또 볼 수 없는 자"(딤전 6:16)라고 하나님에 대해 말씀하심으로 하나님께서는 전적으로 하나님만의 계층과 영역에 거하신다고 선언하고 있다.560)

그러면, 4차원의 영성이란 무엇인가? 4차원의 영성에 대하여 조용기 목사는 이렇게 말했다.

County, Florida Mayor John Fogg Area - City 102. ⋯ This article or section does not cite its references or sources. ⋯ A shaman doctor of Kyzyl. ⋯
Cho's teaching "is nothing short of occultism⋯" and "a departure from historic Christian theology⋯"(p. 353 Christianity in Crisis by Hank Hanegraaff, ISBN 0-89081-976-9)
Michael Horton, comments on Robert Schuller's forward to Yonggi Cho's book, Fourth Dimension, arguing that it is a blend of "psychology, magic and religion"(p. 327 Power Religion: The Selling Out of the Evangelical Church? by J. I. Packer, R. C. Sproul, Alister E. McGrath, Charles W. Colson (Editor), Michael Scott Horton (Editor), ISBN 0-8024-6773-3)
Cho's ideas are "rooted in Buddhist and occult teachings"(p. 149 Charismatic Chaos by Dr. John F. MacArthur, ISBN 0-310-57572-9)
558) 조용기, **4차원의 영성** (서울: 교회성장연구소, 2011), 69.
559) Yong-gi Cho, *The Fourth Dimension*, Vol. I (Bridge-Logos, 1979), 26.
560) 데이브 헌트/ T.A. 맥마흔 공저, **기독교 속의 미혹**, 김문철 역 (서울: 포도원, 1991), 125.

> 4차원은 종교적으로 말하면 영적인 세계입니다. … 저는 이미 25년 전에 4차원의 비밀에 대한 개요를 말씀드린 바 있습니다. 거기서 비롯된 '4차원의 영성'을 지난 47년간 목회의 원동력으로 작용하게 된 것은 저 스스로 연구한 것도 아니고 누구에서 배운 것도 아닙니다. 이것은 오랜 시간 동안 성령님과 교제하는 가운데 알게 된 비밀입니다. … 우리는 4차원의 영성으로 모든 환경을 새롭게 부화시켜야 합니다. 그래야 모든 것이 변화합니다. 4차원을 변화시키는 사람이 3차원을 지배할 수 있는 것입니다. 그렇다면 4차원의 영적 세계는 어떻게 움직일 수 있을까요? 거기에는 네 가지 요소가 있습니다. 바로 생각, 믿음, 꿈, 말입니다. 이것을 통해 4차원이 움직입니다. 이것을 변화시켜야 합니다. 이 비밀을 알게 된 여러분의 인생도 이제 곧 변화할 것입니다.561)

조용기 목사는 4차원을 변화시키는 사람이 3차원을 지배할 수 있다고 말했다. 4차원의 세계를 움직이는 네 가지 핵심 요소는 생각, 믿음, 꿈, 말이라고 한다.562) 조용기는 또한 "성경은 3차원이 아니라, 4차원의 영적 세계에 대한 신령한 말씀"이라고 한다.563) 이것은 성경의 원리에 맞지도 않을뿐더러 과학적 사고방식과 논리에도 어긋난다. 이런 주장은 하나님을 물질세계와 1차원적인 인과율의 원리에 따라 펼쳐가기 때문에 하나님의 초월성을 파괴한다. 데이브 헌트는 조용기 목사가 말하는 이런 하나님은 만유이며 그 자신으로부터 모든 것이 만들어졌다는 힌두교의 신(神) 개념을 나타내는 것이라고 본다.564)

4차원의 영성이란 모든 환경을 새롭게 부화시키어 모든 것을 변화시키는 것이다. 부화시킨다는 것이 바로 구상화를 의미하는 단어이다. 이런 4차원의 영성은 삼중 축복과 오중 복음에 유기적으로 연결되어 있다.565) 그래서, 조용기 목사의 구상화는 "품음"(incubating) 혹은 "부화"라는 이름으로 등장한다. 조용기는 다음과 같이 말했다.

> 그렇다면 4차원은 영적인 세계입니다. 창세기는 땅이 혼돈하고 공허하고 흑암이 깊음 위에 있었다고 말합니다. 그러므로 창조된 이 세계는 3차원의 세계입니다. 그리고 그 3차원의 세계를 성령님이 마치 암탉이 알을 품듯 운행하셨습니다. 성령님은 무한하고 영원하신 하나님의 모습이십니다. 이렇게 성령님이 운행하시자 3차원의 세계에 창조적인 역사가 일어나기 시작합니다. … 3차원의 세계 자체가 진화한 것이 아니라 4차원에 속한 성령님이 품으시며 친히 창조하신 것입니다.566)

---

561) 조용기, **4차원의 영성**, (서울: 교회성장연구소, 2011), 4-5.
562) Ibid., 5.
563) Ibid., 84.
564) 데이브 헌트/ T.A. 맥마흔 공저, **기독교 속의 미혹**, 김문철 역 (서울: 포도원, 1991), 124.
565) Ibid., 57.
566) Ibid., 67.

성경은 하나님이 어떤 기술, 곧 구상화하는 것이나 다른 방법을 통하여 창조하신다고 결코 암시하지 않으며 전혀 가르치지도 않는다. 하나님이 창조하시는 방법을 제시하는 것은 하나님의 능력을 어떤 특정 방법에 제한시키는 것이며, 그것은 하나님이 결코 어떤 방법으로도 제한될 수 없으므로 부적절하다. 이것은 만일 우리가 어느 정도 이와 동일한 기술을 사용할 수 있다면 우리도 하나님이 행하시는 것을 할 수 있다는 미혹에 빠지게 한다. 따라서 인간도 4차원의 영적 존재이므로 우리도 역시 하나님이 행하시는 것과 같이 실재를 구상화 하고 품어서 창조할 수 있다는 잘못된 방향으로 나아가게 된다.[567]

그러면, 조용기 목사가 말하는 4차원의 영성의 원조는 누구인가? 먼저 조용기 목사의 말부터 들어보자.

> 실제로 저는 30여 년 전에 발행한 『4차원의 영적 세계』를 통해 4차원의 비밀에 대한 개요를 저술한 바 있습니다. 사실 이러한 4차원의 영적 개념을 이해하고 삶에 승리의 원동력으로 적용하는 원리를 깨달은 것은 스스로 연구한 것도 아니고 누군가에게서 배운 것도 아닙니다. 성령님이 오랜 시간 동안 교제하는 가운데 저에게 가르쳐 주신 것입니다. 그런데 최근 들어 하나님이 저에게 하루에 한 시간 이상씩 계속 계시를 주셨습니다. 저는 기도실에 들어가 앉아 그 한 시간 이상을 하나님의 음성만 거듭해서 들었습니다. 말할 수 없이 감격적이고 저의 영혼을 통째로 뒤흔드는 계시였습니다. 그래서 저는 다시 한번 그러한 계시를 많은 사람과 나누고자 이 책을 쓰게 되었습니다.[568] … 이윽고 내 마음속에 세미한 하나님의 음성이 들려왔습니다(Then glorious revelation came to my heart, and I received a clear explanation).[569] 하나님이 저에게 '4차원의 영적 세계'에 대해 계시하셨고 저는 그것을 책으로 엮었습니다.[570]

조용기 목사는 4차원의 영성을 계시받았다고 말한다. 스스로 연구한 것도 아니고, 누구에게서 배운 것도 아니라고 한다. 과연 그의 말대로, "오랜 시간 동안 성령님과 교제하는 가운데 알게 된 비밀"일까?

여기에 대해서 「순복음 가족신문」은 무엇이라고 말했는가?

조용기 목사의 '삼박자 구원론'은 로버트 슐러 목사의 번영신학을 받아들이며 '현대화' 됐다.[571]

---

567) 데이브 헌트/ T.A. 맥마흔 공저, **기독교 속의 미혹**, 김문철 역 (서울: 포도원, 1991), 126.
568) Ibid., 22-23.
569) Yong-gi Cho, The Fourth Dimension, Vol. Ⅰ, Bridge-Logos, 1979, p. 26.
570) 조용기, **4차원의 영성**, 교회성장연구소, 2011, p. 87.

또한 한 신문에서는 조용기 목사와 로버트 슐러와의 관계572)를 다음과 같이 서술한다.

> 조용기 목사는 1970년대 후반부터 로버트 슐러와의 관계를 본격화한 것으로 보이는데, 이 시기에 번영신학의 내용을 빌러 순복음교회의 신학을 발전시킨 듯하다. 이후 한국의 대형 교회 목사들이 앞 다퉈 번영신학을 수입해 빠른 속도로 한국 개신교가 지향하는 교회 신학으로 자리 잡아 갔다. 다양한 목회 현장을 통해 교인들은 번영신학 식의 적극적이고 긍정적인 자기 계발을 신앙적 가치관이자 윤리로 수용했다. 최근 번영신학 중심인물들의 책은 불티나게 소비되고 있고, 교회의 갱신 프로그램의 신학적 골격을 이루고 있다. 조용기 목사의 삼박자 구원론에는 다분히 신유 능력에 의존하는 은사주의적 기복주의 신앙 기조가 강하게 깔려 있는데, 이것은 중산층 남성, 그리고 학력이 높고 더 합리적인 청년층의 기호와 잘 맞지 않는다. 즉 담론의 이미지가 신학의 보편성을 담아내기에 적절하지 않았다. 그러나 로버트 슐러의 번영신학을 차용함으로써 조용기의 삼박자 구원론은 모던 담론으로 이미지 갱신 효과를 얻을 수 있었다. 그것은 순복음교회에 대한 불편함이 남아 있는 이들에게도 그 신학이 영향력을 갖게 되었음을 의미한다. '조용기-로버트 슐러'의 조합이 만들어 낸 적극적 사고의 신앙·신학 담론은 1970년대 대형 교회의 신학으로 많은 개신교도와 목사의 생각에 파고들어 갔다.573)

이 글이 지적하고 있듯이, 조용기 목사와 로버트 슐러 목사의 조합이 만들어 낸 적극적 사고의 신앙·신학 담론이라는 것은 부인할 수 없는 사실이다.574) 『4차원의 영적 세계』 영문 초판은 1979년에 출판되었으며, 한글판 초판 1쇄는 1996년 8월 15일에 출판되었다는 것은 로버트 슐러와의 관련성을 추적할 때 매우 의미 있는 일이다.

다음의 기사를 보면 더 놀라운 사실을 발견하게 된다.

> 조용기 목사의 치유신학에 가장 큰 영향을 준 인물은 미국의 신유 전도자 오랄 로버츠 목사라는 주장이 외국인 학자들에 의해 제기됐다. 이에 논찬자로 나선 국내 학자들도 동의하고 나서 많은 관심을 끈다.

---

571) http://h21.hani.co.kr/arti/society/society_general/29210.html
572) http://www.letusreason.org/Popteac23.htm David Cho's connection to Robert Schuller is evident. Robert Schuller writes in the foreword to Yonggi Cho's book, The Fourth Dimension: "I discovered the reality of that dynamic dimension in prayer that comes through visualizing … Don't try to understand it. Just start to enjoy it! It's true. It works. I tried it."
573) http://h21.hani.co.kr/arti/society/society_general/29210.html
574) http://www.veritas.kr/contents/article/sub_re.html?no=10088/ 김진호 목사, "삼박자 구원론을 모던 담론으로 바꿔 낸 번영신학이란"

로버츠 목사로 인해 오순절주의 치유신학 받아들여

11일 한세대학교와 국민일보 주최로 개최된 '2006 영산 국제 신학 심포지엄'에서 순서를 맡은 4명의 발제자 중, 빈슨 사이난 박사와 톰슨 매튜 박사가 이와 같이 주장했다. 이들의 발제에 대한 논평에 나선 연세대 최재건 교수와 한세대 임현만 교수는 이러한 주장에 동의했다. 미국 리전트대학교 학장인 빈슨 사이난 박사는 "조용기 목사 신학의 뿌리는 신유"라고 논증했다. 사이난 박사는 "조 목사의 치유신학에 가장 강한 영향을 미친 것은 그 자신의 '개인적 경험(기도 응답을 통한 병 나음)'과 '전통적인 오순절주의 신유사상'이었다"며 "조 목사가 치유에 관해 오순절주의 견해를 받아들인 것은 오랄 로버츠 목사의 사역과 가르침을 크게 받았기 때문"이라고 설명했다. 미국 오랄로버츠대학교 신학대학원 톰슨 매튜 원장도 "로버츠 목사와 조 목사는 서로를 칭찬하고 서로의 관계를 인정한다"면서도 "연장자인 로버츠 목사가 조 목사에게 지대한 영향을 주었다"고 밝혔다. 또한 매튜 박사는 "멘지스 박사와 박명수 박사도 '조 목사의 신학 대부분이 로버츠 목사로부터 영향을 받았음'을 인정하고 있다"고 덧붙였다. 최재건 교수도 "조 목사의 신유신학이 조 목사 자신의 치유 기도체험 바탕 위에 앞선 스승들의 영향, 특히 오랄 로버츠 목사의 영향을 받아 성립됐음이 분명하다"며 동의했다.

핵심은 '요한삼서 2절'

조용기 목사가 오랄 로버츠 목사로부터 받은 영향의 핵심은 로버츠 목사 자신의 사역에 엄청난 영향을 끼쳤던 성경구절이라는 주장이다. 요한삼서 2절은 '사랑하는 자여 네 영혼이 잘 됨 같이 네가 범사에 잘되고 강건하기를 내가 간구하노라'는 말씀이다. 엄밀히 말해 로버츠 목사가 이 구절을 핵심 사상으로 1948년에 펴낸 책 《낫기를 원하면 이것들을 행하라》가 조 목사에게 큰 영향을 주었다는 설명이다. 빈슨 사이난 박사는 "조 목사는 이 책을 미국인 친구를 통해 한 부 얻게 됐으며, 그 후 로버츠 목사의 친구이자 열렬한 지지자가 됐다"고 밝혔다. 톰슨 매튜 목사도 조용기 목사의 "그(로버츠 목사)가 강조한 메시지인 요한삼서 2절 말씀은 나의 목회의 고백이 됐다"는 말을 인용해 빈슨 사이난 박사의 주장에 동의했다. 조 목사도 이에 대해 1977년에 출간한 그의 책 『구원, 건강과 번영』에서 "그 때부터 이 진리는 나의 모든 설교의 기초가 돼 왔다"며 "이 특별한 부분을 가지고 성경 전체를 해석할 때, 하나님이 현재 살아서 역사하시는 분으로 자신을 계시하기 시작하셨다"고 고백한 바 있다. 또한 조용기 목사는 이 책에서 "이 메시지의 힘 때문에 여의도순복음교회는 세계적인 교회로 성장할 수 있었다"며 "미래에도 계속 성장할 수 있을 것"이라고 자신했었다.[575]

중요한 사실은 조용기 목사에게 직접적인 영향을 준 오랄 로버츠[576]는 알렌 (A. A. Allen), 잭 코(Jack Coe)와 함께 오컬틱한 WOFM(말씀신앙운동, word of faith movement)[577]을 퍼뜨린 주동자 중 한 사람이라는 것이다.[578] 참고로,

---

575) http://www.newsmission.com/news/articleView.html?idxno=11095/
 (2006.05.12, 06:48:43) "조용기 목사 치유신학, 오랄 로버츠 목사 영향"
576) http://www.rapidnet.com/~jbeard/bdm/Psychology/char/more/w-f.htm/
 Well-known personalities within the movement include Kenneth Hagin, Kenneth Copeland, Robert Tilton (who is staging a come-back), Paul Yonggi Cho, Benny Hinn, Marilyn Hickey, Frederick K.C. Price, John Avanzini, Charles Capps, Jerry Savelle, Morris Cerullo and of course, Paul and Jan Crouch.
577) WOFM(말씀신앙운동)은 다음 장에 나오는 「조엘 오스틴과 구상화」를 참고하라.
578) http://battle4truth.wordpress.com/category/new-age-garbage/

WOFM의 뿌리는 영지주의다![579]

조용기 목사는 *The Fourth Dimension, Vol. I* (Bridge-Logoss)을 1979에 출판했다. 오랄 로버츠로부터 지대한 영향을 입은 조용기 목사는 1977년에 『구원, 건강과 번영』이라는 책을 냈다. 그러면 거기에 아무런 연관이 없다고 말할 수 있을까?

이 기사에서 조용기 목사의 "계시"라는 말의 의미가 어떤 의미인지 생각해 볼 수 있는 대목이 등장한다. 조용기 목사의 말 그대로 "그 때부터 이 진리는 나의 모든 설교의 기초가 돼 왔다", "이 특별한 부분을 가지고 성경 전체를 해석할 때, 하나님이 현재 살아서 역사하시는 분으로 자신을 계시하기 시작하셨다"라는 말들은 그가 말하는 "계시"라는 의미가 어떤 것인지 짐작케 한다. 조용기 목사가 말하는 "계시"라는 것은 오랄 로버츠의 "진리" 관점으로 성경을 새롭게 해석하기 시작했다는 말로 여겨야 하지 않을까?

그런데도 이것을 하나님의 계시라고 하는 것은 하나님 앞에서 그리고 수많은 성도에게도 과연 합당한 것인가? 세상의 성공과 번영의 신학이 정말로 하나님의 계시일까? 그런 것들은 신사상 운동과 뉴에이지에 속하는 노만 빈센트 필과 로버트 슐러와 오랄 로버츠 같은 사람들의 영향과 정말로 무관할까?[580]

---

579) http://www.watchman.org/profile/wordpro.htm As a movement rather than an organized group, there is no founder or founding date, per se. The philosophical roots extend to Gnosticism. E.W. Kenyon (1860-1948) was perhaps the earliest modern exponent to blend the movement's eastern mystical and New Age elements with Christian teaching. … According to Word-Faith teachers, when Adam rebelled, or "committed high treason", he not only betrayed God by turning over to Satan what God had given him, he also took on the nature of Satan. So, to redeem mankind and creation from Satan's legal control, Jesus, as the second Adam, had to die not only physically but spiritually. This may be acceptable among some evangelicals. But where it has led Word-Faith teachers is not. They say Jesus not only bore our sins on Calvary, but also took on the actual nature of Satan himself. "Just as Adam died spiritually, Jesus died spiritually. The spiritual death He suffered caused His physical body to die … When Jesus accepted the sin nature of Satan into His Spirit He cried 'My God, My God, why hast Thou forsaken Me?' He was separated from God … He was ushered into the bowels of hell"(Kenneth Copeland, Classic Redemption, p. 13; emphasis added). "Spiritual death means having Satan's nature"(Hagin, The Name of Jesus, p. 31). Just a man on earth, and taking on the nature of Satan at the cross, Jesus becomes just a sinner in need of redemption. At the resurrection Jesus is a born again man from the pit of hell. "Jesus was born again in the pit of Hell … The Church started when Jesus was born again in the gates of Hell"(Charles Capps, Authority In Three Worlds, pp. 212 13).

580) 이지성, **노시크릿** (서울: 다산라이프, 2008), 157; 신사상 운동가들은 성경에서 말하는 영혼의 믿음을 인간의

로버트 슐러는 새 세계종교의 기본 가르침에 공개적으로 동의하였다. 2003년 11월 9일, 전 세계적으로 수백만 명에게 나가는 능력의 시간 설교 방송에서 슐러는 지난 수년 동안 하나님의 "임재성"에 대해 더욱 깨닫게 되면서 그의 믿음이 과거 어느 때보다 "더욱 깊고, 더욱 넓고 더욱 풍성하게" 되었다고 말하였다. 그러면서 그는 다음과 같이 선포했다.581)

> 하나님은 살아 계시며 모든 각 사람 안에 있다.

로버트 슐러가 말하는 긍정의 힘 이면에는 이런 뉴에이지 사고방식이 자리 잡고 있었으며, 조용기 목사는 이런 사람과 교류하고 있었다는 것을 잊지 말아야 한다. 조용기 목사의 계시에 대하여 이대복 목사는 다음과 같이 말했다.

> 조용기 목사가 직통 계시를 받은 것으로 간주
> 그렇다면 조용기 목사가 받은 직통 계시는 진리이고, 기독교의 진리인 성경은 무슨 계시인가? 간접 계시인가? 진리가 아니란 말인가?582)

조용기 목사의 4차원의 영성은 계시를 받은 것이라 볼 수 없다. 조용기 목사는 그의 여러 저서에서 사람의 생각이나 그 밖의 다른 생각에 사로잡혀 벗어나지 못하고 있음을 『4차원의 영적 세계』에서도 명백히 드러나고 있다고 이대복 목사는 힘주어 말한다.583) 성경에서 '계시'라는 말은 하나님께서 예수 그리스

잠재력을 믿는 성공의 믿음으로 바꿔치기했다. 미국은 국민 대다수가 개인교인이고 실용주의 국가니 당연한 전략이었다. 전략은 놀라운 성공을 거두었다. 노만 빈센트 필, 로버트 슐러 같은 개신교 목사들조차 '적극적 사고방식' 같은 자기계발 이론을 들고 나와서 성경의 믿음을 신사상 운동가들의 시각으로 해석하기 시작했다.
581) http://blog.naver.com/yoochinw/130077241792(2010/01/03 09:53)뉴에이지/새영성으로의 양자 도약?
Robert H. Schuller, Don't Throw Away Tomorrow: Living God's Dream for Your Life (Harper SanFrancisco: San Francisco, California), 153.
http://www.crossroad.to/articles2/007/smith-rethink.htm/ In fact, in his latest book, Don't Throw Away Tomorrow: Living God's Dream for Your Life, Schuller eagerly writes about the virtue of compromise. In this book, that bears New Age leader Gerald Jampolsky's endorsement on the back cover, Schuller states, he need to learn the healing quality of wise compromise. He further states, perhaps the only way to deal with contradictions is to combine them creatively and produce something new. That's ingenious compromise. Whether Schuller knows it or not, he just presented the recipe for a New World Religion.
582) 이대복, **조용기 목사 4차원의 영적 세계 이단 요소**, 교회와 이단, 1997년 12월호, 기독교이단문제연구소, p. 36.
583) 이대복, **조용기 목사 이단 정체**, 교회와 이단, 기독교이단문제연구소, pp. 76-77. (교회와 이단 1995년 10월,

도를 통하여 구원의 비밀을 계시하심을 나타내는 말이지, 뉴에이지의 핵심적인 방법인 구상화를 의미하는 것은 결코 아니다. 만일 4차원의 영성이 추구하는 구상화 방식을 따르면 예수님은 영적인 안내자(spirit guide)로 전락하게 된다는 것을 명심하라!

『4차원의 영성』은 성경적인 바탕 위에 세워진 것으로 볼 수 없다. 그것은 잠재의식과 무의식이 핵심적인 사상으로 자리 잡고 있기 때문이다.

> 나는 미국에 갔을 때, 어떤 목사님이 준 책들을 읽고 매우 놀랐습니다. 그 책들은 잠재의식을 전능한 신으로 만들어 놓았기 때문입니다. 그것은 커다란 속임수입니다. 잠재의식은 다분히 영향력을 가지고 있습니다. 그러나 그것은 매우 한정적인 것일 뿐, 전능하신 하나님께서 행하시는 창조의 역사와 같은 일은 결코 할 수 없습니다. 나는 미국에서 인간의 영적 잠재의식을 계발하려는 유니테리언 교회(Unitarian Church: 삼위일체를 부인하고 유일신을 주장하는 교회)를 보았습니다. 그들은 인간의 영을 예수 그리스도의 자리에 올려놓으려고 했습니다. 이것은 대단한 속임수이며 매우 위험한 것입니다. 우리는 이러한 사실에서 공중 권세 잡은 마귀가 장악하고 있는 영계가 있음을 바로 알고 있어야 합니다.584)

잠재의식에 대하여 이렇게 혹평을 하면서도, 『The Fourth Dimension』 Vol. Ⅱ.에서는 그 잠재의식이 진정한 무의식이라고 말하며, 칼 융의 분석심리학까지 세세히 언급하면서, 사람은 의식적 사고와 추론으로만 움직이는 것이 아니라 무의식에 의하여 움직인다고 말한다. 또한 융의 개인무의식과 집단 무의식에 대하여 말하면서 인간의 내재적인 선함에 대하여 강도 높게 비판한다.585)

어떻게 보면 조용기 목사의 말이 굉장히 성경적으로 보이고 심리학을 안 하는 것처럼 보인다. 과연 그럴까?

이전에 야곱의 잠재의식 속에는 가난과 실패와 속임수로 가득 차 있었기 때문에 그는 힘을 다

11월, 12월; 96년 2월 5월호 참조.
584) 조용기, **4차원의 영성세계** (서울: 서울말씀사, 2003), 60.
585) Yong-gi Cho, *The Fourth Dimension, Vol. Ⅱ* (Bridge-Logoss, 1983), 52-53; What is referred to as the subconscious is really the unconscious mind. The unconscious mind is the motivational force that cause men to act or to behave without conscious perception. I have noticed a number of books on this subject in recent years. Carl Gustav Jung, the son of a clergyman and a student of Sigmund Freud, developed the field of psychology known as analytical psychology as a reaction to Freud's psychoanalysis. In his view, man was not only motivated by conscious thought and reasoning, but also by his unconscious mind. He broke down the unconscious into two categories: 1. the personal factor or one's individual unconscious; 2. the collective factor or one's collective unconscious that is inherited from one's ancestors.

해 일했어도 거둔 것이 적었습니다. 이러한 야곱의 잠재의식을 변화시키기 위해 하나님께서는 그로 하여금 얼룩덜룩한 나뭇가지들을 사용하게 하셨습니다. 그리고 야곱이 그 나뭇가지들을 볼 때마다 하나님의 약속을 믿음의 눈으로 구체적으로 바라보고 꿈꿀 수 있도록 도와주신 것입니다.586)

이렇게 "야곱의 잠재의식"을 분명하게 말하고 있다는 것은 그가 심리학에 매우 크게 영향을 받았다는 것을 알 수가 있다. 더 놀라운 것은 한글로는 잠재의식이라는 단어만 나오지만, 영문판에는 분명하게 구상화에 대해 언급한다는 사실이다.

> God created a vision and dream in the mind of Jacob. His subconscious before had been full of poverty, failure, and cheating; so his struggle was hard, and his rewards few. But God changed Jacob's imagination, his subconscious, by using this wall of spotted and speckled tree rods as material to help him visualize and dream.587)

야곱과 관련하여, 『The Fourth Dimension』 Vol. II.에서는 "Jacob the Dreamer"를 말하면서 다음과 같이 말한다.

> It was through using his forth-dimensional ability(visions and dreams) ···588)

이 두 가지 문장에서 볼 수 있듯이, 조용기 목사가 말하는 4차원의 영성이란 결국 구상화라는 것을 확실하게 알 수 있다.

잠재의식을 "커다란 속임수"라고 강도 높게 비난하는 사람이 지금 잠재의식을 계발하는 것을 말하고 더 나아가서 거기에 구상화를 가르치는 것은 "커다란 속임수"에서 더 나아간 "위험한 속임수"가 아닌가? 하나님께서 인본주의 심리학도 계시를 해 주시고 뉴에이지 구상화도 계시해 주셨단 말인가?589)

---

586) 조용기, **4차원의 영적 세계**, (서울: 서울말씀사, 2003), 671.
587) Yong-gi Cho, *The Fourth Dimension, Vol. I* (Bridge-Logos, 1983), 38-39.
588) Yong-gi Cho, *The Fourth Dimension, Vol. II* (Bridge-Logos, 1983), 66.
589) http://www.rapidnet.com/~jbeard/bdm/exposes/cho/general.htm/ 〈Cho's focus is on the so-called "subconscious" mind. Possibility thinking, positive confession and affirmations, self-esteem messages, imaging, "inner healing", and visualization all branch from the family tree of reprogramming the invisible subconscious mind. True believing, Cho says, does not take place in the conscious mind but rather in the subconscious. Similarly, positive confession, affirmations, and visualization "create reality" for the subconscious mind. "Inner healing" works on the basis that healing takes place through reprogramming the subconscious mind with a

잊지 말아야 할 것은 그가 언급하는 인물들의 꿈은 하나님께서 주신 꿈이지 그 인물들이 구상화를 통하여 인위적으로 만들어 낸 꿈이 아니라는 사실이다. 성경은 분명하게 그 점을 말하고 있다! 성경에서 인위적인 꿈을 꾸도록 조장하는 사람들이 누구인가?를 깊이 생각하라.

조용기 목사는 성령 안에서 꿈을 꾸면서 바라보라고 한다. 비전과 꿈은 4차원의 언어라고 말한다.590) 그러면서 비전과 꿈을 구상화하라고 한다.591) 에덴동

"positive" experience. It substitutes for forgiveness of a "negative" experience. According to Cho, there is a three-step formula necessary to program the subconscious and get your "prayers" answered. Step 2 is "creative prayer" in order to spiritually "picturize until the picture comes to pass." Cho calls this spiritual picturizing "incubation: a law of faith." (Cho claims to have taught an "older spinster" to order her husband from God through visualizing her desires for a tall, skinny, musical, Caucasian school teacher.)
Cho's theology begins with the subconscious mind. It ends with God and Cho switching roles. Cho describes the obedience of the Holy Spirit to his will: "… I can go into the fourth dimension of the Holy Spirit, and I tell Him what is needed in my church in Korea, and He carries out the work"(The Fourth Dimension, p. 49). [Jesus' attitude was quite the opposite, "nevertheless not as I will, but as thou wilt"(Matthew 26:39).] Cho has authored a rebellious gospel that is identical to the New Age gospel of men becoming co-creators with God. … The fruits of the "fourth dimension" seem to be "revealed secrets for answered prayer and church renewal." The roots, however, reveal a gospel linked to the occult. Cho's doctrine of creating through our imaginations is one more building block on the faulty foundation supporting positive confession and the power of the mind. Those who accept Cho's mind power "secrets" are enslaving themselves to Satan rather than submitting to the Holy Spirit. The "fourth dimension" claims to prepare believers to exercise dominion over the "third dimension" material world. Instead, it is actually preparing an apostate church to serve the false christ. New Age theology promotes the "collective unconscious", where all human beings possess a common psychic structure. It is through the subconscious mind that the "collective unconscious" of humanity creates good or evil. "Evil thought forms" should be replaced by positive thoughts which release "energy" to shape a new positive consciousness. It is up to us as individuals to visualize, focus, and direct this energy. We are told that sin in our hearts is not the problem, but is "incorrect thinking." We have unlimited potential in our minds to redirect "consciousness." Transformation into a New Age occurs when humanity collectively unifies in positive thought. Since the "fourth dimension" creates the third dimension material world, collective positive visualization can create a New Age of love, peace, and harmony.〉
590) 조용기, **4차원의 영성**, (서울: 교회성장연구소, 2011), 220; 조용기, **4차원의 영적 세계**, (서울: 서울말씀사, 2003), 53; 조용기 목사가 말하는 4차원 영성의 삶의 4가지 키워드는, 1) 생각 2) 믿음 3) 꿈 4) 말 이다. 그래서 다음과 같이 "믿음의 법칙"을 말한다. "여러분, 믿음의 분명한 목표와 대상을 가지십시오. 그것을 마음속에 최대한 분명하게 하십시오, 이미 이루어진 모습을 바라보며 불타는 소원을 가지십시오. 그런 다음, 믿음의 '실상'이 확신 있게 다가올 때까지 기도하십시오. 그리고 여러분의 믿음대로 될 때까지 확신 있는 말로, 여러분의 목표를 시인하십시오!"
591) Yong-gi Cho, The Fourth Dimension, Vol. I, Bridge-Logos, 1983, pp. 31-32. Visions and dreams are the language of the fourth dimension, and the Holy Spirit communicates through them. Only through a vision and a dream you visualize and dream bigger churches. You can visualize a new mission field; you can visualize

산의 타락 사건도 바라봄의 법칙으로 설명한다.592) 조용기 목사의 말을 요약하자면, 아담과 하와는 3차원에 살았던 사람들이지만, 상상력에 의하여 4차원에서 죄를 짓게 되었다. 그리고 3차원에서도 죄를 지은 셈이다.

　이것은 칼 융과 유니테리언들에 대한 비난보다 더 심각한 비난을 받을 수 있는 말이다. 먼저는 상상력과 비전과 꿈은 의식 세계에서만 일어나는 것이 아니기 때문이다. 조용기 목사가 말하듯이 상상력은 4차원에서 일어나는 일이다. 거기 4차원에서 죄를 지었는데 왜 그것이 3차원에 영향을 미치게 되는가? 그것은 자극히 위험한 신비주의이다.

　성경은 무엇이라고 말하는가?

> 여자가 그 나무를 본즉 먹음직도 하고 보암직도 하고 지혜롭게 할 만큼 탐스럽기도 한 나무인지라 여자가 그 실과를 따먹고 자기와 함께한 남편에게도 주매 그도 먹은지라(창 3:6)
> When the woman saw that the fruit of the tree was good for food and pleasing to the eye, and also desirable for gaining wisdom, she took some and ate it. She also gave some to her husband, who was with her, and he ate it.(NIV)

　조용기 목사의 표현대로 하자면, 성경은 분명히 3차원에서 그 여자가 보았을 때, "먹음직도 하고 보암직도 하고 지혜롭게 할 만큼 탐스럽기도 한 나무인" 것으로 말한다. 한글성경이나 영어성경(NIV)이나 거기에 어떤 상상력도 어떤 구상화도 명제적 문장으로 말한 곳이 한 곳도 없다! 거기에 4차원은 없다. 그것은 오로지 조용기 목사의 상상력의 산물일 뿐이다. 조용히 목사의 말대로라면 현실

---

the increase of your church. Through visualizing and dreaming you can incubate your future and hatch the results. Let me substantiate this with scriptural examples.
592) 조용기, **4차원의 영적 세계** (서울: 서울말씀사, 2003), 63; "하와는 선악을 알게 하는 나무의 실과를 따먹기 전에 그 나무를 눈으로 보았고, 또 이 열매를 바라보며 상상을 했습니다. 하와는 생각으로 그 실과를 먹는 모습을 그려 보며 4차원의 영적 세계로 상상을 옮겨갔습니다. 4차원의 영적 세계에서는 선한 것뿐 아니라 악한 것도 만들어집니다. 하와는 나무와 거기에 달린 실과의 영상을 마음에 품고 상상의 나래를 타고 깊이 들어가 선명하게 바라보면서 그 실과를 자신을 하나님만큼 지혜롭게 만들 수 있다는 것을 그려보았습니다. 그러나 그 나무의 실과는 너무도 매혹적으로 보였고 자신을 끌어당기는 것 같았습니다. 하와는 상상에 사로잡혀 마침내 손을 뻗어 그 실과를 따먹게 되었고 남편에게도 건네주어 남편 역시 먹고 말았던 것입니다. 이렇게 하여 아담과 하와가 하나님께서 금하신 실과를 따먹고 타락하게 되었습니다."
Yong-gi Cho, The Fourth Dimension, Vol. I, Bridge-Logos, 1983, p. 32. "Before she partook she saw the tree, also seeing this fruit in her imagination. She played with the idea of eating the fruit, and brought that to her fourth dimension."

에서 성도가 짓는 죄는 다 무엇이 되는가? 바라봄의 법칙을 적용하지 않고 3차원에서 짓는 죄는 무엇이라고 해야 하는가?

창세기 본문에서 말하는 "본즉"이라는 말 역시 '바라봄의 법칙'의 차원이 결코 아니다. '바라봄의 법칙'은 '끌어당김의 법칙'을 말하는데, 그것의 기원은 힌두교이다. 나폴레온 힐593)은 자신의 책에서는 다음과 같이 말했다.

> 힌두교의 옛 경전에 다음과 같은 말이 있다.
> "인간은 자기가 생각하는 대로 이루어진다."
> 당신이 어떤 마음가짐을 하는가에 따라 당신이 어떤 사람이 되는가가 결정된다는 말이다. 이 뜻을 충분히 이해할 수 있다면 당신은 인생에서 아주 중요한 진리를 발견한 것이다. …
> 어느 시대에나 현명한 사람들은 자기가 생각한 대로 된다는 원리를 활용하여 살아가라고 가르친다. 석가모니는 "우리의 존재 자체가 우리가 생각한 것의 결과다"라고 했으며, 로마 제국의 철학자였던 마르쿠스 아우렐리우스는 "우리 인생은 사고에 의해 만들어진다"라고 설파했다. 이와 마찬가지로 당신도 당신이 생각하는 세계에 살고 있다.594)

나폴레온 힐은 이 책에서 자신은 힌두교의 열렬한 추종자인 에머슨을 정신적 멘토로 두고 있다고 고백했다. 신사상 운동의 추종가인 노만 빈센트 필, 로버트 슐러 역시 힌두교라 불리는 고대 브라만교의 영향을 강하게 받은 사람들이다.595) 앞서 언급했듯이, 『4차원의 영적 세계』의 추천사를 힌두교적이며 뉴에이지적인 로버트 슐러가 썼다는 것을 기억하라! 하나님께서 힌두교의 '바라봄

---

593) http://blog.naver.com/yoochinw/130077090509/ 〈나폴레온 힐은 "바라는 대로 이루어진다"는 신사상의 원조 중의 하나이며, 뉴에이지 긍정철학에 지대한 영향을 준 인물이다. 그는 노만 빈센트 필과 로버트 슐러에게 긍정의 힘을 전수했고, 론다 번에 성공의 비밀 '시크릿'을 전수한 신비주의자이다. 그의 성공법칙은 뉴에이지 승천마스터 (승천대사 영지주의 그노시스를 완전히 깨우쳐서 최고의 경지로 상승한 마스터), 즉 악령으로부터 주어진 가르침을 받은 것이다. 마이크 오펜하이머는 다음과 같이 말한다. 이 (성공의) 법칙은 아스트랄계에 있는 지혜학교에서 온 승천마스터(승천대사)라고 주장한 악령들이 나폴레온 힐에게 가르쳐 준 것이다. 이 영적 마스터들은 이렇게 주장했다: "나는 마스터들의 위대한 학교에서 왔다. 나는 위대한 학교와 물질계의 입문교도들을 섬기는 33인 위원회 중의 한 명이다." 힐은 수년간 "위대한 학교의 지도 하"에 있었고, 그들로부터 "최고의 비밀"(Supeme Secret)이라는 성공공식을 세상에 전하도록 (그가) 선택되었음을 알게 되었는데, 이것은 "인간 정신이 믿는 것은 무엇이든 인간 정신이 이룰 수 있다"는 것이었다. … 힐은 그의 스피릿 가이드(들)에 의해 오컬트/은비술로 유도되었다. 힐은 또한 그들이 소개한 많은 또 다른 신사상의 개념과 기술을 활용했다. 그는 그의 책에서, 쿤달리니 에너지와, 텔레파시 같은 심령력의 나타남과, 더 높은 의식에 연결하는 것과, 과거 역사의 위인들과 만나는 것에 대해 이야기 했다. 그는 "나는 내가 나의 운명의 주인임을 안다. 내가 나의 영혼의 선장이다"라고 말했다. 나폴레온 힐은 무일푼으로 병원에서 병으로 죽었다.〉

594) 나폴레온 힐, 놓치고 싶지 않은 나의 꿈 나의 인생, 권혁철 역, (서울: 국일미디어, 2011), 9.

595) 이지성, 노시크릿 (서울: 다산라이프, 2008), 119.

의 법칙'도 계시를 해 주셨다는 말인가?

조용기 목사의 이런 구상화에 대하여 데이브 헌트는 다음과 같이 말했다.

> 조 목사는 "바라는 바를 마음에 그리고(visualization) 꿈꾸므로써(dreaming) 당신은 당신의 미래를 잉태하고 그 결과를 낳을 수 있다"고 선언한다. 이와 같은 교훈들은 신실한 그리스도인들에게 혼란을 주어 "믿음"은 그들이 믿기 때문에 바라는 바를 이룰 수 있는 힘이라고 생각하게 한다. 따라서 믿음은 하나님 안에 놓여진 것이 아니라 하나님에게 향한 힘이며 이것은 하나님이 행하실 것이라고 우리가 믿어 온 것을 우리를 위해 하나님으로 하여금 하도록 하는 것이다. 예수님께서 여러 경우에서 "네 믿음이 너를 구원(치유)하였다"고 말씀하셨을 때 그분은 믿음에 의해 일어난 어떤 마력이 아니라 믿음으로 인하여 예수님께서 그들을 치유하였다는 것을 의미한다. 만일 어떤 사람이 단순히 그가 치유될 것으로 믿기 때문에 치유된다면 그 능력은 그의 마음에 있는 것이며 하나님은 단지 그 사람의 믿음을 활성화시키는 위약(환자를 안심시키기 위해 주는 약-역자 주)에 불과하다. 만일 모든 것이 "성공의 법칙"을 따라 작용한다면 하나님은 아무런 상관이 없으며 은혜는 쓸모없는 낡은 것이 된다.596)

데이브 헌트의 지적대로 구상화를 통한 자신이 바라는 결과를 현실 속에 만들어 내려는 것은 성경이 말하는 믿음이 아니라 위약(僞藥)에 불과하다. 바라는 대로 다 이루어진다면 세상은 무법천지가 되고 만다. 바라는 대로 이루어지는 것이 믿음이라면 성경을 버리고 힌두교로 가는 것을 가르치는 것이다!

조용기 목사는 『4차원의 영성』 두 번째 책에서 구상화를 직접 언급했다.

> 우리는 기도에서 주님께 나아가는 것처럼 완전하게 될 응답을 구상화하고 꿈꾸는 … 방법을 배웠다. 우리는 항상 우리가 기도하는 마지막 결과를 구상화 하도록 노력해야 한다.
> 우리는 그런 방법으로 성령의 능력을 가지고 하나님이 우리를 위해 해주시기를 바라는 것을 품을 수 있다 … 하나님은 이와 같은 상황을 구상화 하는 과정을 이용하여 아브라함을 도우셨다 … 연합된 사고를 통한 구상화로써 아브라함은 … 자신의 (미래) 자손들을 품고 자기 마음으로부터 의심을 쫓아낼 수 있었다 … 중요한 일은 우리가 구상화의 중요성을 깨달아야 한다는 것이다.597)

성경 어디에도 이런 뉴에이지 구상화를 말하지 않으며 그렇게 가르치는 말씀도 없다. 현상계의 어떤 결과를 만들어 내기 위해서 마음속으로 영상화 하는 방식은 성경에서 나온 것이 아니라 신비주의와 뉴에이지에 속한 방법이다.

바라봄의 믿음 법칙을 사용하라
목표를 바라보되 있는 것처럼 바라보십시오. 실체를 바라보십시오. 마음속에 소원을 품은 후 이

---

596) 데이브 헌트/ T.A. 맥마흔 공저, 기독교 속의 미혹, 김문철 역 (서울: 포도원, 1991), 25.
597) Ibid., 126-127.

미 이루어진 현실로 믿고 기도하십시오.598)

조용기 목사는 바라봄의 신비주의 법칙을 바라봄의 믿음법칙이라 바꾸어 말한 것에 불과하다. 인간이 계속해서 바라봄으로써 결과를 창출한다는 것은 인간의 열심과 능력을 동원하여 목적을 달성한다는 것인데, 이런 것은 성경의 원리와는 완전히 다르다. 세상의 종교는 자신의 치성과 열심을 바쳐서 결과를 만들어 내지만, 성경은 지성이면 감천으로 가지 않는다.

조용기 목사는 아브라함의 예를 들어서 바라봄의 믿음의 법칙을 다음과 같이 설명했다.

> 이처럼 기적을 체험하고 싶다면 성령의 인도하심을 따라 4차원의 영성인 바라봄의 '믿음 법칙'으로 믿어야 합니다. 아브라함이 어떻게 믿음의 조상이 되었습니까? 그는 끊임없이 꿈꾸고 하나님을 믿었기 때문에 믿음의 조상이 된 것입니다. … 하나님은 아브라함에게 먼저 바라보게 하시고 그 다음에 믿음을 주셨습니다. '바라봄'과 '믿음'은 동전의 앞뒤와 같습니다.599)

정말로 아브라함이 끊임없이 꿈꾸고 하나님을 믿었기 때문에 믿음의 조상이 되었는가? 그렇다면 아브라함은 믿음의 조상이 될 수 없다. 조용기 목사가 말하는 바라봄의 방식대로 하나님을 믿으면 신약의 성도들 역시 발붙일 터전을 상실하고 만다. 성경은 분명하게 말한다.

> 아브라함이 하나님을 믿으매 이것을 그에게 의로 정하셨다 함과 같으니라(갈 3:6)

여기에 믿음 외에 무슨 다른 것을 붙이는 자는 아브라함의 자손이 아니다.600) 아브라함의 믿음은 하나님께서 언약하신 대로 하나님께서 성취하실 것을 믿는 것이지, 사람의 능력으로 만들어 내는 뉴에이지 구상화가 결코 아니다! 사도 바울이 갈라디아서에서 얼마나 강력하게 말하고 있는가!

> 그리스도의 은혜로 너희를 부르신 이를 이같이 속히 떠나 다른 복음 좇는 것을 내가 이상히 여기노라 다른 복음은 없나니 다만 어떤 사람들이 너희를 요란케 하여 그리스도의 복음을 변하려 함이라 그러나 우리나 혹 하늘로부터 온 천사라도 우리가 너희에게 전한 복음 외에 다른 복음을 전하면 저주를 받을지어다 우리가 전에 말하였거니와 내가 지금 다시 말하노니

---

598) 조용기, **4차원의 영성** (서울: 교회성장연구소, 2011), 129.
599) Ibid., 132.
600) 그러므로 믿음으로 말미암은 자는 믿음이 있는 아브라함과 함께 복을 받느니라(갈 3:9)

> 만일 누구든지 너희의 받은 것 외에 다른 복음을 전하면 저주를 받을지어다 이제 내가 사람들에게 기쁨을 구하랴 내가 지금까지 사람의 기쁨을 구하는 것이었더면 그리스도의 종이 아니니라(갈 1:6-10)

본문의 말씀 그대로 "다른 복음"은 없다. 마찬가지로 하나님께서는 아브라함에게 무슨 다른 것을 요구하지 않으셨다. 만일 믿음 외에 무슨 다른 것이 있어서 의롭게 되었다면 믿음의 조상이 아니다. 하나님께서는 아브라함에게 먼저 바라보게 하시고 그다음에 믿음을 주신 것이 아니라, 먼저 택하여 부르시고 믿음을 주셨으며, 그 훈련의 과정 속에서 인도하여 가셨다.601)

조용기 목사는 다음과 같은 실제 사건을 말했다.

> 우리 교회의 훌륭한 집사님 한 분이 병이 들었습니다. … 그런데 몸이 아파서 병원에 갔더니, 의사가 그의 몸 안에 뭔가 멍울이 생겨 자라고 있으니 수술을 하자고 하였습니다. 그러나, 교회의 모든 성도들은 하나님께서 그를 고쳐 주실 것이라고 생각했습니다. … 나도 그의 치료를 위해 기도했습니다. 그리고 당시 우리 교회 4만 성도들도 모두 합심하여 하나님의 은혜의 보좌 앞에 빗발치듯 기도했습니다. 물론 그 집사님 자신도 고침 받기 위해 간절히 기도했습니다. 그러나 아무 일도 일어나지 않았습니다. 그의 병세는 점점 더 악화되었습니다. 결국 그는 출혈이 너무 심하여 병원으로 옮겨져서 수술을 받았습니다. 많은 성도들이 근심하면서 이 일로 불평했습니다.602)

이것이 말이 되는 소리인가? 온 성도들이 그렇게 빗발치듯 기도하고 조용기 목사 자신도 기도했는데 왜 안 되었는가? 4차원 영성으로 하면 된다고 해 놓고서 안 되면 어떻게 되는가?

그러기에 성도들이 가야 할 길은 하나님의 말씀밖에 없다. 사람의 말은 이랬다저랬다 하지만, "예수 그리스도는 어제나 오늘이나 영원토록 동일하시"다.603)

---

601) http://www.rapidnet.com/~jbeard/bdm/exposes/cho/general.htm ⟨Simple trust in God(Genesis 15:6) has been altered to trust in visualization and the occult. Cho's mystical foundation is built upon the sands of Sigmund Freud's and Carl Jung's subconscious mind rather than the rock of Jesus Christ(1 Cor. 3:11). The Word of God tells us man's imagination is vain(Rom. 1:21), turned against God(2 Cor. 10:15), evil from his youth(Genesis 8:21), and connected with evil and pride(Jer. 18:12; Luke 1:51). "Fourth Dimension theology", claiming the spirit is the subconscious and imagination, incorrectly concludes that the born again spirit means a born again imagination. Visualization and the "creative forces of the subconscious mind" must therefore be of God. Instead of Biblically renewing the conscious mind with the Word of God, Cho teaches that we are to reprogram the "subconscious" and thus create through affirmations and imaging.⟩
602) 조용기, **4차원의 영적 세계** (서울: 서울말씀사, 2003), 122-123.
603) 예수 그리스도는 어제나 오늘이나 영원토록 동일하시니라(히 13:8)

그러기에 그 말씀만이 길이요 진리요 생명이시다.604) 그것 외에 다른 길을 가르치는 자는 다 도적이요 강도다.605) 구상화는 성경 말씀에 정면으로 반항하는 뉴에이지의 핵심 방법이다.

계속되는 조용기 목사의 다음과 같은 말을 들어보라.

> 그리고 하나님께서는 이사야, 예레미야, 에스겔, 다니엘과 같은 중요한 선지자들에게 비전을 주셨습니다. 하나님께서는 그들에게 4차원의 영적 세계를 보게 하시고 성령의 언어를 가르쳐 주셨습니다. 그래서 그들은 능력 있는 믿음의 기도를 할 수 있었습니다. … 그러나 우리는 하나님의 영광을 위해서 먼저 우리 마음속에 거룩하신 성령께서 주시는 모든 비전과 꿈을 받아야 합니다.606)

하나님께서 그 종 선지자들에게 보게 하신 것이 과연 4차원의 영적 세계인가? 성경 어디에 그것이 4차원이라고 말한 곳이 있던가? 그렇게 말하는 것은 오로지 조용기 목사뿐이다.

중요한 것은 하나님께서 그의 택한 선지자들에게 특별한 계시를 주셨지만 모든 사람에게 그렇게 행하시지 않으셨다는 사실이다! 그 나머지 하나님의 백성들에게는 어떻게 하셨는가? 기록된 그 말씀에 순종하며 살게 하셨다. 하나님께서는 모든 사람에게 동일한 비전과 꿈을 주시지 않으셨다. 모든 사람이 선지자가 되어야 하는 것이 아니며 모든 사람이 능력을 행해야 하는 것이 아니며 모든 사람이 병을 고쳐야 하는 것이 아니다.607)

> 많은 백성이 가며 이르기를 오라 우리가 여호와의 산에 오르며 야곱의 하나님의 전에 이르자 그가 그 도로 우리에게 가르치실 것이라 우리가 그 길로 행하리라 하리니 이는 율법이 시온에서부터 나올 것이요 여호와의 말씀이 예루살렘에서부터 나올 것임이니라(사 2:3)
> … 그들이 만군의 여호와의 율법을 버리며 이스라엘의 거룩하신 자의 말씀을 멸시하였음이라(사 5:24)

하나님께서 명령하신 그 말씀대로 행하지 않았기 때문에 징벌을 받았으며, 하

---

604) 예수께서 가라사대 내가 곧 길이요 진리요 생명이니 나로 말미암지 않고는 아버지께로 올 자가 없느니라(요 14:6)
605) 내가 진실로 진실로 너희에게 이르노니 문을 통하여 양의 우리에 들어가지 아니하고 다른 데로 넘어가는 자는 절도며 강도요(요 10:1)
606) 조용기, **4차원의 영적 세계** (서울: 서울말씀사, 2003), 82-85.
607) 다 사도겠느냐 다 선지자겠느냐 다 교사겠느냐 다 능력을 행하는 자겠느냐 다 병 고치는 은사를 가진 자겠느냐 다 방언을 말하는 자겠느냐 다 통역하는 자겠느냐(고전 12:29-30)

나님께서 회복하실 때에도 그 백성들이 하나님의 말씀을 행하도록 하신다. 이것이 성경 말씀이다. 비전과 꿈이 주어졌더라도 하나님의 특별하신 계획과 섭리를 위하여 계시되고 기록된 것이지 사람이 노력하여 이루는 비전과 꿈이 아니다. 하나님의 백성은 이미 계시 된 하나님의 말씀을 순종하는 것이 그 본분이며 구상화를 통하여 비전을 가지고 꿈을 가지는 것은 이방인들이 하는 방법이다.

더불어 살펴볼 문제는, 꿈에 대한 관점이다.

조용기 목사는 다음과 같이 말했다.

> 우리는 항상 마음속에 크고 비밀한 일이 나타날 것을 꿈꾸어야 합니다. 흑암이 다가올 것을 꿈꾸어서는 안 됩니다. 크고 비밀한 일을 약속하신 하나님의 말씀을 믿으며 항상 마음속에 희망으로 가득 찬 긍정적이고 낙관적인 꿈을 꾸어야 합니다. 그러면 하나님은 반드시 크고 비밀한 일을 나타내 주십니다. 우리의 상상을 초월한 하나님의 역사가 일어날 것입니다. 즉 하나님의 기적을 기대하며 입을 넓게 열고 있어야 한다는 뜻입니다. 하나님은 우리 가운데서 역사하시는 능력대로 우리의 온갖 구하는 것이나 생각하는 것에 더 넘치도록 능히 하실 분입니다.608)

도대체 크고 비밀한 일이 무엇이고 흑암이 다가올 것을 꿈꾸어서는 안 된다는 것은 무엇일까?

조용기 목사는 위의 말에 대한 예화로 '하늘에서 떨어진 고양이' 사건을 말한다. 미국에서 있었던 어느 모자(母子)의 이야기인데, 아들이 엄마에게 고양이 한 마리만 사달라고 하자, 고양이를 살 돈이 없었던 엄마는 기도를 시작했는데, 그러던 어느 날 하늘에서 새까만 것이 툭 떨어졌는데, 그것은 바로 그렇게 기도하던 고양이였다. 이 일이 '하늘에서 떨어진 고양이'라는 기사가 신문과 TV를 통해 미국 전역에 알려졌다. 며칠 후 어떤 사람이 와서 자기 고양이라며 돌려 달라고 했다. 800미터나 떨어진 이 사람은 어느 날 자기 고양이가 나무 위로 올라가더니 안 내려와서 나뭇가지를 휘어서 당기다가 놓쳐 버렸는데, 그 가지가 튕겨 나가면서 고양이가 하늘로 치솟아 사라졌다는 것이다. 그래서 자기 것이라고 주장했다. 이 모자(母子)는 하나님으로부터 받은 선물이라며 맞섰고 결국 법정 소송으로 이어졌다. 모형 고양이를 실험한 결과 고양이가 800미터 이상 날아갈 수 없다고 결론이 내려서 법정은 "이는 하나님이 주신 고양이다."라고 판결을 내렸

---

608) 조용기, **4차원의 영성** (서울: 교회성장연구소, 2011), 163-164.

다.609)

그러면서 조용기 목사가 하는 말은 다음과 같다.

> 참으로 상식 밖의 일입니다. 그러나 하나님은 이런 일을 가능하게 하시는 분입니다. 이처럼 상상을 뛰어넘는 마음의 꿈을 꾸십시오. 작은 꿈으로부터 큰 꿈을 품고 있으면 꿈이 우리를 이끌어 갑니다. 하나님의 놀라운 기적을 기대하고 꿈꾸기 바랍니다. 그러면 그 기적은 우리의 것이 됩니다. 하나님이 우리를 위해 예비해 놓으신 길이 있다는 확신을 가져야 합니다. 그리고 하나님이 반드시 크고 비밀한 일을 나타내시리라는 꿈을 꾸어야 합니다. 하나님을 향한 기대감을 끝까지 잃지 말고 계속 기도하십시오. 그 꿈은 당신의 것입니다.610)

만일 우리의 꿈이 우리를 이끌어 간다면 하나님은 더 이상 만유의 주권자가 아니다. 하나님께서는 인간의 열심과 소원에 끌려다니는 분이 아니시기 때문이다. 오직 하나님의 고유한 주권과 권한으로 일하시며 응답하신다.611) 하나님께서 모든 사람에게 고양이 사건처럼 역사하신다면 세상은 무법천지가 되고 말 것이다. 이런 말은 신사고 운동가들이 하는 말이다.

『내적치유와 내면아이』에서 말했듯이, 성경적이냐 아니냐의 차원은 '아가페적이냐 에로스적이냐?'로 구분한다. 하나님께서 진리를 계시하시는 것이 기독교이고, 이방의 종교는 인간이 진리를 찾아가는 것이다. 인간의 열심과 노력으로 신으로부터 무엇을 받아 내는 것은 가나안의 우상인 바알과 아세라 종교에서 여실히 드러난다. 그런 방식들은 세상의 종교에서 나타나는 대표적인 증상이다. 에로스적인 방식을 추구하는 종교는 기독교가 아니다.

조용기 목사는 다음과 같이 말했다.

> 그러나 '마인드콘트롤'(mind control)이나 '마인드 익스펜션'(min expansion)이나, 요가나, 초월적 명상이나, 일련정종과 혼동하지는 마십시오. 이런 의식들은 단순히 인간의 정신세계(혼의 잠재력)을 계발하려는 사탄의 영역에 불과할 뿐입니다.612)

---

609) Ibid., 165-166.
610) Ibid., 166.
611) 이대복, **조용기 목사 이단 정체**, 교회와 이단, 기독교이단문제연구소, pp. 74-75; 이대복 목사는 강력하게 말한다. "많은 신실한 그리스도인들은 조목사와 같은 사단의 영향을 받아서 믿음은 그 자체 내에 어떤 힘을 가지고 있다고 잘못 상상하게 되었다. … 하나님을 외면한 우리 자신을 우리의 믿음의 능력으로 어떤 일을 일으킬 수 있는 신으로 만든다. … 그것은 기본적인 사단의 개념이다."
612) 조용기, **4차원의 영성** (서울: 교회성장연구소, 2011), 85; 여기서는 영문판보다 한글판이 훨씬 더 강하게 말했다. 영문판에는, "but rather the evil, fourth dimension"이라고 되어 있는데, 한글판에는 "사탄의 영역"이라고 했으니 굉장히 심각하게 표현되어 있다.

조용기 목사의 말대로 그런 것이 위험하며, 심지어 "사탄의 영역"이라고 말한다!!! 그러나 조용기 목사가 말하는 구상화는 위의 글에서 말한 것들과 차이가 없다. 조용기 목사가 『4차원의 영성』에서 하는 말과 론다 번이 『시크릿』에서 하는 말을 비교해 보라!

> 우리는 말을 함으로써 우리 주변의 우주를 창조한다.613)
> 당신은 당신의 입으로 예수의 임재를 가져오게 할 수 있는데 … 그분은 당신의 입과 말에 의해 제한된다.614)

이런 것들은 이방의 종교와 사교에서 행하는 것들이며 조용기 목사의 말 그대로 "사탄의 영역"이다. 그들이 행하는 것은 인간의 노력으로 신에게 도달하려는 것이다. 하나님의 계시와 비전과 꿈은 하나님으로부터 오는 것이지, 인간 스스로 비전을 가지고 꿈을 꾸는 것이 아니다. 그것이 성경적인 기독교와 사교의 분기점이다.

꿈을 꾸면 그 꿈이 이끌어 가고, 그 기적이 이루어진다는 것은 성경적인 생각이 될 수가 없다. 조용기 목사가 꿈을 꾸라고 하는 것은 자기를 부인하고 자기 십자가를 지고 예수 그리스도를 따르라는 것이 아니라, 이 땅에서의 삶의 문제들을 해결하여 달라는 것이다. 조용기 목사는 가난은 사탄의 저주라고 말한다.615) 이것은 WOFM(말씀신앙운동)의 원리와 매우 유사한 것이다.616) 만일 가난이 사탄의 저주라면 다음과 같은 성경 말씀은 무엇이라고 해야 하는가?

---

613) Paul Yonggi Cho, *Solving Lif's problems* (Logos, 1980), 51.
614) Ibid., 83; 데이브 헌트/ T.A. 맥마흔 공저, **기독교 속의 미혹**, 김문철 역 (서울: 포도원, 1991), 20.
615) Yong-gi Cho, *The Fourth Dimension, Vol. II* (Bridge-Logos, 1983), 137.
616) http://www.deceptioninthechurch.com/word-faith.html
An Examination Of The Word-Faith Movement by Richard J. Vincent, 1991 "The Word-Faith Teachers. This is the group that would seek to convince us that Jesus and His disciples were rich, that to be poor is a sin, to be sick is a sin, and that faith is a creative force that we can use to shape our world just like God supposedly created this world and universe that we live in through His "faith"! Kenneth Hagin, Kenneth Copeland, Paul Crouch, John Avanzini, Robert Tilton, Fred Price, and Benny Hinn (who at the time of this writing has authored the number 1 best selling Christian book in America, 'Good Morning, Holy Spirit') are just a few that spew out this theological vomit." Copeland is one of the fathers of the Toronto/Brownsville "counterfeit" revival movement.

> 그러므로 내가 그리스도를 위하여 약한 것들과 능욕과 궁핍과 핍박과 곤란을 기뻐하노니 이는 내가 약할 그 때에 곧 강함이니라(고후 12:10)
> 내가 궁핍하므로 말하는 것이 아니라 어떠한 형편에든지 내가 자족하기를 배웠노니 내가 비천에 처할 줄도 알고 풍부에 처할 줄도 알아 모든 일에 배부르며 배고픔과 풍부와 궁핍에도 일체의 비결을 배웠노라(빌 4:11-12)
> 또 어떤 이들은 희롱과 채찍질 뿐 아니라 결박과 옥에 갇히는 시험도 받았으며 돌로 치는 것과 톱으로 켜는 것과 시험과 칼에 죽는 것을 당하고 양과 염소의 가죽을 입고 유리하여 궁핍과 환난과 학대를 받았으니(히 11:36-37)
> 내가 네 환난과 궁핍을 아노니 실상은 네가 부요한 자니라 자칭 유대인이라 하는 자들의 훼방도 아노니 실상은 유대인이 아니요 사단의 회라(계 2:9)

가난은 사탄의 저주가 아니다! 하나님께서 그의 백성들을 어떤 형편과 처지 가운데로 인도하시더라도 바울과 같이 고백하는 삶을 살아가기를 원하신다. 그것은 세상의 것이 우리를 좌우하는 인생이 아니라 오직 하나님의 말씀으로 충분한 삶을 사는 것이다.

이런 모든 비성경적인 구상화의 그 근원은 무엇인가? 그것은 바로 조용기 목사의 구원관에서 비롯된다고 할 수 있다. 동국대 강연 내용 전문[617]을 보면 구

---

[617] http://www.newspower.co.kr/sub_read.html?uid=2060§ion=section33§ion2=국제·NGO 원문 전체를 보기를 원하면 뉴스파워의 홈페이지에서; "동국대 불교대학원 강연, 무엇이 문제인가?"라는 제목의 기사를 참고하면 된다. 〈그때 아버님께서 늘 가르쳐주던 불교의 가르침도 동시에 올려왔습니다. 심시불, 부처가 내세 정토세계에만 있는 것이 아니라 지금 내 마음 속에 부처님이 계신 것이다. 부처님이 계신 곳이 천당이고 낙원이고 극락이 되야지 죽고 지금은 생지옥이 되어 있으면서 나중에 죽고 난 다음에 가겠다 그러면 거짓말 아니겠는가? 그럼 그 여자 말대로 현재 그 천국이 와야 한다. 사실 그 여자가 지옥에 살고 있다. 그럼 내가 그 여자에게 무슨 말씀을 증거할 것인가. 우리 기독교에서는 여러분, 소망을 주는 것을 굉장히 중점을 삼고 있습니다. 소망의 종교라고 그러는데 왜 소망을 주냐며는 기독교의 교리에서는 하나님이 천지를 지으시고 에덴 낙원을 지으시고 그 속에 아담과 하와를 창조하시고 그 속에 두었는데 아담과 하와가 하나님을 반역하고 타락함으로 말미암아 가져온 3대 재앙이 있다고 가르치고 있는 것입니다. 첫째 재앙은 죄를 지어서 영원히 죽고 마귀의 종이 되고 그래서 말미암아 모든 부정과 부패, 더러움이 생기고 둘째는 환경이 저주를 받아 가시와 엉겅퀴를 내고 이마에 땀을 흘려야 먹고 살고, 생활고에 허덕이게 되었으며 셋째는 늙고 병들고 몸이 죽어서 흙으로 돌아가는 3대 재앙이 선포되었습니다. 그래서 모든 인류는 태어날 때부터 3대 재앙 속에 살면서 죄짓고 마귀의 종이 되고 가난하고 헐벗고 굶주리고 병들고 고통당하고 죽는다. 그런데 그리스도가 오신 목적은 이 3대 재앙에서 구원해 주시기 위해 오셨다. 그래서 그리스도는 윤리나 도덕이나 종교를 가르치기 위해서 오신 것이 아니라 우리를 구속하기 위해서 오신 주님이다. 성경이 가르치는 원리가 그런 것입니다. 교리나 율법이나 계명은 뒤에 오고 예수 그리스도가 우리를 위해, 구속을 하기 위해서 십자가에서 우리의 죄짐과 저주와 질병과 죽음을 짊어지고 죽음으로 우리를 속량해 주셨다. 그러므로 남녀 노유 빈부귀천 할 것 없이 예수를 믿기만 하면 구원을 얻는다. 저는 그 원리가 우리 아버님이 저 어릴 때 원효대사에 대해 얘기 한 것과 너무나 일치하더라구요. 원효대사님이, '불교에 너무 계율이 많은데 그 계율을 다 지켜서 구원을 받을 수 없는데 나무아미타불만 하면 구원을 얻는다.' 원효대사의 외침이 그거 아닙니까? 나무아미타불만 하면 구원을 얻는다. 그러므로 대중불교로써 모든 서민들이 믿고 구원을 받을 수 있는 거죠. 예수 그리스도가 십자가에서 피 흘려서 우리의 죄를 대속하고 저주와 죽음, 질

원론에 관한 그의 색다른 생각을 재고하지 않을 수가 없다.

> Q. 현대의학에서는 마음을 뇌의 작용에 의해서 마음이 생긴다. 이렇게 하고 있는데 목사님께서는 마음이라는 것이 밖에 있는 것인지 현대의학에서 말하는 뇌의 영향력이나 지배에 있는 것인지? 마음속에서 그리스도를 찾자? 라고 했는데 … 마음은 밖에 있는지, 아니면 안에 있는지?
> 조용기 목사: 진화론적인 유물론적 사고에서 보면 인간은 물질에 불과하지 않습니까? 그러나 우리 종교적인 위치에서 볼 때 마음은 우리의 뇌 실체 속에 있다고 확신합니다. 그리고 뇌라는 것은 마음이 사용하는 도구라고 생각합니다. 저는 목회를 하면서 신비체험을 하는 사람들을 많이 보는데, 우리 교회 부목사로 계셨던 김상호 목사님이 심장마비가 걸려 죽었습니다. 그래서 장례를 치르기 위해 사망 진단을 받았습니다. 삼일장을 지냈는데, 관 속에 집에 넣으려고 의식을 하는데 살아났습니다. 완전히 죽어서 우리가 염을 하고 그랬는데, 3일 만에 살아나서 영계를 체험한 것을 이야기를 해 주었습니다. 그것이 몸과 마음이 완전히 분리되었다는 것을 확실히 보여 주는 것입니다. 그리고 우리가 현실적인 종교생활을 할 때를 보면 깊이 명상을 할 때나 두뇌를 의지하지 않고 그 마음속으로 들어가는 무한한 체험을 하기도 합니다. 저도 명상을 통해 그런 신비체험을 가끔 하곤 하는데, 시간과 공간을 초월한 세계, 4차원의 세계, 영원한 세계 그런 세계에 들어가서 무한한 평안을 느끼곤 합니다. 이러한 체험은 두뇌의 조직 속에서는 도저히 만들 수가 없습니다. 마음은 나의 실체가 바로 마음이고, 마음이 내 육체를 소유하고 있다고 믿고 있습니다.618)

명상을 통해서 들어가는 세계가 4차원의 세계라고 한다. 명상을 통해 신비체

고를 대신했기 때문에 믿기만 하면 3중 축복을 받을 수 있다. 영혼이 잘됨 같이 범사에 잘되고 강건한 삶을 얻을 수 있다. 그래서 전인구원이다. 구원이란 것이 영혼의 구원만 가진 것이 아니라 영과 육과 현실을 구원하는 전인구원의 메시지가 우리 기독교 복음에 있습니다. … 이 모든 것이 예수 그리스도를 믿음으로 소망과 꿈을 가지자는 데서 모든 사람들이 모티베이션을 얻은 것입니다. 종교는 불교나 기독교나 마호멧트교나 평등합니다. 저는 불교집안에서 태어나 기독교 목사로 있으니까 선불교랑 같은 것이 너무 많아요. 내 마음이 부처라는 것도 예수님이 여기 있다 저기 있다 하지 마라 예수님은 네 마음에 있다 저 죽어서 서방정토세계가 아니라 지금 내 마음 속에 천당이 이루어져야지 죽고 난 다음에 천당을 바라지 마라 또 계율과 율법을 가지고 하면 전부 죄밖에 드러나지 않는데 믿음으로 예수를 믿고 구원을 받고 난 다음엔 그 다음엔 자동적으로 믿음에 따라서 마음이 뜨거워지면 율법과 계율을 지키게 되는 것입니다. 그러므로 제가 원효사상을 좋아하는 것은 나무아미타불 네 글자를 외움으로 말미암아 믿음으로 구원을 받았으니 그 다음에 계율을 지켰으니 계율도 지키고 신앙생활 할 수 있다. 그런 점에서 통하는 점이 많아요. 저는 불교tv를 굉장히 좋아해요. 왜냐하면 불교를 내 친정집같이 생각이 되기 때문에 그 강의를 들으면 굉장히 마음속에 유익을 많이 얻어요. 그래서 불교 강의를 들으면 어떤 때는 너무 난해하기 때문에 알아듣기가 굉장히 힘들게 강의하는 어른들도 있었어요. 복잡하게 철학적으로 계율적으로 하시는 강의를 들으면서 제가 안타까운 적이 있었어요. 내가 듣기로도 이렇게 복잡한데 일반 중생이 이걸 깨달으 저는 정병조 교수님의 전 시리즈를 다 들었습니다. 책으로, 텔레비전으로 다 들었는데 그분 강의를 내가 왜 좋아하냐면 쉽게 해요. 제가 왜 불교 강의를 열심히 듣냐면 불교 강의를 들음으로 비추어 볼 때 내가 믿는 기독교 신앙의 깊이를 더 깨달을 수 있어요. 그런 점에서 종교 간의 대화가 필요하겠구나 생각했습니다. 고맙습니다.(박수)"

618) http://www.aspire7.net/reference/cho.htm/ 2004년 5월 1일 동국대학교 불교대학원 최고위 과정 학생들을 대상으로 한 조용기 목사의 강연에서. 이 모임에서는 2004년 4월 28일 김수환 추기경이 강연했으며 6월 2일에는 종교통합을 주장하는 것으로 잘 알려진 강원용 목사가 강연한 것으로 알려져 있다.

험, 무한체험을 한다고 한다! 그 속에서 무한한 평안을 느낀다고 하니 너무나 놀랍다. 그 자리가 동국대인 것을 감안하면 어떻게 해석을 해야 할지 난감하기 그지없다. 그들이 왜 박수를 쳤는지 독자들은 알 것이다.

당연지사로 이런 질문은 조용기의 종교관에 대한 선(先)이해가 필수적이다. 또 다른 질문과 답변을 읽어보자.

> Q. 그리스도 외에는 구원을 받을 수 없다는 것으로 알고 있습니다. 오늘 목사님의 말을 기독교 외 예수님, 하나님 외에도 구원을 받을 수 있다는 말로 생각해도 되겠는가?
> 조용기 목사: 저는 그 차별성이라고 말하는 것은 불교는 불교의 구원의 메시지가 있습니다. 기독교는 기독교의 메시지가 있습니다. 그 한계를 불교도 뛰어 넘을 수 없고 기독교를 뛰어 넘을 수 없기 때문에 그 차별성을 인정을 하고 대화를 하자는 것입니다. 그리고 우리가 불교가 주장하는 것을 비판할 수 없습니다. 그런 권한이 없어요. 불교는 불교대로 존중을 하고, 인정을 하고, 기독교는 기독교대로의 구원의 방식을 존중하고 인정해야 합니다. 종교라는 평등한 공통분모에서 차별성을 인정하고 함께 살아 가자라는 것입니다. 저는 우리 집안에서도 우리 집안 식구들 중에도 아직도 불교를 믿는 가족들이 있습니다. 그래도 서로 아무런 저항감을 느끼지 않습니다. 서로 차별성을 인정하고 있기 때문입니다. 우리 동생은 불교를 통해서 구원을 받았다고 확신을 믿기 때문에 존중하고 인정하고, 나는 기독교 목사니까 기독교를 통해서 구원을 받는 것을 인정하고 내 것만 절대 진리라고 인정할 수 없습니다. 너는 죽이고 나는 살겠다 그렇게 되면 상생의 의미가 없어집니다. 그것은 부처님도 예수님도 원하지 않을 것입니다. 그것은 자비와 사랑의 원리에 어긋난다고 생각합니다.619)

이 글은 조용기 목사가 타 종교에 대한 생각이 얼마나 폭넓게 수용적인가를 잘 대변해 주는 답변이라고 할 수 있다. "동생은 불교를 통해 구원받고, 나는 기독교 목사이니까 기독교를 통해서 구원받는"다고 하면 굳이 기독교이어야 할 필요가 없다. 그런 것은 종교다원주의를 부르짖는 사람들의 종교관이다!

> "종교는 불교나 기독교나 마호메트교나 평등합니다. 저는 불교 집안에서 태어나 기독교 목사로 있으니까, 선불교랑 같은 것이 너무 많아요. 내 마음이 부처라는 것도 예수님이 여기 있다 저기 있다 하지 마라 예수님은 네 마음에 있다 저 죽어서 서방정토세계가 아니라 지금 내 마음속에 천당이 이루어져야지 죽고 난 다음에 천당을 바라지 마라 또 계율과 율법을 가지고 하면 전부 죄밖에 드러나지 않는데 믿음으로 예수를 믿고 구원을 받고 난 다음엔 그다음엔 자동적으로 믿음에 따라서 마음이 뜨거워지면 율법과 계율을 지키게 되는 것입니다. 그러므로 제가 원효 사상을 좋아하는 것은 나무아미타불 네 글자를 외움으로 말미암아 믿음으로 구원을 받았으니 그다음에 계율을 지켰으니 계율도 지키고 신앙생활 할 수 있다, 그런 점에서 통하는 점이 많아요

---

619) http://www.aspire7.net/reference/cho.htm
http://www.newsnjoy.co.kr/comment/commentRead.html?news_part=world&news_code=&news_no=7708&c=k&vtmp_no=97&no=47579 이 글의 원래 출처는 뉴스엔조이에 있다.

."620)

조용기 목사는 모든 종교가 평등하다고 말한다. 과연 성경에서 모든 종교가 평등하다고 말하고 있을까? 결코 그렇지 않다. 성경에서 구원에 이르는 오직 한 길은 예수 그리스도밖에 없다고 말한다!!! 그것 외에 다른 길을 말하는 자는 다 절도요 강도라고 예수님께서 말씀하셨다.621)

만일 필자가 조용기 목사처럼 강의를 했다면 벌써 교단에서 목사 면직과 동시에 제명이 되었을 것이다! 성경에서 "예수께서 가라사대 내가 곧 길이요 진리요 생명이니 나로 말미암지 않고는 아버지께로 올 자가 없느니라"(요 14:6)는 말씀이 진리다! "예수도 석가도 마호메트도 길이요 진리요 생명이니"라고 기록된 성경 구절은 없다. 다른 복음을 전하면 저주를 받는다고 성경은 단호하게 말한다(갈 1:8-9).

참고로 현대물리학의 '끈이론'은 10차원 혹은 11차원을 말한다.622) 그래서 '양자영성'(Quantum Spirituality)을 말하는 레너드 스윗도 11차원을 말한다.623) 그러면 조용기 목사의 4차원은 비교할 필요도 없이 너무나 수준 낮은 차원이 아닌가? 하는 생각이 들게 만든다. 인간의 머리에서 짜낸 4차원의 영성은 인간의 지혜와 능력으로는 헤아릴 수 없는 하나님의 세계를 담아낼 수 없다!

조엘 오스틴과 구상화

조엘 오스틴에 대하여 가장 신랄한 비판을 퍼붓는 사람은 아마도 마이클 호

---

620) http://separati.cafe24.com/sb2heresy34.html
621) 내가 진실로 진실로 너희에게 이르노니 문을 통하여 양의 우리에 들어가지 아니하고 다른 데로 넘어가는 자는 절도며 강도요(요 10:1) 나보다 먼저 온 자는 다 절도요 강도니 양들이 듣지 아니하였느니라(요 10:8)
622) http://www.hani.co.kr/section-009100003/2002/03/009100003200203291823003.html
623) http://guru4u.tistory.com/?page=4/ 레너드 스윗은 다음과 같이 말한다. "아프리카 말에 '우분투(Ubuntu)'란 단어가 있다. '우리를 가져다가 나로 만든다'는 뜻이다. 나(I)와 우리(WE)가 동시에 있다는 거다. 넬슨 만델라도 연설에서 이 말을 자주 쓴다. 영어에서도 '우리(WE)'를 거꾸로 뒤집으면 '나(ME)'가 된다. '우리(WE)'는 동양적이고, '나(I)'는 서양적이다. 둘은 분리될 수 없다. 물리학에선 이 세상이 3차원이 아니라 최소한 11차원이라고 말한다. 11차원에선 모두가 다 연결돼 있다. 보이지 않는 멤버링을 통해 하나로 연결돼 있다. '가장 작은 자에게 한 것이 나한테 한 것이다', '이웃을 네 몸과 같이 사랑하라'는 예수의 가르침과 일맥상통한다. 물리학자들도 우주적 예수를 증명해 주고 있는 거다. 결국 우리의 몸이 살아 숨 쉬는 교회가 돼야 한다."

틈일 것이다. 호튼은 그의 책 『그리스도 없는 기독교』 3장을 보면 조엘 오스틴의 형통의 복음에 대한 문제점들을 충분히 살펴 볼 수 있다.

조엘 오스틴은 『긍정의 힘』에서보다 『잘되는 나』에서 더 더욱 노골적으로 형통의 복음으로 기울어졌는데, 그것은 그리스도가 없는 요설(妖說)에 불과한 것이다. 그것은 조엘 오스틴의 다음과 같은 말 속에 있다.

> 말에는 엄청난 창조의 힘이 있다. 우리가 뭔가를 입으로 말하는 순간에 말의 내용이 생명을 얻는다. 이것이 영적 원리다.624)

마이클 호튼이 그리스도 없는 복음의 차원에서 조엘 오스틴을 보았다면, 뉴에이지 구상화된 복음의 차원에서 접근해 보자. 구상화는 자신이 원하는 바를 마음속에 그려보고 그것을 현실화하려는 죄악 된 욕망이다. 조엘 오스틴은 그 욕망을 이루기 위해 다음과 같이 말한다.

> 원하는 모습을 그리라
> 마음에 품는다는 것은 마음속에 원하는 삶의 이미지를 그리는 것이다. 우리는 여기서 멈추지 말고 이 이미지를 자신의 일부로 삼아야 한다. 생각과 대화, 깊은 잠재의식, 행동을 비롯해서 자기 존재의 모든 부분에 이 이미지를 심어야 한다. 패배와 실패의 이미지를 그리는 사람은 실패자의 인생을 살게 된다. 그러나 승리와 성공, 건강, 풍요로움, 기쁨, 평화, 행복의 이미지를 떠올리는 사람은 아무리 큰 장애물이 있더라도 반드시 그런 인생을 살게 된다. … 하나님의 복, 예컨대 승진과 놀라운 성장을 기대하면 하나님의 측량할 수 없는 은혜가 찾아온다. 하나님은 마음에 커다란 그릇을 마련한 사람에게만 복을 넘치도록 부어 주신다. 머리와 가슴으로 하나님의 은혜를 상상해야 실제로 그것을 받을 수 있다.625)

"마음속에 원하는 삶의 이미지를 그리는 것"은 뉴에이지 구상화다. 조엘 오스틴의 책들은 그것을 더 구체적으로 설명하고 있는 책이다. 조엘 오스틴은 세상의 성공을 하나님의 은혜로 연결하고 있다. 돌을 떡으로 만들라는 사탄의 사악한 말처럼 세상에서 번영하는 것이 하나님의 복이라고 말한다.626)

---

624) https://truthnlove.tistory.com/entry/바라는-대로-이뤄진다-오컬트의-구상화-기법-키레네?category=72539 김삼, "'바라는 대로 된다'- 오컬트 구상화 기법 (키레네),' (2009.8.30.).
625) 조엘 오스틴, 긍정의 힘, 정성묵 역 (서울: 두란노, 2005), 16-17.
626) 조엘 오스틴, 최고의 삶, 정성묵 역 (서울: 두란노, 2010), 104-109, 266; 조엘 오스틴은 시편 126편을 유진 피터슨의 『메시지』를 인용하며 말한다. "… 무거운 마음으로 나갔던 자들이 복을 한 아름 안고 웃으며 돌아오리라" 유진 피터슨이나 조엘오스틴이나 하나님께서 베푸시는 구원의 은혜는 쓰레기 취급하고 오직 세상에서 돈 벌게 해주는 것이 하나님의 능력이며 하나님의 복이라고 지껄인다.

성경에서 말하는 하나님의 은혜는 예수 그리스도의 십자가로 말미암아 죄인을 구원하시는 것이다. 또한 그 하나님의 은혜는 오직 믿음으로만 받는 것이며, 상상해서 받는 것이 아니다. 죄에 대한 개념도 제대로 없는 사람에게 하나님의 은혜에 대한 개념을 똑바르게 요구한다는 것은 무리이다.[627]

그는 머리와 가슴으로, 자기 존재의 모든 부분에 상상하여 현실적인 부와 성공을 쟁취하도록 고양 시키고 있다. 그의 이런 당당하고 야심찬 주장에는 항상 잠재력이 강조되고 있다.

> 나는 아이들에게 항상 이렇게 말해 준다. "너희는 아빠보다 멋진 삶을 살게 될 거야. 너희는 잠재력이 많거든. 꼭 위대한 일을 이룰 거야."[628]

오스틴의 『잘되는 나』에서는 더 노골적으로 형통의 복음이 강조되고 있는데 그 중심에 역시 잠재력이 터줏대감 노릇을 하고 있다.

> 누가 뭐래도 우리는 지극히 높으신 하나님의 자녀다. 하나님은 우리에게 자신의 생명을 불어넣으셨고, 우리 안에 위대한 씨앗을 심으셨다. 따라서 우리는 하나님이 주신 그분의 뜻과 계획을 얼마든지 이룰 수 있다. 재능이며 창의력, 절제력, 지혜, 결단력까지 우리 안에는 없는 게 없다. 우리는 그야말로 잠재력 덩어리다. 하지만 아무리 잠재력이 크다 해도 가만히 앉아 먼 산만 바라봐서는 아무 소용이 없다. 잠재력을 풀어놓아야 한다. 하나님이 주신 재능을 남김없이 활용해야 한다.[629]
> 꿈과 열정을 좇아야 온전한 인생을 살 수 있다. 잠재력을 최대한 사용했다는 뿌듯함으로 인생을 마무리해야 하지 않겠는가?[630] 당신은 자녀의 잠재력을 믿어 주는가? 위대한 일을 이룰 거라는 말로 자신감을 불어넣고 있는가? 사랑하는 이들의 잠재력을 믿어 주는가?[631]

조엘 오스틴은 잠재력을 계발하라고 부추긴다. 이런 사람들 때문에 교회가 인

---

627) 마이클 호튼, **그리스도 없는 기독교**, 김성웅 역 (서울: 부흥과 개혁사, 2009), 106; 래리 킹(2005년 6월 20일, CNN 인터뷰에서)이 죄인이라는 말을 쓰느냐는 질문을 받고 오스틴은 대답했다. "그런 말은 쓰지 않아요, 생각도 하지 않습니다. 아니 아마 않는 것 같아요. 하지만 대부분의 사람들은 자신이 잘못하고 있다는 걸 알고 있습니다. 그 사람들은 교회에서 만날 때 당신도 바뀔 수 있다고 말해 주고 싶습니다." 놀라운 점은 오스틴이 죄에 대해서 생각조차 하지 않고 있다는 것이다. 죄를 사소하게 보는 오스틴의 첫 움직임은, 영원한 결과를 초래하는 하나님에 대한 도발에서 우리를 건강, 부 그리고 행복에서 지금 멀어지게 하는 자아에 대한 도발로 시야를 옮기는 것에서부터 감지된다.
628) 조엘 오스틴, **긍정의 힘**, 정성묵 역 (서울: 두란노, 2005), 20.
629) Ibid., 17.
630) Ibid., 70.
631) Ibid., 178.

간의 잠재력을 계발하는 것에 대하여 별 대수롭지 않게 생각하는 시대가 되었다. 교회의 지도자들이 앞장서서 잠재력을 계발하는 일에 열을 올리고 있다. 소위 유명하다 하는 아들의 말을 여과 없이 수용하고 그대로 따라 하고 있다. 결과만 좋다면 무엇이든지 괜찮은 시대가 되었다. 이제는, '하나님의 말씀이 무엇이냐?', '교리적으로 옳으냐 그르냐?'의 문제를 살피는 것은 그 자체로 이상한 사람으로 취급받는 시대가 되었다. 데이브 헌트의 말을 들어보자.

> … "혼동"이 문제다. 그들이 지지를 받기 위해 인용하는 주요 전문인들이 신비주의자들이라는 것을 지적하는 주의의 말이 한 마디도 없다는 것이 문제이다. 예를 들면 나폴레온 힐과 클레멘트 스토운은 더글라스와 로디가 추천하는 책들에서 "하나님"에 관한 말을 하지만 그들의 "하나님"은 정신력 기술들을 통하여 들어갈 수 있다는 형이상학적인 "신적 능력"(Divine Power)이다. 힐과 스토운은 믿음을 PMA(긍정적 정신 태도, Positive Metal Attitude)로 대체시키지는 않지만 훨씬 더 위험한 개념으로 발전시켜 나간다. 그것은 PMA와 믿음이 하나이며 동일한 것이고, 여하튼 정신력을 믿는 것은 하나님을 믿는 것과 동일하다는 것이다. 즉 인간 정신은 어쨌든 소위 말하는 무한한 지성의 일부분이기 때문에 무한한 잠재력으로 형이상학적인 영향을 미치는 일종의 불가사의한 마법적인 힘이다. 이것이 정신과학을 신봉하는 종파들과 신세대운동의 "하나님"이다.632)

헌트의 말처럼, 오스틴에게 있어서 긍정의 힘은 믿음과 동일한 의미이다. 성경이 말하는 "하나님"과 조엘 오스틴이 말하는 "하나님"이 과연 같을까? 뉴에이지에서 말하는 "하나님"과 조엘 오스틴이 말하는 "하나님"은 차이가 없다. 이제는 그런 구별이 필요가 없는 시대 속에 살아가고 있다. 그저 이 세상에서 성공만 안겨다 준다면, 내가 원하는 것을 갖게 해 준다면 무엇이든지 용납하는 시대가 되었다. 교회는 사탄의 전략에 장단을 맞추고 놀아나고 있다.

이제는 심리학의 영향 운운하는 시대가 아니라 뉴에이지의 거대한 물결 속에서 녹아 가고 있는데도 교회는 그렇게 되어 가는 줄을 모르는 시대 속에 살고 있다.

교회가 힘이 없는 이유는 복음을 가르치지 않기 때문이라고 강력하게 외치면서 정작 자신은 심리학에 오염된 설교를 하는 지도자가 수도 없이 많다. 교회가 빛을 발하지 못하는 이유가 예수 그리스도의 십자가를 선포하지 않기 때문이라고 불같이 전하면서 실제로는 뉴에이지에 물든 내적치유와 가정사역을 하는 지

---

632) 데이브 헌트/ T.A. 맥마흔 공저, **기독교 속의 미혹**, 김문철 역 (서울: 포도원, 1991), 29.

도자가 온 천지에 널려 있다.

조엘 오스틴과 같은 사람은 이런 부류의 사람들에게는 우상과 같은 존재이다. '어떻게 하면 나도 조엘 오스틴과 같은 목사가 될 수 있을까?' 오로지 그 염원에 불타 있다. 교회에는 온갖 현란한 현수막이 걸려 있고, 비현실적인 구호가 현실화되기까지 물불을 안 가리고 달려가고 있다.

조엘 오스틴의 구상화는 다음과 같은 말에서도 발견된다.

> 성공한 인생을 꿈꾸는 사람은 새로운 단계로 도약한다. 고개를 푹 숙인 채 저 높은 하늘이 아닌 땅만 바라보는 인생은 점점 구렁텅이로 빠져든다. 결국 하나님이 우리 안에, 그리고 우리를 통해 행하시려는 놀라운 일이 방해를 받는다. 이는 영적 원리이고 심리학적 사실이다. 우리는 마음으로 보는 곳을 향해 나아간다. 따라서 마음으로 보지 못하는 일이 실제로 일어날 가능성은 거의 없다. 당신은 어떤가? 마음으로 어떤 미래를 보는가? 지금보다 강하고 행복하고 건강한 자신의 모습이 보이는가? 하나님의 복으로 가득한 미래가 보이는가? 마음으로 본 복은 반드시 우리를 찾아오게 되어 있다.633)
> 미래에 되고 싶은 모습을 말하라. 우리는 말로 자신의 미래를 예언할 수 있다. 하루에 딱 5분만 떼서 자기 삶을 향해 복을 선포해 보라. … 하나님과 단 둘이 시간을 보낸 후 매일 몇 분씩 자기 삶을 향해 복을 선포하면 정말로 그 복을 받는다. 복에 관해 읽거나 생각하는 것만으로는 부족하다. 말로 해야 초자연적인 일이 벌어진다. 말이 믿음에 생명력을 불어넣는다.634) 말은 씨앗과 비슷하다. 입 밖으로 나온 말은 우리의 무의식 속에 심어져 생명력을 얻는다. 그리고 뿌리를 내리고 자라서 그 내용과 똑같은 열매를 맺는다. 우리가 긍정적인 말을 하면 우리 삶은 긍정적인 방향으로 펼쳐진다. 부정적인 말은 부정적인 결과를 낳는다. 패배와 실패를 말하면서 승리의 삶을 살려고 애써 봐야 아무 소용없다. 뿌린 대로 수확할 뿐이다. … 우리의 무의식은 우리의 말을 사실로 받아들인 후에 그것을 이루기 위한 메커니즘을 가동한다. …635)

이런 말들은 성경과는 아무런 관련이 없다. 이런 것들은 다만 인간의 심리를 고양시키는 자기 계발에 관한 것에 불과하며 믿음에 관한 성경의 말씀과는 전혀 상관이 없는 말들이다. 조엘 오스틴의 그런 말들은 무엇이 배경일까?

조엘 오스틴은 그의 책 표지에 쓴 "믿는 대로 된다"라는 말과, 3장의 제목인 "나는 생각과 말의 힘을 발견한다."와 비슷한 말을 계속해서 반복한다. 이런 말들은 그냥 우연히 나온 말이 아니다.

조엘 오스틴의 그런 말들을 파악하기 위해서는 그의 아버지 존 오스틴을 관련짓게 된다. 그 두 부자는 'Word of Faith'(WOF)라는 비성경적 단체의 교리를

---

633) 조엘 오스틴, **긍정의 힘**, 정성묵 역 (서울: 두란노, 2005), 30-31.
634) 조엘 오스틴, **잘 되는 나**, 정성묵 역 (서울: 두란노, 2011), 106.
635) 조엘 오스틴, **긍정의 힘**, 정성묵 역 (서울: 두란노, 2005), 147-148.

추종하는 사람들이다. WOF에 관한 비판서 다니엘 레이 맥콘넬(Daniel Ray McConnell)의 『A Different Gospel』이다.636) 맥콘넬은 'Word of Faith'가 컬틱(Cultic)하다고 말한다.637)

WOFM(말씀신앙운동, word of faith movement)에 대하여 상세히 기술하고 있는 블로그의 글을 읽어보자.

> WOFM(말씀신앙운동, word of faith movement)은 1900년 말의 오순절 운동에서 자라났는데, 그 설립자는 E. W. Kenyon으로 피니어스 쿰비(Phineas Quimby)의 형이상학적 신사고 운동의 가르침(the metaphysical New Thought teachings)을 공부한 사람이다. WOFM은 교파가 아니며, 공식적인 조직 또는 체제가 없다. 단지 케네스 해긴(kenneth hagin(아버지), 케네스 코플랜드(kenneth copeland(아들)와, 베니 힌 같은 남의 주목을 끌려하는 목사들에 의해 엄청나게 영향을 주는 운동이다. 그들의 핵심 문장인 name it and claim it("원하는 것을 말하고 그것을 요구해라"-역자 주)은 마음(정신) 과학에서 기원한 것으로, 오순절주의(pentacostalism)와 결합되어, 정통 기독교와 신비주의에 기교하게 혼합되는 결과를 낳았다. 케네스 해긴은 E. W. 케넌 밑에서 차례로 공부를 했고, 결국 WOFM(말씀신앙운동)이 되었다. 많은 설교자들이 직·간접적으로 케네스 해긴에 의해 영향을 받았는데, 크레플로 달라(creflo dollar), 조엘 오스틴, 조이스 마이어, 제리 사벨(jerry savelle), 폴크라우치, 잰 크라우치, 프레드 프라이스, 빌 윈스턴 등이다. 비록 그 가르침들의 범위는 완전히 이단적인 것에서부터 완전히 우스꽝스러운 것까지에 이르지만, 대부분 그들이 따르는 기본신학이란 주로 말씀신앙운동에 위치한다.638)

조엘 오스틴의 아버지는 원래 침례교 소속 목사였으나, 교단을 버리고 WOFM(말씀신앙운동)의 일원이 되었다. 영지주의에 기초한 WOFM의 주된 사

---

636) 김태한, 뉴에이지 신비주의 (서울: 라이트하우스, 2008), 36-51; 「Word of Faith」에 관한 부분은 『뉴에이지 신비주의』에 기초하였으며, 「Word of Faith」에 대하여 더 자세히 알기 위해서 『뉴에이지 신비주의』 "제1장 신사상운동과 믿음의 말씀운동"을 참고하면 유익하다.
637) D.R. McConnel, A Different Gospel (Hendrickson Publishers, 2011), 18-19; In describing the origins of the Faith movement as "cultic" we are not saying that the movement itself is a cult, or that all members of the movement are cultists. Neither are we saying that every doctrine of Faith theology is cultic. On the contrary, the overwhelming majority of the members of the Faith movement are sincere, Bible-believing Christians. Much of the these Christians is evangelical and certainly within the boundaries of Christians is orthodoxy. The Faith movement is not a cult in the sense and to the degree of Mormonism, Jehovah's Witnesses, or Christian Science. No, the Faith movement is not a cult, but it is cultic, that is, it has certain doctrines and practices that are cultic in thought and historical origin. The fact that much of the Faith movement is evangelical makes it all the more necessary, though painful, to expose and refute its cultic elements.
638) http://blog.daum.net/hitto/535

상은 정통 기독교와는 완전히 배치된다.639) 하나님의 말씀으로 이 세상의 복을 누릴 수 있다고 말하는 사람들의 뿌리는 말씀신앙운동이다. 국내에서도 이 사상에 물든 사람들이 사람의 언어는 창조력이 있다고 하면서 거기에 대적기도를 더하여 사람들을 미혹하고 있다.

조엘 오스틴은 다음과 같이 비성경적이고 위험한 말도 했다.

> 하나님은 인간을 위해 세상에서 일할 허가를 받아야만 한다. 당신이 바로 그 조정을 할 수 있다. 사람이 갖고 있다. 하나님은 더 이상 가지고 있지 않다.(2004.5.2)640)

하나님께서 하시는 일을 인간의 허락을 받아야만 한다고 말하는 조엘 오스틴의 말은 성경 말씀과는 완전히 반대다. 그가 이런 말을 할 수 있는 근거는 무엇인가? 그것은 '우주의 법칙'에 나와 있다. 그 우주의 법칙은 다음과 같은 말에서 분명하게 밝혀진다.

> 말씀신앙운동의 핵심은 "믿음의 힘"(force of faith)에 대한 신앙이다. 말씀은 믿음의 힘을 조종하는데 사용이 되어질 수 있으며, 따라서 성경은 건강과 부(wealth)를 약속한다고 믿는다. 믿음의 힘을 지배하는 법들은 독립적으로 하나님의 주권의지를 움직이게(operate) 할 수 있다고 말하여지며, 하나님 자신이 이 법에 종속이 된다고 한다. 인간 타락 이전, 우리는 이 믿음의 힘을 사용해 사물들을 존재할 수 있게 부를 수 있었다고 그들은 말한다. 하지만, 결국 인간의 타락 이후, 우리는 사탄의 본성을 취하고, 이 사물을 존재하게 부를 수(call) 있는 능력을 상실했다는 것이다. 이런 상황을 고치기 위해서, 예수 그리스도는 그분의 신성을 포기했고, 인간이 되었으며, 영적으로 죽었고, 자신에게 사탄의 본성을 취하여, 지옥으로 갔고, 다시 태어났고, 하나님의 본성과 함께 부활했다는 것이다. 이 모든 것을 완성하기 위해서, 예수는 성령을 보내어 믿는 자들에게 성육신의 복사판을 이루어서, 그들은 하나님이 원래 의도한 작은 신들이 될 수 있게 된다는 것이다. 따라서 작은 신들로서, 우리는 다시 믿음의 힘을 조종할 수 있는 능력을 가지게 되었고, 삶의 모든 면에서 번영할 수(prosperous) 있게 되었다는 것이다. 질병과 죄는 믿음의 부족으로 인한 결과라고 말하며, 긍정적인 고백(positive confession)을 통해서 치료가 된다고

---

639) http://www.dangdangnews.com/news/quickViewArticleView.html?idxno=1080/ 〈1〉 우리는 작은 신들이다. 2) 예수님은 십자가에서 우리의 죄 값을 모두 치루지 못하셨고, 지옥에 가서야 가능했다. 3) 우리는 하나님에게 우리의 입술로 요구할 수 있고 하나님은 우리가 건강하고 부유하기를 원하신다. 우리가 병약하거나 가난하면 그것은 우리가 믿음이 없기 때문이다. 4) 우리는 우리가 하는 말로 우리의 상황을 조정할 수 있다. 우리가 축복하고 치유를 말하면 우리는 그렇게 된다. Word-of-Faith 지도자들은 "말을 해야 합니다. 당신의 말은 창조적 힘이 있습니다. 우리의 믿음을 표현하는 주된 길은 우리의 말입니다. 당신의 삶에 있어 하나님의 호의와 (당신이) 하나님의 호의를 선포하는 데에는 중요한 영적 관련이 있습니다. 여러분들이 하나님의 기쁨을 위해 최선을 다하지만, 하나님의 초월하시는 호의를 실제로 경험하신 분은 없을 겁니다. 단순하게 말로 선포하지 않기 때문입니다."
640) 같은 사이트.

한다. 따라서 각 사람을 존재케 하신 하나님의 약속들을 요구하는 것이다.641)

이와 같이 인간이 작은 신이 되었다고 생각하기 때문에 하나님의 사역을 인간이 좌지우지할 수가 있다고 생각한다. 조엘 오스틴 속에는 신성한 내면아이가 자리 잡고 있기 때문에 말이 세상을 창조하고 지배하게 되고 세상의 부를 가져온다고 믿는다. 인간의 본분을 망각하는 말은 그냥 나오는 것이 아니다. 그 속에 신성한 내면아이가 있을 때 거침없이 나오게 된다.

앞에서 언급되었듯이, WOFM(말씀신앙운동, word of faith movement)의 핵심 키워드는 '믿음'과 '말'을 '힘'으로 본다. 중요한 것은 이들이 말하는 믿음은 성경에서 말하는 믿음이 아니라 자신이 신이기 때문에642) 신의 말이 가진 창조력으로 원하는 것을 이루어지게 만들어 주는 힘이다. 이것이 그들에게는 "영적 원리" 혹은 "우주적 법칙"이다.643) 이런 인간관은 뉴에이지 인간관과 일치한다.

나아가 예수님의 십자가의 죽으심을 평가절하 할 뿐 아니라 하나님의 절대적 관능을 무참하게 짓밟고 하나님을 대적하여 그 보좌를 강탈하고 있다. 인간으로부터 허가를 받아야 하는 하나님은 진정한 그리스도인들이 믿고 의지하는 하나님이 아니다. 그것은 이교도들의 신이거나 무당들의 잡신에 불과하다.

그러나, 성경에서 말하는 하나님은 누구신가?

> 태초에 하나님이 천지를 창조하시니라(창 1:1)
> 여호와 하나님이 흙으로 사람을 지으시고 생기를 그 코에 불어 넣으시니 사람이 생령이 된지라(창 2:7)

성경에서 말하는 하나님은 온 천지만물을 창조하신 하나님이요, 성경이 말하는 인간은 그 하나님이 창조한 피조물로서 존재론적으로 낮은 위치에 있다.

또한, 하나님께서는 전능하신 분이시며, 모든 일을 "그 뜻대로" 행하시는 분이

---

641) http://blog.daum.net/hitto/535
642) 김태한, **뉴에이지 신비주의** (서울: 라이트하우스, 2008), 51; 〈Word of Faith의 가장 핵심적인 교리가 바로 '인간이 신으로 창조되었다'는 주장이다. Word of Faith 추종자인 베니 힌(Benny Hinn)은 이렇게 주장한다. "여러분의 성(last name)이 무엇인지 아십니까? 여호와입니다. 그러므로 나는 베니 여호와입니다."
643) 조엘 오스틴, **긍정의 힘**, 정성묵 역 (서울: 두란노, 2005), 152; "… 우리의 말은 꿈을 이루는 데 매우 중요한 역할을 한다. 꿈을 꾸는 것이나 믿음의 눈으로 꿈을 바라보는 것만으로는 부족하다. 우리 인생을 향해 믿음의 말을 선포해야 하는 것이다. 말에는 엄청난 창조의 힘이 있다. 우리가 뭔가를 입으로 말하는 순간에 말의 내용이 생명을 얻는다. 이것은 영적 원리다."

시다. 하나님께서 하시는 일에 인간이 주제넘게 나서서 간섭하거나 주장하지 못한다.

> 아브람의 구십 구세 때에 여호와께서 아브람에게 나타나서 그에게 이르시되 나는 전능한 하나님이라 너는 내 앞에서 행하여 완전하라(창 17:1)
> 주 여호와여 주께서 주의 크심과 주의 권능을 주의 종에게 나타내시기를 시작하였사오니 천지간에 무슨 신이 능히 주의 행하신 일 곧 주의 큰 능력으로 행하신 일같이 행할 수 있으리이까(신 3:24)
> 우리가 알거니와 하나님을 사랑하는 자 곧 그 뜻대로 부르심을 입은 자들에게는 모든 것이 합력하여 선을 이루느니라(롬 8:28)

그러기에 인간은 그의 행하심을 보고 다음과 같이 찬양하지 않을 수 없다.

> 여호와여 신 중에 주와 같은 자 누구니이까 주와 같이 거룩함에 영광스러우며 찬송할만한 위엄이 있으며 기이한 일을 행하는 자 누구니이까(출 15:11)
> 여호와의 인자하심과 인생에게 행하신 기이한 일을 인하여 그를 찬송할지로다(시 107:8)
> 내가 주께 감사하옴은 나를 지으심이 신묘막측하심이라 주의 행사가 기이함을 내 영혼이 잘 아나이다(시 139:14)

그러므로 성도는 하나님의 진리의 말씀을 변개하여 세상의 번영을 추구하는 자들의 괴악한 말에 속아 넘어가지 말고, 하나님의 나라와 그 의를 구하며 사는 하나님이 백성으로 살아가야 한다.

RPTMINISTRIES
http://www.esesang91.com

4
chapter
내적 치유자들과 구상화

아그네스 샌포드와 구상화 … 272
- 육신의 질병을 치유하기 위한 기도방법 … 279
- 아그네스 샌포드와 잠재의식 … 287
- 샤머니즘적인 방법 … 294
- 아그네스 샌포드의 양태론 … 300
- 잠재의식 속의 용서 … 304
- 원방통제 치유 … 306
- 성례전적인 방법이란 무엇인가? … 309
- 아그네스 샌포드의 결말 … 318

몰톤 켈시와 구상화 … 320

존 & 폴라 샌드포드와 구상화 … 324

데이빗 씨맨즈와 구상화 … 331

존 브래드 쇼와 구상화 … 356

찰스 크래프트와 구상화 … 367

주서택 목사와 구상화 … 388
- 구상화의 실제-회상의 기도 … 396
- 치유를 위한 심리적 새 언약 … 412
- 주서택 목사와 삼분설 … 423

맺음말 ………… 431

아그네스 샌포드와 구상화

오컬트와 뉴에이지에 속하는 죄악 된 방법을 교회 안으로 도입하여 미혹에 빠트린 사람들을 살펴보았다. 내적치유라는 이름으로 구상화를 교회에 끌어들인 장본인은 칼 융의 제자 아그네스 샌포드(Agnes Sanford)다.644) 오늘날 내적치유 사역을 하는 사람은 거의 대부분 아그네스 샌포드의 영향을 받은 사람이라고 해도 과언이 아니다.645) 샌포드는 성공회 사제의 아내였다. 샌포드는 그때까지 알려진 온갖 형태의 치유를 연구하고 실험했다.646)

샌포드는 무엇을 믿는 사람이며 무엇을 기대하는 사람인가? 다음의 글은 그녀의 그런 성향을 잘 대변해 준다.

> 나는 성 가톨릭을 믿으며 기도와 기독교적 사랑 그리고 믿음 가운데 하나로 뭉쳐져 지상에서의 그리스도의 몸-성령의 충만함을 입은으로 화한 한 무리의 사람들을 믿는다. 그리고 이것이 온전히 이룩되었을 적에는 지상에서의 하나님의 나라가 도래할 것이며 이때에는 마치 물이 바다를 뒤덮듯 지구는 하나님의 영광으로 충만될 것이다. 그리스도의 몸의 이 생명은 모든 민족들을 똑같은 핏줄기와 똑같은 생명으로 맥박 치게 하여 하나로 뭉치게 하는 하늘 에너지인 것이다. 이것이야말로 새로운 생활 질서와 새로운 예루살렘 성지가 그 위에 세워질 기초이다. 그리고 지상의 모든 국민은 자기들의 영광과 영예를 거기에 바칠 것이며 어린 양은 그 불빛이 될 것이다.647)

도대체 이것이 무슨 말인가? 성 가톨릭을 믿으며, 가톨릭도 기독교도 하나로 뭉쳐진다고 말하며, 그것이 하나님의 나라이며 그리스도의 몸의 생명은 하늘 에너지라고 하는 이런 비성경적인 말의 의미가 도대체 무엇이란 말인가? 이제 이

---

644) 아그네스 샌포드를 살펴보는 것은 언필칭 한국교회 영성의 흐름을 파악하는데 굉장히 중요한 역할을 한다. 왜냐하면, 예수전도단은 대천덕 신부의 영성에 지대한 영향을 입었고, 대천덕 신부는 아그네스 샌포드에게서 굉장한 영향을 받았기 때문이다. 아그네스 샌포드를 이해하지 못하면 한국의 영성을 이해하지 못한다고 해도 과언이 아니다. 그러나 세월 속에 그것들은 마치 비밀같이 묻혀있었다.
645) 손경환, **왜 성경적 상담인가?** (서울: 미션월드, 2011), 150-151; '내적치유'(inner healing)를 교회에 도입한 장본인은 융(Carl Gustav Jung)의 제자 아그네스 샌포드(Agnes Sanford)였고 지미 카터(Jimmy Carter) 대통령의 죽은 누이 동생인 룻 카터 스텝렌튼(Ruth Carter Stapleton)이 그 뒤를 이었다. 그 후에는 스텝렌튼을 따랐던 존 앤 파울라 샌드포드(John & Pauls Sandford)와 데니스 앤 리타 베넷(Dennis & Ritta Bennett)과 마이클 스캔란(Michael Scanlan)이 합류했다. 또한 로마 가톨릭의 린(Linn) 형제와 예수회 신부들인 데니스(Dennis)와 매튜(Matthew), 그리고 로마 가톨릭 신부였던 프란시스코 맥너트(Francis MacNutt)도 같은 부류였다. ⋯ 이들 중 스텝렌튼 및 샌드포드와 맥너트는 모두 아그네스 샌포드에게서 내적치유의 원리를 직접 배웠던 사람들이다.
646) 아그네스 샌포드, **치유의 빛**, 제인 그레이 토리(현제인) 역 (서울: 기독양서, 2004), 8; 아그네스 샌포드의 '치유의 빛'을 번역한 사람이 대천덕 신부의 아내인 현제인이라는 사실은 매우 중요하다.
647) 아그네스 샌포드, **하나님을 바라보라**, 이석산 역 (서울: 한국양서, 2004), 253.

말의 진의가 무엇인지, 그리고 그녀가 말하는 내적치유란 도대체 무엇인지 한 가지씩 알아보자.

샌포드는 심각한 우울증을 앓고 있었는데 기도를 통하여 기적적으로 치유를 경험하게 된다. 2차 대전 중에 유대계 병사를 도우면서 치유한 것은 그녀에게 굉장히 큰 계기가 되었다.648) 뿐만 아니라 어떤 목사님의 기도를 통하여 자신의 아이의 귀가 치료되는 경험을 하게 된다. 이 경험을 통하여 하나님은 오늘날도 여전히 치유하시는 분이라는 사실을 깨닫게 된다. 그 후 샌포드는 육신의 치유를 위한 기도를 자신이 직접 실험해 보고 치유사역을 시작했다. 샌포드가 항상 관심을 둔 것은 하나님의 권능이 우리 속에 역사하는 것을 알아낼 수 있는 방법과 우리를 통하여 그 권능을 남에게 전달할 수 있는 방법이었다. 이것은 하나님을 체험하는 것이다. 샌포드에게 있어서 종교란 하나님에 관한 체험이다.649) 그러므로 신학이란 단순히 그 경험을 설명하려는 시도에 불과한 것으로 본다. 신학이 해야 할 일이란, 시대의 변화에 따라 하나님에 관한 인간의 경험이 변화하기 때문에 그 경험에 대한 설명도 반드시 변화되어야만 한다고 주장했

---

648) http://cafe.daum.net/weloveJesusChrist/38wO/37 박영범, 내적치유 운동의 배경과 현황; "그녀는 2차 세계대전 중 병원 자원봉사자로 일하면서 해리라는 유대계 미군 병사를 도운 적이 있었다. 해리는 한 쪽 다리뼈가 3인치나 잘려나간 부상병이었다. 샌포드는 그를 위해 기도했고, 그에게 기도하는 법을 가르쳐 주었다. 수주 후에 3인치의 뼈가 다시 자라났고, 해리는 예수를 영접했다. 얼마 후 해리는 샌포드에게 편지를 보냈다. 자기는 잘 지내고 있으며 기독교인으로서 정신의학자가 되기 위해 공부하고 있다. 그런데 가끔 걷잡을 수 없는 분노에 빠져든다는 내용이었다. 샌포드는 그를 위해 기도했는데, 기도 중에 작은 소년 해리가 이방인 불량배들에게 놀림을 당하고 두들겨 맞는 장면의 환상을 보았다. 샌포드는 해리의 문제는 성인 해리에게 있는 게 아니라, 아직 치유되지 못한 마음속의 오래 곪은 상처에 있다는 사실을 성령께서 계시해 주신 것이라 확신했다. 샌포드는 그 작은 아이가 위로 받고 평안해지도록, 자기를 괴롭힌 사람들을 용서해 줄 수 있도록 기도했다. 얼마 후 해리에게서 다시 편지가 왔다. 자기는 어느 때보다도 마음이 홀가분하고 자유롭다, 분노는 사라진 것 같다고 …. 샌포드는 이런 식의 내적치유 사역을 많이 경험했다. 그녀의 이런 내적치유 사역은 곧 사람들에 의해 '기억의 치유'라고 불려졌다. 그러나 샌포드 자신은 이 용어를 좋아하지 않았으며, 야고보서 5:13-16에 근거한 죄 고백의 사역이라고 역설했다. 샌포드는 마음속에 묻힌 과거의 용서하지 못한 죄나 용서받지 못한 채 잊혀진 죄는 원치 않고 바람직하지 않은 행동들을 통해 나타날 수 있는데, 만약 그런 죄들이 용서되고 마음이 씻기면 행동들은 고쳐질 수 있다는 점을 자신의 내적치유 사역의 핵심으로 강조했다. 샌포드는 목회학교를 설립하고 그 학교를 통해 많은 내적치유 사역자들을 배출하였다. 대표적 인물로는 Francis Macnutt, Barbara Shlemon·Tommy Tyson·Herman Riffel·John & Paula Sandford 등이 있다. 이들 외에도 내적치유의 두드러진 사역자들로는 Anne White·Catherine Marshall·Ruth Carter Stapleton·Michael Scanlan·Reg East·Roger Moss·Rita Bennett·Theodore E. Dobson·Dennis Linn & Matthew Linn·Barbara Pursey·John Hampsch·David A. Seamands·Charles Kraft 등을 들 수 있다."
649) 김성민, *융의 심리학과 종교* (파주: 동명사, 2010), 54-55.

다.650)

아그네스 샌포드는 이런 차원으로 종교를 이해하기 때문에 어떤 종교라도 상관이 없다는 입장으로 갔다. 다시 말해서 체험을 줄 수만 있다면 어떤 종교도 다 환영했다. 슈바이처, 코리 텐붐, 골든 주교를 비롯한 시대적 인물들을 모든 시대의 창조적인 사람들이라고 추켜세웠다.651)

샌포드는 자신의 책 『치유의 빛』(*Healing Light*)과 『하나님을 바라보라』(*Behold your God*)를 통하여 육신의 치유와 내적치유에 대하여 말한다. 예수원의 대천덕(아처 토레이) 신부와 현재인(제인 토리) 사모는 샌포드의 치유 집회에 참여하여 치유를 경험하고652) 그녀의 책을 한국어로 번역하여 출판했다.

아그네스 샌포드는 존 & 파울라 샌드포드, 프랜시스 맥넛, 루스 카터 스태풀턴(Ruth Carter Stapleton)653), 데니스리타 베네트(Dennis and Rita Bennett)654), 몰톤 켈시(Morton Kelsey)655), 데이빗 씨맨즈(David Seamands),

---

650) 아그네스 샌포드, **하나님을 바라보라**, 이석산 역 (서울: 한국양서, 2004), 13.
651) Ibid., 212.
652) 대천덕, **대천덕 자서전**, 양혜원 역 (서울: 홍성사, 2001), 182; "하나님은 제인을 아그네스 샌포드 여사가 인도하는 목회 상담 모임에 참석하게 하셔서 기적적으로 후두염을 고쳐 주셨고(제인은 순식간에 말을 분명하게 할 수 있게 되었다), 마음속의 아픈 기억을 치유해 주셨으며, 성령 세례를 받게 하심으로써 그 기도에 응답하셨다. 이것은 제인에게 진정한 인생의 시작이었다. 제인은 해외로 가서 살아 계신 주 예수님을 전하고 싶어 어쩔 줄을 몰랐다. 나는 수년 전에 성령 세례를 위해 기도했고 성령님이 은사가 역사하는 것을 보았지만, 제인이 새롭고도 놀라운 경험을 통해 성령 안에서 함께 기도하는 것(방언의 은사)이 얼마나 좋은 것인지 알게 되었으며, 그것이 고난을 이기는 능력을 준다는 사실을 발견했다. 그런 능력이 없었다면 우리는 살아남지 못했을 것이다."
653) http://blog.daum.net/timberkang/11752215/ 존 맥아더, 제9장 하나님은 지금도 병을 고치시는가?(2007.5.8.).; 루스 카터 스태풀턴(Ruth Carter Stapleton)은 전 미국 대통령 지미 카터의 누이로서, 그녀 역시 신유 은사자였는데 신유에 대한 그녀의 신념 때문에 암 치료를 거부했으며 결국 1983년에 그 병 때문에 죽었다.
654) http://jmf.or.kr/jmf/technote/read.cgi?board=holy_school&y_number=74; 피터 와그너 박사는 제1의 성령의 물결은 오순절운동이라고 하고, 제2의 성령의 물결은 은사(카리스마)운동이라 했다. 은사운동은 1960년 4월 3일 미국 캘리포니아 밴 나이스에 있는 성 마가성공회교회(St. Mark's Episcopal Church)의 데니스 베네트(Dennis J. Bennett) 신부가 회중들에게 자신이 방언을 말하게 되었다고 고백한 사건으로부터 시작한다. 그는 이 사건을 통해 일어난 모든 것을 「아침 9시」(Nine O'clock in the Morning)란 책에 상세히 기록하고 있다. 은사운동은 1960년대와 70년대에 급속히 미국 전역으로 확산되었다. 은사운동은 미국과 세계의 장로교, 감리교, 성공회, 루터 교와 다른 많은 교단에서 뿐 아니라 가톨릭교회에서도 강하게 나타났다. 은사운동은 오순절운동의 방언의 은사에 더하여 모든 성령의 은사가 지금도 일어난다고 믿었다. 베네트 목사를 통해 방언 뿐 아니라 성령의 은사운동이 기성교회로 넘어가게 되었다. 이것을 '은사주의 운동(Charismatic Movement)' 혹은 '신오순절 운동 (Neo-Pentecostal Movement)'이라 했다. 은사운동을 하는 사람들은 성경을 보다 복음주의적으로 보게 되고 회심과 중생을 보다 복음주의적으로 이해하게 되었다. 그럼에도 대개의 복음주의자들은 은사운동을 환영하지 않았다. 복음주의자들의 보수적인 신학은 기적이란 오늘날의 기독교 경험에서는 일어나지 않는다는 '기적(은사)종료론(Cessationism)'을 믿었기 때문에 방언과 성령

존 윔버(John Wimber)에게 직접적인 영향을 주었다.656) 샌포드 한 사람으로 인해서 수많은 내적치유자가 나왔고 내적치유에 관한 수많은 책이 나왔다.657)

루터교 목사인 윌리엄 바스윅은 아그네스 샌포드로부터 받은 영향에 대하여 다음과 같이 말했다.

아그네스 샌포드가 기도에 관하여 내게 가르쳐준 가장 중요한 것은 아마도 기도가 상상과 관계가 있다는 것이다 … 나는 항상 어떤 부정적인 면으로 상상에 대해서 생각했다. 나는 종종 "아,

---

세례에 거부감을 나타냈다. 복음주의적인 교회에서 교인들이 성령의 은사 체험을 하게 되면 교회가 그들을 떠나게 하든지, 아니면 그 결과 교회가 분리되었다.

655) http://www.inbora.com/gnuboard/bbs/board.php?bo_table=board13&wr_id=371/ "종교 심리학자이며 신학자인 몰튼 켈시(Morton Kelsey) 또한 말하기를, … 사람들을 영적 순례의 길로 인도하는 두 가지 길이 서로 다른 것으로 알려졌다. 하나는 성례전적 방법으로 우리는 이미지, 그림, 상징, 의례를 통해 신에 대한 명상을 시도해 왔다. 이러한 방법은 자주 이미지에 대한 혼란을 야기 시켰고, 우상숭배로 이끄는 결과를 가져왔다. 두 번째 방법은 모든 이미지와 내용에 대해 우리 자신을 비움으로써 신을 발견하는 것이다. 이러한 견해는 거룩에 대한 모든 그림 혹은 이미지가 부적절하다는 사실을 강조한다. … 이러한 견해는 우리 안에 와 우리 주변의 세상 속에서 악에 저항하는 몇 가지 방법을 제공한다. … 이러한 두 가지 접근 방법은 서로가 분리될 수 없다."

656) http://blog.daum.net/timberkang/11752215/ 존 맥아더, 제9장 하나님은 지금도 병을 고치시는가?(2007.5.8.).; 존 윔버(John Wimber)도 만성적인 심장 질환을 앓고 있다. 그의 책「능력 치유」(power Healing)는 "존 윔버의 개인 노트"(A Persomal Note from John Wimber)라는 글로부터 시작한다. "1985년 10월, 3주간 영국에 있으면서 런던, 브라튼, 그리고 쉐필드의 집회를 인도했다. 많은 사람들이 치료를 받았다. 단지 나 한 사람만을 빼고, 지난 2년 동안 나는 4-5개월마다 찾아오는 가슴앓이로 고생했다. 나는 심장 쪽이 의심스러웠지만 별로 신경 쓰지 않았다. 아무도, 심지어는 내 아내 캐롤조차도 내 상태를 눈치 채지 못했다. 그런데 영국에서 더 이상 그녀에게 감출 수가 없었다. 우리가 산책할 때 이따금씩 가슴이 아파서 갑자기 멈춰 서야 했기 때문이었다. 나는 잦은 여행으로 피로해 있었다. 의사들은 내게 심장마비 증세가 있는 것 같다고 했다. 집에 돌아와서 종합 진단을 받아 보니 역시 내가 염려했던 대로였다. 심장이 극심하게 손상되어 있었다. 진단 결과에 의하면 내 심장은 제대로 뛸 수조차 없었고 고혈압으로 인한 합병증까지 있었다. 비만과 과로에다 이런 병까지 앓게 되었으니, 언제 죽을지 모를 일이었다. 그래서 존 윔버는 하나님께 기도를 했는데, 하나님께서는 그에게 아브라함이 그의 아이를 기다린 것같이 자기도 치료되기를 기다려야 하며, 동시에 자기 주치의의 지시대로 따르라고 말씀하셨다고 한다. 그 이후로 윔버는 치료를 받아 병이 호전되었는데, 그는 하나님께서 자기가 점차 치료될 것이라고 말씀하셨다고 믿었다. '지금 내가 완전히 치료되어 더 이상 문제가 없다고 쓸 수 있다면 얼마나 좋을까? 그러나 사실이 그렇지 않는데 그렇다고 쓴다 한들 무슨 소용이 있겠는가?' 윔버는 솔직하게 시인했다. …")

657) http://cafe.daum.net/weloveJesusChrist/38wO/37/ 박영범, 내적치유운동의 배경과 현황; "샌포드는 전반적인 신앙 치유의 맥락 속에서 내적치유를 취급했으며, 성령 은사의 역할을 두드러지게 강조했고, 고백과 기도와 성례전을 주된 방법으로, 그리고 기도 방법에 있어서 이완법과 상상 기법을 보조적인 방법으로 사용하였다. 초기 내적치유 사역자들은 대체로 샌포드의 방식을 따르고 있다. 모든 치유 기도에 있어서 상상력의 활용이 중요한 것으로 취급 되었으나, 내적치유 방법론으로 적극 도입한 사람은 룻 카터 스태플래톤(Ruth Carter Stapleton)이라 할 수 있다. 스태플래톤은 억압된 기억을 되살리고 '마음의 아이가 협력하도록' 하는 방법으로 의도적인 상상 요법을 사용했다. 내적치유의 획기적인 발전은 1980년대 들어와 씨맨즈(David A. Seamands)와 샌드포드(John & Paula Sandford)에 의해 이뤄졌다."

당신의 상상이 당신을 압도해 버리지 않게 하라 …" 창세기 6:5에서 사람의 생각(the imagination of man)이 극히 악했다 … 고 기록하고 있다는 상상을 멸시하는 말을 들었다. 나는 상상이 효과적인 기도를 위한 가장 중요한 열쇠 중의 하나라고 믿는다 … 하나님은 내 상상을 통하여 나를 다루신다 … 상상은 하나님과의 기도 관계를 위한 열쇠 중의 하나이다.658)

한국교회 내에서는 잘 알려져 있지 않았지만 샌포드의 영향력은 매우 지대해서 내적치유의 선구자로 불린다. 샌포드는 언필칭 '기억의 치유'를 가르치기 시작했다.659)

샌포드는 이전에 다른 사람들이 추구하지 않았던 방법을 발견했다고 말했다. 그것은 곧 성례전적인 방법과 형이상학적인 방법을 결합시킨 것이다.660) 형이상학적인 방법이란 구상화를 통한 치유를 말하며, 성례전적인 방법이란 로마 가톨릭의 고해성사를 통한 치유를 말한다. 그것은 다음과 같은 말에서 입증된다.

하나님의 사랑은 이 죄 많고 고통 많은 세상의 부정적인 사고의 진동에 의해 사람으로부터 가리워졌다. … 그래서 우리 주님은 우리가 대속이라고 부르는 것, 곧 하나님과 인간을 단번에 재

---

658) 데이브 헌트/ T.A. 맥마흔 공저, **기독교 속의 미혹**, 김문철 역 (서울: 포도원, 1991), 193-194.
659) http://blog.daum.net/back33/11816500 "묵상적인 방법"이라 하면서 다음과 같이 치유하는 방식이 점점 확대되어 가고 있다. a) 의자나 자리에 편안한 자세로 앉아서 시작한다. b) 눈을 살며시 감는다. 마음속에 무언가를 그려 본다. 심호흡을 한다. 깊게 숨을 들이 쉬면서 성령께서 내 속에 들어오심과 같은 기분으로 한다. 이 치유의 호흡이 자신의 몸에 넘쳐남을 상상한다. 그러면서 천천히 숨을 내쉰다. 내 쉬는 호흡이 몸의 긴장을 풀어 준다. c) 다시 깊은 호흡을 반복한다. 더 많은 긴장이나 몸속의 독소들을 해소한다. 보다 깊은 호흡을 계속한다. 그러는 가운데 몸이 이완되고 치유가 이루어진다. d) 몸의 불편한 곳을 느낀다. 자신에게 그 부분을 지적한다. 예를 들면 '머리', '목', '허리' 등과 같이 단어를 자신에게 일러준다. 그리고 호흡을 하면서 그 공기를 지적한 부위로 보낸다. e) 생생하게 상상한다. 허리가 바로 펴지고, 매듭이 풀리고, 주름진 것이 펴지는 등의 상상을 한다. 마음이 편안해지면 자신의 몸속으로 더욱 깊이 들어갈 수 있다. f) 마음속으로 옮겨간다. = 평안한 가운데 그 속을 응시한다. 감정을 이완시키는 어떤 색상을 찾아내어 그 속에서 심호흡을 계속한다. 그것이 자신의 생각을 감싸는 것을 본다. 그리고 어떠한 특정한 생각 속으로 들어가기 시작하는데 그 장면은 자신의 삶 속에서 일어났던 장면이다. 그 속으로 들어간다. 그런데 이를 방해하는 생각이 떠오르면, 그 생각을 지워 버린다. 그러면 편안하고 평안한 상태로 더욱 깊이 들어갈 수 있다. g) 자신의 깊고 은밀한 곳에 초점을 맞추기 시작한다. 작고 흰 빛이 자신을 비추는 것을 볼 수 있다. 그 빛이 점점 밝아지면 그 빛으로 자신을 다가가게 한다. 부드럽고 포근한 조명에 끌려 가까이 접근하면 자신의 전체를 볼 수 있게 된다. 이 따뜻함이 자신의 육체에 힘을 주어 영을 생동감 있게 한다. 그 밝은 빛이 부정적인 감정으로 가득한 속사람을 치유한다. h) 부정적 감정이 잘 처리되지 않으면 어떤 근원에서 온 것인지, 언제 온 것인지, 그 당시로 돌아간다. 그러면 부드럽고 흰빛이 부정적인 감정을 대치하는 것을 느끼게 된다. 지금까지 괴롭혀 온 감정의 찌꺼기들이 사라진다. I) 다른 사람에게 향하였던 것을 이제는 자신에게로 향해서 본다. "나를 괴롭게 했던 모든 것을 용서합니다. 나의 삶을 굴곡지게 한 것들을 모두 용서합니다."라고 기도한다.
660) Agnes Sanford, *The Healing Light* (Macalester, 1947), 130; 『Healing Light』와 『Behold your God』은 예수원의 대천덕 신부가 번역하여 출판하였다.(한국양서: 『**치유의 빛**』, 『**하나님을 바라보라**』) 이 말은 대천덕 신부가 어떤 성향을 가지고 있었는지 알려주는 것이고, 그런 의미에서 매우 경계해야 할 일이다.

결합시키는 위대한 일을 겟세마네 동산에서 수행하셨다. 그는 문자 그대로 자기의 사고의 진동을 인류의 사고의 진동까지 낮추시고 자신 안으로 죄와 병듦과 고통과 죽음에 대한 인간의 사고들을 받아들이셨다. … 이렇게 함으로써 그는 이 지구를 둘러싼 사고의 진동을 깨끗하게 하셨다. … 그러므로 그는 인류의 일부분이 그와 함께 죽었으며 … 우리 영혼의 어떤 영향력이나 보이지 않고 의인화된 에너지는 이미 그와 함께 하늘로 승천했다. … 그의 피, 즉 신비로운 생명의 정수는 … 해 아래 모든 땅에 부는 하늘의 바람에 의해 플라스마(plasma) 형태로 이 땅에 남아 있으며 영적 능력의 연쇄 반응으로 폭발한다. … 그러나 어떻게 우리는 이 거대한 생명의 흐름을 닫힌 마음속으로 흘러 들어가게 할 수 있는가? … 세상의 죄 값을 지불하거나 우리가 위하여 기도하는 특정 세계 지도자들의 죄 값을 지불함으로써 할 수 있다. 또한 그리스도의 십자가로 그 사람을 데려와 거기서 그를 위해 죄사함과 치유와 생명을 받음으로써 그렇게 할 수 있다 … 나는 성례전적인 방법과 형이상학적인 방법을 결합시키는 법을 배웠다. (그러나) 사람이 형이상학적인 방법을 사용할 수 있다고 해도 모든 사람이 열린 마음과 이상을 보는 필연적인 능력을 가진 것은 아니다.661)

이런 샌포드의 말은 샌포드의 사상이 얼마나 형이상학적인 용어와 융의 사상과 혼합되어 있는가를 구체적으로 말해 주는 것이다. 우선 샌포드가 플라스마라고 표현하듯이, 샌포드는 자주 전 우주에 하나님의 창조적인 에너지가 가득 차 있다고 말한다. 샌포드는 그것을 마치 전기와 전기 제품으로 비유해서 설명하는데, 전기줄을 통하여 전기가 흐르듯이 인간에게도 그렇게 하나님의 에너지가 흐르도록 작용할 수 있다고 굳게 믿었다. 그것도 자신이 얻을 수 있는 하나님의 분량만큼 하나님께서 역사하신다는 것이다. 또한 사고의 진동이라는 것은 고대로부터 내려오는 신비주의 마법의 핵심 사상 중에 하나다.

샌포드가 그렇게 생각하게 되는 이유가 무엇인가? 그것은 하나님과 인간에 대한 이해가 다르기 때문이다. 샌포드는 비성경적인 신관과 인간관에 사로잡혀 있기 때문이다. 샌포드가 말하는 하나님은 성경이 말하는 하나님이 아니다! 사람들이 미혹에 넘어가는 이유는 성경에 나오는 단어를 말하고 있기 때문이다. 그러나 그들이 같은 단어를 사용한다고 할지라도 같은 개념이 아니라는 것을 반드시 명심해야 한다. 아래의 글을 읽어보고 그 사실을 확인해 보라.

> 우리들의 기도, 즉 우리의 심적인 훈련과 용서하는 행위가 내재(內在)하시는 하나님에 관한 의식 속에 용해될 때 우리는 더욱더 마음대로 조종할 수 있는 내적인 힘의 근원을 깨닫게 된다. 우리는 또한 축복으로 하루의 일을 둘러싸고 우리를 평화로운 길로 인도하고 보호하며 이끌어 주시는 힘, 즉 외적인 권능의 근원도 더욱 느끼게 된다. 제럴드 하드가 말하는 것처럼 하나님은

---

661) 데이브 헌트/ T.A. 맥마흔 공저, **기독교 속의 미혹**, 김문철 역 (서울: 포도원, 1991), 136-137.

초월적이며 동시에 내재적이다. 그의 내재성이 그의 초월성에 대한 열쇠이다. 다시 말하면, 하나님의 빛은 우리 안에서도 비치고 우리 밖에서도 비친다. 그러므로 그분을 우리 안에 받아들임으로써 밖에 계신 그분도 알게 되기 시작한다.662)

샌포드가 말하는 하나님은 인간 속에 있는 하나님, 곧 '우리 안에 있는 하느님'이다. 이런 하나님의 내재성은 퀘이커파이며 극단적인 신비주의자인 토마스 켈리(Thomas Kelly)의 영향도 받았다.663) 퀘이커교도들에게 있어서 중요한 것은, '얼마나 내면의 빛을 충만케 하는가?'의 문제다. 그렇기 때문에 샌포드는 하나님의 에너지를 받아들인다는 말을 하게 되는 것이다. 그런 의미에서 아그네스 샌포드는 얼마나 퀘이커적이며 얼마나 뉴에이지적인 성향을 가지고 있는지 다시 한번 확인한다.

육신의 질병을 치유하기 위한 기도 방법

샌포드는 그렇게 하나님의 에너지를 받아들이기 위해서, 세상에도 자연법칙이 있듯이 하나님의 권능을 얻으려면 네 가지 단계가 있다고 말했다.

> 제1단계, 그 권능에 접하는 일. 하나님의 권능을 힘입는 데도 그 첫 단계는 하나님과 접하는 일이다. "조용히 하라. 그리고 내가 하나님임을 알아라." 우리의 근심 걱정을 저버리고 마음을 가다듬어 하나님의 실재에 주의를 집중시키도록 한다. 우리는 혹시 누가 하나님이신지 하나님이 무엇인지 알지 못할 수도 있다. 그러나 우리는 이 우주를 주관하시는 그 무엇이 존재하며 이 무엇은 우리 자신이 아니라는 것은 분명히 알고 있다. 그러므로 우리는 첫 난계로 우리의 모든 시름을 풀고 우리 자신 밖에 있는 생명의 원천이 존재한다는 것을 상기하는 것이다. 제2단계, 다음과 같은 기도에 의하여 그것이 흘러나오도록 하는 것이다. "하늘에 계신 아버지, 부디 이 시간 내 안에 당신의 생명을 주시는 권능을 더하게 하소서!" 만일 우리가 이 외부의 생명이 하늘에 계신 아버지임을 모른다면 우리는 간단히, "당신이 누구이시든 지금 나에게로 오시옵소서!"

---

662) Agnes Sanford, *The Healing Light* (Macalestaer Park Publishing Co., 1961), 75-76; 〈도대체 그녀가 말하는 그 내재성이라는 것이 무엇일까? 그녀가 말하는 다음과 같은 어이없는 예화는 오늘날 언필칭 하나님의 음성 듣기를 원하는 사람들에게 딱 맞는 말이다. 〈아들의 홍역을 겨우 치르고 난 어머니는 속으로 생각했다. 이 애가 하나님이 수영하러 가도 좋다고 하셨다고 할 모양이군. 이제 나는 무어라고 대답을 해야 한다? "그래서 하나님에게 물어 보았어." 아들은 계속해서 침착하게 말했다. "그랬더니 하나님 목소리를 낱낱이 들을 수 있었어. 하나님이 '안 된다, 얘야. 오늘은 안 돼.' 이렇게 말씀하셨어."〉 하나님께서 수영하러 가지 마라는 것까지 다 말씀하시는 하나님이신가? 결국 그녀가 말하는 하나님은 집단 무의식 속에 있는 하나님이거나, 뉴에이지의 하나님(자기 속에 내재하는 하나님)일 뿐이지 결코 성경에서 말하는 하나님은 아니다.〉

663) http://www.thegreatstory.org/QuakerMetarelig.html/ The adults in our Quaker community spoke often of the Inner Light, the seed of God, the indwelling Christ. "It is a Light within, a dynamic center, a creative Life that presses to birth within us." (Kelly, p. 29)

라고 말할 수 있다. 제3단계는 이 권능이 나오고 있는 중이며 그것을 사용할 수 있다는 것을 믿고 그것을 믿음에 의하여 받아들이는 것이다. 우리가 어떤 것을 얼마나 바라든 간에 우리가 그것을 받아들이고 있음에 대하여 감사를 드릴 때에만 그것은 우리의 것이 된다. "당신의 생명이 지금 나에게로 오는 중이며 내 심령과 내 마음과 내 육신 가운데 생명을 늘이고 있음에 감사를 드립니다!"라고 우리는 말할 수 있는 것이다. 제4단계는 빛과 생명의 작용을 관찰하는 것이다. 이렇게 하기 위해서는 그 권능에 의해 이루어지를 간절히 원하는 어떤 구체적 사실을 우리가 결정해야 되며 이렇게 함으로써만 우리는 우리 실험의 성공여부를 확실히 알 수 있는 것이다.664)

그녀의 이런 방법은 앞으로 우리가 살펴보게 될 내용의 중추적인 역할을 하게 된다. 우선 위의 글 중에서 몇 가지만 살펴보고 넘어가자.

첫째, 성경을 오용하는 것이다. 이것은 나중에 계속 살펴볼 것이지만, "조용히 하라, 그리고 내가 하나님임을 알아라"고 하는 것은 성경을 몰라도 한참 모르는 것이다. 샌포드는 이 책의 제목, "치유의 빛" 같이 빛이라는 성경구절이 나오면 자기 기분에 좋은 대로 해석을 한다. "빛의 자녀들처럼 행하라"(엡 5:8 하)라는 이 말씀을, "그들이 마치 불빛과 같은 행동하는 에너지를 소재로 하여 만들어진 듯 살아가라."는 뜻으로 받아들인다.665) 샌포드가 이런 말을 하는 것은, 인간의 몸이 빛으로 만들어져 있는 것으로 보기 때문이다.666) 그런 차원에서 샌포드는 하나님과 더 관련을 맺으면 맺을수록 보다 많은 에너지를 흐르게 하여 창조적인 힘이 육체 안에 증가 된다고 보았다. 관심 있게 볼 것은, 오늘날 관상기도를 주장하는 사람들이 침묵으로 들어가는 것과 같이 샌포드는 인간이 '조용히 하는 것'을 좋아한다.

성경을 오용하는 또 다른 사례는 사도 바울과 육체의 가시에 대한 샌포드의 견해다.

> 우리가 아는 한 사도 바울은 이것을 고치기 위해 안수를 받지 않았다. 날마다 그것을 고쳐 줍시사 하고 간청하지도 않았다. 바꾸어 말하면 그는 그가 가졌던 치유수단을 충분히 이용하지 않았던 것이다. 그 대신 그는 그의 병을 겸허에의 교훈으로 삼아야 한다고 느꼈다. 자기보다 못한 성도에게 병의 치유를 부탁하는 것은 자기를 낮추는 길이다. 그러나 대부분의 치유자들은 이것

---

664) 아그네스 샌포드, **치유의 빛**, 제인 그레이 토리 역 (서울: 기독양서, 2004), 22-23.
665) Ibid., 38.
666) 내면의 빛을 말하는 리차드 포스터 같은 퀘이커교도들에게는 쌍수를 들어 환영할 말이다. 그의 관상기도를 따르는 수많은 추종자들이 왜 빛을 강조하는지 왜 관상기도를 하는지 그래서 그들의 관상기도 광고에는 왜 빛이 등장하는지 알 수가 있는 것이다.

을 좋아하지 않는다. 그는 제3의 길을 생각했다. 이것은 가장 용기 있고 아름다우며, 그리고 또 많은 사람들에게 실천하도록 요구되는 그러한 길이므로 이것이야말로 그리스도의 힘을 끊임없이 섭취하는 길이다. 이 길에 의하여 그는 그의 병을 극복했다.667)

이런 엉터리 성경해석은 순전히 자기 논리에 억지로 끼워 맞추기 위한 자기 생각이다. 그러면서 샌포드는 히브리서 11장에 나오는 성도 중에서 "약골"이 없다고 하며, 성경에는 병자로 남아 있는 성인(聖人)들의 기록이 없다고 말했다. 어쩌다 병을 얻게 된 성인들은 그 질병에 대해서 노발대발했으며, 질병은 하나님의 사랑에서 절단되어 하나님으로부터 내쫓긴 표식이라고 생각했다는 것이다. 샌포드의 말대로, 질병을 하나님의 뜻이라고 받아들인 예가 없다고 말한다.668) 오로지 치유에 몰두한 질병에 대해서는 아전인수(我田引水) 격으로 말하는 것은 의도적인 곡해다.669)

질병은 하나님의 법칙을 어긴 결과이고 건강하기 위해서는 이 법칙을 지키면 된다고 생각한다. 그러니 그것은 죄와는 아무런 상관이 없다. 질병이 죄와 상관이 없다고 샌포드가 제시하는 구절670)은 성경의 문맥을 파악하지 못하는 엉터리 해석에 불과하다.

다음의 글을 보면 샌포드가 질병에 대하여 얼마나 질색(窒塞)하는 내적치유자인지 알 수 있다.

---

667) 아그네스 샌포드, **치유의 빛**, 제인 그레이 토리 역 (서울: 기독양서, 2004), 68-69.
668) Ibid., 67.
669) http://www.wayoflife.org/files/316792f23d7a7101cb047f0ae4a95b02-148.html/ SANFORD'S MISUSE OF SCRIPTURE Sanford claims that God gave her a great illumination of the Scripture, but in fact she misused it on every hand. I did not find one instance in her book The Healing Light in which she used Scripture properly. In every case she twisted it out of context and forced a strange meaning on it. For example, she quoted Ephesians 5:8, "walk as children of light," but she interpreted this to mean that believers are "to live as if they were made of a living, moving energy like light"(The Healing Light, p. 17). Elsewhere she said that "we learn to cure our diseased bodies by seeing, in our own flesh, God"(p. 61). As evidence for this statement she quoted Job 19:26, "in my flesh shall I see God," but Job was not talking about this present life; he was talking about the resurrection! There is not a hint in the Bible that Job cured himself through visualizing prayer and positive confession.
이 외에도 샌포드가 인용하는 수많은 성경구절과 그 해석과 적용은 하도 어이가 없어서 재해석할 가치조차도 없다. 아그네스 샌포드, **치유의 빛**, 제인 그레이 토리 역 (서울: 기독양서, 2004), 120. 그녀는 고도후서 5장 17절을 인용하여 말하면서 다음과 같이 곡해한다. 〈일상적인 묵상과 실천에 의하여 "예수 그리스도 안의 새로운 피조물(고후 5:17 참조)"이 되는 것을 배우는 자는 실로 힘과 젊음이 새로워진다.〉
670) 요 9:2; 눅 13:16

나는 성경 가운데 하나님이나 예수 그리스도로부터 『너는 질병 가운데서 나를 가장 잘 섬길 수 있다』라는 말을 들었다는 사람의 예를 한 번도 본 적이 없다. 그리고 오늘날에 있어서도 나는 병자가 자기의 병을 극복하기보다는 참아냄으로써 보다 더 유효하고 성공적인 사업을 이룩한 예를 단 한 번도 본 적이 없다. 건강할 때 우리는 비단 육체적 작업을 보다 많이 할 수 있을 뿐 아니라 구속적 사랑의 기도 역시 보다 권능 있게 드릴 수 있다. 제물에 관한 고대의 규칙이 이 사실을 표시한다. 제물로 바치는 짐승마저 흠이나 상처가 있어서는 안 된다(출 12:5). 병든 짐승은 하나님의 제단에 바쳐질 자격이 없었다. 구속적 기도는 굉장한 체력과 정신력을 요구하여 약한 사람이나 병자는 그것을 감당하려 들어서는 안 된다.671)

질병에 대한 이런 편견은 성경을 몰라도 유분수지 이렇게 모를 수는 없는 것이다. 특히나 샌포드의 구속적 기도라는 것은 건강하지 못한 사람은 할 수 없는 기도이며 영적인 엘리트주의를 조장한다.672)

예수님께서는 날 때부터 맹인 된 사람에게 무엇이라고 하셨는가를 잘 보라.

제자들이 물어 가로되 랍비여 이 사람이 소경으로 난 것이 뉘 죄로 인함이오니이까 자기오니이까 그 부모오니이까 예수께서 대답하시되 이 사람이나 그 부모가 죄를 범한 것이 아니라 그에게서 하나님의 하시는 일을 나타내고자 하심이니라(요 9:2-3)

하나님께서는 질병을 통해 영광을 나타낼 수 있으시며 건강함 가운데서도 나타내실 수 있다! 그것은 하나님의 능력과 섭리 속에 있는 것이다! 샌포드는 질병의 치유에 눈이 멀어 질병을 통한 하나님의 역사와 섭리를 헤아리지 못하고 있다. 인간의 좌악 된 사고방식은 한 가지 논리로 모든 것을 다 해결해 보려는 것인데, 샌포드는 치유라는 코드로 만사를 해결하려고 하니 하나님 위에 앉아서 훈수를 들고 있는 것이다.

---

671) 아그네스 샌포드, **하나님을 바라보라**, 이석산 역 (서울: 한국양서, 2004), 153.
672) Ibid., 154-155; 그녀는 구속적 기도를 다음과 같이 말한다. "그것은 그리스도의 십자가를 걸머지는 마지막 단계이다. 아버지의 영광을 떠나서 이 세상에 태어나신 예수의 희생은 구속의 첫 단계였다. 권능을 휘두르는 손쉬운 방법을 저버리고 다른 사람에 대한 봉사 가운데서 공경과 권태를 이겨 나가신 것이 두 번째 단계이다. 그리고 캄캄한 언덕을 십자가를 지고 올라가신 것이 구속의 실제적 역사를 위한 마지막 단계이다." 애매하게 말하는 그녀의 '대속적 기도'란 남을 위해서 당하는 자발적인 고난이 구속적 고난이라 보고, 남을 위하여 하는 기도가 구속적 기도이다. 사실상 샌포드가 말하는 사상의 핵심은 로마 가톨릭의 공로주의 사상에 기초한 것이다. 저들은 두 가지 공덕을 주장하는데, 첫째는 성인들과 사도들의 공덕으로 구원을 받으며(지옥의 형벌을 면하고), 둘째는 신자 자신의 공덕으로 연옥 심판이 줄어든다. 그러기 위하여 선행을 하고 미사를 참여하며 고행성사 등을 한다(김민호, **칭의로 신앙을 개혁하라**, 아이디얼북스, 2011, pp. 31-32. 참고). 그녀의 대속적 기도는 이런 공로사상에 기초한 엉터리 기도이다.

둘째, "외부의 생명"이라는 것이 하나님이든지 아니든지 상관이 없다는 것이다. 그저 그 에너지를 자기 속에 오도록 기도만 하면 되는 것이다. 샌포드는 그 대상이 아무라도 괜찮을 뿐만 아니라, 기도하는 자도 굳이 하나님을 믿는 사람일 필요가 없다고 말한다. 아무라도 그 에너지를 받기 위해 노력하면 되는 것이다.

샌포드는 가장 단순하고 가장 직접적인 기도 설정은 육신의 치유라고 하면서 육신의 병을 고치는 것에 대하여 호흡처럼 자연스럽고 본능적인 것이라고 말한다.673) 여기서 본능적이라는 것은, 우주에는 에너지가 존재하며 인간 속에는 하나님의 생명의 흐름이 현존하기 때문에 의지와 믿음으로 하나님의 창조적 에너지를 흐르게 할 수 있다는 것이 샌포드의 개념이다. 샌포드에게 있어서 하나님의 권능은 참된 에너지이며 참된 힘에 불과하다.674)

샌포드의 말에 의하면 굳이 병을 고치기 위해서는 기독교 신자이여야 할 필요가 없다. 또한 육신의 질병을 고치는 것에 대하여 강조하지 않는 기독교 신자들을 폄하하고 조롱하기까지 한다. 그러면서도 자기 자신의 노력에 의하여 치유되지 못했을 때는 의사에게 가라고 말하니, 누구를 더 신뢰하라는 말인가? 그렇게 병 고치는 것을 잘하면 왜 자신은 영생하지 않고 죽었는지 궁금하다.

> 자기 자신의 노력에 의하여 치유되지 못했을 때, 다른 사람으로부터 치유 받는 것을 부끄러워하지 말자. 우리는 심령적인 도움을 받기 위해 하나님의 종인 목사에게로 가는 것을 꺼리지 않는다. 그런데 우리는 왜 하나님의 종인 의사들에게 육체적 도움을 구하러 가는 것을 부끄러워할 것인가? 심령적인 치유에 열을 올린 나머지 교회와 의사를 모두 외면하고 심령적인 치유로 대치하려는 사람이 있다. … 그런 까닭에 나는 병이 들면 즐거이 나의 가장 좋은 친구요 충고자인 의사를 부른다. 의사는 나의 육체를 도울 뿐만 아니라 나의 마음도 돕는다.675)

그렇게 마음속으로 생각만 해도 병이 낫는 사람이 의사를 그렇게 극찬하면서

---

673) 아그네스 샌포드, **치유의 빛**, 제인 그레이 토리 역 (서울: 기독양서, 2004), 26; "어떤 형태이든 기도나 신앙에 의하여 병을 고친다는 것은 호흡작용에 못지않게 자연스럽고 본능적인 것이다. 그것은 모든 시대의 사람들에 의하여 의식적이든 무의식적이든 간에 실천되어 왔으며 역사와 더불어 오래 되었으며 오늘날 텔레비전처럼 현대적인 것이다."
674) 아그네스 샌포드, **하나님을 바라보라**, 이석산 역 (서울: 한국양서, 2004), 67.
675) Agnes Sanford, *The Healing Light* (Macalestaer Park Publishing Co., 1961), 174; 아그네스 샌포드는 영어 원문에서는 더욱 강조해서 말하고 있다. We are not too proud to go to God's servants, the clergy, for our spiritual help. Why should we be too proud to go to God's servants, the doctors, for our physical help?

찾아가야 할 이유가 무엇이란 말인가? 치유의 권능 운운하는 사람이 이런 말을 하는 것은 허점을 피해 가리는 술책에 불과하다. 한편으로는 의사를 신뢰하라고 하고 또 한편으로는 가장 효력 있는 방법이 예수님과 그 제자들이 사용한 '심령적 권능'(spiritual power)이라고 한다. 그리고 그것을 과학적이라고 끝까지 주장한다. 샌포드는 육신의 질병을 고치기 위하여 불신자에게 명상(冥想)을 하라고 한다. 샌포드가 도대체 무엇이라고 하는지 한 번 들어보라.[676]

> 몸 안에 하나님의 생명을 받아들이기 위해서 우리는 먼저 몸을 잊을 수 있어야 하며 마음을 진정시켜 심령의 에너지를 하나님께 집중시킬 수 있어야 한다. 머리를 쉬고 편안히 앉아 두 손을 무릎 위에 접어서 얹도록 하자.[677] 많은 사람들은 발을 발등상이나 다른 의자 위에 올려 놓는 것이 명상(冥想)에 도움이 된다고 알고 있다. 앉아 있을 때 척추는 누그러지고 평안해야 하지만 굽거나 조여져서는 안 된다. 기도하는 사람들은 그가 하나님의 생명과 보다 밀접하게 연결됨에 따라서 여기에 대한 이유를 자연히 발견하게 될 것이다. 그는 생명의 풍요함으로 채워져 그의 가슴이 부풀 수 있도록 척추가 자유로워야 함을 알게 될 것이다. 그는 편안한 자세를 취하고 있노라면 흡사 내부에 계시는 하나님의 심령(心靈)에게 여유를 주기 위한 것처럼 그의 숨결마저 달라지며 더디고 엷게 그리고 가벼워지는 것을 알게 될 것이다. 기도의 방법에는 복잡한 호흡조절 방법과 몸의 자세를 가르치는 한 방법, 또 육체적 운동과 음식 조절법을 곁들여 강조하는 한 방법이 있다.[678]

고민할 필요도 없이, 이런 것은 타 종교의 명상이나 오늘날 언필칭 관상기도를 하는 것이나 아무런 차이가 없다. 그런데도 소위 유명하다는 이유 때문에 그 속에서 내적치유를 받고 은혜의 눈물을 쏟아부었던 것이다. 이런 엉터리 기도는 성경에는 없다.

샌포드의 이런 기도는 사실상 매우 위험한 생각을 내포하고 있다. 샌포드의 기도는 자기암시의 법칙을 이용하고 있기 때문이다. 샌포드는 이렇게 말했다.

> "기도는 다만 자기암시에 불과하다." 어떤 사람들은 말한다. 기도를 통하여 체험을 가진 사람은 결과에 의하여 기도는 자기암시 이상이라는 사실을 확인하게 된다. 그러나 자기암시마저 그것

---

676) 아그네스 샌포드, **치유의 빛**, 제인 그레이 토리 역 (서울: 기독양서, 2004), 50; 샌포드는, "하나님께로 인도 받은 적이 없는 사람들"에게 다음과 같이 기도하라고 한다. (1) 매일 동일한 시간, 동일한 장소를 택할 것, 마음을 편히 갖고 쉴 것. (2) 여러분의 외부에 계시는 한 생명의 실재를 상기(想起)할 것. (3) 그 생명에게 여러분의 몸 안에 들어와 생명을 늘려 주시도록 간청할 것. (4) 마음 가운데서 여러분의 육체의 온전한 모습을 그려 볼 것, 치유의 필요가 가장 큰 몸의 부분을 특히 생각할 것이며 그것이 성하며 하나님의 불빛으로 빛나는 것을 그려 볼 것, 그리고 이것이 완수됨을 믿고 감사를 드릴 것.
677) 인터넷에서 대천덕 신부가 어떤 자세로 기도하고 있는가를 잘 살펴보라.
678) 아그네스 샌포드, **치유의 빛**, 제인 그레이 토리 역 (서울: 기독양서, 2004), 50-51.

이 효과를 거두는 한, 하나님의 법칙을 따르고 있는 것이다. 왜냐하면 암시를 주는 '자기'란 누구를 말하는 것인가? 그것은 육신의 구조를 향해 말씀하시는 하나님인 내적 존재인 것이다. 가장 편안한 자세로 앉음으로써 그리고 또 마음을 놓음으로써 신경과 정신을 진정시킨 다음, 이제는 우리 심령을 활짝 열어 하나님의 보다 더 풍요로운 생명을 받아들이기로 하자. 하나님은 멀리 떨어져 계신 군주(君主)가 아니라 실제로 존재해서 그 가운데 우리가 살고 있는 생활환경이며 바로 생명의 입김이심을 우리가 자각할 때, 이것은 얼마나 쉬워질 것인가!679)

자기암시를 활용하는 이런 기도는 너무나도 비성경적인 방법이다. 그것이 효과를 거두면 하나님의 방법이라는 것은 육신의 질병만 나으면 어떤 방법이라도 하나님의 방법이라는 논리가 발생한다. 더 놀라운 것은 샌포드가 말하는 하나님은 성경이 말하는 하나님이 아니라는 것이다! 그것은 범신론적인 하느님을 말하고 있다는 사실을 결코 간과해서는 안 된다! 수많은 사람이 아그네스 샌포드로부터 영향을 받았고 그것이 오늘날 국내의 내적치유 세미나의 원류라는 것을 잊지 말아야 한다! 샌포드가 이런 자기암시를 통한 치유를 말하게 되는 근본적인 이유는 다음과 같다.

> 우리의 심령은 무엇이 옳고 무엇이 그릇되다는 것을 알고 있으며 지상의 여하한 상담역도 이 거룩한 지각을 막을 길이 없는 것이다. 우리의 잠재의식적인 마음은 심령의 목소리를 들으며 의식적인 마음에서 오는 암시뿐만 아니라 심령에서 오는 암시에까지 반응하게 된다. 그리고 심령은 마치 그것이 오늘날의 깨끗지 못한 생활을 받아들이기를 거부하는 것과 마찬가지로 지난날의 깨끗지 못한 온갖 기억들을 받아들이기를 거절하는 것이다.680)

심령이 무엇이 옳고 그른지 알고 있다는 것은 내면아이의 신성함을 의식하는 말이다. 샌포드가 말하는 잠재의식은 융의 심리학과 퀘이커적인 성향에 기초를 두고 있기 때문에 그 잠재의식은 신성한 잠재의식이다. 그렇기 때문에 의식과 잠재의식 그리고 영적인 암시까지 다 포섭할 수 있게 된다. 샌포드의 어이없는 이런 암시 치유는 다음과 같은 말에서도 나타난다.

> 가끔 부엌에서 재빨리 무엇을 하려다가 끓는 기름을 손에 엎을 때가 있는데 이러한 때에 화를 내면 손을 화상을 입게 되고 화를 내지 아니하면 화상을 입지 아니한다 …681) 내 안에서는 내가 주인이다. 그러니까 내 말이 통하거든 저 끓는 기름에 내 살이 조금도 다치지 않게 하란 말이야. 그뿐이다. 내가 보기에 내 살은 말짱하고 괜찮으니 앞으로도 그래야 한다.682)

---

679) Ibid., 52-53.
680) 아그네스 샌포드, **하나님을 바라보라**, 이석산 역 (서울: 한국양서, 2004), 104.
681) 아그네스 샌포드는 이것을 사유암시(thought-suggestion)이라고 한다.

샌포드가 자주 말하는 대로 자연법칙이 있는데, 화상을 입는 것이 자연의 법칙이다. 그런데 내가 화를 내고 안 내고의 차이에 따라서 화상을 입고 안 입고의 결과를 만들어 낸다면 세상은 어찌 되겠는가? 이런 방법을 부추기는 것은 기도라는 것이 하나의 주문이요 부적으로 통하는 신비적이고 마법에 속한 것들과 똑같다. 샌포드의 이런 뉴에이지적인 기도는 에멧 폭스(Emmet Fox)로부터 영향을 받았다.683) 이런 자기암시의 기도는 다음 단계인 구상화로 나아가게 된다.

셋째, 샌포드가 말하는 3, 4단계는 구상화를 말한다. 특히나 이 구상화를 통해 기도하는 "실험"을 하라고 강조한다. 과학자가 처음 실험에 실패했어도 계속해서 실험을 해서 성공하듯이 그렇게 실험을 계속해서 성공하라고 한다. 구상화에 대해서는 계속해서 다루게 될 것이다.

---

682) Agnes Sanford, *The Healing Light* (Macalestaer Park Publishing Co., 1961), 17; 아그네스 샌포드는 이것을 권능사유(power-thought)라고 한다. 빛의 자녀로서 주권을 받아 그 주권을 행사하는 것이라고 하며, 하나님의 내재적인 생명의 권능으로 채워져 있기 때문에 그 권능을 인수하고 행사하는 것이라고 한다.

683) http://www.wayoflife.org/files/316792f23d7a7101cb047f0ae4a95b02-148.html/ ⟨She was deeply impressed with Emmet Fox's The Sermon on the Mount, saying that "it thrilled my soul"(p. 113). It teaches the heresy that there is a "spiritual body" within the physical body, and that the physical body can be healed by addressing the spiritual body. "Therefore when I prayed for healing, I could accept the healing as already accomplished in the spiritual body, and so could know that it would be transferred to the physical body. … One time, for instance, I went forth from the dining room to the cloister in an agitated frame of mind, and banged the heavy door shut on my finger. … I said, 'I have a spiritual body, and in the spiritual body this finger is perfect.' Immediately there appeared a tiny hold in the base of the fingernail and all the black blood oozed out, and from that time forth the finger did not hurt at all"(Sealed Orders, p. 115). There is not a hint of such a doctrine in the Bible. Emmet Fox was a New Thought teacher who believed that God is all and man is God. He taught about a "mystic mind power" that "can teach you all things that you need to know." He promised: "It is your right and your privilege to make your contact with this Power, and to allow it to work through your body, mind, and estate, so that you need no longer grovel upon the ground amid limitations and difficulties, but can soar up on wings like an eagle to the realm of dominion and joy"(Find and Use Your Inner Power). The next step in Sanford's journey toward heresy was meeting a female healer who instructed her that she had to "visualize her patients well or they would not be healed. "… unless you can learn to see them well, you only fasten the sickness upon them"(Sealed Orders, p. 164). This she learned how to do. From there she went deeper and deeper into error, including charismatic tongues, radical ecumenism with Roman Catholics, Orthodox, and you-name-it, and sacramentalism.⟩

아그네스 샌포드와 잠재의식

샌포드는 인간의 의식에 대한 심리학적 해석을 수용했다. 샌포드는 다음과 같이 말했다.

> 그러나 우리의 이상적(理想的)인 부분은 의식의 10분의 1에 불과하다. 우리 생각의 10분의 9는 의식수준 이하에 존재한다고 한다. 게다가 우리 몸을 통제하는 것은 감추어진 의식부분, 즉 잠재의식적 마음인 것이다.[684]

과연 이 말이 맞는 말일까? 예수 그리스도는 어제나 오늘이나 동일하지만,[685] 인간의 이론은 어제는 이랬다가 오늘은 저랬다가 내일은 또 어떻게 바뀔지 모른다.

인간의 뇌가 10%만 사용된다는 것은 잘못된 사회적 통념으로 통하고 있으나, 또 다른 견해로는 인간은 인간의 뇌를 전부 사용한다는 것이다. 그렇게 생각하게 된 배경에는 아마도 알버트 아인슈타인(Albert Einstein)에 관계된 잘못된 인용이거나, 1800년대 피에르 프로랜스(Pierre Florens)의 연구의 잘못된 해석일 가능성이 높다. 1908년에 윌리엄 제임스(William James)는 "우리는 우리가 쓸 수 있는 가능한 정신적이고 육체적인 자원들의 아주 작은 부분들을 사용한다."는 말을 했는데, 그것은 1920년대와 1930년대의 칼 레쉴리(Karl Lashley)의 연구에서 시작된 것으로 보인다. 레쉴리는 쥐의 외부뇌(the cerebral cortex)를 많이 제거했음에도 불구하고 이런 동물들이 여전히 특별한 직무(기능)들을 재학습할 수 있다는 것을 발견했다. Eric H. Chudler는 인간은 뇌를 100% 모두를 사용한다고 말한다.[686] 오늘날 우리는 인간 뇌의 아주 작은 부분이 파괴되어도 행동에는 파괴적인 영향을 미친다는 것을 안다. 뇌는 항상 활동하고 있다는 데 대해서 더 관심이 기울여지고 있다.[687] 세월이 조금만 지나면 사람들이 또 무

---

684) 아그네스 샌포드, **차유의 빛**, 제인 그레이 토리 역 (서울: 기독양서, 2004), 59.
685) 예수 그리스도는 어제나 오늘이나 영원토록 동일하시니라(히 13:8)
686) http://www.akeft.com/zbxe/12588
687) http://faculty.washington.edu/chudler/tenper.html/〈 Finally, the saying "Use it or Lose It." seems to apply to the nervous system. During development many new synapses are formed. In fact, some synapses are eliminated later on in development. This period of synaptic development and elimination goes on to "fine tune" the wiring of the nervous system. Many studies have shown that if the input to a particular neural system is eliminated, then neurons in this system will not function properly. This has been shown quite dramatically in

엇이라고 말할 것인지 생각해 보면 웃음 밖에 나오지 않는다.

   샌포드는 이것을 호흡하는 원리를 통해 설명하려고 한다. 호흡을 하기 위해서, "들이쉬어라. 내쉬어라" 하지 않는다는 것이다. 샌포드는 그 호흡이, "영원한 존재자인 심령적 물체의 한 부분인 내적 통제본부"에 의하여 규제된다고 한다. 샌포드는 또 선박회사의 명령을 받아 항해를 하는 선박에 비유하면서, 잠재의식이 내적통제본부라고 말한다. 그리고 그것이 하나님에 의하여 배치된 숨은 기관사라고 본다. 그 잠재의식적인 마음은 이성(理性)에 대하여 대답하지 않고 다만 암시(暗示)에 대해 대답한다고 한다. 샌포드는 의식적인 마음의 사유가 하나님과 잘 조화를 이루고 있으면 잠재의식적인 마음이 육체의 기능을 매우 훌륭하게 관리해 간다고 한다. 거기에 기초하여 샌포드는 기도를 통하여 환자의 잠재의식으로 파고 들어가 환자를 치유했다.

> 우리는 의식적인 마음만으로 기도하지는 않는다. 모든 생각의 10분의 9는 잠재의식 속에 있으며 심령은 기도의 권능을 전달하는 데 있어서 잠재의식의 통로를 사용한다. 그러므로 만약 잠재의식이 그 사람의 앓고 있는 모습 그대로를 갖고 있다면 심령은 고작해야 생명과 죽음, 건강과 질병을 동시에 암시해 주는 조각난 메시지만을 보낼 수 있을 뿐이다.688)

   잠재의식 속으로 들어가기 위해서 당연히 구상화가 시도된다. 그녀는 그것을 창조적 상상력이라고 생각한다. 그렇게 하기 위하여 샌포드는 관조하라고 한다.689) 그 창조적 상상력이라는 것은 시대와 종교를 초월하여 흐르는 권능의 흐름이라고 말한다.690) 중요한 것은 잠재의식이든 의식이든 간에 그리스도의

---

the visual system; complete loss of vision will occur if visual information is prevented from stimulating the eyes (and brain) early in development. It seems reasonable to suggest that if 90% of the brain was not used, then many neural pathways would degenerate. However, this does not seem to be the case. On the other hand, the brains of young children are quite adaptable. The function of a damaged brain area in a young brain can be taken over by remaining brain tissue. There are incredible examples of such recovery in young children who have had large portions of their brains removed to control seizures. Such miraculous recovery after extensive brain surgery is very unusual in adults.〉

688) Agnes Sanford, The Healing Light, Macalestaer Park Publishing Co., 1961, p. 144.
689) Ibid., 141; We may rise a step higher and heal by the contemplation of the ideal, by immersing ourselves so completely in the spiritual.
690) 아그네스 샌포드, **치유의 빛**, 제인 그레이 토리 역 (서울: 기독양서, 2004), 219; "예수 그리스도를 통하여, 베드로와 야고보와 요한을 통하여, 바울과 아씨시의 프란시스 주교와 사제와 모든 시대의 기도하는 영혼들을 통하여, 그리고 또 보다 큰 생명 안에 있는 우리 친구들과 육신 안에 있는 우리 친구들을 통하여 흐르고 있는 창조력이 우리

사랑으로 충만케 하여 그 관능을 개방시켜 흐르게 하는 것이 샌포드의 목적이다. 놀라운 것은 샌포드는 인간이 살아오면서 잠재의식 속에 쌓인 부정적인 마음들을 "사단"이라고 본다는 것이다.

> 우리가 중년(中年)에 이를 무렵까지 우리의 대부분은 공포, 질병, 억압, 제약, 궁핍과 같은 하나님의 목소리와는 정반대되는 온갖 종류의 사유, 생각, 암시를 잠재의식 가운데 축적하게 된다. 이 기억의 창고로부터 의구와 공포, 그리고 부정(否定)이라는 부단한 흐름이 의식적인 마음으로 흘러들어 간다. "오, 그래? 너는 이것이 되리라고 생각하니? 너는 자기기만을 하고 있어. 그것뿐이야. 바보짓을 마라!" 이런 따위의 이야기와 파괴적인 내부의 목소리는 여기서부터 발생한다. 성경은 이 내부적 유혹자를 '사단'이라고 불렀으며 이 세상에서 발휘되는 악의 힘이 우리와 대항해서 싸운다고 밝혔다. 의심 없이 이것은 사실이다.691)

이런 말은 샌포드가 칼 융의 원형론에 지대한 영향을 받았다는 것을 여실히 증명해 준다. 그리고 이 말이 가지는 위험성은 사단이 외부에서 개입하는 사악한 미혹자가 아니라 "내부의 유혹자"라는 것이다. 사단은 잠재의식의 대변자 이상의 역할을 한다! 이런 영향을 입은 사람들이 행하는 축사사역이 얼마나 위험한지 분명하게 알아야만 한다. 그들이 말하는 사탄은 성경에서 말하는 그런 사탄이 아니다!

샌포드는 이어지는 말을 통해서, 인간의 내면에 신성한 내면아이가 있음을 주장한다. 이런 개념은 융의 심리학에 젖어 있는 것이다. 더구나 그런 샌포드의 말 속에는 퀘이커적인 냄새가 너무 물씬 풍긴다.692)

> 하나님의 형상과 모양대로 지어진 우리들은 이미 그리스도의 정신을 갖추고 있는 것이 아닐까? 정녕 우리는 심령 속에 태어난 거룩한 불꽃을 갖고 있다. 그것은 양심의 목소리가 되어 우리에게 이야기하고 우리 마음의 장벽을 뚫어서 우리를 성령으로 충만 시키려고 애쓴다. 우리는 이것을 그리스도의 정신이라고 부르기를 원할 것이다. 그리고 정말로 우리 내부에 잠겨진 이 한 조각의 영원한 불빛은 현존하시는 하나님의 반영인 만큼 이 명칭은 어느 정도의 의미를 가질지도 모른다. 그러나 만일 우리가 이 말을 부주의하게 사용하여 우리가 지니는 작은 불멸의 촛불이 세상에 태어난 모든 사람을 비추이는 그 불빛, 즉 현존하시는 주 예수 그리스도 그 자체와 잠재적으로 같다고 그릇되게 가정한다면 우리는 비극적인 실수를 저지르게 된다.693)

의 작고 가냘픈 자아(自我)를 통해서도 흐르고 있다. 그리고 이것은 어떠한 방해물로도 막을 수 없는 관능의 흐름을 이루고 있다."
691) Ibid., 61.
692) Agnes Sanford, *The Healing Light* (Macalestaer Park Publishing Co., 1961), 70; "In by flesh shall I see God."
693) 아그네스 샌포드, **하나님을 바라보라**, 이석산 역 (서울: 한국양서, 2004), 124-125.

왜 인간이 내면의 불꽃을 가지고 있어도 예수와는 다르다고 말하는가? 샌포드에게 있어서, 예수는 단지 이 세상에 하나님의 관능의 흐름을 열어 주는 자에 불과하기 때문이다. 그러면 그 예수의 가치는 무엇인가? 그 가치는 과거의 기억들을 완전히 치유하여 해방시켜 주는 데 있다. 인간의 간청함을 통하여 예수 그리스도가 우리 안에 들어와서 하나님의 구속적 생명을 받으며, 시간을 거슬러 올라가 잠재의식 속에 도달하여 치유하고 구속한다는 것이다. 예수가 필요한 이유는 인간은 의식과 무의식으로만 이루어진 존재가 아니라, 영적인 존재이기 때문이다.

다음의 글 역시 샌포드의 퀘이커적인 성향을 그대로 반영하고 있다.

> 하나님과 그리스도인의 사랑과 진동과 믿음의 진동은 생명과 사랑에 대한 사유를 통해 들어온다. 똑같은 방법으로 인류의 파괴적인 사유-진동과 사단-사단이 그 누구이든, 그 무엇이든 간에 파괴적인 사유-진동은 질병과 증오와 죽음에 관한 사유를 통해 들어온다.694)
> 우리가 사랑의 법칙이라 부르는 에너지의 흐름은 그것을 위해 우리 존재가 창조된 음률이며 그 가운데서 우리가 실존하며 움직이고 우리 존재를 가지는 사유진동이다. 따라 모든 분노의 생각은 거꾸로의 그리고 파괴적인 반진동을 육체로 던지며, 우리를 위험에 몰아넣는다.695) 하나님의 생명은 흐름이며 생수이며, 능동적 전기(電氣)이며-그것은 일정한 파장과 강도로 진동하는 사랑이다.696)

샌포드는 기도를 통하여 이 우주에 흐르는 에너지를 받아들이면 진동이 일어난다고 보고, 그에 반하여 분노나 부정적인 생각을 가지면 반진동이 일어나서 인간을 위험에 빠트린다고 본다. 샌포드는 에멧 폭스(Emmet Fox)697)로부터 이

---

694) 아그네스 샌포드, **치유의 빛**, 제인 그레이 토리 역 (서울: 기독양서, 2004), 79-80.
695) Ibid., 61-62.
696) Ibid., 145.
697) http://en.wikipedia.org/wiki/Emmet_Fox/ Emmet Fox(July 30, 1886–August 13, 1951) was a New Thought spiritual leader of the early 20th century, famous for his large Divine Science church services held in New York City during the Great Depression. Fox was born in Ireland. His father, who died before Fox was ten, was a physician and member of Parliament. Fox attended Stamford Hill Jesuit college near London, and became an electrical engineer. However, he early discovered that he had healing power[citation needed], and from the time of his late teens studied New Thought. He came to know the prominent New Thought writer Thomas Troward. Fox attended the London meeting at which the International New Thought Alliance was organized in 1914. He gave his first New Thought talk in Mortimer Hall in London in 1928. Soon he went to the United States, and in 1931 was selected to become the successor to James Murray as the minister of New York's Divine Science Church of the Healing Christ. Fox became immensely popular, and spoke to large

런 생각을 받아들였다.698) 진동에 대한 이런 생각들은 퀘이커교도들에게는 매

church audiences during the Depression, holding weekly services for up to 5,500 people at the New York Hippodrome until 1938 and subsequently at Carnegie Hall. He was ordained in the Divine Science branch of New Thought. Fox's secretary was the mother of one of the men who worked with Alcoholics Anonymous co-founder Bill W., and partly as a result of this connection early AA groups often went to hear Fox. His writing, especially "The Sermon on the Mount," became popular in AA.
698) http://www.thebereancall.org/node/5919/ From Emmet Fox, who calls himself "one of [Unity founder] Charles Fillmore's spiritual children," Agnes picked up many of her ideas, such as "God's love was blacked out from man by negative thought-vibrations … [Jesus] lowered his thought vibrations to the thought vibrations of humanity" to accomplish "the at-one-ment"―a Unity term that Fillmore called the "reconciliation of man's mind with divine Mind through the superconsciousness of Christ Mind." Sanford commends the "prayers of Unity and other modern schools of prayer"(p. 143) which "project the power of God" for healing.
다음의 글을 보면 아그네스 샌포드가 얼마나 Emmet Fox(1886-1951)의 사상을 받아들였는가를 확인할 수 있다. 그녀의 이런 사상이 어디서부터 왔는지 반드시 알아두어야 할 인물이다.
http://www.revbates.tv/emmetfox.htm/ What did Jesus teach? Distilled from years of study and lecture, affirmed by nearly a million readers over the last fifty years, Emmet Fox's answer in The Sermon on the Mount is simple. The Bible is a "textbook of metaphysics" and the teachings of Jesus express-without dogma-a practical approach for the development of the soul and for the shaping of our lives into what we really wish them to be. For Fox, Jesus was "no sentimental dreamer, no mere dealer in empty platitudes, but the unflinching realist that only a great mystic can be." Scientist, philosopher, and spiritual teacher, Emmet Fox(1886-1951) lectured widely on his method for tapping the realm of infinite power that surrounds us.
• How To Get a Demonstration by Emmet Fox: HERE is one way of solving a problem by Scientific Prayer, or, as we say in metaphysics, of getting a demonstration. Get by yourself, and be quiet for a few moments. This is very important. Do not strain to think rightly or to find the right thought, etc., but just be quiet. Remind yourself that the Bible says Be still, and know that I am God. Then begin to think about God. Remind yourself of some of the things that you know about Him - that He is present everywhere, that He has all power, that He knows you and loves you and cares for you, and so forth. Read a few verses of the Bible, or a paragraph from any spiritual book that helps you. During this stage it is important not to think about your problem, but to give your attention to God. In other words, do not try to solve your problem directly (which would be using will power) but rather become interested in thinking of the Nature of God. Then claim the thing that you need - a healing, or some particular good which you lack. Claim it quietly and confidently; as you would ask for something to which you are entitled. Then give thanks for the accomplished fact; as you would if somebody handed you a gift. Jesus said when you pray believe that you receive and you shall receive. Do not discuss your treatment (prayer) with anyone. Try not to be tense or hurried. Tension and hurry delay the demonstration. You know that if you try to unlock a door hurriedly, the key is apt to stick, whereas, if you do it slowly, it seldom does. If the key sticks, the thing is to stop pressing, take your breath, and release it gently. To push hard with will power can only jam the lock completely. So it is with mental working. In quietness and confidence shall be your strength.
• The Presence by Emmet Fox: God is the only Presence and the only Power. God is fully present here with me, now. God is the only real Presence - all the rest is but shadow. God is perfect Good, and God is the

우 흡족한 것이다.

샌포드는 "나의 참된 자아(自我)는 하나님의 자아이며 믿음과 권능에 관한 생각으로 충만"하다고 보았다. 이런 사고방식들은 퀘이커와 매우 유사한 것이다. 사실 그녀의 종교라는 것은 퀘이커와 거의 동일하다고 보아도 무관하다. 그래서 악을 대항하지 말고 등을 돌리라고 말했다. 낡아빠진 사유습성을 무시해 버리면 된다는 것이 샌포드 식의 사탄퇴치법이기 때문이다. 퀘이커적인 사고방식은 퀘이커적인 방법으로 해결해 간다. 비성경적인 반응은 성경적인 반응으로 변화되어야 하는 것이 신자의 마땅한 자세다.

샤머니즘적인 방법

놀라운 사실은 샌포드의 기도방법은 이 정도가 아니라는 것이다. 샌포드는 내적치유 사역에 있어서 샤머니즘적인 방법을 과감하게 도입했다.

샤머니즘적 구상화는 '정신연금술'의 실천으로 물질세계를 창조하거나 조작하려는 시도이다. 이

---

cause only of perfect Good. God never sends sickness, trouble, accident, temptation, nor death itself; nor does He authorize these things. We bring them upon ourselves by our own wrong thinking. God, Good, can cause only good. The same fountain cannot send forth both sweet and bitter water. I am Divine Spirit. I am the child of God. In God I live and move and have my being; so I have not fear. I am surrounded by the Peace of God and all is well. I am not afraid of people; I am not afraid of things; I am not afraid of circumstances; I am not afraid of myself; for God is with me. The Peace of God fills my soul, and I have no fear. I dwell in the Presence of God, and no fear can touch me. I am not afraid of the past; I am not afraid of the present; I am not afraid for the future; for God is with me. The Eternal God is my dwelling place and underneath are the ever-lasting arms. Nothing can ever touch me but the direct action of God Himself, and God is Love. God is Life; I understand that and I express it. God is Truth; I understand that and I express it. God is Divine Love; I understand that and I express it. I send out thoughts of love and peace and healing to the whole universe: to all trees and plants and growing things, to all beasts and birds and fishes, and to every man, woman and child on earth, without any distinction. If anyone has ever injured me or done me any kind of harm, I fully and freely forgive him now, and the thing is done forever. I loose him and let him go. I am free and he is free. It there is any burden of resentment in me I cast it upon the Christ within, and I go free. God is Infinite Wisdom, and that Wisdom is mine. That Wisdom leads and guides me; so I shall not make mistakes. Christ in me is a lamp unto my feet. God is Infinite Life, and that Life is my supply; so I shall want for nothing. God created me and He sustains me. Divine Love has foreseen everything, and provided for everything. One Mind, One Power, One Principle. One God, One Law, One Element. Closer is He than breathing, nearer than hands and feet. I am Divine Spirit, the Child of God, and in the presence of God I dwell forever. I thank God for Perfect Harmony.〉

것은 전우주가 정신에 의해 창조된 환영(힌두교에서는 마야(maya)라고 부른다)이라는 고대 마법사의 믿음에 근거한 것이다. 샤머니즘적 구상화의 주도적인 지지자 중의 한 사람인 아델라이드 브라이(Adelaide Bry)는 이것은 "당신 자신의 실재를 창조하기 위해 당신의 정신력을 신중하게 사용하는 것이다. 당신이 원하는 것은 무엇이든지 구상화를 사용하여 가질 수 있다."고 서술한다. 이것은 부두교(voodoo) 사제들과 마법사들이 아직도 저주와 치료를 위해 사용하는 고대 의식적 마법이지만, 지금은 만일 우리가 이것을 일으키게 하는 방법만 안다면 우리 모두가 소유한, 소위 말하는 무한한 인간의 잠재능력에 포함된 중립적인 정신력으로 간주될 수 있다.699)

그러면서 샌포드는 감히 이렇게 말했다.

> 그러면 어떻게 나는 내 자신 속에 믿음의 분위기, 곧 하나님이 내 기도를 들어주신다는 느낌을 갖게 할 수 있는가, 내가 사용하는 방법은 창조적 상상의 훈련이다. … 기억의 치유에서 사람은 상상 속에서 하나님의 성도로서 타락함에도 불구하고 이 사람에 대한 그림을 굳게 잡고 있어야 하며 … 상상 속에서 자기 본성의 어둡고 두려운 그림자들을 변화시켜서 빛나는 미덕과 능력의 근원으로 만들어야 한다. 참으로 그것들은 변화될 수 있다. 이것이 구속이다!700)

샤머니즘적인 구상화가 잘못된 것이지만, 그것을 잘 활용만 하면 된다고 말했다. 자신의 구상화는 샤머니즘으로부터 왔다는 것을 인정하는 말이다. 또한 상상 속에서 변화되는 것을 "이것이 구속"이라고 하는 그녀의 말이 얼마나 위험스러운 말인가! 샌포드의 구속은 구상화를 통한 구속이다. 구속이 인간의 손에서 이루어지고 있다. 그래서 구상화가 위험하다.

샌포드는 "우리는 하나님의 일부분이며 하나님은 자연 속에 계시고 자연이다."라고 말했다. 하나님을 "제일의 에너지"라고 부르고 예수님을 "가장 심오한 정신과 의사"라고 부르면서 우리의 정신력으로 다른 사람들 안에 미덕을 창조하고 원거리에서 사람을 치료하고 심지어 '구상화'를 통하여 그들의 죄를 용서할 수 있다고 가르쳤다.701)

이런 말들이 얼마나 위험한지 짐작이나 가는가? 자신의 상상력을 동원하여 하나님의 자리를 차지하고 마는 것이다. 이것은 필자의 짐작이 아니다.

샌포드의 다음과 같은 말을 들어보라.

---

699) 데이브 헌트/ T.A. 맥마흔 공저, **기독교 속의 미혹**, 김문철 역 (서울: 포도원, 1991), 152. 구상화와 그에 대한 위험성에 대해서 국내에서 번역된 것으로는 이 책을 참고하는 것이 좋다.
700) Ibid., 138.
701) Ibid., 137.

몇 달 동안 실행한 후에, 나는 짧은 시간에 "원격조종"으로 내 아이들에게 영향을 줄 수 있다는 것을 발견했으며, 아이는 변했고 내가 마음속으로 본 것이 이루어졌다. 그것은 마치 희극을 쓰고 무대 배치를 하는 것 같았으며 사람이 마음속에서 만든 그림이 무대에서 실현되는 것을 보는 것 같았다. 우리는 참으로 하나님의 형상으로 만들어졌다 … 하나님은 무엇보다 먼저 창조주이시며, 우리도 그와 같다.702)

샌포드가 "원격조종"으로 아이들에게 변화를 준다는 것은 인간의 영역을 벗어나는 신비주의 마법에 속하는 일이며, 샌포드의 내적치유의 핵심을 이루는 구상화의 구체적인 방법 중 하나일 뿐이다.

다음은 샌포드가 어느 어머니와의 대화이다.703) 이 대화를 통하여 샌포드가 얼마나 하나님 노릇을 하고 있는지 살펴보라.

"내 딸 아이에게 나는 어떻게 해야 할까요?"
그 어머니는 물었다.
"그 아이는 이상한 아이입니다. 결코 웃지를 않아요. 그 아이는 걱정투성이에요. 자기는 예쁘지 않으니까 남들이 자기를 좋아하지 않는다고 생각하고 있어요. 하긴 그 애는 그렇게 예쁘지는 않아요. 아주 수척하니까요? 그러나 웃기만 하면 예뻐 보인답니다 … 그런데 가장 나쁜 것은 그 애는 나를 비롯해서 누구에게나 별로 애정이 없어요. 그 애는 내가 자기를 사랑하지 않는다고 생각하거든요. 물론 나는 그 애를 사랑하고 있기는 하지만 그 애를 보면 짜증이 납니다. 난 어쩌면 좋을까요?"
"그 아이가 잠들었을 때 곁에 서서 두 손을 그 아이 위에 얹으세요."
나는 말했다.
"그러면 그 애와 당신 사이가 가장 가까워질 거에요. 그 애가 어렸을 땐 당신도 그 애 위에 두 손을 얹고 달래 보았을테니 그것을 아실 겁니다. 그다음에는 당신 자신에게 말씀하세요. '나는 믿음에 의해 하나님이 나의 아이를 지으시고 당신께서 원하시는 모습 그대로의, 사랑스럽고 행복하고 너그러우며 튼튼한 나의 아이의 모습을 봅니다. 그리고 예수 그리스도의 이름으로 이것이 그렇게 될 것이라고 나는 말합니다.' 이렇게 말입니다."
"이것이 그렇게 될지어다"라는 말 대신에 '아멘'이란 말을 사용할 수도 있었으나 나는 이 어머니가 '아멘'이란 말의 뜻을 잘 모르리라 생각해서 현대적 말을 써서 이 긍정을 표시하기로 했다.
"그런데 나는 기독교인이 아닙니다."(But I'm not a Christian)
어머니는 아주 솔직하게 말했다.
"그럼 당신 혼자서 해 보세요."(Then do it yourself)
나는 그녀가 하나님의 뜻에 부합되는 일을 하는 동안 하나님은 그녀가 하나님을 알든 모르든 그녀를 도우시리라 바라면서 이렇게 말했다.
"당신 바라는 그대로 그 아이의 모습을 그려보세요. 그리고 말씀하세요. 나의 사랑은 이 아이를 세상에 낳았으며 나는 모성애를 통하여 이 아이를 그 사랑의 형상을 좇아 재창조한다."
나는 좀 떨리는 마음으로 떠났다. 그것이 효과가 있을지 몰랐던 것이다. 한 달이 지난 후 나는

---
702) Ibid., 161.
703) 아그네스 샌포드, 치유의 빛, 제인 그레이 토리 역 (서울: 기독양서, 2004), 94-96.

> 이 부인을 〈가정과 학교협회〉의 한 모임에서 만났다.
> "그건 효과가 있었어요."
> 그녀의 얼굴에는 미소가 흘렀다.
> "난 한 평생 그런 것을 본 적이 없어요! 다음날 아침 딸아이는 내 침대로 다가와서 생긋 웃고는 말하지 않겠어요?"
> "'안녕하세요, 엄마!' 그리고는 입을 맞추어 주었어요. 그 애는 그날부터 아주 달라졌어요. 행복하고 체중도 늘고 더 한층 예뻐지고요!"

이것이 샌포드가 무신론자인 어떤 어머니에게 행한 구상화다. 그녀가 하나님을 믿지 않는다고 했는데도 불구하고 그렇게 하라고 했다. 도대체 샌포드가 말하는 하나님은 어떤 하나님이란 말인가? 믿는 사람이든지 안 믿는 사람이든지 간에 상관없이 마음속에 그렇게 되기를 바라는 대로 그리면 그대로 이루어진다는 것이다. 구상화는 기독교 신앙의 유무와 상관이 없는 방법이다. 자기가 하나님 노릇을 하고 있기 때문이다.

이렇게 내적치유를 하는 까닭은 샌포드가 융의 심리학에 매우 큰 영향을 입었기 때문이다. 샌포드 사후에는 그녀의 절친한 친구인 몰톤 켈시가 귀신에 관련된 자료들로부터 습득했던 융의 이론들을 교회 내부에 계속해서 확산시켰다. 융의 적극적인 상상과 원형심상은 영계와 만나는데 있어서 켈시에게 사활적인 역할을 담당했다.[704] 샌포드는 다음과 같이 말했다.

> 한 사람의 무의식적 존재와 다른 사람의 깊은 정신 사이에는 신비스러운 결합이 있다. 더욱이 이 결합은 시간을 통하여 거슬러 올라갈 수도 있고 앞으로 나갈 수도 있다. …
> 이제 입으로 말함으로써 모든 사람의 무의식에 내재된 이 능력이 자극되어서 … 무의식은 이 땅의 어디엔가 살고 있는 사람이나 전에 살았던 사람이나 미래에 살 사람이나 심지어 하늘에서 오는 사람의 무의식과 일치할 것이다. 또한 어떤 … 큰 빛의 사자(messenger)를 보내어 하나님은 우리를 어둠으로부터 불멸의 빛 속으로 끌어올리실 것이다.[705]

융의 개념으로 오염된 샌포드는 무의식과 그 속에 내재 된 능력을 믿었다. "큰 빛의 사자", "불멸의 빛 속으로"라는 개념들은 영적인 안내자 개념과 퀘이커적 성향을 그대로 드러낸다. 이런 개념을 통해 샌포드는 과거 속에 있는 무의식 속에 잊어버린 죄들을 감정과 상상력을 통하여 변화될 수 있다고 말했다.

죄와 사망에서 벗어나는 길은 오직 예수 그리스도밖에 없다. 샌포드가 말하는

---

704) http://blog.daum.net/discern/60
705) 데이브 헌트/ T.A. 맥마흔 공저, **기독교 속의 미혹**, 김문철 역 (서울: 포도원, 1991), 141.

샤머니즘적인 방법

"큰 빛의 사자"는 예수 그리스도가 아니며 영적인 안내자에 불과하다. 이런 그녀의 말들이 얼마나 위험스러운지 다음과 같은 말들 속에도 드러난다.

> 인도의 현자들은 수많은 세기 동안 높은 봉우리에서 명상을 하면서 그들의 심령력을 발전시키고 자신들의 대신령(oversouls)을 낳았다. 우리가 땅 위에서 위하여 기도하는 죽은 자들의 영혼은 우리를 통하여 일하고 있다 … 사람은 치료하는 힘을 암시의 법칙을 통하여 (병든 자의) 내적 존재에게 전달한다 … 그 (치료를 행하는 사람)는 자신의 영과 잠재의식과 육체와 환자의 영과 잠재의식과 육체 사이에 사고의 통로를 만든다 …706)

샌포드가 이런 말을 하는 것은 힌두교의 명상과 심리요법, 그리고 융의 오컬트적인 심리학에 바탕을 두고 있기 때문이다. 그리스도는 성육신을 통하여 "인류의 집단 무의식 속으로, 모든 사람의 깊은 마음속으로 들어가셨으며 거기서 치유하고 돕는다"고 샌포드는 믿는다. 결국 예수 그리스도는 원형의 하나에 불과하니 세상의 어떤 종교와도 혼합이 가능하다. 샌포드에게 있어서 예수나 석가나 아무런 차이가 없다. 샌포드의 내적치유는 바로 이런 기초 위에서 시작되었다.

> 아그네스 샌포드는 기도에 관해 말하기를 "기도는 하나님과의 교통이다. 기도는 하나님께 자기를 바치어 하나님의 권능으로 충만되어 풍요한 생명의 흐름을 받는다는 것을 의미하는 것으로 사랑이신 하나님의 무한한 생명력이 기도자를 통하여 이웃에게 흘러들어 갈 수 있는 통로가 된다"고 했다.707)

샌포드의 이런 위험한 사고방식은 "자기를 바친다"고 말하는 개념에 녹아난다. 샌포드는 다음과 같이 말한다.

> 우리들 가운데 많은 사람들이 고대의 사제들처럼 세계의 죄를 위하여 국민의 이름으로 제물을 바친다면 울안에 갇혔던 예수 그리스도의 구속(救贖)의 흐름이 사람들의 마음속으로 몰려와 전쟁이라는 발진으로 나타난 영혼의 질병은 치유될 것이다.708)

샌포드의 생각이 왜 위험하며 얼마나 비성경적인지 쉽게 알 수 있는 글이다. 자신이 현재 당하는 괴로움과 질병을 치유하기 위해 자신을 세계의 죄악을 위해 바치는 자발적인 제물로 생각하고 하나님께 바쳐서 권능이 흐르게 한다.709) 그

---

706) Ibid., 139-140.
707) http://blog.daum.net/cpflwbtm707/305/ 치유사역의 접근법.
708) 아그네스 샌포드, **치유의 빛**, 제인 그레이 토리 역 (서울: 기독양서, 2004), 262.

런 의미에서 샌포드는 '십자가'가 교리의 중심이라고 말한다. 그녀가 말하는 십자가는 성경이 말하는 십자가가 아니다!

샌포드에게 있어서 예수 그리스도는 누구일까? 그 의미를 바르게 알지 못하면 샌포드가 하는 말의 내용을 알아차리지 못하고 미혹에 넘어간다.

> 세상 안에는 사랑 안에 사랑이 있으며 권능 안에 권능이 존재한다. 하나님의 사랑은 어디에나 있으며 밝은 햇빛처럼 빛난다. 그러나 세계의 죄를 한 몸에 걸머진 그분의 구속적 사랑은 그 사랑의 집중적인 진동(a concentrated vibration)이다. 마치 확대경을 써서 얻을 수 있는 집중적인 햇빛이(as the concentrated vibration of the sunlight obtained) 그 아래 놓여진 종이를 태울 수 있는 것처럼 그것은 간악한 것을 연소시켜 버릴 수 있다. 하나님의 권능의 흐름은 어디에나 있다. 마치 강 어디에나 물이 있는 것처럼. 그러나 한 가운데에는 그 주류가 있듯이 권능의 보편적인 흐름 안에는 보다 큰 권능의 급속한 흐름이 존재한다. 다만 이 흐름만이, 즉 예수 그리스도의 희생적인 사랑만이 닫혀진 문 안으로 들어갈 수 있는 것이다. 다만 이 불길만이 단단히 굳어 버린 심정을 녹여 버릴 수 있는 것이다. 그러나 우리는 어떻게 생명의 이 위대한 흐름을 닫혀진 마음으로 돌릴 수 있겠는가? 우리 자신은 죄에 대해서뿐만 아니라 전세계의 죄에 대하여 회개함으로써, 전세계의 죄와 우리가 기도해 주는 특정한 세계 지도자의 죄를 위하여 회개함으로써, 그리고 또 지도자를 그리스도의 십자가에 이끌고 가서 그를 위해 죄사함과 치유와 생명을 받아들임으로써. 그리스도를 받아들이는 나 자신의 방법은 성체성사(My own way of receiving Christ is at the communion service)이다. 왜냐하면 나는 교회의 성사(the sacraments of the church)를 통해서, 그리고 나 자신의 묵상을 통해서 그분을 받아들이는 것을 배웠기 때문이다. 바꾸어 말해서 나는 성사적 접근방법과 형이상학적 접근방법을 결합시키는 것을 배웠다.710)

샌포드에게 있어서 예수 그리스도는 다만 집중적인 진동이며, 권능의 수뮤이며, 권능의 흐름에 들어가게 하는 문이다. 그 권능이 진동으로 나타나게 하고 흐르게 하는 일에 있어서 예수 그리스도만큼 더 큰 능력이 없기 때문에 필요한 것이지 다른 의미가 없다. 이것이 퀘이커와 맞아 떨어지는 것이기도 하다.

아그네스 샌포드의 양태론 711)

---

709) 아그네스 샌포드, **하나님을 바라보라**, 이석산 역 (서울: 한국양서, 2004), 17.
710) Agnes Sanford, *The Healing Light* (Macalestaer Park Publishing Co., 1961), 164-165.
711) http://blog.daum.net/kkgodgod/11795460/ 양태론(양태론적 단일신론: moda listischer Monarchianismus). 양태론을 주장하는 사람들은 성부와 성자를 같은 하나님으로 본다. 그들은 하나님은 한 분이시지만, 각 상황에 따라서 여러 가지 양태(형태)로 나타나셨다고 주장한다. 이것은 마치 한 남자가 자녀들에게는 아버지로 나타나고, 할머니에게는 아들로 나타나며, 아내에게는 남편으로 나타나는 것과 같다. 양태론자들은 하나님께서 어떤 때에는 성부로 나타나시고, 어떤 때에는 아들로 나타나셨으며, 또 어떤 경우에는 성령으로 나타나셨다고 말한다. 이러한 점에서 양태론자들은 "삼위(位)"를 구분하는 것을 반대한다. 그들은 성부 하나님께서 인간의 몸을 입고 오셔서 성자가 되셨다고

또한 샌포드는 양태론으로 하나님을 설명하는데, 예수 그리스도는 하나님께서 열어 주신 두 번째 권능의 흐름이다. 다음의 글을 읽으면 샌포드가 예수 그리스도를 어떻게 생각하는지 놀라게 된다.

> 그러나 창조적 사고력 이외에 다른 권능이 존재한다. 우리에게 길을 제시해 주실 뿐만 아니라 그 길이 되어 주시기 위하여 이 세상으로 오신 분이 계시다. 잠재의식 속에 들어와서 슬픔과 죄악과 고통에 관한 기억들을 치유해 주실 수 있는 하나님의 생명의 두 번째 흐름이 존재하는 것이다. 나는 우리 주 예수 그리스도를 믿는다. 그분은 시간의 저편에서 시간 안으로 들어오셨다. 왜냐하면 그분은 우리의 필요를 알고 계셨으며 의식적인 마음은 하나님의 법칙을 배우고 지킬 수 있지만 잠재의식적인 마음은 불행한 기억들에 의해 구속되고 방해되어 하나님의 법칙을 배우고 지키기 위해서는 도움을 필요로 한다는 것을 알고 계셨던 것이다. …712)

잠재의식에 속한 것들은 인간의 힘으로 해결을 못하기 때문에 하나님께서는 예수 그리스도를 보내어 잠재의식 속에 있는 고통과 상처의 기억들을 치유해 주시는 것이다. 이름하여 예수는 잠재의식의 구속자이다. 거기에는 당연히 구상화가 함께 한다. 인간이 구상화를 통하여 과거로 소급하여 올라가니 결국에 주체자는 인간이 되고, 인간 스스로 하나님의 권능에 접속하여 신(神)이 되려는 의지의 실현이 되어 버린다. 그러므로 이런 사람이 말하는 내적치유를 따라가야 할 이유가 없다.

샌포드가 양태론으로 가르치는 가장 확실한 증거는 다음의 글들이다.

> 성부이시며 성자이고 성령이신 하나님은 서로 다른 세 가지 모양으로 나타나신 하나의 하나님이시다. 각 발현 형태는 보다 적절한 이름이 없어서 우리가 인격이라고 부르는 그런 형태를 취할 수 있는 것이다. 그럴 수 없다는 이유가 어디에 있을까?713)
> 지금에 있어서조차 나는 하나님이 하나이시며 쪼갤 수 없고, 스스로 세 가지 모양으로 계시하시

말한다. 그러므로 그들은 성부 하나님께서 인간의 몸을 입고 세상에 오셨으며, 성부께서 친히 십자가에 매달려 고통을 받으셨다고 주장한다. 후에 터툴리안은 이것을 가리켜서 '성부수난설'(Patripassianismus)이라고 불렀다. 양태론을 체계적으로 집대성한 사람은 서방의 사벨리우스(Sabellius)였다. 그는 하나님께서 구속사의 과정에서 세 얼굴(또는 세 역할)로 나타나셨다고 주장했다. 그는 하나님의 세 가지 양태는 마치, 한 사람이 육과 혼과 영으로 구성된 것과 같다고 했다. 또한 그는 태양은 하나지만, 그 안에서 열과 빛을 발산하는 것처럼, 성부께서 태양이라면, 성자는 비취는 광선이고, 성령은 태양에서 나오는 열과 같다고 설명했다. 그러나 양태론은 "삼위"의 구분을 거부했기 때문에 이단으로 정죄되고 말았다. 사벨리우스는 성부와 성자가 하나라는 점을 지나치게 강조하다가, 예수님의 인성을 외면하고 말았다. 그러므로 그는 261년에 교회 회의를 통해서 이단으로 정죄되고 말았다.

712) 아그네스 샌포드, **하나님을 바라보라**, 이석산 역 (서울: 한국양서, 2004), 105-106.
713) Ibid., 120.

면서 창조와 구속의 역사를 행하신다는 것을 상기하지 않으면 안 될 지경이다. 하나님께서는 그 존재의 한 모양을 육으로 화하시고 우리를 위하여 십자가 상에서 죽으셨다. 만일 내가 나의 유치한 오해에 답하기 위해 유치한 어휘의 사용이 허용된다면 이렇게 말할 수 있다. 하나님은 스스로 인간의 외모를 취하셔서 우리를 위해 죽으셨으며 하나님께서는 자기를 위해 이것을 해 주도록 어떤 제 3자를 보내지 않았다. 그리고 하나님은 스스로 예수 그리스도 가운데 성육하셔서 겟세마네 동산으로부터 오셨고, 죽음의 목적 이상의 뚜렷한 여러 이유를 위해 십자가 상에서 자기의 생명을 내주시는 일을 끝마쳤다.714)

성신 또는 성령이라는 말은 무엇을 의미하는가? 우리 안에 거하시는 그리스도의 심령, 우주를 채우는 하나님의 입김 또는 우리의 사유와 행동을 인도하시는 하나님의 목소리를 의미하는가? 이 세 가지 말들은 서로 아주 다른 개념들을 표현한다. … 만일 우리가 잠재의식을 해방시켜 주시는 정결의 권능을 조사함이라고 부르고 싶어 한다면 우리는 이 목적에 적합한 채널인 예수 그리스도를 상대하지 않으면 안 된다. … 만일 우리가 이 세상의 암흑을 물리치고 편안의 길로 우리를 인도하기 위하여 아직도 보다 많은 불빛을 필요로 한다면 우리는 세 번째 채널이신 성령을 상대할 수 있으며 …715)

샌포드의 표현대로 샌포드의 양태론적 입장은 유치찬란하다. 이런 양태론적 입장을 취하게 되는 것은 삼위 하나님을 다만 "권능"으로만 이해하기 때문이며, 칼 융의 원형론으로 접근하기 때문이다. 권능의 차원으로만 이해하기 때문에 하나님의 권능을 흐르게 하는데 있어서 예수는 두 번째 채널이며, 성령 하나님은 세 번째 채널이다.

첫 번째 채널에 대한 이해를 위해서는 샌포드가 말하는 다음의 비유와 설명을 살펴보면 된다.

이것은 허술한 예이기는 하지만 생각해 보자. 하나이신 하나님 속에의 세 가지 인격은 한 대의 텔레비전 속의 세 가지 채널과 흡사하며 광선의 진동인 에너지는 세 가지의 다른 종류가 사용되는 것이 아니라 한 가지 종류가 사용될 뿐이다.
진지한 마음으로 지존하신 심령을 상대하는 사람은 그가 어떤 종족이나 민족에 속하든, 어떤 언어를 사용하든, 그리고 이 지존하신 심령을 하나님이라 부르든, 또는 알라나 생명 혹은 그 밖에 무엇이라고 부르든 간에 그의 의식적 마음속에 들어오셔서 그의 믿음에 따라 기도에 응답하실 수 있도록 문호를 개방하게 된다. 사람들은 한 가지 채널만을 상대할 수 있으며 하나님의 충만하신 사랑은 한 채널만으로 가능한 모든 것을 그를 위하여 주실 것이다.716)

샌포드는 세 가지 채널과 에너지에 대하여 자기만의 방식으로 이해하고 있으며, 무엇보다도 자기 자신을 종교다원주의자라고 스스로 드러내고 있다는 것이

---

714) Ibid., 156-157.
715) Ibid., 191-203.
716) Ibid., 202-203.

다. 에너지를 흐르게 하는 채널이 타 종교의 신이나 그 어떤 유형과 무형의 방식으로도 된다고 제시했다. 종교의 벽을 넘어서 광선의 잔동인 에너지를 받기만 하면 된다는 것은 명백히 이단이다.

그러나 예수에 대한 샌포드의 생각은 이 정도가 아니다. 그녀가 생각하는 예수는 정통 기독교가 믿는 예수님과는 분명하게 다르다.

> … 만일 우리가 창조주께서 당신의 존재 이외에는 아무것도 없이 남자와 여자 그리고 나무들과 새들을 진화시킬 수 있었음을 인정한다면 무슨 까닭에 하나님께서 그가 창조하신 하나의 피조물 속에 임하셔서 그 육신 속에 생명이 싹트게 하셨다는 사상을 배척해야 하는가? 어찌하여 심령의 말씀으로 하나님의 부성이 그녀 속에 흘러 들어가 하등의 인위적 조작 없이도 아기를 잉태할 수 있단 말인가? 성서에서 가르친 대로 아주 단순하게 이 사실을 믿을 수 있다는 것을 나는 기뻐한다. 이것은 이교(異敎)에서 물려받은 사상이며 이런 전설은 하나님을 추구하는 사람들 틈에서는 흔히 볼 수 있었다고 변명할 필요가 없음을 나는 기뻐한다. 이런 전설이 흔히 있을 수 있다는 것은 고마운 일이다. 구세주의 필요는 아주 요긴한 것이며 구세주께서 오시기 전부터 거기에 관한 전설이 있었던 것이다. 구세주가 처녀의 몸에서 탄생한 것은 한낱 상징에 불과하며 모든 사람 속에 심령이 탄생하였음을 의미할 뿐이라고 자문자답할 필요가 없다는 사실을 나는 하나님께 감사드린다. …717)

이교와 전설 속에서 있어 왔던 예수, 그런 예수로 성경은 말하고 있지 않다. 이런 발언은 분명히 집단 무의식의 발현으로 보는 융의 심리학의 영향을 받은 것이다. 그렇기 때문에 이런 말들은 이단적이라 아니할 수 없다.

더불어 윗글에서 언급되었듯이 반드시 짚고 넘어가야 할 것은, '샌포드가 생각하는 인간이란 어떤 존재인가?' 하는 것이다. 그녀가 생각하는 인간은 진화의 결과물로써 존재하는 인간이다.718) 샌포드는 인간을 일인자(一人者) 가운데 삼자(三者) 즉 의식적인 마음, 잠재의식적인 마음, 심령이라 부르는 내적인 성지로 구성되어 있다고 보았다. 그녀는 하나님께서 흙에서 진화한 것 중 가장 고도로 발달한 형태의 생명을 택하시고 거기에 생명의 입김을 불어넣었다고 믿는다.719) 창세기에서 말하는 창조론과 정면으로 반대되는 진화론을 말하고 있다.

---

717) Ibid., 120-121.
718) Ibid., 46; 아그네스 샌포드는 철저하게 유신론적 진화론(하나님이 진화를 이용하여 이 우주와 생명을 창조하셨다는 이론)에 기초하고 있다. "… 유의할 일은 하나님이 이런 것들을 수백 년 수천 년 수 억만 년을 걸려서 진화시킨다는 것이다. 하나님은 이렇게 역사하셨다. 하나님은 화필을 가지고 내려오셔서 직접 강낭콩을 그리시지는 않는다. 강낭콩을 진화시키는데 얼마나 오랜 시일이 걸리는지 나는 모른다."
719) Ibid., 29-30; 샌포드에게 있어서 인간은 단지 고차원적인 동물만 아니라 영적인 존재가 되었다는 의미이다.

샌포드는 효과적인 치유의 방법이라고 소개하면서, 샌포드의 치유의 기도는 관상기도의 형태로 들어간다.

> 모든 치유의 제일 본바탕은 하나님의 존재 안에 아주 몰두하여 완전히 자기를 잊어버리는 것이다. 그리고 가장 성공적인 기도는 기도하는 사람이 그 속에서 전혀 자기 자신을 생각하지 않는 그런 기도이다. 치유자는 먼저 하나님 속에 몰두하고 다음에는 환자 속에 몰두한다. 왜냐하면 그는 그의 기도와 마지막에 이르러서는 환자의 몸에 열심히 귀를 기울이고 있는 자신을 발견하게 될 것이기 때문이다. … 그는 자기의 심령, 잠재의식적인 마음과 몸을 환자의 심령, 잠재의식적인 마음, 몸과의 사이에 사유(思惟)통로를 만들었다. … 720)

어떤 존재 안에 아주 몰두해서 자기의 존재를 잊어버리는 것은 동양의 영성을 말한다. 그러니 샌포드의 하나님은 성경이 말하는 하나님과 동양의 하느님과 섞여 있다는 것을 알 수가 있다. 이런 것은 퀘이커교도였던 함석헌에게도 발견된다.721) 완전히 자기를 잊어버리고 자신의 잠재의식과 환자의 잠재의식을 하나로 연결한다는 것이 있을 수 있을까? 샌포드의 논리대로 하자면 잠재의식이란 인간이 의식할 수 없는 부분인데, 그것까지 의식한다면 도대체 그런 사람은 어떤 능력을 갖춘 사람인가? 그것은 오로지 신(神)이면서 인간이 되는 초유의 능력을 갖춘 신인양성의 사람이다. 샌포드가 말하는 효과적인 치유의 방법으로 자기를 완전히 잊어버리고 잠재의식에 빠져 들어가는 것은 뉴에이지 영성을 말한다.722)

그것이 의미하는 바는, 하나님께서 인간 내부에도 존재하신다는 것이다. 물론 하나님은 인간 외부에도 존재한다고 말한다. 그러기 때문에 믿음의 기도로 치유를 발생시키는 하나님의 에너지를 흐르게 할 수 있다는 것이다. 그것을 그녀는 "접촉"이라고 부른다. 그녀는 알렉시스 카렐 박사의 말을 인용한다. "기도는 비단 예배일 뿐 아니라 인간의 예배적 심령의 불가시적 발산이며 사람이 낳을 수 있는 가장 완전한 에너지 형태이다. 인간의 마음과 육체에 대한 기도의 영향력은 분비선의 영향력에 못지않게 증명될 수 있다."
720) 아그네스 샌포드, **치유의 빛**, 제인 그레이 토리 역 (서울: 기독양서, 2004), 175.
721) 박재순, **씨올사상연구회 월례발표회 논문** 「함석헌 사상의 내용과 성격」 –"함석헌의 글과 사상에는 유교의 선비정신, 기독교의 죄의식과 역사적 책임의식, 노장사상의 무위자연, 불교의 없음과 빔, 한국의 한 사상, 서구의 비판정신과 저항정신이 녹아있다. 함석헌이 깊은 믿음으로 없음과 비움 속에 자기를 잊고 자기를 버림에서 행동의 자유가 나온다고 할 때, 기독교 신앙과 동양적인 정신이 결합되어 있다.(성공회대학교 겸임교수)"
722) 아그네스 샌포드, **하나님을 바라보라**, 이석산 역 (서울: 한국양서, 2004), 33-41; 샌포드가 관상기도로 돌입하기 위해 자기를 잊어버리라고 하는 것은 기도를 하기 전에 하나님의 권능에 접속(접촉)이 되는 것이 우선이라고 생각하기 때문이다. 심령이 하늘을 뚫고 하나님 앞에 올라가고 난 다음에라야 기도를 해도 할 수 있다는 것이다. 영체성사도 예수를 손을 대고 만질 수 있도록 하는 현실적 접속(접촉) 형태로 준 것이고, 명상이든 영체성사든 그렇게 접속(접촉)이 되면 하나님의 창조적 에너지가 흘러서 질병이 물러가고 치유가 된다는 것이다. 이런 것을 "가장 단순하고 소박한 방법"이라 한다. 샌포드가 말하는 기도의 시작은 관상기도를 통하여 인간의 심령이 하나님의 심령과 연결되

잠재의식 속의 용서

샌포드는 치유를 위한 용서를 말하면서 잠재의식을 재교육 하지 않으면 안 된다고 말했다. 샌포드는 기독교의 사랑이란, 사랑하는 것을 배운 사람과 사랑을 받는 사람의 양측에 대하여 치유의 권능으로 충전된 강력하고도 찬란한 생명을 북돋아 주는 정서라고 한다. 그러면서 샌포드는 그렇게 하기 위해서 다음과 같이 네 가지 단계로 기도하라고 말했다. 역시 이 과정에는 구상화가 포함되어 있다.

(1) 편안히 마음을 놓는 것
(2) 하나님의 실재를 명상하는 것
(3) 하나님의 생명이 안에 거하시기를 구하는 것
(4) 내부에서 권능이 늘어난 데 대해 감사를 드리는 것

> 우리가 선택한 사람에 관해 생각하고 이 사람을 마음 앞에 모시고 하나님의 사랑의 불빛으로 감싼다. 그리고 우리의 마음 안에 예수 그리스도의 모습을 그려본 다음에 다른 사람을 그려보며 우리가 용서하려는 사람의 모습을 그리스도의 모습 위에 겹쳐 놓는다. 이렇게 하고 나서 우리가 좋아지게 되기를 원하는 사람을 향해 말한다. "나는 너를 예수 그리스도의 이름으로 용서한다. 그리고 나는 네가 지금 용서를 얻은 것에 대해 감사한다. 아멘." 우리는 "아멘"이란 "그렇게 될 지어다"라는 의미이며 그리스도의 이름으로 명령이 내려졌다는 것을 기억해야 한다.723)

중요한 것은 이런 구상화를 통한 용서가 잠재의식의 재교육이라는 것이다. 이것이 내적치유에서 행하는 용서다. 샌포드의 표현대로 하자면, 잠재의식 속에서 용서해야 할 대상자를 향해서 생명력(?)을 불어넣는 것이다. 그것은 완전히 기(氣)치료나 다름이 없다. 이런 잠재의식 속에서 용서하며 치유하는 일에 대한 정당성을 샌포드는 다음과 같이 말했다.

> 그러면 나는 이것에 관해 어떻게 확신할 수 있었는가? 나는 예수 그리스도께서 우리들 각자의 내부에서 시간을 초월하실 목적으로 시간의 초극으로부터 우리의 시간 안에 오셨음을 알고 있다. 예수는 잠재의식 안에 들어오사 묻혀진 기억들을 당신의 치유 권능으로 만져서 우리를 자유

는 것이다. 그러면서도 점쟁이를 비판하는데, 점쟁이가 하는 것이나 샌포드가 하는 것이 별 다를 것이 없다. 자기가 하면 심령적 권능을 얻는 것(하나님의 전신갑주를 입는 것)이고 남이 하면 악령에 들린 것이라 하니, 자신의 잘못을 못 보는 우매함이 드러난다.
723) 아그네스 샌포드, **치유의 빛**, 제인 그레이 토리 역 (서울: 기독양서, 2004), 90.

로이 풀어 주시기 위하여 지나가 버린 세월을 통해 모든 묻혀진 기억에까지 거슬러 올라가실 수 있다는 것을 나는 알고 있기 때문이다.724)

묻혀진 기억으로 거슬러 올라가서 치유하는 것은 명백히 구상화를 말하는 것이다. 현재 유행하고 있는 내적치유는 아그네스 샌포드의 이런 구상화에 영향을 입은 것이다. 예수님께서 시간을 초월하신다고 해서 다시 과거로 돌아가서 치유한다는 것은 하나님께서 과거에 일하신 사건에 대한 모독이다. 또한 인간의 행동에 대한 무책임과 회피의 수단이다. 무엇보다도 샌포드가 이렇게 말할 수 있는 것은 예수님이 성경에서 말씀하시는 예수님이 아니기 때문이다. 샌포드가 말하는 예수는 하나님의 권능을 흐르게 하는 두 번째 통로에 불과하다.

원방통제(remote control) 치유

그래서 샌포드에게 등장하는 것이 원방통제(remote control, 遠方統制, 곧 원거리 치료 개념이다. 이것은 앞서 언급한 '원격 조종'과 '암시의 법칙'과 유사한 개념이다.

> 나는 나의 아이들에게 실험해 봄으로써 이 방법을 배웠다 … 몇 달 동안의 연습 끝에 나는 내 아이들에게 나의 딸이 표현하는 바 '원방통제(remote control, 遠方統制)'에 의하여 영향을 주었다. 나는 집안 한 구석에서 다투는 소리가 들려오는 경우에는 화목하게 지내는 아이들의 모습을 마음속에 그려보고 그것을 믿음의 말씀에 의하여 현실로 투영시킨다. 소금 시나면 이 역사가 실현되고 있으며 나는 거기에 관해 더 이상 마음을 쓸 필요가 없었다. 왜냐하면 아이들은 온종일 화목하게 지냈기 때문이다.725)

샌포드가 말하는 "원방통제"는 구상화를 말한다. 어떤 상황을 마음에 그리고 그것이 현실로 이루어지도록 하는 것이 구상화이다. 샌포드는 이것을 실험하고 연습하여서 이루어 낸 방법이라고 말한다. 샌포드는 이런 것을 전혀 어색해하지 않으며 오히려 자연법칙에 속한 것이라고 보고, 에디슨이 전구 실험을 실패했으나 실험을 계속해서 성공했듯이 계속 연습해서 그것을 자기 것으로 만들면 된다고 생각한다.

---

724) 아그네스 샌포드, **하나님을 바라보라**, 이석산 역 (서울: 한국양서, 2004), 110.
725) Agnes Sanford, *The Healing Light* (Macalestaer Park Publishing Co., 1961), 65; 〈After a few months of practice, I found that I could influence my children by "remote control", as my daughter expresses it.〉

샌포드는 어떤 한 여성 목사로부터 이런 것을 배운 것으로 추정된다. 그것은 원거리에서도 기도를 통하여 치유하는 것을 배우고 조언을 받았다.

> "아, 당신은 그들이 아프다고 보는군요"라고 그 아름답고 나이 든 목사가 말했다. … 만일 당신의 무의식이 그들이 건강하게 될 것이라고 정말로 믿지 않는다면 … 당신은 병을 그들에게 붙어 있게 할 뿐입니다. 당신이 어떤 사람을 위해 기도할 때 당신은 그가 건강하다고 볼 수 있는 법을 배워야 합니다.726)

샌포드 자신의 원방통제를 통하여 상대방의 잠재의식 속에 꿰뚫고 들어가 그 사람의 사유습성을 고쳐 줌으로써 해방을 준다는 것이다. 자신의 불빛을 이웃 사람들에게 흐르게 하여 치유한다는 개념이다. 이것이 샌포드 식의 사랑이다. 샌포드의 이런 생각을 뒷받침하기 위하여 인용하는 성경 구절이 무엇인가를 보라.

> 너희는 세상의 빛이라 …(마 5:14)

예수님께서 "세상의 빛"이라는 말을 이런 뜻으로 말씀하셨다면 기독교 신자들은 아마 모두 다 원방통제 기(氣)치료를 하느라고 여념이 없을 것이다. 그것이 기(氣)치료라는 것은 다음의 글에서 증명된다.

> 남을 위해서 기도하는 가장 쉬운 방법은 우리 대부분이 믿지 않는다고 이야기하면서도 본능적으로 사용하고 있는 하나님의 방법, 즉 개인접촉법(personal-contact method)이다. 직접적으로 상면하여 두 손을 그에게 갖다 대고 사람들을 도와주는 방법을 배움으로써 나는 보다 관습적인 대도방법(method of intercession)에 의하여 어떻게 그들을 도울 것인가를 배웠다. … 그러므로 나는 우선 안수에 의한 치유를 위해서 수신본부와 송신본부가 되어 주는 간단한 인간적 방법을 제시하련다. 열이 나는 손을 붙들고 아픈 이마를 쓰다듬으며 짜증내는 어린아이의 등을 쓰다듬으며 흥분한 말(馬)을 달래는 것과 같은 행동은 자연적인 충동이다. 이렇게 하는 가운데 우리는 한 사람으로부터 다른 사람에게로 마음의 이해를 통해서가 아니라 마음의 부드러움을 통하여 사랑의 권능을 전달한다. 두뇌의 회색 성분은 언젠가는 부서지고 썩을 것이지만 마음의 부드러움은 영원하며, 그것에 접하는 가운데 우리는 불멸과 만나게 된다. 접촉에 의해서 다른 사람에게 줄 수 있는 위안의 정도는 대단히 적기 때문에 우리는 이것을 치유력이라고는 도저히 부를 수 없다. 그러나 그것을 권능으로 충진하기 위해서는 인간적 사랑을 예수 그리스도의 거룩하신 사랑과 연결시키면 되는 것이다.727)

---

726) 데이브 헌트/ T.A. 맥마흔 공저, **기독교 속의 미혹**, 김문철 역 (서울: 포도원, 1991), 138-139.
727) 아그네스 샌포드, **치유의 빛**, 제인 그레이 토리 역 (서울: 기독양서, 2004), 150-151.

말이 좋아 대도방법(method of intercession)이지, 이런 방법은 분명히 기(氣) 치료다. 그것은 단순히 본능적인 방법이 아니다. 단순히 부모가 어린아이의 등을 쓰다듬어 주는 행동과 사랑의 권능을 전달한다는 개념과는 완전히 다르다. 샌포드가 하는 것은 무엇이 틀렸을까? 다음의 글을 보면 그것이 확인된다.

> 속세의 슬픔을 초월하고 속세의 고통을 알지 못하는 관조(觀照)의 대로(大路)가 있다. 그러나 우리는 우리를 생명으로 이끌어 주신 불멸의 사랑의 치유를 어둠과 죽음의 그늘 아래를 거닐고 있는 이 모든 사람들에게 전해 주지 않고서 어떻게 이 대로를 걸어갈 수 있을 것인가? 플라톤은 이상(理想)에 관한 명상에 잠긴 채 성스러운 길 그리고 커다란 길을 걸어갔다. 그러나 그 주변에 있던 고통스럽고 고독한 사람들은 구제되지 못했다. 인도의 현인들은 심령적 명상의 높은 산마루를 거닐었으며 그들의 심리적, 심령적 권능을 계발하였고 그들의 여러 신(神)을 배출했다. 그러나 지상에 사는 모든 사람들 가운데서 그들의 동포가 가장 비참했다. … 인간의 위대한 역사는 철인이나 요가파에 의해서가 아니라 모든 사람을 사랑하는 그분(예수)의 추종자들에 의하여 이루어졌다. … 하지만 … 그분은 슬픔에 잠겨 있는 사람을 만나 보셨으며 그들을 위해서 울었고 그들을 사랑했고 또 그분의 사랑에 의해서 그들을 치유했다.728)

샌포드가 하는 말의 의미는 무엇인가? 샌포드는 대도방법(代禱方法)을 말하면서 이 말을 하고 있다. 플라톤이나 인도의 현인들이나 예수님도 그 대도방법을 알고 있었지만 예수님은 자기만 알고 자기만 그 길을 간 것이 아니라는 것이다. 만일 플라톤이나 인도의 현인들도 사람들에게 다가가서 치유를 해 주었더라면 예수님과 동일한 차원으로 이해하게 된다. 그녀의 전체적인 맥락에서 보자면 예수님처럼 권능을 나누어 주기만 하면 치유가 된다고 보기 때문에, 굳이 예수님이셔야 할 필요는 없다. 결국 요가 수행자들이 하는 것이나 예수님께서 하신 것이나 동일한 차원의 치료다. 예수님은 다만 능력의 채널 중에서 보다 강력한 채널일 뿐이다.

샌포드는 먼저 기도해 주고 싶은 사람을 선정하라고 말했다. 선택이 되면 2단계로 넘어가서 그 사람의 건강한 모습을 마음속에 창조하라고 한다. 그렇게 하는 것을 창조적 관능을 발동시키는 것이라고 한다. 그것은 구상화를 말한다. 그녀는 이것을 중력의 법칙과 같이 하나의 법칙으로 생각한다. 또한 이것을 "능동적인 사유"라고 하는데, 예수님께서는 "능동적인 사유"라는 말을 사용하지 않으셨고, "믿음"이라고 불렀다고 한다. 아그네스 샌포드에게 있어서 "믿음"이란 "능

---

728) Ibid., 154-155.

동적인 사유"다. 그녀가 말하는 "능동적인 사유"는 인간의 상상력에 기초한 구상화를 말하는데 그것이 곧 "믿음"이라고 말하는 것은 성경의 믿음과 완전히 틀린다. 샌포드는 마가복음 11장 23-24절의 말씀을 인용하면서 이런 능동적 사유를 통해서 능동적 실제적 관능을 갖게 되고 산이라도 움직일 수 있다고 말했다.729)

이런 말이 위험한 것은 샌포드는 사유에 의하여 창조가 이루어진다고 보기 때문이다. 부정적 사유는 질병과 좌절과 실패 그리고 부조화로 이끌고, 능동적 사유 즉 믿음으로 건강과 창조, 성공과 조화의 길을 열어 준다는 것이다. 그러나 그녀가 말하는 능동적 사유는 칼 융의 적극적 심상법과 매우 유사하다는 것을 쉽게 알 수 있다.

성례전적인 방법이란 무엇인가?

지금까지 말한 샌포드의 내적치유는 형이상학적인 방법, 곧 구상화에 대한 것이었다. 이제는 아그네스 샌포드가 말하는 성례전적인 방법을 살펴볼 것인데, 그것은 순전히 로마 가톨릭의 7성례에 기초한 것이다.730)

성례전적인 방법에 들어가기 전에 우선 짚고 넘어가야 할 것이 있다. 아그네스 샌포드의 내적치유 방식을 한국에 뿌리내리게 한 인물이 대천덕 신부와 현제인 사모인데, 현제인 사모가 번역한 『치유의 빛』(*The Healing Light*)의 번역에 관한 부분을 언급하고 가야 한다.

『*The Healing Light*』를 번역한 제인 그레이 토리(현제인 사모)는 의도적으로 번역한 흔적이 보인다. 한글 번역과 영어 원문을 대조하여 살펴보자.

> 한 친구의 충고를 통하여 나는 교회에서 행해지던 한 가지 방법을 실험해 보기로 하였다.731)
> Through the advice of a friend, I tried the Confessional. "The Confessional is the church's way of passing on power." she told me. And I retranslated these words to

---

729) 아그네스 샌포드, **하나님을 바라보라**, 이석산 역 (서울: 한국양서, 2004), 58-59.
730) http://ask.nate.com/qna/view.html?n=3342438/ 예수님께서 세우신 성례는 세례와 성찬, 이 두 가지뿐이다. 그러나 로마가톨릭 7성례는 변질된 성례이다. 7성례에는 세례성사, 견진성사, 성체성사, 고해성사, 병자성사, 혼인성사, 신품성사가 있다. 이것은 다시 3가지로 분류가 된다. (1)그리스도교 입문(기초)성사-세례성사, 견진성사, 성체성사 (2) 치유의 성사-고해성사, 병자성사 (3)구원을 위한 친교에 봉사하는 성사-혼인성사, 신품성사
731) 아그네스 샌포드, **치유의 빛**, 제인 그레이 토리 역 (서울: 기독양서, 2004), 184.

mean "The Confessional is the Church's way of giving a healing treatment."732)
"예수 그리스도의 죄사함을 통해서 그 방법은 당신 속에 하나님의 권능을 풀어놓아 줍니다."733) "Just the same, it is so," she said. "The Confessional sets free in you the power of God through the forgiveness of Jesus Christ."734)

두 문장을 비교해 보면 분명히 의도적으로 번역을 했음이 드러난다. 번역된 두 개의 문장에는 "고해성사"(the Confessional)가 의도적으로 누락되었다는 것을 확인할 수 있다. 원문을 잘 보면, 교회에서 행해지던 그 한 가지 방법이란 "고해성사"(告解聖事)를 말한다.

그리고 샌포드가 말하는 교회란 로마 가톨릭을 말하는 것이지 개혁주의 교회를 두고 하는 말이 아니다. 만일 원문에 있는 그대로 번역을 했더라면 그 수많은 기독교인이 예수원을 갔을까? 샌포드의 영향을 직·간접적으로 받은 대천덕 신부와 현재인 사모는 분명히 기독교인들을 의식했음을 확연하게 감지할 수 있다.

샌포드는 로마 가톨릭의 성례를 매우 긍정적이고 적극적으로 수용하였는데, 그것을 통하여 신비적인 방법으로 하나님께 가까이 접근하는데 도움이 된다고 생각했기 때문이다.735) 로마 가톨릭의 공로주의 사상에 기초한 샌포드의 성례전적인 내적치유는 성찬에 대한 심리학적 표현이라며 다음과 같이 진술했다.

> 그렇다면 그리스도의 피란 무엇인가? 그것은 그의 생명이며, 그의 존재의 정수이며, 그의 옷이나 술잔보다 훨씬 더 그에게 가까운 것으로서 그의 권능과 사랑으로 충만 되어 있다. 그것은 불멸이다. 이 운동하는 에너지는 맨 처음에는 눈으로 볼 수 있는 피와 물의 흐름 속에 담기어 있었다. … 그러나 피 속의 생명은 파괴되지 않으며 눈에 안 보이는 거룩한 에너지의 흐름이 되어 아직도 남아 있으니 그것은 현실적 에너지-지각할 수 있고 유효한인 것이다. 그렇지 말라는 법이 어디 있을까? … 하나님은 당신의 사랑을 바람과 전기를 통해서, 햇빛과 비를 통해서, 친구와 가족을 통해서 우리에게 보내 주신다. 그러나 이런 것들은 그 어느 것도 잠재의식이라는 닫혀진 문을 꿰뚫고 들어올 수 없었다. 그러므로 하나님은 우리에게 그 아들의 모습으로 보다 더 가까이 오셨다. … 우리가 숨 쉬는 공중에는 그 거룩한 에너지가 아직도 남아 있으며 그것은 하나님의 사랑의 직접적이고도 유별난 흐름이요, 사랑 속의 사랑, 생명 속의 생명인 것이다. … 예수는 그의 신기한 연금술이 우리의 내적 존재를 전환시켜 우리를 거듭나게 할 것이라고 말씀하셨다(요 3:3). … 갈보리에서 우리에게 주신 예수의 생명의 흐름은 잠재의식적인 마음을 꿰뚫고 거기서 거룩한 이채(異彩)를 이룩하여 예수에 속하는 인격적인 모든 경향을 우리에게 주신다.736)

---

732) Agnes Sanford, *The Healing Light* (Macalestaer Park Publishing Co., 1961), 121.
733) 아그네스 샌포드, **차유의 빛**, 제인 그레이 토리 역 (서울: 기독양서, 2004), 185.
734) Agnes Sanford, *The Healing Light* (Macalestaer Park Publishing Co., 1961), 121.
735) 아그네스 샌포드, **하나님을 바라보라**, 이석산 역(서울: 한국양서, 2004), 31.

샌포드의 성례전적인 내적치유는 신부의 축사로 성찬의 빵과 포도주가 실제로 예수님의 피와 살로 변한다는 로마 가톨릭의 성례론에 근거를 두고 있다.[737] 그 성찬에 참여할 때 하나님의 에너지가 인간의 잠재의식으로 흘러 들어가는 것이다. 다른 것들, 곧 전기, 햇빛, 비, 친구, 가족을 통해서 그 에너지가 흐르기는 하지만, 그것이 잠재의식 속으로 흐르게 하는 것은 예수라야 가능하다는 것이다.

성례전적 차유를 더 말하기 전에, '융의 심리학적 관점과 영지주의적 관점에서 성례전을 어떻게 이해하고 있는가?'를 살펴보자.

> 영지주의에서 성례의 목적은 완전한 변화, 곧 하나님의 본질로 변화되는 것이다. 온전히 변화된 영지주의자는 예수의 제자가 아니라 신격화된 인간이요 또 다른 그리스도이다.[738]

스타븐 휠라는 다음과 같이 말했다.

> 영지주의의 성례전 중 가장 신비롭지만 동시에 가장 알려져 있지 않은 것이 신방의 신비이다. … 심층심리학의 관점에서 설명해 보자면, '개성화' 된 자아의 모범이요 온전함의 원형인 예수는 자신이 '둘이 하나로 합일된 존재임을 드러냈다고 할 수 있다. 원형이요 또한 전형인 예수는 연합의 합일(union of the syzygies)을 이룬 이상적인 양성(兩性) 구유자로 예시된다. 그를 따르는 자는 반드시 그의 모범을 따라야 하며, 자신 속에 이성(異性)의 형상을 받아들임으로써 온전하게 되어야 한다. 남자는 자신의 여성적 자기(自己)와 연합한다. 그 연합을 이루기 전까지는 여자 안에 있는 이성의 형상을 오직 대리적으로만 경험할 수 있다. 여자도 동일한 방법으로 자신의 "천상의 신랑", 곧 내면의 남성과 결혼해야 한다. 이렇듯 신방의 성례전은 실제로 '개성화'를 뜻하는 입교식이요, 플레로마(온전함)의 회복을 나타내는 웅대한 상징이요, 내면에 있는 이성과의 히에로스 가모스(hieros gamos, 성스러운 결혼)이며, 따라서 궁극적인 참 그노시스의 달성이다. 신랑은 구원자, 신부는 방황하는 영혼인 소피아, 신방은 온전한 상태인 플레로마의 원형적 상징이며, 이 상징들은 '개성화' 과정에 대한 인격적인 유비이다.[739]

이것을 그대로 칼 융이 심층심리학에 그려내었다. 또한 그것이 그대로 아그네스 샌포드에게 녹아나 있다. 성례전을 통한 황홀경 체험으로 심리적 실재에 도달하려는 시도를 끊임없이 추구하고 있다. 언약적인 하나 됨이 아닌 존재론적

---

736) Ibid., 164-167.
737) Ibid., 242-243; 아그네스 샌포드는 다음과 같이 말한다. "물은 목사의 축복을 받는 순간 비단 정결의 상징으로 화할 뿐만 아니라 재생의 에너지를 불어넣어 주는 통로로 화하는 것이라고 상상할 수 있을까? 마치 영성체에서 떡과 포도주가 우리 주의 인간적이며 거룩한 생명을 위한 상징으로 화할 뿐만 아니라 통로로 화하듯이."
738) 스타븐 휠라, **이것이 영지주의다**, 이재길 역 (서울: 샨티, 2006), 117.
739) Ibid., 119-120.

하나 됨을 추구하는 것이 신플라톤주의자들의 주술적 체험에서 보여지듯이, 영지주의자들의 이런 성례전적 황홀경은 동·서양의 연금술과 기독교의 성례전이 혼합된 형태로 볼 수 있다.

그러기 위해서 고해성사를 통한 구상화가 함께 이루어진다. 로마 가톨릭의 7성례 중에서도 특히 성체성사와 고해성사가 주된 핵심을 이루고 있다. 성체성사는 하나님의 에너지를 현실적으로 잠재의식에 이르게 하며, 고해성사는 구상화가 다만 인간의 의지의 노력이 아닌 종교적 신비감이 더해진 한 차원 높아진 구상화라고 할 수 있다. 그런 고해성사는 잠재의식 속으로 더 깊이 들어가서 그릇된 사유를 닦아내는 방법이다. 그렇게 하여 기억을 치유하고 사유진동이 일어나고 질병이 낫는 것이다. 그렇게 되면 내적인 기쁨이 있으며 즐거운 웃음이 표현된다고 하는 것은 퀘이커교도들이나 빈야드에서 하는 말이나 다를 바 없다.[740] 샌포드의 성례전적인 치유는 고해성사에서 시작된다. 샌포드는 다음과 같이 말했다.

> 성경이 회개라고 부르고 있는 그런 형태의 영혼, 즉 탐색(form of soul-searching)을 위하여 제시된 방법은 다음과 같다. 고죄(repentance, 告罪)의 준비 행위를 위하여 매일 동일한 시간과 동일한 장소를 택한다. 몸과 마음을 편히 쉬며 하나님을 향하여 경건한 자세를 취한다. 이때 종이와 연필을 준비한다. 그리고 자기의 생애를 7기(基)로 나눈다.[741]

그러면서 7일 동안 자기 생애를 더듬으며 자기 죄를 찾아서 사제(司祭)에게 찾아가 고해성사를 한다. 과연 그럴 필요가 있는가? 죄의 고백은 로마 가톨릭 사제에게 할 필요가 없다. 왜냐하면, 사제는 우리의 죄를 사해 줄 능력이 없기 때문이다. 오직 예수 그리스도만이 우리의 죄를 사하시며 우리를 죄와 사망의 권세로부터 자유하게 하신다!

고해성사를 마친 샌포드의 반응을 들어보라.

---

740) 아그네스 샌포드, **하나님을 바라보라**, 이석산 역 (서울: 한국양서, 2004), p. 199.
741) 아그네스 샌포드, **치유의 빛**, 제인 그레이 토리 역 (서울: 기독양서, 2004), 187-188; 샌포드는 이 7일 동안에 이런 일을 행하면서 일어난 일을 기록하는데, 아주 경악스러운 일도 말한다. "그래서 나는 사방에서 들여다보는 스코틀랜드의 장로교 조상들의 망령들과 함께 아주 편안하게 나의 첫 고백을 마쳤다(So I made a first confession, very comfortably, with the shades of my Scotch Presbyterian ancestors peering around the corners)." 고행성사도 비성경적이지만 그런 망령들과 함께 했다는 것은 그녀가 무엇을 기대하는 것인지 의심케 하는 말들이다. 이런 것들은 칼 융이 말하는 원형들과의 체험을 말한다.

그러나 내가 이곳에서 미처 다 걸어 나오기도 전에 나는 갑자기 머리끝부터 발끝까지 뒤흔드는 진동에 휩싸였다. 나는 매우 심령적인 사람들이 나를 위해 기도해 주었을 때 느꼈던 것과 같은 그러한 심령의 황홀감을 느꼈다.742)

샌포드가 이런 느낌과 생각을 가지게 되는 근본적인 이유는 어디에 있을까? 그녀는, 예수님께서 속죄를 떠맡으셨기 때문이라고 본다. 그런데 그 떠맡음은 단순한 떠맡음이 아니라 사유진동을 통한 떠맡음이다. 이리하여 주님은 겟세마네 동산에서 하나님과 인간을 다시 연결해 주는 속죄의 위대한 역사를 떠맡으셨다. 예수는 문자 그대로 당신의 사유진동(thought-vibrations)을 인간의 사유진동으로까지 낮추셨을 뿐만 아니라 죄악과 질병, 고통과 죽음에 관한 인간의 생각들을 당신 자신 속에 받아들이셨다. 그리고 그분은 하나님의 아들이시기 때문에 시간을 초월하실 수 있었다. 그러므로 그분은 과거와 현재와 미래에 걸친 온갖 인간의 죄 많은 사유진동을 당신이 떠맡으셨다.743)

그러니 죄사함이 일어나면 진동이 일어난다는 것이다. 이러니 퀘이커교도인 리차드 포스터나 존 윔버가 얼마나 좋아라했을까? 그것을 대천덕 신부와 현제인 사모가 받아들여 내적치유를 했으며, 그것이 예수전도단에 영향을 주게 되었다.744)

---

742) Ibid., 190.
743) Agnes Sanford, The Healing Light (Macalestaer Park Publishing Co., 1961), 125.
744) http://www.gnlove.co.kr/gn_bbs/board.php?bo_table=gnlove6_1&wr_id=10050&sca=%C4%AE%B7%B3&page=11(뉴스미션 2011-08-08) 5명으로 시작한 기도 모임이 예수전도단의 시작: 오대원 목사는 한국 예수전도단 창립자다. 예수전도단은 오대원 목사와 다섯 명의 학생들의 말씀과 기도로부터 시작됐다. 그러던 것이 점차 사람이 늘어나면서 '예수전도단' 설립이 됐다. 사역을 시작한 지 10년이 지난 1972년이었다. 그 뒤 로렌 커닝햄 목사의 제안으로 1980년부터 국제예수전도단과 연합하게 됐다. "사역 10년 만에 안식년을 가진 후 서울공대 기독학생회로 돌아간 1972년 10월, 당시 계엄령으로 학생들이 다 지방으로 내려가고, 저희 집에서 다섯 명의 모여 아침부터 저녁까지 찬양하고 말씀을 보며 기도했습니다. 학생들이 달리 할 일이 없었거든요. 그렇게 하다 보니 하나님께서 점점 학생들이 붙여주셔서 50명, 100명, 200명으로 늘어났고 조직이 필요해졌습니다. 그렇게 예수전도단이 된 것입니다." 예수전도단은 예수원의 대천덕 신부가 아이디어로 지어줬다. '예수원'은 한 곳에 고정돼 있으니 '예수원'이고, '예수전도단'은 예수를 전도하러 다니는 의미를 지니게 됐다. 대천덕 신부는 오대원 목사의 멘토이기도 하다. "대천덕 신부님이 멘토 역할을 톡톡히 해 주셨습니다. 신부님은 멘토를 한국 사람으로 하라고까지 조언해 주셨습니다. 그래서 말씀으로는 한경직 목사님, 예배로는 박재훈 목사님, 한국의 정서에 대해서는 광주의 이수복 시인, 무등산의 허백련 선생 등 많은 분들을 멘토로 모셨습니다."

참고자료: http://news.kukinews.com/article/view.asp?page=1&gCode=kmi&arcid=0003906203&cp=nv [역경의 열매] 오대원 (6) 성령세례 후 인생·사역 방향 대전환: 한국으로 돌아온 후 강원도 깊은 산속에 있는 예수원을 찾아갔다. 대 신부님을 만나서 우리에게 일어난 일을 이야기했다. 그러나 그는 이미 우리가 성령체험을 한 것을 알고 계셨다. 그는 우리를 위해 지난 10년 동안 매일 기도했다고 말했다. "지난 10년 동안 하나님께 로스 목사 부부를 성령으로 감동시켜서 차고 넘치게 해 달라고 간구했습니다. 그리고 기도 가운데 당신들이 성령을 체험한 사실을 알게 되었습니다." 정말 놀라운 일이었다. 대 신부님과 맺은 인연은 예수전도단을 설립한 이후에도 지속됐다. 대 신부님은 한 달에 한 번 정도 예수전도단에 와서 강의를 해주시고, 예수전도단은 전도학교를 예수원에서 한 달간 여는 등 두 단체는 지속적인 관계를 가졌다. 그리고 대 신부님은 기꺼이 나의 멘토가

또한 샌포드의 성례전적인 방법은 미사 때 구상화 기도와 합쳐진다.

> "그렇다면 바로 그런 방법으로 당신이 하나님의 생명을 받을 수 있도록 기도드리겠어요. 그리고 또 내 친구들인 수녀들(the Sisters)에게 매일 아침 미사(for you every morning at the Mass) 때 당신을 위해 기도 드리도록 부탁드리겠습니다. 그러면 그 생명이 미사를 드리는 현장에서(from the Mass) 바로 그들의 기도를 통하여 당신의 척추 속으로 들어갈 것입니다. 두고 보세요."745)

샌포드는 이것을 성사전적인 방법에 형이상학적인 방법을 추가한 것이라고 말한다. '성사'는 미사를 두고 하는 말인데, 전체로 보자면 성례전적인 방법을 의미한다고 볼 수 있다. 형이상학적인 방법인 구상화는 자기 스스로 권능의 흐름에 진입하는 방법이며,746) 성례전적인 방법인 고해성사는 권능의 주 흐름인 예수 그리스도의 권능을 직접적으로 받는 방법이라고 할 수 있다.

이런 것은 융의 심리학을 그대로 말하는 것이다.

> 미사는 인간 영역에서 일어나는 신의 변환, 즉 인간화와 절대 존재로의 회귀라는 신비와 기적을 본질적 핵심으로서 지니고 있다. 인간 자신은 봉사하는 도구로서 헌신과 자기희생을 통해 이 비밀스러운 과정에 편입된다. 신의 헌신과 자기희생을 통해 이 비밀스러운 과정에 편입된다. 신의 헌신은 자유의지에 의한 사랑의 행위이며, 그에 반해 자기희생은 인간을 통해(도구인 道具因과 성사인 聖事因, instrumentaliter et ministerialiter) 초래된 비참하게 피 흘리는 고통의 죽음이 다('무혈의 희생, incruente immolatur'은 사실과 관계할 뿐 상징성과는 관련이 없다). 끔찍한 십자가의 죽음은 변화의 전제로서 불가피한 것이다. 변환은 우선 죽은 실체의 재생이고, 그 다음의 본질적인 변화는, 섬세한 실체인 프네우마(Pneuma)의 원래 표상에 부합되는 영화(靈化 Vergeistigung, 성화체聖化體 Corpus glorification-역주)이다. 이러한 이해가 성찬식에서 그리스도의 몸과 피에 구체적으로 참여하는 가운데 표현된다.747)

융은 포도주와 빵이 양성을 포괄한다고 보며, 포도주는 남성적인 것으로 빵은 여성적인 것으로 보아 두 개의 실체는 신비한 그리스도의 자웅동체(此雌雄同體)를 의미한다고 말했다. 그래서 미사를 통해 신의 변환이라는 신비적인 변화가 일어난다고 본다. 융은 미사를 여전히 살아 있는 비의(秘儀, 비밀의식)라고 한다. 샌포드에게 있어서 예수 그리스도는 잠재의식과 심령 사이의 통로를 열어 주신 분이다. 거기에는 인간이 이해할 수 없는 "은밀한 연금술"이 있다고 본다. 예수는

돼 주셨다.
745) Agnes Sanford, *The Healing Light* (Macalestaer Park Publishing Co., 1961), 130.
746) 그녀의 말 속에는 관조, 명상, 묵상이라는 단어들이 등장하나 그런 것들은 다 구상화의 별칭에 불과하다.
747) C.G. 융, 인간의 상과 신의 상, 한국융연구원 C.G. 융저작 번역위원회 역 (서울: 솔출판사, 2008), 189.

인류의 잠재의식에서 오물을 꺼내 자기에게 쏟고 하나님의 권능을 흐르게 하여 불멸의 씨앗을 포함하는 그런 종류의 세포로 재생시킨다고 말했다.748) 그렇게 하기 위해서는 무엇이 필요한가?

> 거기에는 그 의미가 보다 작지만 동시에 보다 클 수도 있는 두 가지 사항이 필요하다. 첫째로 제물 - 이것은 예수께서 자기 자신을 우리에게 바치신 것처럼 우리도 우리 자신을 예수께 바치는 것이며 하나님의 뜻을 행하겠노라는 완전한 의욕인 동시에 예수의 구속적 사랑에 의하여 정화되겠노라는 진지한 욕망이다. 둘째로 예수의 죄사함과 정화에 대한 우리의 필요성을 우리 자신이 진술한 것을 요구한다(레 5:5, 26:40; 민 5:7). 그리고 우리가 이것을 완전히 바치는 마음으로 할 수 있도록 우리는 우리의 죄과를 다른 사람 앞에서 고백하라고 권고 받고 있다(약 5:16).749) 이것은 우리의 고해가 참되다는 것을 증명해 주며 우리를 자기 기만에서 보호해 준다. 그리고 이것은 우리를 위해서 권능의 말씀인 믿음의 말씀을 해 줄 심령적 조력자를 우리에게 제공해 준다.750)

예수님께서는 어떤 의미로 우리에게 자신을 바치셨는가? 또 우리가 예수님에게 바쳐질 수 있는가? 이것은 신약의 세례와 십자가의 의미를 모르는 무지의 소치이다. 예수님께서 십자가에 못 박히실 때 우리도 함께 거기에 못박혔기 때문에 우리가 다시 예수님께 우리 자신을 바칠 필요가 없다. 예수님께서는 우리의 기여로 무엇을 수여받으시는 분이 아니시다.

샌포드는 죄사함과 정화를 말하나 그 의미는 매우 모호하다. 죄에 대한 특별한 의미 규정도 없다. 예수의 구속을 말하나 그 구속은 인간을 질병에서 치유케 하는 하나님의 권능을 흐르게 하는 차원으로 말할 뿐이다. 죄에 대한 분명한 회개와 삶의 거룩함으로 나아가지 않는다. 대신에 고해성사를 통한 정신연금술을 말하나 그 과정은 구상화와 종교의 혼합을 통해 신비감을 조성하려는 술책에 불과하다. 그러면서 샌포드는 이 "고해성사"의 방법을 사용하지 않는 사람을 성경을 인용하여 비판했다.

> 이것은 우리의 고해가 참되다는 것을 증명해 주며 우리를 자기기만에서 보호해 준다. 그리고 이

---

748) 아그네스 샌포드, **하나님을 바라보라**, 이석산 역 (서울: 한국양서, 2004), 146-147.
749) 이 중 하나에 허물이 있을 때에는 아무 일에 범과하였노라 자복하고(레 5:5) 그들이 자기 죄와 그 열조의 죄와 및 그들이 나를 거스린 허물을 자복하고 또 자기들이 나를 대항하였으므로(레 26:40) 그 지은 죄를 자복하고 그 죄값을 온전히 갚되 오분지 일을 더 하여 그가 죄를 얻었던 그 본주에게 돌려 줄 것이요(민 5:7) 이러므로 너희 죄를 서로 고하며 병 낫기를 위하여 서로 기도하라 의인의 간구는 역사하는 힘이 많으니라(약 5:16)
750) 아그네스 샌포드, **하나님을 바라보라**, 이석산 역 (서울: 한국양서, 2004), 147.

것은 우리를 위해서 권능의 말씀인 믿음의 말씀을 해 줄 심령적 조력자를 우리에게 제공해 준다. 「평안히 가거라. 하나님은 너의 온갖 죄를 사하였노라.」 모든 사람들이 이 조력자를 가져야 하는 말은 아니다. 죄 사함을 받는 이 위대한 역사에서 자기를 도와줄 그 어떠한 조력자도 필요로 하지 않는 사람들이 있을 수 있다. 그러나 또한 이것이 필요하면서도 그것을 인정치 않는 사람들이 존재한다. 그들의 열매로 우리는 그들을 안다(마 7:20).751)

중보자는 한 분 예수 그리스도로 충분하다. 성도에게 있어서 예수 그리스도 외에 다른 중보자는 필요 없다. 하나님과 죄인 사이에 다른 중보자가 있다고 주장하면 그것은 적그리스도다!

고해성사에 대한 벌코프의 견해를 살펴보자.

> 로마교회는 회개의 개념을 전적으로 외재화 했다. 고해성사에서 가장 중요한 요소를 참회(contrition), 고백(confession), 보속(satisfaction), 사죄선언(absolution)이다. 4가지 중요한 요소 중 참회만이 회개에 포함될 수 있는데, 로마 가톨릭 신자들은 여기서 타고난 죄(원죄)에 대한 애통을 제외시키고 오직 개인적 범죄에 대한 애통으로 한정시킨다. 그리고 진정한 참회를 경험하는 사람은 극소수이므로, 다수는 '회오(悔悟, attrition)'에 만족한다. 회오란 "죄는 형벌을 받아야 마땅하다는 자책으로서, 하나님에 대한 신뢰와 죄를 떠나야겠다는 의도를 포함하지 않는다. 이는 지옥에 대한 공포다." 로마 가톨릭에서의 고백이란 선언적이기보다는 법적으로 사면하는 사제에 대한 고백이다. 더욱이 보속이란 죄인이 속죄하는 것, 즉 고통을 참고, 어렵고 불쾌한 임무를 수행하는 것이다. 이러한 외면적인 행위들이 실제로 죄를 보속하는 것이라는 것이 중심사상이다.752)

샌포드의 성례전적인 방법에는 고해성사가 전면에 부각이 되어 있으며, 그 배경에는 '은혜가 인간에게 주입된다'는 로마 가톨릭의 교리가 주된 핵심으로 자리 잡고 있다. 토마스 아퀴나스는 이 은혜의 주입으로 인간이 의로워지며 부분적으로는 이 주입된 은혜에 의해 죄가 용서된다고 보았다.753)

이 은혜의 주입이 문제다. 교인이 되고, 미사에 참석하며, 고해성사를 함으로 하나님의 권능의 흐름이 연결되고 질병이 낫는다는 사고방식은 성경적인 사고방식으로 결코 용납될 수 없다. 로마 가톨릭은 성경에서 말하지 않는 것들을 첨가해서 잘못된 교리를 양산해 내었다. 그 일에 가장 치명적인 것은 바로 칭의의

---

751) Ibid., 147; 문맥상 이해를 돕기 위해 마태복음 7장 20절 앞의 구절과 함께 보면 다음과 같다. "이와 같이 좋은 나무마다 아름다운 열매를 맺고 못된 나무가 나쁜 열매를 맺나니 좋은 나무가 나쁜 열매를 맺을 수 없고 못된 나무가 아름다운 열매를 맺을 수 없느니라 아름다운 열매를 맺지 아니하는 나무마다 찍혀 불에 던지우느니라 이러므로 그의 열매로 그들을 알리라"(마 7:17-20)
752) 루이스 벌코프, **벌코프 조직신학(하)**, 권수경, 이상원 역 (서울: 크리스챤다이제스트, 1993), 736.
753) Ibid., 764.

교리요. 성화의 교리다.

구체적인 실례로 그들은 (로마) 가톨릭 교회의 일원이 되는 것 자체를 의롭게 됨으로 본다. 다시 말해서, 조직교회 안에 들어와야만 구원이 있다는 믿음을 강조한다는 것이다. 또 성찬의 빵과 포도주가 신부의 축사에 의해 예수님의 '진짜 살과 피'가 된다는 것을 믿을 때 의롭다고 칭함을 받을 수 있다고 본다. 또한 그들은 신부에게 자기의 죄를 고하고 사제(신부)의 죄 용서 선언이 효력이 있다고 믿어야 구원을 받는다고 주장한다. (로마) 가톨릭의 믿음은 예수님의 십자가 대속으로 말미암아 단번에 의로워지는 것이 아니다. 그들은 죄에 빠지거나 성찬에 참여하지 않거나 고해성사를 하지 않으면 연옥으로 떨어지게 된다고 믿는다. 그러므로 그들의 성찬식(성체성사)은 예수님을 날마다 제단의 제물로 바치는 행위가 됨으로써 단번에 의로워지는 것이 아니라 '반복'해서 의로워져야 하는 것이다.754)

샌포드의 이런 교묘한 생각은 구상화와 고해성사의 유사점에서 비롯된 것이다. 구상화가 과거로 돌아가서 그때 일을 회상하며 재구성하여 자기가 원하는 대로 사건을 풀어가듯이, 고해성사 역시 과거의 일들을 기억하며 자기 죄를 고하는 것은 매우 비슷한 양상을 취하기 때문이다.755)

그러나 현실은 어떠한가? 많은 사람은 자신이 지은 죄에 대하여 자신이 행하지 않았다고 하거나 축소하거나 은폐하려고 한다. 자신의 범죄의 사실에 대한 결정적 증거가 나타나기 전까지는 끝까지 부인한다.756) 그것이 인간의 죄악 된 본성이다. 인간은 삶의 문제에 대한 정답을 알 수 없으며, 그 정답을 안다고 해도 그것을 행할 능력이 없다. 인간은 전적으로 타락했기 때문이다!

아그네스 샌포드의 결말

그러나 아그네스 샌포드의 이런 모든 논리와 사상에도 불구하고, 존 & 폴라 샌드포드를 통하여 증언하는 다음과 같은 말은 얼마나 아이러니한가?

당대에 위대한 믿음의 치유 사역자였던 아그네스 샌포드가 (남편 사후에) 우울증이라는 벽에서 나와 다시 살기 위한 사랑을 필요로 하여 우리(존과 폴라)를 찾아왔다. 우리는 이 위대한 성자

---

754) 김민호, *칭의로 신앙을 개혁하라* (서울: 아이디얼북스, 2011), 52-53.
755) http://www.igoodnews.net/news/articleView.html?idxno=31831/ 참고로, 주서택 목사의 '성서적 내적치유세미나'(2011년 8월 4-6일)에서 '성찬과 고백 치유의 시간'이 도입이 되었다. 이것은 과연 무엇을 의미하는 것일까? 아그네스 샌포드의 치유를 그대로 물려받은 대천덕 신부의 글을 자주 인용하는 주서택 목사는 과연 아무런 관련이 없는 것일까? 또한 내적치유 세미나에서 『아래로부터의 영성』을 함께 가르치며, 사이버아카데미에서는 『아래로부터의 영성』을 필독서로 읽도록 하고 가르친다는 것은 무엇을 의미하는 것인지 독자들은 깊이 생각해야만 한다.
756) http://www.christchurchpsychology.co.nz/news-and-views/false-confessions/

가 우리를 필요로 한다는 게 믿기지 않았다. 우리는 기도하며 아그네스를 주님께 올려 드렸다. 그녀는 마음이 무너진 채 가 버렸다. 그녀는 무수한 사람을 치유하기 위해 믿음으로 산도 움직일 수 있었지만 자신을 위해서는 하나님으로부터 받을 수 있는 믿음이 전혀 없었다.757)

존 & 폴라 샌드포드가 증언하는 대로 다른 사람들을 치유하며 성자(?)라 불렸던 그녀가 우울증에 빠져 버렸고, 그렇게 대단했던 샌포드에게는 "믿음이 전혀 없었다." 샌포드에게 있어서 '믿음'이란 '능동적 사유'를 말하는데, 믿음이 없다는 것은 구상화할 능력이 다 떨어졌다는 것인가? 아니면 구상화를 해도 자신의 우울증을 치료하지 못한다는 것인가?

샌포드의 영향 속에 자란 존 & 폴라 샌드포드는 얼마나 허탈했을까? 아마 '우리는 저런 사람이 되지 말자'고 다짐을 했을 것이다. 샌포드는 하나님의 말씀을 떠난 인간의 비참이 무엇인가를 증명해 주는 산증인이다. 그러니 예수 그리스도를 믿어 하나님의 그 말씀에 순종하며 사는 것이 가장 복된 길이다.

몰톤 켈시와 구상화

아그네스 샌포드의 영향을 전수 받은 자 중 가장 영향력 있는 사람은 샌포드의 친구요 성공회 사제이며 융 학파 심리학자인 몰톤 켈시(Morton Kelsey)다. 켈시는 전통적인 교단에 신비주의를 퍼뜨린 중요한 인물이며, "교회는 선포하고 가르치고 치유할 때 뉴에이지를 꺼려해야 할 이유가 아무것도 없다."고 말했다.758) 켈시는 샌포드보다 훨씬 더 나아가서 샌포드가 가르친 것들을 한 차원 더 끌어 올렸다고 볼 수 있다(물론 비성경적이고 샤머니즘적으로 말이다). 켈시에게 있어서 영계와 접촉하는데 사활적인 역할을 하는 것은 융의 적극적인 상상과 원형심상이다.

> 본질적으로 심령현상(심령력)이나 그 사용과 관련하여 악한 것이란 없다 … 심령현상 경험 자체는 저 세상으로부터 오는 것이 아니다. 이 경험은 단순한 인류가 다른 생물들과 공유하고 때로는 발전될 수 있는 인간심령의 자연적 경험들이다 … 사람들은 하나님에 대한 심오하고 영속적인 경험을 할 때 ESP 경험은 흔하게 일어난다. 투시, 정신감응, 사전 인지, 염력, 그리고 치유는

---

757) 존 & 폴라 샌드포드, 속사람의 변화2, 황승수/ 정지연 역 (서울: 순전한 나드, 2010), 118.
758) 레이 윤겐, 신비주의와 손잡은 기독교, 김성웅 역 (서울: 부흥과개혁사, 2009), 107.

> 많은 종교지도자들과 거의 모든 기독교 성자들의 생활과 그 주변에서 목격되어 왔다 … 이것은 예수님 자신이 가진 것과 동일한 종류의 심령력이다.759)

켈시는 죽은 자들과 대화하며 그들로부터 인도함을 받으며, 성령을 자아와 같은 것으로 보고, 샤머니즘적 심령력들을 기독교의 성령의 은사들과 같은 것으로 보았다. 더욱이 그는 샤먼(마법사 등등)은 악한 자가 아니라 "하나님의 능력이 집중되어 있어서 다른 사람들에게 그 능력을 흘려 내보낼 수 있는 사람"이라고 주장했다. 그의 이런 사상들은 다음과 같은 말에서 드러난다.760)

> 예수님은 능력의 사람이었다. 그는 모든 샤먼들보다도 더 위대했다. 내 연구생들은 미캐 엘리아드의 『샤머니즘』761)과 카를로스 산타네다(Carlos Cantaneda)의 『익스틀란으로의 여행』(Journey to Ixtlan)762)을 읽을 때 예수님이 성취하시던 역할을 보기 시작한다. …

켈시의 말에 의하면 예수님은 위대한 샤먼에 불과하다. 켈시에게 있어서 샤먼은 세상의 신비주의와 마법사들 역시 악한 자들이 아니라, 심령력을 통하여 하나님의 능력을 나타내는 자들이다. 예수님은 가장 위대한 샤먼이라고 추켜세우고 자신들은 샤먼으로서 신의 지위를 누리는 것이다. 이런 사악한 시도들은 얼마나 성경에 위배되는 것들인가!

켈시는 어떤 종교라도 상관하지 않는다. 그것이 힌두교든지 고대 그리스 로마의 신화이든지 간에 거기에는 어떤 영적인 실재가 있어서 하나님과 교통하는 방

---

759) 데이브 헌트/ T.A. 맥마흔 공저, **기독교 속의 미혹**, 김문철 역 (서울: 포도원, 1991), 143.
760) Ibid., 143-144.
761) 미르치아 엘리아데의 『샤머니즘』을 말하는 것인데, 이 책을 통해 예수님을 안다는 것은 접신술과 샤먼의 개념으로 접근한다는 것이니 얼마나 위험한 말인가!
762) 네이버 백과사전에서; 멕시코 야키(Yaqui) 인디언 주술사의 신비한 비밀에 관한 시리즈를 출간하여 미국 뉴에이지운동의 기수가 되었다. 페루의 카자마르카(Cajamarca)에서 태어났다. 문화인류학적인 바탕을 가지고 저술하였으나 비평가들은 그의 작품이 사실이라기보다는 소설이라고 평하였다. 그의 책들은 17개국 언어로 번역되어 전세계적인 베스트셀러가 되었다. … 카스타네타의 책은 마술, 마법, 영육분리 경험 등의 이야기로 가득하다. 1960년대 초 애리조나와 멕시코를 여행하다가 그는 시간과 공간을 자유자재로 조작할 수 있는 능력을 가졌다고 주장하는 야키 인디언 돈 후앙을 만났다. 카스타네다는 곧 그의 실습생이 되었고, 이 두 사람은 환각식물들을 이용한 일련의 모험에 착수했다. 1965년 카스타네다는 로스앤젤레스로 돌아왔고, 그의 경험에 대해 쓰기 시작했다. 1968년 『돈 후앙의 가르침』(The Teachings of Don Juan: A Yaqui Way of Knowledge)이 출판되자마자 이 책은 당시 베트남 전쟁에 환멸을 느끼는 미국 젊은이들 사이에서 큰 인기를 얻으면서 베스트셀러가 되었다. 이어 『분리된 리얼리티』(A Separate Reality: Further Conversations with Don Juan, 1971), 『익스틀란으로의 여행』(Journey to Ixtlan: The Lessons of Don Juan, 1972) 등 일련의 시리즈들이 계속 출판되었다. 그는 명성을 얻게 되자 곧 은퇴하고 은거하였으며, 사망한 뒤 2개월이 지나서야 그의 죽음은 세상에 알려졌다.

법이었다고 믿는다. 켈시의 위험스러운 말을 더 들어보라.

> 기독교는 무의식을 통찰하거나 영적 실재로 들어가는 유일하게 안전한 길이 한 지도자, 예수와 함께 하는 것이라고 주장한다. 샤머니즘은 우리에게 심지어 예수님 이전이었지만, 그래도 하나님이 사람들 중에서 사역하셨다는 사실을 보여준다.763)

이런 말들은 철저하게 융의 집단 무의식의 개념에 기초한 것이다. 『내적치유와 내면아이』에서도 말했지만, 융에게 있어서 하나님은 다만 그런 집단 무의식의 발현에 불과할 뿐이다. 켈시에게는 샤먼이나 예수님이나 영적인 안내자이기 때문에 사실상은 별다른 차이가 없다. 켈시가 말하는 "영적인 실재"는 무엇인가? 그것은 인간의 무의식의 구조를 두고 말한다. 심령현상 배후의 이 "능력"은 궁극적인 통합적 원형이다. 그것이 어떤 영적인 안내자이든지 간에 영적인 실재로 들어가면 되는 것이고, 그로 인해서 치유가 일어난다고 본다. 켈시의 이런 생각들은 다음과 같은 말에서 여실히 드러났다.

> 우리가 예수님의 사역을 볼 때 우리는 그의 생애와 활동, 그의 교훈과 실천이 오히려 사랑하는 아버지 신과의 밀접한 관계에 근거한 샤머니즘과 유사하다는 것을 … 보게 된다. 사실 예수님의 사역과 샤먼의 활동을 비교하는 중요한 연구가 이루어져야 하겠다 … 예수님의 치유 사역에 놀라는 사람들은 … 일반적으로 샤머니즘의 형태로 … 알려진 치유의 경험에 대해 무지하다. 샤먼은 선하고 악한 모든 영적 실재와 개인 사이의 중재자이며, 이 때문에 정신과 육체의 질병을 치료하는 자이다 치료하는 역할을 이어 받을 때 예수님은 이미 언급된 구약 전승의 예언적이고 샤머니즘적인 요소를 사용하는 것이다.764)

이런 신성모독적인 발언이 어디에 있다는 말인가! 켈시에게 있어서 예수님은 다만 위대한 샤먼에 불과하다. 예수님을 위대한 샤먼이라고 보기 때문에 구약 역시 샤머니즘적인 요소로 보게 된다. 예수님의 치유는 샤머니즘의 치유경험이라고 말함으로써 세상의 모든 샤먼은 정당한 지위를 부여받는다.

켈시는 "무의식으로 들어가는 것"이라고 부른 것에 대한 다음과 같은 융의 말을 언급했다.

> 끊이지 않는 환상의 흐름은 계속해서 흘러왔으며 열중하기 위해서가 아니라 이들 이상한 것들을 이해하는 방법을 발견하기 위해서 나는 최선을 다했다. (그 다음에 켈시는 자신의 평을 더

---

763) 데이브 헌트/ T.A. 맥마흔 공저, **기독교 속의 미혹**, 김문철 역 (서울: 포도원, 1991), 145.
764) Ibid., 146.

한다). 모든 종교의 신비주의자들은 이와 동일한 여행에 몰두해 왔으며 동일한 종류의 만남에 관하여 서술해 왔다. 많은 원시 종교의 샤먼들은 사지 절단과 죽음을 통하여 중생으로 인도된다. 그들은 "이러한 이상한 것들"을 이해했다.765)

뉴에이저인 켈시는 세상의 모든 신비주의자들과 샤먼들을 동일시함으로써 역사 속에 흘러온 모든 신비적인 방법들 역시 정당화했다.766) 몰톤 켈시는 다음과 같이 말했다.

"융이 능동적인 상상을 주창한 것과 죽은 자들이 실재 속에 살아 있다고 이해한 것에 대해 감사하며 나는 나의 (돌아가신) 어머니와 이러한 종류의 만남을 가질 수 있었다 … 그것은 마치 나에게 실재처럼 보였다.767)

이와 같이 죽은 자들과의 만남을 가지는 것은 신비주의 마법이나 동양의 영성에서나 이루어지는 것이다.768) 결국 켈시의 치유는 샤먼으로서 행한 치유이며, 그 치유의 핵심이 구상화라는 것을 여실히 증명한다. 아그네스 샌포드와 칼 융의 구상화를 가장 적극적으로 활용하여 샤먼이 된 사람이다.

이 시대의 교회는 켈시와 마찬가지로 타종교의 신비주의자들과 샤먼들이 행하여 왔던 방법들을 배워서 교회를 성장시키려 하고 있다. 그것이 하나님의 말씀에 맞느냐 안 맞느냐는 중요한 것이 아닌 시대가 되었다. 그저 세미나를 참석한 사람들이 치유의 결과가 있느냐 없느냐로 판단할 뿐이다. 참석한 사람들이 치유의 경험만 있으면 치유하는 방법은 정당화된다.

---

765) Ibid., 192.
766) http://blog.naver.com/thebloodofx/20090342184/ 스위트의 『양자론적 영성』 감사 서문은 세 페이지나 되는데 그곳에 "새로운 빛"의 지도자들의 이름이 나열되어 있다. 그러나 너무나 놀라운 사실은 그들은 다름 아닌 뉴에이지 운동을 하는 사람들이란 사실이다. 예를 들어, 그들 중 어떤 사람들은 잘 알려져 있지 않지만, 엠 스캇 펙(M. Scott Peck), 매튜 폭스(Matthew Fox), 윌리스 하르만(Willis Harman), 몰톤 켈시(Morton Kelsey) 등은 매우 영향력이 있는 뉴에이지 운동가들이다. 역시 켄 윌버(Ken Wilber)의 이름도 들어있다.
767) 데이브 헌트/ T.A. 맥마흔 공저, **기독교 속의 미혹**, 김문철 역 (서울: 포도원, 1991), 195-196.
768) http://www.ohmynews.com/NWS_Web/view/at_pg.aspx?cntn_cd=A0000261087 영혼의 매개자, 죽은 자와 산자의 만남 [이철영의 전라도 기행 43] 진도 씻김굿(국가지정문화재 72호)
http://blog.yahoo.com/_OETZKQN3DPBOBJHOX3L4BGG7WU/articles/505466 살아있는 자와 죽은 영혼과의 만남

존 & 폴라 샌드포드와 구상화

아그네스 샌포드의 영향을 그대로 물려받은 사람 중에 한 부류가 존 & 폴라 샌드포드다. 아그네스 샌포드가 내적치유의 1세대라고 하면 존 & 폴라 샌드포드는 내적치유 2세대라고 한다. 특별히 존 & 폴라 샌드포드의 내적치유는 1970년대의 은사주의 운동과 맞물려 움직였기 때문에 영적전쟁(예를 들어 축사사역)과 혼합되었다. 3세대 내적치유사역은 Theophostic Prayer Ministry(TPM)이라고 한다. 이것은 기억치유의 계보에 있는 것인데, 결국 구상화의 가장 현대적인 흐름이라고 할 수 있다.769)

존 & 폴라 샌드포드가 누구에게서 배웠는지 또 어떤 사역을 했는지를 알 수 있는 다음과 같은 글이 있다.

> 나는 케네스 해긴(Kenneth Hagin) 목사님을 통해 비로소 중요한 진리를 배우기 시작했다. 『엘리야의 임무(The Elijah Task)』에 그의 가르침이 인용되어 있다. 케네스 해긴과 케네스 코플랜드(Kenneth Copeland) 목사님은 믿음에 관한 가르침을 이끌었으나, 결국 그들도 균형을 잃고 현재 주님의 몸 전체를 위한 사역을 마감하였다. 하나님은 우리의 프랜시스 맥너트(Francis MacNutt) 신부를 들어 로마 가톨릭 및 개신교 모두를 위한 세계적인 사역자로 사용하셨다. 예전에 맥너트 신부와 내가 하와이의 파티스트 아웃(Farthest Out) 캠프장에 공동 강연자로 초청받은 적이 있었다. 그는 치유에 관한 강연을 맡았고 나는 선지자의 자격으로 참석했다. 그때 나는 사물이든 사람이든 과도한 숭배를 받는 것은 무엇이든, 하나님이 반드시 무너뜨리신다는 경고로 시종일관했다. 이로 인해 나는 항의하며 절규하는 어마어마한 분노의 세례를 받아야 했다. 몇 개월 후 프랜시스 신부는 주디스(Judith)와의 결혼으로 인해 교회에서 파문을 당했고, 그의 책은 가톨릭 내 여러 곳에서 금서가 되었다! 프랜시스를 생각하면 마음이 몹시 아프다. 하나님의 경고에 귀를 기울인 자는 아무도 없었다. 프랜시스와 주디스가 즐거운 결혼생활을 만끽하는 바로 그 순간, 나와 폴라는 프랜시스가 더 이상 가톨릭에서 사역을 할 수 없게 된 사실을 생각하며 심한 안타까움을 느꼈다.770)

---

769) http://enc.daum.net/dic100/contents.do?query1=20XX625914/ The TPM Basic Training Seminar Manual defines TPM as, "Intentional and focused prayer with the desired outcome of an authentic encounter with the presence of Christ, resulting in mind renewal and subsequent transformed life." According to followers of TPM, Theo (God) Phostic (light) is a ministry of prayer that is Christ centered and God reliant for its direction and outcome. Simply stated, it is encouraging a person to discover and expose what he believes that is a falsehood; and then encouraging him to have an encounter with Jesus Christ through prayer, thus allowing the Lord to reveal His truth to the wounded person's heart and mind. Theophostic Prayer Ministry believes a person's present emotional pain is often rooted in misinterpretations (lies) embraced during life experiences. So if an adult feels shame when he thinks about a sexual abuse memory, the shame is not because he was abused, but because of what he believes about the abuse. For example, he may believe the abuse made him dirty or was his fault (lies).

이 글을 통해서 존 & 폴라 샌드포드가 어떤 부류의 사람인지 독자들은 분명히 판단하고 기억해야 할 것이다. 그들에게 영향력을 끼친 케네스 해긴이라는 사람은 누구인가? 케네스 해긴은 신사도 운동권에서 존경(?)을 받는 인물로서, 조엘 오스틴이 속한 믿음의 말씀 운동(Word of Faith Movement)771) 소속의 이단이다. 구원받은 신자라도, 죄를 짓고 살면 구원이 취소 될 수도 있다며 잘못된 구원관을 전하는 사람이다. 예수님께서 직접 환상으로 자신에게 찾아와 말씀하셨다고 하면서, 자신의 신앙 체험에 기반을 둔 위험한 설교자다.772) 존 & 폴라 샌드포드의 말 속에는 로마 가톨릭을 교회로 인정하고 있는 것을 엿볼 수가

---

770) 존 & 폴라 샌드포드, **상한 영의 치유 2**, 임정아 역 (서울: 순전한나드,), 118-119.
771) http://blog.daum.net/hitto/535 말씀 신앙 운동(word of faith movement) 이란 무엇인가? 말씀 신앙운동은 교파가 아니며, 공식적인 조직 또는 체제가 없다. 단지 케네스 해긴(kenneth hagin(아버지), 케네스 코플랜드(kenneth copeland(아들)와, 베니 힌 같은 남의 주목을 끌려 하는 목사들에 의해 엄청나게 영향을 주는 운동이다. 말씀 신앙운동은 1900년 말의 오순절 운동에서 자라났다. 그 설립자는 E. W. Kenyon으로 피니어스 큅비(Phineas Quimby)의 형이상학적 신사고 운동의 가르침(the metaphysical New Thought teachings)을 공부한 사람이다. 이 name it and claim it 운동(주-"원하는 것을 말하고 그것을 요구하라" 운동)은 마음(정신) 과학에서 기원한 것으로, 오순절주의(pentacostalism)와 결합되어, 정통 기독교와 신비주의에 기괴하게 혼합되는 결과를 낳았다. 케네스 해긴은 E. W. 케년 밑에서 차례로 공부를 했고, 결국 오늘날 우리가 아는 말씀신앙운동이 되었다. 많은 설교자들이 직간접적으로 케네스 해긴에 의해 영향을 받았는데, 크레플로 달라(creflo dollar), 조엘 오스틴, 조이스 마이어, 제리 사벨(jerry savelle), 폴크라우치, 잰 크라우치, 프레드 프라이스, 빌 윈스턴 등이다.
말씀신앙운동의 핵심은 "믿음의 힘"(force of faith)에 대한 신앙이다. 말씀은 믿음의 힘을 조종하는데 사용이 되어질 수 있으며, 따라서 성경은 건강과 부(wealth)를 약속한다고 믿는다. 믿음의 힘을 지배하는 법들은 독립적으로 하나님의 주권의지를 움직이게(operate)할 수 있다고 말하여지며, 하나님 자신이 이법에 종속이 된다고 한다. 이것은 불경스러운(신성모독) 것이고, 우리의 믿음과 우리 자신들을 작은 신들(little gods)로 바꾸는 우상이다.
말씀신앙운동의 신학은 , 하나님께서 인간들을 그의 문자적이고도 물리적인 형상(image), 즉 작은 신들로서 창조 하셨다고 주장한다. 인간 타락 이전, 우리는 이 믿음의 힘을 사용해 사물들을 존재할 수 있게 부를 수 있었다고, 그들은 말한다. 하지만, 결국 인간의 타락 이후, 우리는 사탄의 본성을 취하고, 이 사물을 존재하게 부를(call) 수 있는 능력을 상실했다는 것이다. 이런 상황을 고치기 위해서, 예수 그리스도는 그분의 신성을 포기했고, 인간이 되었으며, 영적으로 죽었고, 자신에게 사탄의 본성을 취하여, 지옥으로 갔고, 다시 태어났고, 하나님의 본성과 함께 부활했다는 것이다. 이 모든 것을 완성하기 위해서, 예수는 성령을 보내어 믿는 자들에게 성육신의 복사판을 이루어서, 그들은 하나님이 원래 의도한 작은 신들이 될 수 있게 된다는 것이다. 따라서 작은 신들로서, 우리는 다시 믿음의 힘을 조종할 수 있는 능력을 가지게 되었고, 삶의 모든 면에서 번영할 수(prosperous) 있게 되었다는 것이다. 질병과 죄는 믿음의 부족으로 인한 결과라고 말하며, 긍정적인 고백(positive confession)을 통해서 치료가 된다고 한다. 이 말씀신앙운동과 관련된 많은 이름들이 있는데, 말씀 신앙 미니스트리(Word Faith Ministries), 긍정적 고백(Positive confession), 믿음치유(Faith Healing), 잘 알려진 Name it and Claim it(원하는 것을 말하고 요구하라)이다.
772) http://rnrbook.com/board/board.php?pagetype=view&num=3306&board=board03&block=&gotopage=&search=&s_check=

있으며, "선지자" 자격으로 강연을 참석한 사람이다. 도대체 무슨 의미와 권위로서의 "선지자"였는지 궁금하다. 또한 그가 로마 가톨릭에서도 사역하고 기독교에서도 사역했던 사람이라는 것을 유념해야만 한다. 존 & 폴라 샌드포드는 내면아이의 구상화 치유를 위해 이른바 자궁치료에 대하여 다음과 같이 말했다.

> 이제 독자는 우리가 우리 영혼으로 자궁 내에서 우리 주변에 일어나는 일은 무엇이든지 알고 이해한다는 사실을 깨달아야 한다. … 자신의 영혼으로 (어떤 특별한 경우를 언급하면서) 자궁 내에서 그녀는 자신의 아버지와 어머니가 간음을 했고 아버지는 술 취하고 음행을 했으며 어머니와 자신을 버렸다고 심판했다. 그것은 그녀를 비참하게 만들어, 1) 자신이 버림받은 것처럼 다른 사람 (자기 남편)을 버리게 되었고, 2) 술 취하게 되었고, 3) 간음하게 되었다. 그녀는 아홉 달 동안 수치의 자궁 속에 있는 것과 사람이 되는 것을 혐오했으므로 자신 속에 잉태되어 형성되고 있는 여자 아이가 자신에 대한 증오를 일으켜서 그녀는 무의식 중에 자기 아기에게 자아 증오심을 심어주었다.[773]

이들은 사실적인 근거가 없음에도 불구하고 자궁치료가 가능하다고 말하며 그것이 성령의 계시에 의한 것이라고 말한다.[774] 또한 자궁 속의 아이는 엄마가 아들을 낳으려고 했으나 딸을 낳게 되었다는 것을 알고 낙태를 하려는 것을 아이도 알고 있다고 말했다. 이런 내용들은 내적치유에서 얼마나 흔해 빠지게 자주 듣는 내용인가? 그러나 그렇다는 것을 어떻게 증명할 것인가? 어느 누구도 입증할 수 없다! 이런 모든 시도는 인간의 문제들을 인과율로 설명하려는 시도들이다. 그러나 내적치유자들은 인과율을 뛰어넘는 것을 설명할 수 없다. 그래서 신비주의 도약으로 간다! 그것은 인간의 절망을 벗어나려는 최후의 발악이다.

샌드포드는 자궁치료의 정당성을 내세우기 위해 다음과 같은 성경 구절을 제시했다.

> 엘리사벳이 마리아의 문안함을 들으매 아이가 복중에서 뛰노는지라 엘리사벳이 성령의 충만함을 입어(눅 1:41)

---

773) 데이브 헌트/ T.A. 맥마혼 공저, **기독교 속의 미혹**, 김문철 역 (서울: 포도원, 1991), 207.
774) 존 & 폴라 샌드포드, **상한 영의 치유 1**, 임정아 역 (서울: 순전한나드, 2010), 71; "존과 내가 자궁에서 반응하는 태아의 지각과 능력에 대해 알게 된 것은, 순전히 지난 20여 년 동안 상담을 통해 경험한 성령님의 조명하심 덕분이었다. 우리 역시 여섯 명의 자녀를 키우고 있었다는 것이 또 하나의 이유가 될 수 있겠다. 우리는 주님의 직접적인 지시에 따라서 사역했다. …"

그러나 샌드포드가 인용한 이 구절은 "성령의 충만함"을 통하여 두 인격체에게 일어난 일이다. 그것은 하나님의 주권적인 역사요 하나님의 특별한 일하심이다. 또한 이것은 계시 역사에 있어서 메시아의 사역을 예비하는 성령 하나님의 특별하신 역사이다. 이런 성경의 사건이 일반적인 인간의 경험에 적용하는 것은 성경을 오용하는 대표적인 사례 중의 하나이다.

인간의 악한 욕망은 항상 에로스적인 상승작용을 통하여 신성에 이르려하며, 그 악한 시도를 심판하여 멸망 받을 때까지 추구한다. 성령 하나님의 자유로운 역사하심이 아니라 인간이 열심을 내고 광기를 발휘하여 엑스타시에 이르려 한다. 이런 성향을 성경과 섞어 가르치는 것은 사탄의 악한 계교이다.

존 & 폴라 샌드포드는 내면아이를 치유하기 위해 다음과 같이 기도하라고 말했다.

> "부모님이 소리치시는 것을 들었을 때 제가 두려움으로 반응했음을 압니다. 제가 그에 대해 죄악의 반응을 보였습니다. 저는 삶에서 도피했습니다(혹은 그 반대로, 통제하기 위해 비판했습니다). 주님, 저를 용서해 주세요. 제가 마음 깊은 곳에서 용서할 수 있도록 도와주세요. 그런 습관구조에서 저를 해방시켜 주세요. 절대 위협하거나 위협하지 않는 주님의 사랑으로 저를 채워 주세요. 저를 주님 안에서 세워 주시고 사랑 안에 제 영이 뿌리박고 서게 하시며 제 마음을 보호하셔서 제가 잘못된 반응을 보이지 않게 해주세요."775)

얼핏 보면 이런 기도는 참 분간하기기 힘들다. 이어지는 말은 그 본심이 무엇인지 알게 해 준다.

> 성인이 자유롭게 되게 해 달라는 기도는 충분치 않다. 내면 깊은 곳에는 여전히 두려움으로 움츠러든 아이가 남아 있을 수 있다. 우리는 바로 이 어린아이에게 주님이 오시도록 초청한다.776)

위에 나온 기도는 내면아이를 자유롭게 하는 기도이다. 이런 내면아이 개념으로 가는 가장 중요한 이유는 심리학적 결정론777)에 기초해 있으며, 그것은 신성한 내면아이가 핵심이라는 것을 꼭 기억해야 한다.

---

775) 존 & 폴라 샌드포드, **속사람의 변화2**, 황승수/ 정지연 역 (서울: 순전한 나드, 2010), 18.
776) Ibid., 18.
777) 네이버 지식 검색에서; 인간의 행위를 포함하여 이 세상에서 일어나는 모든 일은 우연이나 선택의 자유에 의하여 일어나는 것이 아니라, 일정한 인과(因果) 관계의 법칙에 따라 결정된다는 이론을 말한다.

샌드포드는 다음과 같은 기도를 할 수 있다고 말했다.

> "주님, 내 친구의 깊은 내면에 두렵고 외로우며 상처받고 허기진 어린아이가 있음을 봅니다. 이 아이는 안전하고 강한 팔에 안기기 원합니다. 아버지, 아버지의 팔이 그러하실 뿐 아니라, 지금 이 순간 주님의 따스함과 강건함으로 그 아기를 안아주기 위해 깊이 찾아가심에 감사드립니다. 저는 아버지께서 사랑의 마음에서 만드신 이 어린아이를 기뻐하심을 압니다. 주님, 이 아이는 선택받은 귀한 주님의 보배입니다. 주님은 지금 모든 굶주림이 채워지고 모든 염려가 해결되며 모든 두려움이 잠잠해지기까지 당신의 아이에게 부드러운 빛을 부어 주십니다. 주님, 사랑이 모든 세포에 스며들어 그가 신뢰 가운데 주님 안으로 녹아들 수 있을 때까지 이 아이를 붙들어 주세요. 아버지, 주님은 어둠을 몰아내는 빛이시고, 시끄러운 소리를 없애 버리는 음악이시며, 쉬기 위해 누울 수 있는 완벽하게 안전한 곳이심에 감사드립니다. 주님은 결코 떠나지 않으시고 주의 사랑은 실망시키지 않습니다."
> 주님은 이 기도에 영감을 주셔서 흔들어 주시고 마루를 걸어와 안아주고 두드려 주시며, 침대에서 이불을 덮어 주고 서서 지켜 주시는 등의 영상이 떠오르게 하실 수 있다. 이 모든 것은 부모가 아기를 위해 해야 할 일들이다.778)

어린 시절의 홀로 버려진 외로움과 두려움의 감정과 경험을 치유하기 위해 하는 기도(?)다. 그런 감정과 경험들이 "무의식적으로 기억하는 아기의 마음에 살아 있다"고 말했다. 그 해결책이 무엇이라고 하는가?

> 해결책은, 내면의 어린아이의 영이 사랑하는 성부 하나님의 품에 안기고, 살아 계신 하나님의 영이 그에게 생명을 주는 능력으로 흘러들어가 그를 인정해 주고 소생시키고 부활시켜 성부 하나님 안의 모든 생명의 충만하심으로 이끄시도록 꾸준히 반복해서 기도하는 것이다(엡 3:19). 내적존재는 어린아이와 같이 이렇게 말한다. "다시 밀해 주세요. … 다시 밀해 주세요." 그에게 여러 번 기도를 반복해 줄 필요가 있다. 그와 함께 기도하는 크리스천은 그리스도 안의 영적인 부모로서 친부모가 하지 못했던 일을 그에게 해주기 위해 정기적으로 그와 교제해야 한다.779)

이것이 그 해결책이라는 것이다. 그들의 책 1권에서는 심리학을 거부하는 듯이 보이지만, 2권에서 그 내적치유의 실제에 와서는 그 해결책을 말하면서 내면아이를 치유하는 기도를 하고 있다. 이런 내면아이는 성경이 말하는 속사람의 개념과 완전히 다르다! 존 & 폴라 샌드포드가 말하는 내면아이는 심리학에서 말하는 신성한 내면아이 개념이다. 그것은 성경과 정면으로 충돌되는 개념이다.

그러면서도 얼마나 교묘하게 심리학을 끌어들이는지 그 말을 들어보라.

---

778) 존 & 폴라 샌드포드, *속사람의 변화2*, 황승수/ 정지연 역 (서울: 순전한 나드, 2010), 19-20.
779) Ibid., 22.

> 우리는 기도를 따라 하며 사람의 마음 안에서 성령의 일을 하는 것만큼이나 사람의 깊은 필요를 따라 사역하는 역할연기나 심리극(사이코드라마) 등과 같은 기법에 의존하지는 않지만, 주님께서 지시하신다면 그런 방법의 사용은 결코 믿을 수 없는 것으로 여기지 않는다.780)

이것이 미혹이다. "역할연기나 심리극(사이코드라마)"이 기도하는 것과 성령의 일과 같을 수 있다는 말은 매우 위험한 말이다. "의존하지는 않지만, 주님께서 지시하신다면"는 말은 얼마든지 그런 것을 임의로 사용할 수 있다는 말이다.781) 그런데, 주님께서 어떻게 "지시"해 주실까? 그것이 너무나 궁금하고 알고 싶다. 그러나 결국은 하나님의 음성 듣기로 가게 된다. 주님께서 지시해 준 것이니 무엇인들 못할까?

더 놀라운 것은 이렇게 자기 자신이 내적치유를 뉴에이지 구상화로 하면서도 그의 책 『상한 영의 치유』에서는 '신비사술'(occult)이라고 비난하고 있다는 사실이다. 그것도 성경을 인용하면서 말이다. 거기에다 Oxford Universal Dictionary의 설명까지 첨부한다. 자신이 하는 방법은 '신비사술'이 아니고 남이 하는 방법은 '신비사술'이라고 하는 것은 논리적으로 모순이다.782) 샌드포드는 다음과 같이 말했다.

> 영들과 접촉을 시도하는 사람은 흔히 스스로 속는 사람이다. 영매들(mediums)은 고객의 돈 혹은 기타 잇속을 노리는 협잡꾼일 가능성이 많다. 아이들은 자주 강신술 집회를 흉내 내는 실내 게임을 즐긴다. 참으로 어리석은 일이다. 이런 말을 듣는 어떤 이들은 강신술은 허구에 불과하다며 코웃음을 친다. 실제로 눈앞에 드러나는 현상이 없기 때문이다. 강신술이 금지되어야 할 더 중대한 이유가 있다. 우상숭배, 더럽힘, 귀신에 의한 더럽혀짐 등은 모두 죽은 이의 영광의

---

780) Ibid., 22.
781) 무의식의 내면아이를 치료하며 신비주의 영성에 물들어 있는 몰톤 켈시의 이런 방법을 따라 예배 중에 드라마를 넣어서 「드라마 예배」라고 하는 것은 매우 위험한 것이다. 그러나, 사람들은 좋은 것만 받아들이면 된다고 하면서 교회에 적용하고 있으니 너무나도 안타깝다.
782) 존 & 폴라 샌드포드, **상한 영의 치유 2**, 임정아 역 (서울: 순전한나드, 2010), 13; "'신비사술(occult)'이란 '어떤 비밀스런 것' 혹은 '어떤 비밀스런 행위'를 말한다. 천문학에서 별이 태양광선에 의해 가려지는 것을 '엄폐현상'(occult occurrence)이라 한다. 천문학에서 사용하는 '엄폐'라는 단어에는 조금도 부정적인 의미가 없다. 단지 사실을 묘사하기 위한 과학 용어일 따름이다. 그러나 이 단어가 종교에서 사용될 때는 '(마술, 연금술, 점성술, 접신학 등) 초자연적 용법을 동반한 과학에 관한 것, 혹은 그러한 과학들이 가진 특성'이라는 뜻을 갖는다.
여기서 말하는 마술(magic)은 오늘날 '마술사'(magicians)들이 행하는 재빠른 손놀림과 눈속임으로 인한 속임수와는 거리가 멀다. 이들의 묘기는 '손으로 하는 요술'이라 부르는게 나을지도 모른다. 마법을 행한다 함은 '영적 존재의 대리자를 강제로 동원하여 일련의 사건에 영향을 미치게 하는 것, 혹은 자연이 가진 신비사술적인 통제의 원리를 작동시켜 사건에 영향을 미치는 것'을 의미한다."(Oxford Universal Dictionary, Clarendon Press, 1993)

접촉이 실패한 경우에도 초래될 수 있다. 하나님이 강신술을 그토록 엄격히 금하신 것은, 우리가 자칫 유령(ghosts)이나 귀신들(demons)에 연루되어 타락에 빠질 수도 있기 때문이다. …783)

하나님께서 엄히 금하신 것을 자신들이 하고 있는 줄도 모르고 있다. 이런 것들이 문제다. 존 & 폴라 샌드포드가 이렇게 착각 속에 빠져 있듯이 국내의 내적 차유 사역자들 역시 그렇게 생각하는 사람들이 매우 많다. 언필칭 성경적(혹은 성서적)으로 한다 하면서도 실제로는 온갖 심리학적인 방법과 구상화를 통하여 내적치유를 실제로 행하고 있으면서도 기어이 아니라고 부인하니 얼마나 불합리한가! 언제까지 순전한 성도들을 속이며 언제까지 교회를 타락하게 만들 것인가? 내적치유는 속히 버려져야 할 비성경적인 영성 프로그램이다.

데이빗 씨맨즈와 구상화

아그네스 샌포드의 구상화를 적극 도입한 사람이 룻 카터 스태프래톤(Ruth Carter Stapleton)이다. 스태플래톤은 억압된 기억을 되살려 '마음의 아이가 협력하도록' 하는 방법을 사용하는 '의도적인 상상 요법'을 사용했다. 이것을 더 강력하게 발전시킨 사람이 데이빗 씨맨즈다.

씨맨즈 책 『상한 감정의 치유』는 아직도 팔려 나가고 있다. 그렇게 잘 팔려나가는 이유는 그 내용이 성경적이라서가 아니라 성도들이 상한 감정을 치유 받고 싶은 마음과 책 제목이 잘 맞아떨어졌기 때문일 것이다. 씨맨즈는 그의 내적치유를 '상한 감정의 치유' 또는 '고통스런 기억의 치유'라고 말했다.784) 그리고 그것이 성령님의 특별한 치료라고 말한다.785) 씨맨즈의 치유 역시 아그네스 샌포드로 배운 것이다.

성령님의 그 특별한 치료라는 것이 무엇인가 살펴보자.

… 메리는 주님 앞에서 그녀의 가장 고통스럽고 수치스럽게 느껴졌던 어린 시절과 사춘기의 경험들을 한 가지씩 떠올리며 기도했다. 우리가 기도했을 때 우리는 문자 그대로 '그 때 그 상황

---
783) Ibid., 67.
784) 데이빗 A. 씨맨즈, **상한감정의 치유**, 송헌복 역,(서울: 두란노, 1981), 12.
785) Ibid., 21.

으로 돌아갔다. 그녀는 단순히 과거를 기억하는데 그치지 않았다. 많은 경우 아주 구체적으로 마치 그녀가 실제로 지금 거기에 있는 것처럼 다시 생생하게 경험하고 느끼게 되었다. 비록 힘들긴 했지만 메리는 그녀에게 상처를 주었던 여러 사람들을 용서했다. 그 대신 그녀는 오랫동안 그들에게 가졌던 원통한 마음을 하나님께서 용서해 주셨다는 것을 깨닫게 되었다. 메리가 기도하는 중에 한 번은 갑자기 말을 멈추고 한동안 그대로 앉아 있는 것이었다. 예기치 않은 일이었다. 나는 그녀에게 만약 성령께서 새로운 일을 보여주시면 서슴지 말고 주님께 아뢰라고 제안했다. 그러자 그녀는 어린아이와 같은 목소리로 "사랑하는 예수님"을 부르며 수년간 잊고 있었던 어떤 것을 기도하기 시작했다. 그녀가 4살 때쯤 가족과 함께 할머니를 방문했던 얘기였다. 할머니는 손녀에게 주려고 작은 인형 이불을 뜨개질해서 준비해 놓았다. 메리는 몹시 수줍음을 타는 아이여서 심지어 누구에게 "안녕하세요" 혹은 "감사합니다"라고 말하는 것조차도 매우 어려워했다. 할머니가 메리에게 인형 이불을 주었을 때 부모님은 이렇게 말했다. "할머니께서 정성 들여 너에게 이렇게 예쁜 인형 이불을 만들어 주셨으니 얼마나 감사한 일이니? 메리야, 이제 할머니께 감사하다고 말씀드려라." 메리는 어린애 같이 흐느끼면서 말했다. "오 예수님, 주님은 제가 할머니에게 감사드린다는 말을 얼마나 많이 하고 싶어 했는지 아십니다. 그렇지만 제 목에 큰 덩어리가 걸려 있는 것 같아서 말을 할 수가 없었습니다. 말을 해 보려고 애썼지만 결국 감정이 격해져서 나오지 않았어요."

메리는 몸을 들썩이며 흐느껴 울었다. 나는 그녀에게 마치 성경에 나오는 어린아이처럼 예수님의 무릎에 앉아 있는 것을 상상해 보라고 했다. 그녀는 그제야 다음 단계로 넘어갈 수 있는 용기가 생겼다. 그녀에겐 너무 깊은 상처가 아직도 남아 있었다. "옆에 있던 여동생이 그 인형 이불을 달라고 했어요. 그러자 엄마 아빠는 내가 고맙다는 말을 하지 않으면 그것을 동생에게 줘 버리겠다고 말하더니 내가 그 말을 하지 못하자 부모님은 동생에게 그것을 진짜로 줘 버린거에요! 오 예수님, 당신은 내가 얼마나 그 말을 하고 싶어했는지 아시죠! 하지만 아무도 그것을 이해하지 못했고 상관도 안 했어요. 저는 그것이 너무나 억울했어요. 정말 억울했다구요." 우리가 기도를 계속해 나가면서 메리는 이것과 비슷한 또 다른 경험들이 자신의 삶에 얼마나 큰 영향을 미쳤는지 보게 되었다. 그녀의 마음속에는 부모님과 동생을 향한 쓴뿌리가 깊이 박혀버린 것이다. 지금은 그것이 그녀의 삶의 양식이 되어 버렸다. 그래서 불공평한 일을 당하거나 오해를 받게 될 때마다 그녀는 괴로움에 혀가 굳어지며 입을 다물어 버리게 되었다. 따라서 결코 문제를 해결할 수가 없었다. 그래서 그 다음 상담 시간에는 그녀가 남편이나 다른 사람들에게 마음을 여는 새로운 방법을 터득하는데 도움을 주기 위한 작업을 했다. 지금까지도 메리는 그 때 그 치유의 기도 시간이 자신의 생애에 있어서 전환점이 되었다는 생각을 하고 있다.[786]

과연 이것이 성령님의 특별한 치유 방법일까? 씨맨즈의 말대로 이것이 성령님의 특별한 치유 방법이라면 그런 성령님은 뉴에이지에 포섭된 하나님이다. 왜냐하면 이런 방법이 바로 뉴에이지 구상화이기 때문이다. 오로지 말씀으로만 살고 믿음으로만 살아가려는 성도들은 이것이 뉴에이지 구상화인 줄 모르고 미혹에 빠져 있다. 힘든 마음은 애간장이 타서 어쩔 줄 모르겠고, 옳고 그른 것은 뒷전으로 미루고 분별없이 그저 치유를 받으려는 마음이 앞서기 때문이다. 그러나

---

786) 데이빗 A. 씨맨즈, **상한감정과 억압된 기억의 치유**, 송헌복 송복진 역 (서울: 조이선교회출판부, 1999), 14-15.

이제는 이런 썩은 물로 치유 받았다는 것을 회개하고 이제는 하나님의 말씀으로만 살아가야 한다. 인간의 상상 속에서 만나는 예수는 성경에서 말하는 예수님이 아니라 무당들이 접촉하는 귀신(영적인 안내자)에 불과하기 때문이다.

씨맨즈가 말하는 40대 중년 여성 앤의 경우를 살펴보자.

> 그녀에겐 십대 자녀들이 여럿 있었다. 자신의 내적 갈등과 그것을 가족들에게 쏟아 놓은 이유로 그녀의 결혼은 파경 직전이었다. 상담하면서 보니 그녀는 그 문제로 많은 시간을 할애하는 신실한 그리스도인이었다. 우리는 여러 번 만나 얘기했고 읽을 책을 몇 권 빌려주기도 하였다. 그 책들이 그녀가 얘기한 적이 없는 여러 가지를 내게 얘기할 수 있도록 해 주었다. 그녀가 준비된 후 우리는 치유의 기도를 드렸다. 그녀는 자신의 아동기 때와 십대 때의 기억을 하나님께 고하였다. 그녀에게는 알콜중독자인데다가 그녀를 성적 대상으로 삼았으며 가정을 돌보지 않고 자살을 기도한 아버지가 있었다.
> 우리는 가장 깊은 기억의 치유와 뒤틀려진 감정의 청결을 위해 기도했다. 그러나 당장에는 아무 일도 일어나지 않는 듯했다. 그 뒤 두 주 정도 그녀를 보지 못했다. 그렇지만 그녀는 너무나도 경이로운 이야기를 들려주었고 우린 그것이 기도의 응답임을 알게 되었다. 그 일은 이랬다. 우리가 같이 기도를 드린 지 약 일주일이 지난 어느 날, 그녀는 아침 일찍 일어났다. 그녀는 다시 잠을 청하지 못하고 누운 채 기도를 드렸다. 그녀 말로는 예수님께서 친히 그녀의 침실로 들어오셔서 "앤, 와서 내 손을 잡아라, 네 삶의 과거로 같이 걸어가 보자"라고 말씀하시는 것 같았다고 했다. "주님, 전 이젠 다시 할 수가 없어요. 목사님께 말씀드릴 때도 얼마나 힘들었다구요." "앤, 이번엔 달라질 거다. 나는 한 걸음 한 걸음마다 너와 같이 있을거다." 앤은 예수님과의 동행이 상당히 묘한 기분이었다고 얘기했다. 그들은 그녀의 아픈 기억들이 그려진 그림들이 걸려 있는 거대한 미술관에 들어섰다. 예수님께서 그녀에게 그림 감상을 하게 하듯이 각 살아 있는 기억들의 그림을 하나하나 보게 하셨다. 그녀는 자신이 경험했었던 모든 감정들을 다시 체험하게 되었다. 그녀는 그 쓰라린 기억과 관계된 공포, 치욕, 분노를 다시금 느꼈다. 그녀가 쓰라린 눈물을 흘릴 때마다 내부의 목소리는 "아이야, 그것을 나에게 맡겨라. 관계된 모든 사람을 용서하고 너의 분노와 증오를 용서 받아라"라고 얘기했다. 그녀가 주님께 맡길 때마다 예수님께선 벽에서 그림 한 점씩을 내려놓으셨다. 그녀의 마음의 벽에 걸려 있던 그림들이 다 내려져 그녀의 눈에 보이지 않게 되기까지는 여러 시간이 걸렸다. 낙인 찍혔던 고통과 독침은 그 파괴적인 기억에서 사라지게 되었다.[787]

이런 치유 방법은 명백한 뉴에이지 구상화 치유다. 앤에게 나타난 예수는 영적인 안내자(spirit guide)에 불과하다. 이런 영적인 안내자는 뉴에이지 영성을 추구하는 사람들이 즐겨 사용하는 방법이다. 일반적으로 최면요법으로 알려져 있는 이런 치유 방법은 성경에서 말하는 치유와는 너무나도 동떨어진 비성경적인 방법이다. 이런 방법은 NLP(Neuro-Linguistic Programming 신경-언어 프로그래밍으로 번역됨)라는 이름으로 알려져 있다. NLP를 소개하는 다음의 글을

---

787) 데이비드 A. 씨맨즈, 어린아이의 일을 버리라, 윤병하 역 (서울: 두란노, 1981), 27-29.

읽어보자.

> NLP는 1970년 중반에 임상 학자이며 정보 전문가인 R. Bandler와 언어학 교수인 J. Grinder에 의해 계발되었다. Bandler와 Grinder는 성공적이고 훌륭한 업적을 남기는 성취가들이 성공적인 결과를 얻기 위해 자신의 뇌를 어떻게 사용했는가 그 방법을 발견하는데 주력하였다. 그들은 당대에 임상과 심리 치료에서 세계적으로 우수성과 명성이 높은 마술적인 심리 치료 전문가들을 대상으로 그들의 치료기법을 연구하기 시작했다. 그들은 끊임없이 성공적 결과를 거두며 수많은 사람들의 삶을 변화시켜 준 자들이다. 미국의 게쉬탈트 치료의 창시자인 프릿츠 펄스(F. perls)와 가족치료로 유명한 V. Satiar와 세계적으로 유명한 정신과 의사요 가족치료 전문가요, 최면치료자인 Milton Erickson을 연구하기 시작하였다. 이 전문가들은 서로가 각각 다른 방법으로 인간의 문제에 접근하였으나 "우수"하게 하는데 관계된 기본적인 생각이나, 느낌이나, 행동, 또는 신념에 있어서 놀라운 공통된 패턴을 가지고 있다는 것을 발견하게 되었다. Bandler와 Grinder는 이 기본적인 모델을 가지고 인간의 우수성을 계발하는 모델로 삼았다. 우수한 사람들이 어떻게 생각을 하고, 무엇을 들으며 무엇을 보았는가? 이들이 가지는 느낌과 행동 하나하나를 단계적으로 세분하여 분석하고 분류하고, 이것을 다른 사람들에게 가르쳐서 그들을 우수할 수 있게 지도할 수 있었다.
> 결과적으로 사람들에게는 긍정적인 변화를 원하며 그들은 자신에게 변화를 일으키도록 컴퓨터 소프트웨어와 같이 자신의 뇌에 긍정적인 변화 작용을 한다는 것을 알게 되었다. 〈사람이 원하는 경험을 선택할 수 있게 하고, 공황발작이나 불안에서 단번에 벗어날 수 있게 하고, 생의 갈등이나 내적 깊은 문제를 단번에 변화시킬 수 있게 되었다. 신체적 알레르기 반응도 없앨 수 있고, 자긍심과 자존감에 변화도 가능했다. NLP 훈련은 남을 돕는 기술을 배울 뿐 아니라, 자신을 위해 활용할 수 있는 경험을 먼저 경험하게 한다.〉 1983년 미국의 "타임 잡지"는 NLP는 사람의 갈등을 해결하는데 무한한 가능성을 가지고 있다고 평했으며 과학 잡지 Science Digest지는 "1960년 이래에 일어난 모든 인간 커뮤니케이션을 종합한 가장 소중한 지식"이라 논평했다. 미국 뉴스 평론가 폴 하비는 "남에게 영향력을 발휘하는 능력을 기르는 방법"이라고 했으며, Norman Vincent Perl은 NLP를 "사람의 행동과 생각을 재 프로그램시키는 데 독특한 새로운 방법"이라고 지적했다. NLP에서 연구된 인간의 우수성 창출기법은 이제 인간 계발 분야와 심리 치료 분야에서도, 스포츠 분야, 기업 조직 생산성 증대 등 인간사회 전반에 걸쳐 응용 범위가 발전적으로 확대되어 가고 있다.[788]

NLP를 소개하는 글에 나오는 사람들을 잘 보면 그들은 결코 성경적인 방향으로 가는 부류의 사람들이 아니라는 것을 알 수가 있다. 자신의 뇌에 긍정적인 반응을 일으키기 위해 앵커링이라는 기법을 사용한다.[789] 이때 최면술을 사용한다. NLP 심리 치료의 몇 가지 기법들을 살펴보면 다음과 같다.

---

788) http://www.mindnlp.com/nlp/nlp02.html
789) https://m.blog.naver.com/spidchoi/220694531466/ 앵커링(Anchoring) : 자극을 가하여 특정한 감각과 연결된 심리적 경험이나 반응을 이끌어내는 행위. 1. 살리고 싶은 긍정적 정서를 정하라. 2. 관련되는 기억이나 경험을 3가지 정하라. 3. 특정한 신체 신호를 정하라. 4. 긍정적 기억을 생생하게 회상해 긍정적 정서를 최대로 느끼도록 하라. 절정의 순간에 신체 신호를 적용하라. 5. 위와 같은 과정을 반복하라.

- 래포(신뢰관계) 형성하기: NLP심리학에서는 질병을 자신과의 래포가 깨어져서 생긴 것으로 본다. 래포란 환자가 자신의 몸을 잘 알고 좋아하는지 또 자기 내부의 여러 가지 마음들 사이의 갈등을 잘 조절하고 있는지 또한 몸과 마음과의 조화가 맞는지를 포함해서 래포라고 한다. 자신과의 조화를 이루며 살기 힘들어하는 사람은 타인들과도 조화를 이루며 살기가 어렵고 결국 병이 생기게 된다. 자신의 몸과 마음에서 일어나는 일(증상)을 이해하고 수용하면 자신을 사랑할 수 있게 된다. 자기 사랑이 건강한 삶의 시작이다.
- 빛 명상법(근육 이완법): 광명세계에서 내려오는 치유의 빛 에너지를 몸 안에 가득 채우는 상상을 통해 신체의 긴장과 모든 부정적인 생각과 감정을 몰아내고 자신을 보호하게 하는 방법을 배움으로써 언제든 자신의 기분을 스스로 조절할 수 있는 방법을 배운다.
- 앵커링: 살면서 아주 기분이 좋았던 일, 크게 인정받았던 일, 아주 활력이 넘쳤던 일, 크게 성취했던 일을 현재에 되살려서 몸에 단축키를 만들어 언제든지 꺼내 쓸 수 있는 자원으로 만든다.
- 고통스러운 기억 지우기: 분리기법(공중분리, 우주분리, 영화관기법, 미술관기법, 음악기법)을 통해 과거의 고통스러운 기억을 현재의 시점에서 객관적으로 성숙된 시각으로 재평가하고 그 사건이 주는 교훈은 간직한 채 그 기억은 멀리 멀리 날려 버린다.
- 한풀이 호스: 상대방에 대한 원한과 적개심을 쉽게 없애기 힘들 때 고무호스로 베개를 때리며 원망과 미운 감정을 표출하여 한을 풀게 한다.
- 제한적 신념 찾기: 난 실패자야. 난 불행해. 난 되는 일이 없어 … 등 자기 제한적 결심과 신념을 갖게 된 최초의 사건을 찾아내서 그 사건이 주는 교훈을 찾아보고 의미를 다르게 해석한 후 새로운 긍정적 신념으로 바꾼다.
- 관점 바꾸기: 어떤 것도 그 자체에 절대적인 선악이 없다. 우리가 어떤 맥락에서, 어떤 의미로 해석하는가에 따라 다른 것이다. 고정관념을 바꿈으로써 마음이 자유로워질 수 있다.[790]

이렇게 온갖 방법들을 다 섞어서 행하는 NLP의 방법들과 기억 치유라는 이름으로 행하여지는 씨맨즈의 방법과 무엇이 다른가? 다르다면 거기에 기독교적 용어로 채색을 했다는 것뿐이다. 시대가 흘러가면서 그 이름이 바뀌어지고 더 뉴에이지적으로 변하고 있으며, 교회는 그것을 여과 없이 수용하고 있다. 그런 가운데 성도들은 뉴에이지 영성의 물결에 점점 녹아들어 가고 있다. 교회를 다니고 예수님을 믿는다고 하지만 실제로는 자기가 자신을 통제하고 바꾸어 가는 신(神)이 되어 가는 삶을 살아가고 있다. 씨맨즈는 자기 논리를 억지로 끼워 맞추기 위해서 위험한 말을 서슴지 않는다.

> 마이크와 앤, 그들은 모두 아동기와 십대의 기억에 대한 치유가 필요했었다. 그러나 더욱 심각한 것은 현재의 삶에 대한 아픈 기억들이다. 특별히 이 같은 사실은 성과 폭력 그리고 이혼의 배신감에 연관된 오늘날의 비극에서 확실해진다. 여기서도 위의 원리를 적용하면 많은 평범한 기도가 가져다주지 못한 치유와 해방을 가져다줄 수 있다.[791]

---

790) http://blog.daum.net/js52-nana/15345376

평범한 기도로 안 된다는 것은 무엇인가? 구상화를 말한다. 과거의 세계로 돌아가서 거기서 영적인 안내자인 예수를 만나서 그때 그 현장에서 하는 기도를 말한다. 그런 기억 치유는 성경이 말하는 기도가 결코 아니다. 그것은 무당이나 하는 짓이다. 평범한 기도를 통해서 치유가 되었던 수많은 사람은 지금까지 다 쓸데없는 일을 한 것인가? 그렇지 않다. 그 평범한 기도는 소용이 없고 구상화를 통한 기도라야 효과가 있다면 기독교는 이미 뉴에이지에 오염된 타락한 기독교이다. 씨맨즈는 다음과 같이 말했다.

> 우리가 꼭 기억해야 한다는 이유로 하나님은 그분의 일과 우리의 일을 확실히 구별해 놓으시는 때가 있다. 히브리서의 저자는 예수님께서 고난과 순종과 훈련으로 '배우게 된' 것들에 대해 자주 언급하고 있다. 모든 것이 기도로 간단히 해결된다면 우리는 도대체 어떤 그리스도인이 될 것인가? 우리는 환상과 마술의 땅에 사는 영적인 아이로 남아 있게 될 것이다.792)

씨맨즈가 기도에 대해 이렇게만 말한다면 얼마나 좋겠는가? 그러나 한편으로는 구상화 기도를 통해 모든 것을 해결하려고 하고 한편에서는 기도가 환상과 마술로 전락할까 걱정한다는 것은 논리적으로 맞지 않다. 구상화는 오늘날과 같은 뉴에이지 시대에 자기의 생각을 현실로 만들어 주는 도구로 사용되어지고 있기 때문이다. 씨맨즈는 평범한 기도가 아닌 기도를 말하기 위해서 예수님께서 베드로를 회복케 한 사건을 들어 설명했다.

> 신약에서 '숯불'이란 단어는 오직 두 군데에서만 쓰여졌다. 이것은 우연 그 이상이다. 그것은 부활 후 아침, 해변에서 베드로와의 대화를 위해 예수님께서 무대를 꾸미신 것을 볼 때 더욱 확연하다. 베드로는 대제사장 집 뜰 숯불 옆에서 그분을 세 번 부인했었다. 그리고 그는 그분에 대한 사랑과 충성을 세 번 시인해야 했다. 우리 모두는 이것을 알고 있지만 예수님께서 베드로의 부인 당시의 상황을 그대로 재연하였음을 간과하고 있다. 확실히 불꽃은 베드로의 양심과 기억 속에서 타오르고 있었다. 여기 위대한 심리학자인 예수님께서는 베드로의 고통과 수치를 치유하시기 위해 숯불을 사용하여 그 고통스런 기억을 대면하도록 하셨다. 그 쏘는 침이 사라지면서 베드로의 그 타오르는 기억은 저주의 기억이 아니라, 그가 목숨을 바쳐서까지 헌신할 수 있도록 하는 불씨가 되었다.793)

이 글을 통하여 씨맨즈는 무엇을 말하고 싶은 것인가? 평범한 기도가 아니라

---

791) 데이비드 A. 씨맨즈, **어린아이의 일을 버려라**, 윤병하 역 (서울: 두란노, 1981), 29.
792) Ibid., 94-95.
793) Ibid., 29-30.

구상화를 통한 기도의 정당성을 피력하고 싶은 것이다. 그러나 성경은 전혀 그런 뉘앙스조차 없다. 만일 예수님께서 구상화를 가르치셨다면 기독교는 역사를 다시 써야 한다. 왜냐하면 지금까지 엉터리로 성경을 해석하고 엉터리로 기도를 해 왔기 때문이다. 씨맨즈에게 와서야 비로소 알게 된 기도라면 이전의 기독교는 헛농사를 지은 셈이다.

예수님이 과연 "위대하신 심리학자"인가? 씨맨즈의 눈에는 그렇게 보였을지는 몰라도 성경은 그렇게 말하지 않는다. 오로지 씨맨즈의 사견일 뿐이다. 예수님은 풀러 신학교에서 심리학을 공부하신 적도 없으시며 심리학에 관련된 강연을 하신 적도 없으시다. 숯불이 하는 역할이 과연 베드로의 기억을 되살리는 것이었는가? 숯불을 보고 예수님을 부인했던 기억이 떠올랐을 수도 있을 것이다. 그러나 예수님은 베드로에게 구상화를 통한 기억치유를 행하지 않으셨다. 그것은 예수님의 말씀 속에 분명하게 나타나 있다.

예수님께서는 지금을 다루셨다. 지금 사랑하고 있는지 그것을 확인하셨다. 베드로더러 눈을 감고 예수님을 부인했던 시간 속으로 돌아가라고 한 적이 결단코 없으시다. 예수님의 말 속에는 그런 언급이 전혀 없다. 요한복음 21:15-19절에서, 예수님께서 베드로에게 물으셨던 그 말씀만 옮겨보면 다음과 같다.

> 요한의 아들 시몬아 네가 이 사람들보다 나를 더 사랑하느냐 (요 21:15)
> 요한의 아들 시몬아 네가 나를 사랑하느냐(요 21:16)
> 요한의 아들 시몬아 네가 나를 사랑하느냐(요 21:17)

예수님의 질문 속에는 구상화의 흔적이라고는 조금이라도 찾아볼 수가 없다. 예수님께서 지금 베드로에게 사랑하고 있는지 그것을 물으셨을 뿐이다. 성경이 가라는 곳까지 가고 성경이 멈추라는 곳에 멈추는 것이 성경을 해석하는 바른 길이다. 그것을 벗어나서 자기 마음대로 추측하거나 해석하는 것은 잘못된 것이다.794)

---

794) http://www.rcw.co.kr/ "개혁주의 성경해석은 성경은 성경으로 해석해야 한다는 원리를 견지한다. 그래서 '성경이 가라고 하는 곳에 가고 멈추라 하는 곳에 멈춘다'는 말을 쓴다. 칼빈이 주장한 대로 '성경이 금하고 있지 않는 것은 성경이 금하고 있는 법만큼이나 금지의 법'임을 개혁파 교회는 신봉하고 있다. 그렇기 때문에 '유일한 규범'이라

씨맨즈는 또한 야고보서의 말씀으로 구상화의 정당화를 마련하고자 다음과 같이 말했다.

> 나는 이것이 야고보서에 나타난 치유 형태라는 것을 믿는다. "이러므로 너희 죄를 서로 고하며 병 낫기를 위하여 서로 기도하라. 의인의 간구는 역사하는 힘이 많으니라"(약 5:16). 기억의 치유는 마음 깊숙한 곳의 적극적 개방과 다른 이들과의 나눔을 필요로 하고 당신 행동을 위한 다른 이들의 기도를 필요로 한다. 당신은 과거의 아이가 있는 내부의 층에 미치지 못할 상황에 복잡하게 얽혀 있는 것이다.795)

야고보서 5장 16절이 씨맨즈가 말하는 치유를 위한 구상화 기도를 의미하지 않는다.796) 씨맨즈는 신성한 내면아이와 구상화 치유를 정당화하기 위하여 성경을 자기 마음대로 해석하고 있다. 16절은 이어 나오는 17절을 보면 치유를 위한 구상화는 전혀 없다는 것을 확실하게 알 수 있다. 왜냐하면 17절에서 말하는 엘리야의 기도는 구상화 기도가 아니기 때문이다.

> 길르앗에 우거하는 자 중에 디셉 사람 엘리야가 아합에게 고하되 나의 섬기는 이스라엘 하나님 여호와의 사심을 가리켜 맹세하노니 내 말이 없으면 수년 동안 우로가 있지 아니하리라 하니라(왕상 17:1) 저녁 소제 드릴 때에 이르러 선지자 엘리야가 나아가서 말하되 아브라함과 이삭과 이스라엘의 하나님 여호와여 주께서 이스라엘 중에서 하나님이 되심과 내가 주의 종이 됨과 내가 주의 말씀대로 이 모든 일을 행하는 것을 오늘날 알게 하옵소서 여호와여 내게 응답하옵소서 내게 응답하옵소서 이 백성으로 주 여호와는 하나님이신 것과 주는 저희의 마음으로 돌이키게 하시는 것을 알게 하옵소서 하매(왕상 18:36-37)

는 문구를 사용한다. 성경이 말하고 있지 않는 것은 듣는 귀도 없다. 성경이 침묵하고 있는 곳에서는 우리도 침묵해야 한다. 우리가 기억해야 할 것은 성경은 언제나 주 텍스트이지 우리가 주장하고자 하는 것을 뒷받침하는 참고문헌이 아니라는 점이다. 성경을 보충자료로 간주하는 것은 성경의 완전성과 성경의 충분성을 도외시하는 것이 된다. 칼빈은 성경만이 하나님에 대한 혼란한 지식을 우리 마음에서 바로잡고 우리의 우둔함을 쫓아버리며 참 하나님을 우리에게 보여준다고 했다. '하나님께서는 택함 받은 자들이 어떤 하나님을 경배해야 하는지 가르치실 뿐만 아니라 바로 자신이 경배를 받아야 할 그 하나님이심을 보여주신다. 하나님은 처음부터 교회를 위하여 이 계획을 세우시고, 일반적인 증거 외에 자신의 말씀을 첨가하셨다. 이 말씀이 하나님을 인식할 수 있는 보다 더 정확하고 보다 더 확실한 표준이 되는 것이다.'(존 칼빈, **기독교 강요**, 1.6.1.)"
795) 데이비드 A. 씨맨즈, **어린아이의 일을 버리라**, 윤병하 역 (서울: 두란노, 1981), 30.
796) 호크마 주석에서; 너희 죄를 서로 고하며 병 낫기를 위하여 서로 기도하라 - 본 절에서 야고보가 강조하는 바는 '죄를 서로 고하며', '서로 기도하는 것'이다. '서로'는 상호 간의 관계를 나타내는 것으로 '죄의 고백'이나 '치유를 위한 기도'가 상호간의 관계성에서 이루어져야 하는 헬라어 '엑소몰로게이스데'는 '밖으로'라는 의미를 지닌 '에크'와 '자발적인 마음에서 우러나오는 고백'을 뜻하는 '호몰로게오'의 합성어로 상호 간의 죄의 고백이 강제적인 것이 아니라 자발적인 것이어야 함을 시사한다. 이는 가톨릭에서 말하는 것처럼 고해성사의 근거라기보다는 도리어 개신교의 만인제사장설의 근거가 된다(Robertson, Manton, Taylor).

> 엘리야가 아합에게 이르되 올라가서 먹고 마시소서 큰 비의 소리가 있나이다 아합이 먹고 마시러 올라가니라 엘리야가 갈멜산 꼭대기로 올라가서 땅에 꿇어 엎드려 그 얼굴을 무릎 사이에 넣고 그 사환에게 이르되 올라가 바다 편을 바라보라 저가 올라가 바라보고 고하되 아무것도 없나이다 가로되 일곱 번까지 다시 가라 일곱 번째 이르러서는 저가 고하되 바다에서 사람의 손만한 작은 구름이 일어나나이다 가로되 올라가 아합에게 고하기를 비에 막히지 아니하도록 마차를 갖추고 내려가소서 하라 하니라 조금 후에 구름과 바람이 일어나서 하늘이 캄캄하여지며 큰 비가 내리는지라 아합이 마차를 타고 이스르엘로 가니(왕상 18:41-45)

엘리야의 기도들을 살펴보면, 그 어디에도 구상화 기도는 없다! 또한 이 기도들은 모든 응답이 인간의 노력이 아니라 전적으로 하나님께 달려 있음을 말해준다.[797] 구상화를 위해서는 무슨 성경 구절이든지 끼워 맞춰 보겠다는 씨맨즈의 생각은 오히려 자가당착으로 인해 화를 자초한다.

씨맨즈는 자신의 논리를 증명하기 위하여 교리적으로도 오류를 범한다.

> 그리스도가 우리를 위해 십자가에 고난 받으신 것과 우리와 함께 하신다는 것은, 상처받은 사람에게는 하나님을 신뢰할 수 있게 하고 고통스러운 기억들을 끄집어내어 그것을 대면할 수 있을 뿐만 아니라 치유까지도 경험할 수 있게 한다.[798]

예수 그리스도께서 십자가에서 고난 받으신 것이 과거의 기억들을 끄집어내고 치유하는 것과 무슨 관련이 있을까? "고통스러운 기억들을 끄집어내어 그것을 대면"한다는 것은 구상화를 통한 대면을 말하기 때문에 그것은 치유가 아니라 무당이나 하는 접신술이다.

어떤 집사님으로부터 다음과 같은 이야기를 들었다. 어느 교회에서 내적치유를 한답시고 과거의 이야기를 다 털어놓으라고 하는 일이 발생했다. 그것도 사역 단계를 올라갈 때마다 반복해서 털어놓아야만 했다. 결국 견디다 못한 그 교회의 어느 집사님이 연세 드신 집사님에게 다음과 같이 말했다. "집사님, 저는 예수님을 믿고 과거의 일은 다 잊어버리고 새사람 되어 살려고 교회에 나와 믿음 생활하는데, 왜 교회에서 다시 과거를 떠올리며 다 털어놓으라고 합니까?"

---

[797] Dr F. W. Grosheide, *DE BRIEF AAN DE HEBREEËN EN DE BRIEF VAN JAKOBUS* (KAMPEN, 1955), 414.
[798] 데이비드 A. 씨맨즈, **상한감정과 억압된 기억의 치유**, 송헌복 송복진 역 (서울: 조이선교회출판부, 1999), 44.

이 말을 한 집사님이 틀렸는가? 아니면, 내적치유 해 준답시고 과거를 다 털어놓으라는 사람이 맞는가? 두말할 것 없이 집사님의 말이 옳다. 왜 예수님을 믿는 것이 그렇게도 중요한 일인가? 왜 예수님을 믿어야만 하는가? 사람으로서는 죄의 무거운 짐을 감당할 수가 없기 때문이다. 그 죄 짐을 예수님께서 십자가에 죽으심으로 다 해결해 주셨다는 그 소식이 복음이다. 그것이 참으로 기쁜 소식이다. 이제는 더 이상 죄가 우리를 지배하지 못한다! 이제는 과거의 어떤 일도 우리의 주인이 아니다! 이제는 하나님의 은혜가 왕 노릇 하는 거룩한 주의 백성으로 살아간다.

그런 자들에게 사도 바울은 무엇이라고 명하는가?

> 너희는 유혹의 욕심을 따라 썩어져 가는 구습을 좇는 옛 사람을 벗어버리고 오직 심령으로 새롭게 되어 하나님을 따라 의와 진리의 거룩함으로 지으심을 받은 새사람을 입으라(엡 4:22-24)

옛사람을 벗어버리고 새사람을 입는 싸움을 하라고 명한다. 특별히 에베소서 4장 22-24절의 헬라어 시제가 현재로 되어 있는 것을 주목해야 한다.799) 그 싸움은 점진적인 변화를 포함하며 매일매일 해야 되는 싸움이다. 그것은 사도 바울이 에베소 교회 성도들에게 지금 현실에서 믿음으로 그 싸움을 하라는 말이다.800) 사도 바울은 어떤 서신서에서도 다시 과거로 돌아가서 기억치유를 하라고 한 적이 없다.

오늘의 나를 이해하고 나의 문제를 해결하기 위해 과거를 분석하는 것은 아무런 도움이 안 된다. 인간은 왜 그런 일을 당해야 했는지 아무도 모른다. 인간 스스로 알아내고 해결하려는 것은 심리학적인 해결책에 불과하다. 그 길로 가면 인간이 우주의 중심으로 서게 된다. 인간이 신이 되는 길로 가게 된다!

인생이 걸어가는 길을 알 수 있는 인간은 아무도 없다. 하나님께서 이끄시는 걸음을 인간은 아무도 모른다. 과거로 돌아가서 과거를 해결하려고 하면 평생

---

799) Harold W. Hoehner, *Ephesians* (Baker Academic, 2007), 607; "The present tense suggests that the renewal of the mind is a repeated process throughout the believer's life, which is in contrast to the inceptive act involved in putting off the old person(v. 22) and putting on the new person(v. 24)."
800) Peter T. O'Brien, *The Letter To The Ephesians*, (William B. Eerdmans Pub. Com.), 330-331.

과거의 종살이만 하게 될 뿐이다. 하나님의 작정과 섭리를 신뢰하며 오늘과 내일 성경적인 자세와 반응으로 하나님의 그 말씀에 순종하고 살아가는 것이 인간이 해야 할 일이다.

씨맨즈는 설교도 기억치유를 돕는 설교가 필요하다고 말했다. 이런 설교는 그 내용이나 방법, 목표가 일반 설교와는 다르다고 말한다. 그런 설교를 특별한 설교라고 말한다. 그런 것이 특별한 설교라고 하고 다른 설교들은 일반 설교라고 하니, 그 말 속에는 일반 설교로는 안 된다는 뜻을 포함하고 있다. 일반 설교와 특별 설교를 구분 짓는 일부터가 틀린 것이며, 일반 설교로 안 되고 특별 설교라야 한다는 그 목적 자체가 틀렸다. 설교가 강해 설교, 주제 설교 이렇게 분류될 수는 있어도, 일반 설교와 특별 설교로 구분되는 것은 매우 위험한 발상이다. 씨맨즈는 그 특별한 설교라는 것이 어떤 것인지 다음과 같이 말했다.801)

- 고통 받는 사람이 치유를 방해하던 방어 자세를 버릴 수 있도록 용기를 주는 것
- 그의 내면에 묻혀 있는 두려움, 걱정, 갈등, 수치심들을 털어놓을 수 있게 하는 것
- 그의 깊숙이 숨겨진 내면화된 기억들이 십자가 앞에 표출될 수 있도록 돕는 것
- 그에게 하나님에 대해 완전히 새롭게 알려주는 것, 즉 하나님은 그의 이런 문제를 이미 알고 계시며 그럼에도 불구하고 그를 사랑하는 분이시며, 누구보다 그를 이해하고 받아 주시는 분이라는 것이다.

이 말을 보면, 결국 씨맨즈가 말하는 특별 설교란 심리학적인 설교다. 심리학적인 설교는 기억을 드러내어 치유하는데 목적을 둔다. 성경적인 설교는 십자가의 피로 모든 죄를 사하신 예수 그리스도 앞에 죄를 회개함으로 치유가 되고 하나님의 말씀에 순종함으로 치유가 된다. 심리학적 설교는 치유의 답을 인간 안에서 찾으나 성경적인 설교는 치유의 답을 인간 밖에서, 곧 예수 그리스도 안에서 받는다!

이런 일들이 씨맨즈가 말하는 식으로 하자면, 일반 설교에서는 왜 치유가 안 되는가? 치유가 안 되는 이유는 하나뿐이다. 복음에 대한 씨맨즈의 무지와 부족 때문에 안 된다. 설교를 똑바로 안 하기 때문에 생겨난 것이지 하나님의 말씀을 바르게 전하면 이보다 더한 일들이 일어나며, 굳이 일반 설교, 특별 설교로 구분

---

801) 데이비드 A. 씨맨즈, **상한감정과 억압된 기억의 치유**, 송헌복 송복진 역 (서울: 조이선교회출판부, 1999), 49.

할 필요도 없고 해서도 안 된다.
　씨맨즈는 더 나아가서 하나님의 충분성에 대하여 거침없는 막말을 했다.

> 우리는 정신적, 감정적 고통에 시달리고 있는 사람들에게 진정한 그리스도의 인성에 대해서 말해야 한다. '말씀이 말들이 된 것'이 아니다. 말씀이 필요한 것은 사실이지만, 심지어는 하나님 자신에게도 이것만으로 충분치 않으셨다. '말씀이 육신이 된 것'이다. 하나님께서 인간들의 삶과 고통 가운데로 내려오신 것이다. 그는 우리 중의 하나가 되심으로서 우리들과 하나가 되신 것이다.802)

　"심지어는 하나님 자신에게도 이것만으로 충분치 않으셨다."는 말은 하나님의 충분성에 대한 모독이다. 말씀이 충분치 않아서 육신이 된 것이 결코 아니다. 아무리 자기 논리를 강조하고 싶어도 하나님의 속성과 능력을 멸시해서는 안 된다. 예수 그리스도의 성육신은 하나님께서 충분치 않으셔서 그리하신 것이 아니다. 인간이 죄와 사망의 종노릇을 하고 있기 때문에 오신 것이요, 인간이 자기의 노력과 지혜로는 하나님을 알지도 못하고 하나님께로 나아가지도 못하기 때문이다. 십자가를 통한 대속을 이루시고 자기 백성을 구원하시기 위하여 오셨다. 인간은 어떤 존재인가?

> 빛이 어두움에 비취되 어두움이 깨닫지 못하더라 (요 1:5)

　빛을 비추어 주어도 깨닫지 못하는 어두움이 되어 버린 존재이다. 그러기 때문에 예수님이 오셨다. 그래서 하나님의 자녀가 되는 것은 사람의 뜻과 지혜로 되는 것이 아니다. 성경은 무엇이라고 말하는가?

> 12 영접하는 자 곧 그 이름을 믿는 자들에게는 하나님의 자녀가 되는 권세를 주셨으니 13 이는 혈통으로나 육정으로나 사람의뜻으로 나지 아니하고 오직 하나님께로서 난 자들이니라 (요 1:12-13)

　대개는 12절에 강조점을 두기 때문에 알미니안주의로 전락한다. 그러나 성경은 분명히 "혈통으로나 육정으로나 사람의 뜻으로 나지 아니"한다고 명확하게 선언하고 있다. 하나님의 자녀가 되는 일은 오직 "하나님께로서 난 자들"이다.
　그러므로 정신적, 감정적 고통에 시달리고 있는 사람들에게 전해야 하는 것은

---
802) Ibid., 50.

예수 그리스도의 인성이 일차적인 초점이 아니라 인간의 죄성이요 인간의 절대 무능을 말해 주어야 한다. 인간의 고통에 초점을 맞춘 설교는 심리 설교이지 복음을 전하는 설교가 될 수가 없다. 그들에게 눈물을 흘리게 하고 잠시 잠깐 동안 카타르시스를 느끼게 해 줄 수는 있을지 모르나, 예수 그리스도를 통한 진정한 자유와 기쁨은 누릴 수가 없다. 복음은 복음다워야 복음이다. 예수 그리스도께서 오신 본래의 초점에 맞추어 설교하지 않는 설교는 인간의 비위에 맞춘 인본주의 삼류 강좌다.

그 무엇보다 심각한 것은 씨맨즈는 예수 그리스도의 죽음에 대해 비관적이라는 것이다. 비관적이라는 말은 그는 속죄의 의미를 제대로 파악하지 못하고 있기 때문이다.

> 우리가 예수 그리스도의 죽음을 죄에 대한 속죄로만 한정 짓는다면 위와 같은 초청803)의 의미를 올바로 전달하지 못하는 것이다. 물론 십자가는 예수께서 우리의 죄를 위해 돌아가신 것을 의미한다. 그러나 우리는 수많은 상처받은 사람들이 설교와 가르침에서 들어야 하는 중요한 것 하나를 놓치고 있다. 그것은 예수께서 십자가에 못 박혀 돌아가심으로 말미암아 죄인들과 고통받는 자들을 하나님과 화목케 하셨다는 것이다. 예수 그리스도가 지옥으로 내려가심으로 그는 우리의 양심을 괴롭히고 죄책감을 불러일으키는 죄로부터 우리를 깨끗이 씻겨 주셨을 뿐만 아니라, 우리에게 고통을 주고 꼼짝 못하게 얽매는 우리 안의 아픈 기억들을 치유해 주셨다는 것이다.804)

여기서 씨맨즈가 말하는 기억치유라는 것은 구상화를 통한 치유라는 것을 먼저 생각하고 이해를 해야만 한다. 왜 이런 결과를 도출해 내는가? 예수 그리스도의 속죄의 충분성에 대한 의미를 모르기 때문이다. 예수 그리스도의 체험을 인간의 체험과 동일시하기 때문이다. 예수님의 체험에는 인간이 되심으로 동일시되는 부분도 있으나 그것이 전부가 아니다. 예수님 안에는 신성과 인성, 곧 참

---

803) 14 자녀들은 혈육에 함께 속하였으매 그도 또한 한 모양으로 혈육에 함께 속하심은 사망으로 말미암아 사망의 세력을 잡은 자 곧 마귀를 없이 하시며 15 또 죽기를 무서워하므로 일생에 매여 종노릇 하는 모든 자들을 놓아주려 하심이니 16 이는 실로 천사들을 붙들어 주려 하심이 아니요 오직 아브라함의 자손을 붙들어 주려 하심이라 17 그러므로 저가 범사에 형제들과 같이 되심이 마땅하도다 이는 하나님의 일에 자비하고 충성된 대제사장이 되어 백성의 죄를 구속하려 하심이라 18 자기가 시험을 받아 고난을 당하셨은즉 시험 받는 자들을 능히 도우시느니라(히 2:14-18) 그러므로 우리가 긍휼하심을 받고 때를 따라 돕는 은혜를 얻기 위하여 은혜의 보좌 앞에 담대히 나아갈 것이니라(히 4:16)
804) 데이비드 A. 씨맨즈, **상한감정과 억압된 기억의 치유**, 송헌복 송복진 역 (서울: 조이선교회출판부, 1999), 53.

하나님 되심과 참 인간되심이 있다. 참 인간 되심에만 강조점이 가면 참 하나님 되심에 대한 의미가 상실되어 성경에서 벗어나게 된다.

예수님은 우리의 (구상화를 통해) 기억들을 치유하신 것이 아니라 죄와 사망의 지배에서 벗어나도록 실제적 통치를 시행하셨다. 성경 어디에도 기억을 치유했다는 말씀은 없다. 상처에 대한 치유가 실효성이 없다는 말이 아니라, 씨맨즈가 말하는 식의 기억치유는 아니라는 말이다.

융의 심리학과 현대 심리학에 물들어 있는 씨맨즈의 심리학은 예수 그리스도의 속죄의 충분성을 곡해하고 멸시한다. 십자가를 통하여 이루신 구속을 심리학으로 계속 설명을 하려고 하다 보니 더 미로에 빠지게 되고 심리학적인 결과를 만들어 내고 만다. 심리학은 예수 그리스도의 속죄를 절대로 이해하지 못한다. 그 길과 목표와 내용이 다르기 때문에 결코 헤아릴 수가 없다. 하나님의 깊으신 지혜를 인간이 어찌 헤아릴 수가 있겠는가?

하나님께서 무엇이라고 말씀하시는가?

> 나 곧 나는 나를 위하여 네 허물을 도말하는 자니 네 죄를 기억지 아니하리라(사 43:25)

이것이 하나님께서 하시는 일이다. 하나님께서 예수 그리스도를 통하여 이루신 속죄로 말미암아 우리의 허물을 도말하시고 우리의 죄를 기억하지 아니하신다는 것이 복음의 본질이다. 인간이 스스로 과거를 재현하면서 과거의 기억을 더듬어 자가치료를 즐기는 것은 망령되고 죄악 된 일이다. 이미 하나님께서 기억하지 아니하신다는 것을 굳이 자기 체험으로 만들어 자기 확인으로 갈려는 것은 독하고 악한 죄성의 발로이다. 하나님께서 기억 안 하신다는 말은 곧이곧대로 못 믿고 굳이 뉴에이지 구상화로 확인을 해야 믿겠다는 심보는 믿음이 아니라 사악한 탐욕이다. 대화를 오래 하면 그 본심이 드러나듯이, 조금만 더 알아가면 씨맨즈의 본심을 간파할 수 있다.

> 이렇게 함으로써 우리는 진정한 성숙을 맛볼 수 있다. 성숙함이란 온전함과 거룩을 이야기한다. 성숙된 거룩은 우리의 참 인간성 회복을 뜻한다. 거룩함과 온전함의 중심은 타인과 하나님과 우리 자신에 대한 앎과 사랑에 있다. 성화되어 가는 과정은 인간화 되어 가는 과정이다. 이 세상의 유일한 완전한 인간이신 예수 그리스도를 닮아 가는 것이기 때문에 거룩해질수록 인간이 되

어 가는 것이다. 예수님은 완전한 신성과 완전한 성결, 그리고 완전한 인성을 가지셨다.[805]

융의 심리학에 오염되어 있는 씨맨즈의 이런 말은 융이 말하는 개성화로 혼합이 되어 있다. 성화를 참다운 인간화로 말하는 것은 성경이 말하는 성화가 아니다. 그것은 융이 말하는 개성화 개념과 매우 유사하다. 이런 글들이 잘 분별이 잘 안 되는 이유는 실상은 융의 심리학으로 희석되어 있기 때문이다. 지난날의 감정을 회복시키기 위해서 과거를 재조정하여 참다운 인간화로 나아가려는 씨맨즈의 의도는 매우 아이러니한 자기모순이다. 왜냐하면 자신이 그리도 경계하고 비판하는 내면아이의 완벽주의를 드러내는 것이기 때문이다.

참다운 인간화를 추구하는 그의 저의를 드러내는 또 다른 증거가 있다.

> … 하나님은 인간의 자유를 침해하실 수 없다. 하나님은 선택의 자유를 가진 인류를 창조하셨다. 그분은 살갗으로 덮인 로봇이나 그가 완전히 조종할 수 있는 기계적인 존재로 인간을 창조하신 것이 아니다. 하나님은 여러 면에서 그분을 닮은 또 그분의 닮은 영혼을 가진, 자기 인식이 있고 자기 결정이 있는 존재를 만드신 것이다. 그렇다. 우리가 사는 이 세상의 상황으로 인해 제한되어 있기는 하지만, 우린 그분께 응답할 수 있을 만큼의 선택의 자유는 갖고 있다. 우리의 구원에 관하여 하나님이 어떻게 일하시는가를 생각해보자. 하나님은 우리를 죄에서 구해 내고, 그분의 속죄 받은 자녀로서 가족이 되기를 바라시며 그분을 섬기고 사랑하도록 변화시키시지만 우리의 자유를 제한하거나 초월해서 일하지는 않으신다. 우리를 구원하는 동시에 그분이 구원하고자 하는 것들을 파괴시킬 수 있겠는가? 하나님은 당신의 절대 능력으로 우리를 구속하실 수 없으며 순전히 당신의 능력을 활용하심으로 그 일을 이루신다. 만약 전자라면 우리의 인격과 우리의 사유보이 선택된 사람, 즉 그분이 가장 원하시는 것을 소멸하게 되는 것이다. … 그분은 우리를 무시하거나 인간으로서의 우리를 무시하지 않으시는 것이다. 하나님은 우리의 의지에 반대하여 우리를 구원할 수 없다. 때로 우리는 다메섹 도상에서의 사울의 회심같이 그렇게 단순히 굴복하도록 하시는 것을 보게 된다. 그것은 확실히 살아 계신 그리스도의 능력에 찬 표출이었다. 그러나 나는 바울이 몇 년 후 "하늘에서 보이신 것을 내가 거스리지 아니하고" (행 26:19)라고 얘기함으로써 초자연적인 능력의 나타남에도 불구하고 그가 원했다면 거부할 수도 있었던 그의 의지가 있었음을 당신이 알기를 바란다. … 그러나 우리의 의지에 반대 강요하실 수 없고 우리의 도덕적 자유를 침해할 수 없다.[806]

이것이 데이빗 A. 씨맨즈의 실체다! 인간이 원한다면 하나님의 구원도 거역할 수 있다고 말한다! 하나님의 의지보다 인간의 의지가 더 힘을 발휘하는 것이 씨맨즈의 심리학적 신학이다. 하나님께서 과연 인간의 의지에 반대하여 구원하실 수 없는가? "하나님은 인간의 자유를 침해하실 수 없다.", "하나님은 우리의

---

805) 데이비드 A. 씨맨즈, **어린아이의 일을 버리라**, 윤병하 역 (서울: 두란노, 1981), 55.
806) Ibid., 86-87.

의지에 반대하여 우리를 구원할 수 없다."고 말하는 것은 성경을 몰라도 너무 모르는 무지의 소치다. 인간의 자유의지를 초월하지 못하는 하나님은 성경에서 말하는 하나님이 아니다. 씨맨즈의 책 제목이 마음에 든다고 그 내용까지 동의하지 말고 성경이 과연 무슨 말씀을 하시는지 바르게 알고 분별을 해야 한다.

씨맨즈는 인간의 무능력과 인간의 비참함에 대해 무지하다. 인간이 얼마나 죄 아래서 벗어날 수 없는 철저한 죄인이라는 사실을 모른다. 하나님의 절대능력으로는 구속할 수 없고 하나님의 능력을 활용하심으로 구속하신다니 말이 되는 소리인가? 하나님께서는 그의 절대능력으로 구속하시는 것이 다르고 그의 능력을 활용하시는 것이 다른 것인가? 그의 말이 얼마나 비성경적이고 위험한지 씨맨즈가 자신의 논리를 확보하기 위하여 말하고 있는 사례를 살펴보자. 기도의 응답에 대하여 다음의 예를 말했다.

> 쓰라린 이혼 경험을 가진 젊은 코니가 그랬다. 눈물을 흘리며 그녀는 자신이 오랫동안 기도와 자신의 기부와 교회에 헌신한 자신의 삶에 대해 얘기했다. 그녀는 직장에서조차 믿음의 증거자로 인정받는 신앙인이었다. 그녀는 얘기하면서도 그녀에게 일어난 일들을 믿을 수 없어 했다. 그녀의 남편은 외도를 하며 지냈다 가정을 떠나 버렸다. 그녀는 이혼을 받아들이지 않으며 결혼을 유지하기 위해 혼신의 힘을 기울였다. 그러나 지금 그녀는 이혼녀가 되어 홀로 외롭게 있는 것이다. 무엇보다도 곤란한 것은 그녀가 하나님에 대해 분노하고 있으며, 완전히 혼란스러워져 있다는 것이다. 하나님은 그녀가 무너져 내리는 대로 그냥 내버려 두셨다. 실제로 교회의 모든 사람이 그녀의 결혼을 위해 기도했다. 출석 교회의 모든 사람이 그녀의 결혼을 위해 기도했다. 출석 교회의 담임목사를 비롯한 스무 명 남짓한 사람들은 그녀에게 이렇게 말했다. 이 기도로 하나님께서 남편을 돌아오게 할 것이다. 다시 결혼생활이 유지될 것을 확신하고 있는 많은 그리스도인들이 열심히 기도드리고 있으므로 이제 아무것도 걱정할 것이 없다고 했다. 그래서 그녀의 분노는 하나님께로 만이 아니라 교회와 그녀의 기독교 친구들에게까지 퍼졌다. 그녀는 큰 상처를 입었으며 산산이 부서지는 충격을 받았다. 그녀는 울면서 이 모든 얘기를 들려주었다.807)

문제는 무엇인가? 이 사례에 대한 씨맨즈의 견해가 문제다. 그 문제라는 것은 앞서 언급했듯이, 하나님께서는 인간의 자유를 침해할 수 없으며, 인간은 하나님의 사역을 거역할 수도 있다는 차원으로 바라보기 때문이다. 그가 코니의 사례를 어떻게 해석하는지 이어지는 그의 말을 들어보자.

> … 코니에 대해 다시 생각해보자. 그녀의 망가진 믿음 뒤의 진정한 문제는 무엇이었나? 사실은 거기에 타인, 즉 그녀의 남편의 의지가 개입되어 있었다는 것이다. 이 상황은 우리에게 하나님

---

807) Ibid., 80.

께서 한 개인의 선택권을 침해하실 수 없다는 것을 보여주고 있으며, 이런 이유로 우리는 기도의 응답을 확인할 수 없는 것이다. 하나님은 진정으로 코니와 그녀의 교회 친구들의 기도를 응답하셨다. 하나님은 그녀의 남편을 깊이 감동시키셨다. 그러나 그는 그의 죄 가운데 슬프고 비참해진 것이다. 그러나 그는 버림받지는 않을 것이다. 그는 하나님이 주신 바로 그 선택권으로 하나님을 거절했다. 그리고 그 결혼은 비참한 이혼이었다. 이 사건은 기도와 연관된 많은 것과 같다. 즉 우리가 대개 반진실이라고 부르는 진리와 오류의 혼합인 것이다. 이 반진실로 인한 문제는 우리가 항상 그 잘못된 반쪼가리를 굳게 믿고 있을 수 있다는 것이다. 이것이 코니와 그 친구들에게 일어난 것이다. 그들은 몇몇 위대한 진리를 알고 있었으므로 큰 믿음을 가지고 기도한 것이다.

- 하나님은 확실히 그 남편이 회개하고 행동을 변화시키기를 원하셨다.
- 하나님은 확실히 그 결혼이 유지되기를 원하셨으며,
- 하나님은 이를 위해 모든 것을 하셨을 것이다. 하지만 그들이 이 일이 꼭 이루어지리라고 코니(그리고 자기 자신들을)를 확신시킨 것은 너무 멀리 걸음을 떼어놓은 것이었다. 그들은 이 셋에 한 가지 진리를 더 덧붙여야 했음을 잊었기 때문에 이것이 틀려진 것이다.
- 하나님은 누구의 의지도 범하실 수 없다. 그분은 우리의 도덕적 자유를 침해하시지 않을 것이다. 그러므로 그 남편은 바른 일 하기를 거부할 수 있었으며 이혼을 진행시킬 수 있었다. 이 중요한 사항을 그들이 무시했었기 때문에 이 반진실이 파괴적인 종국으로 끝맺은 것이다.808)

씨맨즈가 말하는 반진실이란 무엇인가? 그가 말하는 대로 "진리와 오류의 혼합"이다. 그러면 지금 누가 반진실에 빠져 있는가? 코니와 그녀의 교회 담임목사와 성도들인가, 아니면 씨맨즈인가? 모든 것이 원위치로 회복될 것이라 무작정 확신 속으로만 몰아붙였다면 교회측의 문제가 제기될 수 있다. 그러나 그런 문제는 씨맨즈의 문제에 비하면 비교할 바가 못 된다.

하나님께서는 누구의 의지도 범하실 수 없고, 인간의 도덕적 자유를 침해하지 않는다는 씨맨즈의 말은 하나님을 모독할 뿐 아니라 인간의 비도덕적인 행위를 정당화하여 방종을 조장한다.

씨맨즈의 말대로 한다면, 남편의 죄는 어떻게 되겠는가? 외도하고 가정을 떠나 버린 것을 이렇게 미화해도 되는가? 그것도 소위 치유를 한다는 사람이 말이다. 그것이 남편의 자유요 도덕적 선택이기 때문에 그것이 진실이라면 하나님은 있으나 마나 하는 하나님이시다. 하나님 이름 대고 자기 욕심대로 죄를 짓고 살아도, "그건 나의 자유야, 나의 선택이야"라고 말하는 사람을 온전한 정신을 가진 사람으로 볼 수 없다. 씨맨즈는 겉으로는 하나님을 말하고 치유를 말하지만 실제로는 실존주의적 삶을 부르짖고 있다!

---

808) Ibid., 88-89.

씨맨즈 자신이 반진실을 말하면서도 정작 자기 자신이 반진실에 빠져 있는 줄을 모른다. 세상의 심리학과 철학에 오염되어 있는 것이 반진실이다. 그것이야말로 "진리와 오류의 혼합"이다. 씨맨즈 자신이 뉴에이지 내면아이와 구상화 치유에 물들어 있는 극도의 반진실에 오염되어 있으면서 누구를 치유한다는 말인가! 절충주의자들은 항상 자신이 성경적(혹은 성서적)이라고 외치기 때문에 사람들은 분별을 못한다.

씨맨즈는 반진실의 개념을 강화(强化)하기 위하여 다음과 같은 예를 들었다.

> 인디아에서 근래에 있었던 슬픈 사고를 나는 잘 기억하고 있다. 사명감이 투철했으며 성령 충만했고 훌륭하며 젊었던 어느 감리교 선교사가 맹장염을 앓게 되었다. 그는 곧 병원에 가서 수술을 받아야 할 상태였지만 한 신비주의자인 친구가 그를 붙잡았다. 그가 수술을 거부하고 하나님이 치유해 주실 것을 믿고 치유 예배를 드린다면, 비기독교인들에게 말할 나위 없는 큰 믿음의 증거가 될 것이라며 그를 붙잡았던 것이다. 불행하게도 그는 이 잘못된 제안에 동의했다. 그의 맹장이 터지기는 시간문제였다. 결국 며칠 후 그는 사망했다. 약속된 미래를 얘기했던 그 훌륭한 선교사의 죽음을 인디아 전체가 애도했다. 여기서 우리는 다시 기도에 대한 미성숙한 반진실이 가져올 수 있는 고통을 보게 된다.809)

코니가 이혼을 한 경우와 이 선교사의 맹장염 사건과는 차원이 다르다. 인디아의 선교사는 맹장염을 신비주의로 해결하려 했기에 불행을 맞이하게 되었지만, 코니의 경우는 신비주의로 해결하려 한 것이 아니다. 그리고 씨맨즈는 코니의 남편을 하나님 앞에 당당하게 거부하고 자신의 선택으로 이혼했다고 두둔했다. 그것이 마치 도덕적 삶의 표준이라도 되는 것처럼 말이다.

씨맨즈의 머릿속에서 이 두 가지 사례를 반진실의 개념으로 설명하려고 하나, 씨맨즈의 논리대로 사건을 계속 해석해 가면, 인디아 선교사는 코니를 바보로 만들기 위해 일당 많이 받고 특별출연한 단역배우에 불과하다.

지금 씨맨즈가 하는 이 말이 전체적으로는 미숙한 기도의 관점에서 논하면서, 하나님께서는 인간의 자유를 침해할 수 없고 인간은 자유로이 선택할 수 있다는 맥락에서 그리고 반진실의 차원에서 말하고 있다는 것을 심각하게 염두에 둘 필요가 있다.

그래서 그가 결론을 내리기 위해서 하는 말이 무엇인가를 잘 보라.

---

809) Ibid., 90.

> 우리는 우리의 능력으로서가 아니라 하나님의 능력으로 성취되었다는 사실에 주의를 환기시키기 위해 자주 우리의 능력(ability)이 아니라 우리의 쓰여짐(availability)을 얘기한다. 그러나 우리의 쓰여짐은 우리가 가진 최고의 것을 하나님이 그 능력을 나타내시는 채널로서 사용하시도록 우리가 허락해야 함을 포함하고 있다는 것을 잊지 말자. 최고의 것은 힘들게 얻어지고 천천히 이룩되어지는 것이다.810)

이 글을 뉴에이저가 읽었으면 아마 대번에 이렇게 말했을 것이다. '야, 여기에 우리 친구가 하나 있네. 이 사람을 우리 협회에 정식 회원으로 가입하도록 초청하는 것이 어떨까?' 그리고 그 말을 들은 그 회원들은 일제히 기립 박수를 보내었을 것이다. 하나님을 '능력을 나타내는 채널'로 사용한다는 것은 뉴에이지에서나 하는 말이다. 그것도 인간이 허락을 해야 된다는 것은 교만해도 너무나 교만한 말이다. 이런 말들은 예수님을 믿는 성도로서는 도저히 할 수 없는 말이다.

결론적으로 그가 말하는 반진실이 아닌, 미숙한 기도가 아닌 제대로 된 온전한 기도는 무엇인가? 씨맨즈는 이렇게 말했다.

> 몇 년 후 어느 이른 아침, 그 조용한 시간에 하나님은 기도 책의 한 문장을 통해 내게 나의 기억의 치유가 필요함을 보여주셨다.811)

지금까지 이 어처구니없는 결론에 대해 너무나 당연하게 받아들여졌다. 기억치유가 성령이 특별한 치유라고 말하며 제대로 된 기도라고 떠벌리는 것은 수많은 사람을 죄악 된 길로 이끄는 첩경이 되고 있다. 그가 말하는 기억치유는 세상의 심리학과 뉴에이지에 물든 비성경적인 방법이다.

성도된 자로서 부족함과 미련함으로 잘못된 기도를 드릴 수도 있고 다급한 마음에 의사의 치료보다 엉뚱한 소리에 빠지기도 한다. 그렇다고 구상화를 통한 내적치유가 진실이고 온전한 기도랍시고 사람들을 뉴에이지에 빠지게 하는 줄도 모르게 빠지게 하는 것은 의도성이 깔린 더욱 사악한 죄악이다.

씨맨즈의 그 대단한 기도는 과연 어디까지 나아갈까? 씨맨즈는 하나님께서 인생을 인도하시는 다섯 가지 불빛이라면서 다음과 같이 말한다.

---

810) Ibid., 95.
811) Ibid., 96.

만일 당신이 하나님의 아들이고, 성령님이 당신 안에 계시며, 당신 삶을 주님께 의탁했으며 그분께 당신을 관리하시도록 맡겼다면, 그냥 그대로 살라. 기쁨으로 자유롭게 살아가라. 당신은 자동조종장치를 가지고 있으며 성령님의 인도하심을 받고 있기 때문에 당신의 행동은 옳다는 확신을 가지고 살라. 매일의 단순한 삶에서 멈춰 서서 어떤 느낌이나 인상을 구한다는 것은 당신 안에 내주하시며 인도하시는 성령님께 던지는 불신임 표인 것이다. 그것은 쓸데없는 것이며 당신과 주위의 사람들을 혼란에 빠지게 하는 가장 쉬운 방법이기도 하다.
중대한 결정을 내려야 할 때는 하나님으로부터 더 특별한 말씀을 필요로 하며, 이런 경우의 인도하심이란 일관성 있게 누적되는 것임을 기억하라. 인도하심은 이렇게 전해진다.
 • 하나님의 말씀 • 외적인 환경(열리고 닫힌 창문) • 당신 자신의 가장 이상적인 사고
 • 다른 그리스도인의 충고 • 당신 감정의 내적 음성
이는 하나님이 우리를 인도하시기 위한 최고의 다섯 가지 불빛들이다. 어느 훌륭한 선장도 해협의 불빛 하나만을 바라보며 항해하지 않는다. 그는 암초에 부딪히거나 해안 위에 난파할 것이다. 훈련된 항해사는 모든 빛을 따를 것이며, 깊은 해협에서 자신의 위치를 바로 깨닫기에 자신의 목적지까지 무사히 항해할 수 있을 것이다.812)

씨맨즈는 하나님의 말씀으로 부족한 사람이다! 하나님의 말씀을 항해사가 보는 '불빛 중에 하나'로 비유하다니 극악한 망발이다. 하나님의 말씀은 유일한 빛이시다! 그런데 '불빛 중에 하나'라니 자기 스스로 자신의 종교다원주의적인 성향을 드러내는 것이다.

하나님의 말씀이 부족해서 "당신 감정의 내적 음성"을 들으라고 하는가? 이런 발언들은 성도로 하여금 어디에 기준을 두고 판단을 내려야 하는지에 대한 그 기준을 모호하게 만든다. '내적음성'은 하나님의 말씀보다 인간의 말에 더 우위를 두라는 말이다. '내적음성'은 인간 속에 신성(神性)한 내면아이가 있다고 강조하는 사람들이 하는 말이다.

씨맨즈의 말은 우리가 일상에서 하나님께서 여러 손길을 통하여 인도하실 수 있다는 차원과는 완전히 다르다. 그에게 있어서 내면의 불빛인 "감정의 내적음성"이 더 중요한 것이다. 사실상 씨맨즈에게는 자아가 가장 핵심으로 자리 잡고 있기 때문이다. 그가 무엇을 의도했으며 무슨 의도로 이런 말을 했는지 그의 글을 통해서 점점 드러나게 된다. 씨맨즈는 이렇게 말했다.

> 자기 포기는 이것이 삶의 본질적인 비밀이기 때문에 궁극적인 고민이다. 이것은 나의 진정한 자아를 찾는 것이며 하나님께서 계획하신 존재가 되는 것이고 나의 유일성을 발견하는 것이다. 자

---
812) Ibid., 118-119.

기 포기는 부활이 따르는 죽음이다. 생명을 잃으면 얻게 되고, 얻으려 노력하면 잃게 된다는 역설이다.813)

씨맨즈는 지금 이 말을 영적인 전투의 차원에서 말하고 있다. 자기 포기는 궁극적인 영적 전투를 대표하고 있기 때문에 삶의 궁극적인 고민이라는 것이다.814) 자신의 진정한 자아를 찾는 것이 영전 전투의 핵심이 되어 있다. 그가 하는 말이 얼마나 비성경적이고 얼마나 융의 심리학에 심각하게 오염되어 있는지 몇 가지 말을 더 들어보자.

> 자기포기는 그것이 궁극적인 영적전투를 대표하고 있으므로 해서 삶의 궁극적인 고민이다. 신앙경험에서 다른 모든 것들은 이것의 전초전일 뿐이다. 다른 모든 것들은 전초적이면서 은혜를 구하는 심령의 사역이며 이 위대한 신과 인간의 만남을 위해 길을 닦는 것이다.815) 마가복음 8장 34-37절을 NEW ENGLISH BIBLE은 이렇게 번역한다. "나의 제자가 되려는 사람은 누구든지 자아를 뒤에 남겨 두어야 하며, 그의 십자가를 지고 나와 같이 가야 한다 … 사람이 진정한 자아의 값어치로 이 모든 세상을 사서 얻는 것이 무엇이겠는가? 그 자아를 다시 얻으려면 무엇으로 값을 치루어야 하는가?"816) 우리는 진정한 자아를 찾기 위해 자기중심적이고 뒤틀려진 자아를 포기하는 것이다. 자기 포기에서 하나님의 목표는 자아의 파괴가 아니라 그분이 의도하신 우리 자아의 탄생과 성장이다.817)

씨맨즈는 성경을 인용해 가면서 말을 하지만 그러나 성경의 본질과는 완전히 다른 것을 말했다. 씨맨즈는 진정한 자아를 찾고 자아를 성장시키기 위해서 자기 포기, 자기 부인을 말했다. 씨맨즈는 삶의 본질적인 비밀이 자기 포기라고 말한다. 과연 삶의 본질적인 비밀이 진정한 자아를 찾기 위한 자기 포기인가? 이것은 성경의 가르침이 아니라 융의 심리학을 대변하는 말이다. 융은 이렇게 말했다.

> 수많은 정신병이란 이렇게 정신적 균형이 깨어졌을 때 생겨나는 것이다. 이때, 사람들은 자신에게 문제 상황이 생겨났음을 발견하고 다시 자신의 정신적인 통합을 회복시키려고 갖은 애를 쓴다. 그러나 많은 경우 실패하고 만다. 오히려 애를 쓰면 쓸수록 사태는 더욱이 악화되기 마련이다. 이것은 종교체험의 경우에서와 마찬가지이다. 이때는 모든 의도적인 노력을 포기해야 한다. 무위지도(無爲之道)를 터득해야 하는 것이다. 사람들이 모든 의도적인 노력을 포기했을 때, 그들의 무의식 속에서 자기(自己)가 활동하게 된다. …818)

---

813) Ibid., 141.
814) Ibid., 131.
815) Ibid., 131.
816) Ibid., 141.
817) Ibid., 141.

씨맨즈의 말이나 융의 말이나 동일한 말이다. 씨맨즈가 왜 "위대한 신과 인간의 만남"을 말했가? 그에게 있어서 신은 결국 자아이기 때문이다. 융의 표현대로 하자면 "무의식의 자기 활동"이 되는 셈이다. 그가 하나님과 하나님의 은혜를 말하지만 그것은 속임수에 불과하다. 그것은 또한 융이 말하는 "우리-안에-있는-하나님(God-within-us)"을 기독교식으로 덧칠을 했을 뿐이다.

"무위지도(無爲之道)를 터득해야" 하며, "사람들이 모든 의도적인 노력을 포기했을 때, 그들의 무의식 속에서 자기(自己)가 활동하게 된다"는 것은 신비주의 사상이다! 오늘날 교회 안에서 자기 부인을 지나치게 설교하는 사람들을 조심해서 잘 살펴보아야 한다. 그 자기 부인이 어느 방향으로 가고 있는지 분별하지 않으면 그 속임수에 넘어가고 만다.

씨맨즈는 융이 말하고자 하는 것을 그대로 적용해서 사용했다. 크로노스(chronos)와 카이로스(kairos) 개념도 동일한 차원에서 말했다. 씨맨즈의 말과 융의 말을 비교하여 보자.

> 자기 포기는 시한적인 고민이면서 끝없는 과정이다. 우리가 자기 포기를 얘기할 때는 그리스도의 주되심에 당신의 의지를 내맡긴다는 뜻이다. 당신이 준비되었다면 언제든 이것을 할 수 있다. 만일 성령님께서 당신을 '무르익히셨다면' 때가 당신의 카이로스(kairos) 시간이다. 만일 때가 당신의 카이로스 시간이라면 바로 이때는 하나님의 시간(kairos)이다.819)
> 우리는 이러한 시간을 신약성서에서 "성취로서의 시간"(fulfilment of time)을 나타내는 그리이스어 카이로스(kairos) 개념 속에서도 찾아볼 수 있다. 카이로스란 본래 그 안에서 무엇인가 이루어진 시간, "바로 이 때"(the right time)를 의미했다. 틸리히에 의하면, 카이로스란 어떤 행동을 하기 위해서 좋은 기회가 주어졌을 때 그것을 나타내기 위한 말이었다. 그래서 그것은 측정 가능한, 시계상(時計上)의 시간과는 반드시 구별되어야 하는 시간이었다. … 크로노스가 양적인 시간을 나타낸다면, 카이로스는 질적인 시간을 나타내고 있는 것이다.820)

융이 지금 이 말을 할 때는 동시성 현상을 설명하면서 하는 말이라는 것을 염두에 두어야만 한다.821) 놀라운 사실은 융이 자기 책에서 말하고 있는 순서를

---

818) 김성민, **융의 심리학과 종교** (파주: 동명사, 2010), 324.
819) 데이비드 A. 씨맨즈, **어린아이의 일을 버리라**, 윤병하 역 (서울: 두란노, 1981), 137.
820) 김성민, **융의 심리학과 종교** (파주: 동명사, 2010), 369-370.
821) 융에게 있어서 동시성 현상이란 이 세상에서 일어나고 있는 이들이 우연으로 보기에는 너무나 놀랍게 서로 연관되어 일어나는 듯이 보이는 것을 설명하려는 말이다. 그것이 인과율로서는 설명이 안 되기 때문에 융은 그것을 동시성 현상이라고 명명했다. 중요한 것은 융은 동시성 현상을 원형의 작용이라고 보았다는 것이다. 이 말은 정신과 물

따라서 어쩌면 그렇게 똑같은 순서를 말하고 있을까 하고 놀랄 만큼 똑같이 말하고 있다는 것이다. 융은 자기 포기를 말하고 난 뒤에 크로노스와 카이로스를 말하고 있는데, 씨맨즈 역시 똑같이 그렇게 하고 있다는 것이다. 자기 포기, 체험, 진정한 자아 발견은 씨맨즈에게나 융에게 있어서 동일한 개념이다. 이래도 씨맨즈의 책을 읽고 감동의 도가니에 빠질 것인가? 그것은 감동의 도가니가 아니라 인간이 신성화 된다는 말을 분별하지 못하고 속아 넘어간 죽음의 용광로다.

누구든지 자기 말의 핵심은 결론에 정수로 녹아나 있는데, 씨맨즈가 어떻게 결론을 맺고 있는가를 똑똑히 보라!

> 언젠가 한 사람에게 이렇게 물어보았다. "당신은 기독교인입니까?" 그 사람은 잠깐 생각하더니 이렇게 대답했다. "그렇습니다. 어떤 점에서는 …." 그렇다. 그의 대답은 우리 모두의 대답일 수 있다. 나의 기도는 당신이 성령님께서 당신을 흠 없고 성숙한 하나님의 자녀로 만드실 수 있도록 허락해 주십사 하는 것이다.[822]

이 글의 주인공은 칼 융이다. 인용된 말은 융이 죽기 2년 전에 BBC 방송과 인터뷰를 할 때 기자가 물은 질문이고 그에 대한 융의 대답이다. 융은 자신의 삶 전체를 돌아보며 자신의 일생을 한 마디로 규정했다. "나의 생애는 무의식의 자기실현의 역사다." 이 말은 그의 인생을 가늠하고 특징짓는 중대한 잣대이다.[823]

"그의 대답은 우리 모두의 대답일 수 있다."는 것은 씨맨즈의 망상이다. 거기에 속할 "우리 모두"는 누구인가? 하나님의 말씀만으로 가는 믿음의 길을 저버리고, 세상의 온갖 철학과 사상을 수용해서 자아가 신이 되는 길을 택한 절충주의자들이다. 성도는 자기실현, 곧 신성화를 꿈꾸는 사람들이 아니다.

분명하게 기억하라! 씨맨즈의 책과 말을 곧이곧대로 믿고, 상한 감정의 치유

질이 인간의 삶에서 분리되어 있는 것처럼 보이지만 실제로는 하나의 통합을 이루고 있다는 것을 말해 주는 "세계의 단일성"(Unus Mundus)의 사상이다. 이것은 창조주 하나님에게도 적용이 되어 하나님에게는 (이 세상을 창조하기 전 모든 것이) 정신적인 것과 물질적인 것이 하나의 단일체를 이루고 있다는 사상이다. 융은 동시성현상과 카이로스를 말함으로써 "우리-안에 있는-하나님"을 체험하는 것, 곧 진정한 자기(자아)를 발견하므로 개성화로 나아가는 것을 말하고 있다. 그것이 융에게 있어서는 종교체험이다.
822) 데이비드 A. 씨맨즈, **어린아이의 일을 버리라**, 윤병하 역 (서울: 두란노, 1981), 155.
823) http://blog.naver.com/PostView.nhn?blogId=sinbaltong&logNo=130071086653

에 감동받고 기억의 치유로 나아가는 당신은 지금 융의 심리학에 물든 거짓된 하나님을 믿고 있다는 것을! 이것이 바로 씨맨즈의 교묘한 속임수였다! 더 이상 씨맨즈의 사악한 말에 속아 넘어가지 말고 오직 하나님의 말씀 속에서 치유를 받고 거룩한 삶을 살아가기를 바란다.

존 브래드 쇼와 구상화

존 브래드쇼(John Bradshaw)의 구상화에 대해서는 『상처받은 내면아이 치유』(Home Coming: Reclaiming and Championing Your Inner Child)824)에서 알 수가 있다.

브래드쇼를 적나라하게 비판한 데비 드바르트(Debbie Dewart)의 『존 브래드쇼의 상담이론 비평』을 참고하면 그의 이론이 얼마나 비성경적인지 알 수가 있다. 여기에서는 브래드쇼에 거짓된 치유 중에서 구상화와 관련된 주요 부분만 살펴보려고 한다. 데비 드바르트는 브래드쇼의 책을 두고서 "양떼들을 살려두지 않는 사나운 이리 중 하나"이며, 브래드쇼의 신학은 "뉴에이지 신학"이라고 분명하게 말했다.825) 독자들은 분명히 알고 내면아이 치유와 그 내면아이를 치유하는 구상화가 얼마나 뉴에이지의 종살이를 하고 있는지 바르게 알아서, 교회의 지도자라면 성도들을 뉴에이지 신학과 방법으로 언필칭 내적치유를 가르치는 어리석음과 잘못을 범하지 말아야 한다.

브래드쇼가 가진 신학적 관점과 학문적 기초와 세계관은 무엇일까?
드바르트는 다음과 같이 말했다.

> 신학적 견지에서 볼 때 브래드쇼는 뉴에이지 종교의 추종자이다. 브래드쇼는 선(禪)에 정통한 자들을 찬양하고 기독교가 아니라 힌두교의 토대라고 할 범신론적 세계관을 수용하고 있다. 가톨릭 교육 환경에서 자랐음에도 불구하고 기독교뿐 아니라 가족이 믿고 따르던 종교까지 부정한다. 또한 힌두교 또는 뉴에이지 종교의 특성인 명상을 강조한다. 브래드쇼는 하나님이 천상과 지상 그리고 인간을 창조했다는 진리에 반하는 진화론이 증명 된 과학적 사실이라고 가정한

---

824) 존 브래드쇼, **상처받은 내면아이 치유**, 오제은 역 (서울: 학지사, 2004).
825) 데비 드바르트, **존 브래드쇼의 상담이론 비평**, 전병래 역 (서울: CLC, 2005), 21-22.

다. 그는 내면의 아이를 회복하는 과정을 참선(參禪)을 경험하는 과정으로 설명하고 있다. 이 모든 사실을 종합해 보건대 브래드쇼는 창조주와 피조물 간의 차이를 명백히 부인하고 있는 것이다. 브래드쇼는 실존주의가 인간 경험의 현상학 및 대뇌 사고 개념을 바탕으로 한 인간 문제에 대한 올바른 모형을 제시해 주었다고 말하고 있다. 브래드쇼는 특히 신은 죽었다고 천명한 철학자 니체를 신봉한다. 브래드쇼 역시 자신이 그토록 찬양해 마지않았던 실존주의 철학자들이 "내면적 평화를 얻지 못하고 죽을 때까지 고통과 번민에 쌓여 살았다"는 비극적 사실을 인정한다(브래드쇼는 이러한 고뇌가 시작에 불과한 것일 뿐이라는 점을 깨닫지 못했다).826)

이렇게 비성경적인 사상을 가진 사람의 상담이론을 신학교와 교회에 퍼뜨리는 사람들이 대우받는 시대이니 얼마나 어처구니가 없는 일인가! 저들의 말에 '아멘'으로 화답하고 저들의 말에 '치유 받았다'고 하는 기독교인들은 흥분을 감추지 못하고 있는 시대이다. 그래서 '나도 치유 받았다. 그러니 너도 가 봐라' 하며 야단법석을 떨고 있다. 이 더럽고 썩은 물에 오염된 것들은 아랑곳하지도 않고 그저 내 상처만 치유 받으면 된다고 생각하고 참여하고 동조하며 지지하는 자들도 결코 비판 대상에서 예외일 수가 없다.

브래드쇼의 내면아이의 치유를 위한 구상화는 명상과 더불어 시작한다.

> … 나는 사람들에게 그들이 할 수 있는 두 가지 방법을 이야기해 주었다. 하나는 그들이 안고 있는 내면아이를 위한 명상을 하도록 하는 것이다. 명상을 하다 보면 많은 사람들이 자신들의 감정을 숨김없이 다 토해 내는 것을 느낄 수 있다. 그리고 또 하나는 규칙적으로 하루 중 얼마간의 시간을 내면아이와 대화해 보도록 노력하며 명상을 해 보는 것이다. 이러한 방법들이 많은 도움이 될 것이라고 권장해 주었다.827)

이렇게 뉴에이지 명상을 도입하는 치유가 신학교에서 버젓이 가르쳐지고 있고 교회 안에서도 가르쳐지고 있으니 참으로 안타까운 일이다. 언필칭 성서적 치유 혹은 성경적 치유라는 이름으로 행해지는 내적치유 세미나들이 하는 그 백태(百態)가 뉴에이지 구상화를 자행하고 있으면서도 치유가 일어났다는 것으로 흥분을 하고 있으니 개탄스러운 일이 아닐 수 없다.

존 브래드쇼는 다음과 같이 말했다.

> 사람들이 자신의 상처받은 내면아이를 발견하고, 그 아이를 잘 살피고 양육하게 되면, 그들 안

---

826) Ibid., 34-35.
827) 존 브래드쇼, **상처받은 내면아이 치유**, 오제은 역 (서울: 학지사, 2004), 14.

에 감추어져 있는 훌륭한 선천적인 아이(a wonderful natural child)의 창조적인 힘이 나타나기 시작할 것이다. 이러한 내면의 통합이 이루어지면, 내면아이는 그 사람의 새로운 재생과 원기가 되는 자원이 될 것이다. 칼 융(Carl G. Jung)은 이 타고난 모습 그대로의 자연스러운 아이를 가리켜 '놀라운 아이'(wonder child)라고 불렀다. 왜냐하면 그 아이는 우리의 탐험에 대한 타고난 잠재력과 경이로움 또는 창조적인 존재가 될 수 있는 모든 요소들을 가지고 있기 때문이다.828)

자기 스스로 칼 융의 이론을 말하고 있는데, 브래드쇼가 말하는 "놀라운 아이"(wonder child)는 사실상 '신성한 내면아이'(divine inner child)다. 그렇게 신성하기 때문에 그 속에서는 창조적인 힘이 나타나게 된다. 브래드쇼나 그의 방식을 추종하는 사람들이 치료(치유)가 빠르게 나타난다고 하는 것은 인간으로서가 아니라 신성함을 소유한 자로서 접근하기 때문이다.

브래드쇼는 자아를 숭배의 대상으로 자리 잡도록 만들었다. 브래드쇼는 명상에 대해 말하면서, "큰 신전으로 가서 높은 곳에 있는 제단으로 걸어가라. 거기에는 아름답고 고귀한 아이의 상이 있을 것이다. 그 아이가 바로 당신의 경이로운 아이다." 그러면서 이 아이가 인생의 목적에 대해 알려준다고 한다. 이런 것은 자아에 대한 철저한 숭배를 말할 뿐이다. 그것은 성경이 죄라고 분명하게 말하는 우상숭배이다.829) 내면아이와 접촉하는 방법이라고 하면서 제시하는 브래드쇼의 그 한 가지 방법이란 무엇인가?

> 당신이 놀라운 아이의 창조적인 힘과 접촉할 수 있는 한 가지 방법은 '추방당한 유아에 대한 신화적 의미를 개인화하는 일이다. 개인적인 의미를 발견하는 작업은 이러한 신화 속의 사건이 당신의 실제 삶에서 어떻게 일어났는가에 대한 깨달음과 관계있다. 신화 속에서 어린아이는 대부분 변화나 재생을 예고하는 신성한 존재이거나 영웅적인 지도자이다. 때로 아이는 구세주가 되기도 하며, 새로운 질서의 창시자가 되기도 한다. 서구 사상에서 가장 널리 알려진 추방당한 유아는 예수이다. 이 이야기의 역사적인 정확성에 관한 문제를 제쳐 둔다면, 예수의 탄생 이야기는 추방당한 유아 모티브의 주된 패턴을 구체적으로 표현하고 있다. 동일한 주제를 다룬 다른 형태는 로물루스와 레무스, 사르곤, 모세, 아브라함, 오이디푸스, 파리스, 크리슈나, 페르세우스, 지크프리트, 붓다, 조로아스터, 헤라클레스, 키루스, 길가메시 등의 탄생 이야기에 나타난다. 신화는 추방당한 유아의 이야기들로 가득 차 있다.830)

추방당한 아이의 신화를 자신의 신화로 만듦으로서 신성한 내면아이와 접촉

---

828) Ibid., 14.
829) 데비 드바르트, **존 브래드쇼의 상담이론 비평**, 전병래 역 (서울: CLC, 2005), 72.
830) 존 브래드쇼, **상처받은 내면아이 치유**, 오제은 역 (서울: 학지사, 2004), 373.

한다는 이런 거짓된 사상은 결코 기독교 신앙과 하나가 될 수 없다. 온갖 세상의 신화와 예수 그리스도에 대한 역사를 동일시함으로 성경을 깎아내리는 것은 신성모독죄다. 융의 원형론에 기초하여 예수 그리스도의 탄생과 역사를 해석하면 원죄 아래 태어난 인간은 온데간데없어지고 인간의 신성화로 간다.

> 신화는 인류의 집단 이야기들을 대표한다. 신화의 요소들은 등장인물들의 원형적인 모습이다. 즉, 신화 속의 이야기들은 우리 각자가 개인적인 삶 속에서 계속해서 되풀이하는 패턴들을 묘사한 것이다. 그렇다면 추방당한 아이의 원형이 우리에게 시사하는 바는 무엇인가? 어린 시절의 고통스런 기억 외에, 우리들 각자에게는 유일하고 독특한 재능이 특별한 창조성에 대한 기억들이 있다. 우리들 각자는 신성한 아이이며, 영웅이나 지도자, 추방당한 치유자이다. 그러나 영적인 상처가 너무도 강력하며 이미 우리를 점령해 버렸기 때문에 놀라운 아이가 보내는 그 모든 암시와 신호들을 알아차리지 못하는 것이다. … 그러나 이 놀라운 아이를 회복하고 성장시킬 때, 당신의 신성한 빛이 빛날 수 있다. 융이 말한 것처럼 "아이는 어둠 속에 빛을 가져오고, 어둠에 앞서 빛을 밝힌다."[831]

브래드쇼는 칼 융의 원형이론을 따라서 신성한 내면아이를 회복하고 성장시키는데 초점을 맞추어 말했다. 여기에서 중요한 것은 추방당한 아이의 원형이 빛을 가져온다고 말한다는 것이다. 이것은 그 아이가 신성한 내면아이라는 것을 의미한다. 일반적으로 내면아이라 말하는 것이 이렇게 빛을 가지고 있는 신성한 내면아이라는 것이 이런 글 속에서 드러난다. 이런 브래드쇼의 사상은 성경의 교리와 정면충돌한다. 인간 속에는 신성한 빛이 없다. 인간이 죄인 됨을 인정하지 않고 그 속에 빛나는 신성이 있다고 생각하는 순간 신이 되기 위해 목숨을 건다.

브래드쇼는 자기 안에 신성을 발견하기 위해 명상을 하라고 말했다. 선불교 신자들이 질문에 답해 보라는 식이다. "당신의 본래 얼굴, 즉 부모가 생명을 주시기 전에 가졌던 얼굴은 무엇입니까?" 토마스 아퀴나스와 수피 지도자들의 말을 믿어보라고 한다. "당신이 하나님의 유일한 표현이자 위대한 존재"라고. 그러면서 다음과 같이 명상을 하라고 말했다.[832] 이 명상을 통해서 진정한 자기와 만나게 되고 인생 전체를 새롭게 보게 될 것이라고 말했다.

---

831) Ibid., 374-375.
832) Ibid., 363.

당신의 호흡을 집중하면서 시작하겠습니다. 천천히 호흡의 과정에 주목해 보세요. … 당신의 호흡에 정신을 집중하십시오. … 당신이 숨을 들이마시고 내쉴 때 느껴지는 공기를 의식해 보세요. … 숨을 내쉴 때 5라는 숫자가 보이기 시작합니다. … 흰색 커튼에 검은색 숫자 5나 검은색 커튼에 흰색 숫자 5를 바라보세요. … 만일 이 영상을 떠올리기 어렵다면, 당신의 손가락으로 숫자 5를 쓴다고 상상해 보거나 마음의 귀로 듣는다고 상상해 보십시오. 가능하다면 이 세 가지 방법을 모두 해 보세요. 숫자를 보거나 손가락으로 그려보거나 소리를 들어 보십시오. … 자, 이제 숫자 4를 보고 손가락으로 그려 보고 귀로 들어 보거나 아니면 세 가지 방법을 모두 해 보세요. … 같은 방법으로 숫자 3, 2, 1을 똑같이 해보세요. … (긴 침묵) … 숫자 1이 보이면 그것이 문이라고 상상하십시오. 이 문을 통과해 지나치기 전에 당신의 모든 근심과 걱정을 크리스털로 만든 그릇에 두고 간다고 상상해 보세요. … 근심으로 가득한 그릇을 묻어 버립니다. … 이 명상이 끝나게 되면 당신의 근심을 다시 찾을 수 있습니다. … 이제 문을 통과하면 또 다른 문으로 연결된 세 개의 계단이 보입니다. 이제 당신의 불신과 회의를 크리스털 그릇에 놓아둔다고 상상합니다. 불신과 회의로 가득 찬 그 그릇을 묻어 버립니다. 이제 당신의 새로운 믿음 체계를 살펴봅니다. 여기에 '마치-처럼(as if)으로 시작하는 당신의 신화가 있습니다.

당신은 유일하고 독특하며 신성한 현시입니다.
당신의 존재를 통해서 오직 당신만이 표현할 수 있는 운명을 갖고 있습니다.
그것은 극적이거나 감상적이지 않습니다.
당신의 존재가 이곳에서 다름을 만들어 냅니다. 다름을 만드는 차이입니다.
당신의 놀라운 아이는 항상 그것이 무엇인지 알고 있습니다.
당신의 놀라운 아이는 당신이 인생의 목표를 발견하도록 이끌어 줍니다.

이제 계단으로 올라서 문을 여십시오. … 당신은 천국으로 이어지는 계단이 나 있는 현관을 발견하게 될 것입니다. 아마 당신은 여기서 스티븐 할펀(Steven Halpern)의 '고대의 메아리'(Ancient Echoes)나 스타븐 모음곡(Starbron Suite)을 연주하고 싶을지도 모릅니다. 그 계단으로부터 나오는 푸른색의 흰 빛에 둘러싸인 어떤 형상을 보기 시작합니다. … 그 형상이 가까이 다가올수록 당신은 그가 따뜻하고 친절한 존재임을 경험하게 됩니다. 당신에게 따뜻하고 친절하게 느껴진다면 어떤 형태를 취하든 상관이 없습니다. 혹시 그 형상이 당신을 두렵게 한다면, 사라져 버리라고 말하고 다른 형상이 나타나기를 기다리세요. 이 존재는 당신의 내면의 인도자입니다. 그의 이름을 물어보세요. 당신의 놀라운 아이와 이야기하고 싶다고 말하세요. … 이제 내면의 인도자가 당신의 손을 잡고 계단을 오르기 시작합니다. … 당신은 커다란 사원에 도착하게 됩니다. 당신의 안내자가 문으로 인도합니다. … 들어가 보세요. 그곳의 장엄한 아름다움을 느껴 보세요. 이제 아름답고 소중한 아이의 조각상이 있는 높은 제단으로 다가갑니다. 그 아이는 당신의 놀라운 아이입니다. … 그 조각상이 살아나기 시작합니다. 당신의 놀라운 아이를 잠시 안아 보세요. 아이에게 당신의 인생의 목적에 대해 물어보세요. 나는 왜 여기에 있는지. … (긴 침묵) … 그에 대한 답이 상징이든, 실제 단어이든, 강한 느낌이든 어떠한 형태로 나타나든지 간에 받아들이세요. 당신의 놀라운 아이와 그것에 대해 이야기해 보세요. … (긴 침묵) … 설령 당신이 이해하지 못하더라도 당신이 얻은 답을 가지고 오세요. 놀라운 아이에게 감사하고 문을 걸어 나옵니다. 내면의 안내자가 당신을 기다리고 있습니다. 그가 당신을 계단 아래로 안내합니다. … 당신이 현관에 다다르면 잠시 멈추세요. 이제 당신은 출생에서부터 현재까지의 인생 전체를 새로운 관점으로 조명할 것입니다. 설령 놀라운 아이의 메시지가 명확하지 않았다 해도 당신이 인생의 목적을 이해하는 그 시각으로 재조명해 보세요. … 이제 탄생의 순간으로 되돌아갑니다. 당신이 막 태어나는 순간을 볼 수 있습니다. 탄생에서부터 시작하여, 당신이 기억하는 모든 중요한 사건들이나 시점들을 새로운 이해의 눈으로 재조명해 봅니다. 그곳에 있는 사람들을 봅니다. 이제 그들이 달라 보입니까? … (긴 침묵) … 예전에는 무의미하게 다가왔던 사람들이 지금은 훨씬 의미 있게 보일 수도 있습니다. … (긴 침묵) … 어떤 사건들은 새로운 의미로 다가올 수도 있습니다. 당신을 힘들게 한 외상적인 사건들 속에서 새로운 의미를 발견할 수 있습니까? … (긴 침묵) … 당신 인생의 현재 시점으로 옵니다. 인생 전체를 당신의 영적 관점에서 완벽하다고 받아들이세요. 이제 당신은 초기 고통과 자아를 다루는 작업을 끝냈기 때문에 더 높은 관점에서 바라볼 수 있습니다. 과거를 완벽한 것으로 받아들이세요. 당신의 목적에 맡기세요. … 당신이 아는 모든 이들에게 사랑을 보내세요. … 우리 모두는 빛을 위해 싸우는 어린아이임을 깨닫습니다. 당신의 부모님도 상처받은 아이임을 알게 됩니다. 따뜻한 황금빛이 모든 사람을 감싸는 장면을 바라봅니다. 당신 인생에서 모든 사람들을 어루만지고 감싸 안는 모습을 상상합니다. … (긴 침묵) … 모든 사람들을 사랑과 우정이 필요한 아이로 바라봅니다. 이제 사원으로 이어지는 계단이 있는 현관으로 되돌아갑니다. 문을 열고 세 개의 계단을 내려갑니다. 믿음과 회의 그리고 당신이 원하는 전제 조건들을 다시 가져옵니다. … 그 다음 문을 지나 당신이 원하는 근심이나 열망들을 가져옵니다. … 숨을 세 번 깊이 들이마십니다. 숫자 1이 보이면서 생기가 당신의 발가락과 발로 돌아오는 것을 느낍니다. … 숫자 2를 보면서 당신이 앉아 있는 의자를 느끼고, 입고 있는 옷을 느낍니다. … 그리고 당신의 손을 느낍니다. 그 에너지가 팔을 통해 목과 어깨로 흐르도록 하세요. … 이제 숫자 3이 보입니다. 당신의 뇌가 넓게 깨어남을 느낍니다. 숨을 깊이 들이마십니다. 이 경험을 기억하겠노라고 스스로에게 말합니다. 당신이 모두 이해하진 못하지만 그 이미지들과 함께 머무르겠노라고 스스로에게 말합니다. 이제 숫자 4가 보이고, 숫자 5가 보이면 완전히 깨어납니다.[833]

이런 명상은 관상기도와 거의 동일한 방식이며, 구상화의 전형적인 형태를 보여준다. 안내자를 통하여 자기 속에 신성한 내면아이를 만나고 치유하는 이런 명상은 결코 성경적일 수가 없다. 왜냐하면 이 명상에 나오는 수많은 거짓된 개념들과 사상들이 비성경적이기 때문이다.

명상으로 들어가는 그 도입 단계부터가 최면요법이다. 이것은 단순한 최면요법이 아니라 신이 되고 싶은 욕망에 불탄 명상이다. "당신은 유일하고 독특하며 신성한 현시입니다."라는 말은 그것을 증명한다. 그 말은 오직 예수 그리스도 외에는 적용할 수 없다. 그 자리를 강탈하는 것은 사탄의 악한 술책이다. 감히 하나님의 신성을 명상함으로 만들 수 있다는 것은 고대로부터 내려온 신비주의 마법이다.

브래드쇼는 영적인 문제로 보고 영적인 치유를 하기 위해 그 열쇠는 고대지

---

833) Ibid., 364-366; 여기에 소개한 것 외에도 브래드쇼는 내면아이를 치유한다는 명목으로 각 단계별로 구상화를 시행한다. 그런 그의 행위는 과거를 재조정하여 새로운 인간으로 만들려고 하는 시도이다. 역사를 주관하시는 하나님의 섭리를 무시하고 인간이 스스로 시간을 거슬러 올라가서 뉴에이지적인 방법으로 재구성하는 것은 명백히 하나님의 역사를 거부하는 죄이다.

혀에 있다고 말했다. 그리고 위에서 인용한 것과 같은 명상을 하라고 말했다. 레이 윤겐의 말을 들어보자.

> 그가 말하는 핵심은 이러한 문제들은 기본적으로 영적 치유가 필요한 영적 문제라는 것이다. 따라서 브래드쇼가 볼 때 이러한 문제들에 대한 치유는 고대 지혜이다. 그는 관상의 과정을 다음과 같이 설명한다. 「여러 번 연습하다 보면 당신은 마음이 비어지는 상태를 만들어 낼 수 있게 된다. 이 상태를 침묵이라고 부른다. 이 상태가 만들어지면 그동안 사용되지 않았던 정신적 기능이 활성화 된다. 이 기능은 직관(intuition)의 형태로 나타난다. 이 기능으로 사람은 하나님을 직접적으로 알 수 있다. 영적 사범들은 이 지점에 대해 한결같이 동일한 증거를 한다. 그들은 이러한 직관적 지식을 "직관적 의식" 또는 "하나님 의식" 또는 "더 높은 의식" 등으로 다양하게 표현한다. 이는 하나님과의 직접적인 연합 상태이다.」이 "연합"은 하나님에 대한 고전적인 사교 개념이다. 만일 하나님이 모든 것이면 우리는 모든 것의 부분이다. 그렇다면 우리는 하나님이다. 이를 브래드쇼는 다음처럼 설명한다. 「우리 각자는 나름대로 우주이다. 이것이 바로 위대한 영적 사범들이 수세기 동안 우리에게 가르쳐 왔던 모든 것이다. 자아(the ego)는 분리와 허상을 창조한다. 그러나 자아를 초월하기만 하면 분리가 없다. 우리는 모두 하나다.」 당신을 자신 그대로 "안다"는 것은 뉴에이저들이 연결되기를 구하는 모든 것을 아는 내면의 신성을 의미한다. 브래드쇼는 다음과 같이 선포한다. 「우리가 더욱 진실하게 자기 자신이 될수록 우리는 더욱 하나님처럼 된다. 참으로 우리 자신이 되기 위해서는 우리의 외적 사명과 목표를 받아들일 필요가 있다. 이는 인간의 방법으로 우리의 하나님 같음을 드러내는 것을 포함한다.」834)

---

834) http://blog.naver.com/thebloodofx/20090719442/ 레이 윤겐, 자기 치료(Self-Help)에서의 뉴에이지 – 많은 사람들이 내 이름으로 오리라:〈멜로디 비티는 상호의존(co-dependency) 분야에서 유명한 저자이다. 그녀는 상호 의존을 초월하여, 더 이상 상호의존 안하기, 보내는 언어 등을 포함한 여러 베스트셀러 작품들을 썼다. 그녀의 처음 두 권의 책은 형이상학적인 책은 아니지만, 상호 의존 12단계 안내 는 뉴에이지의 냄새가 진하다. 상호 의존 12단계 안내 의 영적 각성이라는 과를 보면, 그녀는 말하길, "하나님과 연결되기 위해" 우리는 우리의 마음을 "더 높은 의식"을 향해 열어야 할 필요가 있으며 우리는 "우리 자신과의 연결을 쌓음으로 인해 하나님과의 연결을 쌓는다"라고 한다. 그 책의 끝부분에는 16개의 영적 재활 관련 책이 나오는데 그 중 15개는 노골적인 뉴에이지 책들이며 특히 두 권의 책은 스피릿 가이드를 통해 온 것이다. 영적 재활에 대한 책에 대해 그녀가 달아놓은 의견의 핵심은 그 책들이 "과거의 패턴을 부수고" "삶에 대한 새로운 관점을 줌으로서" 사람들의 영성 및 하나님에 대한 개념을 "바꾸고", "변화시키고", "확장한다"고 말한다. 얄궂게도 나열된 첫번째 책은 성경이며, 그녀는 재활이 필요한 사람들을 돕기 위해 제일 많이 사용하는 자료라고 부르고 있다. 비티는 그녀 자신의 계몽이 있었는데 성경을 읽다가 계몽된 것이 아니라 마약을 피다가 계몽되었다고 한다. 1973년 어느 날 마약에 '취해' 있는데 "우주의 파워"가 그녀에게 말을 하는 것을 체험하였다고 한다. 그 결과로 그녀는 "영적 각성"이 되었고 "변화된 자아"가 되었다. 그녀는 말하길, "그 체험은 나의 삶을 변형시켰다"고 한다. 내가 예상한 대로 재활 운동은 모든 자기-치료(Self-Help) 운동으로 확장되거나 섞였다. 지금은 실제로 인생의 모든 문제에 대해 뉴에이지 저자들이 조언을 주고 있다. 서점에 가서 자기-치료 부분에 가보면 "형이상학"이라는 부분보다 더 많은 뉴에이지 책들을 볼 수 있다. 이제 뉴에이지 책들은 자기-치료 부분에 언제나 놓여있게 되었다. 뉴에이지 책들의 저자들로는 디팍 초프라, 루이스 헤이, 웨인 다이어, 줄리아 카메론, 엠. 스콧 펙 등이다. 자기-치료를 통해 많은 사람들이 관상과 영성으로 이끌려지고 있다. 자기 치료와 관상 영성은 언제나 함께 한다. 가족 및 어린이 치유사인 로빈 노르우드가 쓴 너무 많이 사랑하는 여성들이라는 책은 수백만 부가 팔린 베스트셀러다. 우리 집 근처의 마을 도서관은 사람들의 요구가 많아서 19권을 구입하였다. 이 책은 노르우드가 정의를 내린 관계 중독을 다루고 있는데, 예를 들어 당신의 파트너가 맞지 않을 때, 관심이 없을 때, 언제나 볼 수 없을

브래드쇼는 "우리는 하나님이다"라고 과감하게 말하고 있다!!! 하나님은 모든 것이고 인간은 그 부분이라는 이런 일원론 사상은 신비주의의 핵심적인 사상 중 하나다. 이런 잘못된 존재적 관점은 뉴에이지 사상이다.

브래드쇼가 명상에서 언급하는 '스티븐 할펀'(Steven Halpern)은 누구인가? 할펀은 "이 시대에서 가장 영향력 있는 뉴에이지 음반"이라는 「New Age Voice」 상을 받았다. 할펀은 뉴에이지 분야에서 국제적으로 인정받는 작곡가이며 레코딩 아티스트, 저자이며 교육가로 알려져 있다.[835]

레이 윤겐은 할펀에 대하여 다음과 같이 말했다.

> 스티븐 할펀(Steven Halpern)은 뉴에이지 음악의 '아버지'로 널리 알려져 있다. 그의 음악들은 영적인 면이 있으며 그의 음악의 많은 작품들이(영적인 세계로부터) 전달된(channeled) 것이다. 한번은 삼나무(redwoods) 가운데서 관상을 하는 중 그는 "치유" 음악이 있다는 가이드를 받았다. 이 음악은 듣는 중에 관상의 상태에 빠지도록 디자인되어 있다. 이것이 가능한지에 대한 질문에 그는 다음과 같이 답변하였다. "사람이 긴장을 풀면 두뇌 파장이 발생하듯, 언제나 두뇌에 '활기를 띄게 하는 알파 파장이 있다. 이 파장은 조화를 이루는 음악을 연주할 때 흐르게 된다. 이러한 조화는 스펙트럼 모음곡, 크리스털 모음곡 등과 같은 곡들의 작곡과 곧바로 연결될 수 있다. 이러한 곡들은 알파를 생산하도록 자극을 준다."

할펀의 의도는 다음과 같다.

> "우리는 뉴에이지 음악이 사람들로 하여금 자기 자신의 더 높은 속성에 조정될 수 있도록 돕기 위해 특별히 만들어진 것임을 인정한다." 그가 "많은 병원에서 내 음악을 사용하고 있다"는 말

때, 그럼에도 그를 포기할 수 없을 때에 대해 다루고 있다. 이 문제에 대한 노르우드의 분석은 대중에게 적중했다. 그녀는 여성들이 더 이상 그 남자를 (특히 문제를 복잡하게 만든 남자) 그들의 행복과 만족의 주된 자원으로 보아서는 안 된다고 말한다. 노르우드는 강력하게 강조하길 여성들은 자신들의 행복과 안녕을 위해 남성 파트너에게 초점을 두지 말고 오히려 영적인 것들에 초점을 두어야 한다고 말한다. 그녀는 왜 "영적 개발(spiritual development)"[ix]이 중요한지 설명한다. "영적 개발이 없이는 관리와 조절이 거의 불가능하다. 모든 것이 계획대로 될 것이라고 믿을 수 없다. … 영적 개발이 없이는 자기 의지를 내려 놓을 수 없으며 자기 의지를 내려 놓지 않고는 그다음 단계로 나아갈 수 없다." 그 책의 뒷면에 추천 도서 목록이 있는데, 노르우드는 "그 다음 단계"가 무엇인지 분명하게 그 특징을 보여준다. 그녀는 캐스린 폰더스의 고전 형통의 영동적인 법칙을 "내가 가장 좋아하는 형이상학에 대한 책 중에 하나"라고 언급한다. 목록 중에는 밀교자 플로렌스 스코벨 쉰이 쓴 인생 게임과 게임을 즐기는 법이 있다. 그녀는 이 책을 "형이상학에 대한 걸작"이라고 말하면서 독자들에게 "만일 영적 요법을 아직 모르지만 행하고 싶다면 이 책이 시작하기에 매우 좋을 것"이라고 말한다.)

835) http://blog.daum.net/romances/15705727/ 명상음악 - 스티븐 할펀(Steven Halpern)

을 할 때 나는 뉴에이지 음악의 영향력이 얼마나 큰지 그 심각성을 생각할 수 있었다. 그가 알리는 다음 내용을 잘 생각해 보라. "내게는 골드 레코드(Gold Record)가 따로 있지 않고 사람들이 내게 글을 쓰거나 말을 하면서 그 테이프가 그들의 마음을 만져 주었으며 또한 더 높은 의식의 단계로 인도하여 더 높은 자아와 조정될 수 있도록 하였다는 말을 들을 때가 가장 감회가 깊다."836)

뉴에이지 음악을 들으며 신성의 자리에 앉아서 영적인 치유를 한다는 것은 인간이라는 존재로는 만족을 못하며 신이 되고 싶은 무리들이 일으키는 하나님을 향한 반역이다. 이것은 오르페우스 교도들이 류라의 조용한 음색 속에서 신인합일을 시도했던 것과 유사한 방식이다.

"당신은 천국으로 이어지는 계단이 나 있는 현관을 발견하게 될 것입니다."는 것은 도대체 무슨 의미인가? 명상을 통하여 천국을 제 안방 드나들 듯이 들락날락 할 수 있다는 말인가? 그런 천국이라면 예수님께서 십자가에 달려 죽으셔야 할 필요가 없는 천국이니 성경에서 말하는 천국이 아니다.

"계단으로부터 나오는 푸른색의 흰 빛에 둘러싸인 어떤 형상"이란 무엇인가? 브래드쇼가 말하는 "내면의 안내자"는 영적인 안내자(spirit guide)를 말한다. 이 영적인 안내자는 관상기도와 무당들이 신접할 때 일어나는 악령이다. 성경은 그 어떤 영적인 안내자에 대해서도 말하지 않는다. 오직 성령 하나님의 내주와 인도함을 말할 뿐이다. 그 외에 다른 영을 말하는 것은 복음이 아니다.

성경은 엄중하게 경고한다.

---

836) http://blog.naver.com/thebloodofx/20090719442/ 레이 윤겐, 자기 치료(Self-Help)에서의 뉴에이지 - 많은 사람들이 내 이름으로 오리라: "자기-치료 테이프와 씨디 (CDs, 콤팩트 디스크):자기-치료 카세트 테이프와 씨디는 매우 대중화되고 있다. 이러한 테이프와 씨디들은 최면술을 사용해서 사람들의 잠재의식 속에 그 사람이 원하는 효과를 내는 잠재적 메시지를 재프로그램함으로 각 개인의 원치 않는 행동들을 바꿀 수 있다고 주장한다. 이러한 주장이 많은 사람들에게 흥미를 끄는 이유는 노력이나 수고 없이도 나쁜 습관을 제거하고 좋은 습관을 만들 수 있을 것을 약속하기 때문이다. 그 방법으로는 바다 소리를 듣고 부드러운 음악을 듣는 것인데, 이러한 음악을 듣는 중에 실제 메시지가 당신의 잠재 의식 속으로 들어가게 하는 것이다. 오디어 카세트 카탈로그를 보면 그것을 사용할 때의 여러 유익들을 잘 나열하고 있다. 사람들이 그 유익들을 보게 될 때 마음이 끌리게 된다. 나열된 유익들을 보면 여드름부터 제트-래그(시차로 인한 피로)까지 사람들의 삶의 거의 모든 문제가 다 해결되는 것처럼 보인다. 이 테이프에 담긴 주요 주제들을 보면, 성공, 두려움을 극복하는 비결, 건강, 채중 조절, 나쁜 습관 제거, 스포츠, 사랑, 대인 관계 등이다. 카탈로그에 의하면 그 테이프를 사용해서 허리 통증, 스트레스, 흡연, 몸무게 문제 등 수천 수만의 문제들이 해결됐다고 한다. 아무튼 이러한 내용들은 비종교적이고 순수하게 과학적인 것처럼 보이지만, 이러한 프로그램들 중 대부분이 뉴에이지 운동에서 인간의 잠재 부분을 다루는 것과 분명하게 같다. 그 안에서 고대 지혜를 발견하는 것은 그렇게 어렵지 않다."

> 너는 무당을 살려 두지 말지니라(출 22:18)
> 너희는 신접한 자와 박수를 믿지 말며 그들을 추종하여 스스로 더럽히지 말라 나는 너희 하나님 여호와니라(레 19:31)
> 음란하듯 신접한 자와 박수를 추종하는 자에게는 내가 진노하여 그를 그 백성 중에서 끊으리니(레 20:6)
> 사울의 죽은 것은 여호와께 범죄하였음이라 저가 여호와의 말씀을 지키지 아니하고 또 신접한 자에게 가르치기를 청하고(대상 10:13)

이렇게 성경이 엄히 경계하고 금하고 있는 일은 여호와 하나님의 심판을 받는다. 성도는 성도의 길을 가야 한다. 믿음으로 살고 말씀으로 살아야 한다. 세상의 신비주의 소리를 들으면 멸망밖에 없다. 브래드쇼는 "내면의 안내자와 놀라운 아이는 우리 영혼의 지혜를 나타낸다."고 말한다. 과연 그럴까?

성경은 무엇이라고 말하는가?

> 오직 하나님이 성령으로 이것을 우리에게 보이셨으니 성령은 모든 것 곧 하나님의 깊은 것이라도 통달하시느니라(고전 2:10)
> 어떤 이에게는 성령으로 말미암아 지혜의 말씀을, 어떤 이에게는 같은 성령을 따라 지식의 말씀을(고전 12:8)

성령 하나님만이 우리에게 지혜를 주시며 성령 하나님만이 우리의 능력이 되신다. 내면의 안내자를 따라가는 것은 악한 영의 미혹에 넘어가는 것이다.

성경이 하는 말을 따를 것인가? 브래드쇼의 말을 따를 것인가? 성경이 기준인가? 브래드쇼가 기준인가? 믿는 성도라면 당연히 성경의 기준을 따라 살아가야 한다. 브래드쇼의 말은 하나님의 말씀을 저버리고 인간이 신성한 내면아이 속에서 자기 스스로 삶의 의미와 가치를 부여하려는 세상의 속임수에 불과하다.

겉으로는 성경적인 것처럼 말하며 거기에 무슨 비결이 있는 것처럼 말하나, 결국은 뉴에이지 영성으로 흘러가게 된다. 왜냐하면, 인간의 지성과 노력에는 한계가 있기 때문이다. 그 한계를 벗어나는 유일한 길은 자기 죄를 회개하고 하나님께로 돌아오는 것뿐이다! 그러나 악한 자들은 자기가 신이 되는 길로 간다. 거기에는 영적인 안내자의 도움을 받아서 신이 되고자 하는 발악만 있을 뿐이다. 브래드쇼가 말하는 영적 각성의 개념은 교묘하게 포장된 반기독교적인 개념이다.

> 내가 생각하는 신화 속에서 우리들 개개인은 하나님께서 창조하신 유일하고 독보적인 존재이며 우리들 개개인은 신적인 측면을 지닌 존재라고 생각한다. 우리들 개개인은 우리 안에 존재하는 신성을 더욱 확대시키기 위해 이 세상에서 태어났다. 우리는 진정한 우리 자신을 찾는 방법을 통해 이러한 신성을 확대시킬 수 있다. 진정한 자기 자신에 더 가까워질수록 신과 더욱 비슷한 존재가 된다. 진정한 자기 자신이 되기 위해서는 우리에게 주어진 영원한 사명과 운명을 받아들여야 한다. 지극히 인간적인 방법으로 하나님과 비슷한 존재가 되어 가도록 노력해야 한다. 그런 의미에서 나는 예수 그리스도를 추종한다. 왜냐하면 내가 보기에 예수 그리스도는 이 사명을 가장 완벽하게 수행했던 본보기라고 생각되기 때문이다.837)

데비 드바르트가 지적하는 대로, 브래드쇼는 예수 그리스도를 하나님과 동등한 존재가 아니라 하나님과 비슷한 존재로 보았다. 브래드쇼는 기본적으로 우리 인간은 모두 동등하며 예수 그리스도만의 신성을 부인한다.838)

브래드쇼가, "우리 안에 존재하는 신성을 더욱 확대시"킨다는 이런 개념은 융의 개성화에 기초한 것이다. 신성한 내면아이를 확대시켜 신성화로 간다! 그러나 성도는 예수 그리스도 안에서 그 말씀으로 성화의 길로 나아간다. 성경이 말하는 이 성화의 길로 가지 않으면 존재론적 신성화로 가게 된다. 존재론적 신성화는 사탄의 미혹이다! 성경은 분명히 말한다.

> 여호와를 경외하는 것이 지식의 근본이어늘 미련한 자는 지혜와 훈계를 멸시하느니라(잠 1:7)
> 여호와를 경외하는 것이 지혜의 근본이요 거룩하신 자를 아는 것이 명철이니라(잠 9:10)

하나님을 두려워하며 하나님을 아는 것이 지혜의 근본이요 신자된 복이다. 이 생명의 길을 두고 뉴에이지의 헛된 구상화에 빠져서 멸망 길로 가는 어리석은 자가 되지 말아야 한다.

찰스 크래프트와 구상화

칼 융의 영향을 입은 찰스 크래프트는 자신의 내적치유 사역을 '깊은 차원의 치유사역'이라고 말한다. 그러나 그가 말하는 깊은 차원의 내적치유는 구상화를 통한 기억 치유를 말한다. 크래프트는 다음과 같이 말했다.

---

837) 데비 드바르트, **존 브래드쇼의 상담이론 비평**, 전병래 역 (서울: CLC, 2005), 229.
838) Ibid., 229-230.

그러나 우리는 분별력을 가지고 통찰과 기술을 사용하려고 노력한다. 우리는 여러 가지 통찰 및 기술 중에서 성경의 원리와 일치하는 것만 또한, 성령님의 능력과 인도하심 아래서만 사용하도록 최대한의 노력을 경주한다. 위험성도 없지는 않다. 예컨대 우리는 "믿음으로 과거를 회상하는 기법"이라는 것도 상당히 많이 사용한다. 그러나 뉴에이지 추종자들도 사탄의 능력을 힘입어 이 기법을 많이 사용한다. 하나님이 주신 이 기법은 그를 영화롭게 하는 데 사용될 수도 있고 그를 대적하는 일에도 사용될 수 있다.839)

그러나 그의 이런 말은 교묘한 속임수다. 왜냐하면 "믿음으로 과거를 회상하는 기법"은 성경에서 나온 것이 아니라, 뉴에이지 추종자들에게서 나온 기법이기 때문이다. 크래프트는 마치 이 기법이 중립적인 가치를 지니고 있는 것처럼 말함으로써 사람들의 마음을 빼앗아 그릇된 판단을 하게 한다. 그가 말하는 기법은 순전히 뉴에이지 구상화이다. 그의 말을 더 들어보자.

반 심리학 운동은 심리학자들의 방법(그중 일부는 내적치유에 사용되고 있음)과 뉴에이지 운동 및 기타 사이비 종교에서 사용되고 있는 방법 사이에 밀접한 관계가 있다고 단정한다. 내가 쓴 책 『능력 기독교』(*Christianity With Power*)에서 지적한 바처럼, 헌트를 비롯하여 여러 사람이 사이비 종교에 휘말려 들어가는 것의 위험성을 경고하는 것은 잘한 일이지만, 그들이 기독교 심리학과 내적치유를 반대하는 것은 잘못된 가정을 전제로 하고 있다. 그들의 가정은 어떤 기법은 마귀에 의해서 사용되어 그 자체가 오염되었으므로 기독교인들이 사용해서는 안 된다는 것이다. 비록 사탄을 따르는 자들이 이 기법을 사용하고 있기는 하지만 이 또한 하나님께서 자신의 목적을 위해서 신자들에게 사용할 수 있도록 허락하신 방법이라는 점을 그들은 깨닫지 못하고 있다. 그러므로 문제는 기법 자체에 있는 것이 아니라 그 기법 배후에 있는 세력에 있는 것이다. 심리학적 통찰과 기법이 사탄의 손에 쥐어져 있을 때 그것들이 사용되는 과정은 옳지 않다. 그러나 하나님의 권세 하에서 그것들을 사용할 경우, 그것들이 사용되는 과정은 올바른 것이다.840)

과연 그럴까? 기법이 중요한 것이 아니라 그 기법을 사용하는 배후 세력이 중요하다는 것으로 기억 치유가 정당화될 수 있을까? 크래프트가 현대 심리학

---

839) 찰스 H. 크래프트, 깊은 상처를 치유하시는 하나님, 이윤호 역 (서울: 은성, 2005), 56.
840) Ibid., 8.

의 동향을 모르는 사람일까? 결코 그렇지 않다. 크래프트는 미국 풀러 신학대학교 선교학과의 문화인류학 교수다. 그런 그가 최근의 심리학이 어디에 기초하고 있으며 어디로 흘러가고 있는지 모른다고 하는 말은 그의 박사 학위에 어울리지 않는다. 뉴에이지 추종자들이 똑같은 기법을 사용하고 있다는 것을 언급하는 것은 현대 심리학의 흐름을 분명히 잘 알고 있다는 것이다.

크래프트가 데이브 헌트를 비난함으로써 구상화를 통한 치유 방법이 성경적이라고 주장하는 것은 책을 제대로 읽어보지도 않고 말하는 어리석음을 스스로 드러내는 것이다. 헌트는 주도면밀하게 뉴에이지 구상화에 대하여 말하고 있으며 크래프트가 말하는 것과는 대조적으로 구상화의 위험성에 대하여 적나라하게 파헤치고 있다.

무엇보다 분명한 것은 이런 구상화의 배후 세력은 사단이라는 것을 분명히 알아야 한다. 하나님을 대적하여 높아진 악한 자들이 그 방법을 추종하며 자기 스스로 자신의 인생의 문제를 인과율로 풀어보려는 사악한 시도이다. 하나님의 계획과 경륜과 섭리하심은 인간으로서는 절대로 헤아릴 수 없는 신묘막측함이 있다. 하나님의 주도면밀하심을 인간은 결코 포섭할 수 없으며 다만 그 앞에 경배와 찬양을 드릴 뿐이며, 오직 그 나라와 그 의를 구하는 삶을 살아가게 된다.

크래프트는 사람들을 이어지는 말로써 더욱 판단을 흐리게 했다.

> 깊은 차원의 치유는 탄(Siang-Yang Tan)을 비롯하여 여러 기독교 심리학자들이 인정하는 비전문가적 상담의 형태이다. 비록 이러한 종류의 상담에 종사하는 우리들 중에는 심리학적 기술에 관해 많은 훈련을 받은 사람은 드물긴 하나, 우리는 가능한 한 심리학으로부터 많은 도움을 받으려고 한다. 우리는 또한 하나님의 능력 안에서 일하려 애쓴다. 왜냐하면 깊은 차원의 문제를 해결하는 데 있어서 인간이 발견해 낸 최고의 기술이 하나님의 능력으로 말미암아 그 진가를 발휘하게 되는 것이야말로 가장 이상적인 조화라고 믿기 때문이다.
> 이것이 여기서 우리가 채택하는 관점이다. … 오늘날의 기독교인들은 하나님 아버지께서 예수님을 보내서서 성취하려고 하신 일을 행하는 방법을 모르고 있는 것 같다. 그것은 우리가 예수님과 함께 일함으로써 사로잡힌 자들을 자유케 하는 일이다(눅 4:18). 반-심리학 운동이 주장하는 것과는 달리, 단지 사람들은 그리스도에게로 인도하여 구원받게 하고, 그들의 문제에 대한 하나님의 대책이 적혀 있는 구절을 인용하는 것만으로는 사람들을 예수님께서 약속하신 바와 같이 자유케 하지 못한다.[841]

이것은 명백한 신성모독적인 발언이다. 예수님께서 정말로 뉴에이지 구상화

---

841) Ibid., 10-11.

를 통해서 사람들을 치유하셨는가? 성경 어디에서도 그것을 입증하지 못한다. 신비주의 마법에서 나온 것이 뉴에이지 구상화인데, 감히 구상화 치유를 예수님께서 사용하신 방법이라고 하는 것은 극도의 언어도단이다.

크래프트는 심리학으로부터 많은 도움을 받으면서도 하나님의 능력 안에서 일하려고 한다. 그것은 결코 어울릴 수 없다. 성경만으로 사람들을 자유케 하지 못한다면 무엇 때문에 예수님을 믿는가? 크래프트와 같이 성경만으로 부족하다는 생각으로 심리학을 첨가하여 치유 사역을 하는 사람들 때문에 순전한 믿음의 성도들만 유린을 당한다.

결국 크래프트의 말을 분석해 보면, 자신의 심리학은 이성주의에 근거한 심리학이 아니라 초월심리학[842])에 근거하고 그 방향으로 나아가고 있다고 말해야 할 것이다. 크래프트는 두말할 것 없이 절충주의자이다! 절충주의적 성향은 다음과 같은 말에서 적나라하게 드러난다.

> 2. 하나님은 치유를 위해 심리 치료사, 정신과 의사, 상담자들을 사용하신다.
> 이들은 감정적/ 정신적인 문제들을 전문적으로 다룬다. 의사들도 자기들이 다루는 육체적 문제의 근저에 감정적/ 정신적 문제들이 자리 잡고 있다는 것을 인정한다.
> 우리는 심리학적 상담이 가치가 있다고 생각하기 때문에, 환자들이 우리에게 받는 치료 이외에도 심리학 전문가들로부터도 효과적인 도움을 받는 것을 권장한다.[843]

---

[842]) Bruce W. Scotten, Allan B. Chinen, John R. Battista 공편, **자아초월 심리학과 정신의학**, 김명권·박성현·권경희·김준형·백지연·이재갑·주혜명·홍혜경 공역 (서울: 학지사, 2008), 25-43; 초월심리학에 대한 기본적인 정의는 다음과 같다. "자아 너머를 의미하는 자아초월(transpersonal)이라는 말은 인습적인, 개인적인 혹은 개별적인 수준 너머로의 발달을 가리킨다. 더 구체적으로 말하면 자아 초월은 평균 너머의 발달을 말한다." 문제는 이런 초월심리학이 영적인 것을 추구한다는 것이다. 종종 '개혁주의 영성' 혹은 '칼빈주의 영성'을 말하곤 하는데, 이런 것은 시대의 멘탈리티(mentality)를 읽어 내지 못하는 우(愚)를 범하는 것이다. "자아초월과 영적이라는 용어는 의미 면에서 종교적이라는 용어와는 구분되어야 한다. 종교적이라는 것은 특정 단체의 신념 체계를 일컬으며 그 구성원은 대개 자아초월적 요소를 담고 있는 특정 내용과 맥락을 중심으로 모인다. 영적이라는 말은 인간 정신의 영적 영역, 즉 육체적 경험으로 제한되지 않는 인간성의 부분을 의미하다. 자아수준을 넘어서는 모든 인간 경험을 다루는 자아초월적 경험에는 영적 체험뿐 아니라 더 높은 수준이 구현된 인간적 경험이 포함된다. …" 이런 "자아초월 심리학과 정신의학 분야는 … 미국에서 정치적·문화적·종교적 변화가 온 나라를 휩쓸고 이후에 유럽까지 퍼져 나갔던 격동의 1960년대의 산물이다." 1960년대의 반체제문화는 "두 가지 기본 주제를 가지고 있었는데, 즉 반대와 해방 또는 저항과 자기실현이 그것이다." 19세기 미국의 초월주의자들은 동양종교에 열정적으로 관심을 가졌으며, 정부에 대한 저항, 전통적 종교를 넘어선 신성추구, 개인적 성장과 계몽의 개발, 자연 존중 등은 반체제 문화와 자아초월 심리학의 중심이 되는 주제들이었다.

[843]) 찰스 H. 크래프트, **깊은 상처를 치유하시는 하나님**, 이윤호 역 (서울: 은성, 2005), 51.

이런 글을 통해서 드러나듯이, 사실상 크래프트는 지금까지 진행되어 온 모든 내적치유의 집합체라고 해도 과언이 아니다. 그는 심리학뿐만 아니라 구상화에 이르기까지 현재까지 사용되고 있는 이론과 방법들을 동원하면서도 그것을 성경적이라고 주장한다. 크래프트의 이론과 내적치유 사역을 쫓아간다는 것은 시대의 변화에 적극 추종하겠다는 것이다. 그런데도 교회는 이런 사람을 초빙해서 강의를 듣고 기도회를 하고 있으니, 한국교회는 과연 어디로 갈 것인지 심히 걱정이 된다.[844]

크래프트는 구상화에 기반한 내적치유를 실제로 어떻게 했을까?

1. 성명을 기록한다.
2. 병의 원인을 묻는다.
3. 태아 때의 현장으로 돌아가서 태아를 축복해 주고 그 반응을 물어 본다.
4. 가계조사를 한다.
5. 자아를(성인아이) 발견하게 한다.

출생 후 지금까지 성인아이를 발견하고 그 아이가 슬퍼하거나 괴로워하면 위로해 주고 격려해 준다.
"걱정하지마. 용서해 줄게. 다 실수해 괜찮아."
그리고 그 성인 아이를 안아준다.
그리고 그 성인아이가 기분이 좋아졌는가 묻는다.
- 그 후 또 다른 성인아이를 발견하게 하고 위로 격려해 준다.

예를 들어서 처녀 때 집에 늦게 들어왔다고 해서 야단을 맞아서 두려워했다면 집에 늦게 들어올 때의 현장에 들어가 보게 한다.
이때 성인아이가 굉장히 괴로워하는 모습을 보게 된다.
그 성인아이를 위로해 주어야 한다. "괜찮아 내가 너를 용서한다."
그리고 악한 영이 활동을 하지 못하도록 금지 명령을 한다.
"두려움의 영은 이 사람에게 간섭하지 말 것을 예수의 이름으로 명령한다."
- 이때 예수님을 보게 한다.

사역자가 "예수님 이 사람이 예수님의 모습을 보게 예수님이 임하여 주옵소서." 예수님을 보게 되면 그 성인 아이가 가지고 있는 두려움을 예수님께 넘겨 드리도록 한다.
이때 성인아이가 두려움이 없어지고 매우 기뻐하는 것을 보게 된다. 이때 불안해했던 그 성인아이를 예수님이 안게 한다. 그리고 이때 예수님이 그 성인 아이를 어떻게 안고 있는지 본인이 보게 한다.

6. 이때 두려움의 영을 쫓아낸다.

"내 가족에게 내려 온 두려움의 영은 너와 내가 이제 상관없다. 예수의 이름으로 떠나라. 내게 있는 저주 받은 영에게 말하노니 억압하는 영은 떠나라 완전주의 영은 떠나라. 혈통과 가계를 통해서 내려오는 모든 악령들은 ○○○에게서 떠나라. 가정에서 역사하는 모든 악령들은 떠나

---

844) http://news.kukinews.com/article/view.asp?page=1&gCode=kmi&arcid=0000765640&cp=du

라. 악영들에게 바쳐진 권한을 이제 끊어 버린다. 바쳐진 권한을 다 취소하고 예수께 속한 것을 선언한다. 어떤 저주의 영도 예수의 이름으로 취소한다. 이 ○○○에게 임한 저주의 영은 예수의 이름으로 끊어 버린다. 본인에게 임하는 저주의 권한을 취소할 것을 선언한다. 가계에 내린 저주의 영을 예수의 이름으로 끊어 버린다. ○○○가 회개한 죄가 깨끗하게 된 것을 선언한다. 죄책감을 느끼는 영은 이제 사함 받았으니 관계없음을 선언한다. 서원했던 어떤 것도 관계없음을 선언한다. 서원이 이제 아무 의미 없음을 선언한다. 암이나 질병도 이제 아무런 관계가 없음을 선언한다. 조상들이 범한 어떤 죄도 관계없음을 선언한다. 어머니의 태에서 출산까지의 어떤 악영에서도 보호받음을 선언한다." 이때 결혼 전의 연애관계가 있었는지 기타 무슨 죄나 저주받을 일이 있었는지 묻고 저주가 있으면 저주를 끊는다.

"결혼 전에 있었던 연애로 말미암아 그 남자가 저주했다면 그 저주를 예수 이름으로 취소한다. 그때 성적으로나 정서적으로나 영적으로 관계가 있다면 그 연애로부터 온 저주를 끊어 버린다."
• 이때 환자가 죽고 싶은 충동을 겪었다든지 하면 자살의 영이 있는 것이므로 자살의 영을 끊는다. "자살의 영은 예수의 이름으로 끊는다."

7. 축사를 한다.
"지금까지 두목을 돕는 영은 한꺼번에 붙어서 떠나라. 감정과 정서와 의지의 작용하는 영은 떠나라."
• 이때 병든 적이 있는가 물어본다. 백일해를 앓았다면 백일해를 앓던 때로 돌아가 그 때의 성인아이를 안아주고 축복한다. 그리고 병을 앓게 하는 악영의 권한을 취소한다(예 = "예수의 이름으로 병을 앓게 하는 악영은 권한을 취소한다.")
• 이때 다른 상처를 받은 일이 있으면 그 권한이 없음을 취소한다(예 = "예수의 이름으로 ○○○에서 들어왔던 악영들은 너의 권한이 없음을 선언한다.")

8. 이때 귀신에게 말한다.
"악영들에게 말하는데 네가 떠나지 못하는 이유가 있으면 말하라"
• 이때 용서할 자가 있는가 물어본다. 있으면 그때의 성인아이가 그 사람을 용서하게 한다. 그때의 분노와 증오심을 예수님께 드리도록 한다. 그리고 환자가 그 증오심과 분노를 예수님이 가져가시는 것을 보게 한다. 이때 다른 용서할 자에 대한 증오심과 분노를 예수께 드린다. 그리고 예수님이 ○○○의 자리를 대신하게 한다(예를 들어서 아버지가 늘 함께 있어 주지 않아서 섭섭했을 경우). 이 경우는 상처를 의도적으로 준 것은 아니지만 아버지가 집에 없으므로 준 것이기 때문에 그 자리를 예수님이 대신하게 하여 위로해 준다. 그 증오와 분노를 예수님께 드린다.
이때 분노가 용서가 되지 않고 일어나고 튀쳐 나오면 그 아버지에게 하고 싶은 말을 다 하도록 한다. 이 때 대역자가 아버지를 대신해서 사과하고 용서를 빌게 한다. "미안하다."

이때 예수님께 기도한다.(사역자가)
"주 예수님 지금 오셔서 ○○○의 아버지가 되어 주세요. 좋은 아버지가 딸을 반드시 예수님이 안아주세요. 그 아픔을 만지고 치료해 주세요." "고통을 계속 느끼게 하는 악영들은 그 권세를 취소한다." "예수님 고통을 느끼지 않는 심정으로 변화 시켜 주옵소서."
• 이때 아버지가 버린 것 같이 남편이 나를 버리리라는 두려움은 없는가? 물어본다. 남편이 아버지 같은 분은 아닌가? 아니면 사랑해 주는가? 물어보고 남편이 아버지같이 관심이 없다면 예수님이 남편이 되어 사랑해 주도록 한다.

9. 왕관을 씌워주기
"예수님 본인이 볼 수 있도록 ○○○의 머리 위에 왕관을 씌워주세요."
"아름다운 공주(왕자)의 옷을 입혀 주시고 왕관을 씌워주세요."
• 이때 왕관이 보이는가 물어본다. 안 보이면 용서해야 할 자가 있는가 물어본다. 용서 할 사람이 있으면 하나하나 용서하고 예수님께 넘긴다. 용서할 사람이 누구인지 일일이 이야기 할 필요는 없다. "용서하는 동안 모든 영들은 함께 두목에게 붙으라."
이때 예수님께 기도해 악영들을 가둘 상자를 보내 주시도록 한다. "예수님 이 악영들을 가둘 상자를 천사장 가브리엘과 미가엘에게 명하여 보내 주세요." 이때 본인이 주님이 보낸 상자가 보인가 확인해 보도록 한다. "천사들은 이 악한 영들의 집단을 상자 속에 집어넣도록 하라."
• 자기 자신을 용서하도록 한다(용서는 3가지다. ① 남을 용서해야 하고 ② 하나님을 용서해야 하고 ③ 자기 자신을 원망했던 것도 용서해야 한다.) 자기 자신을 끌어안고 용서하도록 한다. "괜찮아"라고 위로한다. 그리고 자기 자신이 좋은 어머니가 되어 준다. 인자하고 자유로운 어머니가 되어 준다.
(이때 시멘트 바닥에 숨었던) 아기가 보이는가 물어본다. 그리고 상처받은 성인아이에게 격려해 주게 한다. 소녀 때의 자기가 떠오르지 않는가 물어 본다. 예수님께 성인아이를 드릴 때 모습으로 돌아가게 하고 예수님이 그 성인아이에게 관을 씌우게 한다. 이때 공주와 같이 아름다운가 물어본다, 모든 영계가 관을 쓰고 있는 자매를 보고 있다.
• 악한 영들이 들어있는 상자를 예수님 발 앞에 보내라고 명령한다. "천사들은 악한 영들이 들어있는 상자를 예수님의 발 앞에 가리고 갈지어다."
이 상자를 예수님이 보이지 않게 처리해 주시도록 기도한다. 예수님의 십자가와 빈 무덤 사이에다 ○○○를 두게 한다. "어떤 악령이 남았을지라도 성령의 불꽃이 소멸될지어다." "○○○에게 주님의 평안을 축복합니다." "예수님 사랑하고 자신을 사랑하니 늘 축복해 주시고 사랑을 축복해 주옵소서. 두려움과 염려에서 보호해 주시고 자신감을 주시옵소서. 예수님이 붙들고 있음을 확신케 하옵소서." 이때 기분이 어떤가 물어본다. 또 뭐가 남은 것 같지 않은가 물어본다(잠 못 자게 하는 영이 남은 것 같다든지). 남은 영이 있으면 본인이 상자에 넣어서 보내도록 한다.

10. 치유 후 사후 처리
치유 후에도 용서 못한 것이 생각나면 그 사람을 예수님께 보내면 된다.
현재의 문제는 과거에 어떤 상처 때문에 들어간다(잠 26:2).
어린이를 대신 부모가 끊어줄 수 있다(고전 7:14).
이때 저주, 헌신, 서약, 죄, 폭력, (성폭행 등) 등이 있는가 보고 부모가 대신 끊어준다(잠 26:2).[845]

이것이 크래프트의 구상화다. 그 속에는 태아치유[846], 축사사역, 가계에 흐르는 저주와 같은 비성경적인 치유로 가득 차 있다. 여기에 등장하는 "악한 영들"은 칼 융의 집단 무의식에서 말하는 '원형들'이다. 칼 융의 원형론이 아니면 설명이 안 된다. 그렇기 때문에 내적치유에서나 축사사역, 능력대결은 융의 원형론에 기초하고 있기 때문에 사역 자체가 비성경적이다.

---

845) http://blog.daum.net/back33/11816118
846) 찰스 H. 크래프트, 사악한 영을 대적하라, 윤수인 역 (서울: 은성, 2006), 201-205.

놀라운 것은 크래프트의 이런 구상화 치유가 매우 위험하다는 것을 알고 있다는 사실이다. 크래프트는 다음과 같이 말했다.

> 어린 시절의 충격으로 인해 심리적 인격 분리 장애를 가진 사람들을 많이 상담한 크리스천 심리학자 데이비드 킹 박사는 이렇게 제안한다. 이러한 방법들을 사용하는 데는 많은 주의가 요구된다. 훈련받지 않은 비전문 상담가들이 전문가들의 감독도 받지 않은 채 이러한 기술들을 사용하면 큰 해를 끼칠 가능성이 있다. 킹 박사의 요지는 그러한 경우에는 보통 커다란 심리학적 복합성이 있다는 것이다. 심한 충격을 받은 사람은 특정 감정들을 느끼는 일이나 본래의 체험이 지닌 다양한 측면들을 재경험하는 일로부터 그를 보호하기 위해 여러 부분으로 이루어진 매우 큰 조직을 형성해 왔다. 만약 강력한 방법을 함부로 사용하여 억압된 기억들을 너무 빨리 자각하게 하면 강력한 역반응을 초래한다. … 그 결과는 자기혐오, 수치심, 습관적 과식, 분을 참지 못하는 것, 자기 학대 심지어 자살에까지 이르게 할 수 있다. 이런 강력한 경고에도 불구하고 이 주제를 다루는 이유는, 우리가 기도 및 치유 사역을 할 때 그러한 현상들을 자주 만나게 되므로, 그러한 증상들을 식별해 내며 환자들에게 전문가의 적절한 도움을 받을 것을 권장하기 위해서이다. 킹 박사는 전문인이건 비전문인이건 간에 크리스천 상담에 종사하는 모든 사람들에게 위에 요약한 내면의 식구 치료와 기도 치유사역을 함께 사용하는 것이 큰 도움이 될 수 있다고 말한다. 그는 이렇게 말한다. 나의 경험으로는, 슈와르츠 모델을 변형시켜 치유 과정에 예수님의 참여를 허용하는 것은 어떤 종류의 문제를 다루는 데 있어서 현존하는 치료 방법 중에서 가장 효과적인 방법이다. 특히 깊은 충격으로 야기된 문제일 경우에 더욱 그렇다. 나는 일부 크리스천들이 이 개념들을 수용하고 있음을 알게 되어 기쁘다. 많은 사람이 그것을 토대로 하여 새로운 것들을 발전시켜 나가게 될 것이라고 생각한다.847)

이렇게 말하는 크래프트의 자세는 위험하기 그지없다. 과거의 일을 재경험하게 하거나 과거의 일을 도설케 하는 일을 오용하거나 남용함으로써 일어나는 일은 이미 심리학계에서 셀 수 없이 많은 사례가 보고되었다.848) 그런 부작용으

---

847) 찰스 H. 크래프트, 깊은 상처를 치유하시는 하나님, 이윤호 역 (서울: 은성, 2005), 267-268.
848) http://ujdigispace.uj.ac.za:8080/dspace/bitstream/10210/1410/12/CHAPTER3CSALTP.pdf; Van der Kolk et al. (1995) explain that adults traumtized as children frequently suffer from alexithymia, or the inability to translate somatic sensations into basic feelings, such as anger, happiness or fear. As they are unable to translate the somatic states into words and symbols, the emotions are expressed as physical problems. They may exhibit somatisation disorders and relate to the world through their bodies (van der Kolk et al., 1995). Abuse survivors may also project negative feelings about the self onto the body. In this regard, Courtois states: Not infrequently, it will appear that the body is fighting itself. In keeping with the feelings of self-blame and self-hatred … many survivors feel betrayed and disgusted by their bodies; they both extend their self-hatred somatically and use their bodies to manifest these feelings(Courtouis, 1996, p. 6). Numerous medical conditions are reported to be examples of psycho-somatic reactions. Headache, gastrointestinal and genito-urinary discomfort or pain, as well as diffuse aches and pains, are associated with sexual abuse. These physical effects may be related to the type and locus of the abuse and manifest themselves directly in conversion symptoms, including nausea, gagging, vomiting, and choking, which would be as a result of being choked, forced into oral

로 말미암아 내적치유 세미나에서는 치유를 경험하지만 집으로 돌아가서는 문제가 더 심각해져서 정신과 의사에게 다시 치료를 받으러 가는 사례가 실생활에서는 너무 많다. 내적치유 사역자들이 정신과 의사들에게 돈벌이를 더 해 주고 있다.

더욱 위험한 것은 슈와르츠의 모델을 변형시켜서 거기에 예수님의 참여를 허용하여 치유를 한다는 것이다. 구상화 속에서의 예수는 영적인 안내자(spirit guide)이지 성경에서 증거 하는 예수님이 아니다. 성경 어디에도 예수님께서 어떤 한 사람도 다중인격으로 상대하시며 치유하신 적이 없다. 슈와르츠가 자아 리더십 센터를 세웠다는 것은 그의 목표가 자아의 극대화에 있는 것이지 성경적인 치유를 지향하는 것이 아니라는 것을 구체적으로 증명해 준다.849) 그런데도 슈와르츠의 방법에 예수님을 포함한다는 것은 자아의 완성을 위한 도구로 사용하는 것이지 예수님을 통한 구원과 회복이 결코 아니다.850) 치유에 도움만 된다면 세상의 어떤 것들과도 섞어서 사용하겠다는 이런 절충주의자들의 사고방식 때문에 순전한 성도들은 뉴에이지 구상화에 썩어 가고 있다.

그럼에도 불구하고 크래프트는 이런 깊은 차원의 치유를 정당화하기 위해서 깊은 차원의 문제를 발생시키는 일곱 가지의 영적인 근본 문제를 말하면서 이런 것들이 영적인 병을 발생시킨다고 말했다.

1. 영적 질병의 주요 원인은 죄다.
2. 하나님과의 관계를 소홀히 하는 것도 영적 질병의 원인이다.
3. 하나님에 대한 잘못된 견해도 영적 질병의 원인이다.
4. 하나님에 대한 분노도 영적 질병의 근본 원인이다.
5. 각 사람이 내면에 있는 쓰레기를 통해 사탄이 공격하는 것을 허용하기 때문이다.

---

sex or the swallowing of semen(Courtois, 1996).
849) http://ezinearticles.com/?Richard-Schwartz-and-Internal-Family-Systems&id=5173795 To bring IFS training to more psychologists, Richard Schwartz founded The Center for Self Leadership in the year 2000. Located in Oak Part, Illinois, the Center began offering three levels of IFS training and holds workshops for both national and international professionals who want to come and learn more about this exciting strategy. The workshops are also open to the general public for those interested in the therapy for personal use or those who have a layman's interest in advanced psychotherapy concepts.
850) http://www.psychotherapy.net/video/internal-family-systems-therapy
  Schwartz's approach helps individuals gain a sense of self-leadership over the parts of themselves that they are struggling with. …

6. 외부로부터의 공격 이외에도 귀신 들림, 즉 개인의 내면에 사는 악령이 사는 현상도 있다.
7. 마지막 원인은 조상으로부터 물려받은 악령이나 저주이다.851)

가장 문제가 되는 것은 크래프트가 "영적 질병"이라고 말한다는 점이다. 심리학에 오염된 사람들의 가장 대표적인 문제점 중 하나가 '죄'의 차원으로 바라보지 않고 '질병'의 차원으로 접근한다는 것이다. 그렇기 때문에 인간적인 해결책을 만들어 내려고 안간힘을 쓰는 것을 보게 된다.

인간의 문제는 가장 먼저 죄의 차원으로 바라보아야 한다. 그렇지 않으면 예수 그리스도와 십자가가 설 자리가 없다. 물론 크래프트도 죄를 말하지만 그것을 영적 질병이라고 말하는 것에 매우 주의해야 한다.

그가 말하는 영적 질병의 원인들을 일일이 다 논하고 싶으나, 여섯 번째와 일곱 번째를 살펴보자.

6. 외부로부터의 공격 이외에도 귀신 들림, 즉 개인의 내면에 사는 악령이 사는 현상도 있다. 이미 언급한 바와 같이 우리는 깊은 차원의 치유를 받으러 오는 사람들의 내면에 살고 있는 귀신들을 상대해야 할 때가 적지 않다. 나는 『사악한 영을 대적하라』에서 이 문제를 상세히 다루었다. 여기서는 단지 귀신 들린 사람이 크리스천이 되면 귀신들은 그의 영에서 떠나지만 그 사람의 다른 부분 속에서는 여전히 살고 있다는 점을 지적하고 싶다. 크리스천의 믿음이 성장하여 귀신이 붙들고 있는 감정적/영적 쓰레기들을 처리하면, 귀신들은 힘이 약해지고 압박을 받으며 그 사람에게 끼칠 수 있는 영향력이 줄어든다. 그러나 성장도 그것들을 제거하지는 못한다. 물론 많은 크리스천이 혼자 힘으로 귀신들을 제거하기도 했으나, 일반적으로는 그것들을 쫓아낼 줄 아는 사람의 도움이 필요하다.852)

귀신들린 사람이 성도가 되면 귀신들은 영에서 떠나지만 그 사람의 다른 부분 속에 여전히 살고 있다는 것은 도대체 성경 어디에 기초하고 있는 것인가? 그것은 그의 선교현장에서의 임상적 체험에서 온 것이다. 이것은 크래프트의 문화 인류학적인 접근을 대변한다.853) 그는 경험을 앞세워 성경의 원리를 벗어난

---

851) 찰스 H. 크래프트, 깊은 상처를 치유하시는 하나님, 이윤호 역 (서울: 은성, 2005), 79.
852) Ibid., 78.
853) 찰스 H. 크래프트, 기독교와 문화, 임윤택·김석환 역 (서울: CLC, 2006); 찰스 크래프트는 자신이 사역한 북동부 나이지리아 지방의 사람들이 자신들을 괴롭히는 악한 영들을 달래기 위해 악한 영들에게 희생제물을 바치는 것을 보고, 그것을 막는 방법으로 예수 그리스도를 제시했다. "… 그래서 나는 나이지리아 교회의 지도자들에게 그들이 직면한 문제 중에서 가장 심각한 것이 무엇인지 물었다. 그것은 그들을 끊임없이 괴롭히는 악한 영들의 문제라고 하였다. … 나의 경험에 따르면, 나이지리아 사람들에게 그리스도께서 악한 영들을 정복하실 수 있다는 진리는 그리스도께서 부활하셨다는 진리보다 더 강력한 능력의 말씀으로 그들 가운데 엄청난 영향력을 발휘하였다. …""귀신 들린

다. 성경이 무엇이라고 말하는가에 초점을 맞추지 않으면 크래프트처럼 임상체험이 성경을 지배하게 되고 성경을 자기 체험에 끼워 맞추게 된다.

이런 설명들은 결국 인간을 삼분설로 분석하게 되고 성경적 인간관을 벗어난다. 또한, 혼자의 힘으로는 귀신을 못 쫓아내고 귀신을 쫓아낼 수 있는 사람의 도움이 필요하다는 생각을 하게 되어 영적인 엘리트주의를 양산한다.

7. 마지막 원인은 조상으로부터 물려받은 악령이나 저주이다.
부모나 조상들이 자신의 삶에 귀신들이 들어오는 것을 허용했을 경우, 그 후손이 사탄의 방해를

사람이 크리스천이 되면 귀신들이 그의 영에서 떠나지만 그 사람의 다른 부분 속에서는 여전히 살고 있다"(찰스 크래프트, 깊은 상처를 치유하시는 하나님, p. 78)는 말에서 나오듯이, 신자 속에 악한 영이 거한다고 보고 축사사역을 한다. 다음 두 가지 글도 짚어보아야 한다. 「하나님께서, "나 외에 다른 신을 섬기지 말라"(출 20:3)고 말씀하셨을 때, 비록 당분간이긴 하셨으나, 하나님께서는 다른 신들이 존재한다는 것을 믿는 히브인들의 신앙을 은연중에 허용하셨다. 그러나 그들이 최우선적으로 신앙해야 하는 대상이 누구인지는 분명히 하셨다.」 (p. 412). "… 그러나 그들이 히브리인들처럼, 하나님을 먼저 섬기고 조상을 두 번째로 섬긴다면, 우리가 좀 더 수용 가능한 용어를 선택하지 못했다는 이유만으로, 그들이 조상을 숭배하는 것을 비난해서는 안 된다."(p. 416)
"일단 이 원리를 깨닫게 되면, 우리는 유대적, 이슬람적, 힌두적, 불교적 또는 정령신앙적 문화 속에서 사역하면서, 문화적으로 유대, 이슬람, 힌두적, 또는 정령신앙적인 사람들을 종국에 가서는 기독교인으로서 신앙을 신앙할 수 있게 하는 가능성들을 발견할 수 있다. 필자는 사람들이 타종교를 통해 구원을 얻을 수 있다고 말하지 않았다. … 그러나 만일 이슬람교도가 자신들의 우선적인 대상을 예수에 대한 신앙으로 대체한다면, 그들이 자신들의 문화 구조들 속에 그대로 머물러 있다 하더라도 구원을 받을 것이다. …"
찰스 H. 크래프트, **기독교문화 인류학**, 안영권·이대헌 역 (서울: CLC, 2010); 찰스 크래프트의 문화인류학적 접근은 정통 기독교와 매우 관점이 다르다. 그는 인간의 존재에 대한 진화론적 주장을 펼친다." ⑦ 하나님께서는 인간을 포함한 모든 생물들을 진화과정을 통해 존재하게 하셨다. 그리고 진화 과정이 진행되는 어떤 특정한 시기에, 인간에게 자신의 형상을 불어 넣으셨다는 주장이다.… 초기 인간들의 형상들은 아담과 하와보다 앞서서 존재했었을 가능성이 있기 때문이다. 만일 그렇다면, 일곱 번째 입장이 더 정확할 것이다."(p. 222) "창세기의 처음 열한 장은 시적이고 비유적인 형식을 갖추고 있다."고 말하면서, 과학적 발견과 통합하고자하는 「미국과학동맹」 을 지지한다(p. 226) 찰스 크래프트는 하비랜드, 빌스와 호이저의 주장에 크게 의존하면서 인간 문화의 출발점이 홍적세(Pleistocene) 시기까지 거슬러 올라간다고 말한다(p. 227). 찰스 H. 크래프트, **기독교와 문화**, 임윤택·김석환 역, (서울: CLC, 2006), 346-362; 무엇보다도, 찰스 크래프트의 "계시"에 관한 그의 관점은 과히 위험하고 파격적이라 할 수 있다. 그는 오늘날에도 하나님의 계시가 있다고 보며, 그것이 성경과 결코 모순되지 않는다고 말한다. "나는 성령의 인도함을 받은 저술과 지금 성령의 인도함을 받은 말씀이 영감에 있어서 다르지 않다고 본다."(p. 349) "내가 주장하려는 논지는 성경에 나타난 하나님의 방법은 오늘날에도 동일하시고, 과거에 하나님께서 행하셨던 일에 대하여 역동적(기능적)으로 동일하다는 것이다. 하나님께서는 오늘도 여전히 그런 구체적인 방법으로 자신을 계시하신다. 이러한 관점에서 볼 때 하나님께서는 지금도 여전히 과거처럼 스스로 자신을 계시하시는 과정 속에 살아 계시며 적극적으로 활동하신다. 그리고 자신에 관한 진리를 커뮤니케이션하실 때 하나님께서는 여전히 영향력을 지닌 진리를 커뮤니케이션하신다. 하나님께서 스스로 일관적인 분이시기에, 오늘날 일어나는 하나님의 계시는 성경에 기록된 계시와 결코 모순되지 않을 것이다."(p. 362) 찰스 크래프트의 의도는 무엇인가? 자신의 축사사역이 성경의 계시와 일치한다는 말이다. 찰스 크래프트의 사역은 선교지의 경험과 칼 융의 원형론과 결합했을 때 가능하게 되었다는 것을 명심해야 한다.

물려받을 수 있다. 프리메이슨주의(Freemasonry), 크리스천 사이언스(Christian Science), 사이엔탈러지(Scientology) 등과 같은 미국의 사교들, 그리고 동양의 신비 종교와 같은 이단 종파에 속한 사람들은 자신의 귀신들을 다음 세대에게 물려준다. 이 사람들이 자신이 섬기는 영이나 신들에게 헌신할 때에 스스로를 저주하게 되면, 그 저주는 다음 세대의 후손들에게도 적용된다. 이렇게 해서 사탄은 수많은 천진한 어린이들의 삶에 접근할 수 있게 된다. 이런 사람들은 삶의 영적인 면에서 방해를 경험하게 되는데, 특히 그들이 그리스도에게 귀의할 때에 더욱 그렇다.[854]

크래프트는 악령의 저주를 조상들로부터 물려받는다고 말했다. 그것이 위험한 이유는, 이미 예수님을 믿는 성도에게도 적용하고 있다는 것이다. 귀신들림에 대하여 크래프트는 다음과 같이 말했다.

> 귀신 들림에 대해서 언급할 때 생기는 질문은 기독교인의 내면에 귀신이 있을 수 있느냐 하는 것이다. 불행히도, 성령이 거하시는 사람들 안에는 귀신이 거주할 수 없다는 가설에도 불구하고, 우리는 기독교 신자 속에 있는 귀신들을 내쫓은 경험이 많다. 내가 처음 마귀를 쫓은 이후 칠 년 동안 나는 오순절교 신자인 알리슨을 포함해서 약 삼백 명의 귀신들린 신자들을 다루어 왔다. 그러나 우리가 신자들 속에서 발견한 대부분의 귀신들은 그들이 그리스도를 영접하기 전에 들어간 것이었다.[855]

"성령이 거하시는 사람들 안에는 귀신이 거주할 수 없다"는 것이 크래프트에게는 "가설"에 불과하다. 왜 그에게는 "가설"로 끝나고 마는 것인가? 그는 귀신을 내쫓은 경험이 있기 때문에 그렇다고 주장하는 셈이다. 자신의 경험으로 성경의 신리를 뒤집어도 되는가? 결코 그럴 수 없다.

크래프트는 타종파에 속한 사람들이 "자신의 귀신들을 다음 세대에게 물려준다"고 말했다. 크래프트는 다음과 같은 네 가지 방법 중 하나를 사용하여 사람에게 들어간다고 말했다.[856]

(1) 그 사람이나 그 사람에게 권위를 발휘하는 사람의 초대에 의해서
(2) 유전에 의해서
(3) 감정적 상처에 대한 잘못된 반응으로 인해서[857]
(4) 죄를 통해서

---

854) Ibid., 78.
855) Ibid., 302.
856) Ibid., 303.
857) 그러면, 감정적 상처로 인한 귀신이 얼마나 많겠는가? 잘못된 반응을 할 때마다 귀신들이 들어간다는 것은 매우 비성경적이다. 그러면 하루 종일 아니 평생을 마귀가 들락날락하는 그런 성도는 어느 나라 성도란 말인가? 마귀가 그렇게 들락날락 할 동안에 미치지 않는 사람은 도대체 어떤 사람이란 말인가?

앞서 언급했듯이, 문제는 그들이 예수님을 믿는 성도가 되었는데도 그런 것들이 그대로 유전된다고 보는 것이다.858) 그래서 영적인 삶에 방해가 된다고 말한다. 그의 이런 개념들은 선교지에서의 경험에 기초한 것이다.

> 비기독교 사회에서 흔히 있는 일로, 어떤 사람들은 특히 종교적인 목적이나 위험한 목적에 사용되기 위해서 자신이 만든 것들을 어떤 영들이나 신에게 바친다. 예를 들면 남태평양에서는 고기잡이나 전쟁에 사용되는 통나무배를 만들어서 정규적으로 그들의 신에게 바쳐 왔다. 본인이 생각하기는 그들이 스스로 그리스도인이라고는 하지만, 아직도 이와 같이 하는 것으로 알고 있다. 이런 물건들이 사탄의 영에 헌신되었으면, 그 물건들은 악한 영에 의해서 능력이 부여되었다. 많은 선교사들이나 여행자들은 이와 같이 신들에게 바쳐진 물건들을 사서 집에 가져 오면, 그 물건들을 자신의 집에 둔 것과 관련하여 많은 어려움을 경험하기도 한다. 그들이 의식하지 못하였지만 악한 영들을 집으로 초청했기 때문이다.859)

예수님을 영접한 그리스도인들에게서 조차도 어떤 물건이 사탄의 영에 헌신되어 있으며 사탄적 힘이 깃들어 있다고 생각하는 것은 샤머니즘적인 발상이다. 그러면 우상에게 바친 제물을 먹은 사람들은 어떻게 되는가? 그 음식에 사탄의 영이 있고 사탄적 힘이 있다고 한다는 크래프트의 논리대로 하자면 그 음식을 먹은 성도는 사탄적 힘이 생기게 되는 것일까? 결단코 그럴 수는 없다.860) 그의 이런 영적 전쟁의 원리들은 피터 와그너로부터 전수받았다.861) 또한 크래프트

---

858) 찰스 H. 크래프트, **깊은 상처를 치유하시는 하나님**, 이윤호 역 (서울: 은성, 2005), 306; 찰스 크래프트는 다음과 같이 말한다. "불행히도 귀신들도 후손에게 유전된다는 것이 우주의 법칙이다. 출애굽기(20:5)는 아비들의 죄가 다음 세대에게 전달될 수 있다고 말한다. 이것은 유전된 귀신에 의해서 심하게 해를 당한 사람들을 만날 때마다 나로 하여금 갈등을 느끼게 만드는 사실이다. 아기가 이미 귀신 들린 상태로 이 세상에 태어난다는 것은 불공평해 보이지만 우리가 당면하는 현실이다. 그러한 사람들을 치유할 때 우리의 질문과 혼란과 분노를 주님께 넘겨야 한다. 사이비 종교에 가담하여 귀신 들린 사람 중에는 그 귀신을 자손들에게 넘겨주는 사람들이 있다. 예를 들어 프리메이슨주의에서는 자신과 자신의 가족을 저주함으로써 대대로 전해 내려갈 수 있는 귀신 들림을 허용한다. 내가 만났던 강한 귀신들 중의 일부는 이 악한 조직에 속했던 남자들이 그 자녀에게 물려준 것이었다. 우리는 거의 모든 종류의 귀신이 유전될 수 있음을 발견했다. 사람들이 부모가 가지고 있는 부정적인 감정이나 육체적인 질병들을 나타낼 때, 이것들은 귀신에 전해진 것이기가 쉽다. 우리는 두려움, 죽음, 포르노, 거부, 미움, 격노, 동성연애, 암과 당뇨병 등과 관련된 유전된 귀신들을 보았다."
859) 찰스 크래프트 편저, **말씀과 문화에 적합한 기독교**, 김요한, Dr. Peter Kang, 백신종 공동번역 (서울: 생명의 말씀사, 2007), 562.
860) 그러므로 우상의 제물을 먹는 일에 대하여는 우리가 우상은 세상에 아무 것도 아니며 또한 하나님은 한 분밖에 없는 줄 아노라(고전 8:4)
861) 찰스 크래프트 편저, **말씀과 문화에 적합한 기독교**, 김요한, Dr. Peter Kang, 백신종 공동번역 (서울: 생명의 말씀사, 2007), 564.

는 존 윔버에게 영향을 받아 치유사역에 힘쓰게 되었다. 크래프트는 귀신들을 쫓아내기 위해 이런 것들을 영적 전쟁으로 보고 능력 대결을 통하여 치유를 받으라고 한다.862) 이런 내용은 '가계에 흐르는 저주를 끊으라'고 말하는 이윤호 목사의 이론과 일맥상통한다.

> 마크 부벡, 에드 머피, 찰스 크래프트, 닐 앤더슨과 같은 축사사역자의 대부분은 악한 영들이 조상으로부터 후손에게 전래되었다고 주장한다(마 17:14-21; 막 9:7-29; 눅 9:37-43 참조). 프레드 디커슨은 400명의 내담자에게 사역한 경험을 근거로 "만약 위로 삼대나 사대까지 거슬러 올라가 그때 조상들이 비술/사술에 참여했거나 귀신의 능력을 지니고 있었다면, 그 자녀들은 하나님으로부터 오는 법적 심판에 의해 귀신의 영향을 받거나 귀신의 침입을 받는다"라고 '조상 전래의 영향을 언급한다. 그들의 축사사역 경험을 통해, 친숙한 영, 가계 및 가문 영(혹은 가짜 가정 수호신(false family guardian spirit)의 영들이 존재함을 인정한다.863)

이 말을 잘 보면, 바른 성경해석에서 벗어나 자신들의 사역의 경험에 기초하여 이론을 만들고 거기에 억지로 성경을 끼워 맞추고 있는 것을 보게 된다. 국내에서는 이미 가계에 흐르는 저주의 이단성에 대해서는 이미 각 교단이 입장을 밝혔다.864) 그럼에도 불구하고 여전히 가계에 흐르는 저주가 확산되고 있

---

862) http://news.kukinews.com/article/view.asp?page=1&gCode=kmi&arcid=0000765640&cp=du; 크래프트 박사는 아프리카 선교사를 지원하였는데, 신학교에서 배운 선교 이론과 방법을 적용해 보고 싶었다. 그러나 선교현장을 통하여 시양의 전환이 일이났다. 선교지의 주민들은 도속 종교와 샤미니즘의 영향 아래 있고 가끔은 귀신 들린 사람들이 그에게 도움을 청하러 왔다. 하지만 크래프트 박사는 아무것도 할 수 없었다. 그는 다음과 같이 말한다. "영적 세계에 대해 무지했습니다. 선교사로 활동하면서도 귀신 들림과 사탄의 전략에 대해 알지 못했습니다." 영적 전쟁의 실체를 실감한 그는 이후 선교 활동이 영적 전쟁과 긴밀한 관계가 있다는 것을 알고 연구하기 시작했다. 교수로서 선교사 후보생들과 신학생들에게 사탄의 정체를 알고 대적하도록 훈련하는 것을 병행했다. 크래프트 박사는 "선교사들은 영적 전쟁 분야에서 훈련을 받아 실제로 영적 전쟁을 감당할 수 있어야 한다."고 강조한다. 그는 "영적 전쟁을 수행하는 데 있어 그리스도의 사랑과 능력을 나타낼 수 있는 다양한 방법을 모색할 필요가 있다."고 말하며 "토속 종교의 무당과 제사장과 같은 민속 혹은 사교 술객(animistic practitioners)들이 그리스도의 사랑과 능력을 목격하게 될 때 그들이 예수께 돌아온다."고 말했다. 이른바 능력 대결이 공적으로 행해질 때 비신자들은 예수님의 능력이 어떤 주술적 능력보다 크다는 것을 몸소 체험하게 된다는 것이다.
863) http://blog.naver.com/kjyoun24/60029211758/
864) http://media.daum.net/culture/art/view.html?cateid=1021&newsid=20060928175508019&p=kukminilbo 이단 사이비 대책 위원회 대책위는 "가계저주론은 하나님의 심판을 저주로 오해하고, 저주를 저주로 끊는 흑주술(black magic)을 주장한다."고 지적하면서 "사랑과 은혜의 하나님을 저주의 하나님으로 왜곡시킨다."고 비판했다. 대책위 관계자는 "가계저주론은 기독교의 가르침에 전혀 맞지 않는 주술적인 얘기"라면서 "교회에서 가르치고 보급하기에는 건강하지 못한 주장이라는 데 이견이 없었다"고 말했다. 예장통합은 대책위의 연구 결론에 따라 "가계저주론의 신관, 기독론 및 구원론, 귀신신앙, 축사기도문, 운명론 등의 문제를 살펴볼 때 성경의 가르침과 교회의 신앙, 신학에 위배됨이 현저하고 사이비성이 농후해 이들의 책을 읽거나 가르치는 것의 위험성을 경고하고 금한다"고 결정했다.

다.865)

좀 더 분명한 이해를 위해서, 가계저주론에 대하여 예장 통합측 연구보고서 내용을 보면 다음과 같다.

2. 신관의 문제

가계저주론은 하나님의 심판을 저주로 오해하고, 저주를 저주로 끊는 흑주술(黑呪術)866)을 주장한다. 이윤호 목사는 "하나님은 유전적인 복과 저주의 법칙을 선포"(p. 92)하였으나 가계의 축복보다 가계의 저주가 더 강하다고 주장한다. 성경에서 말하는 하나님의 저주는 하나님의 의로운 심판으로서 아버지가 자녀의 잘못을 책찍하는 사랑의 징계요 이를 통해 회개를 촉구하는 또 다른 구원과 은혜의 방편임에도 불구하고 성서를 인용하되 삼 대의 저주만을 굵은 활자로 강조하고 수천 대의 은혜는 약화시키며(출 20:4-6 등) 사랑과 은혜의 하나님을 저주의 하나님으로 왜곡시킨다.

그리고 조상들의 죄가 저주가 되어 후손에게 대물림 된다는 가계에 흐르는 저주는 "하나님의 영적 원리"(p. 92)로서 "하나님 자신도 자신이 정한 법칙을 지킬 수밖에 없다"(p. 108)고 가르치는 것은 하나님의 절대성을 부정하는 주장이 아닐 수 없다. 하나님은 자신이 정한 우주의 법칙에서 자유하므로 죽은 자도 살릴 수 있고 자신이 정한 율법에서 자유하므로 율법을 범한 자일지라도 무조건 용서하시는 절대 자유하신 분이기 때문이다.

뿐만 아니라 가계저주론은 자신이 자신에 대한 무의식적인 저주나, "부모가 자녀들에게 무심코 한 말은 자녀를 통해 저주의 효력을 나타낼 수 있다"(p. 104)고 한다. 그리고 메릴린 히키는 마귀와 마귀의 역사를 저주하고, 포르노를 저주하고, 근친상간을 저주하라고 가르친다(p. 159). 가계에 흐르는 저주는 저주로 끊으라고 한 것이다. 그러나 성경은 하나님만이 인간의 범죄에 대

---

865) http://blog.naver.com/kjyoun24/60029211758/ 이윤호 목사는 자신의 이론을 정당화하기 위하여 다음과 같이 말한다. "가계의 저주를 인정하는 사람들은 피터 와그너, 데렉 프린스, 프랜시스 맥너트, 프레드 디커슨, 피터 호로빈, 신디 제이콥, 샌포드 부부, 깁슨 부부, 잭 헤이포드 등을 들 수 있다. 특히 현재 전 세계적으로 확산되어 가고 있는 셀사역 및 G12사역을 수용하는 교회들이 가계의 저주를 인정한다. 예를 들면 세계 최대 셀 교회인 ICM교회(콜롬비아 보고타 소재)는 내적치유 수양회에서 '가계저주의 근원을 찾고 차단하는' 사역을 한다. 셀사역의 대부 랄프 네이보도 짐 애글리가 집필한 [내적치유 수양회(학생용/리더용)]라는 책을 통해 가계의 저주를 끊는 사역을 지지한다. 한국의 경우, 조엘 오스틴의 책, 『긍정의 힘』, 순복음 영성훈련원 평신도훈련소, 두란노 아버지 학교, 풍성한 교회(김성곤 목사) 등을 통해 가계의 저주는 더욱 확산되고 있다." 계속해서 이윤호 목사는 마크 부벡, 에드 머피, 찰스 크래프트, 닐 앤더슨과 같은 축사사역자의 대부분이 악한 영들이 조상으로부터 후손에게 전래되었다고 주장한다고 말함으로써 더 강하게 자신의 이론을 옹호한다.

866) http://www.seelotus.com/gojeon/gojeon/godae-siga/ju-sul.htm/ 주술에는 백주술(白呪術)과 흑주술(黑呪術)이 있다. 백주술은 개인 또는 사회를 위해 선용되는 것으로 약초 등을 사용하는 수도 있다. 따라서 그 시술자(施術者)는 주의(呪醫) 등으로 불린다. 흑주술은 반(反)사회적으로 악용되는 것인데, 특히 흑주술만을 행하는 자를 사술사(邪術師) 또는 요술사라고 불러 두려움의 대상이 되고 있다. 흑주술이 지배하고 있는 아프리카의 여러 민족에는 서로 사술(邪術)을 거는 사회집단이 있다. 그곳에서는 인간의 자연사(自然死)는 없고, 죽음은 반드시 저주받은 결과라고 하여 가해자를 찾아 주살(呪殺)하려는 풍습이 있다. 이 밖에 흑백 양쪽 주술을 사용하는 주술사도 있다. 일반적으로 주술사는 이상한 신경적 소질을 가지고 있는 자가 일정하고 엄격한 훈련을 거쳐 전문적 기술을 습득한 다음이라야 된다. 그리고 그것을 전업(專業)으로 하는 주술사는 고대 문명에 있어서와 마찬가지로 오늘날에도 미개민족 사이에서 흔히 볼 수 있다.

한 심판의 방법으로 저주하실 수 있는 분으로 가르친다. 그리고 성서는 "하나님이 저주치 않으신 자를 내 어찌 저주하리요"(민 23:8)라는 말씀처럼 하나님이 허락하지 않는 한 다른 사람에게 행한 저주는 실제적인 효력이 없다고 가르친다. 사람이 자기 자신이나 다른 사람에게 의식적으로나 무의식적으로 행한 저주가 하나님의 뜻과 상관없이 가계의 저주로 실행된다거나, 저주를 저주로 끊을 수 있다는 주장은 인간도 하나님처럼 의로운 심판의 저주를 행할 수 있는 존재라고 믿는 전형적인 샤먼(black Shaman)의 흑주술(black Magic)로서 비성서적이고 비기독교적인 것이다. …867)

이런 가계의 흐르는 저주는 명백하게 비성경적이고 이단성이 농후하여 위험할 뿐 아니라,868) 축사사역과 매우 연관성이 깊다. 크래프트는 씨맨즈의 글을 그대로 인용하면서 가계에 흐르는 저주와 축사사역을 성경적으로 만들려고 하지만, 씨맨즈의 말들은 칼 융의 원형론에 기초하고 있는 비성경적인 것들이다. 크래프트는 이렇게 말했다.

씨맨즈는 『어리석은 일을 버리라』(*Putting Away Childish Things*)라는 책에서 다음과 같이 말했다.

> 당신은 자신의 역사로부터 자신을 분리할 수는 없다. 당신은 복잡한 수백만 개의 실로 짜여졌으며, 그 실 중의 일부는 아담에게까지, 또 당신을 자기의 형상으로 만드신 하나님에게까지 돌아가 있다. 그러나 가장 중요한 실 중의 많은 부분이 당신의 어린 시절, 특히 부모-자녀의 관계를 통해서 생긴다.869)

융의 원형론에 푹 빠져 있는 씨맨즈의 말을 그대로 인용하면서도, 자신의 깊은 치유, 곧 믿음 연상법이라고 하는 것은 구상화를 말하는 것이기 때문에 성경의 원리와는 맞지 않는다. 왜냐하면 방법 자체가 뉴에이지적이며, 융의 원형론 속에는 종교다원주의가 깊이 뿌리 박혀 있기 때문이다. 어떤 변명과 핑계를 댄다고 할지라도, 융의 심리학을 추종하고 있는 이상 그들이 말하는 하나님은 성경이 말하고 있는 하나님이 아니다.

---

867) http://www.pck.or.kr/PckCommunity/NoticeView.asp?ArticleId=60&TC_Board=8357&page=6&Depth=1/ 대한예수교장로회 통합측 홈페이지에서, 이단 사이비 총회 주요 결의-이윤호 목사 등의 가계저주론(91회기)(2006-09-29)
868) http://blog.naver.com/kjyoun24/60029211758/ 예장 통합측(총회장 이광선 목사)은 제91회 총회에서 예장 합신측이 '위험한 사상'으로 규정한 이윤호 목사의 가계저주론에 대해 "성서의 가르침과 교회의 신앙과 신학에 위배됨이 현저하고 사이비성이 농후함으로 책을 읽거나 가르치는 것의 위험성을 경고하고 금해야 한다"는 이단대책위원회의 보고를 그대로 채택했다.〈편집자 주〉(2007. 9. 16. 교회와 신앙 / 정윤석 기자)
869) 찰스 H. 크래프트, 깊은 상처를 치유하시는 하나님, 이윤호 역 (서울: 은성, 2005), 79.

또한, 씨맨즈나 크래프트의 말에 의하면 어떤 죄의 궁극적인 책임은 원형에 있고 자기 책임은 없어져 버리기 때문이다. 귀신에게 책임을 뒤집어 씌워 버리고 자신은 교묘하게 빠져나온다. 그래서 그들에게는 사람들의 범죄 종류만큼이나 귀신의 종류도 많아지게 된다.870) 그를 추종하는 사람들은 밤낮으로 귀신 쫓아내기에 바쁜 사람이 되어 결국 귀신의 종노릇을 하게 된다. 크래프트가 축사사역하는 방법은 다음과 같다.

1. 첫 번째 단계는 항상 성령께서 사역을 주장하고 인도하도록 초청하는 기도를 드린다. 나는 또한 악한 영들의 어떠한 도전과 저항을 제압할 수 있는 권세와 능력을 요청한다. 그 다음에는 대개 하나님의 인도하심을 따라 환자에게 필요한 축복을 선포한다. 내담자는 일반적으로 최소한 하나님의 평안이 필요하기 때문이다.
2. 관련된 사람들과 장소와 시간에 대한 권세를 주장하고, 사단의 복수로부터 관련된 모든 것들의 보호를 선포하라. 그리고 환자를 괴롭게 할 어떤 종류의 발악이나 이상한 행동을 금지하라.
3. 쓰레기를 제거하는 깊은 상처의 치유나 내적치유를 실시하여 악한 영들의 세력을 약화시켜라.
4. 앞에서 제시한 대로 이름으로 각 영들을 도전하라. 아마도 한 개인 속에 여러 무리의 악한 영들이 살고 있는데, 각각의 무리들은 우두머리와 동역하는 졸개 부하들로 구성되어 있다. 악한 영들을 취조함으로 혹은 지식의 말씀을 통해 어떤 영이 더 두목인지, 어떤 영들이 그 밑에 있는지를 추적하라.
5. 각 무리의 우두머리들에게 그들 밑에 있는 졸개 부하들과 함께 정돈될 것을 명령한다. 졸개 부하들을 우두머리 영들에게 함께 묶어라.
6. 우두머리 영들이 이 사람 안에 거주할 다른 법적 권리가 있는가를 진술하도록 취조하라. 만약 있다면 내적치유를 통해 이런 법적 권리를 제거하라.
7. 만약 악한 영들이 거주할 더 이상의 법적 권리가 없다면 나는 예수님께서 직접 혹은 천사들을 통해 악한 영들을 감금할 영적 이동 감옥소로 보내 주도록 기도한다. 만약 어떤 영들이 아직 영적 이동 감옥소로 들어가지 않았다면 이것은 아직도 악한 영들이 이 사람 안에 거주할 법적 권리가 있다는 것을 의미한다. 그래서 우리는 깊은 상처의 치유를 더 행해야만 한다.
8. 모든 악한 영들이 영적 이동 감옥소에 다 감금되었을 때 나는 이 감옥소를 예수님의 발 앞으로 보내고 악한 영들과 환자를 동이 서에서 먼 것 같이 분리시켜 주실 것을 예수님께 요청한다.
9. 그런 다음, 악한 영들이 다시 돌아오는 것과 다른 영들이 보내는 것을 금지한다. 그런 후에 나는 악한 영들이 다시 돌아오지 못하도록 악한 영들과 환자 사이에 십자가와 (부활을 의미하는) 빈 무덤을 갖다 놓는다.
10. 마지막으로, 하나님께서 내 마음에 감동을 주시는 대로 환자를 많이 축복하되, 특히 환자가 가진 문제와 반대되는 것들로 축복한다.871)

크래프트가 이런 축사사역으로 가는 이유가 무엇인가? 그것은 삶의 문제를

---

870) 찰스 H. 크래프트, **사악한 영을 대적하라**, 윤수인 역 (서울: 은성, 2006), 165-167.
871) http://cafe.daum.net/khc23467 『신자가 소유한 놀라운 권세』 중에서

일차적으로는 인과율로 설명을 하려고 하기 때문이다. 그러나, 그것만으로는 설명이 안 되는 영적인 부분을 만나게 되었을 때 그것을 해결하기 위하여 결국 융의 원형론으로 나갔다.

이런 것은 예수 그리스도 안에서 주어진 성도의 특권이 무엇인지 모르는 어리석음이다. 예수님을 모르던 지나간 날에는 사단의 권세에서 죽음 속에 있었으나, 이제 예수 그리스도 안에서 새로운 피조물이 된 성도들은 사단의 권세에서 벗어난 해방된 자이다. 크래프트와 같이 축사사역을 하는 유명한 사람들이 어떤 의도와 사상을 가지고 있는지 아무런 상관도 없이 그저 치유만 일어나면 된다고 생각하고 있어서 큰 문제다. 그 결과로 지금 교회에는 축사사역이 하나의 유행병처럼 번져서 교회를 오염시키고 있다.

> 한국교회의 저변에 성도를 향하여 귀신을 축사하는 행각을 흔히 본다. 참으로 어리석은 짓이다. 왜냐하면 성도의 몸 안에 성령이 계셔서(고후 1:21-22) 악령이 존재할 수 없기 때문이다. 다만 성도의 경우는 죄를 짓거나, 시험에 들어서 악령의 영향을 외부로부터 받아서 성령의 소욕을 거스리거나 근심을 시키거나 성령의 역사를 소멸하려는 악령의 역사에 도구가 될 수가 있으나, 이러한 것은 내부로부터 외부로 몰아내는 축사의 대상이 아니다. 이 경우는 죄를 지은 결과로 마귀에게 속하여(요 13:8) 나타날 수가 있는 시험에 빠진 행태로서, 이 해결책은 죄들을 자백함과 성령을 좇아 행하는(갈 5:16-18) 충만은(엡 5:18) 물론 신의 성품에 참예하는 삶으로 말미암아 맏아들이 되신 예수님의 형상을 본받는(롬 8:29) 성화가 궁극적인 대안이다. 성도로서 축사의 행각은 불신자 중에 악령이 들린 자가 해당한다. 이것이 예수님의 축사의 모범이다. 따라서 성도를 향한 귀신 축사나, 불신자 사후의 영이 귀신이라는 사상이나, 각가지 귀신의 영들과 문제들을 만들어 이를 해결하는 수단이 명령하고, 꾸짖고, 결박하고, 선언 선포하는 행각은 금하고, 사실 이들의 지론에 의하면 신불신자 간에 인간은 악령의 소굴이라는 결론을 피할 수 없고, 자유 할 수 없는 것이다. 그래서 악령론이 잘못된 자들은 축사에 혈안이 되어 마치 사도의 권세를 받은 자인 냥, 오만한 행각을 서슴없이 행하는 것이다. 이것은 사도의 권세도 아니다. 이는 기독교형 이방인의 무속 신앙이지 바른 신앙이 아니다. 성경에 예수님이나 사도들이 성도를 향하여 악령을 축사한 일이 있는지 여부만을 살펴도 이러한 황당무계한 짓을 안 할 것이다.[872]

크래프트의 말대로 하자면, 사도 바울이 병에 걸린 것은 귀신 들렸기 때문인가? 그러면 귀신도 바울과 함께 천국으로 들어갈 수 있는 것인가?

성경에는 바울의 고통스러운 질병에 대하여 무엇이라고 기록하고 있는가?

---

872) http://www.inews.org/Snews/11/articleshow.php?Domain=keyh&No=1108/ 목회와 진리수호, 「성도 향한 악령 축사는 비성경」에서.

> 7 여러 계시를 받은 것이 지극히 크므로 너무 자고하지 않게 하시려고 내 육체에 가시 곧 사단의 사자를 주셨으니 이는 나를 쳐서 너무 자고하지 않게 하려 하심이니라 8 이것이 내게서 떠나기 위하여 내가 세 번 주께 간구하였더니 9 내게 이르시기를 내 은혜가 네게 족하도다 이는 내 능력이 약한데서 온전하여짐이라 하신지라 이러므로 도리어 크게 기뻐함으로 나의 여러 약한 것들에 대하여 자랑하리니 이는 그리스도의 능력으로 내게 머물게 하려 함이라 10 그러므로 내가 그리스도를 위하여 약한 것들과 능욕과 궁핍과 핍박과 곤란을 기뻐하노니 이는 내가 약할 그 때에 곧 강함이니라(고후 12:7-10)

고린도후서에는 자신의 질병으로 인해 하나님께 기도했을 뿐이다. 거기에는 축사(逐邪)를 했다는 기록이 전혀 없다. 성경은 바울 속에 귀신이 들어갔다고 말하지 않고, "사단의 사자"라고만 했다. 그것은 바울이 자고하지 않도록 하나님께서 허락하신 육체의 가시를 말한다.

바른 치유사역은 언제나 바른 성경해석에 기초한다. 크래프트가 아무리 구상화와 축사(逐邪)사역을 주장해도, 칼 융의 심리학과 샤머니즘에 기초하고 있기 때문에 성경적 지지를 받지 못한다.[873] 구상화와 축사(逐邪)사역은 성도된 의무와 책임을 회피하며 자기 죄에 대한 핑계와 변명으로 일관하게 된다. 무엇보다도 축사 사역의 핵심에는 칼 융의 원형론이 자리 잡고 있다는 것을 유념해야만 한다.

---

[873] 축사사역에 관해서는 필자의 책 『내적치유와 내면아이』 에서 「존 & 폴라 샌드포드와 내면아이」 를 참고하라.

주서택 목사와 구상화

주서택 목사는 내적치유사역원을 이끌고 있다. 주서택가 자랑삼아 말하듯이 4만 명 이상이 내적치유 세미나를 참석했다. 올해만 해도 수많은 사람이 무엇이 옳고 그른 것인지 분별도 못한 채 내적치유사역원의 세미나에 참석해서 치유를 받았다고 울고불고 간증을 하고 있다.

또한, 주서택 목사로부터 내적치유를 배워서 교회에서 내적치유를 가르치고 있는 목회자들이 계속 양산되어지고 있는 상황이다. 그들로부터 배우고 있는 것이 신성한 내면아이에 기초한 것이요, 그 방법이 뉴에이지 구상화라는 것이 밝혀지고 나면 성도들로부터 무슨 말을 듣게 될까 심히 걱정이 된다. 이미 『내적치유의 허구성』을 통하여 주서택 목사의 내적치유가 얼마나 심리학과 뉴에이지로 오염되어 있는가를 지적했으나, '나는 모르쇠'로 일관하고 있다.874)

그러나 그 세미나에 갔다 온 4만 명 모두가 주서택 목사의 내적치유 세미나를 공감하는 것은 아니라는 사실을 분명히 알아야 한다. 그들 중 많은 분이 주서택 목사의 내적치유 세미나가 비성경적이며 잘못되었다는 사실을 알고 있기 때문이다.

먼저 샤머니즘과 구상화에 대한 데이브 헌트의 글을 먼저 읽어보자.

> 뉴욕 과학 아카데미 인류학자 마이클 하르너(Michael Harner)는 자신이 마법 또는 마술이라고 정의하는, 샤머니즘의 부활을 대표한다고 말하는 현재 대중적인 심리정신적 기술들의 목록 선두에 구상화를 위치시킨다. 하르너는 비평하는 입장이 아니라 지지하는 입장으로 다른 많은 "통인격적"(transpersonal) 인류학자들과 심리학자들과 같이 샤머니즘을 확신하여 믿는 사람이 되었다고 말한다. 단연코 샤머니즘의 가장 효력 있고 힘 있는 형태인 구상화의 사용은 전세계에서 말 그대로 폭발적이고 아그네스 샌포드가 도입한 이래로 교회 내에서 더욱더 많이 수용되고 있으며 사용되고 있다. 구상화가 샤머니즘에 작용하는 중심적인 역할을 설명하면서 하르너는 다음과 같이 말한다. 샤먼은 지식과 능력을 얻고 사람들을 돕기 위해 자유자재로 변화된 의식 상태로 들어가서 보통 감추어져 있는 실재와 접촉하고 이용하는 남자나 여자를 말한다. … SSC(의식의 샤먼적 상태: Shamanic State of Consciousness)에서 사람은 샤먼적으로 "본다". 이것은 "구상화하기", "상상화하기"로 불리울 수 있으며 오스트리아 원주민들은 "이상한 눈"을 사용하는 것이라고 표현한다. … 유명한 오스트리아 인류학자 엘킨스(A. P. Elkins)가 관찰한 것처럼 원주민 샤면의 환상은 "단순한 환영이 아니다. 이것은 구상화 되고 구형화 된 정신적 형성물이며, 이 형성물은 이것을 만든 사람과 독립적으로 얼마 동안 존재할 수도 있다. …875)

---

874) 필자의 책 『내적치유의 허구성』, '주서택 목사의 구상화'와 '존 브래드쇼의 구상화'를 비교한 것을 참고하라.
875) 데이브 헌트/ T.A. 맥마흔 공저, **기독교 속의 미혹**, 김문철 역 (서울: 포도원, 1991), 146-147.

> 구상화는 놀랍도록 쉽게 마법사들과 샤먼들이 "영들"이라고 부르는 것과 접촉하게 해준다. 하르너는 "샤먼은 최소한 하나, 그리고 보통은 그 이상의 '영들'을 개인적으로 부릴 수 있다. 영이 없다면 사실상 샤면이 될 수 없다"고 설명한다. 현대인들은 동일한 샤머니즘의 절차를 따라서 동일한 "영들"과 접촉하지만 그 영들을 "내적 안내자들" 또는 "상상의 안내자들"이라고 부른다.876)

이 글에서 알 수 있듯이, 교회 안에서조차 아그네스 샌포드가 도입한 그대로 구상화를 통해서 샤먼들이 했던 것처럼 "영들"과 접촉하고 있다. 데이브 헌트는 이런 구상화에 대하여, 1) 이 절차는 성경적인 것이 아니며, 2) 그것은 수천 년 동안 수많은 형태의 마법에서 사용되어 왔던 것이고, 3) 상상 이상의 어떤 일이 일어나고 있으며, 4) 그것을 실행하는 자들은 자신을 마귀적인 영향에 노출 시키는 위험을 감수하는 것이라는 사실을 분명히 해야 한다고 말했다. 그는 또한 수천 년 동안 신비술의 내적 요소인 "영적 인도자들"이 구상화를 통해 접촉되고 있으며, 기독교인들의 구상화된 "예수"도 실제로는 이와 동일한 것이라고 분명히 말한다!877) 데이브 헌트는 한 가지 더 결정적인 말을 통하여 이런 일에 대해 쐐기를 박는다.

> 프란시스 맥넛은 다음과 같이 말한다. 내적치유 배후의 개념은 단지 우리가 예수 그리스도께 우리가 상처받던 때로 함께 거슬러 올라가 우리가 현재 겪는 그 상처의 결과들을 없애달라고 청하는 것이다 …878)

맥넛의 이런 말은 샤머니즘의 핵심기술인 정신연금술, 곧 구상화가 내적치유의 형태라는 것을 분명하게 확증하는 것이다. 이런 샤머니즘에 속한 구상화는 아그네스 샌포드를 통해 교회 안에 들어오게 되었다. 그 영향을 받은 사람이 대천덕이며 그의 아내인 현제인 사모이다. 왜 주서택 목사는 대천덕 신부를 언급할까? 이 말이 가지는 의미가 무엇일까?

본론으로 들어가자. 주서택 목사의 내적치유를 갔다 오지 않으면 다음과 같은 질문을 하게 된다.

---

876) Ibid., 176.
877) Ibid., 191.
878) Ibid., 203.

Question 06
목사님이 쓰신 내적치유 책을 보면 치유된 자들의 간증 속에는 아픔을 당한 현장 속에서 함께 하시는 예수님을 보았다는 표현이 많이 나오더군요. 이 말은 무슨 뜻인가요? 어떤 환상을 말하는 것인가요?879)

이런 질문에 대한 주서택 목사의 대답은 무엇인가?

간증자들이 하나님을 보았다는 것은 여러 가지 의미가 내포되어 있습니다. 물론 마음으로 뚜렷한 영상을 보는 분도 있지만, 뚜렷하게 어떤 생각이 떠올랐다거나, 지나간 기억이 오늘 일처럼 생각나면서 그 기억에 대한 의미가 새롭게 해석되는 것, 장면이 연상되는 것, 말씀이 문자적 의미가 아닌 내게 생생하게 말하는 것으로 깨달아지는 것 등입니다. 그래서 예수님을 보았다는 의미는, 특별한 능력처럼 여겨지는 환상이 아니고 '성령님께서 말씀하시고자 하는 것을 깨달음'이라고 정의할 수 있습니다.880)

내적치유 세미나를 갔다 오지 않은 사람들은 주서택 목사의 말 속에 포함된 말이 무슨 뜻인지 전혀 알 수가 없다. 심지어 갔다 온 사람들도 거의 대부분 모른다. 왜냐하면 그것을 분별할 수가 없기 때문이다.881) "예수님을 보았다", "하나님을 보았다"는 것은 뉴에이지 구상화를 통하여 만난 영적인 안내자(spirit guide)를 말한다.882)

---

879) 주서택, 내적치유와 상담 (서울: 순출판사, 2011), 25.
880) Ibid., 25.
881) http://www.igoodnews.net/news/articleView.html?idxno=33383/ (2012년 01월 03일 화 10:31:54, 새해, 내적치유로 시작하세요) 〈주서택 목사는 "내면의 상처와 아픔이 치유되지 않고는 건강한 자아 정체성과 영성을 가질 수 없고, 변화되고 성숙한 그리스도인의 삶을 살아가기가 매우 어렵다"고 말하고, "내적치유사역 연구원의 세미나와 교재를 사역 현장에서 적용해 공동체가 건강하게 살아나고 있다"며 목회 현장에서의 적용을 요청했다. 또한 "성서적 내적치유세미나의 모든 목표와 과정은 오직 예수 그리스도의 십자가 사건을 전하는 데 집중돼 있고, 그 십자가의 비밀을 성령께서 각 사람에게 이해시키시며 마음을 만지시는 과정"이라고 설명했다.〉 주서택 목사는 이렇게 말하기 때문에 그 정체를 모르는 사람들은 도무지 분별하기가 어렵다.
882) http://blog.daum.net/discern/48(2009.08.27.) 바라는 대로 이루어진다-오컬트의 구상화/심상화) 구상화의 위험-스피릿의 현현: 구상화의 신비적인 영향력 중의 하나가 구상화를 지속하면 구상화의 대상이 실제적으로 나타난다는 것이다. 고대 샤먼(무속인)으로부터 현대 뉴에이지에 이르기까지 많은 오컬티스트들이 구상화를 통해 그들의 "스피릿 가이드"(영계 안내자)를 초청해 왔으며, 그들의 가이드를 통해서 계시와 치유를 받았다고 한다. [성경은 죽은 자와의 교통을 금하고 있기 때문에, 이 스피릿 가이드는 악령(친숙령)임에 틀림없다.] 대표적으로, "빌레몬"이라는 "스피릿 가이드"로부터 구상화를 통한 내적치유를 전수받은 오컬티스트 칼 융과 '드왈 쿨'(Djwhal Khul, '대백색형제단'의 일원이며 D.K. 대사라고도 불림)이란 티베트 출신 "스피릿 가이드"로부터 주어진 계시를 받아적음으로써 뉴에이지 운동의 교과서를 만든 앨리스 베일리가 있다. 구상화를 통해 이런 스피릿을 만난 뉴에이저들의 예를 들어 보겠다: 전에 느껴 보지 못했던 강한 물리적 힘(포스)이 내게 나타났다. 밝은 빛이 나의 전체를 둘러쌌다. … 내 몸의 모든 세포를 투과하며, 특히 내 머리는 천 와트의 전구가 켜진 것 같이 빛으로 가득 찼다. … 깊은 평안을 느꼈다.

참으로 아이러니한 것은 주서택 목사가 다음과 같이 말한다는 것이다.

> 더 나아가 인간의 영이 사단에게 점령당할 때 훨씬 더 끔찍한 악의 도구가 되기 때문에, 성경은 예수 그리스도 밖에서 행하는 모든 영적인 접촉을 엄중히 금하고 있다. 하지만 현대에 이르러 이런 어두운 영적인 세상에 대하여 과거 그 어느 때보다도 인간들은 지나친 관심을 가지고 접촉을 시도하고 있다.883)

주서택 목사는 이 글에 대한 각주에서 조시 맥도우웰의 『오컬트』 (기독지혜사, 1996)라는 책을 참고하여 다음과 같이 말하고 있다는 사실을 주목하여 보아

… 갑자기 강한 골든 화이트 빛을 발하는 사람이 내 앞에 섰다. 처음에는 신비롭게 빛나는 사람이 예수 그리스도처럼 보인다고 지각했으나, 곧 이 사람이 드왈 쿨이라는 강한 직관이 떠올랐다. - 일 바론

나는 밤에 깨어 있었다. 놀랍게도 호텔 방 중앙에 남자가 서 있었다. 충격적이었다. … 그는 183센티 정도의 키와 큰 위엄을 지녔다. 그는 말했다. "무릎을 꿇어라! … 나는 예수 그리스도이니라. 내가 너를 고쳐 주겠다. … "- 일 바론 (바로 위 인용자)의 영매(靈媒)

기독교화 된 (뉴에이지) 구상화에서 구상화의 대상을 예수로 바꾼다. 예수의 모습을 상상으로 그림으로써, 그들은 예수와 "실제로" 만나고 대화하고 교제를 한다. 가톨릭을 포함한 많은 신비주의 관상가들에 의해서도 "구상화"는 증진되어 왔다: "그리스도가 당신 앞에서 십자가 위에 계신 것을 상상하고, 그와 대화를 시작하라", "누구든지 먹을 때에는, 우리 주 그리스도께서 (제자들과 함께) 식탁에서 먹고 마시고 보고 말하는 것을 상상하고 그것을 따르도록 노력해야 한다"-"영적 훈련"/예수회 이그나시우스 로욜라

"나는 환상 속에서 뿐 아니라 실제 현실 속에서도 그분(예수)께 말할 수 있다는 얘기다. 주님과의 이 영적 접촉이 명상의 참 목적이다."- 토마스 머튼

"그리스도의 빛이 당신의 손을 통해 흘러서, 당신의 아이가 그 날 겪은 모든 마음의 상처를 치유했다고 상상하십시오." - 리차드 포스터

그 외에도 복음주의 저술가인 캘빈 밀러는 "우리 마음속에 그리스도를 창조해야 한다"고 말한다: 상상(구상)은 그리스도와의 관계에 있어서 가장 앞에 옵니다. … 그리스도와 대화하는 중에 … 나는 그분의 연갈색 눈 … 적갈색 머리(의) 영광을 마십니다. 아니라고요? 그분의 머리가 검다고요? 눈은 갈색이라고요? 그렇게 하세요. … 우리가 서로 다른 이미지를 갖게 되더라도, 그분의 모습은 내게와 마찬가지로 여러분에게도 현실적이어야 합니다. 생명력은 이미지에 있습니다. 각자가 그린 모습대로 예수가 나타난다면, 참으로 예수는 한 모습을 가진 실체일 수 없다.

기독교 속으로 칼 융의 오컬틱한 "기억의 치유"(내적치유)를 소개한 아그네스 샌포드는 그녀의 오컬트 수행에 관해 말한다: 나는 스스로를 여덟 살짜리 소년으로 구상하기 시작했다. "예수께서 나타나는 상상을 할 수 있는지 보십시오." 세미나 강사는 지시했습니다. "그분이 당신께로 걸어오시도록 하십시오."

놀랍게도 예수께서는 캄캄한 놀이터에서 천천히 내게로 다가오셨습니다. 그는 사랑과 포용의 자세로 내게 손을 펼치셨습니다. … 더 이상 나는 장면을 창조하고 있지 않았습니다. 그리스도의 모습이 내게 다가와 내 등에서 짐을 들어 올렸습니다. 그가 너무 힘차게 하는 바람에 나는 의자에서 튕겨 올랐습니다. 이들은 구상화 속에서 만난 예수와 함께 과거의 기억 속으로 들어가서 당시의 죄를 용서받고 치유를 경험한다고 주장한다. 아그네스 샌포드의 내적치유의 제자인 루스 카터는 마약과 범죄에 빠져 스스로를 "사생아"로 여기는 젊은 여성에 대해 말한다. 루스의 해결책은 이 여성을 "유도 명상"(誘導, Guided Meditation)으로 이끄는 것이었는데, 거기서 그녀의 간음 행위 중에 예수가 "계신" 것으로 구상화함으로써 이 행위를 "거룩하고 순수한 하나님의 행위"로 만들었다고 한다.

883) 주서택, 김선화, 내 마음 속에 울고 있는 내가 있어요 (서울: 순출판사, 2008), 37-39.

야 한다.

> 그는 이 책에서 현대인들에게 번지는 마법, 점성술, 마술, 손금보기, 점 강신술, 악마숭배, 수정 구슬점 등등 수많은 오컬트, 즉 신비한 악이나 귀신의 역사와 관계된 것에 빠지는 현대인들의 모습을 설명하고 있다.[884]

위에서 인용한 주서택 목사의 두 가지 글을 통하여 자신은 이런 오컬트와 전혀 무관한 것처럼 말함으로써 세미나를 참석하는 사람들에게나 독자들에게 성서적으로 세미나를 진행하는 것처럼 이해하도록 만들고 있다. 주서택 목사 자신이 내면아이를 치료하기 위하여 오컬트에 속하는 구상화를 적용하여 실제로 행하고 있으면서도 왜 이런 말을 하는 것일까? 자기 스스로 어떤 길을 걸어가고 있는지 구분을 못하는 것일까? 아니면 알고도 모르는 채 하는 것일까?

내적치유사역의 두 기둥은 '신성한 내면아이'와 '구상화'이다. 이 두 가지가 논리적 근거를 상실하면 모든 것이 하루아침에 완전히 무너진다. 주서택 목사와 내적치유사역원은 지금이라도 오염되고 잘못된 방법에서 벗어나서 오직 하나님의 말씀으로 돌아오기를 진심으로 기도한다.

『내적치유의 허구성』에서 이미 언급했지만 조금 더 살펴보고자 한다. 우선 기본적인 것부터 시작해 보자. 내적치유사역원에서는 "내적치유와 정신분석과의 차이"를 다음과 같이 말한다.

> 비슷한 점: 현재의 성격의 이상과 생활상의 문제들은 반드시 어떤 원인이 있으며, 그 대부분이 잠재의식의 영역 속에 들어있다는 비슷한 전제를 가지고 있다. 그러기에 치료를 위해서는 반드시 표면의 행동을 만드는 역동적 원인을 규명하는 것에 있다.
> 다른 점: 1. 인간 이해와 목표가 다르다. 성서적 내적치유가 갖는 인간 이해는 인간은 하나님의 형상을 따라 창조된 피조물이며 영·혼·육을 가진 존재이다. 인간의 문제는 하나님을 떠나 혼자 자기 마음대로 살아가려는 고집스런 독립성이고 이것을 죄라고 한다. 그래서 치유의 근본 원칙은 내 안에 있는 고집스러운 독립성을 회개하고 하나님을 의지하는 것이다.
> 2. 치료의 주체가 다르다. 성서적 내적치유의 주체는 성부 성자 성령 하나님이시다.
> A. 나와 같은 인간이 되시고 나를 위해서 십자가에 죽으신 성자 하나님께서 죄의 사슬에서 나를 해방시키시는 권세이며 능력임을 믿는다. 그래서 예수님도 용서하셨으니 나도 예수님의 이름으로 용서한다. 예수님의 이름으로 사단을 대적한다. 나를 이해하시는 예수님을 묵상한다.
> B. 나를 모태에서부터 아시고 결코 버리지도 떠나지도 않으시고 눈동자처럼 지키신다는 성부 하나님을 신뢰한다. 그래서 나의 문제가 무엇인지 묻는다. 그때 어디에 계셨냐고 묻는 것이다.

---

[884] Ibid., 130.

C. 또한 지금도 함께 하셔서 마음의 깊은 아픔과 죄를 깨닫고 생각나게 하시며 나를 진리로 인도하시는 성령 하나님을 신뢰한다. 그래서 성령님의 능력을 간구한다. 성령님께 여쭈는 기도를 한다. 어떻게 해야 하냐고 하나님의 뜻을 묻는다.
3. 치료의 목적이 다르다. 성서적 내적치유의 목적은 아픈 감정의 치료나 대인관계의 회복이 아니다. 그것은 과정일 뿐이다. 성서적 내적치유의 근본적인 목적은 그리스도를 닮아 가는 성화이다.[885]

치료의 주체가 성부 성자 성령 하나님이시라고 하지만, 실제로 그런가? "나를 이해하시는 예수님을 묵상한다."는 말은 무엇인가? 결국 구상화를 통하여 치유를 하겠다는 말이다. 구상화를 하는 사람은 누구인가? 치유를 받고자 하는 사람 본인이다. 지나간 과거의 일을 떠올려서 그 상황에 예수님을 초청하는 사람은 누구인가? 역시 치유 받고자 하는 본인이다. 그 상황에서 상처 준 사람을 용서하는 자는 누구인가? 역시 치유 받고자 하는 본인이다.

"그때 어디에 계셨냐"고 물을 필요가 없다. 그러면서, "성령님께 여쭈는 기도를 한다. 어떻게 해야 하냐고 하나님의 뜻을 묻는다."라고 말한다. 성도의 삶은 성령님께 여쭈어서 무엇을 해야 하는 것이 아니다. 이미 하나님의 말씀에 나와 있고 그 원리가 분명하다. 왜 여쭈어 보아야 하는가? 도대체 누구의 음성을 듣고 싶어 하기 때문인가?[886] 성령 하나님의 감동으로 기록된 계시의 말씀이 부족하기 때문인가? 내적치유사역원과 관련된 블로그에는 내적치유에 대한 근거를 다음과 같이 말한다.

> 내적치유 세미나, 왜 하는가?
> 내적치유사역연구원에서는 91년부터 지금까지 2박 3일 프로그램으로 내적치유세미나를 열고 있다. 내적치유세미나를 개최하는 이유는 치유되지 않은 내면의 상처의 뿌리들이 일대일 상담이나 교육으로는 드러나는데도 한계가 있고 또 치유되는 것에도 한계가 있기 때문이다. 한 사람이 기도하면 천을 쫓고 두 사람이 기도하면 만을 쫓는다고 하시듯 합심하여 주님의 치유의 도우심을 바라며 주님에 대해 깊이 묵상하는 2박 3일의 여정은 성령께서 역사하실 수 있는 치유

---

885) http://blog.naver.com/optimism11
886) 주서택, **내적치유와 상담** (서울: 순출판사, 2011), 76-77; 이미 계시가 종료된 이 신약시대에 주서택 목사는 다음과 같이 말한다. "하나님의 음성이란 단순한 말소리가 아니라 여러 가지 방법을 통해서 우리에게 전해지는 하나님의 메시지이며 안내입니다. 꿈을 통해서, 다른 사람의 말을 통해서, 상황을 통해서, 천사를 통해서, 심지어는 이름 모를 한 포기의 들꽃을 통해서도 하나님은 우리에게 말씀하실 수 있습니다. … 크리스천은 하나님과 개인적인 삶의 체험과 대화가 이어져야 나아가 들어가도 속사람은 계속 새롭게 성장하며 신앙에 열정과 기대를 가지고 살 수 있습니다. 내게 개인적으로 주시는 하나님의 음성을 듣고자 하는 자세, 이것은 결코 비이성적인 것도 아니며 비합리적인 것도 아닙니다."

의 현장이다.
> 치유에 대한 지식과 심리적인 이해가 치유를 일으키는 것이 아니다. 내적치유는 감정적인 평안을 추구하는 것이 아니라 내면의 속사람에 대한 실질적인 수술의 작업이기에 성령의 도우심이 절대적으로 필요하다. 따라서 주님의 자녀들이 함께 모여 기도하는 곳에서 성령의 도우심은 크게 나타난다. 그동안 책을 통해서 혹은 여러 가지 교육을 통해서 치유에 대해 이해하고 어느 정도 자신 안에서 치유를 경험했다 할지라도 내적치유세미나를 통하여 성령이 깊이 만져 주시고 치유하시는 역사는 비교할 수 없는 차원임을 수많은 참석자들은 증언하고 있다.[887]

위의 말에서, "내적치유는 감정적인 평안을 추구하는 것이 아니라 내면의 속사람에 대한 실질적인 수술의 작업이기에 성령의 도우심이 절대적으로 필요하다."는 것은 '우리는 뉴에이지 구상화로 치유사역 합니다.'라고 만천하에 선언을 하는 것이나 마찬가지다. 말은 그럴싸해 보일지라도, 신비주의와 심리학이 내면에서 답을 구하듯이, 내적치유사역원은 '내면의 속사람'에게서 그 답을 구하려고 한다. 심리학이나 내적치유나 왜 내면으로 향하는지 그것을 읽어 내야 한다.

성경이 말하는 것은 인간 안에는 빛이 없고 어둠이며 아무런 답이 없다는 것이고, 그것은 유일하게 예수님 안에만 있다는 것이며, 세상은 인간 안에 빛이 있고 답이 있다고 말한다. 그 이름을 무의식이라 하여 말을 바꾸어 놓으니 사람들이 헷갈리기 시작한 것이다. 무의식이란 인간 안에 빛이 있다는 심리학적인 용어이다.

일대일 상담이나 교육이 한계를 가지고 있다고 말하면서 구상화를 통하여 과거로 돌아가서 과거를 재구성하는 것은 하나님께서 이미 하신 일에 대하여 이의를 제기하고 감히 하나님의 주관을 침해하는 비성경적인 방법이다.

구상화의 실제 - 회상의 기도

주서택 목사는 "회상의 기도"라는 이름으로 구상화를 하고 있다. 내적치유사역원과 관련된 블로그에는 다음과 같은 글이 올라와 있다.

> "회상의 기도에 대해서 알아봅니다."
> 세미나 때 회상의 기도 시간에 많은 분들이 태아 때 혹은 전혀 생각지 못한 어린 시절의 한 장

---

887) http://blog.naver.com/optimism11/ "… 합심하여 주님의 치유의 도우심을 바라며 주님에 대해 깊이 묵상하는 2박 3일의 여정은 성령께서 역사하실 수 있는 치유의 현장이"라는 말이 과연 성경적인가? "주님에 대하여 깊이 묵상"한다는 것을 무엇을 통하여 이루어지는가? 그것은 구상화를 통하여 이루어진다.

면들이 기억났고 그로 인해 삶을 새롭게 바라보게 되었다고 합니다. 회상의 기도의 의미는 무엇이며 성경적인 근거는 무엇인지 정리해 봅니다.

1. 회상의 기도란 무엇인가?
회상의 기도란 하나님께서 나라는 존재에 대해 계획하시고 창조하신 분이라는 말씀에 근거하여 자신의 인생 전반을 묵상해 보는 지극히 단순한 기도의 시간입니다.

2. 회상의 기도를 갖는 이유는?
1) 하나님의 말씀을 문자적이 아니라 마음으로 깊이 받아들이고 자신의 삶에 구체적으로 적용해 보기 위해서입니다.
하나님이 나의 창조주시며 나와 항상 함께 하셨으며 나의 삶속에 구체적으로 개입하셨고 나를 사랑하시며 나와 개인적인 관계를 맺고 계시는 분이라는 나의 존재에 관한 말씀들은 문자적으로 이해하는 것과 실제 내 마음에 새기는 것과는 엄청난 차이가 있습니다. 이 말씀들이 레마가 되어 내 속사람 안에 새겨질 때 우리는 어떤 고통과 혼란 속에서도 삶을 바르게 살아 갈 수 있는 힘을 얻을 수 있는 힘을 얻으며 자신의 삶을 새롭게 바라 볼 수 있습니다.

2) 현재의 인간관계와 하나님 관계에 부정적 영향을 미치는 과거의 경험에 대한 치유의 기회를 갖기 위함입니다.
인간의 뇌는 마치 컴퓨터와 같은 기억장치를 가지는데 이 신비한 능력은 사건에 대한 저장뿐만 아니라 그 사건에 따르는 모든 감정과 해석과 주관적 견해까지 저장되며 이것은 삶에 대한 반응양식에 큰 영향을 미치게 됩니다. 삶에 영향을 준 부정적 경험들은 기억하든지 기억하지 못하든지 간에 그 사람에게 영향을 끼친다는 점은 같습니다.

권면적 상담가인 제이 E. 아담스도 과거를 살펴봐야 할 필요성에 대해 언급하기를 '비성경적인 반응의 유형이 개인의 당면한 문제의 근거라고 하는 사실을 충분하게 입증하기 위해서 과거를 재검토하는 것이 중요하다'라고 하며 예수원의 아처 토레이는 '기억의 치유는 잠재의식의 치유라고 할 수 있다. 축적된 상한 기억들이 더 이상 눌러 있지 않고 오히려 마음을 지배하게 될 때 마음이 태풍과 같아 정상으로 되지 못하고 의식까지도 잡혀 들어가게 되어 올바른 생각을 하지 못한다. 그때 영은 하늘과도 연락이 안 되어 항상 마음이 아픈 상태가 된다.'고 했습니다. 하지만 우리는 어떤 것이 내게 죄를 짓게 하는 온상이 되는 경험이며 기억인지 온전히 알 수 없습니다. 그래서 이러한 과정은 전적으로 성령의 도우심이 필요합니다.

3. 태아기를 포함한 과거의 경험이 현재의 삶에 영향을 줄 수 있다는 근거는 무엇일까요?
1) 의학 심리학적 근거: 미국 하버드를 졸업하고 토론토 대학에서 의학박사 학위를 받은 토마스 바니는 '태아는 알고 있다'에서 어머니의 신경호르몬이 지나치게 많이 분비함에 따라 태아의 신체 기능이 현저하게 변화되고 그 결과 태어난 아기는 생리적인 변화를 초래하므로 태아기의 체험은 태아의 성장과 변화를 가져오게 하는 능력에 영향을 미친다고 합니다. 이런 현상 (신체 정신현상, somatopsychics)은 '기본적인 생리학적 프로세스가 개인의 성격구조, 지각 및 활동 능력에 영향을 미치는 하나의 구조'라고 정의하였으며 이것은 정신 신체현상(psychosomatics)이라고 불리는 것과는 표리의 관계에 있는 것으로 신체 정신현상이란 성격의 비뚤어짐이 궤양이나 고혈압을 일으킨다는 정신신체 현상의 생각과는 반대로 불안, 우울증 등의 감정이 육체적인 메카니즘의 변화 때문에 일어난다고 설명합니다. 인간은 정신과 육체가 매우 밀접한 관계 속에서 태아기뿐 아니라 어린 시절의 모든 경험 역시 생리적 프로세스에 영향을 미치게 됩니다.

2) 성경적 근거: 성경은 태아를 단순한 세포 덩어리가 아니라 하나님의 형상을 지닌 온전한 생명체로 보며 이미 인격적 특성을 가지고 있음을 증거합니다. 그러므로 태아기의 경험은 성격과 몸에 영향을 미치는 것입니다(사 46:2-3; 렘 1:5; 시편 139:13; 눅 1:41; 창 25:22). 태아를 한 인간으로 본 동양적 사고에서는 그러므로 태교를 매우 중요시 했습니다.

4. 성령께서 과거의 기억을 치유하신다는 의미는 무엇일까요?
하나님이 과거를 치유하시고 과거를 새롭게 하신다는 의미는 현재의 삶에 부정적인 영향을 주는 어둠의 힘을 끊으셔서 감정을 정화하시고 위로를 하시며 더 나아가 사건에 대한 부정적 해석과 죄된 태도를 인식하여 회개하도록 이끄신다는 것입니다.[888]

먼저 화상의 기도에 대한 접근 자체부터가 잘못되었다. "자신의 인생 전반을 묵상해 보는 자극히 단순한 기도의 시간"이라고 한다. 자신의 인생 전반을 묵상한다는 그 말 속에는 태아적으로 돌아가는 것이 포함되어 있는데, 태아적 일을 다 기억할 만큼 인간의 머리는 똑똑하지 못하다. 그것은 순전히 주관적인 추측과 상상에 불과하다.[889] 태아적 뿐만 아니라 어렸을 때의 경험이 모든 것을 좌우한다는 망상은 오늘날 심리학자들에게도 강한 반대에 부딪히고 있다.[890]

중요한 것은 뉴에이지 영향 속에 있는 사람도 역시 이름만 다를 뿐이지 똑같이 자행하고 있다는 사실이다. 이름을 화상기도라고 바꾸어 마치 정당하고 올바른 것처럼 포장을 하고 있으나 실상은 뉴에이지 구상화와 동일한 방법을 그대로 사용하고 있다.

둘째로, 화상의 기도를 갖는 이유가 정당하지 못하다.
문자적으로가 아니라 마음에 새기어야 된다고 말하지만, 그 새기는 방법이 뉴

---

888) http://blog.naver.com/optimism11/20129562232(2011.05.31 14:22)
889) http://inner.or.kr/board/view.php?key=208&start=0&id=bbs_05&sn=&ss=on&sc=&keyword=&vn=
890) 우르술라 누버, **심리학이 어린 시절을 말하다**, 김하락 역 (서울: 랜덤하우스, 2011), 135-137; "흔히 한 살 때 겪은 경험이 인생을 결정한다고 생각하지만 이것은 대체로 터무니없는 생각이다." - 발달심리학자 로렌스 콜베르크 (Lawrence Kohlberg) "사람의 생각과 행동은 대개 본질적으로 생후 첫 5년간의 특수한 교육 방법에 영향을 받지 않는다." - 심리학자 데이비드 맥클러랜드(David McClelland) - "아이는 어린 시절에 겪은 트라우마(정신적 외상) 때문이 아니라 그 후에 가해지는 지속적인 억압 때문에 비뚤어진다." - 심리학자 & 의사 세실 에른스트 "어떤 과학자도 생후 첫 두 해에 겪은 특정한 경험이 이후의 특정한 사건을 야기한다는 것을 증명할 수 있는 가능성은 20퍼센트도 안 된다." - 발달심리학자 제롬 캐건(Jerome Kagan) "어린 시절에 겪은 트라우마의 부정적 작용이 결코 불가피한 것이나 결정적인 것은 아니다. 어린 시절의 경험이 인격 발달을 최종적으로 결정한다는 견해는 명백한 증거에 분명히 모순된다." - 아동정신과의사 마이클 러터(Michael Ruther) "나는 어린 시절의 경험이 과대평가되고 있다고 생각한다." - 전(前) 미국심리학자협회 회장 & 사회심리학자 마틴 셀리그만(Martin Seligman)

에이지 구상화로 할 필요가 없다. 그것도 "내 속사람 안에 새겨"야 한다고 하는데, 저들이 말하는 속사람은 '내면아이'를 말하고 있는 것이지 성경이 말하는 속사람이 아니다. 또 어떤 때에는 성경의 속사람을 사용하고 어떤 때에는 심리학의 속사람을 사용하는 것은 세미나 참석자들에게나 그의 책을 사보는 독자들에게도 비성경적으로 가르치는 것이다.

셋째로, 과거의 경험에 대한 치유의 기회를 말하면서 제이 E. 아담스와 아처 토레이의 글을 인용하는 것은 자신의 오류를 스스로 드러내는 것이다. 이 글을 올린 분은 이렇게 제이 E. 아담스의 견해라고 하면서 "과거를 살펴봐야 할 필요성에 대해 언급하기를 '비성경적인 반응의 유형이 개인의 당면한 문제의 근거라고 하는 사실을 충분하게 입증하기 위해서 과거를 재검토하는 것이 중요하다.'"라고 말한다.

정말로 아담스가 과거로 돌아가서 회상의 기도를 했을까? 정말로 그랬을까? 제이 E. 아담스의 견해는 어떠한가? 아담스가 실제로 의미하는 바가 무엇인지 그 원래의 핵심이 무엇인지 아담스의 말을 끝까지 한 번 들어보자.

> 어떤 자들은 과거에다 초점을 맞추는데 그러나 과거에 초점을 맞출 경우에 변화는 가능하지 못하다. 왜냐하면 아무도 과거를 변화시킬 수 없기 때문이다. 변화를 필요로 하는 것은 과거가 아니다. 실제로 과거는 더 이상 존재하지 않는다. 피상담자가 변화를 해야 하는 것은 바로 현재의 그 자신이다. 상담자들은 피상담자들이 과거를 벗어나서 현재적 초점을 맞추도록 도와주어야 한다. 그들은 과거는 피상담자 자신의 삶의 형식과 그리고 과거 활동들의 현재적 결과에 있어서 현재라는 것을 설명해야 한다. 근심을 가지고 미래에만 초점을 맞추는 자들이 변화를 성취 못하듯이 그들의 정력과 관심을 과거에다가 (그것도 이미 존재하지 않는다) 맞추는 자들도 역시 그들이 원하는 변화를 성취할 수 없다는 사실을 발견하게 된다.
>
> 과거는 현재에 성취해야만 하는 용서, 개선, 화해 그리고 다른 변화들에 의해서 오직 현재 가운데서 취급될 수 있다. 그리하여 상담자들은 피상담자들이 그것들 가운데 빠져서 고통당할 수 있는 당황함, 근심, 범죄의식, 자기연민, 낙담, 후회 같은 것들의 덫에 빠지지 않도록 해야 한다. 만약 상담자들도 역시 있을 수 있는 덫에 빠졌다면 그들은 피상담자들을 자유스럽게 하도록 도움을 주지 못할 것이다.
>
> 오히려 기독교 상담자의 의무는 피상담자를 회개로 부르는 것이다. 그것은 변화로의 부름이며 삶의 변화로 인도하는 마음의 변화이다. 회개는 과거에 대한 단순한 근심과는 다르다. 슬픔은 진정한 회개를 동반할 수 있지만 그러나 그 진정한 회개와 동일시되어서는 안 된다. 에서는 그 자신의 죄의 궁극적 결과에 대해서 근심했지만 진정으로 회개하지는 않았다(히 12:16-17). 그런 반면에 "하나님의 뜻대로 하는 근심은 후회할 것이 없는 구원으로 이르게 하는 회개를 이루는 것이요"(고후 7:10). 진정한 회개 가운데서 성령께서는 항상 변화를 성취하신다. 사도 바울

은 그가 "하나님께로 돌아가서 회개에 합당한 일을 행하라"는 소망으로 이방인들에게 전도했을 때에 그와 같이 묘사했다(행 26:20). 그리하여 진정한 상담자는 피상담자로 하여금 과거에 거하지 않도록, 그 대신에 현재의 범죄와 현재에 나타나는 과거의 활동에 대해서 관심 갖도록 부르며, 그 결과 과거는 용서받을 수 있고 그리고 과거는 사라지며, 피상담자는 앞에 있는 것을 붙잡기 위해서 나아갈 수 있다(빌 3:13-14).[891]

이것이 아담스의 과거에 대한 입장이다. 여기에 어디 내적치유 사역원에서 말하는 식의 과거 개념이 들어있는가? 내적치유사역원은 아담스의 본래 의도를 짓밟고 자신들의 논리를 정당화하기 위하여 아담스를 악용하고 있다.

아담스는 과거에 초점을 두어서는 현재의 삶을 변화시키지 못한다고 강력하게 말하고 있다. 과거는 이미 존재하지도 않기 때문이다. 그래서 상담자들은 지금 현재에 초점을 맞추도록 도와주라고 하고 있지 않는가! 아담스가 마지막 문단에서 말하듯이, 지금 현재의 범죄, 지금 현재에 나타나고 있는 과거의 활동에 대해서 과거에 관심을 가지도록 말하고 있다. 내적치유사역원에서 하는 것처럼 화상의 기도를 하라고 말하는 것은 결단코 아니다. 그 화상의 기도는 뉴에이지 구상화이다.

중요한 것은 '과거의 기억은 믿을 것이 못 된다'는 것이다. 어린 시절로 돌아가서 과거를 구상한다는 것은 순전히 개인의 기억에 의존한다. 그러나 그 기억을 백 퍼센트 완벽하게 기억해 낸다는 것은 불가능하며 그로 인해서 과거의 기억은 오도된다. 이것은 필자의 견해만이 아니라 심리학자들이 기억의 신빙성을 논의한 결과에 의한 것이기도 하다. 이 말이 뜻하는 바는 심리학자들도 기억에 대한 이전의 학설을 따르지 않는다는 것이다. 우르술라 누버가 말하는 몇 가지 예를 구체적으로 인용해 보면 다음과 같다. 발달 심리학자 장 피아제(Jean Piaget)는 다음과 같은 재미있는 예를 말했다.

> 피아제는 두 살 때 겪은 일에 대해 다음과 같이 말했다. "지금도 그 장면이 생생히 떠오른다. 나는 유모차에 앉아 있었다. 보모가 유모차를 밀며 산책을 하고 있을 때 어떤 사람이 나를 납치하려고 했다. 보모가 용감히 나와 유괴범 사이에 서 있는 동안 나는 유모차 벨트를 꽉 붙들고 있었다. 납치범은 보모의 얼굴을 몇 군데나 할퀴었다. 지금도 보모의 얼굴에는 할퀸 자국이 희미하게 남아 있다." 피아제는 열다섯 살 때까지만 해도 이 사건이 실제로 일어났다고 믿었다. 나중에 피아제의 부모는 당시 보모한테서 편지 한 통을 받았다. 편지에서 보모는 사과를 하며

---

891) 제이 E. 아담스, **기독교상담교본**, 김용순 역 (서울: 보이스사, 1982), 346-347.

그 사건이 날조된 것이라고 자백했다. 자라면서 이 이야기를 수도 없이 들었기 때문에 완전히 날조된 사건을 생생히 기억하게 되었다고 피아제는 말한다. 어린 시절의 환상이 그에 상응하는 모습을 제공한 것이다.892)

어떤 기억을 계속해서 반복하게 되면 그 기억은 크게 강화되기도 한다. 오스트리아의 작가 게르하르트 로트(Gerhard Roth)는 그의 책 『시대의 알파벳』(Das Alphabet der Zeit)에서 이렇게 말했다.

두 살 때 뷔르츠부르크로 자동차 여행을 한 것이 그의 첫 기억이었다. 따라서 이때가 그가 진짜로 태어난 때였다. 그는 그 이야기를 하도 자주 들어서 어디까지가 자신이 직접 알고 있는 것이고 어디까지가 덧붙인 이야기인지 알지 못했다.893)

우르술라 누버는 '귀머거리 게임'을 통해 다음과 같이 말했다.

첫 번째 사람이 귀를 막고 있는 두 번째 사람에게 어떤 말을 전달하면 두 번째 사람이 자기가 들은 말을 세 번째 사람에게 전달하는 게임이다. 이 게임의 묘미는 변화에 있다. 처음에는 뉘앙스만 변하다가 결국에는 엉뚱한 말이 되어 버린다. 예컨대 첫 번째 사람이 이렇게 말한다. "정원사가 정원에서 풀을 뽑고 튤립 뿌리를 심는다." 그 다음 사람은 그 말을 받아, "정원사가 풀을 뽑고 튤립을 심는다."라고 말한다. 세 번째 사람은 그 말을 받아 큰 소리로, "정원에서 사람들이 풀을 심고, 정원사가 튤립을 뽑는다."라고 말한다. 이 게임에서 사람들은 대부분 어느 한 부분만 강조하고 나머지는 잊거나 자신의 입장에 따라 왜곡해서 전달한다.894)

미국의 작가 칼 사베이(Karl Sabbag)는 어느 날 이런 기억 왜곡 현상을 경험했다. 사베이는 어렸을 때 어머니한테 다음과 같은 시를 자주 들었다. 이 시는 곧 그의 애송시가 되었다.

연못에 오리 세 마리
그 너무 푸른 풀밭
참 아름다운 풍경이다
몇 년 후에도 기억하리
눈물로 기억하리.

몇 년 후 사베이는 고서점에서 시집 한 권을 구입했다. 이 시집에 바로 이 시가 수록되어 있었다. 하지만 놀랍게도 사베이가 암송하고 있는 것과는 달랐다.

---

892) 우르술라 누버, 심리학이 어린 시절을 말하다, 김하락 역, 랜덤하우스, 2011, 208-209.
893) Ibid., 209.
894) Ibid., 209-210.

> 연못에 오리 네 마리
> 그 너무 푸른 풀밭
> 흰 구름 떠다니는
> 파란 봄 하늘
> 근사한 풍경이다
> 몇 년 후에도 기억하리
> 눈물을 흘리며.

미묘한 차이에 사베이는 어안이 벙벙해졌다. 어머니가 늘 들려주던 그 시에는 오리 네 마리가 아니고 세 마리였고, '흰 구름 떠다니는 파란 봄 하늘'이라는 구절도 없었다. 어머니가 잘못 낭송한 것일까? 사베이가 잘못 알아들었던 것일까? 확실히 아는 사람은 아무도 없다.[895] 중요한 것은 기억이 왜곡되었다는 사실이다.

어린 시절의 기억에 대하여 데이브 헌트는 다음과 같이 말했다.

> 내적치유는 실제로 자주 발생되는 "문제들을 해결하기"위해 암시력을 이용하는 기독교화 된 정신분석이다. 이와 같은 표현은 다른 여러 형태의 정신 요법에도 사용될 수 있다. 수천 명의 사람들과 마찬가지로 콜롬비아 대학교 정신병치료 연구소의 카니 랜디스 박사(Dr. Carney Landis)는 정신 분석 후 자신이 굉장히 나빠졌다는 것을 발견했다. 그의 분석자는 솔직히 그에게 "분석 과정이 실제로 정상인 사람에게 신경증을 야기시킨다"고 인정했다. 결국 랜디스는 다음과 같이 결론지었다.
> 나는 … 어린 시절의 환상, 기억, 비실재에 대한 감정, 사랑의 전이를 실제로 정신 분석이 드러낸다기보다는 오히려 만들어낸다고 믿는다.[896]

이와 같은 글들은 한결같이 어린 시절의 기억을 되살리는 작업은 왜곡이 될 수밖에 없으며, 오히려 더 해로운 결과를 가져온다는 것을 말하고 있다. 그러므로 주서택 목사의 구상화 도구인 "화상의 기도"를 통하여 내적치유를 하는 것 역시 같은 위험성을 내포하고 있다.

다음으로, 아처 토레이의 말을 인용하는 것에 대해서 살펴보자. 위의 글 중에서 다시 옮겨 보면 다음과 같다.

---

895) Ibid., 210-211.
896) 데이브 헌트/ T.A. 맥마흔 공저, **기독교 속의 미혹**, 김문철 역 (서울: 포도원, 1991), 208.

> 치유는 잠재의식의 치유라고 할 수 있다. 축적된 상한 기억들이 더 이상 눌려 있지 않고 오히려 마음을 지배하게 될 때 마음이 태풍과 같아 정상으로 되지 못하고 의식까지도 잡혀 들어가게 되어 올바른 생각을 하지 못한다. 그때 영은 하늘과도 연락이 안 되어 항상 마음이 아픈 상태가 된다.[897]

아처 토레이가 말하는 기억치유는 아그네스 샌포드로부터 전수받은 샤머니즘적이고 뉴에이지적인 구상화 치유를 말한다! 아그네스 샌포드는 구상화 치유를 교회에 끌어 들여서 교회를 뉴에이지에 물들게 한 장본인 중에 핵심 인물이다. 그런 사람의 영향을 입은 사람이 아처 토레이와 현제인 사모이다. 그런데, 그런 사람의 이름과 글을 인용하면서 화상의 기도의 정당성을 확보하려는 것은, 내적 치유사역원 스스로가 '우리는 구상화 치유를 하고 있습니다.'라고 선언을 하는 것이다.[898]

넷째로, 의학적 심리학적 근거를 제시해서 화상의 기도의 정당성을 확보하는 것은 심리학으로 내적치유 안 한다고 널리 홍보해 놓은 내적치유사역원의 입장에 대한 원천적인 부정을 하고 있는 것이다. 치유의 결과는 세상의 종교와 심리학에서도 얼마든지 일어난다. 중요한 것은 그 원리와 방법이 성경적이냐 아니냐가 중요하다. 심리학적 배경을 가지고 사역을 하고 있으면서 성서적이라고 그 수많은 성도들에게 말하고 있으니 그 자체가 잘못된 것이다.

특히나 주서택 목사가 토마스 바니를 인용하여 태아시절에 엄마로부터 영향을 입는다고 말하는 것은 일차적으로 주서택 목사가 심리학의 지대한 영향을 입고 있다고 스스로 말하는 것이다. 심리학이 아니라 성서적으로 치유한다는 그의 말은 의미가 없다. 또한 태아에 대한 이론은 추측과 가정에 불과한 것이지 어느

---

897) http://blog.naver.com/optimism11/20129562232(2011.05.31 14:22)
898) http://cafe.naver.com/innerhealing119/30(2011.11.10 15:11) 또한 김선화 소장은 헨리 나우웬과 데이빗 씨맨즈의 글을 인용하고 있다. 〈헨리 나우웬은 말하기를, "잃어버린 기억은 치유의 기회를 놓친 것이다."라고 말했습니다. … 이에 대해 기독교 심리학자인 데이빗 씨맨즈 목사는 이렇게 설명하고 있습니다. "고통스런 기억은 단순히 우리의 가슴에 자리 잡고 있는 강렬한 고통이나 우리의 가슴을 뒤흔들어 놓는 과거의 충격만은 아니다. 그것은 그러한 고통이나 압박으로 인하여 우리가 처하는 현실에 대처해 가는 일에 있어서 혹은 사람들과의 관계를 맺어 가는데 있어서 잘못된 방법으로 가도록 길들여지는 때문이다. 그러는 동안에 우리의 성격양상의 근본까지도 그런 식으로 바뀌어 가게 된다. 즉 우리의 생활 방식이 그런 태도를 취하게 되는 것이다."〉 이런 말들은 김선화 소장 스스로가, '내 사연은 신비주의 영성의 내적치유를 하고 있습니다.'라고 스스로 말하는 것이나 다름이 없다.

누구도 객관적으로 제시하지 못하며 검증된 것은 하나도 없다.899) 무엇보다 태아적 원인이 모든 인생을 결정한다고 설명하려는 그 어떤 시도도 인과율에 기초하고 있다는 것이며 그것으로 끝나지 않고 더 심각한 차원, 곧 영적인 차원으로 가게 된다.

다섯째로, 성경적 근거900)라고 하면서 태아경험을 입증하기 위해 제시하는 성경구절 역시 보편타당성의 원리에 적용되지 않는다. 성경적 근거로 제시한 성경구절들은 하나님께서 특별하신 목적으로 특별하게 행하신 일들이다. 왜 그것이 특별한가? 그것은 그의 택한 백성들을 죄와 사망에서 구원하시는 구속사에 관한 일이기 때문이다. 그러므로 특별한 것을 보편화 시켜서 모든 사람에게 동일하게 일어나는 일로 만들어서는 안 된다.

여섯째로, 성령께서 과거의 기억을 새롭게 하신다는 것은 삼위 하나님의 역사를 부정하며 그의 일하심에 대한 자기모순에 빠지게 만들어서 삼위 하나님의 섭리에 오류가 있음을 상정하게 한다.

과거의 사건은 하나님의 작정과 섭리 속에서 일어난 일이다. 하나님은 한 점의 실수 없이 그 역사를 이루어 가시는 분이시다. 하나님의 역사에는 우연이란

---

899) 토마스 바니, **태아는 알고 있다**, 김수용 역, 샘터사, 2005.
http://www.kyobobook.co.kr/product/detailViewKor.laf?ejkGb=KOR&mallGb=KOR&barcode=9788946411654&orderClick=LAG/ "태아가 분만 중에 얻는 쾌감의 크기에 따라 성적 태도를 갖게 되는 경향이 강하다. 제왕절개와 유도분만은 잘못된 성적 태도 심지어 육체적 태도를 형성할 가능성이 크다. 태아가 산도를 따라 밀려 나오는 순간 느끼는 고통과 쾌감은 먼 훗날까지 강렬한 기억으로 남는다."(p. 149) 도대체 이것을 어떻게 과학적으로 증명한다는 말인가? 저자가 말하고 있듯이, "가능성"일 뿐이다. 그것은 순전히 저자의 추측과 가정에 불과할 뿐이다.
http://www.ezday.co.kr/bbs/view_board.html?q_id_info=379&q_sq_board=1855083/ 미국의 정신과 의사인 토마스 바니는 모체와 태아는 심리, 생리, 행동 등 3가지 연결 회로를 가지고 있다고 말한다. 즉, 모체의 감정 변화, 식사, 환경, 스트레스, 행동, 습관이 태아의 성장과 건강에 영향을 미친다는 것이다.
900) 그들은 구부러졌고 그들은 일제히 엎드러졌으므로 그 짐을 구하여 내지 못하고 자기도 잡혀 갔느니라 야곱 집이여 이스라엘 집의 남은 모든 자여 나를 들을지어다 배에서 남으로부터 내게 안겼고 태에서 남으로부터 내게 품기운 너희여(사 46:2-3) 내가 너를 복중에 짓기 전에 너를 알았고 네가 태에서 나오기 전에 너를 구별하였고 너를 열방의 선지자로 세웠노라 하시기로(렘 1:5) 주께서 내 장부를 지으시며 나의 모태에서 나를 조직하셨나이다(시 139:13) 엘리사벳이 마리아의 문안함을 들으매 아이가 복중에서 뛰노는지라 엘리사벳이 성령의 충만함을 입어(눅 1:41) 아이들이 그의 태속에서 서로 싸우는지라 그가 가로되 이같으면 내가 어찌할꼬 하고 가서 여호와께 묻자온대(창 25:22)

없다. 무엇보다 주서택 목사의 환상의 기도는 구상화이기 때문에 그것은 결코 성령이 새롭게 하시는 것으로 말해서는 안 된다.

헤르만 바빙크는 하나님의 창조와 섭리에 대하여 다음과 같이 말했다.

> … 하나님은 만물을 지으신 자요 창조자이시기 때문에 그의 행사는 크고 기이하시다(시 92:6; 139:14; 계 15:3). 그리고 주의 행사는 진실하시고 신실하시며(시 33:4; 111:7), 의로우시고 은혜로우시다(시 145:17; 단 9:14). 확실히 만물의 창조와 보존, 하늘과 땅, 인간과 그의 백성, 이스라엘에게 행하신 이적들과 그의 종으로 말미암아 이루셨던 역사 등이 이런 행사에 속해 있다(창 2:2, 3; 출 34:10; 욥 34:19; 사 19:25; 요 9:4). 그리고 이런 모든 행사가 주를 송축하며(시 145:10), 여호와는 자기 행사로 인하여 즐거워하신다(시 104:31). 주는 그의 행사를 완전케 하시는 반석이시다(신 32:4). 이런 모든 사역들은 참으로 하나님으로 말미암아 지각없이 된 것이거나 강요된 것이 아니라, 높은 의식과 자유의사로 성취된 것이다. … 이 안에 좀 더 분명하고 강력하게 표현된 것은, 창조의 사역이든 재창조의 사역이든 하나님의 모든 사역은 그의 생각의 계시일 뿐만 아니라, 그의 뜻의 산물이라는 것이다. 인간적인 방식으로 말하면 하나님의 모든 행사는 마음의 성찰과 의지의 결정에 따라서만 진행되고 있다고 말할 수 있겠다.901)

이런 위대한 하나님의 창조와 섭리에 대하여 어느 누가 감히 이의를 제기한다는 말인가! 인간은 다만 그 앞에 엎드려 경배할 뿐이다. 선지자는 선포한다. "주 여호와 앞에서 잠잠할지어다 … (습 1:7)"902) 하나님의 일하심에 복종해야

---

901) 헤르만 바빙크, **하나님의 큰 일**, 김영규 역 (서울: CLC, 2007), 151-152.
902) 존 칼빈, **구약성경주석 스바냐** (서울: 성서교재간행사, 1982), 201-202; 〈선지자가 "잠잠할지어다"라는 말로써 무엇을 의미하는지 먼저 살펴보자. 이 점에 대해서는 우리가 하박국 2장에서 약간 언급했었다. 그 때에 우리는 잠잠한 것은 복종을 의미한다고 말했다. 그리고 이것을 좀 더 명백히 하기 위해 사람들이 조용히 복종하는 그 잠잠함과 언제나 시끄러운 불복종과의 대조에 주목해야 된다고 말했었다. 왜냐하면 인간들이 저절로 슬기롭게 되기를 추구하고 하나님의 말씀에 복종하지 않을 때에 그들이 그 분의 말씀을 경청하는 것을 거부하므로 침묵을 지키지 않는 것이라고 말할 수 있기 때문이다. 그리고 인간들은 자신의 의지를 견고히 하지 않고 풀어놓으면 한계를 지키지 않는다. 이런 경우에 하나님께서 세상의 권세를 획득하시기 전에는 모든 곳이 소동으로 가득 차고 인간의 모든 생활은 혼란 상태에 빠지게 된다. 그들은 헤매면서 이 곳 저 곳으로 달음질치며, 하나님의 말씀을 듣지 않는 곳에는 구속도 없기 때문에 선지자는 지금 침묵을 요구한다. 그러나 이 표현은 그가 다루는 문제에 적용된 것이다. 하나님 앞에서 잠잠하게 있는 것은 진실로 그분의 권위에 복종하는 것이다. 다만 그 관련을 고려해 보아야 한다. 왜냐하면 스바냐 선지자는 하나님의 심판이 무시되고 하찮은 것으로 여겨진 것을 보았기 때문이다. 그리고 그는 여기서 심판의 날이 임박했다고 하나님께서 말씀하셨다는 것을 시사하고 있다. 그러므로 그는 "잠잠할지어다"라고 말한다. 즉 '너희는 내가 너희를 무섭게 하려고 말하지 않았다는 것을 똑똑히 알라. 다만 하나님께서 보응을 집행하시기로 작정하셨기 때문에, 그가 지금 이것을 너희에게 상기시켜 너희에게 회개하리라는 희망이 있다면, 너희가 적절한 때에 하나님의 은총으로 돌아오도록 하기 위한 것이며, 그렇지 않다면 너희는 용서될 수 없음을 알려 주기 위한 것이다'라는 말이다. 그러므로 이제 우리는 선지자가 그들에게 "주 여호와 앞에서 잠잠할지어다"라고 명령하는 이유를 이해할 수 있다. 본문의 문맥은 똑같은 견해를 확증하는데, '이는 여호와의 날이 가까웠음이니라'고 덧붙이기 때문이다. 왜냐하면 세속적인

할 것이요, 그것을 극구 부인하고 저항하면 심판이 있을 뿐이다!

인간은 왜 그런 일이 일어났는지 다 알 수가 없다. 하나님께서 작정하시고 이루어 내신 일을 자기 마음에 상처가 된다고 해서 다시 뜯어 고치는 것은 하나님의 역사를 부인하고 거스르겠다는 사악한 의도이다. 자기 마음에 들면 하나님의 역사이고 자기 마음에 안 들면 하나님의 역사가 아니라는 심보는 심각한 죄악이다. 계속해서, 주서택 목사는 구상화가 필요한 이유를 이렇게 말했다.

> 질문) 내적치유 사례를 읽어보면 대부분 상처를 만든 원인을 깨닫게 되고 그 사건이 해결됨으로 치유가 되는 것을 보았습니다. 그러면 우리 안에 있는 상처들 하나하나에 대해 꼭 이런 해결을 받아야만 되는 것입니까?
> 주서택 목사의 답) 모든 상처에 원인이 있는 것은 사실이나 상처마다 원인을 캐내야 할 필요가 있는 것은 아니다. 그러나 어떤 특정한 사건에 대해서는 성령님께서 원인이 되는 과거의 일을 기억나게 하시고 그 사건이 그 사람에게 어떤 영향을 주었는지 깨닫게 하시며 그 부정적인 영향에서 벗어나도록 도우십니다.[903]

이 글에서 주서택 목사는 상처마다 원인을 캐내야 할 필요가 없다고 말했다. 어떤 특정한 사건에 대해서만 그렇게 하면 된다고 한다. 그러나 이것은 주서택 목사의 주관적인 생각이다. 만일 내적치유를 원하는 사람이 특정하다고 생각하면 그것은 특정한 것이 되기 때문이다. 특정하고 안하고는 주서택 목사가 정하는 것이 아니라 치유를 받고자 하는 그 사람이 정하는 것이다. 그러면 언제든지 과거로 돌아가는 구상화를 해야만 한다. 실제로 주서택 목사의 내적치유세미나에는 반복해서 참석하여 반복해서 과거로 돌아가 구상화를 하는 일들이 일어나고 있다.

주서택 목사는 어떤 특정한 사건에 대해서 "성령님께서 원인이 되는 과거의 일을 기억나게 하"신다고 말했다. 과연 성령님께서 그렇게 하시는가? 정말로 성령님께서 그렇게 하시는가?

눈을 감고 타임투어를 하는 것이 성령님께서 기억나게 하시는 것인가? 정말

인간들이 언제나 어느 정도씩 연기시킬 것을 다짐하며, 또 자기들이 지연시킴으로써 이득이 많다고 생각하기 때문이다. 그들의 생각과는 반대로 선지자는 이제 이러한 자기 안전을 폭로하여 조롱당하게 하고, 여호와의 날이 가까이 왔다고 말한다. 그러므로 이것은 그가 하나님의 심판이 조속히 예기되어야 할 것이며, 심지어 두려움과 떨리는 자세로 기다려야 한다고 말한 것이나 같은 내용이다.〉
903) 주서택, 답답합니다 도와주세요, 국민일보, 2004, p. 62.

로 그것이 성령님께서 알려주시는 것인가?

주서택 목사가 말하는 다음의 두 가지 사례를 보자.

(첫 번째 사례)
저는 28세에 결혼을 했는데 일 년 반 만에 남편과 사별을 했어요. 그리고 재혼을 했는데 재혼 생활이 너무 힘들었습니다. 아무래도 더 이상 살 수가 없다는 생각에 이 문제를 가지고 하나님에게 물어보고 싶어 왔는데 하나님은 전혀 제가 예상하지 못한 부분을 지적하시고 치유해 주셨습니다. 회상의 기도 시간에 제가 태중에 있는데 아버지와 어머니가 서로 싸우는 큰 소리가 들리면서 견딜 수 없는 심정이 되었습니다. 불안하고 두려워 견딜 수 없었습니다. 저는 평소에도 목소리 큰 사람과 만나면 이런 기분이 들고 그래서 목사님의 설교도 못 듣습니다. 그런데 제 남편이 목소리가 크기 때문에 얼마나 제 가정생활이 힘이 들겠습니까! 그런데 회상의 기도 시간에 제가 태중에서 부모님이 싸우는 소리를 들어서 이런 증상이 생겼다는 것을 알게 되었습니다. 이유를 알게 되니 제 자신이 이해가 되고 또한 주님이 불안해 하는 태아를 안정시켜 주시는 것을 느끼면서 깊은 평안이 왔습니다. 세미나에서도 처음에는 강사의 목소리에 신경 쓰느라 강의를 듣기 힘들었는데 회상의 기도 시간 이후 신기하게도 강사의 목소리에 신경이 쓰이지 않고 편안해졌습니다. 목소리가 클 뿐이지 저를 미워하거나 힘들게 하려는 것이 아니었는데 목소리 때문에 그 남편을 받아들일 수가 없었습니다. 이제는 남편을 사랑할 수 있을 것 같습니다. 또한 하나님께서 저의 태중에서 제가 놀란 기억을 다 아시고 저를 돌보고 계셨다는 사실을 알게 되니 제 존재가 정말 귀하다는 생각이 들고 하나님이 나를 지켜 주시겠다는 약속이 믿어집니다. 하나님이 나를 만드셨다는 말도 이젠 실감이 됩니다.[904]

(두 번째 사례)
"우리가 이 사건을 통해서 새롭게 정리해야 한다는 것은 바로 학생이 방금 자신에 대해서 말한 그런 태도의 변화가 필요하다는 거예요. 내가 모든 것을 설명하는 것보다는 이 시간에 학생이 직접 주님과의 만남을 가지는 것이 좋겠어요. 주님이 항상 함께 계신다고 말한 시편 139편의 말씀을 믿지요?"
"네, 지금 제 감정이나 믿음은 엉망이지만 저는 그 분밖에 믿을 데가 없는 걸요."
"그렇다면 그 믿음으로 학생은 어린 시절의 그 현장에 계신 주님을 만나 볼 수 있을 거예요. 특히 성령께서 강의하신 분을 통해 이런 기억을 구체적으로 호명하셨다면 주님이 하고 싶으신 일이 있지 않겠어요?"
"네, 저도 그렇게 생각해요."
"그럼 이 사건을 주님께서 어떻게 하기를 원하시는지 기도해 보도록 하지요. 그 상황을 다시 한번 생각해 보겠어요?"
"네."
눈을 감으니 힘들이지 않고도 분명하게 그 장면이 다시 떠올랐다. 아이는 염두에 두지 않고 바쁘게 걸어가는 엄마의 뒷모습, 그리고 먼지가 이는 길고 긴 시골길, 그 뒤에서 주저앉아 있는 나의 모습이 보였다.
"그 장면을 생각하고 있나요?"

---

904) 주서택, 김선화, 마음에 숨은 속사람의 치유 (서울: 순출판사, 2009), 149-150.

"주님이 그곳에 계셨다고 믿을 수 있나요?"
"네"
"그러면 주님이 어디에 계신지 볼 수 있게 해 달라고 기도해 보세요. 이것은 학생이 스스로 보아야 하는 거예요."
나는 그분의 말대로 기도했다. 주님이 그곳에 계셨다는데 어디에 계셨는지 알게 해 달라고 … 그런데 너무나 놀라운 일이었다. 분명하게 내 생각의 장면 속에 주님께서 그 주저앉아 있는 어린아이 뒤에서 계시면서 아이 어깨에 한 손을 얹으시는 것이 보였다. 그리고는 번쩍 들어 올려 주님의 목에 무등을 태우시는 것이었다. 그리고 이렇게 말씀하셨다.
"이제 안 아프지? 자 이제부터는 엄마만 보지 말고 저쪽 산으로 놀러갈까?"
그리고 주님은 그 시골길이 아닌 아름다운 자연 속으로 나를 데려가셨다. 나는 갑자기 이루어진 이런 장면에 아연할 뿐이었다.
"주님이 그곳에 계셔요?"
"네. …"
내 눈에서 하염없이 흐르는 눈물 그리고 콧물로 얼굴이 범벅이 된 채 나는 내 생각 속에서 그러나 너무도 분명하게 펼쳐지고 전개되고 있는 장면들을 상담 순장님에게 설명하기 시작했다. 지금까지 어느 누구도 무등을 태워 준 사람은 없었다. 이 일은 이야기책 속에 나오는 아주 좋은 아빠들만이 하는 일이었다. 나는 주님에게 이렇게 해 달라고 요청해 본 적도 없었고 주님이 이렇게 해주셨다는 간증을 들은 적도 없었다. 그런데 주님은 지금 어린 나를 안아 목말을 태워 주신 채 파란 들판을 구경시켜 주시고 있지 않은가!
내 마음 속에 얼음 조각처럼 나를 찌르던 아픔들이, 그렇게 차갑고 나를 두렵게 하던 것들이 따뜻한 기쁨에 눌려 사라져 갔다.
"그래, 지금 마음이 어때요?"
"아프지가 않아요. 그리고 외롭지도 않고요. 주님이 너무나 맑은 얼굴로 나를 보고 계셔요."
한참 후에 그분은 나에게 이렇게 물으셨다.
"어머니는 어디에 있지?"
아! 나에게 어머니가 있었지. 주님도 풀 수 없을 것 같은 나의 어머니
나는 다시 그 장면 속에서 어머니를 보았다. 어머니는 여전히 등을 보인 채 길 저 만큼에 서 있었다. 나는 주님에게 말했다.
"주님! 엄마가 저렇게 혼자 가는데 엄마 불러요."
아! 어쩌면 이럴 수가 있을까? 나의 말이 마쳐지자마자 그 즉시 엄마도 나와 같이 주님의 손을 같이 잡고 있는 것이 아닌가! 그러면서 그 엄마의 얼굴을 보았다. 엄마의 얼굴은 변해 있었다. 나의 뇌리에 고통의 못처럼 박혀 있는 엄마의 모습은 한탄하고 외로워하고 희망이 없는 짜증스런 모습이었는데 지금 내 마음 속에 보여 지는 엄마는 전혀 그렇지 않았다. 엄마도 주님의 손을 잡고 나처럼 즐거워하고 있는 모습이었다. 그 얼굴은 내가 그렇게 그리던 진짜 엄마 같은 얼굴이었다. 그 얼굴만으로도 내가 엄마에게 가진 죄책감과 연민과 증오와 번민, 이런 것들에서 벗어날 수 있었다. 나는 평생 한 번도 체험해 보지 못한 자유, 기쁨, 평안, 이런 것들이 밀려와 통곡을 했다. 상담해 주시는 분의 품에 안겨 얼마나 울었는지 … 그 분의 옷이 젖어 버렸다.
이 울음은 내가 지금까지 흘린 그런 눈물이 아니었다. 울면서 내가 더 고통스럽고 더 쓸쓸해지는 울음이 아니라, 울면서 나는 더 기뻐졌고 더 평안해져서 또 울었다.
시편 23편의 말씀이 그림이 되어서 그리고 그 속에 내가 주인공이 되어서 떠올랐다. 주님이 나와 엄마를 그 아름다운 곳에 같이 데리고 있어 주셨다.

상담 순장님이 나에게 다시 물었다.

"이제는 또 다시 엄마 쉬 마려워요 하든지 다리 아파요 하는 말 할 필요가 있어요?"
"아니오. 이젠 그럴 필요가 없어요."
"그럼 자매가 지금까지 했던 그 거짓말, 엄마를 불러 세우기 위해 했던 그 거짓말하는 습관을 십자가 앞에서 끊도록 합시다. 그것은 이제 필요 없는 거짓된 것이니까요."
"어떻게 끊는 건데요?"
"자매가 그런 생각을 따르지 않기로 선택하고 예수님의 이름으로 그 생각을 거부하는 거예요 이런 식으로 기도해 보세요. '이 시간부터 나는 엄마를 불러 세우기 위해 썼던 쉬 마렵다고 하는 말과 다리 아프다고 하는 거짓말을 사용하지 않을 것이며, 그 거짓말의 힘을 예수님의 이름으로 끊는다. 나는 다시는 그런 거짓말을 사용하지 않겠다.'"
"맞아요. 나는 다시는 그런 거짓말을 사용하지 않을 거예요 기도하겠어요."
그랬었다. 내가 아주 어릴 때 엄마를 불러 세우기 위해 썼던 거짓말 그것이 나를 병으로 묶고 있었고, 성장해서도 사람들의 관심을 받기 위해 나는 나의 병을 이용했던 적이 많았다. 아! 새롭게 될 태도의 변화란 이것을 말하는 것이었구나! 이해가 되었다. 나는 이런 태도들을 다시는 사용하지 않으리라고 결심하며 기도했다.[905]

정말로 이것이 성령님께서 기억나게 하시고 성령님께서 보여주시는 것일까? 화상의 기도는 샤머니즘과 뉴에이지 구상화의 변종이다. 이미 사건이 종료된 과거로 돌아가서 다시 바꿀 수 없는 역사를 바꾸는 것은 하나님의 권한을 짓밟는 것이다. 이런 치유는 융의 분석심리학에 기초한 적극적 심상법(active imagination)을 응용한 것이며 심리학과 뉴에이지를 성경과 섞어서 가르치는 절충주의자들의 변질된 치유방법이다.

> … 자신의 콤플렉스를 자각하여 이를 의식 속으로 받아들이는 것이 중요하다. 예컨대, '나는 이러한 일에 얽매이고 마는 인간이다'라고 자기를 잘 이해하고 나서 '그렇기 때문에 하는 수 없다'라고 생각하여 타협하는 한편, 상황에 따라서는 '콤플렉스를 억누르지 않으면 안 될 경우도 있고, 또는 의지의 힘으로 이성적 판단을 관철시킬 수도 있다.
> 이와 같은 방법을 사용하여 자신의 콤플렉스와 원만하게 지내는 방법이 필요하다. 요컨대, '의식과 무의식의 대화와 화해가 필요하다. 이 방법이 가능하게 될 때 인생을 보다 깊이 있게 살아갈 수도 있고, 이성적 판단에 따른 의지의 힘을 키울 수도 있을 것이다.[906]

융이 콤플렉스를 치료하기 위하여 과거로 돌아가서 무의식과 화해하고 대화하는 적극적 심상법을 주서택 목사는 내적치유에서 사용하고 있다. 그가 사용하는 뉴에이지 구상화는 심리학과 샤머니즘과 뉴에이지가 결합 된 비성경적인 방법이다.

---

905) 주서택 · 김선화, **엄마 가지마** (서울: 순출판사, 2010), 49-52.
906) 정인석, **의식과 무의식의 대화** (서울: 대왕사, 2008), 170-171.

주서택 목사가 말하는 회상의 기도와 디팩 초프라의 치유와 비교를 해보자. 디팩 초프라는 모든 신비주의 사상, 곧 인도의 베단타 철학과 이집트의 헤르메스주의와 영지주의와 칼 융의 심리학과 신사상과 뉴에이지를 추종하는 사람이다. 디팩 초프라는 어렸을 때의 상처를 치료하기 위해 어린 시절의 분노를 다음과 같이 치유하라고 한다.

이 연습을 하려면 10분 정도 방해받지 않는 시간이 필요하다.
어제 하루를 생각해 보라. 당신의 기억이 언제든 뒤로 감을 수 있는 비디오 테이프라고 상상하라. 지금 그 테이프를 24시간 뒤로 돌리라. 어제 하루 동안 당신이 한 일은 무엇인가? 당신을 놀라게 하거나 화나게 만든 일은 없었는가? 그 일이 특별히 중요하거나 극적일 필요는 없다. 예를 들어 줄을 서서 기다리면서 초조함을 느꼈거나, 아니면 무례하거나 몰인정한 행동을 하는 어떤 사람을 목격했을지도 모른다. 몇 분 동안 최대한 자세하게 어제 있었던 일을 기억하려고 노력하라. 그리고 분노했던 순간에 초점을 맞추면서, 자신의 감정은 물론 몸으로 느낀 것을 자각하라.
이제 비디오테이프를 훨씬 뒤로 돌리라. 정확히 1년 전을 생각해보라. 1년 전 오늘 당신이 무슨 일을 하고 있었는지 회상해 보라. 기억할 수 있는 한 최대한 그 일에 가까이 가라. 그 순간 당신의 마음속에는 무엇이 있었는가? 어떤 일을 걱정하거나 화를 내고 있었는가? 당신의 몸과 마음으로 당시의 감정들을 느끼려고 노력하라. 그것이 어제를 회상하면서 느꼈던 느낌과 같은가? 테이프를 훨씬 더 뒤로 돌려서 십대 청소년 시절로 돌아가라. 다시 한 번 당신을 화나게 하거나 놀라게 했던 일에 초점을 맞추라. 그 느낌들을 정신적 육체적으로 다시 느껴라. 그리고 어제 느낀 분노가 오래 전 감정을 바탕으로 생겨나진 않았는지 생각해보라.
이제 어린 시절의 일을 기억해 보라. 지금 기억하기에 자신의 삶에서 처음으로 화를 냈던 때는 언제인가? 그때의 경험을 떠올려 보라. 그 일이 일어났을 때 당신은 어디에 있었는가? 거기에는 어떤 사람이 있었는가? 당신을 화나게 만든 것은 누구인가? 또는 무엇인가? 그 분노가 만들어 내 모든 감각을 느끼라.
세월이 흐르는 동안 두려움과 분노가 어떻게 쌓여 왔는지 생각해 보라. 기억나지 않을 수도 있지만, 당신의 삶에는 분노와 두려움을 느끼기 이전의 시간이 있었다. 그것은 완전한 평화와 고요의 시간이었다. 완전한 행복이 어떤 느낌이었을지 상상해 보라. 두려움이나 분노가 생기기 이전의 시간에 초점을 맞추라. 화면이 어두워지고, 당신과 주변 사이의 경계가 증발되는 것을 느낄 때까지 삶을 보여주는 상상의 테이프를 뒤로 돌리라. 그리고 몇 분 동안 당신이 쌓아 놓은 분노와 두려움, 에고가 서서히 사라지는 것을 느끼라.
완전한 행복의 느낌을 여전히 자각하면서 상상의 비디오테이프를 다시 앞으로 돌리기 시작하라. 그리고 당신이 조금 전 멈추었던 삶의 지점을 다시 찾아가라. 어린 시절과 십대의 시기, 1년 전 그리고 어제 있었던 화가 나고 두려웠던 순간들을 차례로 찾아가라. 화면을 다시 보면서 행복한 느낌이 마음속에 자리 잡게 하라. 분노의 순간을 차곡차곡 쌓는 대신에 그 순간들을 하나하나 지우기 시작하라. 아주 어린 시절부터 바로 어제에 이르기까지. 1분 동안 행복한 순간에 대한 기억이 분노와 두려움을 지우는 것을 느끼라. 그렇게 하면서 여러 해 동안 분노와 두려움이 만든 독성 또한 당신의 영혼에서 지워 버려라.
당신이 분노의 문제를 근원적으로 해결하고 싶다면 언제든 이 방법을 이용할 수 있다. 잠자리에 들기 전에 이 방법을 이용하면 특별히 유익하다고 많은 사람들이 말한다. 이 연습을 하고 나서

잠자리에 들면 아침에 행복한 마음으로 일어나고, 마음속에 분노가 전혀 남아 있지 않기 때문이다.[907]

주서택 목사와 디팩 초프라가 하는 구상화가 무엇이 차이가 나는가? 차이가 난다면 과거로 돌아가는 시간여행의 기술적인 문제일 뿐이다. 주서택 목사가 하는 것은 성령님께서 기억나게 하시고 보여 주시는 것이고, 디팩 초프라가 하면 인도의 여신이 기억나게 하고 보여주는 것인가? 주서택 목사의 실체를 알고 나면 그런 말장난에 놀아날 사람은 아무도 없다.

주서택 목사의 내적치유는 인본주의 심리학과 뉴에이지에 물들어 있다. 그 증거는 내면아이와 구상화에 있다. 이것을 포기한다는 것은 내적치유를 위한 모든 이론이 무너지기 때문에 내적치유를 중단해야 하는 위기에 봉착하게 된다. 그러나 그 결정과 선택은 주서택 목사 자신에게 있다. 과연 이런 비성경적인 기초 위에서 내적치유를 하고 있으면서도 심리학을 배제하고 성서적으로 내적치유를 한다고 책과 언론에, 그리고 인터넷 상에 공언해도 되는 것인가? 그런 비성경적인 기초 위에서 내적치유사역원을 운영해 간다는 것은 갈수록 더 위험한 일이다. 수많은 영혼들이 그의 잘못된 기초와 사역으로 인해 더 이상 잘못된 길로 가는 일이 없기를 간절히 소망한다.

치유를 위한 심리적 새 언약

주서택 목사는 언약에 대한 이해가 불충분하거나 언약을 잘못 이해하고 있다. 주서택 목사가 말하는 '새 언약'은 '내적치유를 위한 심리적 새 언약'이라고 말할 수 있다. 『마음에 숨은 속사람의 치유』라는 책의 서문에서 주서택 목사는 이렇게 말했다.

> 하나님과 인간 사이에는 항상 언약이 있었다. 에덴에서 아담과 이브에게 주셨던 언약이 있었고 모세를 통해 시내 산에서 돌판에 새겨 주신 언약이 있었다. 하지만 이 모든 언약을 인간은 지키지 못했고 그 대가는 끔찍했다. 하지만 하나님께서는 당신의 자녀들을 포기하지 않으시고 새로운 제 3의 언약을 제시하셨다. 그것은 예수 그리스도의 십자가를 근거로 하여 성령께서 직접 우

---

907) 디팩 초프라, 바라는 대로 이루어진다(The Spontaneous Fulfillment of Desire), 도솔 역 (서울: 황금부엉이, 2005), 247-249; 디팩 초프라가 동시성운명을 살기 위한 5번째 원칙을 말하면서 이 말을 하고 있다는 것을 깊이 유념해야 한다.

리의 마음의 변화를 이루시겠다는 약속이셨대(예레미야 31:31-34; 에스겔 36:25-28).
우리의 마음 밭을 갈아 엎으셔서 옥토 밭으로 바꾸어 주시겠다고 약속하셨다.
성서적 내적치유는 하나님께서 사람의 마음 밭을 갈아엎으시는 과정 중의 하나다. … 부패한 사람의 마음을 치유하고 새롭게 하시겠다는 하나님의 언약이 지금 인류가 붙들어야 할 마지막 희망이며 미래다.[908]

제3의 언약이라는 말을 처음 등장하게 된 것은 이단시된 이용도 목사 사건이 그 발단이다.[909] 지금 와서 그 사건을 왈가왈부하자는 것이 아니고 시작이 그렇다는 것만 알아두자. 성경에는 '제3의 언약'이라는 말이 없다. 옛 언약 새 언약을 말한다. 구약과 신약이지, 제3의 언약이라는 것은 또 금시초문이다.

성경에서 언약이라는 것이 주서택 목사가 말하는 식으로 그렇게 말하고 있을까? "마음을 바꾸고 옥토 밭으로 바꾸어 주시겠다"는 것이 무슨 의미에서 그렇게 하는 말인가? 그것이 우리의 상처를 치유해 주는 말로 사용해도 되는 것인가? 성경을 인용할 때에는 성경 구절이 가장 일차적으로 말하는 그 의미를 상실하게 되면 문제가 발생한다.

칼빈은 기독교 강요에서 다음과 같이 말했다.

> 구약과 신약의 두 번째 차이점은 상징에 있다. 즉, 구약은 실체가 없고 다만 실체의 형상과 그림자를 보여준 것뿐이었으나, 신약은 진리의 실체 그 자체를 계시해 주고 있다는 것이다. 이러한 차이는 신약을 구약과 대조시킬 때마다 거의 언급되고 있지만, 다른 곳에서보다도 특히 히브리서에서 이 짐에 대하여 충실하게 논의하고 있다. 거기서 사도는, 모세의 율법을 지키는 것을 없애 버리면 신앙 전체를 다 망치는 것이 된다고 생각하는 사람들을 반박하여 논지를 전개한다. 이런 오류를 반박하기 위해서 그는 선지자 다윗이 그리스도의 제사장직에 관하여 예언한 내용을 전제로 한다(시 110:4; 히 7:11). 그리스도께 영원한 제사장직이 주어졌으므로, 제사장이 매일 교체되는 그런 제사장직은 폐지된 것이 분명하다(히 7:23). 이 새로운 제사장 제도는 맹세로써 세워진 것이므로 확실한 효용이 있을 것이다(히 7:21).
> 그다음 그는 이렇게 제사장직이 변경되면서 언약도 변화되었다는 사실을 덧붙인다(히 8:6-13). 그는 율법이 연약하여 완전에 이끌 수가 없었기 때문에 그런 변화가 불가피했다고 선언한다(히 7:19). 그리고 이어서 이 연약함의 본질을 다룬다. 곧, 율법은 외형적이며 육체적인 의의 행위를 규정하였으나, 율법으로는 그것을 지키는 자들을 양심으로 완전하게 만들 수가 없다는 것이다. 짐승을 드리는 제사를 통해서는 우리의 죄를 씻을 수도, 참된 거룩함을 이룰 수도 없기 때문이었다. 그리하여 사도는, 율법은 "장차 올 좋은 일의 그림자일 뿐이요 참 형상이 아니라"고

---

[908] 주서택, 김선화, **마음에 숨은 속사람의 치유** (서울: 순출판사, 2009), 10-11.
[909] http://cafe.daum.net/ehdtksdPqoekd/B.C.Tw/514?docid=11QD1|B.C.Tw|514|20110324222436&q=%C1%A63%C0%C7%BE%F0%BE%E0/ "새생명의 길이 왜 이단서로 논란이 되는가? 교리적인 문제 중 하나가 그들이 예수의 성육신을 부인하였으니 영지주의 가현론 주창자들이라는 것이고 또 계시 이사와 표적을 인정하는데 그것은 이단적이라는 것입니다. 또 하나는 새생명의 길이 제2의 성서=제3의 언약이라고 하였다는 것입니다."

결론짓는다(히 10:1). 그러므로 율법의 유일한 기능은 복음 안에서 나타나는바 더 나은 소망에게로 인도하는 것이었던 것이다(히 7:19; 시 110:4; 히 7:11; 9:9; 10:1). … 그 언약은 그리스도의 피로 말미암아 거룩하게 구별되고 확정된 후에야 비로소 새롭고 영원한 것이 되는 것이었다. 그리하여 그리스도께서는 마지막 만찬에서 제자들에게 잔을 주시면서, 그것을 가리켜 "내 피로 세우는 새 언약"이라고 부르시는 것이다(눅 22:20). 이는 곧, 하나님의 언약이 그리스도 자신의 피로 말미암아 인쳐져서 새롭고 영원한 것이 될 때에 비로소 참되게 실현된다는 의미인 것이다.910)

율법을 지킴으로서가 아니라 예수 그리스도의 피로 말미암아 거룩하고 구별되었고 그 은혜를 입은 자들에게 미치는 효력은 영원하다. 다시는 율법의 저주 아래서 고통당할 필요가 없게 되었다. 이제는 예수 그리스도 안에 있는 자는 새로운 피조물이 되었다. 그래서 복음이다. 그래서 새 언약은 은혜언약이라 한다.911)

은혜언약이란 하나님이 신자들을 은혜로 당신의 교제 공동체에 참가시키며, 중보자 그리스도 때문에 그들에게 늘 은총을 베푸시겠다는 약속이다(시 103:17, 18). 언약 백성에게 하나님은 당신의 인애의 풍성함을 늘 보여주신다. 이것은 하나님의 언약의 신실하심이다(신 7:9). 인간은 언약 안에서 하나님의 인애를 기대할 수 있는 권리를 가지는데, 이 때 인간의 권리는 "피조된 권리"이다. 예레미야 31장, 에스겔 36장 등의 새 언약은 이 은혜 언약을 말한다. 하나님이 '새 일을 세상에 창조하신다(렘 31:22; 사 43:19, 65:17)고 예언되었다. 이는 예수 안에서 성취될 새 언약을 의미하다. 새 언약으로 하나님은 백성들 위에 성령을, 그들의 입에는 말씀을 두셔서 그들과 그들의 자손들 중에서 영원토록 계실 것이다(사 59:21). 그러므로 새 언약의 중보자인 그리스도 안에 있는 자들은 '새 피조물'이다(고후 5:17; 엡 2:10).912)

그러니 거기에는 이미 새로워진 신분으로 살아가는 것이기에 다시 옛 것으로 돌아가서 머뭇거릴 필요가 없다. 주서택 목사는 "부패한 사람의 마음을 치유하고 새롭게 하시겠다"는 것을 새언약이라고 하는 의미를 모르고 있는 것일까? 그 새롭게 하는 것은 인간이 눈을 감고 과거를 재구성하여 이루어지는 것이 아니다. 이미 성령 하나님의 역사로 완성하신 새로운 역사인데 다시 인간의 힘으로

---

910) 존 칼빈, **기독교강요(상)**, 원광연 역 (고양: 크리스챤다이제스트, 2003), 556-557.
911) 성도에게 고난이 없다는 말이 아니다. 세상 사람들과 일반으로 고통을 당하나 하나님의 자녀로 당하는 고난과 사탄의 권세 아래 있으면서 당하는 고난은 족히 비교할 수 없는 것이다. 이제는 그리스도와 함께 영광을 받기 위해 그리스도와 함께 당하는 고난이요, 그리스도의 남은 고난에 동참하는 것이지, 더 이상 율법의 저주 아래 당하는 고난이 아니다. "자녀이면 또한 후사 곧 하나님의 후사요 그리스도와 함께 한 후사니 우리가 그와 함께 영광을 받기 위하여 고난도 함께 받아야 될 것이니라"(롬 8:17) "내가 이제 너희를 위하여 받는 괴로움을 기뻐하고 그리스도의 남은 고난을 그의 몸된 교회를 위하여 내 육체에 채우노라"(골 1:24)
912) 유해무, **개혁교의학** (서울: 크리스챤다이제스트, 1997), 242-243.

무엇을 해보겠다는 것은 성령 하나님의 일하심에 대한 불충분성을 반영하고 있는 셈이다.

주서택 목사는 제3의 언약을 다른 말로 "마음 혁명"이라 말했다. 그 "마음 혁명"이 "인간의 작위적 노력"이 아니라 "성령께서 가장 순수한 십자가의 원리를 통해서만 진행 된다"고 말했다.913) 그 "마음 혁명"에 참으로 "인간의 작위적 노력"이 없을까? 주서택 목사는 자신의 책을 심리적 기법이나 인위적 제한 없이 성령께서 역사하신 현장을 담은 책이라고 말했다.914) 정말로 "심리적 기법"이 없을까? 그런데 만일 거기에 "심리적 기법"이 있고, 거기에 "인위적 제한"이 있으면 주서택 목사의 내적치유는 어떻게 평가해야 되는가? 책을 통해서나 인터넷을 통해서나 강의를 통해서나 심리적으로 안 한다고 했으니 만일 거기에 심리적 기법이 있다면 무엇이라 말해야 하는가? 심리적 기법을 훨씬 초월하여 뉴에이지 방법을 사용하고 있다면 주서택 목사의 내적치유 세미나는 계속 유지되어야 하는가? 심리학과 뉴에이지적인 방법을 사용하고 있다면, 내적치유사역은 폐기처분되어야 하는가? 존속되어야 할 그 당위성은 어디에서 마련할 수 있겠는가?

그 증거를 여기서 어디 한 번 확실히 보자!

> 여기서 우리는 잠재의식의 영역 안에서 치유에 대하여 좀 더 생각해보자.
> 과연 잠재의식의 치유는 그리스도인에게 필요한 것인가?
> 우리가 그리스도인이 될 때 마음의 문제와 상처가 다 해결된 것으로 아는 사람들이 있다. 그들은 "이제 나의 과거와 나는 아무 상관이 없고 새로운 피조물이 되었다"고 외친다. 그러나 우리의 삶을 들여다보면 그것이 아님을 쉽게 볼 수 있다. 미국의 트리니티(Evangelical Divinity School)의 기독교 교수인 찰스 쉘(Charles Sell)은 다음과 같이 말한다.
> "크리스천들을 공통적으로 거듭나면 더 이상 유년기의 결함으로 인한 괴로움을 받지 않는다고 믿는다는 사실을 나는 발견하게 되었다. 그러나 내가 예수님을 만났던 그날, 예수님은 나를 변화시키지도, 완전케 하지도 않았음을 곧 깨닫게 되었다."
> … 찰스 쉘 박사의 말을 다시 한 번 참고해 보자.
> "그리스도인들은 과거의 지나간 기억에 매달려 있을 필요가 없는 새로운 피조물이다. 바로 그러하기에 우리는 진정한 과거의 해결이 필요한 것이다. 과거의 고통스런 기억들에 대한 아무 처리 없는 망각은 결코 우리를 과거로부터 자유케 해 주지 않는다. 내적치유는 우리를 과거 속으

---

913) 주서택, 김선화, **마음에 숨은 속사람의 치유** (서울: 순출판사, 2009), 10-11.
914) Ibid., 11. "… 심리적 기법이나 인위적 제한 없이 각자가 세미나의 강의 시간과 기도시간을 통해 깨닫고 주님께서 만나주신 내용들이다."

로 돌아가게 만드는 것이 아니라, 과거로부터 건강하게 독립시켜 온전히 그리스도와 연합되도록 만들기 위해 반드시 필요한 작업이다. 그리고 잠재의식은 지나온 모든 과거가 들어 있는 창고이다. 이 창고는 계속 내가 문을 닫아걸고 안 본다고 해서 결코 아무 영향을 주지 않는, 다시 말해 나와 별 개의 것이 되지는 않는다." 우리는 성령의 도우심이 없이는 결코 잠재의식의 바른 치유를 기대할 수 없다. 그러기에 사람들은 스스로 자신의 고통스런 잠재의식의 상처를 해결하기 위해 소극적인 방법을 선택한다. 그것은 그 사건 자체를 부인하거나 계속 억압하는 것이다.
...
아처 토레이는 이 일에 대해 다음과 같이 말하고 있다.
"우리는 상처를 잊고자 마음속에 상처를 감추지만 결국은 모든 축적된 상한 기억들이 더 이상 눌려 있지 않고 오히려 지배하게 될 때에, 마음은 태풍의 눈 같아 의식까지도 빨려 들어가면서 올바른 생각을 하지 못한다. 그대 영은 하늘과도 연락이 안 되어 항상 마음이 아픈 상태가 된다.915) 그러므로 내적치유는 우리 잠재의식의 치료라고 할 수 있다."916)
그 사건으로 충격을 받은 아이는 깊은 잠재의식의 구덩이 안에 자기를 숨기고 J목사의 의식 안에서 자라겼기에 어른이 된 J목사는 자기가 사람들을 믿지 않는 태도가 있다는 것을 스스로 깨닫지 못하고 그저 자신의 선천적인 성격 탓으로 여겼기에 관계는 변화되지 않았던 것이다. 변화하기 위해서 우리는 먼저 자신을 알아야 한다. 무엇보다도 자기 안의 웅덩이를 알고 그 웅덩이 안에 빠진 자신을 발견하는 것은 엄청난 변화의 출발이 된다.917)

억압과 잠재의식을 말한다는 것은 심리학으로 설명하는 방식이다! 성경에는 억압과 잠재의식을 말하는 구절이 하나도 없다! 이래도 주서택 목사의 내적치유에 심리학이 없다고 말할 것인가? 이렇게 뻔히 잠재의식의 치유를 말하고 있으면서도 심리학은 없고 성서적으로 한다고 말할 것인가? 눈이 있으면 보고 귀가 있으면 들어보라. 유명세를 생각하지 말고, 그가 하는 말이 얼마나 모순이 되는가를 분명하게 살펴보기를 바란다.

주서택 목사는 잠재의식의 치유를 정당화하기 위해서 먼저 찰스 셀의 말을 인용했다. 찰스 셀의 『아직도 아물지 않은 마음의 상처』라는 책은 역기능 가정에서 자라난 '성인아이'를 다루고 있다. 찰스 셀은 데이빗 씨맨즈의 치유를 말하며918), 휴 마슬다인(Hugh Missildine)의 성인아이 개념919)을 도입하고 있

---

915) 아그네스 샌포드, **차유의 빛**, 제인 그레이 토리(현제인) 역 (서울: 기독양서, 2004), 39, 217; 이런 개념은 아그네스 샌포드의 내적치유 개념과 관련되어 있는데, "하나님의 창조적 에너지에 불을 켜는 것", "대도-먼 곳에서의 치유" 사상이다. "그러므로 우리가 기도 가운데 하나님과 좀 더 가까운 관련을 맺으면 좀 더 풍요한 생명-보다 많은 에너지-의 흐름을 받으리라는 것은 의심할 수 없는 사실이다. 우리를 지탱해 주는 창조적 힘이 우리 육체 안에 증가되는 것이다."(p. 39) "… 우리는 한 단계 높이 상승할 수 있으며 이상을 관조함으로써(by the contemplation of the ideal), 그리고 건강하고 즐겁고 평화로운 심령적 실재 안에 완전히 몰두함으로써 병을 고칠 수 있다."(p. 217)
916) 주서택, 김선화, 내 마음 속에 울고 있는 내가 있어요 (서울: 순출판사, 2008), 37-39.
917) 주서택, 김선화, 마음에 숨은 속사람의 치유 (서울:, 순출판사, 2009), 27.
918) 찰스 셀, 아직도 아물지 않은 마음의 상처, 정동섭 · 최민희 역 (서울: 두란노, 2000). 183.

다.920) 그러나 주서택 목사가 인용한 말들은 분명하게 심리학적인 설명이며, 거기에는 샤머니즘과 뉴에이지가 배경이다. 이런 글들을 주서택 목사가 인용한다는 것이 얼마나 위험한지 정말 모르고 있을까? 그가 인용한 사람들은 무엇이라고 말하는지 살펴보도록 하자.

찰스 셀은 그런 성인아이를 치료하기 위해서 어떻게 하는가?

> 당신의 부모를 가시화(visualization) 하라
> 방해받지 않을 조용한 장소에 혼자 앉아 부모와의 쓰라린 경험에 대해 그들에게 이야기하기 위하여 당신의 상상력을 사용하라. 눈을 감고 당신의 부모 중 한 사람을 그려보라. 그리고 그에게 말하라. "당신에 대한 나의 사랑과 당신이 내게 했던 그 모든 것 안에 숨겨진 당신의 사랑 때문에 당신과 해결해야만 할 일들이 있습니다." 그리고 삼십 분 정도 당신의 목록을 이야기하라. 그 모든 것을 다 이야기할 필요는 없다. 사실상 단 한 가지 사건에 대해 대부분의 시간을 보내게 될 것이다. 자신을 변호할 시간을 가지라. 그들이 어떻게 당신에게 상처를 주었는가를 이야기하라. 당신이 어릴 적 말했어야 했던 일들, 당신이 방어할 수 없었고 성숙하지 못했으므로 말할 수 없었던 일들을 이야기하라.921)

찰스 셀은 성인 아이를 치료하기 위하여 구상화(visualization)를 하라고 한다. 데이빗 씨맨즈, 휴 미슬다인, 찰스 셀이 말하는 성인아이란 '신성한 내면아이'에 기초한 성인아이이며, 그 성인아이를 치료하기 위하여 구상화를 한다. 이런 치유를 하는 사람을 인용하는 주서택 목사는 찰스 셀과 동일한 형태의 내적치유를 지향하고 있다는 것을 자기 스스로가 증명해 주고 있다.

아처 토레이(Reuben Archer Torrey III, 대천덕 신부, 1918-2002)의 말을 인용한다는 것 역시 결코 작은 일이 아니다. 앞서 언급했듯이, 아처 토레이는 너무

---

919) 정태홍, 『내적치유와 내면아이』 의 「데이빗 씨맨즈와 내면아이」 참조.
920) 찰스 셀, **아직도 아물지 않은 마음의 상처**, 정동섭 · 최민희 역 (서울: 두란노, 2000), 36; "휴 미실다인(Hugh Missildine)은 위안을 받지 못한 우리의 내재적 과거아(inner child)가 성인이 되어서도 우리 안에 그대로 존재한다는 이론을 제시하고 있다. 이것이 성인아이라는 용어가 의미하는 것 중 하나다. 여러 가지 면에서, 성인이 여전히 아이 상태에 있으며, 그의 감정과 행동 중 많은 부분이 유년기의 흔적을 나타낸다. 우리의 기억이나 잠재의식 속에는 과거의 사건에 반응하여 이루어진 정서적 찌꺼기가 있다. 그것을 파생시켰던 사건은 끝났지만 우리는 여전히 그 반작용을 느끼고 있다. 이 '내재적 과거아'를 적절하게 다루려면, 우리는 그것이 존재하고 있음을 인정해야 한다. 미실다인은 더 나아가서 우리가 자신 안의 아이에게 부모 역할을 하고 있다고 주장한다. 우리는 불안을 억제하며, 그것이 폭발하여 우리를 덮치지 않도록 할 수 있는 모든 것을 다하고 있다. 마음속으로 우리는 말한다. '불안해 하지마. 두려워할 게 아무것도 없어.' 그러나 우리의 느낌은 소리 높여 분명하게 두려운 게 있다고 한다. …"
921) 찰스 셀, **아직도 아물지 않은 마음의 상처**, 정동섭 · 최민희 역 (서울: 두란노, 2000), 161-162.

나 샤머니즘적이고 너무나 뉴에이지적인 아그네스 샌포드에게서 내적치유를 배웠다. 물론 그의 아내 현제인 역시 마찬가지다. 아그네스 샌포드는 뉴에이지 구상화를 교회 안으로 끌여 들여서 교회를 썩어 가게 한 선구자 노릇을 한 사람이다(아그네스 샌포드의 영향을 입은 사람이 존 윔버이다. 그 영향을 찰스 크래프트가 받았으며 그 영향을 받은 사람이 피터 강과 그의 아내 크리스티나 강 이다.)922)

주서택 목사가 잠재의식의 치유를 위해서 사용하는 것이 뉴에이지 구상화이다. 이런 사람들과 이런 사상의 영향 하에 있는 분이 주서택 목사다. 주서택 목사가 아처 토레이를 말하면 말할수록 더 궁지에 몰리게 된다. 이런 분명하고 확실한 증거가 있는데도 심리학 없이 성서적으로 한다고 말할 수 있는가? 성서적이라고 해서 비용과 시간을 지불 해 가면서 내적치유를 받은 사람들은 다 어쩌란 말인가?

---

922) 데이브 헌트/ T.A. 맥마흔 공저, **기독교 속의 미혹**, 김문철 역 (서울: 포도원, 1991), 196. 존 윔버가 주도하는 일부 빈야드 크리스챤 친교회의 회원들은 상상과 구상화와 내적치유의 사용에 깊이 연루되어 있다. 크리스챤 연구소는 영적 경험들이 이 친교회에서는 "자아 확증"으로 흔히 생각되고 있다고 썼다. 그리고 거기에는 "그들 중에서 나타나는 것은 무엇이든지 하나님으로부터 온다."는 가정이 있는 것 같다고 한다. 존 윔버가 켈시, 샌포드, 맥넛, 샌포드 부부, 린 형제와 같은 저자들을 추천하는 것은 완전한 구원과 승리를 체험하기 위하여 성경적 기독교를 이행하는데 필요한 것으로써, 점차 심령술적인 사이비 기독교 기법들에 호소하는 경향과 일치한다. 프란시스 맥넛은 "만일 사람이 어머니의 사랑을 어쨌든 잃었다면 나는 (그 사람이 가톨릭 신자라면) 예수님에게 그의 어머니 마리아를 보내어 … 어머니들이 자기 자식들에게 사랑과 편안함을 주는 … 모든 일을 하도록 요구할 것"이라고 말한다. http://blog.daum.net/paullej/15904021 제3의 물결운동(Third Wave Movement)을 이끈 윔버의 치유 개념은 심령치료(Psychic Healing)의 영향을 받았다고 본다. 성경에는 "표적과 기사"가 일어날 때 치유하는 사람이 "직관적 통찰(intuition)"로서 치유 받는 사람의 속을 파악하고 치료한다는 것이 발견되지 않는다. 그런 것은 흔히 심령술사(psychic healer)들에게서 나타나는 현상이다. 심령술사들은 치유 방법에 있어서 묵상하거나, 마음속에 형상화하는 것이나, 기타 심리작용과 심리학으로 교묘하게 내적치유를 다루는데, 아네스 샌포드(Agnes Sanford)와 그의 제자들이 행하는 수법이다. 〈Agnes Sanford는 1960s-1980 사이에 미국의 은사주의 운동(Charismatic Movement)의 중요 인물이며, "내적치유 운동"(Inner Healing Movement)의 창시자이다-역자주〉 윔버가 진술하는 능력치유의 내용을 들어보면 그가 그러한 심령치료의 방법을 이용하고 있다고 한다.〈Media Spotlight, the Vineyard〉 그는 서구식 복음주의를 비난히면서 말하기를 "대부분 서양의 복음주의자들 가운데서는 직관적 통찰(intuition)이 인정되지 않는다."라고 하였다.〈John Wimber, Power Evangelism, Revised, p. 10〉 윔버가 그렇게 비난하는 이유는 그가 치유 받는 사람의 속사정을 직감적 통찰로 감지하는 동양의 신비적 풍습(Eastern mystical practices)을 실습하기 때문이다. 윔버가 그러한 것을 실행할 때에 보통 사교(occult)의 최면술사들이 손을 뻗어 손에서 기가 흘러나오게 하여, 그 영기(aura)로 심령치유(psychic healing)하는 방식도 모방한다.〈Media Spotlight〉 예수님이 마태복음 24장 24절에서 예고하신 말씀대로라면, 마지막 때에는 성경적이 아니더라도 큰 표적과 기사가 얼마든지, 실제로, 많이 사람들에게 보여질 수 있으며, 또 예수님은 그 놀라운 표적과 기사들이 성령의 역사가 아니다라고 우리에게 분명히 알려주셨다.

주서택 목사는 내적치유를 위해서 세상의 심리학을 섞어서 가르치는 절충주의자다. 주서택 목사가 하는 말을 들어보자.

> 지금 나는 결코 정신과 의료 시술을 비판하려는 것이 아니다. 나는 다만 기독교인들의 태도에 대해서 말하고 싶을 뿐이다. 아무 비판 없이, 책임감 없이 마음의 문제를 무조건 정신과에 의뢰하려는 태도에 대해서 말하고 싶은 것이다. 내가 생각하는, 기독교인이 가져야 하는 태도란 인간에 대해 끊임없이 연구하고 또 지금도 연구하고 있는 심리학자들의 연구와 조화를 이루되, 분명 성경이 우위에 있어야 한다는 것이며 성령의 역사를 우위에 두어야 한다는 것이다.923)

세상의 "심리학자들의 연구와 조화를 이루"고 있는 주서택 목사의 내적치유는 절충주의 자세를 버리지 않는 한 결코 성경적인 내적치유가 될 수 없다! 세상과 조화를 이룬다는 것은 세상이 추구하는 사고방식(mentality)과 조화를 이루겠다는 것이다. 그런데도 자신의 홈페이지에서 다음과 같이 말했다.

> 치유에 대한 지식과 심리적인 이해가 치유를 일으키는 것이 아니다. … 특별히 내적치유사역연구원이 주관했던 성적적 내적치유세미나는 세상적인 심리 기법을 중심으로 진행하지 않고 전적으로 성경말씀과 십자가의 원리를 근거로 하는 성령의 사역으로 인정되며 따라서 기독교적인 관점에서 사람의 심리를 이해하고 말씀을 적용하는 가장 복음적인 성서적인 내적치유 사역으로 평가받고 있다.924)

"심리적인 이해가 치유를 일으키는 것이 아니다.", "세상적인 심리기법을 중심으로 진행하지 않고", "전적으로 성경말씀과 십자가의 원리를 근거로 하는 성령의 사역"이라는 말은 그 실체를 모르는 사람들에게는 주서택 목사가 심리학을 사용하지 않고 오직 성경적인 방법만 사용하는 것으로 보일 수 있다. 그러나 실제로는 어떻게 하는가? 원리는 신성한 내면아이이며 방법은 뉴에이지 구상화이다. 더욱 놀라운 사실은, 주서택 목사가 자신의 내적치유를 합리화하기 위하여 인용하는 사람 중에는 '마더 테레사'가 있다는 것이다. 주서택 목사는 그녀를 어떻게 말하고 무슨 말을 인용하고 있을까?

> 인도의 성녀였던 마더 테레사는 이렇게 말하고 있습니다.
> "난 결코 대중을 구원하려고 하지 않는다. 난 다만 한 개인을 바라볼 뿐이다. 난 한 번에 단지 한 사람을 사랑할 수 있다. 한 번에 단지 한 사람만을 껴안을 수 있다. 단지 한 사람 한 사람

---

923) 주서택, 김선화, 내 마음 속에 울고 있는 내가 있어요. (서울: 순출판사, 2008), 54.
924) http://www.innerhealing.or.kr/(내적치유세미나소개) (2011.12.30.)

한 사람씩만 …. 따라서 당신도 시작하고, 나도 시작하는 것이다. 난 한 사람을 붙잡는다. 만일 내가 그 한 사람을 붙잡지 않았다면 난 사 만 이천 명을 붙잡지 못했을 것이다. … 중략 … 단지 시작하는 것이다. 한 번에 한 사람씩."925)

테레사를 무엇이라고 부르고 있는가? "인도의 성녀"라고 추켜세우고 있다. 어디 인용할 말이 없어서 로마 가톨릭 수녀의 말을 인용하는가? 테레사는 누구인가?

천주교의 테레사 수녀는 1996년 9월 별세하였다. 그는 인도의 극빈자들을 섬기는 '많은 놀라운 일들'을 하였다. 그는 노벨상 수상자이다. 그러나 그는 "우리 모두가 하나님의 자녀들이다"고 믿는 보편구원론자이었다. 그는 죽어가는 사람들에게 "어떤 신에게든지 당신이 평안하게 느끼는 신에게 기도하시오"라고 말했다. 또 그는 에이즈 환자들에 대해 "그들 각 사람은 고통당하는 자로 위장된 예수다"라고 말했다. 그는 낙태를 강하게 반대하였으나, "우리는 태어나지 않은 아이를 멸할 때 하나님을 멸한다."고 말했다. 그러나 그의 이런 사상들은 비성경적이다. 무엇보다, 그가 충실한 천주교인이라는 사실은 그가 참된 기독교인이 아니라는 것을 증거 한다. 그럼에도 불구하고, 빌리 그레이엄이나 찰스 콜슨 같은 복음주의자들은 그를 아낌없이 칭송하였다. 찰스 콜슨은 그를 '위대한 그리스도인'이요 '그리스도 안에서의 자매'라고 불렀다. 이것은 진리를 혼돈시키는 잘못된 말이다. 천주교인들은 복음 진리를 부정하는 이단자들이요 마리아를 그릇되이 숭배하는 우상 숭배자들이다. … 그는 누구와 사진을 찍을 때마다 영혼이 연옥을 떠나기를 기도했다. 그는 성찬떡에 대한 사제의 축복이 아니라면 예수님을 소유할 수 없다고 말했다. 그는 공공연히 교황에게 간청하기를 마리아를 '그리스도인의 협력 구속자(Co-Redeemer), 협력 중보자(Co-Mediatrix) 및 보혜사(Advocate)'라고 부르라고 하였다.926)

이런 사람을 성녀라고 말하면서 내적치유를 한다는 것은 주서택 목사가 자칫 로마 가톨릭적인 신비주의 영성으로 가고 있지는 않은지 매우 우려가 된다. 자신은 성서적으로 가고 있다고 말하지만 실제로는 매우 비성서적으로 가고 있다는 것을 스스로가 확실하게 증명하고 있으니 어찌 개탄해 하지 않을 수가 있겠는가!

지금 세상이 무엇을 추구하고 있으며, 세상의 심리학이 무엇을 향하고 있는가? 세상은 영성시대로 가고 있다. 신(神)이 되고 싶어서 관상기도와 초월명상을 하며 온갖 뉴에이지 방법들을 동원하면서 샤머니즘적이며 반성경적인 방향으로 흘러가고 있다.927) 그 뉴에이지의 도구들 중에 반드시 들어가는 것이 구

---

925) 주서택, **결혼 전에 치유받아야할 마음의 상처와 아픔들** (서울: 순출판사, 2003), 196.
926) http://oldfaith.net/modernch/00현대교회문제%20자료집(통합).htm#[테레사%20수녀]
927) http://www.suite101.com/content/how-to-find-an-animal-spirit-guide-a122567A/ "shamanic journey can be a challenging, and even hazardous, experience. A totem animal, or animal Spirit Guide, may be a

상화(visualization)다.

주서택 목사가 내적치유에서 어떻게 구상화를 하고 있는지 보라.

> 내적치유세미나 과정 중 타임투어 시간이 있었습니다. 과거로부터 지금까지의 삶을 되돌아보는데 제 마음의 앨범은 눈물로 가득 채워져 있었습니다. 제가 한 살이 넘을 무렵, 저의 아버지께서 심하게 우는 저의 울음소리가 듣기 싫다고 이불 속에 있는 아이를 방바닥에 던져 버리는 것을 보았습니다. 저는 너무나 비참한 제 자신을 아무에게도, 심지어 하나님에게도 보이고 싶지 않았습니다. 그런데 그 순간에, 아버지가 저를 던지는 그 순간에 예수님께서 저를 받아 안으시고 달래셨습니다. 크리스마스 밤에 길에서 떨며 울고 있던 저와 어머니를 안고 함께 눈물을 흘리시는 예수님의 모습이 보였습니다. 그것을 보는 순간 깨질 듯한 마음의 아픔이 진정되면서 제 눈물은 감사와 감격의 눈물로 바뀌었습니다. 나의 진짜 아버지가 계셨습니다. 욕설과 폭행과 분노로 차 있는 아버지가 아닌 진짜 아버지가 제 곁에 계셨습니다. 저는 이제 제 육신의 아버지를 진심으로 용서합니다. 그리고 선교사 자녀들을 돕기 위한 교사로 발령을 받아 선교지로 떠납니다. 저는 그곳에서 그 아이들에게 진정한 아버지이신 그 분을 말할 것입니다.[928]

이런 내적치유가 뉴에이지 구상화로 하는 내적치유다. 주서택 목사의 책에는 이런 구상화에 기초한 내적치유 사례를 자랑삼아 제시하지만 그것은 비성경적인 것이다. "타임투어"[929]란 하나님의 주권을 침해하는 것이다. 이런 타임투어는 단순한 심리학이 아니다. 타임투어에서 등장한 예수는 성경이 말하는 예수가 아니라 영적인 안내자(spirit guide)를 말한다. 주서택 목사의 내적치유에서 내면아이와 구상화를 빼버리면 내적치유사역원은 내적치유를 할 원리와 방법이 없어져 버린다.

중요한 것은, 이미 성령 하나님께서 십자가의 은혜를 하나님의 택한 백성들에게 단 번에 효력 있게 적용시키셨기 때문에 성도가 되었다는 사실이다. 거기에 무슨 또 다른 "마음 혁명"을 추가할 필요가 없다! 그런데 왜 다시 구상화를 통해서 "마음 혁명"을 일으키려고 하는 것일까? 성령 하나님께서 이미 행하신 일에 대하여 혁명을 일으키려고 하는 것인가? 주서택 목사의 혁명은 누구를 위한 혁명이고 무엇을 위한 혁명이란 말인가?

---

powerful ally to the shaman. Animal spirits are often the most easily accessible guides on shamanic journeys, and it is quite possible that a practitioner will have more than one totem animal. Many traditional shamanic ritual costumes include feathers, fur, bones or symbols representing the shaman's power animals to encourage the creatures to accompany the shaman in his or her work."

928) 주서택, **결혼 전에 치유받아야 할 마음의 상처와 아픔들** (서울: 순출판사, 2003), 151.
929) 주서택 목사의 내적치유 세미나에는 「회상의 기도 시간」이 있다.

주서택 목사와 삼분설

주서택 목사는 인간의 구조에 대하여 철저하게 삼분설에 기초하고 있는데, 주서택 목사는 다음과 같이 말했다.930)

> 모든 미신과 사교는 그 스스로 모순되는 내용을 가지고 있기에 논리성이 결여된 반면, 성경적 사실과 진리들은 정확한 논리를 보여 주고 있다. 인간의 이성을 초월한 분이 성경을 쓰셨기에 단지 인간의 논리가 미치지 못하는 부분이 있을 뿐 모순은 없다. 당신이 당신의 문제를 정확하게 풀어 가고 싶다면, 당신 마음 속 엉켜진 실타래를 기어이 풀고 싶다면, 당신이 누구인지 정말 객관적으로 정확히 알고 싶다면 당신은 성경을 지침으로 당신을 찾아야 한다. … 하나님은 모든 곳에 계시고 인간은 그 안에 있다. 영이신 하나님은 권위를 가지고 인간의 영과 관계를 맺고 계신다. 인간의 영은 하나님과의 교제에서 나오는 지혜와 권위를 가지고 자신의 혼을 다스리며, 혼은 또 몸된 부분인 육을 다스린다. … 마음은 다리와 같은 역할을 한다. 인간 안에는 완전히 다른 두 차원, 즉 영적인 부분과 물질적인 부분이 서로 공존하고 있는 특이성이 있기 때문에 이 둘 사이를 이어 주는 부분이 필요하다.931) 인간은 몸과 마음과 영이라는 매우 독특한 영역들로 구성 되어져 있다. 이 세 부분은 점과 선과 면처럼 다른 차원의 성질들을 가지고 있으나 서로 간에 매우 밀접한 영향을 주고받으며 한 인간을 구성한다.932)

인간은 영·혼·몸이라는 세 부분으로 구성되어 있다는 삼분설을 주장하는 사람들은 거의 대부분이 신비주의 영성 훈련을 하는 사람들이다.933) 그들은 영은

---

930) http://blog.daum.net/kslee216/1514/ 김명도, 삼분설과 이분설에 대하여(2017.06.14.); 교회사를 통해서 고찰하면, 초대교회에서 주로 알렉산드리아(Alexamdria) 학파에서 삼분설을 주장하는 사람들이 많았다. 가령 알렉산드리아의 거성인 Alenxadria의 Clement나 그의 제자인 Origen(오리겐) 등이 삼분설을 주장했다. 헬라어를 사용하는 학계에서는 삼분설이 유행했지만 반대로 라틴어를 사용하는 교부들은 모두 이분설(Dichotomy)을 가르쳤다. 중세에도 마찬가지로 이분설이 정설이었고 종교개혁 때도 별 변동이 없었으나 19세기에 들어오면서 독일이나 영국 학자들 사이에서 삼분설(Trichotomy)이 다시 고개를 들었고 유명한 구약 주석가인 Franz Delitzsch도 삼분설을 주장했다(G.C. Berkouwer. The Man: Image of God. Grand Rapids, Mich.: William B. Eerdmans Publishing Co., 1962).
931) 주서택, 김선화, **내 마음 속에 울고 있는 내가 있어요** (서울: 순출판사, 2008), 125-128.
932) 주서택, 김선화, **마음에 숨은 속사람의 치유** (서울: 순출판사, 2009), 154.
933) http://blog.daum.net/godlysalvation/160/ 이영호, 「삼분설의 위험성」; 삼분설은 신인합일을 위한 인간론으로 시작된 것이다. 3분설적 신인합일을 최초로 주장한 신플라톤 사상을 살펴보기로 하자. 윗트니스 리는 '지방교회 안에 있는 사람들이 최고의 철학자들, 심지어 오늘날의「플라톤학파 사람들」이라고 공연할 것이라'고 말한바 있는데, 플라톤 사상을 바탕으로 한 스콜라신학을 형성시키는데 공헌한 베네딕(Benedict) 수도승 버나드(Bernard)와 엑크하르트(Eckart), 십자가의 요한에 대한 이해가 먼저 있어야 하고, 더불어 중세기의 신비신학에 대한 연구가 있어야 지방교회의 '신인합일'이라는 근본적 교리체계를 이해할 수 있다.
http://www.jesus114.net/news/articleView.html?idxno=198/ 예장합동 제79회 총회 보고서: 예태해 목사의 신학 성분 규명: 예태해 씨는 「속사람」이란 책에서 예수를 믿음으로 다시 태어난 속사람은 죄가 없다고 했다. 하나님의 아들은 겉 사람이 아니라 성령으로 인도함을 받은 속사람이다. 하나님과 함께 하는 것은 우리의 영원한 영이다. 이 영이 하나님의 아들이다. 영은 죄를 짓지 않고 혼과 육이 죄를 짓는다고 했다. 그는 인간의 구성 요소를 영, 혼, 육

대단히 높이고 육은 비하한다.

그들이 영성 훈련을 하는 목적이 무엇인가? 존재론적으로 신인합일을 이루고자 하는 사람들이다. 그것은 하나님께 반역하는 에덴동산에서부터 있어 왔던 사단의 미혹이요 죄악의 시작이다. 역사적으로도 개혁주의 교리 기준에 충실한 개혁주의 교단에서는 2분설로 가고 있는 반면에 신비주의 영성훈련을 하는 계열에서는 굳이 3분설로 가고 있다.934)

중요한 것은 이런 삼분설이 왜 시작되었는가 하는 것이다. 삼분설은 이집트의 신비주의, 헬라철학과 영지주의에 뿌리를 두고 있으며, 신인합일을 목표로 하는 인간론이다.935) 삼분설의 발단은 헬라철학으로는 신플라톤주의다. 그것이 베네

3분으로 구성되었다고 한다. 3분설은 성경 교훈의 결과로 기원한 것이 아니고 헬라 철학에서 기원하고 3분설은 신체를 인성의 물질적 부분으로 혼을 감정적 생활의 원질로 영을 하나님과 관계된 이성적 불사적 요소로 인정한다. 혼은 사람과 동물이 공유한 것이나(마 2:20; 막 3:4; 롬 11:3) 영은 사람만이 독특하게 가진 것이요, 신적 본체의 한 부분과 같은 것이니 동물은 몸과 혼을 가졌고 죽을 때에 몸과 혼이 함께 없어지지만 사람은 몸, 혼, 영 세 가지를 갖추어 가진 고로 그 몸은 사망하나 영은 영존 불멸한다고 한다. 피타고라스와 아리스토틀 그 후 헬라 로마 철학자들이 사람은 이성적인 영, 동물적인 혼, 신체의 3요소로 구성되었다고 했다. 그노시스(영지주의)파는 이 설에 의하여 사람 안에 영은 신적 본체의 일부이어서 죄를 범할 수 없다고 주장하였다. 후대 반펠라기우스파는 사람 안에 영은 제외되고 몸과 혼만이 원리의 주체라고 가르쳤다. 헬라의 이원론 사상은 영은 선하고 물질은 악하다는 것이다. 예태해 씨는 철저한 3분설을 주장하여 성경 해석을 거기에 맞추려고 한다. 혼과 육이 범죄 결과로 영이 죽었다는 것이다. 또 사람의 혼과 육은 영의 지배를 받는다고 말한다. 거듭난 자의 영은 범죄하지 않는다. 거듭난 자의 범죄한 것은 혼과 육이지 영은 아니라는 것이다. 혼과 육의 범죄는 영에게는 책임이 없다는 것이다. … 예태해씨의 신학과 신앙의 특징은 「속사람」에 집중되어 있다. 그는 「속사람」을 강조함으로 사람의 인격을 영, 혼, 육으로 분리시켰다. 그는 영은 죄를 범하지 아니하고 육이 죄를 범하며 영이 혼, 육을 구원한다는 헬라 철학에 근거한 이원론에 근거한 비성경적인 주장에 빠져 있다. 그의 「속사람」 책을 살펴보면 예수 그리스도의 십자가의 구속도 완전히 성취된 것이 부족하거나 부분적 불완전하다는 주장이 있다. 그는 "우리의 영은 성령으로 거듭나서 구원되고 혼과 육은 우리의 영이 구원한다고 했다. 성령으로 말미암아 거듭난 우리 영이 우리의 혼과 육을 구원하는데 우리가 스스로 십자가의 말씀을 듣고 혼적인 것을 파괴하면서 새로움을 입어 가야 한다. 그래야 우리의 혼과 육이 구원되어진다."는 것이다. 이것은 육신을 입은 예수그리스도의 구원이 불완전하다는 주장이 된다. 하나님은 우리의 영만 구원하시기에 혼과 육을 우리의 노력으로 훈련으로 구원시켜야 된다는 것이다. 우리는 아담의 범죄로 전인격이 전적으로 타락하고 부패한 것이지 영은 범죄치 아니하고 혼, 육만 범죄하였다는 인성의 부분적 범죄와 타락으로 구분한 것은 주님의 고난도, 죽음도, 부활도, 구원도 전인격적이 아니고 부분적인 것이라는 것이다.…"
934) 심관섭, **상한 마음을 치유하시는 예수님** (서울: 솔로몬, 2001), 21; 심관섭 목사는 삼분설을 말하면서 "2분법, 3분법의 원리를 주장하는 신학적 논쟁은 아무런 의미가 없는 일이라고 생각"한다. 그것은, "이 두 주장이 본질적인 의미에 있어서는 동일한 신학"이며, "'영혼'은 분리할 수 없는 존재"라고 말한다. 그러면서 데살로니가전서 5장 23절을 말한다. 심관섭 목사의 말 그대로 "신학적 혼란에 빠지"길 원하지 않는다면 굳이 3분설로 갈 필요가 없다. 또한 그의 책에서는 구상화 치유의 방법들을 말하고 있다(pp. 113-154).
935) 에두아르 쉬레, **신비주의의 위대한 선각자들**, 진형준 역 (서울: 사문난적, 2009), 165, 346; "이 우주를 껴안고 있는 일곱 정령은 기본적으로 정신 · 영혼 · 육체의 셋으로 되어 있으며, 다시 그 각각의 진화에 따라 일곱으로 분류

딕트, 버나드, 에크하르트, 십자가의 요한으로 연결되어서 중세기의 신비신학을 형성한다. 플로티누스의 신플라톤주의는 수도원 운동의 창시자인 버나드에게 계승되었는데, "인간의 최고 목적과 행복은 영혼이 그 발생 근거인 신의 경지와 합일되는데 있다"고 주장했다.936)

삼분설은 매우 이성적이고 합리적인 인간론이다. 그러기 때문에 심리학과 내적치유를 하는 사람들에게는 이런 합리적인 인간론이 두 말할 나위 없이 안성맞춤이다. 지나간 역사 속에서는 성경신학이 발전하면서 교회 내에서 삼분설이 잘못된 학설인 것을 알게 되었고, 많은 신학자가 이분설로 전환하게 되었다. 계속되는 주서택 목사의 말을 들어보자.

> 영이라는 차원은 도저히 몸이 속한 물질계에서는 이해할 수 없는 세계이다. 우리는 눈이 있어도 영에 속한 것은 하나도 볼 수 없다. 마치 점이 선이라는 차원을 이해하지 못하고 선이 면이라는 자신보다 더 높은 차원을 이해하지 못하는 것처럼, 물질에 속한 인간의 눈은 공존하고 있는 영의 세계를 전혀 볼 수 없고 또 이해할 수도 없다. 그러나 영의 차원은 더 낮은 차원인 육의 세계를 완전히 이해하고 안다.937)

어찌 보면 참 일견 있어 보이는 주서택 목사의 말은 영과 육에 대한 잘못된 이해에서 비롯된다. 인간이 죄를 지으면 영(靈)만이 죄를 짓는 것이 아니고 몸만 죄를 짓는 것도 아니라 전 인간이 죄를 짓는 것이다.938) 선악 간에 무슨 일을 행하든지 간에 전인이 행하는 것이다. 인간이 구원을 받는 것은 전인이 구원을 받는 것이다.

되는 구체적 인간의 모습으로 발현되어 나타난다(p. 165).
피타고라스는 인간의 정신이 신으로부터, 불사적이고 눈에 보이지 않으며 능동적인 성격을 부여받았음을 인정했다. 정신이 그 자체 독립적으로 활동할 수 있는 것은 그 때문이다. 그는 육신을 죽을 운명을 지닌, 분리 가능한 수동적 부분이라고 칭했다. 그는 우리가 영혼이라고 부르는 것을 정신과 밀접한 관련이 있지만, 우주적 유체(流體)로부터 온 제 3의 원소로 이루어져 있다고 생각했다. 영혼은 따라서, 정신이 스스로 제 모양을 갖추고 깃들어야 할 또 다른 몸이다. 이 몸이 없다면 물질로 된 육신은 활동할 수 없으며 생명이 없는 하나의 덩어리에 불과할 뿐이다. 영혼은 자신이 찾아가 생명을 불어넣을 육신의 형태와 비슷한 모양을 하게 되며, 그 육신이 죽음을 맞이하더라도 살아남는다. 그때 그 영혼은, 피타고라스의 표현에 의하면(플라톤도 그 표현을 그대로 이어서 사용했다), '섬세한 수레'가 되어, 정신의 선악도에 따라 정신을 저 높은 신성의 지역으로 태워 가거나 아니면 이 어두운 물질세계로 다시 떨구어 놓게 된다(p. 346).
936) http://blog.daum.net/_blog/BlogTypeView.do?blogid=0Pere&articleno=160&admin=#ajax_history_home
937) 주서택, 김선화, **내 마음 속에 울고 있는 내가 있어요** (서울: 순출판사, 2008), 128.
938) 로이드 존스, **타협할 수 없는 진리**, 김효남 역 (서울: 지평서원, 2010), 33; "… 자아란, 단순히 손이나 발이나 눈과 같은 것이 아니라, '너'(thou)이며, 곧 인격 전체를 의미하는 것입니다. …"

인간은 전인간적인 차원으로 바라보아야 한다. 성경은 영과 혼을 분리시키지 않으며, 상호 교환적으로 사용하고 있다. 예를 들어 살펴보도록 하자.

"마리아가 가로되 내 영혼이 주를 찬양하며 내 마음이 하나님 내 구주를 기뻐하였음은"(눅 1:46-47)에서, "영혼"은 원문에서 "프쉬케"(Psuche)이고 47절의 "마음"은 "푸뉴마"(pneuma)이다. 두 단어는 의미의 구별 없이 반복적으로 사용되었다.939) 이런 것은 반복을 강조하는 히브리식의 관용법이다.

창세기 35장 18절, 열왕기상 17장 21절, 사도행전 15장 26절 등을 보면 사람이 죽는 것을 어떤 곳에서는 "혼"이 떠나갔다고 말하며, 어떤 곳에서는 "영"이 떠나갔다고 표현한다. 마태복음 27장 50절 하반 절에서도 "영혼이 떠나시다"에서 "영혼"은 원문에서 "프뉴마"(pneuma)다. 그렇다면 예수님이 운명하시는 것은 "영"(pneuma)이 떠나가는 것이고 인간이 죽은 것은 "혼"이 떠나는 것인가?940) 성경에서 "영"과 "혼"은 서로 상호 교환적으로 사용되고 있는 것을 증명한다.

요한삼서 2절은 원래 "네 혼(soul, 프쉬케)이 잘 됨같이 범사에 잘 되고 강건하기를…"이다. 누구처럼 영이 잘 되어야 혼이 잘 되고 몸도 잘 되는 것처럼 삼분설로 말하지 않는다.941)

고린도전서 15장 14절에서는 "영"과 "혼"의 존재론적 구별이 없다. "육(프쉬키콘)의 몸(소마)으로 심고 신령한(프뉴마티콘) 몸(소마)으로 다시 사나니 몸이 있은즉 또 신령한 몸이 있느니라"에서 동일한 단어인 소마(몸)가 두 경우에 다 같이 사용되었고, 바로 그 하나의 몸이 심어지고 또 다시 살아나는 것으로 진술되어 있다. 만일 두 단어가 전적으로 구별된 존재론적 실체를 의도했다고 한다면, 다시 살아나게 되는 부활의 몸은 부활 이전의 심어진 그 몸이 아니다. 바울은 여기서 "육의 몸"(직역하자면 혼의 몸) 즉, 금세의 이 육의 세상에서의 삶에 적합한 속성을 지닌 몸이, 부활하신 그리스도의 지체된 자가 초자연적(즉, 영의)

---

939) 루이스 벌코프, **벌코프조직신학(상)**, 권수경·이상원 역 (서울: 크리스챤다이제스트, 1993), 404.
940) http://cafe.daum.net/phsbible/7SlR/744?docid=10Eg4l7SlR|7441200812 09002306&q=%BB%EF%BA%D0%B.C.%B3 (이분설과 삼분설/ 김명도교수)
941) http://www.dangdangnews.com/news/articleView.html?idxno=4322

새 땅에서 살게 되는 삶에 적합한 "신령한 몸"으로 변화되어야 한다는 것이다.942)

삼분설을 주장하는 사람들이 가장 강력하게 주장하는 성경구절은 데살로니가전서 5장 23절과 히브리서 4장 12절이다. 여기에 대하여 벌코프는 다음과 같이 말했다.

> 그러나 여기서 우리는 다음의 몇 가지 사실에 주목해야 한다. ① 예외적인 언명은 성경의 유비, 곧 성경의 통상적인 표현법에 비추어서 해석하는 것이 건실한 주석의 원리이다. 이 사실을 염두에 두면서 삼분설을 옹호하는 일부 학자들은 이 구절들이 반드시 자신들의 주장을 뒷받침해 주지는 않는다는 점을 시인한다. ② 영과 혼이 나란히 언급되었다고 해서 성경이 두 개의 실체를 가리킨다고 생각해서는 안 된다. 마 22:37은 예수께서 마음과 혼과 정신을 세 개의 독립된 실체로 간주하고 있다는 주장을 입증해 주지 않는다. ③ 살전 5:23에서 바울은 보완적인 표현을 통하여 "평강의 하나님이 친히 너희를 온전케 하시리라"는 표현을 강조하고 싶었을 따름이다. 이 표현 안에는 인간 실존의 다양한 국면들이 요약되어 있으며, 바울은 거리낌 없이 영과 혼을 나란히 언급한다. 왜냐하면 성경이 이 두 요소를 명백히 구분하고 있기 때문이다. 바울은 여기서 두 개의 다른 실체를 생각하지 않고 있음이 분명하다. 왜냐하면 바울은 인간이 두 부분으로 구성되어 있다고 말하고 있기 때문이다(롬 8:10; 고전 5:5; 7:34; 고후 7:1; 엡 2:3; 골 2:5). ④ 히 4:12의 말씀을 내적 인간을 꿰뚫는 하나님의 말씀이 인간의 영과 혼이 마치 두 개의 다른 실체이기라도 하듯이 양자를 분리한다는 의미로 이해해서는 안 된다. 이 말씀은 단지 마음의 사유와 의도를 나누고 있을 뿐이다.943)

겉으로 보기에 상충되어 보이는 이런 구절은 전인간(whole man)이 변한다는 것을 「보조 설명하기 위한 수사용법, 즉 epexegesis」으로 사용된 말이다.944)

주서택 목사가 알고 가르쳤든지 모르고 가르쳤든지 간에 삼분설은 성경적인 입장이 아니다.945) 그리고 그 의도와 목표가 불순한 사상이다. 삼분설은 영은

---

942) 로버트 L. 레이몬드, **최신조직신학**, 나용화·손주철·안명준·조영천 역 (서울: 기독교문서선교회, 2004), 538.
943) 루이스 벌코프, **벌코프조직신학(상)**, 권수경·이상원 역 (서울: 크리스챤다이제스트, 1993), 404-405.
944) http://blog.daum.net/kslee216/1514/ 김명도, 삼분설과 이분설에 대하여(2017.06.14.).
945) 로버트 L. 레이몬드, **최신조직신학**, 나용화·손주철·안명준·조영천 역 (서울: 기독교문서선교회, 2004), 537; 예컨대, 신명기 6장 5절을 신약이 인용하고 있는 몇 곳을 살펴보면 곧 알 수 있다. 누가복음 10장 27절을 보면, 우리가 마음(카르디아)을 다하며 목숨(프쉬케)을 다하여 힘(이스퀴스)을 다하여 뜻(디아노이아)을 다하여 하나님을 사랑해야 한다고 기록되어 있으나, 마태복음 22장 37절에는 "힘을 다하여"를 빼고서 마음과 목숨과 뜻을 다하여 하나님을 사랑하라 하였으며, 마가복음 12장 30절에는 마음과 목숨과 뜻과 힘을 다하여 하나님을 사랑하라고 기술되어 있고(누가복음의 경우와 비교해 보면 뒷부분의 두 단어들의 순서가 바뀌어 사용되어 있다), 12장 33절에는 마음과 지혜와 힘을 다하여 하나님을 사랑하라고 되어 있는바, "뜻" 대신에 다른 단어가 사용되어 있고, "목숨"은 아예 빠져 있다. 이를 종합해 보면, 육체에 대해서는 전혀 언급함이 없이 다섯 개의 단어들이 사용되어 있다. 그러나 위에 인용된 구절들에 사용된 단어들에 근거하여, 이 단어들이 각기 비물질적이고, 존재론적으로 구별되어 있는 실체를 가리키고 있

거룩하고 물질은 악하다는 차원으로 나아간다. 그들은 신비주의 영성으로 흘러서 인간의 신격화로 간다. 주서택 목사의 말처럼, 물질은 영의 차원을 이해하지 못하고 영은 육의 세계를 완전히 이해하고 있다는 식으로 가르치게 된다.

주서택 목사의 이런 생각은 성경해석에도 영향을 미치게 된다. 주석택 목사가 무슨 말을 하는지 읽어보자.

> 육에 속한 사람은 하나님의 성령의 일을 받지 아니하나니 저희에게는 미련하게 보임이요 또 깨닫지도 못하나니 이런 일은 영적으로라야 분별함이니라 신령한 자는 모든 것을 판단하나 자기는 아무에게도 판단을 받지 아니하느니라(고전 2:14-15) 이처럼 인간 안에 영과 육이라는 부분이 공존한다는 것은 인간만이 가진 신비다. 바로 이렇게 공존하는 두 개의 다른 차원을 이어주는 부분이 마음인 것이다. 인간의 마음은 물질세계에 영적인 것들을 나타낸다. 건강한 인간의 마음을 통하여 영적으로 건강한 것들이 나타나며, 부정적이고 사악한 인간의 마음을 통하여 영적으로 악한 것들, 즉 사단의 실체가 나타난다.946)

주서택 목사가 이해하는 "육에 속한 사람"은 성경 본래의 뜻과는 매우 거리가 멀다. 주서택 목사는 "육에 속한 사람"이라는 말에서 "육"의 개념을 도출해 내고 있으나 성경적인 의미가 아니다.

"육에 속한 사람"이란 '하나님의 영으로부터 빛과 진리를 받지 못하여 구원 얻지 못한 자연인의 상태'를 가리킨다. 흠정역(KJV)에서는 거듭나지 않은 생태적인 사람을 가리키는 '자연인'(the natural man, KJV)으로 번역했는데, 그들은 성령의 일을 미련하게 보기 때문에 이를 받아들이지 못한다(1:23).947) 그들은 불신자들이다! 칼빈은 이것을 콘서트에 참석한 당나귀로 비유했다.948)

주서택 목사는 인간 구조에 대한 삼분설에 붙들려 있기 때문에 성경을 그런 틀 속에서 이해하고 있다. 주서택 목사가 삼분설에 기초하여 내적치유를 계속 진행하게 되면 성경 해석에 대한 더 많은 문제를 일으키게 되며, 내적치유세미

다고 한다거나, 따라서 누가는 오분설자이고 마태는 사분설자이며 마가는 육분설자라고 주장할 수 없음이 분명하다. 벌카우워가 주장한 대로, 우리 모두는 이 병행 구절들에서 우리가 하나님을 우리의 전존재를 가지고 사랑해야 한다는 것을 단지 권하고 있다는 것을 인정해야 한다는 것이다.
946) 주서택, 김선화, 내 마음 속에 울고 있는 내가 있어요 (서울: 순출판사, 2008), 129.
947) 호크마 주석에서
948) David E. Garland, *1 Corinthians* (Baker Academic, 2008), 100; Paul's point: natural reason and intuition are completely unable to receive the divine realities unaided. Gaffin cites Calvin's caustic comments: "Faced with God's revelation, the unbeliever is like an ass at a concert." It is completely uninterested in the music and disturbs the concert with an irritating commotion. …

나에 참여한 분들에게 비성경적인 사고방식을 주입하게 된다. 그러므로 올바른 치유 사역은 올바른 성경 해석과 신학에서 나온다는 것을 명심해야만 한다. (이미 내적치유라는 말 자체에 오류가 포함되어 있지만) 올바른 기초에서 시작하지 않고 진행하는 내적치유세미나는 성경이 말하는 내적치유가 될 수 없다.

주서택 목사는 내적치유를 다음과 같이 말했다.

> 내적치유란 단순히 심리적인 문제의 해결로 그치는 것이 아닌 성령께서 행하시는 진정한 복음화의 과정입니다. 복음화란 내 속사람이 하나님 아버지를 바로 아는 것이며 하나님 아버지와 불화되고 하나가 되지 못한 부분들이 하나가 되어 가는 것입니다.[949]

내적치유에 대한 주서택 목사의 정의 속에는 숨겨진 비밀이 있다. 내적치유사역원에서 행하는 내적치유가 무엇인지 모르고 갔을 때는 문제가 없어 보인다. 그러나 성서적으로 한다는 그들의 내적치유가 심리학과 뉴에이지에 물들어 있는 것을 알고 나면 위에서 말한 것이 얼마나 위험한 말인지 알게 된다.

주서택 목사의 말대로 내적치유는 심리학만 하는 것이 아니다. 뉴에이지 구상화를 동반하고 있다. 그런데 그것을 성령이 행하시는 진정한 복음화의 과정이라고 한다. 성령 하나님께서는 과거로 돌아가서 과거를 재구성하고 거기에서 감정을 치유하고 용서하는 일을 하지 않으신다. 역사는 삼위 하나님의 계획과 섭리 속에 이루어진 일이기 때문이다. 거기에는 이유와 변명이 필요한 것이 아니라, 지금 이 현실에서 하나님의 말씀대로 신실하게 살아가는 것을 요구하신다. 겉으로만 심리학 '안 한다', '안 한다'고 말로만 그럴 것이 아니라 실제로 안 해야 안 하는 것이다. 심리학 '심'자부터 떼 내고 오직 성경으로 가야 한다!

또한 주서택 목사가 말하는 속사람은 성경이 말하는 속사람이 아니다. 그가 말하는 속사람은 내면아이를 말한다. 주서택 목사가 그의 내적치유의 정당성을 위해 언급하는 사람 중에서 많은 사람이 내면아이를 주장하는 사람들이고 그 내면아이를 치유하기 위해 융의 심리학에 오염되어 변질된 사람들이며 뉴에이지 구상화에 물든 비성경적인 방향과 목적을 추구하는 사람들이다.

같은 단어를 사용한다고 해서 같은 의미로 갈 수 있는 것이 아니다. 성경이

---

[949] 주서택, 김선화, 내 마음 속에 울고 있는 내가 있어요 (서울: 순출판사, 2008), 372-373.

말하는 하나님과 융이 말하는 하나님은 완전히 다르다. 성경이 말하는 속사람과 융이 말하는 내면아이는 전혀 다르다. 아그네스 샌포드에게서 배운 대천덕 신부의 치유는 뉴에이지에 오염된 구상화 치유이며 완전히 썩은 물이다. 그것을 받아들여서 내적치유를 행하는 것은 저들과 같은 길을 가는 것이다.

이제라도 주서택 목사와 내적치유사역원은 내적치유 사역을 오직 하나님의 말씀만으로 시행하기를 간절히 기도한다.

RPTMINISTRIES
http://www.esesang91.com

맺음말

프란시스 쉐퍼는 현대의 초영성주의에 부딪히게 되면 리트머스 시험지는 존재하지 않는다고 말했다. 그러나 그럼에도 불구하고 그것을 알아내야 하고(우리가 할 수 있는 한) 그것에 관하여 말해야 한다고 했다.[950] 쉐퍼가 말했던 그 때보다 지금은 더 심각한 뉴에이지 영성시대다. 불신자들도 영성을 삶에 필수적인 요소로 여기고 있다. 영성이 빠지면 의미가 없는 시대가 되었다. 이제는 새로운 영성생활을 위한 새로운 패러다임을 요청하고 있다. 양자물리학에 기초한 양자영성이 주름잡는 시대이다. 이런 시대 속에서, 과연 누가 하나님의 진리를 말할 것인가? 그것이 문제다.

현대교회는 분별력을 상실했다. 교회의 목사로부터 성도들에게까지 성장지상주의에 눈이 가려져 있다. 강단에서부터 삶에 이르기까지 무엇이 옳고 그른지 구별을 못하고 있다. 아예 구별을 하려고 하지도 않는다. 성장하면 되고 치유 받으면 된다고 생각하기 때문에, 거기에 무슨 분별이나 구별을 해야 할 필요성을 깨닫지 못하고 있다.

더 끔찍하고 놀라운 것은 개혁주의를 지향하는 교회가 방향성을 상실해 가고 있다는 것이다. 교리를 가르치면 개혁주의 교회이며 개혁주의 목사일까? 개혁주의를 부르짖으면서 심리학과 뉴에이지에 포용적인 태도를 보면 너무나도 안타깝다. 그런 것을 지적하면 도리어 집중 포화를 받게 된다.[951]

그렇게 포용적이고 절충적인 교회의 현실은 어떻게 변했는가? 목회자나 성도나 하나님의 말씀만으로 만족하지 못하는 시대가 되었다. 설교에 심리학과 구상

---

950) 프란시스 쉐퍼, **기독교영성관**, 박문재 역 (고양: 크리스찬다이제스트, 2002), 421-426; 쉐퍼는 새로운 초영성에 대한 그리스도인의 대응하기 위한 네 가지 원칙을 다음과 같이 말했다. 첫째, 우리는 "그리스도인의 표지"를 잊지 않아야 한다. 둘째, 플라톤적인 영성에 대처하여 우리는 내용을 귀가 따갑게 강조하여야 한다. 셋째, 우리는 새로운 초영성을 지향하는 조류에 저항하여야 한다. 넷째는, 새로운 초영성의 도전에 맞서 우리는 과잉반응을 해서는 안 된다. 나는 과잉반응을 보이거나 지성을 지나치게 강조하거나 문화를 지나치게 강조하거나 기독교가 마치 하나의 체계에 지나지 않는 양 취급하는 것을 극히 염려한다. 기독교는 하나의 체계이지만 단지 체계에 불과한 것은 아니다. 하나님이 존재하시고, 우리는 하나님과 살아 있는 관계 속에 있어야 한다. 따라서 우리가 초영성을 볼 때, 우리는 과잉반응을 하여 성령의 역사를 가로막을 위험성이 있다.
951) 현대 개혁주의는 「통합개혁주의」 혹은 「절충개혁주의」 라고 해야 옳다. 개혁주의 신학 노선을 견지하면서도 비개혁주의적인 사상과 프로그램들을 적극 수용하기 때문이다.

화가 적용되고 있다. 그러나 그것이 얼마나 위험한 일인지 깨닫지 못하고 있다.

그러면 우리의 다음 세대는 어떻게 되는가? 심리학의 자양분을 먹고 자란 다음 세대는 심리학에 대해 아무런 거부감 없는 토대가 조성되기 때문에 하나님의 말씀의 본질로 나가는 것이 극히 어렵게 된다. 미국의 교회사는 그것을 정확하게 말해 준다.

듀크대학교 신학부의 교회사 교수였던 죠지 마르스덴(George M. Marsden)의 말처럼, "때는 너무 늦었다." 이런 사실이 너무 가슴이 아프고 눈물이 난다. 오늘날 교회는 순교자들의 무덤을 장식하지만 그들의 가르침은 무시하고 있다.

그러나, 나는 기도한다. 하나님께서 새로운 부흥의 역사를 주시기를 기도한다. 여호와 하나님의 은혜로 말미암아 한국의 교회 위에 "깨닫는 마음과 보는 눈과 듣는 귀"(신 29:4)를 주시기를 간절히 기도한다. 그리하여 오직 하나님의 말씀만으로 만족하며 자유를 누리는 하나님 나라의 백성들이 되기를 간절히 기도한다.

RPTMINISTRIES
http://www.esesang91.com

내적치유와
구 상 화

자은이 정태홍
발행일 2012년 2월 6일
펴낸곳 RPTMINISTRIES
주소 경남 거창군 가조면 마상3길 22
전화 Tel. 010-4934-0675
등록번호 제455-2011-000001호
홈페이지 http://www.esesang91.com
저작권ⓒ정태홍, 2012
ISBN 9788996802617

Ⓡ 이 출판물은 저작권법에 의해 보호를 받는 저작물이므로 무단전제와 무단복제를 금합니다.